SOCIÉTÉ ARCHÉOLOGIQUE D'EURE-ET-LOIR.

CARTULAIRE

DE

NOTRE-DAME DE CHARTRES.

SOCIÉTÉ ARCHÉOLOGIQUE D'EURE-ET-LOIR.

CARTULAIRE

DE

NOTRE-DAME DE CHARTRES

PUBLIÉ SOUS LES AUSPICES DE CETTE SOCIÉTÉ

d'après les

CARTULAIRES ET LES TITRES ORIGINAUX

PAR MM. E. DE LÉPINOIS ET Lucien MERLET

TOME PREMIER

CHARTRES
GARNIER, IMPRIMEUR, RUE DU GRAND-CERF, 11.

1862.

PRÉFACE

M. B. Guérard avait déjà publié le Cartulaire de Notre-Dame de Paris et celui de Saint-Père-en-Vallée; on pouvait croire qu'après ces deux publications si savantes l'histoire générale de l'Ile-de-France n'eût plus besoin d'être élucidée, et pourtant, au bout de quelques années d'études sérieuses sur les documents authentiques du pays chartrain, nous reconnûmes qu'il y avait encore bien des points importants à mettre en lumière. De là naquit chez nous l'idée d'un Cartulaire de Notre-Dame de Chartres.

Le Chapitre de Notre-Dame de Chartres, par ses richesses, par son organisation, par l'étendue du diocèse qu'il administrait, peut être regardé comme le type des Chapitres épiscopaux antérieurement à la Révolution. Faire son histoire, décrire sa hiérarchie et les fonctions de ses différents membres, c'était, suivant nous, rappeler un modèle qu'ont souvent imité les autres églises de France; c'était travailler, non-seulement pour le diocèse chartrain, mais pour les églises de Noyon, d'Amiens, de Laon, de Nantes et tant d'autres, dont nous retrouvons les lettres, demandant à nos chanoines des certificats concernant leurs anciennes coutumes qu'elles ont adoptées.

D'un autre côté, la Beauce a été de tout temps célèbre par la fertilité de ses campagnes, et peut-être un peu aussi, surtout autrefois, par les progrès de son agriculture. Retracer l'état des paysans beaucerons au Moyen-Âge, dire leurs modes de culture, décrire leurs habitations et leurs instruments, c'était donc prendre encore là un grand type, qui, sous son apparence de caractère purement local, revêtait cependant un intérêt véritablement général.

Aurons-nous réussi dans le double but que nous nous sommes proposés? L'idée, assurément, était bonne; mais les moyens employés ont-ils répondu à la grandeur du plan?

D'autres en jugeront : nous avons accompli notre tâche, et si nous ne les avons suffisamment bien mis en œuvre, nous aurons du moins fourni des matériaux, qui plus tard serviront à plus habiles que nous.

PLAN DE L'ÉDITION.

Cet ouvrage se compose de sept parties principales :

L'Introduction, la Vieille Chronique, le texte du Cartulaire, le Polyptique de Notre-Dame de Chartres, le Nécrologe, les Tables et le Pouillé.

Deux mots suffiront sur ces diverses parties, dont, chemin faisant, nous racontons l'histoire par des notes jointes à chacunes d'elles.

INTRODUCTION.

Dans l'Introduction, nous nous sommes surtout donné pour tâche, comme nous venons de le faire pressentir, de mettre en relief l'histoire du Chapitre de Chartres, son organisation, sa hiérarchie, sa puissance, son administration, etc.; puis, sous un autre point de vue, l'histoire de l'agriculture en Beauce, les diverses classes de paysans, les impôts et corvées qui pesaient sur eux, l'état des terres, leurs cultures, les instruments qui servaient à les cultiver, etc.

A côté de ces deux grandes questions, viennent s'en placer quelques autres moins importantes, mais parfois plus obscures. Nous citerons entr'autres l'histoire de l'origine de l'église de Chartres et la liste des évêques de cette ville. Nous avons tâché d'élucider aussi complétement que possible les problèmes qui nous étaient posés, nous appuyant, autant que faire se pouvait, sur les textes originaux fournis par le Cartulaire lui-même ou par les Archives si riches du département d'Eure-et-Loir.

Vieille Chronique.

Document du XIV° siècle, dont nous avons fait l'historique dans l'Introduction et dans les notes. C'est la première fois que cette *Vieille Chronique* est publiée, bien que souvent elle ait été citée : entre plusieurs manuscrits où elle se rencontre, nous avons choisi le plus ancien, en indiquant les variantes les plus importantes qu'on rencontrait dans les autres.

Texte du Cartulaire.

Nous n'avons pas ici suivi tout-à-fait la règle généralement adoptée. Quelques savants diplomatistes de notre époque nous ont contesté, nous le savons, à nous autres modernes, le droit de faire un Cartulaire pour un établissement n'en ayant jamais possédé. D'autres, au contraire, ont soutenu que, du moment où l'on avait les chartes originales entre les mains, on pouvait, tout aussi bien aujourd'hui qu'il y a un siècle, rédiger le Cartulaire d'un établissement quelconque. Nous nous sommes ralliés à cette dernière opinion : nous avions déjà devant nous d'illustres exemples et nous n'avons pas hésité à les suivre.

Aussi, bien que mettant à profit le texte fourni par les deux exemplaires du *Livre des privilèges de l'église de Chartres* (cart. 28 et 28 bis), conservés à la Bibliothèque Impériale, nous nous sommes attachés à compléter ces manuscrits, à l'aide, non-seulement des chartes originales existant aux Archives d'Eure-et-Loir, mais aussi de l'Inventaire du Chapitre pour les pièces perdues aujourd'hui et des divers recueils manuscrits ou imprimés où nous rencontrions des titres intéressants l'église de Notre-Dame de Chartres.

Par ce moyen, nous sommes parvenus, nous l'espérons, à ne rien laisser de côté, en fait de documents curieux antérieurs au XIV° siècle. Publier tous les titres du XIII° siècle était chose impossible à cause du cadre dans lequel nous voulions nous renfermer, mais nous nous sommes efforcés, si nous ne les publiions pas *in extenso*, de les analyser dans les notes nombreuses que nous avons jointes aux chartes de cette époque.

Pour ces notes, nous nous sommes encore éloignés du système généralement adopté. Au lieu de les rédiger en latin, nous nous sommes servis de la langue vulgaire : c'est moins savant, mais c'est plus clair; étant forcés de les multiplier comme nous l'avons fait, nous avons craint de fatiguer nos lecteurs par l'emploi de notre latin moderne.

Il va sans dire qu'un de nos premiers soins a été de reproduire exactement les textes originaux dont nous imprimions des copies; mais nous n'avons pas hésité, pour la facilité de la lecture, à substituer, par exemple, l'U au V majuscule et réciproquement le *v* à l'*u* minuscule. Tout en interprétant les abréviations, nous avons pensé cependant, d'autant que cela ne nuisait à rien, qu'il était intéressant de conserver les ę cédillés partout où nous les rencontrions ; c'est un des plus sûrs témoignages de l'antiquité d'un document.

Polyptique.

Rédigé en l'année 1300, ce titre, si important pour l'histoire de la puissance territoriale du Chapitre de Chartres, a été plusieurs fois copié à la même époque, tellement que nous ne serions pas éloignés de croire qu'il en existait un exemplaire, sinon par chanoinie, au moins par prébende. La copie la plus complète et la plus pure quant au texte est le manuscrit conservé à la Bibliothèque de Chartres, sous le n° 24 : c'est celui qui nous a servi à faire notre publication, avec de nombreuses variantes toutefois fournies par d'autres exemplaires de la Bibliothèque Impériale.

Nécrologe.

Cette partie n'est pas la moins intéressante de notre travail, mais c'est une de celles qui nous ont coûté le plus de recherches. Ce *Nécrologe* s'étend depuis le X° siècle jusqu'au XVIII°, et a été formé par nous à l'aide de manuscrits de différents âges, conservés à la Bibliothèque Impériale, aux bibliothèques de Chartres et de Saint-Étienne et aux Archives d'Eure-et-Loir. Par diverses notes placées au commencement de ce *Nécrologe*, nous indiquons le mécanisme adopté par nous pour faire connaître l'âge et la provenance des divers obits que nous publions.

Tables.

Elles sont au nombre de quatre, savoir :

La table des sujets traités dans l'Introduction placée en tête de ce travail.

Un *Dictionnaire géographique*, rappelant les pages où sont citées les diverses localités et indiquant le nom français qui correspond aux formes latines anciennes.

Un *index personarum*, contenant les noms de personnes mentionnées dans l'ouvrage.

Enfin une table générale des matières, faisant connaître les différentes parties du travail.

Un *index chronologicus* était superflu, nos chartes ayant été rangées par nous d'après l'ordre chronologique. Il en était de même de l'*index rerum*, qui aurait fait double emploi avec la table de l'Introduction. Enfin au lieu d'un *index generalis*, nous avons cru devoir faire un *index personarum*; les noms de lieux et de divisions territoriales nous ont paru beaucoup mieux placés au Dictionnaire géographique, et nous avons aussi eu l'avantage par là d'introduire une plus grande clarté dans notre œuvre.

POUILLÉ.

Enfin nous avons cru devoir, d'après l'exemple de M. Guérard dans son *Cartulaire de Notre-Dame de Paris*, publier un Pouillé du diocèse de Chartres au XVIIIe siècle. Nous avons rencontré là une nouvelle difficulté; ce travail n'avait jamais été fait d'une manière complète, ni en imprimé, ni en manuscrit : nous espérons être parvenus, grâce à nos recherches, à reconstituer entièrement le diocèse chartrain, tel qu'il existait au moment de la Révolution de 1789 : la liste seule des chapelles laisse certainement à désirer, mais nous n'avons pu nous aider que des souvenirs locaux, et il nous a été impossible de les interroger tous.

Tel est le plan de notre travail, tels sont les matériaux qui nous ont servi. Entrepris sous les auspices de la Société Archéologique d'Eure-et-Loir, puisse le Cartulaire de Notre-Dame de Chartres être regardé comme une nouvelle preuve du zèle qui anime cette société savante pour l'histoire aussi complète et aussi vraie que possible du département dont elle s'est donnée pour mission de publier les annales.

ERRATA ET ADDENDA

INTRODUCTION.

P. xl, dernière ligne, au lieu de *Jeanne de Flandres*, lisez : *Jeanne de Savoie*.
P. xlvij, note 5, 1re ligne, au lieu de *ecclesiam*, lisez : *ecclesia*.
P. xlix, ligne 22, supprimez les mots *ou Perchet*.
P. lij, ligne 21, au lieu de *le Perchet de Champrond*, lisez : *les gâtines percheronnes de Champrond*.
P. lvij, ligne 15, supprimez *mais*.
P. lxv, note 6, 1re ligne, au lieu de *537*, lisez : *57*.
P. lxxiv, note 2, au lieu de *1120*, lisez : *1102*.
P. lxxvij, ligne 4, au lieu de *1116-1118*, lisez : *1116-1148*.
P. lxxxviij, dernière ligne, après les mots *comtesse Adèle*, lisez : *suivant une charte de Renaud de Mouçon donnée*.
P. xcj, note 3, ligne 2, au lieu de *189*, lisez : *188*.
P. xcvj, note 4, ligne 2, au lieu de *70*, lisez : *76* ; — Ib., ligne 4, au lieu de *74*, lisez : *87*.
P. xcviij, ligne 14, au lieu de *966*, lisez : *968*.
P. cj, note 3, ligne 2, au lieu de *8,900*, lisez : *35,056 fr. 68*.
P. ciij, note 1re, au lieu de *161*, lisez : *164*.
P. cix, note 3, ligne 1re, au lieu de *63*, lisez : *62*.
P. cxj, note 2, au lieu de *96*, lisez : *88* ; — Ib., note 5, au lieu de *97*, lisez : *92*.
P. cxiij, ligne 23, au lieu de *2,578 fr. 73*, lisez : *3,244 fr. 28*.
P. cxxxiij, ligne 11, au lieu de *1060*, lisez : *1070* ; — Ib., ligne 24, au lieu de *1060*, lisez : *1065*.
P. cxlj, note 8, dernière ligne, au lieu de *225*, lisez : *250*.
P. clxi, dernière ligne, au lieu de *(1115)*, lisez : *(1155)*, et au lieu de *Robert II*, lisez : *Robert III*.
P. clxij, ligne 13, après les mots *dernier mâle de sa maison*, ajoutez : *évêque de Châlons-sur-Marne* ; — Ib., ligne 22, au lieu de *Autun*, lisez : *Auxerre*.

TOME I.

P. 2, ajoutez à la note 1 : *Cependant, lorsqu'on a détruit les petites maisons adossées au côté septentrional de l'église, on a découvert, il y a quelques années, la margelle d'un puits, à côté du bâtiment de l'horloge du clocher neuf. On a commencé à fouiller,*

ERRATA ET ADDENDA.

mais les matériaux qui avaient servi à combler ce puits étaient d'une telle dureté qu'on a dû interrompre les fouilles : on a conservé intacte la margelle, qui pourra servir de point de repère pour des recherches subséquentes.

P. 12, note, ligne 7, au lieu de *1157-1162*, lisez : *1106-1135*, et au lieu de *1174-1183*, lisez : *1151-1189*; — Ib., ligne 8, au lieu de *1141-1183*, lisez : *1141-1181*, et, ligne 9, au lieu de *1174-1183*, lisez : *1164-1183*.

P. 16, note 3, ligne 1re, au lieu de *Urbain II*, lisez : *Grégoire VII*.

P. 21, note 1re, au lieu de *1181*, lisez : *1190*.

P. 34, note 1re, ligne 2, au lieu de *MCCCCXLIII*, lisez : *MCCCCXVIII*.

P. 64, note 1re, ligne 2, au lieu de *le procès-verbal de*, lisez : *des notes sur*, et ligne 3, au lieu de *1265*, lisez : *1260*.

P. 132, note, au lieu de *1121*, lisez : *1124*.

P. 149, n° du chapitre, au lieu de *LI*, lisez : *LII*.

P. 160, note 3, ligne 1re, au lieu de *L*, lisez : *LI*.

P. 177, chap. LXXVII, ligne 9, au lieu de *XX*, lisez : *XL*.

P. 185, note 2, ligne 3, au lieu de *1193*, lisez : *1194*.

P. 188, note 1re, au lieu de *chapitre*, lisez : *cartulaire*.

P. 190, ligne 5, au lieu de *fimam*, lisez : *firmam*.

TOME II.

P. 7, ligne 3, au lieu de *que*, lisez : *quos*.

P. 61, note 3, au lieu de *30,000 fr.*, lisez : *300,000 fr.*

P. 102, ligne 5, au lieu de *honorum*, lisez : *bonorum*.

P. 341, ligne 17, au lieu de *capituli*, lisez : *capitali*.

P. 387, ligne 12, au lieu de *loci*, lisez : *bosci*.

TOME III.

P. 13, marge gauche, au lieu de *1360*, lisez : *1357*.

P. 27, marge gauche, au lieu de *1378*, lisez : *1368*.

P. 32, marge gauche, au lieu de *1158*, lisez : *1155*.

P. 49, note 2, au lieu de *Pierre de Mincy, évêque de Chartres (1260-1277)*, lisez : *Pierre de Celles, évêque de Chartres, (1181-1182)*.

P. 224, note, au lieu de *Robert I, évêque de Senlis (998-1008)*, lisez : *Robert I, évêque de Chartres, mort vers 1069*.

INTRODUCTION

TABLE DES MATIÈRES

CONTENUES DANS L'INTRODUCTION.

TITRE PREMIER.

GÉNÉRALITÉS SUR L'HISTOIRE DE L'ÉGLISE DE CHARTRES.

§ 1. — Origines de l'église de Chartres.	xxj
§ 2. — Liste des évêques de Chartres	xxix
§ 3. — Limites de l'ancien diocèse de Chartres	xlvj

TITRE SECOND.

PERSONNEL ET ADMINISTRATION DE L'ÉGLISE.

Chapitre premier. — L'Évêque et son temporel		lxij
Chapitre II. — Le Chapitre de Notre-Dame de Chartres.		lxx
§ 1. — Personnel du Chapitre		lxxiij
	I. Le Doyen	lxxvij
	II. Le Grand-Chantre.	lxxix
	III. Le Sous-Doyen.	lxxx
	IV. Le Sous-Chantre	lxxxj
	V. Le Chambrier	lxxxj
	VI. Le Chancelier	lxxxij
	VII. Les Archidiacres	lxxxiij
	VIII. Les Prévôts.	lxxxv
	IX. Le Chevecier	lxxxv
	X. Les Clercs de chœur	lxxxvj

XI.	Les Marguilliers-clercs	lxxxviij
XII.	Les Marguilliers-laïcs	xc
XIII.	Le Queux	xcj
XIV.	Le Sous-Queux	xcij
XV.	Le Portier ou Maître sonneur	xciij
XVI.	Les Éteigneurs de chandelles	xciij
XVII.	Les Chantres et Enfants d'Aubes	xcv
XVIII.	Ordre du service divin à Notre-Dame	xcv

§ 2. — Temporel du Chapitre . . . . xcvj
Chapitre III. — Juridiction spirituelle de l'Évêque et du Chapitre. . . . cxiij
Chapitre IV. — Juridiction temporelle de l'Évêque et du Chapitre. . . . cxxij
§ 1. — Justice de l'Évêque . . . . cxxij
§ 2. — Justice du Chapitre cxxv

TITRE TROISIÈME.

RENSEIGNEMENTS HISTORIQUES GÉNÉRAUX ET PARTICULIERS.

Chapitre premier. — Cathédrale. — Monument		cxxxvij
I.	Faits antérieurs à 1020	cxxxvij
II.	Faits postérieurs à 1020 et antérieurs à 1194	cxxxvij
III.	Faits postérieurs à l'incendie de 1194	cxxxix
Chapitre II. — Cathédrale. — Décoration intérieure et Trésor		cxl
I.	Verrières	cxl
II.	Avant-tables, tables, rétables d'autel et tables de reliques	cxlj
III.	Tapisseries, tentures, poêle	cxliij
IV.	Ornements, vêtements sacerdotaux	cxlv
V.	Joyaux, pierreries	cxlvj
VI.	Vases sacrés, objets d'art	cxlviij
Chapitre III. — Cathédrale. — Bibliothèque		cl
Chapitre IV. — Histoire générale et particulière		cliv

TITRE QUATRIÈME.

DE LA CLASSE AGRICOLE ET DE L'AGRICULTURE EN BEAUCE PENDANT LE MOYEN-AGE.

Chapitre premier. — État des personnes		clxviij
§ 1. — Libres		clxix
I.	Vavasseurs	clxix
II.	Affranchis	clxxj

§ 2. — Non libres		clxxij
§ 3. — Officiers ruraux et agriculteurs.		clxxiv
I.	Maires	clxxiv
II.	Sergents	clxxix
III.	Compteurs ou Champarteurs, Métiviers et Batteurs en grange	clxxx
IV.	Hôtes	clxxxij
V.	Paysans, artisans et domestiques agricoles, ouvriers à la journée	clxxxvij

CHAPITRE II. — État des terres.
§ 1. — L'Alleu . . . . clxxxviij
§ 2. — Le Bénéfice clxxxix
§ 3. — Le Domaine clxxxix
§ 4. — Le Fief. clxxxix
§ 5. — L'Hébergement cxc
§ 6. — L'Hospice . . . . cxcij

CHAPITRE III. — Principales charges grèvant la propriété et la classe agricole en Beauce, au XIIIe siècle.
§ 1. — Redevances cxciv
   I. Redevances en argent. cxciv
   II. Redevances en nature. . . . . ccij
§ 2. — Services . . . . ccxiij
   I. Corvées . . . . ccxiij
   II. Aides. . . . . ccxvj

CHAPITRE IV. — Culture des terres.
§ 1. — Bâtiments ruraux, ameublements, outillage . . . . ccxvj
§ 2. — Animaux domestiques . . . . ccxviij
§ 3. — Plantes cultivées et arbres à fruit . . . . . . ccxxij
§ 4. — Assolements, façons des terres, engrais, moissons . . ccxxiv

CHAPITRE V. — Prés, pâtures. . . . . ccxxxvij
CHAPITRE VI. — Culture de la vigne. . . . . ccxxxviij
CHAPITRE VII. — Bois. . . . . ccxxxj
CHAPITRE VIII. — Pêcheries, étangs ccxxxix
CHAPITRE IX. — Mesures . . . . ccxlij
§ 1. — Mesures agraires . . . . ccxlij
§ 2. — Mesures de capacité . . . . ccxlvj
CHAPITRE X. — Loyers des terres et domaines ruraux . . . ccxlvij

INTRODUCTION

TITRE PREMIER.

GÉNÉRALITÉS SUR L'HISTOIRE DE L'ÉGLISE DE CHARTRES.

§ 1ᵉʳ. — ORIGINES DE L'ÉGLISE DE CHARTRES.

Li clerc Nostre-Dame de Chartres, disait-on proverbialement au Moyen-Age [1]. C'est qu'en effet le Chapitre de Notre-Dame, avec ses 17 dignités et ses 72 canonicats, avait peu de rivaux en France. Riche en biens temporels et en priviléges spirituels, ce clergé, pépinière d'illustres prélats, était digne du diocèse qu'on appelait en cour de Rome le *Grand-Évêché.*

A quelle époque furent importées, à Chartres, les premières notions du christianisme? Telle est la question qui s'est présentée tout d'abord à notre esprit, question pleine d'obscurités et à l'étude de laquelle il faut procéder avec une grande circonspection. Un instant nous avions pensé pouvoir la

[1] Recueil de *l'Apostoile.* (Paris, Crapelet, 1831.)

résoudre : la découverte de documents nouveaux nous a jetés dans le doute. Toutes les pièces du procès ne sont pas encore connues; c'est pourquoi, dans la crainte de porter un jugement prématuré, nous croyons devoir nous abstenir et nous borner à mettre avec sincérité les faits de la cause sous les yeux du lecteur.

Si l'on en croit la *Vieille Chronique*, publiée par nous pour la première fois [1], l'église de Chartres fut fondée par les Druides avant la naissance de Marie et de Jésus, en l'honneur d'une vierge qui devait enfanter. Le chef de la nation [2], s'associant à la mystérieuse inspiration de ses prêtres, plaça dans un sanctuaire secret, à côté des idoles, la statue d'une jeune fille portant un enfant sur ses genoux, et légua par avance sa terre et sa ville à cette vierge et à son fils. Vers l'an 33 ou 34 de l'Incarnation, à l'époque où saint Altin et saint Éodald furent envoyés à Chartres par saint Savinien et saint Potentien, disciples de saint Pierre et apôtres de Sens, ils trouvèrent, à leur grande surprise, la population toute chrétienne; ils se hâtèrent alors de dédier au vrai Dieu le temple construit par les Druides et consacrèrent un évêque nommé Aventin. Mais Quirinus, gouverneur romain, excité par les prêtres des idoles, fit un grand massacre des disciples de la foi nouvelle, dont les cadavres furent précipités dans un puits. Sa propre fille, nommée Modeste, périt dans ce carnage, auquel Altin et Éodald parvinrent à échapper. Aventin gouverna trente ans la chrétienté chartraine, et en lui commence la chaîne non interrompue de nos évêques.

Tel est bien rapidement le récit de la *Vieille Chronique*. Ce traité est daté de 1389 dans le sous-titre de la première partie. Il y est question du *Speculum historiale* de Vincent de Beauvais, composé en 1244 [3], de la *Légende dorée* de Jacques de Voragine, écrite vers 1250 [4], des lettres du roi Jean, datées de 1356 [5]. Ces mentions sont, en quelque sorte, autant de synchronismes qui corroborent la date principale. C'est donc là un document de date bien récente; mais nous en possédons de plus anciens.

On ne connaît pas, il est vrai, d'actes particuliers d'une époque très-reculée, relatifs à saint Altin et à saint Éodald, premiers missionnaires du pays chartrain. Les anciens martyrologes, depuis saint Jérôme jusqu'à Usuard,

[1] Voir vol. Ier, p. 1 à 67.
[2] Il s'appelait, dit-on, Priscus.
[3] Voir vol. Ier, p. 16. — [4] Ib., p. 39. — [5] Ib., p. 56.

ceux même qui parlent de saint Savinien et de saint Potentien, ne prononcent pas leurs noms! Il faut descendre au XIIe siècle pour rencontrer un livre qui s'occupe d'eux : ce livre est un légendaire de l'année 1150 environ, conservé en manuscrit à la Bibliothèque de Chartres (n° 190). Plus tard, vers 1250, un bréviaire manuscrit de l'église de Chartres [1] reproduisit, en les abrégeant toutefois, les leçons du légendaire du siècle précédent; puis la Chronique d'Auxerre [2], œuvre d'un moine prémontré du couvent de Saint-Marien qui vivait au XIIIe siècle, donna la même légende, sans y rien ajouter de nouveau.

Mais si saint Altin et saint Éodald ne nous apparaissent qu'au milieu du XIIe siècle, nous trouvons, bien antérieurement, la mention de Savinien et de Potentien dont ils étaient les disciples. Ainsi Bède le Vénérable (c. 720) [3]

---

[1] Bibl. comm. de Chartres, mss. n° 229.

[2] *Chronologia seriem temporum continens... ab origine orbis usque ad annum a Christi ortu millesimum ducentesimum, auctore anonymo, cœnobii Sancti-Mariani, apud Altissiodorum, regulæ Premonstratensis, monacho.* (Troyes, Lecoq, 1608, in-4°.)

[3] *Bedæ Vener. op.; in martyr.* (Bâle, Jean Hervagius, 1561. — Cologne, 1612.) — Bède a écrit deux martyrologes, l'un en vers et l'autre en prose. Il n'est pas question de nos deux saints dans le martyrologe en vers (D. Luc d'Achery, *Spicilegium*, t. X, p. 126-129) : il n'y est parlé au mois de décembre que de saint Ignace, saint Thomas, Noël, saint Étienne, saint Jean-l'Évangéliste et saint Sylvestre. Mais on trouve dans les éditions de Bâle et de Cologne un calendrier attribué à Bède, en regard duquel se lisent des éphémérides en vers pour chaque mois. Les éphémérides de décembre contiennent les cinq vers suivants :

> *Virgo Columba simul palmam virtute perennem*
> *percepisse, suo Christum comitata cruore,*
> *cumque Potentiano Sabinianus eodem*
> *occurrit festo, æquales ara atque triumpho,*
> *urbem qui Senonum primi docuere patroni.*

Ces vers donnent bien les noms de Savinien et de Potentien, mais ils ne font pas connaître par qui ces saints furent envoyés dans les Gaules.

Quant au martyrologe en prose, voici comment il parle de nos missionnaires, au moins dans quelques copies, car la mention qui leur est consacrée manque dans un grand nombre de manuscrits, et notamment dans les huit d'après lesquels Bollandus a préparé son édition : *Senonis, sanctæ Colombæ virginis, sub Aureliano imperatore, quæ, superato igne, gladio cæsa est. Item, Senonis, beatorum Sabini et Potentiani, qui, a beatis apostolis ad prædicandum directi, præfatam urbem martyrii sui confessione illustrem fecerunt.*

On sait que Bède avait laissé en blanc dans son Martyrologe en prose un grand nombre de jours qui furent remplis par Florus (Drepanius Florus, diacre de Lyon au IXe siècle, suivant certains auteurs; suivant d'autres, Florus, bénédictin de Saint-Trond, qui vivait au VIIIe siècle). Il restait encore 126 de ces lacunes à combler lorsque Usuard fit son travail à la fin du IXe siècle. (Voir la préface d'Usuard, en tête des diverses éditions de son Martyrologe.) D'un autre côté, le Martyrologe en vers de Bède, qui relate saint Wilfrid le jeune mort en 732, est aussi complet qu'a pu le faire son auteur mort luiet Adon (858)[1] les disent envoyés par les *bienheureux apôtres*. Raban Maur (c. 855)[2] en fait des disciples de saint Pierre et les dirige vers les Gaules 14 ans après la mort du Sauveur. La Chronique d'Alagus et Rainogala (IXe siècle)[3] fixe leur arrivée à Sens vers la fin du premier siècle. Usuard (875)[4] fait connaître qu'ils reçurent leur mandat d'un *pontife*

même en 735. Jean Molan et du Sollier, savants glossateurs et éditeurs d'Usuard, en ont conclu que les mentions faites à la fois dans le Martyrologe en vers et dans le Martyrologe en prose sont de Bède, tandis que celles qui se trouvent seulement dans le Martyrologe en prose, comme dans notre espèce, sont de Florus. (Voir la dissertation sur les Martyrologes, en tête du *Martyrol. Usuardi, cum notis Sollerii*. Anvers, Robyns, 1714.)

[1] *Martyrol. Adonis* (Anvers, Plantin, 1613). — Le saint archevêque de Vienne nous dit qu'il a composé son martyrologe d'après des textes authentiques, soigneusement recherchés par lui de tous côtés. Il ne découvrit sans doute rien de nouveau sur saint Savinien et saint Potentien, car la mention qu'il en fait n'est autre chose que la reproduction textuelle du martyrologe de Bède.

[2] *Rabanus, in vitâ Sanctæ Magdal.* — Dans M. l'abbé Faillon, *Monum. inéd. sur l'Apost. de Sainte-Marie Madel.* (Collection Migne.) — Nous ne citons ici Raban-Maur que pour ne rien omettre, car la *Vie de sainte Madeleine* peut à peine lui être attribuée. Basnage, s'il l'a connue, ne l'a pas admise parmi les œuvres authentiques du savant archevêque de Mayence, et M. l'abbé Faillon déclare que l'auteur de cet ouvrage est aussi téméraire que mal instruit et que des livres semblables sont plus propres à faire mépriser la tradition qu'à lui concilier l'estime et le respect des hommes sensés. (*Monum. inéd.*, vol. Ier, p. 350, et vol. II, p. 52, 53.) En effet la *Vie de sainte Madeleine* fait venir nos saints dans les Gaules, quatorze ans après la mort du Rédempteur, en compagnie de Lazare le Lépreux, des Maries, de saint Irénée de Lyon, de saint Austrégisile de Bourges et d'autres. Or saint Irénée vivait à la fin du IIe siècle et saint Austrégisile mourut en 624.

[3] Biblioth. communale d'Auxerre. — *Gesta pontificum Autissiodorensium*, manuscrit du XIIIe siècle. — Les deux chanoines Alagus et Rainogala, qui vivaient au IXe siècle et dont le récit s'arrête à l'épiscopat de Vala mort en 880, disent que la religion se répandit dans les Gaules, à partir de l'épiscopat du pape saint Clément (91-100), par les prédications de plusieurs illustres serviteurs de Dieu, parmi lesquels on compte Savinien de Sens, Denis de Paris, Ursin de Bourges, Martial de Limoges, Saturnin de Toulouse, Memmie de Châlons. *Siquidem christianitatis religio, que, a tempore beati Clementis pape, per fidelissimos verbi Dei ministros, Savinianum videlicet, Senonensem pontificem, Dionisium Parisiensem, Ursicinum Bituricensem, Martialem Lemovicensem, Saturninum Tolosanum, Memmium Catalaunensem, ceterosve, per Gallicanas provincias sese diffuderat, paulatim a status sui rectitudine oboleseri cœperat.* — La tradition, qui fait remonter au Ier siècle de notre ère l'apostolat de saint Denis à Paris, a trouvé de nombreux défenseurs : voilà un nouveau texte ajouté à leurs arguments. Toutefois, comme contre-partie, nous devons citer le passage suivant d'un légendaire écrit vers l'année 1020 (Bibl. comm. de Chartres, n° 63) : *Post beatam et gloriosam resurrectionem domini nostri Jesu Christi, tempore Juliani, crudelissimi tyranni, beatissimus Yonius, una cum beato Dionisio, partibus Atheniensium, mare transiens, Romam advenit; deinde Galliam, simul cum discipulis LXX duobus, usque Parisius pervenerunt, predicantes et docentes.* Or, comme on le sait, Julien l'Apostat vivait au IVe siècle.

[4] *Martyrol. Usuardi*, édition citée.

romain, c'est-à-dire du Saint-Siège, Flodoard (966) ¹ versifie les paroles de Bède et d'Adon.

Deux cents ans plus tard, le légendaire dont nous avons parlé exposait que Pierre, ayant fait de nombreuses conversions à Rome, sentit le besoin de s'adjoindre de nouveaux collaborateurs et appela à lui Savinien, Potentien et Altin. « Cum jam assidue intentionis studio per beatissimum Petrum in
» urbe Romana multipliciter pervolaret ad viam veritatis fidelium multitudo
» et per callem equitatis prompte multos idem per loca mitteret legatos,
» leniter convocavit beatos discipulos Christi, Savinianum videlicet, Pô-
» tencianum atque clarissimum sodalem eorum, Altinum. » Les trois saints acceptent en effet la mission du prince des Apôtres et l'aident de tout leur concours ; mais survient la persécution de Néron. « Verum dum beatus
» Petrus, aulæ romanæ presidens, decreta potentis imperii christianis legi-
» bus coherceret, primæ persecutionis intolerabile excidium apparuit ini-
» quissimi Neronis imperio. » Les disciples de saint Pierre échappent aux persécuteurs ; ils traversent l'Italie et arrivent en Gaule. Là, c'est la ville de Sens, riche et populeuse entre toutes, qui devient le théâtre de leurs prédications. D'éclatants succès couronnent leurs efforts ; Sérotin et Eodald croient au vrai Dieu et sont élevés au diaconat ; Victorin, leur hôte, abandonne également le culte des idoles ; enfin bientôt une nombreuse population chrétienne se presse autour d'eux. Savinien se souvient alors des paroles de son maître : « Allez prêcher par toutes les nations » ; il appelle Potentien, Altin, Eodald et Sérotin et leur commande d'évangéliser les divers peuples de la Gaule. Altin et Eodald se rendent à Orléans, où ils font de nombreux prosélytes.

« Cumque jam ibi esset credentium numerus innumerabilis, illic in me-
» moriam prothomartiris Stephani ecclesiam Domino consecraverunt et,
» ministros ex credentibus solempniter ordinando, fecerunt.
» Inde egredientes pervenerunt Carnotis civitatem, et commanentes ibi
» per plurimos dies predicando, ostendebant infidelibus Jesum-Christum,
» filium Dei, de celis advenisse in terra salvatorem, passionis toleranciam
» pro hominibus misericorditer sustinuisse, et gloriose resurrectionis clari-
» tatem resurgendo sumpsisse »

¹ *Flodoardi, de Christi triumphis apud Italiam*, lib. I°, cap. IX (Collection Migne).

» Quorum signis et divinis virtutibus pars quedam populi ad suę salva-
» tionis vitam subito erigitur, et abdicans omnem simulacrorum perfidiam
» baptismum suscepit penitencie in remissionem peccatorum.

» Videntes autem sancti Dei quod fidelium ibi esset non minima mul-
» titudo, in veneracione Dei genitricis Marię infra muros urbis ecclesiam
» Domino sanctificando dedicaverunt et uniuscujusque officii servitores
» sigillatim efficaciter preelegerunt.

» Quod audiens, ejusdem urbis preses, nomine Quirinus, diabolico tactus
» flamine, precepit beatos viros ante conspectum suum deduci. Quos ut
» vidit, dixit : « Cur, inquit, tam stolidę predicationis ignaviam huc detu-
» listis, aut qua temeritate veniendi gressum ad nos properastis ? » Cui
» respondentes, dixerunt : « Nos causa vestrę salutis pro certo ad hanc pa-
» triam devenimus, ut agnoscatis, dimissa credulitate simulachrorum, illum
» qui a Judeis pro salute mundi est crucifixus Jesum-Christum, filium Dei
» omnipotentis, in cujus nomine est collata cunctis viventibus celestis
» gloria, et sine cujus baptismo nemo valet hominum salvari in hac vita. »
» Quod audiens, preses jussit illico sanctos Dei martyres graviter fustibus
» macerari et postmodum cathenis alligatos vinculis mancipari. Ubi dum,
» indefessis precibus, Domini exorarent sepius misericordiam, quorumdam
» credentium, solitę visitacionis gracia, adveniebat confestim multitudo plu-
» rima. In numero quorum, sollicite gressum ardenti desiderio virgo que-
» dam, quę Sanctorum orationis obtentu ad fidem pervenerat, nomine Mo-
» desta, accelerabat, plurima imperciens obsequia quę necessaria erant.

» Pontifices Ydolorum quippe altis vocibus Quirinum presidem alloquun-
» tur, et christicolas utriusque sexus quos ibi sub sancta fide conjunctim
» manere sciebant cum ceteris militibus continuo circumveniunt. Quos
» gladiis confestim trucidatos in magnę profunditatis puteo, qui situs erat
» penes Dei genitricis basilicam, cum necata virgine asportantes, projece-
» runt. Horrendę siquidem continuo calamitatis tactu statim preses Quirinus
» arripitur, et presenti lumine privatus ad perpetuales mortiferę habitacionis
» penas deducitur. Sancti vero a carceris custodia a populorum turba su-
» bito resoluti, pleniter edocentes in Christo credentes, regressi a facie
» urbis, perlustrantes confinia ejus pagi, Parisius pervenerunt. »

A Paris, les saints opèrent quelques conversions, mais ils y restent peu de
temps, et se rendent dans une ville du Parisis nommée « Christoilas » (Cré-

teil?). Là ils font plusieurs prosélytes, Agoald et Glibert entre autres, et, avec l'aide de ces nouveaux disciples, ils renversent un célèbre temple des idoles qui était dans cette ville. Fureur du préfet Agrippinus; martyre d'Agoald et de Glibert. Altin et Éodald, échappés à la persécution, reviennent à Sens où ils rendent compte à saint Savinien du succès de leur prédication. Celui-ci en est comblé de joie; les résultats déjà obtenus l'excitent à de nouvelles conquêtes : mais bientôt une terrible persécution est dirigée contre les chrétiens de Sens par le duc Severus. Saint Savinien et Victorien sont martyrisés le 2 des calendes de janvier. Potentien, Altin et Éodald continuent en secret leurs prédications; ils sont bientôt arrêtés à leur tour, et ils subissent le martyre à Sens le 2 des calendes de janvier, un an, jour pour jour, après la mort de saint Savinien.

Telle est bien rapidement la version du légendaire de 1150 : nous avons voulu la rapporter dans son ensemble, parce que, sauf quelques suppressions de détails et quelques modifications dans les dates attribuées aux événements, elle a servi mot pour mot de modèle à tous les récits postérieurs. Nous ne nous souvenons pas de l'avoir vu citer par aucun des écrivains qui ont traité jusqu'à ce jour la question des origines de notre église; et pourtant elle a un cachet de bonne foi qui nous frappe.

Comme nous venons de le rapporter, le légendaire de 1150 fixe à l'année 64, date de la persécution de Néron, la venue de Savinien à Sens, et à 66 environ la prédication de l'évangile à Chartres : à cela rien d'impossible; mais examinons les versions postérieures.

Selon le Bréviaire de 1250 et la Chronique d'Auxerre rédigée dans le même siècle, ce serait vers le temps où l'empereur Claude triomphait des Bretons et soumettait les Orcades, c'est-à-dire vers l'an 44, que saint Pierre aurait envoyé ses disciples dans les Gaules.

Quant aux documents du XIVe siècle, outre la *Vieille Chronique*, nous possédons les leçons d'un Bréviaire de l'église de Chartres, de 1350 environ [1], et d'un Missel de l'abbaye de Saint-Jean-en-Vallée, de l'année 1380 [2]. D'après ces leçons, ce n'était plus pendant l'épiscopat de saint Pierre à Rome que les patrons de Sens avaient pris la route de nos contrées; ils

---

[1] Bibl. commun. de Chartres, mss. n° 272.
[2] Ib., mss. n° 253.

étaient partis de Jérusalem même, sur l'ordre du Prince des Apôtres, dès l'an 33 ou 34 de l'ère chrétienne, comme nous l'avons dit plus haut, et l'épiscopat d'Aventin remonterait à cette date qui est celle de la Résurrection [1].

Voici comment débute le Bréviaire de 1350 :

« Designavit Dominus, preordinans misericorditer, septuaginta duos
» discipulos, mittens illos binos, ut Evangelium dixit, ante faciem suam,
» in omnes civitatem et locum quo erat ipse venturus.

» De quorum collegio et numero beatum Savinianum sibi preelegit, ex
» Judeorum gente progenitum et legibus ab ipsis infancie cunabulis pleniter
» imbutum, equalibus et meritis venerabilem Potentianum eorumque so-
» cium Altinum ad catholice legis venerabile culmen erigendum.

» Primus namque et princeps Apostolorum Petrus, post Salvatoris ad
» cœlos ascensum, predictos sanctos Savinianum et ejus socios ad illus-
» trandos Galliarum fines transmisit. »

Puis il emprunte presque textuellement le récit du légendaire de 1150.

Quant aux biographes postérieurs, tels que Mombritius [2], Pierre de Natalibus [3], Surius [4], etc., qui écrivaient aux XVᵉ et XVIᵉ siècles, ils ont adopté avec plus ou moins de développements la version du Bréviaire de 1250 et de la Chronique d'Auxerre. Toutefois le grand Martyrologe romain se range à l'opinion d'Usuard, dont il adopte même textuellement les paroles [5].

---

[1] Saint Jérôme et beaucoup d'autres font commencer l'ère chrétienne à la mort du Christ; c'est ce qu'on appelle l'*ère de la Passion*. Mais il ne peut être question de cette ère dans les leçons de 1350 et de 1380, non plus que dans la *Vieille Chronique*, puisque ces documents, comme nos citations le prouvent, font partir nos missionnaires de Jérusalem même, par l'ordre de saint Pierre, aussitôt après la Résurrection. C'est donc en vain que l'on chercherait une concordance possible entre les années 33 ou 34 des légendes du XIVᵉ siècle et les années 64 ou 66 du légendaire de 1150.

[2] *Acta sanctorum, auctore Mombritio* (2 vol. in-f°. Milan, c. 1488).

[3] *Catalogus Sanct.*, f° xvij v° (1 vol. in-f°, goth., 1521). Ni Mombritius, ni Pierre de Natalibus ne parlent de la mission d'Altin et d'Éodald à Chartres. Ils disent seulement que ces saints, coopérateurs de Savinien et de Potentien, furent martyrisés à Sens après leurs maîtres. Suivant Mombritius, saint Pierre aurait donné à Savinien le titre de *Primat des Gaules!*

[4] *Acta sanctorum, auctore Surio* (Cologne, 1618).

[5] Le martyrologe romain commencé sous Grégoire XIII qui en a écrit la préface en 1584, publié par Sixte V en 1586, avec les notes de Baronius, révisé par Urbain VIII, Clément X et Benoît XIV, dit que saint Savinien et saint Potentien furent envoyés dans les Gaules *a pontifice romano*. Cette expression signifie le Saint-Siége.

Nous avons cité tous les documents à nous connus où il soit question de saint Savinien et de saint Potentien : parmi ceux jusqu'à présent inédits que nous apportons au débat, nous signalerons la Chronique d'Alagus et Rainogala (IX° siècle) et le Légendaire de 1150 dont nous avons donné quelques extraits. La *Vieille Chronique* indique, comme une des sources où elle a puisé, la légende de saint Aignan, et cette légende elle-même cite un ancien catalogue des évêques. Nous n'avons pu retrouver cet ancien catalogue qui, antérieur à la légende de saint Aignan, devait remonter à une haute antiquité ; peut-être existe-t-il encore et renferme-t-il la solution désirée.

Pour nous, fidèles à notre abstention que l'insuffisance des textes justifie, nous terminerons ce chapitre en rappelant les propositions suivantes du Père Longueval :

I. Il paraît certain que la Religion chrétienne a été établie dans les Gaules dès le premier siècle par les disciples des Apôtres [1].

II. La Religion chrétienne, quoiqu'établie dès sa naissance dans les Gaules, n'y fit que peu de progrès pendant les deux premiers siècles [2].

III. Ce qu'on raconte en particulier de la fondation de diverses églises des Gaules dans le premier siècle est plein d'incertitudes [3].

Sans adopter complètement la première proposition, nous avons cru devoir citer les paroles d'un écrivain très-autorisé, qui nous enseigne lui-même avec quelle prudence il faut traiter les questions relatives aux origines de nos églises.

§ II. — LISTE DES ÉVÊQUES DE CHARTRES.

Tous les catalogues des évêques de Chartres ont précisément pour point de départ la liste donnée par la *Vieille Chronique;* c'est la même qui est exactement reproduite dans l'*Apothecarius moralis*, manuscrit de 1363

[1] *Hist. de l'Eglise gallicane*, tome Ier, p. 43.
[2] Ibid., p. 47.
[3] Ibid., p. 48.

provenant de l'abbaye de Saint-Père-en-Vallée et conservé aujourd'hui à la Bibliothèque communale de Chartres ; on la retrouve encore, sans autres changements que des variantes de dates, dans un registre de Guillaume Bouvart écrit en 1560 et devenu la propriété des Archives départementales d'Eure-et-Loir ; enfin elle fut imprimée en 1608 à la tête de l'édition des Lettres de Fulbert par de Villiers. Les auteurs du *Gallia Christiana* apportèrent les lumières de la critique au milieu des traditions jusqu'alors adoptées sans contrôle : de là une liste un peu différente de celle de la *Vieille Chronique,* liste depuis redonnée sans modification par l'*Annuaire de la Société de l'Histoire de France* (année 1849).

Nous signalerons, chemin faisant, les corrections que nous croyons devoir apporter aux catalogues publiés avant nous.

1. AVENTIN Ier. C'est cet évêque que la *Vieille Chronique* suppose avoir été intronisé par saint Altin et saint Eodald, en l'an 36 de notre ère.

2. OPTAT.

3. VALENTIN. Le *Gallia Christiana* conjecture, sans autre preuve d'ailleurs qu'un texte de Sulpice-Sévère [1], que cet évêque pourrait bien être le même que Valentinien, qui assista avec Victricius, évêque de Rouen, aux miracles opérés à Chartres par saint Martin de Tours, à la fin du IVe siècle.

4. MARTIN le Blanc.

5. Saint AIGNAN.

6. SÉVÈRE.

7. CASTOR.

8. AFRICAIN.

9. POSSESSEUR, qui vivait en 419, suivant Guillaume Bouvart.

10. POLYCHRONIUS.

11. PALLADIUS.

Entre Polychronius et Palladius, quelques auteurs ont placé Villicus, qui aurait vécu en 439, et aurait donné le voile des Vierges à sainte Geneviève.

12. ARBOASTUS, siégeait, dit-on, en 481.

---

[1] Sulpice-Sévère, *Dial. III*, p. 465 (Lipsiæ, 1703, 1 vol. in-12). « *Martinus cedens epis-* » *copis qui tum forte latus illius ambiebant, Valentiniano atque Victricio.....* »

13. Flavius.

14. Saint Solen *(Solemnis)*. Il est fait mention de lui, à l'année 490, dans les Chroniques de Sigebert et d'Albéric.

15. Saint Aventin II fut d'abord, on le sait, évêque de Châteaudun ! quelques auteurs lui ont contesté le titre d'évêque de Chartres; cependant il souscrivit en cette qualité au premier concile d'Orléans, en 511.

16. Éthérius. 2°, 3° et 4° concile d'Orléans, en 533, 538 et 541.

17. Saint Lubin. 5° concile d'Orléans, en 549; — 2° concile de Paris, en 551.

18. Saint Calétric. 3° concile de Paris, en 557; — Concile de Tours, en 566. Comme nous le dirons plus loin (p. 6, note 2), on a retrouvé, en 1703, la tombe de saint Calétric, et de ce monument authentique il appert que cet évêque mourut le 4 septembre (567), et non le 7 octobre, ainsi que le supposent les Bénédictins.

19. Pappolus. 4° concile de Paris, en 573; — Grégoire de Tours, liv. VII, chap. 17, et liv. VIII, chap. 10; — 2° concile de Mâcon, en 585. La *Vieille Chronique* recule l'avénement de Pappolus jusque vers la seconde moitié du VII° siècle.

20. Saint Bohaire *(Betharius)*. Frédégaire, chap. 18 et 19, à l'année 600.

21. Magnobodus *(Magobertus, Magnebodus, Mugoldus)*

22. Sigoald.

23. Mainulf.

24. Thibaut I.

25. Bertegisile *(Bertegisilus, Leodegisilus, Lancissilus, Lansegilisus)*. Concile de Reims, en 625.

26. Saint Malard. Concile de Châlons, en 644; — Charte de Landry, évêque de Paris, en faveur de l'abbaye de Saint-Denis, en 653.

27. Gausbert *(Gausbertus, Gaubertus, Godebertus, Gaudebertus)*. Charte d'Emmo en faveur du monastère de Saint-Pierre-le-Vif, vers 658. — Confirmation des priviléges de l'abbaye de Corbie par Berthefred, évêque d'Amiens, vers 663; — Charte de Drausius pour le monastère de Notre-Dame de Soissons, en 666.

Suivant la *Vieille Chronique*, Gausbert aurait eu pour successeur Godebert, que nous croyons être le même.

28. Déodat.

29. Dromo *(Dronus, Dromus, Promo, Pronius, Promus)*, le même sans doute que Promo, qui lui est donné pour successeur par la *Vieille Chronique*.

30. Berthegran.

31. Haynius.

32. Airard *(Agirardus, Aidradus, Airardus, Aicardus, Haigradus, Haigrandus)*. Concile de Rome, vers 689.

33. Agatheus.

34. Léobert *(Leobertus, Leudisbertus)*. Inscription des reliques des Machabées, de 723, conservée autrefois dans l'église de Chartres.

35. Hado.

36. Flavien *(Flavinus, Flavius)*.

37. Godessald *(Godalsadus, Godosaldus, Godassaldus)*.

38. Bernoin *(Bernoinus, Hernoinus, Hieronymus)*. Concile de Paris, en 829; — Concile de Sens, en 836.

Après Bernoin, les Bénédictins mentionnent, sous toutes réserves, Gillericus ou Valentinus, qui dédia, en 841, l'église de l'abbaye de Bonneval. Comme nous le verrons, c'est l'évêque Gilbert qui fit cette dédicace en 861, et non en 841.

39. Hélie. Concile de Sens, en 840; — Privilége en faveur de l'abbaye de Corbie, en 843; — Concile de Beauvais, en 845; — Concile de Paris, en 847; — Lettres de Loup, abbé de Ferrières, à l'année 849; — Cartulaire de Saint-Père-en-Vallée, p. 9.

40. Burchard. Concile de Soissons, en 853; — Capitulaires de Charles le Chauve; — Annales de Saint-Bertin, à l'année 854.

41. Frotbold. Lettres de Loup de Ferrières, à l'année 855; — Cartulaire de Saint-Père, p. 10; — Annales de Saint-Bertin, à l'année 857.

42. Gilbert *(Gislebertus, Gislevertus, Willebertus, Galeverius, Galtherus)*. Concile de Toul, en 859; — 3° concile d'Aix-la-Chapelle, en 860; — Charte de fondation de l'abbaye de Bonneval, en 861; — Concile de Soissons, en 862; — 3° concile de Soissons, en 866; — Concile de Troyes, en 867; — Concile de Châlon, en 875; — Lettre du pape Jean VIII, à l'année 877; — 2° concile de Troyes, en 878; — Lettres d'Hincmar; — Cartulaire de Saint-Père, p. 45.

43. Aymon.

44. Gérard *(Gerardus, Girardus)*.

45. Aymery Ier. Cartulaire de Saint-Père, à l'année 890; — Synode de Meung, en 891.

46. Gantelme *(Waltelmus, Wattelmus, Wantelmus, Gancelinus, Gantelmus, Ancelmus, Gancelmus)*. Orderic Vital, Chronique de Caen, Guillaume de Jumièges, Aimoin, etc., à l'année 898; — Cartulaire de Saint-Père, p. 12.

47. Aganon *(Aganus, Haganus)*. Cartulaire de Saint-Père, aux années 931 et 940. Cet évêque mourut en 941, suivant notre *Nécrologe*.

48. Ragenfroy. Cartulaire de Saint-Père, *passim;* — Cartulaire de Notre-Dame de Chartres, à l'année 949 et *passim*.

49. Hardouin *(Harduinus, Hardoynus)*. Cartulaire de Saint-Père, p. 12.

50. Vulfaldus *(Vilphardus, Vulphardus, Ulphardus, Vulfoldus)*, Chronique de Flodoard, à l'année 962. Mort en 967, le 6 des nones d'octobre, suivant notre *Nécrologe*, et enterré dans l'abbaye de Saint-Père, dans la chapelle de Saint-Benoît, comme le témoignait cette inscription : *Hic jacet Vulfaldus, ex abbate Floriacensi et postea Sancti-Petri-in-Valle episcopus Carnotensis, obiit anno 967, huc translatus 1667.*

51. Eudes *(Odo)*. Cartulaire de Saint-Père, aux années 968, 971 et 974; — Charte d'Hervé, abbé de Saint-Cheron, en 968; — Concile de Sens, en 980; — Charte de l'abbaye de Jumièges, en 983; — Charte du chapitre Saint-Etienne de Dreux, en 986. Mort en 1004, le 8 des calendes de septembre, suivant notre *Nécrologe*.

52. Raoul *(Rodulfus, Radulphus, Rodulphus)*. Fondation du prieuré de Vieuvicq. Mort vers 1007, la veille des ides de juillet, suivant notre *Nécrologe*.

53. Saint Fulbert. Guillaume de Malmesbury, à l'année 1020; — Chronique d'Albéric, à l'année 1022; — Cartulaire de Saint-Père, *passim;* — Dédicace de l'église Saint-Léonard de Bellesme, en 1024; — Charte de l'abbaye de Coulombs, en 1028; — Dédicace de l'église Saint-Martial de Limoges, en 1028. Mort le 4 des ides d'avril [1029], suivant notre *Nécrologe*. Enterré dans l'église de Saint-Père-en-Vallée, où on lisait cette inscription ;

TERRENUM MARIÆ TEMPLUM, FULBERTE, PARASTI ;
 PULCHRIUS IN CŒLO NUNC TIBI VIRGO PARAT.
ILLIC DUM FIDEI MERITORUM MUNERA PRÆSTAS,
 FŒNORE CUM DUPLICI PRÆMIA PARTA CAPIS ;
NAM TIBI SI VIVO DEDIT HÆC QUÆCUMQUE PETISTI,
 NUNC TIBI DEFUNCTO NULLA REPULSA DATUR.
HUJUS TU PRIMUS NATALIA FESTA PER ORBEM
 VULGASTI, LAUDIS CANTICA SACRA CANENS.
HÆC DEPASCENTEM VULTUM COMPESCUIT IGNEM,
 LACTE SUO SANANS PERDITA MEMBRA TIBI.
ET TANDEM PROCERES HOMINESQUE TUI ORDINIS OMNES
 MORTIS INOPINÆ CONDOLUERE VICES.
TU QUACUMQUE POLI FELIX IN PARTE MORARIS,
 FAC UT SORS HOMINUM SIT MELIORE LOCO.

Tout le monde connaît les Lettres de Fulbert : elles sont la meilleure source pour l'histoire de la vie de ce saint et illustre prélat..

54. THIERRY *(Theodoricus)*. Dédicace de l'église Saint-Aignan d'Orléans, en 1029 ; — Charte du prieuré de Saint-Denis de Nogent, en 1031 ; — Fondation de l'abbaye de Pontlevoy, en 1034 ; — Dédicace de la Trinité de Vendôme, en 1040 ; — Charte de l'abbaye de Saint-Avit de Châteaudun, en 1045 ; — Charte de l'abbaye de Coulombs, en 1048 ; — Cartulaire de Notre-Dame de Chartres, p. 70. Mort en 1048, le 16 des calendes de mai, suivant notre *Nécrologe*. Enterré dans l'église de l'abbaye de Saint-Père, où se lisait cette inscription :

EXTITIT ANTISTES THEODORICUS HIC VOCITATUS,
 SED FACTUS PULVIS, HIC JACET EXANIMIS.
VIRGO DEI GENITRIX, TIBI TEMPLUM . . . . . HABENDUM,
 CUJUS OPUS SUPERIS SUMPSERAT AUCTOR EIS.
VIVENDO SOLERS TRIBUIT, QUIBUS ECCE REFULGET,
 MUNERA, PETRE, TUIS SACRA DEDIT MONACHIS.
FESSUS ONUS . . . . . PHŒBI CUM PONERET ŒSTUS,
 MEMBRA DEDIT CINERI, DANS SPIRITALI PATRI.

55. AGOBERT *(Agobertus, Agenertus, Aivertus, Adevertus)*. Fondation de l'abbaye de la Chaise-Dieu, en 1052 ; — Fondation du prieuré de Vieuvicq ; — Cartulaire de Notre-Dame de Chartres, p. 92 et 93 ; — Charte de l'abbaye de Saint-Germain-des-Prés, en 1058 ; — Dédicace du prieuré de Chuisnes.

Dans une charte originale de l'abbaye de Bonneval de l'année 1059 que nous avons entre les mains, figure un certain Florus, évêque de Chartres.

Il doit y avoir une erreur dans cette pièce, car nulle part ailleurs nous n'avons trouvé trace de ce Florus : Agobert siégeait encore certainement en l'année 1060.

Après Agobert, le *Gallia Christiana* nomme Hildier *(Hildegarius)*, sous-doyen de l'église de Chartres et disciple de Fulbert, qui aurait occupé par simonie le siége de Chartres. Cet Hildier aurait été déposé dans un synode tenu à Rome en 1063.

56. ROBERT Ier. Fondation du prieuré Saint-Cosme et Saint-Damien de Meulan, en 1067. Mort le 10 des calendes de janvier (1069), suivant notre *Nécrologe*[1].

57. ARRALD (*Arraldus, Ayraldus, Adraldus*). Dédicace de la chapelle de Notre-Dame dans le cimetière de Vendôme, en 1070 ; — Concile de Sens, en 1071 ; — Cartulaire de Notre-Dame de Chartres, p. 93 ; — Lettres de Grégoire VII, à l'année 1073. Mort le 4 des ides de février (1075), suivant notre *Nécrologe*. Ce prélat passait pour un grand savant et un grand orateur.

Après Arrald, les auteurs du *Gallia Christiana* font figurer parmi les évêques de Chartres Robert de Grandmesnil, dont nous allons dire un mot à l'article de Geoffroy Ier ; mais les autres catalogues n'ont jamais compté ce Robert, non plus que Hildier, parmi nos prélats, à cause du crime de simonie dont fut entachée son élection, que le Saint-Siége refusa de confirmer. (Lettres de Grégoire VII, *passim*.)

58. GEOFFROY Ier, neveu de Geoffroy, évêque de Paris, et d'Eustache, comte de Boulogne. Il eut pour compétiteur Robert de Grandmesnil, normand de naissance, abbé de Sainte-Euphémie en Calabre. *Hunc nimirum accersierat Philippus, rex Francorum, volens ei dare episcopatum Carnotensem. Sed Gallis Normannorum devitantibus magisterium, Goisfredus, Eustachii, Bolonensium comitis, nepos, præoccupavit pontificatum* (Orderic Vital, lib. V). On rencontre Geoffroy mentionné dans le synode d'Autun, en 1077, où il fut déposé pour crime de simonie par le légat Hugues de Die ; — Lettres de Grégoire VII, *passim* ; — Dédicace du prieuré Saint-Denis de Nogent, en 1079 ; — Concile de Sens, en 1080 ;

---

[1] C'est par erreur que, dans la note 1 de la page 224 du IIIe volume, nous avons attribué cet obit à Robert Ier, évêque de Senlis.

— Cartulaire de Notre-Dame de Chartres, p. 95. Déposé, en 1089, par le pape Urbain II, il fut sur le point d'être réintégré par l'archevêque de Sens, Richer, dans le concile d'Etampes, en 1091; mais condamné de nouveau par la Cour de Rome, il se retira en Normandie, dont il pilla la prévôté appartenant à l'église de Chartres.

59. Saint YVES. La vie de ce grand prélat est trop connue, les titres où il apparaît sont trop nombreux pour que nous les citions en détail. Elu évêque de Chartres en 1090, il mourut le 10 des calendes de janvier (1115), suivant notre *Nécrologe*. Il fut enterré dans l'église de l'abbaye de Saint-Jean-en-Vallée, où on lisait cette épitaphe :

> PRÆSULIS IVONIS CORPUS JACET HIC TUMULATUM,
> CUJUS HONOS PULSAT LIMEN UTRUMQUE POLI.
> JURIS HIC ANTISTES CANONUM DECRETA SACRORUM
> PERLEGIT, LEGUM DOGMATA DANS BREVIUS.
> MYSTICA SACRA ALIBI DANTUR, REX, QUAM TIBI REMIS,
> CONSULTORQUE TUIS REX VOCITATUS ABIS.
> HUNC CAPIT HUGO COMES CARNUTUM MŒNIA TENTANS,
> QUEM PIA PLEBS REDIMIT SUMPTIBUS INNUMERIS.
> ÆRE SUO ATQUE OPERA RENOVAVIT PRÆSULIS ÆDES;
> FIRMAT JOHANNIS, QUA JACET, ABBATIAM;
> ATQUE DECANATUM ANDREÆ FORMAVIT ET AUXIT;
> TE DUCE, FIT MARIÆ PULPITUS ECCLESIÆ;
> FUNDAMENTA LOCI JECIT BELLI PRIORATUS;
> HIC MAGDALENÆ PRÆPARAT ECCLESIAM.
> VICENOS ANNOSQUE DUOS SINE CRIMINE SEDEM
> REXIT, AB INTEGRIS MORIBUS ATQUE FIDE.

60. GEOFFROY II (de Lèves). Charte de l'abbaye de Marmoutier, en 1116; — Cartulaire de Notre-Dame de Chartres, *passim;* — Fondation de l'abbaye de Josaphat, en 1118; — Concile de Reims, en 1119; — Concile de Beauvais, en 1120; — Dédicace de l'église Saint-Nicaise de Meulan, en 1120; — Fondation de l'abbaye de l'Aumône, en 1121; — Charte de l'abbaye de Bourg-Moyen, en 1122; — Concile de Chartres, en 1123; — Charte du prieuré de Saint-Denis de Nogent-le-Rotrou, en 1124; — Dédicace de l'église Saint-Germain de Séez, en 1126; — Concile de Troyes, en 1128; — Chartes de l'abbaye de Thiron, en 1128, 1132 et 1138; — Sacre de Philippe, fils de Louis le Gros, en 1129; — Fondation du prieuré de Chauvigny, en 1130; — Chartes du prieuré de

Chamars, en 1130 et 1131 ; — Concile de Reims, en 1130 ; — Dédicace du prieuré de Belhomert, en 1132 ; — Fondation du prieuré de la Madeleine de Mantes, en 1133 ; — Concile de Pise, en 1134 ; — Sacre d'Hugues, évêque d'Auxerre, en 1136 ; — Testament de Suger, abbé de Saint-Denis, en 1137 ; — Mariage de Louis le Jeune avec Eléonore d'Aquitaine, en 1137 ; — Concile de Latran, en 1139 ; — Concile de Sens, en 1140 ; — Consécration de l'église de Saint-Denis, en 1144 ; — Synode de Chartres, en 1146. Cet illustre prélat, légat d'Innocent II dans les provinces de Bourges, Bordeaux, Tours et Dol, en 1130, mourut en 1148, le 9 des calendes de février, suivant notre *Nécrologe*, et fut enterré dans l'église de l'abbaye de Josaphat.

61. GOSLEIN (de Lèves), neveu de Geoffroy II. Charte de l'abbaye de Coulombs, en 1148 ; — Charte de l'abbaye de Saint-Cheron, en 1150 ; — Chartes de l'abbaye de Josaphat, *passim* ; — Cartulaire de Notre-Dame de Chartres, *passim* ; — Charte de la léproserie du Grand-Beaulieu, en 1151. Mort en 1155, le jour des calendes de février, suivant notre *Nécrologe*, et enterré dans l'église de l'abbaye de Josaphat, où on lisait cette épitaphe :

HIC TANDEM, GOSLENE, JACES SUB PULVERE, CUJUS
SECULA MIRANTUR RELLIGIONIS OPUS.
JOSAPHAT ABBATIAM, CUJUS PRIMUS FUIT AUCTOR
GAUFRIDUS, INNUMERIS SUMPTIBUS ÆDIFICAS ;
PRÆTEREA ABBATIAM CARAUNI MARTYRIS AUGES ;
VIRGINIS ECCLESIAM NOBILITAS TABULIS.

62. ROBERT II. Cartulaire de Notre-Dame de Chartres, p. 161 ; — Chartes des abbayes de Saint-Rémy-des-Landes et de Saint-Cyr, en 1160 ; — Charte du prieuré de Chuisnes, en 1162 ; — Chartes de l'abbaye de Saint-Jean-en-Vallée, *passim* ; — Charte de l'abbaye de Clairefontaine, en 1164. Mort en 1164, le 9 des calendes d'octobre, suivant notre *Nécrologe* ; enterré à Josaphat.

63. GUILLAUME I (de Champagne, dit *Aux-Blanches-Mains*), fils de Thibaut le Grand, comte de Champagne, frère d'Henri I, comte de Champagne, de Thibaut IV, comte de Chartres et Blois, d'Etienne, seigneur de Sancerre, et d'Alix de Champagne, femme de Louis VII et mère de Philippe Auguste. Concile de Beauvais, en 1166 ; — Cartulaire de Notre-Dame de Chartres, *passim* ; — Charte du prieuré de Saint-Denis de

Nogent-le-Rotrou, en 1166; — Dédicace de l'église de Josaphat, en 1169. Guillaume de Champagne, élu archevêque de Sens en 1168, n'en conserva pas moins l'administration de l'église de Chartres : il ne l'abandonna qu'en 1176 lorsqu'il eut été nommé à l'archevêché de Reims.

64. JEAN I (de Salisbury). Charte du prieuré de Chamars, en 1177; — Donation de l'église de Choue à l'abbaye de la Madeleine de Châteaudun en 1177; — Concile de Latran, en 1179. Mort en 1180, le 8 des calendes de novembre. Outre le *Polycraticon*, ouvrage souvent et justement vanté, on a de ce prélat des Lettres fort curieuses, et une vie de saint Thomas Becket, archevêque de Cantorbéry, dont il avait été le disciple bien-aimé.

65. PIERRE I (de Celles). Charte de l'abbaye des Vaux-de-Cernay, en 1181; — Cartulaire de Notre-Dame de Chartres, p. 203; — Donation à l'abbaye de Saint-Magloire de l'église de Saint-Pierre de Montfort, en 1182. Mort en 1183, le 10 des calendes de mars, suivant notre *Nécrologe*. Enterré dans l'église de l'abbaye de Josaphat, où on lisait cette épitaphe :

MŒNIBUS ET PLATEIS URBEM INSIGNIVIT ET AUXIT,
ET VARIIS FECIT TECTA SUPERBA LOCIS.
HUNC PIA PLEBS HABUIT TANTO PIETATIS AMORE,
OSCULA MILLE SUIS UT DEDERIT PEDIBUS.

66. RENAUD (de Mouçon), fils de Renaud II, comte de Bar, et d'Agnès, fille de Thibaut le Grand, comte de Champagne, neveu par conséquent de l'évêque Guillaume Ier. Renaud eut pour compétiteur Philippe, chantre de l'église de Chartres, qu'un titre de l'abbaye de Saint-Avit appelle *élu de Chartres*, en 1183. Il serait trop long de mentionner tous les actes où figure l'évêque Renaud : pour lui comme pour ses successeurs, nous nous contenterons de quelques citations; la succession de ces prélats n'est plus contestée, et nous avons besoin de moins de preuves pour établir le temps de leur épiscopat. Rappelons donc seulement pour Renaud de Mouçon : Charte du prieuré de Chuisnes, en 1183; — Charte de l'abbaye de l'Etoile, en 1185; — Fondation du prieuré de Saint-Rémy de Néron, en 1188; — Fondation de l'abbaye des Clairets, en 1204. Il part pour la Croisade en 1190, et, le 16 juillet 1191, il réconcilie les églises de Saint-Jean-d'Acre. En 1209, il prend part à la Croisade contre les Albigeois. Il meurt en 1217, le 6 des ides de décembre.

67. GAUTHIER. Consécration de l'église de Chaalis, en 1219 ; — Concile de Paris, en 1223 ; — Dédicace de l'abbaye du Breuil-Benoît et de celle de Joyenval, en 1224 ; — Testament de Louis VIII, en 1225 ; — Fondation de l'abbaye de l'Eau, en 1225 ; — Dédicace du monastère de Longpont, en 1227 ; — Jugement contre Pierre, comte de Bretagne, en 1230. — Établissement des Frères Mineurs, à Chartres, en 1231. Mort en 1234, le 13 décembre.

68. HUGUES (de la Ferté). Charte de l'abbaye de Morigny, en 1235. Mort en 1236, le 6 des ides d'août.

69. AUBRY (Cornut), frère de Gautier, archevêque de Sens. Dédicace de l'église de Saint-Sauveur de Blois, en 1241. Mort en 1244, le 15 des calendes de novembre.

70. HENRI (de Grez). Concile de Lyon, en 1245. Mort en 1246, le jour des nones de décembre. Enterré, à Chartres, près de son frère Etienne, doyen du Chapitre, dans l'église des Frères Prêcheurs, où on voyait cette épitaphe :

> HOS, FRATRES PRIDEM, TUMULUS MODO COLLIGIT IDEM.
> QUOS AMOR UNIVIT, MORS DISSOCIARE NEQUIVIT.
> HENRICUS, STEPHANUS, HIC EPISCOPUS, ILLE DECANUS
> CARNOTI, VITÆ SIMILIS PRIUS ARCHILEVITÆ,
> AMBO TIMORATI, GENEROSO SANGUINE NATI,
> JURIBUS ARMATI, FACTIS VERBISQUE PROBATI.
> DURA PRIUS STEPHANUS CINERUM LUX INCINERAVIT,
> DURIOR HENRICUM NICHOLAI NOX NICHILAVIT.

71. MATHIEU (des Champs), neveu de l'évêque Gauthier. Dédicace de la Sainte-Chapelle de Paris, en 1248 ; — Testament d'Isabelle, comtesse de Chartres, en 1250 ; — Synode de Paris, en 1256 ; — Concile de Sens, en 1256. Mort en 1259, la veille des calendes de janvier. Enterré dans l'église des Frères Prêcheurs de Chartres, où on lisait cette épitaphe :

> MORIBUS INSIGNIS, PRÆCLARUS DOGMATE, DIGNIS
> LAUDIBUS ORNATUS, MATHÆUS JACET HIC TUMULATUS.
> HIC STUDUIT REGIS ÆTERNI REGNA MERERI.
> IPSE FUIT CLERI GEMMA, LUCERNA GREGIS.
> MITIS, PACIFICUS, PRUDENS ET JURIS AMICUS,
> SOBRIUS ET CASTUS FUIT, ET SINE CRIMINE FASTUS.
> ANNIS MILLENIS JUNCTIS C BIS LQUE, NOVENIS
> CURSIBUS EXPLETIS MATHÆUS TRANSIIT ANNIS.

72. PIERRE II (de Mincy), neveu d'Henri de Grez. Statuts de l'église de Saint-André de Châteaudun, en 1263 ; — Privilége pour l'abbaye de Bourg-Moyen, en 1270. Mort en 1276, le 2 des calendes d'avril, et enterré dans l'église des Frères Prêcheurs de Chartres, où on lisait cette inscription :

>   CORPUS PONTIFICIS, QUEM PETRUM NOMINE DICIS,
>   HIC JACET ; HIC PATRUIS JUNGITUR IPSE SUIS.
>   PRUDENS, MANSUETUS, HUMILIS FUIT, ATQUE PUDICUS,
>   DOCTOR DISCRETUS, ET PACIS SEMPER AMICUS,
>   SOBRIUS ET LENIS, NULLI PIETATE SECUNDUS,
>   DONIS FECUNDUS, SIBI PARCUS, LARGUS EGENIS.
>   M SEMEL ET BIS C TRIGINTA BIS HIS QUOQUE MISCE,
>   ET CUM QUINQUE DECEM, PERCIPIESQUE NECEM.
>   LUCE CARO FRAGILIS PRIMA SEPELITUR APRILIS.
>   HUIC SIT PROPITIA PIA MATER VIRGO MARIA,
>   QUÆ PROCURET EI SEDEM SANCTÆ REQUIEI.

73. SIMON I (de Perruchay), neveu du pape Martin IV. Concile de Sens, en 1280 ; — Fondation de l'Hôpital des Aveugles, à Chartres, en 1291. Mort en 1297, le 5 des ides de novembre, et enterré à Paris dans l'église des Saints-Innocents. Nous rapporterons plus loin (t. I, p. 25) l'inscription qui se trouvait sur sa tombe.

74. JEAN II (de Garlande). Donation à l'église de Saint-Lubin de Brou, en 1304 ; — Translation du chef de saint Louis à la Sainte-Chapelle de Paris, en 1306 ; — Concile de Vienne, en 1311. Mort le jour des calendes d'octobre 1315.

75. ROBERT III (de Joigny), oncle de la comtesse Jeanne, femme de Charles de Valois. Concile de Sens, en 1316 ; — Concile provincial de Melun, en 1320 ; — Confirmation d'immunités à l'abbaye de la Trinité de Vendôme, en 1326. Mort le 13 des calendes de mai 1326.

76. PIERRE III (de Chappes), chancelier de France de 1316 à 1320, évêque d'Arras depuis 1320. Créé cardinal-prêtre du titre de Saint-Martin-aux-Monts [1] par le pape Jean XXII en 1328, il cède à son successeur le siége de Chartres.

77. JEAN III (Pasté), évêque élu d'Arras. Mariage de Jean, duc de Bretagne, avec Jeanne de Flandre, dans la cathédrale de Chartres, en 1329 ;

---

[1] Le *Nécrologe* dit du titre de Saint-Clément (voir vol. III, p. 71).

— Dédicace de l'église Saint-Louis de Poissy, en 1330. Mort le 7 des calendes d'avril 1332.

78. AYMERY II (de Chastellux), nonce apostolique, archevêque de Ravenne, de 1322 à 1332. Créé, par le pape Clément VI, cardinal-prêtre du titre de Saint-Martin-aux-Monts, en 1342, il résigna l'administration du diocèse de Chartres.

79. GUILLAUME II (Amy), auditeur de rote, évêque élu d'Apt. Transféré en 1343 au patriarchat de Jérusalem, avec l'administration de l'évêché de Fréjus.

80. LOUIS I (de Vaucemain), employé par le roi de France, Jean, dans diverses négociations. Mort le 19 janvier 1357.

81. SIMON II (Lemaire), évêque de Dol, de 1350 à 1357. Mort en 1360, le 13 des calendes de juillet.

82. JEAN IV (d'Anguerant), neveu de Louis de Vaucemain. Transféré en 1367 à l'évêché de Luçon qu'il refusa, puis à celui de Beauvais en 1368.

83. GUILLAUME III (de Chanac), petit-neveu de Guillaume et neveu de Foulques, évêques de Paris. Transféré à l'église de Mende en 1369 et créé cardinal du titre de Saint-Vital en 1371.

84. GUÉRIN (d'Arcy), auditeur de rote. Exécuteur du testament du cardinal Gui de Boulogne, évêque de Porto, en 1372. Mort le 10 août 1376.

85. EBLES (du Puy), frère du cardinal Gérard du Puy. Mort le 26 février 1380.

86. JEAN V (Lefèvre), chancelier de Louis d'Anjou, roi de Sicile. Mort en 1390, le 11 janvier. Enterré dans l'église de Saint-Martial d'Avignon, où on lisait cette épitaphe :

> PARISIUS GENITUM NIGER EXCIPIT ORDO TENELLUM;
> EXIMIUS DOCTOR CANONIS INDE SACRI.
> TRINOCHII PRIMO, VEDASTI DENIQUE CŒTUS,
> MORIBUS ET VITA SPLENDIDUS, ABBA REGIT.
> INTRUSUM ROMÆ DETESTANS RITE JOHANNES,
> CLEMENTEM PETRI SCEPTA TENERE DOCET.
> UNDENA TANDEM JANI SUB LUCE QUIEVIT,
> CARNOTUM PRÆSUL. SIS SIBI, CHRISTE, PIUS.

87. JEAN VI (de Montaigu), frère de Gérard, évêque de Paris. Translation des reliques de saint Louis dans l'abbaye de Saint-Denis, en 1392; —

Dédicace de l'église des Blancs-Manteaux à Paris, en 1397. Jean de Montaigu devint premier président de la Chambre des Comptes, en 1399, puis chancelier de France, en 1405. Il fut transféré à l'archevêché de Sens, en 1406.

88. Martin (Gouge de Charpaignes). Chancelier du dauphin Charles, en 1414. Transféré à l'évêché de Clermont-Ferrand, en 1415.

89. Philippe (de Boisgiloud). Mort en 1418, le 21 septembre.

Après Philippe de Boisgiloud, le *Gallia Christiana* nomme le cardinal Jourdain des Ursins comme ayant tenu en commande l'église de Chartres. Ce prélat ne prit jamais possession et ne nous semble pas devoir être rangé au nombre de nos évêques.

90. Jean VIII (de Frétigny). Il eut pour compétiteur Robert Dauphin, élu par ceux des chanoines qui tenaient pour le roi de France. Jean de Frétigny fut tué, lors de la prise de Chartres par les Français, le 12 avril 1432, et non le 15 mars, comme l'avance le *Gallia Christiana*.

91. Robert IV (Dauphin), fils de Béraud II, dauphin d'Auvergne. Compétiteur, comme nous l'avons dit, de Jean de Frétigny, il eut lui-même pour rival Philippe Prunelé, abbé de Saint-Laumer de Blois, élu par les chanoines qui, presque tous, étaient du parti du roi d'Angleterre. Robert Dauphin fut transféré à l'archevêché d'Alby en 1434.

92. Thibaut II (Lemoine), évêque élu de Séez. Mort le 28 juin 1441. Enterré, à Paris, dans l'église de Saint-Jean-de-l'Hôpital, où on lisait cette épitaphe :

Hic jacet Reverendus in Christo Pater dominus Theobaldus Monachi, Cenomanensis diœcesis, dudum Dei gratia Carnotensis episcopus, utriusque juris doctor, et referendarius domini Eugenii papœ IV, qui obiit anno Domini 1441, die 28 mensis junii [1]. *Cujus anima requiescat in pace, amen.*

Le *Gallia Christiana*, d'après les Registres du Vatican, donne pour successeur à Thibaut Lemoine Pierre de Comborn, qui ne prit certainement jamais possession et fut transféré en 1443 à l'évêché d'Évreux.

93. Pierre IV (Bèchebien), doyen de la faculté de médecine dans l'Académie de Paris. Mort au mois de février 1459.

---

[1] Notre Cartulaire reporte la mort de ce prélat au 3 juillet.

94. MILES (d'Illiers), fils de Pierre, seigneur d'Illiers, et frère du célèbre capitaine Florent d'Illiers. Il eut pour compétiteur Christophe d'Harcourt. Concile de Sens, en 1460 ; — Dédicace de l'église Saint-Martin au cloître Saint-Marcel, à Paris, en 1480 ; — Concile provincial de Sens, en 1485. Résigne l'épiscopat, en 1492.

95. RENÉ (d'Illiers), neveu de Miles. Funérailles de François, duc de Bourbon, dans l'église de Vendôme, en 1495. Mort en 1507, le 8 avril.

96. ÉRARD (de la Mark), évêque de Liège, frère de Robert, duc de Bouillon et maréchal de France. Contrat de mariage de Louis XII et de Marie d'Angleterre, en 1514. Nommé cardinal-prêtre du titre de Saint-Chrysogon par le pape Léon X, en 1521, à la prière de l'empereur Charles-Quint. Le roi de France, François Ier, dont Érard avait déserté la cause, mit l'évêché de Chartres en régale en 1523, et Érard lui-même céda son siège à Louis Guillard en 1525.

97. LOUIS II (Guillard), évêque de Tournay, de 1513 à 1525. Concile de Sens, en 1528. Transféré, en 1553, à l'évêché de Châlon-sur-Saône, puis à celui de Senlis, en 1560.

98. CHARLES (Guillard), neveu de Louis II. Il fut véhémentement soupçonné d'être fauteur de l'hérésie de Calvin. Mort le 22 février 1573. Enterré dans l'église de Villeneuve-sous-Dammartin (Seine-et-Marne), où sa tombe existe encore, avec cette inscription :

Cy-gist R. père en Dieu Me Charles Guillart, en son vivant évesque de Châlons[1] et de Chartres, abbé de l'abbaye des Vaulx, seigneur du Mortier et d'Espineu, lequel décéda le dimanche 22e jour de février 1573.

99. NICOLAS (de Thou). Assemblée de Mantes, en 1591 ; — Sacre d'Henri IV, à Chartres, en 1594. Mort le 5 novembre 1598.

100. PHILIPPE II (Hurault de Cheverny), neveu de Nicolas de Thou. Concile provincial de Paris, en 1612. Mort le 27 mai 1620.

101. LÉONOR (d'Estampes de Valençay), cousin de Philippe Hurault. Dédicace de l'église des Carmélites de Paris, en 1625 ; — Assemblée du clergé de France, en 1626 ; — Assemblée des notables, en 1627. Trans-

---

[1] Charles Guillard ne fut jamais évêque de Châlons-sur-Marne ni de Châlon-sur-Saône. Cette erreur dans l'inscription tumulaire est assez singulière.

féré à l'archevêché de Reims en 1641, il résigna l'évêché de Chartres, en 1642.

102. JACQUES (Lescot). Assemblées du clergé de France, en 1645, 1646 et 1656. Mort le 22 août 1656. Enterré dans l'église de Saint-Aignan de Chartres, où on lisait cette inscription :

<blockquote>
JACOBI CARNUTUM EPISCOPI HIC CARO REQUIESCIT IN SPE. PRECARE, QUISQUIS ES, UT ANIMA IN BONIS DEMORETUR ET SIT IN PACE LOCUS EJUS. OBIIT ANNO DOMINI M VI^c LVI, DIE XXII AUGUSTI.
</blockquote>

103. FERDINAND (de Neufville de Villeroy), évêque de Saint-Malo depuis 1644, frère de Nicolas de Villeroy, maréchal de France. Mort le 8 janvier 1690. Enterré dans l'église du Grand-Séminaire, à Chartres, où on lisait cette inscription :

<blockquote>
FERDINANDVS DE NEVFVILLE DE VILLEROY,
CARNOTENSIVM EPISCOPVS, REGI AB OMNIBVS CONSILIIS.
SEMINARII FVNDATOR,
HOC IN TEMPLO IACET, QVOD EXALTAVIT DOMINO;
INTER CLERICOS
QVIBVS MAGNIFICAS ÆDES EXSTRVXIT,
ANIMAM EIVS IN ÆTERNA TABERNACVLA RECIPIANT PAVPERES,
QVORVM FVIT PATER :
ET SIT HABITATIO EIVS IN SION.
OBIIT DIE VIII IAN. ANNO DNI. M. DC. LXXXX. ÆTATIS SVÆ LXXXII [1].
</blockquote>

104. PAUL (Godet des Marais). Érection de l'évêché de Blois, en 1697. Mort le 26 septembre 1709. Enterré, à Chartres, dans l'église du Grand-Séminaire, où on mit sur sa tombe cette épitaphe :

<blockquote>
HIC EXSPECTAT BEATAM SPEM
CORPVS ILL. AC REVERENDISS. IN CHRISTO PATRIS
DD. PAVLI GODET DES MARAIS,
EPISCOPI CARNOTENSIS.
QVI CLERICALI MILITIÆ CŒLO VOCANTE ADSCRIPTVS,
VITÆ INTEGRITATE DILECTVS DEO,
DOCTRINÆ LVCE AC PVRITATE ECCLESIÆ PERVTILIS,
RELIGIONIS STVDIO SS. PONTIFICIBVS PROBATVS,
OMNIBVS BONI ANTISTITIS VIRTVTIBVS REGI ACCEPTVS,
VNIVERSO GREGI CHARVS VIXIT.
</blockquote>

---

[1] La plaque de marbre sur laquelle était cette inscription est aujourd'hui la propriété de la Société Archéologique d'Eure-et-Loir.

REGIO S. CYRICI PARTHENONI MODERANDO PRÆPOSITVS,
CONSILIO AC SAPIENTIA,
MAJORI SE ADMINISTRATIONE DIGNVM PRÆBVIT.
HUIC DIŒCESI EPISCOPVS DIVINO BENEFICIO CÓNCESSVS,
SACROS MINISTROS, EGENOS, VRBEM, PROVINCIAM,
OPTIMIS MORIBVS ET SANCTIORE DISCIPLINA,
PROPRIIS FACVLTATIBVS, VERBIS ET EXEMPLIS,
INSTRVXIT, PAVIT, IVVIT, EXCITAVIT, CONFIRMAVIT.
CLERO CARNOTENSI CANONICAM INSTITVTIONEM,
ERVDITIONEM NECESSARIAM, VTRIVSQVE PERENNITATEM,
PROVIDIT, ATQVE IN POSTERVM ASSERVIT.
ANTIQVÆ FIDEI DEPOSITVM VIGILANTISSIME SERVAVIT,
PERITISSIME AC STRENVE DEFENDIT.
EIVSDEM FIDEI HOSTES SVMMA SAGACITATE DETEXIT,
PARI ANIMO AC SCIENTIA DEBELLAVIT.
FREQUENS VERBI DIVINI PRÆDICATIO; CONDITA SEMINARIA
ATQVE IN TENVIORVM CLERICORVM SVBSIDIVM DOTATA;
INSTITVTÆ INTER PAROCHOS DE FIDEI MORVMQVE DOCTRINA
DISCEPTATIONES ASSIDVÆ;
PRÆSCRIPTA EISDEM IN HOC ASCETARVM SECESSV EXERCITIA,
AD REVOCANDVM PIETATIS ARDOREM IDENTIDEM REPETENDA;
EGREGIÆ LVCVBRATIONES;
HONORIFICENTISSIMVM DE ILLIS CHRISTI VICARII IVDICIVM;
AFFECTA SEMPER VALETVDINE CVRA OVIVM INDEFESSA;
MORS IPSA ACRIORI LABORE ACCELERATA,
ET PIE INTER PASTORALIS OFFICII FVNCTIONES OBITA,
VI KAL. OCTOBR. AN. CHRISTI MDCCIX, ÆTAT. LXII,
EPISCOPÀT. XX,
ÆTATI SVÆ PAVLVM COMMENDARVNT,
POSTERITATI TRANSMITTENT.

Carolus-Franciscus des Monstiers de Merinville, Pauli in sede successor, avunculo beneficentissimo mœrens posuit.

105. CHARLES-FRANÇOIS (des Monstiers de Mérinville), neveu de Paul Godet des Marais. Mort le 10 mai 1746.

106. PIERRE-AUGUSTIN-BERNARDIN (de Rosset de Fleury), neveu du cardinal de Fleury, grand-aumônier de la reine Marie Leczinska. Mort le 13 janvier 1780.

107. JEAN-BAPTISTE-JOSEPH (de Lubersac), évêque de Tréguier, de 1775 à 1780. Député du Clergé à l'assemblée provinciale de l'Orléanais, en 1787; puis aux États-Généraux, en 1789.

Cet évêque, ayant refusé de prêter le serment prescrit par la Constitution civile du Clergé (1790), fut considéré comme démissionnaire, et l'assemblée des électeurs départementaux élut, le 13 février 1791, pour évêque constitutionnel, Nicolas Bonnet, curé de la paroisse Saint-Michel de Chartres. Mais le régime de la Terreur suivit de près cette élection, et, le 15 novembre 1793, la cathédrale de Chartres était convertie en temple de la Raison.

Depuis 1793 jusqu'en 1821, le siége épiscopal de Chartres demeura supprimé. Le concordat de 1802 l'avait réuni à celui de Versailles : le concordat de 1817 l'avait rétabli en principe, mais ce ne fut qu'en 1821 qu'un nouvel évêque fut nommé.

108. JEAN-BAPTISTE-MARIE-ANNE-ANTOINE (de Latil), transféré à l'archevêché de Reims en 1824.

109. CLAUDE-HIPPOLYTE (Clausel de Montals), résigne ses fonctions au mois de janvier 1853.

110. LOUIS-EUGÈNE (Regnault).

§ III. — LIMITES DE L'ANCIEN DIOCÈSE DE CHARTRES.

De même que Chartres occupait le premier rang après Sens parmi les villes de la quatrième Lyonnaise, de même l'évêché de Chartres obtenait la première place parmi les siéges suffragants de la métropole Sénonaise. C'était justice; car si aucun autre diocèse de la province ne pouvait revendiquer des origines chrétiennes plus anciennes et plus illustres, aucun non plus n'étendait sa juridiction sur un territoire plus vaste. En effet, le diocèse de Chartres mesurait près de 200 kilomètres de long sur 160 de large. Il absorbait en totalité ou en partie la Beauce, le *saltus* du Perche, les *pagi* Chartrain, de Dreux, de Madrie, de Pinserais, de Dunois, de Vendôme et de Blois, c'est-à-dire les districts que l'érudition moderne a groupés sous la rubrique *civitas Carnotensis* du *Noticia provinciarum et civitatum Galliæ*.

Cette célèbre notice, rédigée sous Honorius, entre les années 395 et 423 [1], assignait à la Gaule 17 provinces et 115 cités. D'un autre côté,

---

[1] Les éditions de la *Notice* sont très-nombreuses; la plus complète est celle que M. Guérard a donnée dans son *Essai sur le système des divisions territoriales de la Gaule*. (1 vol. in-8°; Paris, Debure, 1832, p. 12 à 34.)

chaque chef-lieu de province possédait à la même époque une église métropolitaine.[1], et presque tous les évêchés avaient leurs siéges dans des cités[2]. La plupart des géographes ont conclu, et de cette concordance et de la tradition de l'église, que les évêchés, tels qu'ils étaient constitués avant 1789, représentaient exactement, comme territoires, les cités gallo-romaines du IVe-Ve siècle[3].

Hadrien de Valois a été plus loin. Suivant cet illustre érudit, chaque cité gallo-romaine correspondait à un grand *pagus*, subdivisé souvent lui-même en plusieurs districts inférieurs, *pagi minores*. Plus tard les *pagi minores* furent divisés en cantons appelés *centaines et vicairies*[4]. Lorsque l'église, maîtresse spirituelle de la cité ou *pagus major*, créa des archidiacres et des doyens ruraux, elle plaça les premiers dans les *pagi minores* et les seconds dans les *centaines* et *vicairies*. D'où il résulte que si l'évêché ancien nous a conservé la cité, nous devons retrouver non moins exactement la circonscription des *pagi minores*, des *centaines* et des *vicairies* dans le territoire des archidiaconés et des doyennés ruraux[5]. Tel est le système d'Hadrien de Valois. Par malheur, les faits contredisent fréquemment cette formule si commode dans sa simplicité.

Voyons maintenant ce que l'étude géographique de l'ancien diocèse de Chartres apporte d'autorité à ces affirmations doctrinales.

Au nord, du côté de l'archevêché de Rouen, la limite du diocèse de

---

[1] La moins ancienne des églises métropolitaines, celle de Moutiers-en-Tarentaise, capitale de la province des Alpes grecques et pennines, eut son premier évêque vers 420.

[2] Mais un assez grand nombre de *cités* étaient encore dépourvues d'évêchés : ainsi les siéges de Châlon-sur-Saône, Coutances, Rennes, Vannes, Tournai, Lectoure, Conserans, Sisteron, Senez, Glandèves, ne furent érigés qu'au Ve siècle, et ceux de Mâcon, Avranches, Séez, Lisieux, Saint-Pol-de-Léon, Nevers, Arras et Cambrai, Thérouanne et Boulogne, Comminges, Bazas, Oloron ne datent que du VIe siècle.

[3] J. Scaliger, Sanson, Hadrien de Valois, l'abbé Lebœuf, d'Anville, et parmi les modernes M. Guérard (*Essai* cité et *Polypt. d'Irminon*), M. A. Le Prevost (*Anciennes divis. territ. de la Normandie*), M. Desnoyers (*Topogr. ecclés. de la France*), M. Deloche (Mémoire inséré dans le tome IV des *Mém. de l'ac. des Inscrip.*; savants étrangers) et autres.

[4] M. Guérard (*Essai*, p. 48 et 53) donne pour divisions au pagus le *finis*, la *condita* et l'*aïcis*; ces divisions auraient fait place à la *centena* et à la *vicaria* lorsque le *pagus* fut remplacé par le *comté*, c'est-à-dire sous les Francs.

[5] *Ecclesiam veterem ordinem divisionemque etiamnum servat in Gallia. Nam diocœses quidem civitatibus vel majoribus pagis, archidiaconatus minoribus pagis, decanatus rurales aut archi-presbyteratus vicariis centenisve respondent.* (*Had. Vales. Noticia gall.*, præfat., p. XII. Paris, 1675, in-f°).

Chartres, formée naturellement par les méandres de la Seine, était bien celle des *pagi* de Pinserais et de Madrie [1]. Mais, du côté de l'évêché d'Evreux, la frontière ouest, définie par la rivière d'Avre quant au *pagus* de Dreux [2], ne correspondait pas aux bornes attribuées au *pagus* de Madrie, lequel remontait d'après les titres jusqu'à la Croix-Saint-Leufroy [3], à la hauteur de Vernon. Le diocèse de Chartres quittant la rivière d'Eure au-dessous de Nantilly, hameau de la Chaussée-d'Ivry, aboutissait à la Seine un peu au-dessous de Portvillez. Il délaissait ainsi à l'évêché d'Evreux un pays resserré entre les deux rivières, comprenant, outre la Croix-Saint-Leufroy, Bueil, Chanu, Villiers-en-Désœuvre, Saint-Illiers-le-Bois, Heurgeville, Saint-Cheron, Cravent, Breuilpont, Hécourt et autres paroisses qui avaient certainement fait partie de l'ancien Madrie [4].

A l'est, nous ne possédions pas entièrement le *pagus* de Pinserais. Il résulte de titres mérovingiens et carlovingiens [5] que le Pecq, Marly, Mareil-Marly [6], Rocquencourt, la Celle-Saint-Cloud, Rueil, Courbevoie, qui ont toujours fait partie du diocèse de Paris, étaient situés dans ce *pagus*. Nous pourrions y ajouter Villepreux, Saint-Nom-la-Bretêche, Rennemoulin et Bois-d'Arcis, autres paroisses du même diocèse, dont la position entre Noisy, Bailly, Fontenay-le-Fleury, Saint-Cyr et Trappes, villages du Pinserais chartrain, indique l'origine pinseraise. Enfin Lévy, paroisse du diocèse

---

[1] Cependant il fut un temps où le *pagus* de Pinserais s'étendait sur quelques paroisses de la rive droite de la Seine. M. Guérard (*Polyp. d'Irm.*, p. 78) cite Maurecourt, d'après un titre de 711 rapporté dans Brequigny (*Dipl.* I, p. 390), et Meulan, d'après un diplôme de 918 du *Recueil des hist. de France* (vol. IX, p. 537 B).

[2] Osmeaux, Boissy-en-Drouais, Ilou près Dampierre-sur-Avre, Armentières, localités qui longent à peu près le cours de l'Avre et dessinent la frontière de l'archidiaconé de Dreux du côté du diocèse d'Evreux, appartenaient à l'ancien *pagus Drocensis*. (*Cartul. de Saint-Père*, p. 95 et 539. — D. Bouquet, *Hist. de France*, vol. VIII, p. 433 D.)

[3] Le monastère fondé par saint Leufroi vers 690, était situé *ad fines pagi Madriacensis*. (*Vita S^u Leufredi abb.*, ap. Mabillon, sæc. 3, part. I, p. 583. — Bolland., *Acta ss. mensis Junii* die XXI, cap. 2, t. IV, p. 107.)

[4] Cette contrée reçut plus tard le nom de pays de Longueville. (A. Le Prevost, *Anciennes divis. terr. de la Norm.*, p. 29 et 30.)

[5] *Polyp. d'Irmin.*, préf. p. 78. — *Chron. Fontanell.* dans d'Achery (*Spicil.*, t. II, p. 267). — Dipl. de 918 dans le *Rec. des hist. de Fr.*, t. IX, p. 537 B. — Ch. de 691 dans Brèquigny (*Dipl.*, t. I, p. 325). — Dipl. de 872 dans le *Rec. des hist. de Fr.*, t. VIII, p. 639 D. — Dipl. de 817, dans *ibid.*, t. VI, p. 505 E, et dipl. de 870, dans *ibid.*, t. VIII, p. 629 E.

[6] Ce Mareil est plutôt Mareil-sur-Mauldre, canton de Meulan, car il est cité avec Meulan dans le diplôme de Charles-le-Simple. (*Hist. de Fr.*, t. IX, p. 537 B.)

de Paris située un peu plus bas et tout près de la frontière Est de notre diocèse, est placé dans le Pinserais par un titre de 774 [1].

En descendant au sud-est, une fraction du *pagus* d'Etampes (pays de Dourdan) nous appartenait et formait le doyenné de Rochefort dans le grand archidiaconé de Chartres [2]. Le surplus de ce *pagus* dépendait de l'archevêché de Sens. Au-dessous, la grande Beauce du *pagus* chartrain confinait la Beauce des *pagi* d'Orléans et de Meung, au diocèse d'Orléans.

Au midi, le *pagus* de Blois, formant un archidiaconé de notre diocèse, était limité, d'un côté, par le *pagus* de Sologne, au diocèse d'Orléans, et de l'autre par le pays des Gastines, au diocèse de Tours.

Au sud-ouest, une configuration singulière apparaissait dans la limite du diocèse. Le *pagus* de Vendôme était coupé en deux : le Haut-Vendômois (Vendôme) dépendait de Chartres, tandis que le Bas-Vendômois (Troô et Montoire) était rattaché au diocèse du Mans [3]. Cependant une longue et très-étroite bande de terre, partant de la partie chartraine du *pagus* de Vendôme et faisant une pointe de 20 kilomètres entre les diocèses du Mans et de Tours, allait annexer à l'évêché de Chartres les paroisses *Basses-Vendômoises* ou *Gastinaises* de la Ferrière, Monthodon, le Sentier, Authon, Prunay, Longpré et Saint-Amand [4].

En remontant à l'ouest jusqu'à l'évêché d'Evreux, notre diocèse coupait le *saltus* du Perche. Nous n'occupions de ce vaste pays forestier que le Perche-Gouet ou Perchet et le Grand-Perche de Nogent-le-Rotrou. Le Bellêmois et le Corbonnais de Mortagne, autres subdivisions du Perche,

[1] Dipl. Car. Magn., *Hist. de Fr.*, t. V, p. 727 A.

[2] On sait par des titres mérovingiens et carlovingiens que le *pagus* d'Etampes comprenait, au nord et au-dessus de Dourdan, Bullion, Bonnelles, Limours, Fontenay-les-Briis ; à la porte de Dourdan même, le lieu de la Brière-sur-Orge ; au midi et au-dessous de Dourdan, Garancières, Châtenay et Gommerville. (Guérard, *Polyp. d'Irmin.*, p. 64). Limours et Fontenay appartenaient au diocèse de Paris et les autres paroisses au diocèse de Chartres ; d'où il résulte que le *pagus* d'Etampes s'étendait à la fois sur trois diocèses : Paris, Chartres et Sens.

[3] Le Bas-Vendômois, formant le doyenné de Troô, était situé dans la *condita Labricinsis*. (Cauvin ; *Géog. anc. du diocèse du Mans*, 1845, in-4°).

[4] Les Gastines, suivant M. L. Mabille dont on connaît la compétence en géographie tourangelle, comprenaient, dans le Bas-Vendômois, Villedieu, Montrouveau, les Hayes, Saint-Martin-du-Bois, la Ferrière, Monthodon, le Sentier et autres paroisses du même groupe, puis s'étendaient, dans le diocèse de Tours, jusqu'à Villedomer, Crotelles, Nouzilly, Chenusson, Beaumont-la-Ronce, Louestault, Chemillé et autres paroisses de la rive droite de la Dême.

G

faisaient partie du diocèse de Séez. Il est vrai, et nous le démontrerons plus tard, que le Perche n'était pas un *pagus*.

En résumé, le diocèse de Chartres morcelait dans son contour les *pagi* mérovingiens et carlovingiens de Madrie, d'Etampes et de Vendôme.

Examinons maintenant ses divisions intérieures.

L'archidiaconé de Pinserais comprenait le Madrie et le Pinserais. Nous avons dit plus haut quelles étaient les limites de ces *pagi* par rapport aux diocèses voisins ; il nous reste à déterminer leur frontière du côté des *pagi* de Dreux et de Chartres, c'est-à-dire au sud. Les titres carlovingiens, à défaut de plus anciens, autorisent à faire passer cette frontière par Auffargis, au nord de Rambouillet, Fréville-lés-Adainville, au sud de Houdan, Faverolles, au nord de Nogent-le-Roi, Saussay, au sud d'Anet [1]. Or comme ces paroisses jalonnaient aussi la ligne terminale sud de l'archidiaconé de Pinserais, nous pouvons conclure que, de ce côté, le district ecclésiastique suivait assez exactement les limites des *pagi*. Deux doyennés, l'un dit de Mantes, l'autre de Poissy, se partageaient l'archidiaconé de Pinserais. Le premier absorbait non seulement tout le Madrie du diocèse, mais il franchissait encore la rivière de Vaucouleur, limite nord-est de ce *pagus* [2], et englobait plusieurs paroisses du Pinserais. Le second occupait tout le surplus du Pinserais et s'enfonçait vers le Parisis jusqu'à la porte de Versailles.

L'archidiaconé de Dreux couvrait le Drouais, le Thimerais, et la partie du Perche où se trouvent Senonches, la Ferté-Vidame, Longny et Moutiers. Quoique les rares indications fournies par les titres anciens ne nous permettent pas de tracer très-sûrement la limite du *pagus* de Dreux du côté des archidiaconés de Pinserais et de Chartres, le peu que nous savons nous

---

[1] *Polyp. d'Irm.*, vol. Ier, p. 78. — *Essai sur les div.*, p. 129 à 142.

M. Guérard (*Essai*, p. 139) traduit *Niventis, Petra-Ficta, Molariœ-super-Victriacum*, localités du Madrie, par Nogent (le-Roi), Pierres et Villiers-les-Morlières (le Morhier?). Ces interprétations ne nous satisfont pas pleinement, car les paroisses dont il s'agit auraient été séparées du reste du Madrie par Bréchamps, Saint-Lucien, Hermeray, villages que les titres placent dans les *pagi* de Dreux et de Chartres. D'ailleurs Villiers-le-Morhier ne s'appelait pas *Molariœ-super-Victriacum* au temps d'Irminon, car à la fin du XIVe siècle ce lieu portait encore le nom de Yesmes (charte du chap. de Chartres, a. 1345; *Dict. topog. d'Eure-et-Loir*, verbo Villiers-le-Morhier). C'était l'ancien *Oxmo* du VIIe siècle que la charte de Vandemir (Pardessus, *Dipl. chartœ*, t. II, p. 208) place dans le *pagus* de Dreux.

[2] *Essai* cité, p. 130 et 137. — Le Pinserais possédait Guerville et Binanville, villages situés près de la rivière de Vaucouleur. (Pardessus, *Diplom. chartœ*, t. II, p. 214 ; anno 690).

porte à croire que l'ensemble de l'archidiaconé de Dreux représentait assez exactement l'ancien *pagus* dont il portait le nom, lequel absorbait une partie du Perche. Ainsi, au nord-est et au sud, les lieux d'Osmeaux, d'Eclusenes, de Villemeux, de Bréchamps, de Levasville-Saint-Sauveur, de Belhomert et de Moutiers-au-Perche dépendaient du *pagus* de Dreux [1]. Or, ces localités sont toutes situées dans l'archidiaconé de Dreux, des côtés qui font face aux deux archidiaconés voisins de Pinserais et de Chartres [2]. Les subdivisions de l'archidiaconé de Dreux étaient les doyennés de Dreux et de Brezolles. Le premier, malgré son nom, laissait de côté une grande partie du Drouais (Vert-en-Drouais, Louvilliers-en-Drouais, Boissy-en-Drouais, Garancières-en-Drouais, etc.) et prenait le Thimerais presque en entier. L'autre se composait du surplus du Drouais, d'une parcelle du Thimerais et de cette fraction du Perche dont nous avons parlé et qui fut connue plus tard sous le nom de *Terres démembrées*.

Tout le centre du diocèse, moins Chartres et sa banlieue, était occupé par le grand archidiaconé. Cette division ecclésiastique absorbait trois cantons du Perche et s'étendait sur le Chartrain et l'Etampois. Si nous examinons les rapports topographiques qui pouvaient exister entre cet archidiaconé et l'ancien *pagus* chartrain nous trouvons une concordance réelle, en excluant de la comparaison le doyenné de Rochefort dont la majeure partie, comme nous l'avons dit plus haut, était empruntée au *pagus* d'Etampes. Ainsi les titres assignent pour limites au *pagus* chartrain, au nord, la Pommeraye, dépendance de Chuisnes, Courville, Mittainvilliers, Bailleau-l'Evêque, Thimert [3], Néron, Saint-Lucien, Hermeray, Gazeran ; à l'est, Rambouillet,

---

[1] Notre *Cartul.*, t. Ier, p. 87, anno 1031, *Ulmelli* Osmeaux. — *Cart. de Saint-Père*, p. 95, ante 1024, *Exclusellœ* Eclusenes. Il est vrai que, d'après les titres, ces localités étaient situées, non dans le *pagus* mais dans le *comitatus* de Dreux. Au début de l'époque capétienne, l'une et l'autre de ces expressions s'employaient indifféremment dans nos contrées.
Voir, pour les autres noms de lieux, le *Polyp. d'Irminon* (IX, 152, p. 97, 264 à 268, p. 110), le *Cart. de Saint-Père* (p. 85, a. 988), le *Rec. des hist.* (VIII, p. 224 E et VIII, p. 445 B).

[2] Cependant *Oxma*, Huesmes ou Yesmes, aujourd'hui Villiers-le-Morhier, dans l'archidiaconé de Chartres, dépendait au VIIe siècle du *pagus* de Dreux. (Pardessus, *Dipl. chart.*, II, p. 208). Ce *pagus* s'étendait donc, de ce côté, un peu au delà des limites fixées plus tard à l'archidiaconé de Dreux.

[3] On lit dans un titre de Marmoutier, rapporté par Valois (*Noticia*, p. 551), que le château de Thimert était situé dans le *pagus* chartrain. Cette pièce se réfère à l'année dans laquelle le roi Henri Ier fit sacrer son fils Philippe, c'est-à-dire à 1059.

Gallardon, Bretonvilliers, dépendance d'Aunay-sous-Auneau, Gaudreville, Levesville-la-Chenard; au sud, Ymonville, Genonville, dépendance de Voves, Alluyes, Béthonvilliers; à l'ouest, Condé-sur-Huisne [1]. Or, ces paroisses, sauf un petit écart vers le Thimerais, suivent à peu de choses près la ligne frontière du grand archidiaconé de Chartres, non compris, bien entendu, le doyenné de Rochefort. Les doyennés d'Epernon, de Rochefort, d'Auneau, de Brou, de Courville et du Perche se partageaient cet énorme archidiaconé. Le doyenné d'Epernon répondait à la partie nord du *pagus* chartrain. Dans sa circonscription se trouvait une ancienne division territoriale, à savoir la *vicairie* de Jouy [2]; mais nous ne voyons pas quelle influence cette subdivision carlovingienne du comté a exercée sur les délimitations du doyenné. Le doyenné de Rochefort comprenait, comme nous l'avons déjà dit, tout l'Etampois chartrain et une partie de la Beauce. Le doyenné d'Auneau était pure Beauce, mais de cette Beauce voisine de Chartres qui, avec quelques paroisses beauceronnes du doyenné de Brou, formait la partie méridionale du *pagus* chartrain : à sa limite sud-ouest, confinant avec le doyenné de Rochefort et l'archidiaconé de Dunois, nous rencontrons la *centaine* de Chenay [3], ancienne subdivision comprenant Ivilliers et plusieurs autres hameaux de la paroisse d'Ymonville-la-Grande. Le doyenné de Brou, indépendamment des paroisses beauceronnes dont nous venons de parler, possédait, sauf un coin, le Perchet de Champrond et une partie du Perche-Gouet. Le doyenné de Courville absorbait une notable portion de la plaine de Chartres et environ la moitié de la forêt de Champrond. Enfin le grand Perche de Nogent, avec extension sur le Perchet de la Loupe, formait le doyenné du Perche.

L'archidiaconé de Dunois était composé d'une partie bocagère et d'une partie de Beauce; il prenait, à l'ouest, la moitié du Perche-Gouet (Authon,

---

[1] *Polyp. d'Irmin.* p. 66. — *Cart. de Saint-Père*, p. 29, 57, 61, 85, 98. — Notre *Cartul.*, vol. Ier, p. 69, 73, 80, 84. — D. Bouquet, *Hist. de France*, t. VI, p. 721, 727 et t. VIII, p. 564. Les titres ne nous fournissent pas beaucoup de renseignements sur les nombreuses paroisses percheronnes de l'ancien *pagus* chartrain; mais ce que nous savons de Béthonvilliers et de Condé-sur-Huisne suffit, puisque la position de ces localités à l'extrême frontière sud-ouest et ouest du diocèse et du *pagus* assigne forcément la même dépendance administrative à tous les pays intermédiaires.

[2] *Vicaria Ganegiacensis* ou plutôt *Gaugiacensis* (voir le présent *Cart.* vol. Ier, p. 69); Jouy.

[3] *Centena Caunonensis* (*Polypt. d'Irmin.*, IX, 284, p. 112, — et *Prolég.*, p. 66); Chenay, hameau aujourd'hui détruit de la commune d'Ymonville.

la Bazoche, Montmirail, Mondoubleau) et à son extrémité sud une fraction du Vendômois (Marchenoir). Jusqu'à quel point cet archidiaconé répondait-il à l'ancien *pagus* Dunois, c'est ce que l'absence de documents ne permet pas de résoudre parfaitement. Nous savons seulement que les limites nord de l'archidiaconé étaient à peu près celles du *pagus*, car les titres placent dans cette ancienne division civile, Germignonville, Mézières, paroisse de Pré-Saint-Evroult, Aigneville, paroisse de Pré-Saint-Martin, et Saint-Martin-du-Péan, localités voisines de celles qui bordent la frontière sud du *pagus* et de l'archidiaconé de Chartres [1]. A l'ouest, nous n'avons à citer que Bois-méan, paroisse de Chapelle-Royale, et le Boisseau, paroisse d'Arrou, comme appartenant au *pagus* de Dunois [2]; mais la situation en plein Perche-Gouet de ces villages autorise à supposer que les autres paroisses percheronnes de l'archidiaconé faisaient également partie du *pagus*. Quant à la concordance qui pouvait exister entre les limites du *pagus* et celles de l'archidiaconé, du côté de l'Orléanais, du Blésois et du Vendômois, elle nous échappe complètement. Des deux doyennés de l'archidiaconé de Dunois, séparés presque également par le Loir, l'un, celui de Beauce, absorbait la Beauce dunoise et le Vendômois de Marchenoir, l'autre, dit du Perche, avait en partage le Perche-Gouet Dunois et quelques paroisses beauceronnes voisines de Bonneval.

Nous n'avons rien à dire des archidiaconés de Vendôme et de Blois qui ne comportaient qu'un doyenné chacun et dont les limites avec les diocèses voisins ont été appréciées plus haut.

Il résulte de ce qui précède que, sauf les réserves faites par nous, les archidiaconés étaient calqués assez fidèlement sur les *pagi*. Quant aux doyennés, nous ne pensons pas qu'il ait existé le moindre rapport entre eux et les anciennes subdivisions administratives usitées sous les deux premières races [3].

---

[1] Notre *Cartulaire*, vol. Ier, p. 80. — *Cart. de Saint-Père*, p. 29, 100, 105, 224. — Pardessus, *Dipl. chartæ*, t. Ier, p. 210, anno 615.

[2] *Cart. de Saint-Père*, p. 74 et 96. Le titre relatant Boisméan (p. 96) est antérieur à 1024 et place cette localité non dans le *pagus*, mais dans le *comitatus Dunensis*.

[3] Au surplus nous ne connaissons de ces anciennes divisions que la *centena* de Chenay et la *vicaria* de Jouy dont nous avons déjà parlé. Notre Cartulaire (vol. Ier, p. 75) donne, à l'année 946, un autre exemple de vicairie carlovingienne, mais qui n'appartient pas à l'évêché de Chartres : *In pago Aurelianensi, in vicaria Moduacense, fiscus vocabulo Uno-Gradus* (le fisc d'Ingré, de la vicairie des Muids, dans le *pagus* d'Orléans). Les Muids est aujourd'hui un hameau de la commune de la Chapelle-Saint-Mesmin.

INTRODUCTION.

Aucun auteur romain ne parle de nos *pagi*, et ce silence persiste jusqu'au milieu des temps mérovingiens. Le nom du *pagus* chartrain, de ce *pagus major* par excellence qui aurait absorbé primitivement le territoire de la cité Gallo-Romaine, nous est donné pour la première fois par Grégoire de Tours à l'année 587. Il est maintenu dans les titres jusqu'au commencement du XIe siècle, alors que le terme de *comitatus* était déjà employé depuis longtemps [1]. Une charte de Pépin, de 751 environ, est la pièce la plus ancienne où le *pagus* de Madrie soit indiqué. Son existence n'est plus constatée après le début du Xe siècle, et il était synonyme de *comitatus* dès la moitié du VIIIe [2]. C'est à l'année 690 que nous découvrons le pagus de Pinserais dont nous suivons les traces jusqu'au Xe siècle [3]. Celui de Dreux part de la même année 690 et s'évanouit dans la première moitié du XIe

---

[1] Principaux documents dans lesquels il est question du *pagus* chartrain : 1° a. 587, *Pactum pacis* (Pardessus, *Dipl. ch.*, t. Ier, p. 158); — 2° id. (Grég. de Tours, *hist. Franc.*, liv. IV, ch. 20); — 3° VIIIe siècle, *charta Gaufridi* (le présent *Cart.*, vol. Ier, p. 69); — 4° a. 771, *Dipl. Carlom.* et a. 774, *Dipl. Car. Magn.* (D. Bouquet, t. V, p. 721, 721); — 5° a. 802, *Cap. Car. Magn.* (ib., t. V, p. 661); — 6° a. 860-861, *Cap. Car. Calv.* (ib., t. VIII, p. 564); — 7° a. 889, *Dipl. Odon.* (le présent *Cart.*, vol. Ier, p. 73); — 8° a. 949, *ch. Ragenfredi* (ib., p. 80); — 9° a. 954, *ch. Ragenfredi* (*Cart. de Saint-Père*, p. 29); — 10° a. 968 (ib., p. 57); — 11° a. 970 (le présent *Cart.*, p. 84); — 12° a. 971 (*Cart. de Saint-Père*, p. 58); — 13° ante 977 (ib., p. 61 et 62); — 14° a. 986 (ib., p. 71); — 15° a. 988 (ib., p. 85); — 16° ante 1024 (ib., p. 98); — 17° a. 1060, *Ch. Maj. Monast.* (mss. Bibl. imp., vol. II, p. 58); — *Polyp. d'Irmin.*, vol. Ier, Proleg., p. 66.

[2] Titres du *pagus* de Madrie : 1° c. 751, *Charta Pipini* (Bréquigny, *Dipl.*, p. 502; Pardessus, *Dipl. chartæ*, t. II, p. 419); — 2° a. 752, *Plac. Pipini* (D. Bouquet, t. V, p. 697); — 3° a. 768, *Ch. Pipini* (Doublet, *Hist. de l'abb. de Saint Denys*, p. 699; D. Bouquet, t. V, p. 707); — 4° a. 771, *Dipl. Carlom.* (D. Bouquet, t. V, p. 721); — 5° a. 774, *Dipl. Car. Magn.* (ib., t. V, p. 734). — 6° a. 788, *Ch. Nibelongi com.* (Dubouchet, *Orig. de la mais. de Fr.*, p. 222); — 7° a. 802, *Cap. Caroli M.* (D. Bouquet, t. V, p. 661); — 8° a. 832, *Cap. Lud. Pii* (ib., t. VI, p. 579); — 9° a. 853, *Cap. Car. Calv.* (ib., t. VIII, p. 577). — 10° a. 862, *Cap. Car. Calv.* (ib., t. VIII, p. 577).
Voir aussi *Vita S[ti] Leutfredi*, (act. ss. mensis Junii, die xxi, cap. II, t. IV, p. 536); — a. 918, *Dipl. Carol. Simpl.* (*Histor. de France*, t. IX, p. 536); — *Chron. Fontanell.*, cap. VII, (d'Achery, *Spicileg.*, t. II, p. 270); — ib., c. II (ib.); — *Chron. Saxonic.* (D. Bouquet, t. V, p. 218); — *Annales Eginhard.*, a. 822 (ib., p. 182); — *Polyp. d'Irminon*, vol. Ier, Proleg., p. 70).

[3] Consulter sur le *pagus* de Pinserais : 1° a. 690, *Testam. filii Idanæ* (Pardessus, *Dipl. ch.*, t. II, p. 211) — 2° a. 691, *Ch. Laudeberti* (Bréquigny, *Dipl.*, Ier, p. 325); — 3° a. 711, *Plac. Childeb.* (ib., Ier, p. 390); — 4° a. 774, *Dipl. Car. Magn.* (*Histor. de Fr.*, t. V, p. 727); — 5° a. 817, *Dipl. Ludovici Pii* (ib., t. VI, p. 505); — 6° a. 870, *Dipl. Car. Calv.* (ib., t. VIII, p. 629); — 7° a. 872, id. (ib., p. 639); — 8° a. 918, *Dipl. Car. Simpl.* (ib., t. IX, p. 537); — 9° *Chronic. Fontanell.* (d'Achery, *Spicil.*, t. II, p. 267); — 10° Aimon, *Mirac. S[ti] Germ. Paris.*, l. II, c. 4 (*act. ss. S[ti] Bened.*, sæc. III, pars II, p. 113); — *Polyp. d'Irmin.*, vol. Ier, Proleg., p. 78.

siècle, pour faire place au *comitatus* [1]. Nous ne connaissons pas de mention du *pagus* de Dunois antérieure aux capitulaires de Charles-le-Chauve (840-877); le *comitatus* se montre au commencement du XI° siècle [2]. Les *pagi* de Vendôme et de Blois datent authentiquement de la même époque que le pagus de Dunois [3].

Le Thimerais est qualifié *pagus* dans une charte du prieuré de Saint-Martin de Chamars, de 1035 [4]. Mais nous ne pensons pas que cette expression signifie autre chose que le territoire du château de Thimert, subdivision, si l'on veut, d'un pagus plus important. En effet, d'un côté, cette forteresse était située dans le *pagus* chartrain, suivant la charte de Marmoutier de 1059 que nous avons déjà citée [5], et, de l'autre, Levasville-Saint-Sauveur, paroisse du centre du Thimerais, appartenait en 988 au territoire de Dreux [6]. Le Thimerais, divisé aux X° et XI° siècles entre deux pagi *majeurs*, ne pouvait former en même temps un troisième district administratif indépendant des deux autres [7].

---

[1] Pièces qui traitent du *pagus* de Dreux: 1° a. 690, *Ch. Vandemiris* (Pardessus, *Dipl. ch.*, t. II, p. 208); — 2° a. 730, *Ch. prec. Wadem.* (ib., t. II, p. 360); — 3° a. 842, *Dipl. Car. Calv.* (D. Bouquet, t. VIII, p. 433); — 4° a. 843, *Privil. pro Corbion. monast.* (ib., t. VII, p. 284 et t. VIII, p. 433); — 5° a. 988, *de Pomereda* (*Cart. de Saint-Père*, p. 85); — 6° *Polyp. d'Irmin.*, vol. Ier, Proleg., p. 68; — 7° ante 1024, 1033, 1034 (*Cart. de Saint-Père*, p. 119, 133, 539).

Voir, pour le *comitatus* : a. 1024, *Cart. de Saint-Père*, p. 95 et 99; — a. 1031 notre *Cartulaire*, t. Ier, p. 87.

[2] Principaux titres du *pagus* de Dunois: 1° a. 840-877, *Capit. Car. Calv.* (D. Bouquet, t. VIII); — 2° a. 861, *Carta abbat. Bonevallensis* (archives d'Eure-et-Loir); — 3° c. 949, *Carta Ragenfredi* (notre *Cartulaire*, t. Ier, p. 80); — 4° a. 954, id. (*Cart. de Saint-Père*, p. 29); — 5° a. 986, 1024, 1028 (*ib.*, p. 74, 100, 105).

On trouve aussi les expressions *in territorio Dunensi*, à l'année 615, dans le testament de Bertrand, évêque du Mans, (Pardessus, *Dipl. ch.*, t. Ier, p. 210); — *in territorio castri Dunensis*, à l'année 1080, dans un titre de Saint-Père (*Cartul.*, p. 224); — *in comitatu Dunensi*, à l'année 1024 (*ib.*, p. 96).

[3] Les *pagi* de Vendôme et de Blois sont cités dans les capitulaires de Charles le Chauve (D. Bouquet, t. VIII). Les *Annales bertiniani*, à l'année 834, se servent de l'expression : *Usque ad castrum Blesense* (D. Bouquet, t. VI, p. 196). On sait qu'il est question pour la première fois de Blois ou plutôt des Blésois dans Grégoire de Tours (*Hist. Francor.*, l. VIII, cap. 2). On trouve *Vindocinum castellum* dans le même historien (l. IX, cap. 20).

[4] *Dictionn. topogr. d'Eure-et-Loir*, verbo Thimerais.

[5] Voir ci-dessus, p. lj, note 3.

[6] *Cartul. de Saint-Père*, p. 85.

[7] Valois dit: *Theodemerensis pagus novus est, et pars exigua pagi Carnotini quondam extitit, vulgo Thimerais* (*Noticia*, p. 551). C'est aussi ce que nous pensons.

Il nous reste à parler de la Beauce et du Perche auxquels nous ne saurions accorder le titre civil et administratif de pagus, quoique M. Guérard leur ait donné à juste titre une place parmi les divisions territoriales de la cité chartraine sous les Francs[1]. Nous pensons que dans les temps anciens ces régions, qui devinrent des provinces, ne formaient pas de juridictions particulières. Il est question de la Beauce dans la vie de saint Martin écrite au V° siècle par Paulin de Périgueux[2], dans la vie de saint Germain de Paris donnée par Fortunat au VI° siècle[3], dans un capitulaire de Charles le Chauve de 853[4], dans un titre de Saint-Père de 974[5] et dans un grand nombre de documents des siècles postérieurs. Or, aux mêmes époques, comme nous l'avons déjà vu, plusieurs *pagi* nettement définis se divisaient le territoire beauceron de la cité chartraine. D'un autre côté, si l'on envisage au point de vue géologique la vaste région appelée Beauce, on reconnaît tout d'abord qu'elle ne coïncide nullement avec les divisions civiles et administratives admises pour l'époque gallo-romaine et les deux premières races, car elle englobe ou coupe des *pagi* ou *comitatus* appartenant aux anciennes cités de Paris, de Sens, d'Orléans, de Tours et du Mans[6]. De nos jours encore plusieurs villages ou hameaux, situés en dehors du pays qui fut la cité chartraine, quoique dans les limites ou dans les environs du plateau calcaire beauceron, ajoutent le nom de Beauce à leur nom particulier[7]. Tout cela nous semble prouver suffisamment que la qualification de *pagus* qui, du reste, ne se trouve nulle part, ne peut être donnée à la Beauce.

Le Perche est dans le même cas; tous les auteurs en effet sont d'accord pour reconnaître que ce pays est de formation civile relativement ré-

---

[1] *Essai* cité, p. 146, 147.

[2] Poëme latin dédié à Perpétue, évêque de Tours, qui vivait en 461 ou 464 (Leipsick, 1688, in-8° et t. Ier de la *Bibl. universelle des Pères*).

[3] Vie de saint Germain, ch. LI, dans les œuvres de Fortunat.

[4] D. Bouquet, vol. VII, p. 607.

[5] *Cart. de Saint-Père*, p. 60.
Nous passons sous silence l'inscription romaine du III° siècle *Cereri belsianœ* dont l'application à la Beauce n'est pas parfaitement démontrée.

[6] Les limites naturelles de la Beauce ont été déterminées dans le *Dictionnaire topogr. d'Eure-et-Loir* (introd., p. VIII).

[7] Beauce pituéraise (Pithiviers), Sermaises-en-Beauce, Bouzonville-en-Beauce, etc. (*Dict. topogr.*, introd., p. IX et suivantes).

cente[1] et que dans les temps anciens il se partageait entre les cités de Chartres, de Séez et du Mans[2]. Les exemples que nous avons fournis de paroisses percheronnes situées, sous les deux premières races, dans les *pagi* de Chartres, de Dreux et de Dunois prouvent suffisamment la première partie de cette proposition.

Nos *pagi* sont donc très-nouveaux venus dans l'histoire. Existaient-ils déjà sous la domination romaine [3]? Quelles étaient leurs limites à cette époque? Est-il bien certain que le terme de *pagus* conservât sous les Mérovingiens et les Carlovingiens l'idée de district administratif et civil qu'il avait sous les Gallo-Romains [4]? N'emportait-il pas plutôt avec lui, dans ces temps de chaos social, la signification élastique et vague que nous attachons au mot pays [5]?

Si l'on admet, sans réserves aucunes, le principe de la concordance rigoureuse des évêchés avec les cités de la Notice, la réponse sera facile. Mais de deux choses l'une, dira-t-on : ou nos *pagi* n'existaient pas sous les Gallo-Romains, ou, s'ils existaient, leurs limites étaient conformes à celles de la cité chartraine et n'ont pu varier que postérieurement au IVe-Ve siècle, c'est-à-dire après la réglementation territoriale de l'évêché. Ce raisonnement a le tort de résoudre la question par la question. Nous nous deman-

---

[1] On sait que plusieurs pays forestiers ou peu habités se trouvaient en dehors des districts administratifs et ecclésiastiques. Ordéric Vital en donne des exemples au XIe siècle, dans son Histoire ecclésiastique, t. II, p. 26. (Edit. de la Société de l'hist. de Fr., Paris, Renouard, 1840, in-8°).

[2] Guérard, *Essai*, p. 73, et *Polyp.*, introd., p. 75. — A. Le Prevost, *Anc. div. territ. de la Normandie*, p. 57.

Grégoire de Tours a écrit dans son livre *de gloria confessorum*, c. 99 : *Avitus, abbas carnoteni pagi quem Pertensem vocant;* cela signifie la fraction du *pagus* chartrain que l'on appelle le Perche et confirme, par conséquent, notre opinion.

[3] M. Guérard n'a pu découvrir que la mention de sept *pagi* gaulois ou gallo-romains dans les documents de l'époque romaine, d'Eumène et Tite-Live à Ausone.

[4] C'est l'opinion de M. Deloche (Mém. cité, p. 281). Cet écrivain dit que l'unité territoriale des cités gauloises et romaines ne cessa d'être représentée dans la hiérarchie gouvernementale que vers la fin du XIe siècle.

[5] M. Jacobs (*Géographie de Grégoire de Tours*, p. 22, 43, 47, 53, 64, 65, 67) soutient que sous les Mérovingiens le mot *pagus* était « un terme incertain, vague, représentant un fait qui n'existe plus, n'ayant partant plus de signification qui lui soit propre et s'appliquant indistinctement aux idées les plus diverses. » Cet auteur cite à l'appui de son assertion plusieurs exemples desquels il résulte que, dans le vieil historien des Francs, le mot *pagus* désigne une étendue quelconque, depuis la plus petite villa jusqu'à la province et l'empire.

dons : 1° si de ce que la plupart des villes mentionnées dans la Notice étaient en même temps siéges d'évêchés, il en résulte *nécessairement* que les limites des évêchés fussent les mêmes que celles des cités ; 2° si la tradition et les textes donnent la preuve d'une pareille conséquence ; 3° si la constitution des évêchés des Gaules ne remonte qu'au IV°-V° siècle.

La Notice des Gaules n'est, on le sait, qu'une sèche nomenclature des villes métropolitaines et ayant rang de cité, situées dans les 17 provinces Gallo-Romaines ; elle ne s'occupe en aucune manière des limites des provinces et de leurs subdivisions. Ce document, purement civil et administratif, nous est parvenu, comme tant d'autres, par le canal des archives de l'Église, et si la tradition en a fait une sorte de tableau ecclésiastique, c'est évidemment à cause de la similitude à peu près complète qui existait, lors de sa rédaction, entre les chefs-lieux des cités et les siéges des évêchés, similitude telle qu'on pouvait presque dire à coup sûr : cette ville est une cité, donc elle est épiscopale. Pour prétendre davantage, il faudrait que les textes les plus anciens, c'est-à-dire les plus rapprochés de l'époque litigieuse, vinssent corroborer d'une manière quelconque les révélations qu'on impute à la tradition ; c'est ce que nous ne reconnaissons pas. En effet, les canons d'un grand nombre de conciles, et, en particulier, de ceux d'Arles (a. 314), de Nicée (a. 325), de Sardique (a. 347), de Chalcédoine (a. 451), de Tours (a. 461), d'Orléans (a. 511), nous apprennent qu'il ne pouvait y avoir qu'un métropolitain dans chaque métropole et un évêque dans chaque cité [1] ; qu'il était interdit d'établir des évêques dans les bourgades ; que chaque prélat devait rester dans son district et ne pas usurper les droits de son voisin. Les institutions de nos Rois étaient d'accord en cela avec les décrets ecclésiastiques, et nous lisons dans un capitulaire de Charlemagne, dont la pensée s'inspire d'un canon du premier concile de Constantinople, qu'il n'était pas permis aux évêques de changer les limites déterminées par les Pères, *terminos a patribus constitutos* [2]. Mais ces dispositions n'impliquent pas une concordance nécessaire, absolue, fatale, si l'on peut s'exprimer ainsi, entre le territoire de l'ancienne cité et celui de l'évêché. Nous savons

---

[1] Il ne faut pas oublier qu'alors et même beaucoup plus tôt on entendait par *cité*, non plus le territoire ou le peuple gallo-romain, mais la ville chef-lieu du pays. (Guérard, *Essai*, p. 46. — Deloche, Mém. cité, p. 277, 278).

[2] Guérard, *Essai*, p. 83 à 87.

que Walafrid Strabon, auteur du IX° siècle, a laissé une comparaison des offices civils et des dignités ecclésiastiques, dans laquelle il oppose le Pape à l'Empereur, les Patriarches aux Patrices, le Métropolitain au Duc, l'Évêque au Comte, l'Archidiacre au Centenier, etc.[1]. Mais l'Église a bien pu calquer sa hiérarchie sur l'ordre civil, sans que les districts administratifs et ecclésiastiques fussent absolument les mêmes. D'ailleurs cette hiérarchie ne s'est pas faite d'un coup, car plusieurs siècles séparent les archidiacres et les doyens ruraux des évêques, chorévêques, et archidiacres sans territoire.

On a écrit que la division gauloise du territoire en *civitates* ou grands *pagi*, respectée généralement par l'organisation administrative des Romains, a été adoptée au IV° siècle *comme type de l'institution des diocèses ecclésiastiques*[2]. On a dit aussi que l'institution des diocèses fut *générale et simultanée*[3]. Nous avons vainement cherché la preuve de cette institution *générale et simultanée* des diocèses de la Gaule soit au IV° siècle, soit à toute autre époque. Les textes si soigneusement rapportés et commentés par M. Guérard n'en disent pas un mot, et il n'en est fait mention dans aucun canon des conciles. Il semble cependant qu'une mesure de cette importance eût dû être provoquée par une de ces délibérations solennelles dont l'Église aimait à entourer ses décisions et qui étaient si fréquentes dans les premiers siècles. L'absence de toute preuve n'autorise-t-elle pas à penser que cette institution ou plutôt ce remaniement des diocèses à une époque fixe est des plus problématiques?

Les évêchés de la Gaule ne furent pas fondés le même jour. Résultats d'efforts tentés pendant trois siècles au moins, ils s'établirent successivement, suivant les pas et les succès des premiers missionnaires. Lors de l'arrivée de saint Altin et de saint Eodald, la ville de Chartres appartenait à la 4° Lyonnaise; son importance, qui l'éleva vers le milieu du III° siècle au rang de cité, la désignait naturellement pour le chef-lieu de la mission du pays. C'est de là que les premiers apôtres et leurs successeurs dirigèrent les ouvriers de l'Évangile sur tous les points de la contrée. Or, croit-on que ces saints personnages s'arrêtèrent devant les frontières qui séparaient les *pagi* char-

---

[1] Guérard, *Essai*, p. 78 et suivantes. — Deloche, Mém. cité, p. 383 et suivantes.
[2] Deloche, Mém. cité, p. 272 et suivantes.
[3] Jacobs, *Géogr. de Grég. de Tours*, p. 51.

trains des *pagi* limitrophes? évidemment non. Ils poussèrent en avant la parole de Dieu, sans souci des limites administratives, et rattachèrent à l'église chartraine tous les territoires qu'ils avaient évangélisés. Ceux d'Évreux, de Séez, du Mans, de Tours, d'Orléans, de Sens, de Paris, de Rouen firent de même, en rayonnant autour de leur église-mère. Voilà, pensons-nous, comment les évêchés furent constitués dans l'origine, et pourquoi les limites du nôtre pouvaient très-bien ne pas correspondre exactement avec celles de l'ancienne cité ou des *pagi* qui la composaient au IVᵉ-Vᵉ siècle. Depuis cette constitution première, chaque prélat resta *dans les limites de ses pères*, c'est-à-dire dans le détroit du domaine ecclésiastique conquis par les fondateurs de son église, sans s'occuper du territoire civil essentiellement variable.

Cependant il est juste de reconnaître que le gros de l'ancienne cité entra nécessairement dans le diocèse, et c'est à raison de ce fait incontestable que l'on a pu, jusqu'à un certain point et sauf la réserve signalée plus haut, établir une sorte de similitude entre le territoire des cités de la Notice et celui des évêchés de 1789.

Nos archidiaconés concordent mieux avec les *pagi* que le diocèse avec la cité mérovingienne et carlovingienne. Mais cette coïncidence, favorable à la proposition d'Hadrien de Valois, est loin d'exister, dans tous les évêchés de l'ancienne France; les ouvrages spéciaux, et notamment la *Topographie ecclésiastique* de M. Desnoyers, en font foi. L'institution des archidiaconés ruraux, dont on fixe la date au IXᵉ siècle seulement, ne fut ni uniforme ni simultanée. A Chartres, le premier titre qui fasse mention d'un archidiacre est de 970 ou environ [1], et c'est seulement dans un acte de 1114 [2] que trois archidiacres reçoivent en regard de leurs noms les titres de leurs archidiaconés respectifs. Quelle qu'ait été la date précise de cette institution dans notre diocèse, on était bien loin de l'époque où les *pagi* formaient la division administrative du pays; mais comme ils avaient été remplacés assez fidèlement par les *comtés*, l'autorité ecclésiastique trouva sans doute une certaine convenance à donner à ses archidiaconés les limites des circonscriptions territoriales civiles familières aux habitants.

---

[1] Voir vol. Iᵉʳ, p. 84 et 85.
[2] Ib., p. 123.

Cette convenance ne se rencontra probablement pas, quant aux subdivisions inférieures, car nous ne pouvons admettre, d'après les deux exemples que nous connaissons [1], que les doyennés ruraux aient eu un rapport quelconque avec les vicairies et les centaines de l'époque carlovingienne.

[1] La centaine de Chenay et la vicairie de Jouy citées plus haut.

TITRE II.

PERSONNEL ET ADMINISTRATION DE L'ÉGLISE.

Le diocèse de Chartres dont nous avons déjà fait connaître l'étendue considérable, renfermait au XIII° siècle 943 églises paroissiales, non compris 20 églises et sanctuaires situés dans la ville et dans sa banlieue [1].

CHAPITRE PREMIER.

L'ÉVÊQUE ET SON TEMPOREL.

Le Prélat qui gouvernait ce diocèse immense était une puissance non-seulement au spirituel, mais encore au temporel. Cependant il avait deux

---

[1] Ce chiffre de 943, donné par les pouillés du mss. 42 de la Bibliothèque impériale et du *Livre blanc* de la Bibliothèque de Chartres, n'est pas exact si on le décompose par les chiffres partiels des églises situées dans chaque archidiaconé ou possédées par l'Evêque, le Chapitre et autres. D'après ces pouillés, il y aurait eu :

Dans le grand archidiaconé	223 églises
Dans l'archidiaconé de Dreux	147
— de Pinserais . . .	171
— de Dunois. . . .	130
— de Blois	74
— de Vendôme. . . .	66
Total . .	811
Eglises de l'Evêque 19	
— du Chapitre 61	
— de Saint-Père . . . 12	
— du Doyen 3	100
— du Chancelier . . . 2	
— de Saint-Martin . . . 2	
— de l'Aumône . . . 1	
Total général . . .	911 seulement.

rivaux : le Comte et le Chapitre ; le premier assez souvent disposé à chercher son droit dans la violence, le second armé de priviléges qui le rendaient en quelque sorte indépendant de l'*ordinaire*.

D'après la *Vieille Chronique*, « l'église de Chartres, magnifiquement dotée dès l'origine, vit ses richesses s'accroître très-promptement par les libéralités des Rois de France, des Princes catholiques et des autres fidèles. Dès l'origine aussi, on fit deux parts des biens de l'église et du comté : l'une fut attribuée aux clercs voués au service divin ; l'autre demeura à l'Évêque qui était en même temps comte de Chartres. Puis, lorsque l'Évêque institua un comte pour se décharger du soin des affaires temporelles, il partagea avec cet officier la moitié des biens qui lui restaient[1]. » Cette sommaire explication de la formation et des partages successifs du domaine ecclésiastique de Chartres n'est pas acceptable. La dotation originaire de notre église serait, suivant le chroniqueur, le comté lui-même offert à la sainte Vierge par le Roi du pays et devenu, après la mort de ce personnage, l'héritage des prêtres attachés au culte de Marie[2]. Nous n'avons pas à discuter cette légende[3]. Comme toutes les chrétientés de la Gaule romaine, l'église de Chartres fut probablement très-pauvre dans ses débuts, et ses serviteurs, à commencer par l'Évêque, vécurent en commun jusqu'à une époque que nous ne pouvons préciser mais qui ne dépassa vraisemblablement pas le IXe siècle[4]. Ce fut, en effet, en 829 que Inchad, évêque de Paris, opéra le partage des biens de son église en deux menses, et il y a tout lieu de croire, d'après ce que l'on sait de la simultanéité des réformes ecclésiastiques, que cette révolution s'accomplit vers le même temps dans les diocèses limitrophes. Les biens donnés par l'Évêque à la mense capitulaire furent

---

[1] Voir vol. Ier, p. 48 et 50.
[2] Voir vol. Ier, p. 39, 44.
[3] Elle a été repoussée dès le XVIIe siècle par le savant chanoine Souchet. (*Hist. de la ville et de l'église de Chartres*, mss. de la Bibl. communale, livres 2 et 3).
[4] Souchet et les historiens modernes jusqu'à Doyen attribuent à l'évêque Eudes (c. 968) la formation de la mense capitulaire. Nous ne savons sur quoi ils se fondent, car ni les actes connus de Eudes ni les termes de la Chronique n'autorisent cette opinion. La Chronique fait entendre, au contraire (p. 13, 14, 47, 48), que la division des biens ecclésiastiques en deux menses avait eu lieu longtemps avant Eudes, *ab initio*, et que les Prévôts gouvernant mal les prébendes du Chapitre, l'Évêque dut intervenir dans l'intérêt des chanoines, non pour reconstituer le domaine de l'église, mais pour en confier l'administration aux intéressés eux-mêmes.

ceux dits de *l'ancien Domaine*, qui composèrent les quatre prévôtés de Nogent, de Fontenay, d'Amilly et de Beauce.

La critique inaugurée par le chanoine Souchet [1] nie que les Évêques aient été comtes-propriétaires de Chartres sous les deux premières races, comme la légende s'efforce de l'établir [2]. Sans doute, et nous l'avons déjà reconnu, les actes de quelques prélats impliquent leur immixtion dans le gouvernement temporel de la ville [3]; mais ces faits, qui semblent résulter d'initiatives courageuses ou de missions temporaires, ne sont pas suffisants pour prouver la succession du comté, à titre héréditaire, au profit des Évêques, jusqu'à la révolution féodale. Grégoire de Tours nous apprend qu'il y avait un comte à Chartres en 584 [4]; ce fait infirme les assertions du chroniqueur de Notre-Dame. Quant à l'introduction d'un comte par l'évêque Hardouin (è 960), *désireux de se consacrer aux choses spirituelles* [5], ce serait se méprendre étrangement sur la portée du grand mouvement social qui détermina l'avénement de la troisième race que de transformer Thibault le Tricheur en majordome de l'Évêque. A Chartres, comme ailleurs, la conversion de l'office de comte en fief territorial héréditaire ne fut qu'un épisode des victoires remportées depuis un siècle par l'aristocratie barbare contre la société néo-romaine de Charlemagne.

Cependant nous reconnaissons qu'à Chartres même la puissance temporelle de l'Evêque côtoyait de fort près celle du Comte. Cela s'explique, du reste, par l'assiette fixe de l'autorité ecclésiastique dans le pays, opposée à la mobilité de l'autorité civile pendant la période agitée des invasions normandes. Les évêques pouvaient acquérir, recevoir, conserver à leurs successeurs; les comtes, vivant au jour le jour, perdaient le lendemain ce qu'ils avaient volé la veille et s'inquiétaient sans doute fort peu de ceux qui occuperaient après eux le comté. L'Evêque partageait avec le Comte toutes les menues coutumes (ban, tonlieu, boisselage, etc.) perçues sur les denrées. Le Comte battait seul monnaie; mais l'Evêque, ou, par délégation, son vidame, avait la garde des coins, la justice des faux monnayeurs, une

---

[1] Souchet, *Hist.* citée, livre VI.
[2] Voir vol. Ier, p. 7, 10, 11, 13, 39, 44, 45, 46, 47, 52, 53.
[3] Voir vol. Ier, p. 13, note 1, et *Hist. de Chartres* par E. de Lépinois, vol. Ier, p. 24, note 1.
[4] Grégoire de Tours, *Hist. Franc.*, liv. VII, ch. II.
[5] *Divinis intendere volens*, vol. Ier, p. 13. Voir aussi même volume, p. 46 à 48.

redevance de seize livres par chaque millier de pièces frappées à l'hôtel de la Monnaie et un cens de 34 deniers-obole sur chaque table de changeur. Au château du Comte et aux fortifications de la cité, l'Evêque opposait le cloître [1], la tour et la maison du Vidame [2], les tours Nivelon, de la porte Guillaume, Boël, Malet et Michel Le Breton, forteresses intérieures dépendant de son fief. L'eau de la rivière, propriété du Comte en amont de la ville et dans les vieux fossés, appartenait au Prélat depuis le Grand Pont jusqu'au village de Saint-Prest. Il levait la taille sur les hommes de ses terres comme le Comte sur les siens; il avait même le droit *d'avouer*, c'est-à-dire de retenir à son service et de faire passer sous sa loi un homme du Comte pris dans chaque corps de métier. Il partageait avec le Chapitre presque toutes les censives de la ville, tandis que le Comte n'en possédait qu'un petit nombre provenant d'acquisitions récentes. Son fief comprenait beaucoup de villages du diocèse, et il était seigneur féodal du Perche-Gouet [3]. Si le Comte avait un Vicomte, un Bailli, un Prévôt de Chartres, des maires et des sergents, l'Evêque avait un Vidame [4], un Chambrier, un Bailli, des Prévôts, des maires et des officiers ministériels de toute sorte [5]. Les appels de la justice épiscopale ressortissaient à la Cour du monarque sans passer par celle du Comte [6].

Cette puissance, d'autant plus redoutable qu'elle était doublée des foudres spirituelles, finit, nous le reconnaissons aussi, par se débarrasser de la dernière marque de son infériorité civile. A la mort de chaque évêque, le Comte prenait violemment possession, à titre d'une sorte d'aubaine ou de régale, de tous les biens meubles garnissant l'évêché. Souvent les serviteurs du Prélat décédé résistaient, et il en résultait des rixes sanglantes. Cet usage, pour ne pas dire ce droit, persista jusqu'à l'époque des Croisades.

---

[1] Cette clôture ne s'effectua pas sans difficultés de la part du comte. Voir vol. II, p. 167.
[2] Voir vol. II, p. 167.
[3] Voir vol. II, p. 138 et 184.
[4] Voir vol. II, p. 120 et 149.
[5] Tous les serviteurs de l'Evêché possédaient leurs charges à titre de fief. Tous devaient hommage et avaient une charte qui constatait leurs droits et leurs devoirs (voir vol. II, p. 50). Nous donnons dans cet ouvrage la charte du closier (vol. II, p. 114), la charte du charpentier (vol. II, p. 84) et la charte du portier de l'Evêque (vol. II, p. 53).
[6] Voir vol. Ier, p. 47 à 537, et le paragraphe de cette introduction relatif aux justices temporelles de l'église.

Ce ne fut, en effet, que vers 1102, au moment où le comte Henri-Etienne allait partir pour la Terre-Sainte, que l'évêque Yves obtint de lui la renonciation formelle au pillage de la maison épiscopale lors du décès des évêques [1]. Yves fit confirmer cette renonciation si importante par le roi Philippe et le pape Pascal II [2].

A force de secouer le joug, l'Evêque devint non seulement indépendant, mais inquiétant, et le Comte se prit à craindre que le Prélat ne réussît à l'absorber. Aussi crut-il devoir exiger des garanties dans l'intérêt de son domaine. Il obligea l'Evêque, lors de sa première entrée, à jurer sur le livre des évangiles, dans la chapelle même du château, qu'il ne tenterait jamais rien au préjudice du comté et de l'autorité du prince à Chartres. Ce serment, qui fut toujours prêté, prouve bien que le Comte craignait l'Evêque, mais non, comme le dit la Chronique [3], que l'Evêque ait jamais été l'ancien seigneur et le supérieur temporel du Comte.

Au surplus, ce n'était pas le seul serment qui fût demandé au prélat dans cette circonstance. Le Chapitre redoutait aussi l'Evêque, quoique ce dernier fût son élu et souvent l'un de ses anciens membres [4]. Il était donc parvenu à lui imposer la promesse solennelle de respecter les us, coutumes et privilèges, tant écrits que traditionnels, de l'église, c'est-à-dire de la compagnie des chanoines [5]. Ce serment était prononcé deux fois : l'une au prieuré de Saint-Martin-au-Val où l'Evêque passait la veillée de son entrée, l'autre avant de franchir les marches de la cathédrale.

Mais, dans cette cérémonie même, l'Evêque prenait vis-à-vis des hauts barons du pays une revanche éclatante des actes d'humilité et de condes-

---

[1] Voir vol. Ier, p. 104 et suivantes. Cette sorte de régale ou d'aubaine n'était pas particulière à Chartres. Elle existait notamment à Laon et à Paris.

[2] Voir vol. Ier, p. 109 et 139. Cependant, à la mort d'Yves, le comte Thibault IV mit à sac l'évêché, se saisit des revenus et les retint longtemps, violant ainsi la renonciation de son père à laquelle il avait lui-même participé par sa signature (voir vol. II, p. 125 et note II).

[3] Voir vol. Ier, p. 48, 49 et 54.

[4] Les élections des Evêques, dont M. Guérard a compendieusement traité dans le cartulaire de Notre-Dame de Paris, se faisaient le plus ordinairement à Chartres, avec la permission du Roi, par le Chapitre et par voie d'élection. L'élu demandait ensuite à l'archevêque de Sens, métropolitain, la consécration apostolique par l'imposition des mains (voir vol. Ier, p. 97, 98, et vol. II, p. 174).

[5] Une bulle de Célestin III, de juin 1195, reconnut que ce serment était obligatoire pour l'Evêque (voir vol. Ier, p. 246 et 248).

cendance que lui faisaient subir le Comte et le Chapitre. Il traversait toute la ville, assis sur une *sedia gestatoria* que portaient le Vidame, les barons de Longny et d'Alluyes et le seigneur du Chêne-Doré. Ces quatre personnages, appelés les *chairiers de Notre-Dame,* représentaient les barons du Perche-Gouet (Brou, Montmirail, Authon, la Bazoche), grands vassaux de l'Évêché. René d'Illiers (1495) fut le dernier prélat qui exigea le service des chairiers; ses successeurs se contentèrent de l'offre de ce devoir.

Notre Cartulaire donne un état sommaire des revenus de l'Evêché de Chartres au XIIIe siècle [1]. Les chefs-lieux de ses principales possessions territoriales étaient alors, savoir:

1° *Dans l'archidiaconé du Doyen* (Chartres et banlieue).

Chartres.
Lucé.
Luisant.
Mondonville (Amilly).

2° *Dans le grand archidiaconé.*

Bailleau-l'Évêque.
Senarmont (Bailleau-l'Evêque). } Doyenné d'Épernon.

Fresnay-l'Evêque.
Montarville (Sainville). } Doyenné de Rochefort.
Pont-Evrard.

Santeuil.
Mongerville (Santeuil).
Berchères-l'Evêque. } Doyenné d'Auneau.
Bussay (Berchères-l'Evêque).

Pontgouin.
Chuisnes.
Friaizo. } Doyenné de Courville.
La Chapelle-du-Thieulin.
Les Châtelets-Guerriers (Fruncé).

[1] Voir vol. II, p. 239 et suivantes.

Tachainville (Thivars).
Ermenonville-la-Grande. } Doyenné de Brou.

Montireau.
Saint-Maurice-de-Gallou. } Doyenné du Perche.

3° Dans l'archidiaconé de Pinserais.

Guainville.
Le Bourg-Robert (La Ville-l'Evêq.)
Le Tertre-Gaudran.
Marchezais. } Doyenné de Mantes.

4° Dans l'archidiaconé de Dreux.

Laons. — Doyenné de Brezolles.

5° Dans l'archidiaconé de Dunois.

Vauguérin (Saint-Denis-les-Ponts). — Doyenné de Béauce.

6° Dans l'archidiaconé de Vendôme.

Le Défait (La Ville-aux-Clercs).

7° Dans l'Evêché d'Orléans.

Bazoche-les-Hautes.
Baigneaux[1].

On trouve dans cet état une nomenclature à peu près complète de toutes les espèces de propriétés foncières et de droits féodaux laïcs et ecclésiastiques en usage dans le pays. Les grands massifs de bois de l'Evêché étaient situés à Pontgouin, aux Haies, au Bois-Roger et à Friaize.

Les lacunes que présente ce document ne permettent pas d'établir d'une

---

[1] Une bulle d'Alexandre III, de 1162, confirmant toutes les possessions de l'Evêché, fait mention de plusieurs des domaines énoncés ci-dessus et, en outre, de Chamblay, des Pinthières, du Bois-Saint-Martin et du Gault-Saint-Etienne (voir vol. Ier, p. 169, 170).

manière exacte le chiffre des revenus du Prélat chartrain au XIII° siècle. Nous nous bornerons à en donner une idée approximative quant aux redevances en grains et argent. La somme des grains (froment et avoine) est de 796 muids qui, en suivant les calculs de M. Guérard [1], donnent en argent de nos jours. . . . . 292,817 fr. 28 c.
L'argent s'élève à 1,711 livres de Chartres; soit, à 100 fr. la livre, valeur extrinsèque actuelle. . . . 171,100   »

Total. . . . 463,917   28

Si l'on ajoute à ce total les produits des coupes de bois et de la pêche, on sera porté à évaluer à 500,000 fr. au moins les revenus fonciers que touchait annuellement l'évêque de Chartres [2]; mais les droits féodaux et les menues coutumes devaient augmenter beaucoup ce chiffre [3].

Quelque considérable qu'elle paraisse, cette somme annuelle était à peine en rapport avec le grand état que menaient, par la force même des choses, les évêques du Moyen-Age. Dans la suite des temps, les donations des fidèles et du clergé augmentèrent beaucoup la mense canoniale; c'était dans l'église que s'accomplissaient les services imposés par les donateurs, et là, par conséquent, que se consommaient les prix de ces services. Quant à l'Evêque, en dehors du commerce immédiat des laïcs, il ne participait que très-rarement à leurs générosités et restait à peu près stationnaire dans sa fortune, pendant que celle de ses frères les chanoines s'arrondissait tous les jours.

[1] *Cart. de Saint-Père.* Prolég., n°⁸ 186 et suivants.
[2] Au commencement du XVIII° siècle l'évêché de Chartres était taxé en cour de Rome, pour les bulles, à 4,000 florins, sur un revenu de 20,000. Le florin de taxe valait cinq livres cinq sous de la monnaie française. (*Recueil hist. des archevêchés, évêchés et abbayes de France*, par D. Beaumier.)
[3] Voir pour les menues coutumes, vol. II, p. 211.

CHAPITRE II.

LE CHAPITRE DE NOTRE-DAME DE CHARTRES.

L'origine des chanoines séculiers et réguliers a fait l'objet de nombreuses dissertations [1], résumées par M. Guérard dans ses prolégomènes du Cartulaire de Notre-Dame de Paris. Nous nous bornerons sur ce point à renvoyer nos lecteurs à cet excellent travail.

Que le clergé de Notre-Dame de Chartres ait formé dans les premiers siècles du catholicisme le *presbyterium* de l'Evêque; qu'il ait été soumis, au VIIIe siècle, à la règle établie par Chrodegand, évêque de Metz [2], puis, au IXe siècle, à la refonte de cette règle, opérée par le diacre Amalaire [3] sous l'inspiration de Louis le Pieux, approuvée en 816 par le concile d'Aix et adoptée par toutes les églises de France, cela paraît vraisemblable ; mais aucun monument contemporain n'a laissé de traces positives de ces réformes. Le mot *fratres* est employé dans les titres les plus anciens pour désigner les clercs de Chartres [4], ce qui suppose une fraternité réelle, c'est-à-dire la vie commune en usage dans la primitive église. On ne rencontre l'expression *canonici*, accolée aux noms de certains membres du clergé de Notre-Dame, que dans quelques rares documents de la fin du IXe siècle [5]. C'est aussi à cette époque (889-890) que nous voyons l'évêque Aimery parler de ses chanoines comme de son conseil [6]. Mais jusqu'au XIe siècle

---

[1] Consulter notamment Baronius, Muratori, du Cange, Fleury, Longueval.

[2] Vers 765. — Voir Paul Diacre, *De episc. Metens.* — Labbe, *Concil.*, t. VII. — Longueval, *Hist. de l'égl. gall.*, t. IV, p. 372. — Rouillard (*Parthénie*, t. II, p. 87 r° et 102 v°) fait remonter à l'évêque Hadon (vers 715) la première réforme des clercs de Notre-Dame et leur transformation en chanoines. Rien dans nos pièces ne justifie cette assertion du vieil historien, qui aura confondu probablement Hadon avec Eudes ou Odon, évêque en 968-1004, auquel la Chronique attribue, faussement d'ailleurs, la division et la remise des prébendes aux chanoines.

[3] *Chron. Adhemari. Epist. Ludov. ad Sichard. et ad magn., Concil. gall.*, t. II, p. 426, et append. Yves de Chartres cite Amalaire (*de significatione clericalis ornatus*) dans sa lettre 79 à Hildier. (Paris, éd. de Villiers, 1608, p. 76).

[4] Voir vol. Ier, p. 70 et 76, et vol. III, *Nécrologe, passim.*

[5] Voir *Cartul. de Saint-Père*, p. 15.

[6] *Per consensum canonicorum nostrorum* (id.).

les clercs de l'entourage de l'Evêque, témoins et signataires de ses actes, étaient le plus ordinairement qualifiés d'après leurs grades dans les ordres sacrés, comme *presbyter, diaconus, subdiaconus, levita, acolytus, clericus*, sans adjonction du titre de *canonicus* [1].

Les guerres carlovingiennes et les invasions normandes et danoises, qui couvrirent la Beauce de ruines pendant plusieurs siècles, amenèrent l'inféodation des biens ecclésiastiques à des séculiers, et ces engagements, prohibés par les conciles, furent non seulement obtenus à l'aide d'extorsions par les chevaliers du pays ou vendus par certains prélats simoniaques, mais encore consentis par les évêques en rémunération de services rendus ou pour soudoyer une milice nécessaire à la défense des églises. Les mœurs des clercs se ressentirent bien longtemps de cet état de choses qui, en appauvrissant le Chapitre, tarit les sources de la charité [2]. Le relâchement ainsi introduit dans Notre-Dame fut vigoureusemet combattu au commencement du XIe siècle par le grand évêque Fulbert. Cependant, malgré la discipline de son école et la solidarité philosophique et religieuse qui liait entre eux les clercs de son église, il ne réussit pas toujours à faire revivre dans le *presbyterium* les traditions des temps apostoliques [3].

---

[1] Voir vol. Ier, p. 81, 84, 85. Dans ces titres on ne trouve qu'une seule fois la qualification de *canonicus*, donnée à un clerc.
Le *Nécrologe*, au jour des nones de mars (voir vol. III), fait mention de Gelvise, qualifiée religieuse, *monacha*, et chanoinesse, *canonica hujus sanctæ ecclesiæ*. Cette mention, certainement des plus anciennes du Nécrologe, semblerait indiquer la coexistence d'une association canoniale de femmes à Notre-Dame dès le IXe ou le Xe siècle. Serait-ce le premier indice de cette communauté de sœurs des *Saints-Lieux-Forts* qui vivaient dans la crypte et soignaient les malades du feu des ardents? ou bien s'agit-il simplement de l'affiliation d'une personne charitable et pieuse aux prières et exercices du Chapitre, comme cela avait souvent lieu dans les couvents pour les laïcs bienfaiteurs?

[2] C'est ce qui faisait écrire à Fulbert : *Res ecclesie in superfluorum domesticorum vectigalia sic expendere compellebar, ex pravá consuetudine predecessorum meorum, ut officium hospitalitatis et elemosyne sicut interest administrare non possim.* (*Fulb. carn. op.*, 1608, p. 84).

[3] Ainsi Hildier, son disciple chéri, lui écrivait : *Scripto vestro interim queso michi innotescere quomodo vos agatis et qualiter condiscipuli mei se gerant in scholis et an melius solito celebrent canonicas horas* (*Fulb. carn. op.*, p. 114).
Fulbert était forcé d'accepter la situation que les malheurs des temps avaient faite au temporel de son église. Ainsi il parle dans sa lettre VI des fidèles de Notre-Dame qui doivent être reçus dans le château de Vendôme pour le service de l'Evêché et des chevaliers qui tiennent bénéfice *de suo casamento*. Dans sa lettre XXIII il promet à son métropolitain Leothéric de mettre à la raison Arnoult, tenancier (*casatus*) de l'église de Chartres, demeurant au château d'Alluyes. Mais il répugnait à pratiquer lui-même les inféodations des biens ecclésiastiques : Francon, évêque de Paris, lui ayant conseillé, dans un besoin pressant,

INTRODUCTION.

Les fraternités ou associations pieuses et charitables, fondées pendant le XI° siècle entre Notre-Dame et quelques grands monastères [1], eurent sans doute une influence heureuse sur le clergé; mais le mouvement religieux des Croisades et la propagation de la règle de saint Augustin qui se manifestèrent en France vers le début du XII° siècle réagirent d'une manière plus marquée et plus efficace encore sur le temporel et le moral du Chapitre. Pendant que les seigneurs croisés rendaient à l'église les biens inféodés [2], Yves, l'illustre réformateur de Saint-Quentin de Beauvais, devenu évêque de Chartres, rétablissait, non sans luttes, parmi les clercs de sa cathédrale, la régularité des anciens temps. Cette réforme s'attaqua plutôt aux mœurs qu'à la constitution de la compagnie, qui possédait déjà dès le X° siècle sa hiérarchie à peu près complète et son état-major de dignitaires [3].

La remarquable suite de prélats qui occupa le siège d'Yves pendant les XII° et XIII° siècles inocula de plus en plus l'observance des préceptes canoniques dans les habitudes du Chapitre. Aussi, sauf quelques prétentions exagérées qui donnèrent naissance à des procès séculaires avec les évêques et sauf quelques désordres passagers engendrés par les guerres civiles des XIV° et XV° siècles, la pureté de vie, l'esprit de conduite, les vertus chrétiennes et la science théologique du sénat de Notre-Dame étendirent dans

---

de donner des autels en bénéfice à des laïcs, il lui exprima son étonnement d'un tel conseil sortant de la bouche d'un prélat qui avait blâmé jadis ce moyen de battre monnaie. (Lettre LXIII, p. 60).

[1] Voir vol. Ier, p. 83, 92, 93, 100, 101, 113.

[2] Les titres constatant ces bienfaits sont très-nombreux; mais plusieurs abus s'introduisirent dans le mode de restitution. Yves de Chartres nous apprend dans sa lettre au pape Urbain II (*Yvonis epist.*, 1610, p. 24) que quelques seigneurs prétendaient décharger leur conscience en offrant à l'église des indemnités en argent pour conserver le patronage des églises. D'un autre côté, Jean de Salisbury (*Polycraticon*, livre VII, ch. 17) dit que beaucoup d'églises, appartenant jadis aux évêchés et inféodées par eux, avaient été données par les détenteurs à des monastères qui ne pouvant les desservir par eux-mêmes les confiaient à des vicaires et payaient une somme à l'évêque à chaque mutation. Nous citons ces faits, dénoncés comme simoniaques par deux de nos évêques, parce qu'ils affectèrent certainement notre pays où les biens inféodés formaient une masse considérable. Au surplus, le rachat des églises par les laïcs avait été condamné au concile de Clermont en 1095.

[3] Yves ne transforma pas les clercs de Notre-Dame en chanoines réguliers, comme il avait fait à Saint-Quentin et comme il fit, soit par lui-même, soit par ses conseils et ses envoyés, à Saint-Georges de Troyes, à Saint-Jean-en-Vallée et à Saint-André de Chartres. Mais il les maintint avec énergie dans la rigoureuse observance des règles, en vivant avec eux, en prêchant d'exemple et en prenant leur cause en main toutes les fois que leurs droits ou leurs prétentions étaient attaqués par les puissances laïques.

INTRODUCTION.　　　　　　　　　　　　　　　lxxiij

tout l'univers catholique la réputation de ce corps illustre et en firent pendant 600 ans une des pépinières des princes de l'église de France.

§ Ier. — PERSONNEL DU CHAPITRE.

La nomination des chanoines appartenait à l'Evêque. Elle se faisait dans un délai de rigueur, sous peine de déchéance, et en présence du Chapitre spécialement convoqué dans le lieu capitulaire [1]. Il était interdit à la Compagnie de rechercher les motifs du choix du prélat [2], mais elle devait statuer sur la suffisance du récipiendaire et sur sa capacité à exercer les fonctions canoniales.

La réception d'un chanoine se pratiquait au XIIIe siècle de la manière suivante : Le *canonisande* était présenté de la part de l'Evêque aux quatre premiers dignitaires, le doyen, le chantre, le sous-doyen, le sous-chantre, qui l'examinaient et faisaient le lendemain leur rapport au Chapitre. Si les conclusions étaient favorables, le sujet recevait immédiatement la collation épiscopale, puis, conduit par le chantre à la chapelle Sainte-Anne, il jurait sur la châsse contenant le chef de la sainte [3] que sa naissance était légitime, qu'il n'était ni colibert, ni fils de colibert, et qu'il n'avait rien promis ni donné pour obtenir sa prébende. Introduit ensuite au chœur, il prononçait, avant de prendre séance, un serment des plus circonstanciés, dont voici la formule abrégée :

1° Je jure que je n'ai poursuivi cette prébende par simonie d'aucune sorte [4] et que je ne percevrai que 40 sous par an sur les revenus y attachés,

---

[1] Voir vol. II, p. 280. Lorsque le délai était expiré, la nomination revenait au Chapitre. Ce cas se présenta en 1212-1217 pour une nomination faite hors délai par Renaud de Mouçon (voir vol. II, p. 69). En 1215, le même évêque voulant conférer un canonicat à son neveu et ne pouvant se rendre au lieu capitulaire, demanda au chapitre la permission de faire cette collation dans un autre endroit, ce qu'il obtint *sans tirer à conséquence* (Ib., p. 78).

[2] C'est ce qui fut reconnu, non sans longues contestations, par un arrêt du Parlement de 1534 (voir vol. Ier, p. 63, note 2).

[3] Avant 1204, époque de la donation du chef de sainte Anne à Notre-Dame par Louis, comte de Chartres et Blois, les chanoines juraient sur le chef de saint Théodore rapporté de Rome en 1120 par Geoffroy de Lèves (voir vol. Ier, p. 60).

[4] Cette partie du serment avait été prescrite par une bulle de Calixte II, de 1119, approbative d'un règlement de Geoffroy de Lèves (voir vol. Ier, p. 126).

jusqu'à ce que j'aie fait un stage de six mois d'une Nativité à l'autre, sauf dispenses valables [1];

2° Je jure que je soutiendrai l'ancienne coutume de n'admettre pour chanoines ou clercs de chœur ni affranchis ni fils d'affranchis, hormis ceux que l'église excepte, ni les fils de concubinaires [2];

3° Je jure d'observer l'ordre introduit dans les Prévôtés par l'évêque Renaud de Mouçon, avec l'assistance du cardinal Melior [3];

4° Je jure que je veillerai à ce que ma prébende reste intacte avec ses serfs pendant tout le temps de ma possession, et à ce que les fils de serfs ne soient pas admis à la tonsure sans l'aveu du Chapitre;

5° Je jure de livrer en temps fixé au receveur du Chapitre la somme de deniers et de denrées en nature imposée à ma prébende tant pour légumes que pour prévôté;

6° Je jure de ne pas commettre de fraudes pour gagner mes distributions quotidiennes;

7° Je jure le secret sur tout ce qui se dira en chapitre et en général sur toutes les affaires du Chapitre;

8° Je jure de défendre envers et contre tous les libertés et priviléges de l'église de Chartres [4] et de soutenir ses droits dans toutes les contestations qu'elle a et pourra avoir contre le comte de Chartres-Blois et ses officiers, et contre l'abbé de Cluny et le prieur de la Charité-sur-Loire;

9° Je jure que je donnerai à l'église, sur les premiers produits de ma prébende, une chape de soie ou un autre ornement de la valeur de vingt livres tournois;

10° Je jure de me conformer aux transactions conclues par le Chapitre au sujet des avoués.

De plus, le Chapitre signifiait au Bailli ou au Prévôt du Comte qu'il eût à se rendre, si bon lui semblait, au lieu capitulaire, pour entendre le canonisande jurer de s'opposer de tout son pouvoir à l'admission à l'*avouerie*

---

[1] Bulles d'Alexandre III (1168-1169 et 1171-1172). Voir vol. 1er, p. 177 et 189. — Décret de Guillaume-aux-Blanches-Mains (1171). Ib., p. 188. — Bulle de Lucius III (1183). Ib., p. 199.

[2] Le réglement de Renaud de Mouçon, fait en présence du cardinal Melior, est daté de 1193 (voir vol. 1er, p. 225).

[3] Bulle de Pascal II (1120) voir vol. 1er, p. 111.

[4] Nous énumérerons ci-après ces priviléges et coutumes, qui sont rappelés en partie dans la lettre du Chapitre à l'église du Mans (c. 1200). Voir vol. II, p. 3.

d'un usurier notoire et de provoquer l'expulsion d'un tel avoué, s'il s'en trouvait dans la compagnie [1].

Quelques parties de ces serments, notamment celles relatives à l'ingénuité du récipiendaire, aux coliberts, fils de coliberts, affranchis, fils d'affranchis, serfs et serves des prébendes, remontent à un état de choses fort ancien ; d'autres, visiblement ajoutées après coup, emportent leurs dates avec elles [2].

D'autres injonctions avaient été faites par les papes pour assurer la dignité du Chapitre et la validité de la nomination des chanoines de l'église de Chartres. Une bulle de Pascal II, de 1102, que nous avons déjà citée en note, défendit de donner des prébendes à quiconque ne promettait pas de se faire promouvoir prochainement aux ordres sacrés [3]. La même bulle prescrivait d'observer, quant aux émoluments, la règle hiérarchique des dignités ecclésiastiques, c'est-à-dire de donner au chanoine prêtre plus qu'au chanoine diacre, et plus à celui-ci qu'au chanoine sous-diacre ; cette disposition ne fut pas observée à la lettre, mais certains dignitaires eurent droit à deux prébendes et les derniers venus des chanoines à une demi-prébende seulement. L'usage avait fixé à 13, non compris le doyen et l'abbé de Saint-Jean-en-Vallée, le nombre des chanoines prêtres *requis* dans l'église de Chartres. L'évêque ne pouvait disposer d'aucune prébende en faveur d'un clerc constitué en ordres mineurs et déterminé à y rester, jusqu'à ce que le nombre des chanoines prêtres fût complété. C'est ce que l'évêque Mathieu reconnut en 1257 [4].

Les dignitaires du Chapitre, au nombre de 17, étaient le doyen, le chantre, le sous-doyen, le sous-chantre, le chambrier, le chancelier, le grand archidiacre, l'archidiacre de Dunois, l'archidiacre de Pinserais, l'archidiacre de Blois, l'archidiacre de Dreux, l'archidiacre de Vendôme, le prévôt d'Ingré, le prévôt de Normandie, le prévôt de Mézangé, le prévôt d'Auvers, le chevecier [5].

---

[1] Voir vol. II, p. 280, 281 et 282.
[2] Ces dernières ont été introduites à la fin du XIIe et dans le XIIIe siècle.
[3] Voir vol. Ier, p. 110 et 111. Même disposition dans une bulle d'Alexandre III, de 1179, et dans une autre bulle de Lucius III, de 1183, vol. Ier, p. 199.
[4] Voir vol. II, p. 166.
[5] Voir vol. II, p. 280.

C'est dans un titre de l'abbaye de Saint-Père, de 931, que nous trouvons pour la première fois le nom d'un doyen du Chapitre. Il s'appelait Aimon et vivait sous l'évêque Aganon [1]. Humbert, chantre, et Ardrad, sous-doyen, figurent comme témoins dans une charte de Notre-Dame, de 950 [2]. Les archidiacres Lambert et Guy et les prévôts Raoul et Atton comparaissent dans un autre document du même fonds, de 970 [3]. Les autres dignitaires ne sont mentionnés dans les titres qu'un peu plus tard [4].

L'Evêque avait la collation de toutes les dignités, à l'exception du décanat réservé à l'élection du Chapitre [5]. Les papes avaient pris soin d'entourer les nominations de toutes les garanties possibles contre la fraude. La bulle de Calixte II, de 1119, que nous avons déjà citée [6], fit défense, nominativement aux quatre premiers dignitaires et généralement à tous les chanoines, d'exiger quoique ce fût pour faciliter aux candidats l'obtention des dignités, et prescrivit aux nouveaux dignitaires de jurer en chapitre, avant leur installation, qu'ils étaient purs de toute simonie. Alexandre III, par une bulle adressée au doyen Geoffroy (1165-1181), prohiba la collation de deux dignités au même individu, ainsi que toute nomination à une prévôté ou à un personnat de l'église au profit d'un clerc qui ne ferait pas résidence réelle [7]. Enfin, par une bulle de 1179 adressée à l'évêque Jean de Salisbury, au doyen et au Chapitre, le même pape défendit, sous peine de dépossession, d'investir d'une dignité de l'église toute personne qui ne promettrait pas de faire résidence à Chartres, selon l'ancienne et louable coutume [8].

---

[1] *Cart. de Saint-Père*, p. 27, 28. — Le nom de ce doyen est donné par le *Gallia*.
[2] Voir vol. Ier, p. 84, 85.
[3] Voir vol. Ier, p. 84, 85.
[4] On voit aussi apparaître dans la dernière moitié du Xe siècle un sous-sacristain, *subedituus* (974, *Cart. de Saint-Père*, p. 60), et trois trésoriers, *archiclavi* (940, *Saint-Père*, p. 26; 949, *ib.*, p. 34, et *Cart. de N.-D. de Chartres*, vol. Ier, p. 81; 954, *Saint-Père*, p. 53; 974, *ib.*, p. 60; 977, *ib.*, p. 62; 979, *Cart. de N.-D.*, vol. Ier, p. 85; 986, *Saint-Père*, p. 71).
[5] Voir vol. II, p. 280.
[6] Voir vol. Ier, p. 126.
[7] Voir vol. Ier, p. 174 et 175.
[8] Voir vol. Ier, p. 199. Les papes firent respecter plusieurs fois leurs injonctions ; ce qui arriva aux évêques Geoffroy Ier et Renaud de Mouçon en est la preuve (voir vol. Ier, p. 96, 97, vol. II, p. 12, et *Yvonis epist.*, éd. de 1610, p. 10 et 14).

INTRODUCTION. lxxvij

1. *Le Doyen.*

Le Doyen, dont le nom emprunté à la hiérarchie militaire avait été adopté à la fois par les chapitres et les monastères [1], était le chef du Chapitre de Notre-Dame [2]. Le droit des chanoines d'élire leur doyen fut expressément reconnu par une charte de Geoffroy de Lèves (1116-1118) [3], qui fit titre pour l'avenir. Ce haut dignitaire avait charge des âmes des membres du Chapitre, des chapelains, des clercs et de tous les officiers de l'église ; il occupait au chœur la première stalle haute de droite, en entrant, qui est la place du curé dans les églises paroissiales [4]. Indépendamment de ses obligations comme président du chœur et des séances capitulaires, le Doyen remplissait encore les fonctions d'archidiacre de la ville et de la banlieue [5]. Il connaissait en cette qualité, soit personnellement, soit par le Sous-Doyen son adjoint, de toutes les questions du ressort de la juridiction ecclésiastique qui s'élevaient dans ce petit archidiaconé [6]. Cependant un

---

[1] On connaît plusieurs doyens de l'abbaye de Saint-Père aux Xe et XIe siècles ; le plus ancien dont le nom soit donné par les titres s'appelait Hermann et vivait en 967 (*Cart. de Saint-Père*, p. 57 ; voir aussi *ib.*, p. 91, 99, 100, 102, 117, 124, 130). La dénomination de Prieur ou Prévôt ne fut généralement employée dans les couvents qu'à la fin du XIe siècle.

[2] Ce titre et ces fonctions de chef du Chapitre furent souvent contestés au Doyen par ses confrères. Dans un Mémoire rédigé par le Chapitre en 1708, on lit : « Le Doyen a très-peu, » pour ne pas dire nulle distinction attachée à sa dignité décanale, excepté la première » stalle au chœur, *primus inter pares.* » Dès l'année 1393, une transaction était intervenue entre le Chapitre et le Doyen, au sujet des droits respectifs des parties : Voici quelques-unes des clauses de cette transaction, souvent invoquée dans la suite :

Decanus non est caput Capituli, sed membrum ejus honorabile, primo et singulariter nominatus.

Non est exemptus a Capitulo, sed ejus subjectus et justiciabilis ; tenetur observare statuta, libertates et consuetudines Capituli, per juramenta in receptione prestita, et ad id coerceri potest per Capitulum.

Jurisdictio alta, media et bassa quam habet Decanus in terris de Escubleio et Gastella, cum majoriis de Escubleio et Piatovillari, procedit de ecclesia. De illa Capitulum est judex et superior Decani, et Capitulum in istis locis facit expletamenta justitie. (Arch. d'Eure-et-Loir ; Fonds du Chapitre, C. II, BB, 1.)

[3] Voir vol. Ier, p. 126, et *Parthénie*, t. II, p. 63, r° et v°.

[4] Voir vol. II, p. 96.

[5] Cet archidiaconé, non compris dans les dignités de l'église, embrassait, outre Chartres et ses faubourgs, les paroisses de Gasville, Nogent-le-Phaye, Lèves, Champhol, Mainvilliers, Amilly, Lucé, Luisant, Barjouville, le Coudray, Morancez.

[6] Réglé en 1124 et 1205 que le droit archidiaconal du Doyen et du Sous-Doyen s'étendait sur les possessions et gens de l'abbaye de Saint-Père, sis et demeurant en dehors du mo-

lxxviij INTRODUCTION.

titre du doyen Barthélemy, du mois d'août 1223, reconnut que les chanoines, leurs clercs et les clercs de chœur n'étaient pas sous sa coulpe, excepté en tant qu'ils possédassent dans la ville ou la banlieue des églises, chapelles ou oratoires soumis à la visite ordinaire de l'archidiacre. C'était le Chapitre seul, en assemblée générale, qui jugeait les affaires ecclésiastiques de ses membres et de ses chapelains, à moins qu'il ne déléguât temporairement à un des dignitaires la police qui lui appartenait [1].

Le Doyen était aussi gardien du cloître pendant le jour [2] et juge de police des foires qui s'y tenaient [3]. Il percevait à son profit, comme indemnité, une partie des amendes prononcées contre les délinquants et une partie des coutumes payées par les marchands étalagistes pendant le temps des foires [4]. Cette perception donna souvent lieu à des contestations : réglée une première fois, quant aux amendes, en 1298, elle fut réduite, dans la séance capitulaire du mercredi après la sainte Luce 1331, aux amendes inférieures à 60 sous et au tiers des autres [5]. Un troisième réglement fut adopté le 17 septembre 1406 ; il contient dans un ses articles un tarif applicable à 39 coutumes diverses payables au Doyen par les gens de métier et les marchands [6].

Le Doyen avait la collation de l'autel Saint-Jean-Baptiste en l'église de

nastère, de ses églises et de l'église Saint-Hilaire (voir vol. Ier, p. 129, et vol. II, p. 30). Les prêtres des églises de Champhol et Mainvilliers étaient compris dans la juridiction archidiaconale du Doyen et du Sous-Doyen, comme les autres prêtres suburbains (*ib.*).

[1] Voir vol. II, p. 101. Quant aux serviteurs des chanoines et des clercs de chœur, ceux d'entre eux qui étaient exempts de la justice séculière du Comte l'étaient aussi de la juridiction ecclésiastique du Doyen ; ceux, au contraire, qui reconnaissaient le Comte comme juge de leurs forfaits et contrats, *de forisfactis et contractibus*, reconnaissaient par cela même le Doyen comme juge en matière ecclésiastique (*ib.*).

[2] Depuis le premier coup de la première messe jusqu'au couvre-feu (voir vol. II, p. 270).

[3] Les foires du cloître avaient lieu pendant les quatre principales fêtes de Notre-Dame, à savoir : *la Chandeleur* (Purification), *la Marcesche* (Annonciation), *la Mi-Août* (Assomption) et *la Septembresce* (Nativité).

[4] Le sergent du Doyen était aussi payé par les marchands. Un réglement de 1181-1183 décida qu'il était dû une obole à cet officier par chaque marchand qui le chargerait de marquer sa place ou de garder ses échelles ou étaux pendant deux jours. (Voir vol. Ier, p. 204). Ce réglement fut confirmé en 1268-1277 (vol. II, p. 186).

Le Chapitre décida le 26 mai 1224 que les étaux des merciers situés dans les cloîtres seraient placés désormais entre le portail du midi et la grande tour, et soumis directement à la juridiction du Chapitre sans passer par celle du Doyen (vol. II, p. 103).

[5] *Registres capit.* (1314-1367) un vol. in-f°, mss. de la Bibl. communale.

[6] *Hist. de Chartres*, par E. de Lépinois, vol. Ier, p. 507 et suivantes.

INTRODUCTION. lxxix

Chartres [1] et des églises paroissiales de Gâtelles et d'Ecublé, au doyenné de Dreux, et de Poisvilliers, au doyenné d'Epernon [2].

II. Le Grand-Chantre.

Le Chantre, Grand-Chantre ou Préchantre, second dignitaire du Chapitre, avait pour mission, dans les temps anciens, de donner le ton du chant et de commander au lutrin avec le bâton cantoral [3]. Il suppléait le Doyen dans la présidence du chapitre, en cas d'absence ou pendant la vacance du décanat. Il occupait au chœur la première stalle haute de gauche en entrant, qui est celle du premier vicaire dans les églises paroissiales [4]. Il était chargé de la police de l'église, en ce qui concernait les causeries et conversations particulières. Au Chantre appartenait, comme nous l'avons dit plus haut, l'installation des chanoines nouvellement élus [5], et cet honneur insigne avait rendu les fonctions de Chantre si recommandables que tout ce qui pouvait les amoindrir ou en ternir l'éclat était scrupuleusement évité [6].

En 1198 l'évêque Renaud, considérant la grandeur de la dignité de

---

[1] Voir vol. Ier, p. 205. L'autel Saint-Jean-Baptiste était un de ceux que l'on appelait les *Dix-Autels*. Nous faisons connaître les vocables de ces autels à la suite d'un titre concernant leurs chapelains (Voir vol. II, p. 137). Ils se composaient de cinq autels des cryptes et de cinq de l'église supérieure dont la fondation était attribuée aux premiers évêques et qui avaient des revenus communs. Les cinq autels de l'église supérieure furent détruits en 1657 (voir vol. III, *Nécrologe*. Obit de Girard de Limoges, au 2 des ides d'avril).

[2] *Cart. de Saint-Père*, Pouillé du diocèse, p. cccxliij.

[3] Le *Nécrologe*, au 4 des ides de mai (voir vol. III, p. 112), nous apprend que le chantre Nicolas Thiersault laissa au Chapitre, en 1559, pour l'usage de ses successeurs dans les occasions solennelles, un magnifique bâton cantoral d'argent doré, pesant 6 livres et 5 onces.

[4] Voir vol. II, p. 96. — Dans d'autres églises, à Amiens notamment, la place du chantre était la stalle à droite de celle du doyen (ch. de l'év. Evrard, de 1218, citée par du Cange).

[5] Règlement de janvier 1221 à l'occasion de nouvelles stalles placées au chœur : — le Chapitre installe le Doyen et le Chantre. Ce dernier installe tous les autres prébendés, soit dignitaires, soit chanoines, soit non-chanoines. Il peut les placer où il veut, sauf dans les stalles affectées spécialement à certains dignitaires. Il peut même faire passer les prébendés d'une stalle à l'autre. Cependant il doit observer l'ordre des rangs, en ce sens qu'il ne peut intercaler un non-chanoine dans les stalles des chanoines et réciproquement (voir vol. II, p. 95 et 96).

[6] Voir vol. Ier, p. 211. — En 1655, une ordonnance capitulaire enjoignit aux selletiers de porter respect et révérence à tous messieurs du Chapitre, « mais surtout au Chantre, quand il est en dignité. »

Chantre et la modicité des revenus de son personnat, conféra à Crépin de Dreux qui en était alors revêtu, la prébende dite de Courville, en l'église et couvent de Saint-Jean-en-Vallée [1]. Le Chapitre ajouta à ce bienfait une redevance de cent sous à percevoir chaque année sur le compte de la Purification [2].

L'assassinat du chantre Renaud de l'Épine, dans la nuit du 22 août 1253, au moment où il se rendait à matines, servit de prétexte pour la clôture du cloître [3].

III. *Le Sous-Doyen.*

La dignité de Sous-Doyen, la troisième du Chapitre, était particulière à l'église de Chartres; aucun des diocèses voisins n'en possédait, et du Cange ne cite que l'église Saint-Paul de Londres où elle fût établie [4]. Ce dignitaire occupait au chœur la troisième stalle haute de droite, à partir de celle du Doyen [5]. Il avait la haute police du chœur, et c'était à lui qu'il appartenait de requérir pour toutes les fautes commises au chœur par les chanoines.

Le Sous-Doyen gagna beaucoup d'importance dans la compagnie comme justicier suppléant du Doyen. Sa cour, où fonctionnaient un official et nombre de sergents et greffiers, finit par connaître de presque tous les cas attribués au Doyen comme archidiacre de Chartres et juge de police du cloître. Aussi son nom se lit-il, au XIV° siècle, dans le protocole d'une multitude de titres. Il avait, sur la présentation du Chevecier, la collation de neuf des *dix autels* de l'église Notre-Dame [6].

---

[1] Cette prébende consistait en un revenu de 4 muids six setiers de blé, mesure de Loëns, 2 muids d'avoine, 2 muids de vin, 2 setiers de pois et 60 sous (voir vol. Ier, p. 21 et 257).

[2] Voir vol. Ier, p. 258. *In computacione que dicitur* Tournus *sive computatio de Purificatione.*

[3] Voir vol. II, p. 156 à 165.

[4] *Glossaire*, verbo *Decanus*, vol. II, p. 753.

[5] Voir vol. II, p. 96.

[6] La compétition du sous-décanat fut l'occasion d'un meurtre abominable commis en 1029 par les gens de Rodolphe, évêque de Senlis, sur Evrard, clerc pourvu de cette dignité par l'évêque Fulbert (*Fulb. epist.*, p. 45, 59, 60).

Le Maire de Saint-Maurice prétendait par droit héréditaire à une place quotidienne à la table du Sous-Doyen; comme celui-ci résistait, les parties en appelèrent, en 1197, au Doyen, qui réduisit aux jours de fête double, aux Rogations, au dimanche des Rameaux, et au di-

Autrefois, le Sous-Doyen était en possession d'introniser les abbés de la ville et banlieue; mais une contestation s'éleva en 1540 lors de l'intronisation de Pierre de Brizay, abbé de Saint-Père, auquel le Sous-Doyen réclamait le palefroi harnaché dont l'abbé s'était servi lors de son entrée dans l'abbaye. De cette contestation naquit un long procès, qui ne fut jamais jugé, et depuis ce temps le Sous-Doyen installa gratis tous les abbés qui voulurent bien y consentir, mais il ne put jamais faire passer en droit cet usage.

IV. *Le Sous-Chantre.*

Nous n'avons rien de particulier à dire du Sous-Chantre dont les fonctions consistaient à répondre au Chantre et à le suppléer dans son office de directeur du lutrin. Il occupait au chœur la seconde stalle haute à partir de celle du Chantre, c'est-à-dire la troisième stalle de gauche en entrant par la nef [1]. Le plus ancien sous-chantre dont les titres nous donnent le nom est Agobert, qui devint évêque de Chartres, vers 1049 [2].

V. *Le Chambrier.*

Le Chambrier, dont la place au chœur était la stalle haute du coin droit, sur le rang du Doyen et du Sous-Doyen [3], avait la direction de la Trésorerie ou Chambre aux deniers de Notre-Dame : il avait la présidence des réunions de cette chambre, que le Doyen fût présent ou non. Il surveillait les encaissements et les dépenses, dressait les comptes et les rôles de distributions de deniers à faire au Chapitre et à tous ses officiers, fournissait le bas-chœur, les serviteurs de l'église et les gardiens du cloître de linge et de vêtements et payait leurs gages. Il lui incombait aussi de contrôler les engrangements de Loëns, les entrées en cave et en magasins et les distributions en nature de pain, avoines, blés, denrées, qui se faisaient, soit quotidiennement, soit à certaines époques, à tout le personnel du Chapitre.

---

manche gras la satisfaction des prétentions gastronomiques du maire (voir vol. Ier, p. 259 et 260).

[1] Voir vol. II, p. 96.
[2] *Cart. de Saint-Père*, p. 124. — Voir aussi vol. Ier, p. 91.
[3] Voir vol. II, p. 96.

Si les fonctions du Chambrier étaient laborieuses, sa prébende lui assurait des revenus proportionnés à ses travaux ; notre Cartulaire en fournit la preuve dans un aveu fait en 1215 au Chapitre par le chambrier Raoul de Beauvais [1].

Georges, premier chambrier connu, vivait vers 1099 [2].

V. Le Chancelier.

Le Chancelier, appelé dans d'autres diocèses Ecolâtre, était un des dignitaires les plus comptés de l'église de Chartres. Il occupait au chœur la stalle haute du coin de la partie gauche en entrant par la nef, sur le rang du Chantre et du Sous-Chantre [3]. Ce dignitaire tenait la plume en séance capitulaire, apposait le sceau de Notre-Dame sur tous les actes et toutes les copies d'actes émanés du Chapitre en corps et avait la direction des notaires, tabellions, greffiers et autres officiers de la chancellerie de l'Eglise ; mais, suivant diverses ordonnances capitulaires, il était tenu de communiquer au Chapitre toutes les lettres qu'il écrivait. La garde des archives et de la bibliothèque de la Compagnie lui était dévolue.

Indépendamment de ces fonctions le Chancelier en remplissait d'autres qui ne contribuaient pas peu à rehausser son importance. Il était directeur des écoles hautes et basses de Chartres, et nul ne pouvait exercer le métier d'instituteur dans la ville et banlieue sans son consentement [4]. Les écoles de Chartres brillèrent d'un vif éclat pendant tout le Moyen-Age. Déjà fréquentées à la fin du VIIe siècle [5], elles devinrent sous Fulbert (1007) et ses successeurs un ardent foyer où toutes les connaissances humaines : la grammaire, les lettres anciennes, la logique, la philosophie religieuse ou théologie, les sciences exactes, la médecine et jusqu'à la

---

[1] Voir vol. II, p. 79 et suiv.

[2] Voir vol. Ier, p. 103.

[3] Voir vol. II, p. 96.

[4] Ce droit inhérent à l'office de Chancelier fut proclamé notamment dans la séance capitulaire du mercredi après la saint Vincent 1324, à l'encontre de Roger, maître des écoles de Saint-Jean-en-Vallée (Reg. capit., mss. de la Bibl. communale), et confirmé, en 1515, par le Roi, sur la demande de Me Jean Nantier, alors pourvu de la chancellerie. (Parthénie, t. II, p. 96, vo.)

[5] Saint Leufroy, attiré par la réputation des maîtres, vint étudier à Chartres à la fin du VIIe siècle (Vita Leufred, apud Boll., 21 Junii. — Baillet, Vie des Saints, 21 juin).

musique, étaient passées au creuset [1]. Le dignitaire, chargé de donner l'impulsion à ces études, avait une influence proportionnée à son mérite et parvenait souvent à l'épiscopat.

La collation des églises de Gasville et de Montainville appartenait au Chancelier [2].

VII. *Les Archidiacres.*

Non moins grandes étaient les six dignités d'Archidiacre en l'église de Chartres, car les personnages qui les possédaient pouvaient se dire à bon droit les yeux et les oreilles de l'Évêque [3]. Ils avaient la charge spéciale de visiter les églises de leurs archidiaconés et de maintenir dans toute leur pureté les règles de la discipline ecclésiastique. Les paroisses inspectées devaient à l'Archidiacre le droit de *procuration*, c'est-à-dire le gîte et la nourriture pour lui et ses gens [4]. Les Archidiacres percevaient aussi le casuel des cures vacantes.

Chaque Archidiacre était juge ecclésiastique de son district, et il avait, pour l'exercice de cette justice, une cour, un official et des sergents [5]. Les amendes prononcées par cette cour et les successions d'intestats lui étaient attribuées en partie [6].

Le Grand Archidiacre ou Archidiacre de Chartres avait une sorte de

---

[1] La bibliothèque du Chapitre fut promptement dotée par les évêques et le clergé. Les mentions de donations d'ouvrages à cette bibliothèque sont fréquentes dans notre Cartulaire. (Voir vol. Ier, p. 20, et vol. III, *Nécrologe*, passim.) Nous ferons connaître quelques-unes de ces donations dans un § spécial de cette introduction.

[2] *Cart. de Saint-Père*, Pouillé, p. cccxliij.

[3] *Sit episcopi auris et oculus, et os, cor pariter et anima* (*Constit. apost.*, lib. II, cap. 44, et lib. III, cap. 19 et 20; du Cange, *Glossaire*, v° *archidiaconus*).

Fulbert, parlant de Lisiard, archidiacre de Paris, dans son épître 34, dit : *qui cum esse deberet oculus episcopi sui, dispensator pauperum, catechisator insipientium, apostavit ab omnibus his.*

[4] Ces procurations converties généralement en argent donnèrent lieu à des disputes dans lesquelles les Papes et les Conciles durent souvent intervenir. La rapacité de certains archidiacres du XIIe siècle fut dénoncée en termes sévères par Jean de Salisbury, dans son épître 156 : *diligunt numera, sequuntur retributiones, ob injurias præmium faciunt, calumniis gaudent, peccata populi comedunt.*

[5] Les officiaux des archidiacres étaient rangés parmi les *ordinaires*, c'est-à-dire parmi les vrais juges ecclésiastiques; l'Évêque connaissait des appels de leurs sentences (*Innocent*. III, epist. 44, lib. 10; Pierre de Celles, liv. VII, épître 10).

[6] Voir vol. II, p. 101, 102 et 128.

prééminence honorifique sur ses collègues. Sa place au chœur était à la droite du Doyen, c'est-à-dire dans la seconde stalle à droite en entrant par la nef [1]. Les autres Archidiacres n'avaient pas de stalles réservées.

Nous avons déjà longuement parlé des six archidiaconés et des 14 doyennés à propos des limites des *Pagi*. Il nous reste à faire connaître leur importance au point de vue ecclésiastique.

Le Grand Archidiaconé, son nom l'indique, était de beaucoup le plus grand du diocèse. Il comprenait dans ses six doyennés [2] 223 églises paroissiales, dont 87 étaient à la présentation du Grand Archidiacre [3].

L'archidiaconé de Dunois n'avait qu'un seul doyenné avec 130 églises paroissiales [4], dont 18 étaient à la présentation de l'archidiacre.

L'archidiaconé de Pinserais, formé de deux doyennés [5], avait 171 paroisses [6], dont 38 à la présentation de l'archidiacre.

L'archidiaconé de Blois comprenait un seul doyenné composé de 74 paroisses [7], dont six à la présentation de l'archidiacre.

L'archidiaconé de Dreux, composé de deux doyennés [8], avait 147 paroisses [9], dont 10 à la présentation de l'archidiacre.

L'archidiaconé de Vendôme renfermait dans son unique doyenné 66 paroisses [10], dont 18 à la présentation de l'archidiacre.

Une bulle de Célestin III, du XII des calendes de juin 1195, fit expresse défense de porter atteinte aux droits des archidiacres du diocèse de Chartres et de disposer sans leur assentiment des doyennés ou églises dont la présentation leur appartenait [11].

---

[1] Voir vol. II, p. 96.

[2] Épernon, Auneau, Rochefort, Brou, Nogent-au-Perche, Courville.

[3] Aujourd'hui 7 paroisses de l'ancien doyenné d'Épernon et 51 paroisses de l'ancien doyenné de Rochefort appartiennent au diocèse de Versailles; 4 paroisses de l'ancien doyenné de Nogent font partie du diocèse de Séez.

[4] 37 paroisses de cet ancien archidiaconé sont passées en 1697 à l'évêché de Blois; 3 autres appartiennent aujourd'hui au diocèse du Mans et 4 au diocèse d'Orléans.

[5] Mantes et Poissy.

[6] 155 paroisses de cet ancien archidiaconé font partie aujourd'hui du diocèse de Versailles.

[7] Ces paroisses sont toutes passées au diocèse de Blois en 1697.

[8] Dreux et Brezolles.

[9] 27 paroisses de cet ancien archidiaconé font partie du diocèse de Séez et 4 du diocèse d'Evreux.

[10] Toutes ces paroisses dépendent aujourd'hui du diocèse de Blois.

[11] Voir vol. Ier, p. 249, 250.

VIII. *Les Prévôts*.

Les quatre Prévôts étaient dans l'origine les intendants ruraux du Chapitre et nous raconterons dans un autre endroit de cette introduction les phases diverses de leur gestion. Vers la fin du XII² siècle, lorsque l'administration des biens de l'église passa directement aux chanoines prébendiers, les Prévôts perdirent toute leur puissance, et leur dignité ne fut plus que nominale. Mais les riches revenus attribués aux grandes prêtrières de Normandie, de Mézangé, d'Auvers et d'Ingré, qui devinrent leurs prébendes et dont ils prirent les noms, firent toujours rechercher extrêmement les prévôtés [1].

IX. *Le Chevecier*.

Le Chevecier, dernier dignitaire du Chapitre, était à proprement parler le sacristain en chef de Notre-Dame. Il occupait au chœur la dernière des stalles hautes de gauche, en entrant par la nef [2]. Il avait la direction des clercs de chœur, chapelains, marguilliers et autres officiers chargés de la surveillance et de la conservation du matériel de l'église. Il indiquait aux clercs les leçons, antiennes et oraisons du jour et commandait les sonneries et l'allumage des cierges aux heures prescrites.

Le Chevecier avait la présentation à neuf des *dix autels* à la collation du sous-doyen, et la collation des *six autels* [3], ainsi que des autres autels de l'église haute et basse qui n'appartenaient pas au Chapitre [4]. Il présentait aussi à tous les offices de marguilliers clercs et laïcs et autres de ce genre [5].

---

[1] Voir vol. II, p. 54 et 55.
[2] Voir vol. II, p. 96 et 270.
[3] Les *six autels*, dont cinq dans la crypte et un dans l'église supérieure, passaient pour très-anciens et n'avaient pas de titres de fondation connus. Ils portaient les vocables de la Trinité, de saint Thomas, de saint Clément, de sainte Catherine, de saint Paul et de saint Étienne.
[4] Voir vol. II, p. 197. — Les autels appartenant au Chapitre étaient ceux de sainte Anne, de saint Éloi, de saint Julien, des Anges et des Vierges. (Voir vol. II, p. 169.)
[5] Voir vol. II, p. 270 et 280.

Entre autres émoluments attachés à sa dignité, le Chevecier percevait le prix de location des étaux ou boutiques de marchands placés sous les portiques et le tiers des deniers de la Pentecôte. Ces divers droits furent expressément reconnus par Pierre de Celles (1180-1183) [1]. Il résulte, au reste, d'un titre de 1231 que les revenus de la chevecerie étaient assez considérables [2]. Le Chevecier était tenu d'entretenir à ses frais un cierge brûlant à perpétuité devant le tabernacle [3].

X. Les Clercs de chœur.

Notre-Dame avait, indépendamment de son Chapitre, un clergé inférieur, composé des clercs de chœur et des chapelains, et un corps d'officiers subalternes composé des marguilliers, de leurs valets, des chantres et des enfants d'aube.

Les clercs de chœur remplissaient les fonctions de diacres, sous-diacres, acolytes, encenseurs, heuriers et matiniers [4], aides des cérémonies, secrétaires ou clercs de l'œuvre. Au XIIe siècle et probablement plus tôt, ils formaient entre eux une communauté ou fraternité à laquelle l'évêque Renaud de Mouçon donna, en 1190, une rente de dix sous. Cette communauté fut l'objet de beaucoup d'autres donations et fit plusieurs acquisitions de biens énoncées dans cet ouvrage [5].

Les clercs de chœur, outre les gages qu'ils recevaient soit du Chapitre, soit des chanoines leurs patrons, et des redevances que leur payait l'Évêque [6],

---

[1] Voir vol. Ier, p. 205, et notes 2 et 3.

[2] Voir vol. II, p. 123.

[3] Ib.

[4] Les heuriers et matiniers étaient au nombre de 24 (voir vol. Ier, p. 57). Un Mémoire de 1648 énumère ainsi les charges de l'heurier et matinier de semaine :

1º Il doit être le premier au chœur pour prendre la chappe, ou, s'il n'y a pas de chappe, pour chanter le *Venite*.

2º Il doit encore être le premier à toutes les petites heures.

3º Il doit mettre le grand livre aux dimanches et même aux fêtes quand il y a bâton (confrérie), et le petit aux autres jours.

4º Il doit entonner les pseaumes.

5º Il doit allumer la chandelle quand besoin est. (Arch. d'Eure-et-Loir, *Fonds du Chap.*, C. II, BB, 6.)

[5] Voir vol. Ier, p. 224, et vol. II, p. 91, 97, 152 et 229.

[6] Voir vol. II, p. 225.

jouissaient des distributions instituées par de nombreuses fondations au profit des heuriers et matiniers pour assistance à certains anniversaires [1]. Ils relevaient directement du Chapitre et n'étaient pas assujettis à la juridiction archidiaconale du Doyen. C'était ordinairement parmi eux que l'on choisissait les titulaires des chapellenies de l'église et des canonicats de Saint-André, de Saint-Aignan et de Saint-Piat [2].

Entre tous ces officiers, le plus important sans contredit était le clerc de l'œuvre. Ses charges étaient variées et considérables. Il faisait toute la recette tant des blés que des deniers dûs à l'œuvre ou fabrique de l'église; il percevait toutes les oblations faites tant aux messes qu'aux troncs de l'église, excepté dans certains cas prévus par les fondations. Il était responsable des meubles, joyaux et ornements de l'église. Il payait généralement tout ce qui était ordonné par les commis de l'œuvre pour l'entretien de la maîtrise, sonneries, luminaires, feux de joie, etc. Il veillait aux réparations de toutes les maisons de l'œuvre. Il faisait toutes les fournitures auxquelles l'œuvre était tenue : cire, linges, plombs, etc., et chaque année rendait son compte à la Saint-Jean [3].

[1] Le Chapitre augmenta les revenus des offices de matiniers en plusieurs circonstances et notamment par une donation du 4 oct. 1232 que nous donnons *in extenso*, vol. II, p. 124.

[2] L'évêque, collateur des canonicats de Saint-André et de Saint-Aignan, les accordait le plus souvent, soit à des ecclésiastiques attachés à son service, soit à des clercs de chœur. Quant aux canonicats de Saint-Piat, ils étaient exclusivement réservés aux heuriers et matiniers (*Parthénie*, Ire partie, p. 145).

[3] Nous citerons encore, d'après les Chapitres généraux de 1361, 1414, 1567, 1654 et 1706, diverses autres obligations du clerc de l'œuvre :

« Il montera souvent et au moins deux fois par semaine sur les plates-formes, combles et autres lieux de l'église, pour veiller aux réparations à faire, soit aux vîtres, soit à la couverture. Il poursuivra les ouvriers qui y travailleront pour voir s'ils font leur devoir, particulièrement les plombiers à cause du feu qu'ils ont continuellement pour souder. Il aura soin de faire ramasser les vieux plombs et soudures et de les faire descendre dans la plomberie et de les y tenir sous clef.

» Il tiendra la main à ce que les portes de la *forêt* (charpente de l'église), des galeries, des clochers et généralement de tout ce qui pourrait être battu et cassé par les vents soit fermé et arrêté, comme aussi les œillards ou ouvertures des clefs de voûtes, tant sur l'église que sur les aîles, soient toujours couverts pour empêcher le froid et le vent d'agiter le luminaire.

» Il prendra garde que les officiers de l'église fassent leur devoir et aura une copie des charges d'un chacun pour y veiller : par exemple, que les porte-masses balaient le chœur toutes les semaines; que le valet de l'œuvre balaie également l'église toutes les semaines; les porches et les escaliers quand besoin sera; que le sous-queux batte et nettoie le tapis de pied de l'autel et tienne proprement toutes les latrines de l'église; que l'éteigneur de

Les chapelains qui étaient, comme les clercs de chœur, soumis à la juridiction du Chapitre et à la direction du Chevecier, desservaient les autels de l'église situés hors du chœur et dans la crypte. Un certain nombre d'entre eux étaient attachés au service de Notre-Dame *de dessous-terre*. Leurs bénéfices, plus ou moins fructueux, suivant les libéralités des fondateurs, étaient, comme nous l'avons dit, à la collation du Doyen, du Sous-Doyen, du Chevecier et du Chapitre. Ils participaient aussi à des distributions de deniers ou de denrées faites à certains jours anniversaires [1].

XI. *Les Marguilliers-clercs* [2].

Les marguilliers clercs et laïcs étaient les plus importants des officiers subalternes de Notre-Dame. Ils vivaient en commun, aux frais de l'Evêque et du Chevecier, dans une maison appelée *la Marguillerie*, près de la porte Saint-Jean [3]. Ils avaient des biens communs, provenant de donations et de fondations, notamment un four, qui fut déclaré libre de tous droits par la comtesse Adèle, en 1213 [4].

---

chandelles balaie la bibliothèque et l'escalier qui y conduit; que les sonneurs ne laissent monter personne aux cloches, etc.

» Il se trouvera au chœur les veilles des grandes fêtes et toutes les fois qu'on tend ou descend les tapisseries, le ciel ou dais et le dossier de l'autel et les voiles, afin de prendre garde qu'il ne se rompe rien, qu'on les ménage et qu'on les nettoie.

» C'est à lui à voiler le Saint-Sacrement quand il est exposé pendant les sermons, à exposer les reliques à la vénération des fidèles lors de certaines fêtes de l'année. Il les tirera du Trésor et les portera, en étole et surplis, précédé d'un cierge, au lieu où on les expose (qui est le pilier vis-à-vis la bougie), les y gardera lui-même ou fera garder par un prêtre en surplis, et les resserrera avec même cérémonie.

» Il veillera à tout le blanchissage, et en particulier fera blanchir les voiles et les robes que l'on met pour couvrir les saints dans le temps de Carême.

» Il fera dresser les feux de Saint-Pierre et de Saint-Jean et y emploiera chaque fois un demi-cent de javelles et six bûches. » (Arch. d'Eure-et-Loir, *Fonds du Chapitre*, C. II, CC, 4.)

[1] Voir vol. II, p. 22, 23, 97. Pour les chapelains des *dix autels* voir vol. II, p. 137, notes 2 et 4, et 148.

[2] Les charges des marguilliers et autres officiers inférieurs étant plus spéciales à l'église de Chartres et leurs obligations moins connues, nous avons cru devoir développer davantage ce chapitre. Tout ce que nous disons est tiré de la Chronique (vol. Ier, p. 57), de *l'ordre du service de Notre-Dame*, février 1217 (vol. II, p. 233), des coutumes de l'église, 1330 (vol. II, p. 270), et du chapitre général de la Purification 1448 (*Cart.* 28 de la Bibl. imp., p. 243 et suivantes).

[3] Voir vol. II, p. 62, note Ire, 205, 221, 225.

[4] Voir vol. II, p. 71.

Les marguilliers clercs, ou sacristains, choisis parmi les clercs promus au diaconat, étaient au nombre de six [1]. Celui de semaine [2] couchait dans une petite chambrette pratiquée dans la clôture du chœur, proche du sanctuaire. Il se levait pour matines, allumait soit le petit, soit le grand luminaire [3], suivant les jours, présentait au clergé les livres habituels ou extraordinaires pour les leçons et sonnait la cloche d'avertissement ou *commande* pour les sonneurs des grosses tours. Pendant le Carême, il allumait, le matin avant matines et le soir après complies, le cierge appelé *grimaud* et le plaçait dans un candelabre de fer qui pendait entre les cordes des cloches.

A toutes les messes dites au grand autel, au moment de l'élévation, les marguilliers clercs tendaient devant la Sainte-Châsse une pièce de soie noire et retiraient les tentures ordinaires afin que la sainte hostie fût visible des deux côtés. Après les messes, ils dépouillaient l'autel de ses ornements, et, lorsque tout était rangé dans les coffres, ils exhibaient la Sainte-Châsse à la vénération des pèlerins. Aux processions, un marguillier clerc portait la croix et un autre le livre des collectes; quand la Sainte-Châsse sortait, quatre de ces officiers, portant des verges à la main, suivaient le reliquaire pour recueillir les pierreries qui viendraient à tomber. Ils avaient la garde particulière de la Sainte-Châsse et des autres reliquaires, des vases et ornements sacrés et des linges et nappes du grand autel [4]. Ils conservaient aussi,

---

[1] Les marguilliers clercs avaient la prétention de former un collége spécial, ayant son bailli, son sceau et sa juridiction particulière (le siège de celle-ci était les bancs sur lesquels les marguilliers s'asseyaient près de l'autel). Cette prétention semble au moins assez singulière aujourd'hui, et pourtant les conclusions des marguilliers contre le Chapitre leur furent adjugées par sentence des requêtes du Palais du 27 janvier 1542, et ce ne fut qu'après un long procès sur appel que les chanoines rentrèrent en possession de leur suprématie sur ces officiers subalternes. (Arch. d'Eure-et-Loir, *Fonds du Chapitre*, C. II, BB, 6.)

[2] *A vigilia Omnium-Sanctorum usque ad Pascha, matricularius intrans septimanam debet habere pelliciam, cum belveria de grizo* (capuchon ou cahuet de petit gris), *et a festo Paschæ usque ad festum Omnium-Sanctorum, sub superlicio debet habere rochetum.* (*Chap. général* de 1448, cité). En 1660, il fut ordonné que le bas-chœur porterait des cahuets à longue queue en pointe depuis la Toussaint jusqu'au jour des Cendres.

[3] Il y avait 12 ou 16 cierges sur l'autel, suivant les cas, et un nombre indéterminé devant la Sainte-Châsse, indépendamment de ceux de fondation. Le grand luminaire avait lieu dans les fêtes solennelles et aux anniversaires de Henri, évêque de Wincestre, de G. de Chaumont, de l'évêque Albéric, de l'évêque Jean, du chevecier Milon, de l'évêque Mathieu, de Bobon, de l'évêque Gauthier, de Philippe, roi de France, et de l'évêque Geoffroy. (*Chap. général* de 1448). Voir, pour les fondations de cierges brûlant devant la Sainte-Châsse, vol. I*er*, p. 153 et 218; vol. II, p. 14, 15, 62, 71, 93, 111, et vol. III, *Nécrologe*, passim.

[4] C'est ce qui avait été prescrit par *l'ordre du service de l'église*, réglé en 1297 (vol. II,

pour le service de cet autel, un missel, deux graduels, trois psautiers, deux alleluyaires, le livre des collectes, le livre des défunts, une bible en deux tomes, les homélies ou expositions des évangiles avec les sermons à lire pendant l'année; en trois tomes, et la légende des Saints. L'Évêque et le Chevecier pourvoyaient au bon état des coffres renfermant ces divers objets et à la nourriture des marguilliers de semaine et de leurs subordonnés [1].

XII. *Les Marguilliers laïcs.*

Les marguilliers laïcs, ou porte-masses, étaient au nombre de deux. Ils couchaient aussi dans une chambrette du tour du chœur [2]. Ils avaient pour mission d'éveiller le marguillier clerc de semaine pour les matines, de faire ouvrir les portes, de commander matin et soir l'allumage des lampes et cierges [3], de veiller à la propreté de l'édifice et d'exécuter tous les services intérieurs, avec l'aide des valets. Ils prenaient soin de tous les objets mobiliers servant au culte, à l'exception de ceux placés sous la garde particulière des marguilliers clercs. Ils précédaient l'officiant, leur verge à la main, à l'entrée et au sortir de la messe et à l'offrande hors du chœur. Après les offices du matin, ils faisaient évacuer le chœur, le fermaient et

---

p. 237); mais les marguilliers laïcs furent chargés plus tard, comme ils l'avaient été auparavant, de garder les chapes et autres ornements de soie et d'en vêtir et dévêtir les prêtres. C'est ce qui se faisait en 1448 (*Chap. génér.*, cité).

[1] Les deux repas (*prandium et cœna*), commandés au queux par le marguillier clerc de semaine, étaient servis sur la table du pupitre ou jubé. Le chapelain de la Sainte-Vierge et les marguilliers y prenaient part, et après eux les trois valets. Chaque convive avait droit à un pain, une écuelle de ragoût ou légumes et un morceau de viande, les jours gras. Deux coups de vin étaient accordés par repas à chaque marguillier et un coup seulement à chacun des valets. (*Chap. génér.* de 1448, cité).

[2] Suivant un Mémoire rédigé par les porte-masses en 1555, il n'y avait qu'un d'entre eux qui fût obligé de coucher et de sonner par semaine. Leur chambre était située près du maître-autel et s'appelait la *chambre semainière des laïcs*. La chambre des marguilliers clercs était près les reliques au chœur et on l'appelait la *chambre semainière des prêtres*. Outre ces deux chambres, il y avait encore celle du chapelain de la Sainte-Châsse placée auprès de celle des porte-masses, celle du queux, dans le chœur, devant le maître-autel, celles du sous-queux et du portier, dans le jubé, aux deux extrémités.

D'après le Mémoire de 1555, il était permis aux marguilliers laïcs de se marier, tandis que cette faculté était interdite aux valets des marguilliers clercs (le queux, le sous-queux et le portier).

[3] Pour faire exécuter l'allumage, les marguilliers laïcs parcouraient l'église en criant : *Allumez cire, allumez.* (*Chapitre général*, cité.)

gardaient les clés ; ils agissaient de même après complies. Ils veillaient à ce que les grandes portes fussent fermées à la nuit tombante et ne pouvaient s'absenter de l'église sans la permission de leur supérieur, le Chevecier.

XIII. *Le Queux.*

Le queux, ou cuisinier, premier valet des marguilliers, remplissait plusieurs fonctions dans l'église. Au couvre-feu, il allumait les deux lampes placées derrière le grand autel devant la Sainte-Châsse, et il les rallumait à matines si elles étaient éteintes. Il préparait le feu pour les encensoirs, sonnait les coups de la messe de l'aurore, ouvrait le chœur et veillait sur la Sainte-Châsse pendant les messes. C'était aussi lui qui avait soin du cierge *grimaud*, entre matines et complies, pendant le Carême [1].

D'après un règlement, dressé contradictoirement entre Bernard Blin, queux, et le Chapitre de Chartres, le 25 septembre 1621, voici quelles étaient les charges du cuisinier :

« Il fera la cuisine et fournira de verres à la table des marguilliers, les lavera, mettra la nappe à l'heure de dîner et de souper, placera le sel sur icelle, fournira d'herbes et de navets pour le pot au feu, et après le repas retirera et lavera lesdits verres.

» Ladite nappe doit être mise incontinent après la grande messe, et en été à six heures du soir, et en hiver après la *recherche* [2] faite en l'église.

» Le queux gardera la clef du coffre, auquel sont serrés les verres, nappes, sel, salières et autres choses, comme aussi les six gobelets d'argent et les cuillers d'argent destinés au service des marguilliers [3].

» Il gardera le chœur et l'autel de l'église depuis 4 heures du matin jusqu'à la messe de Notre-Dame et depuis primes jusqu'à la messe.

» Il sonnera le retour de matines avec la cloche appelée Madeleine ou le *Gros-Moineau*, parce qu'à cette heure le sous-queux est empêché à la cuisine à mettre le pot au feu et à laver les écuelles.

---

[1] *Chap. génér.* de 1448, cité.

[2] La *recherche* était la tournée faite dans l'église, après sa fermeture, pour s'assurer que personne n'y était demeuré.

[3] Ces six gobelets d'argent, ainsi qu'un grand vase également d'argent, avaient été donnés aux marguilliers, dans le XIII⁵ siècle, par le sacriste Jean. Voir vol. III, p. 189.

» Il allumera tous les encens qui se font à l'église.

» Il nettoiera autour du grand autel, comme aussi le tapis de pied.

» Il fournira de paniers et de pelles pour nettoyer et ôter les ordures du chœur.

» Il aidera à faire la *recherche* et couchera tous les jours dans l'église, et lorsqu'il y servira il sera vêtu d'une robe noire tarare et d'un bonnet carré.

» Il fournira à la communauté des marguilliers laïcs, lorsqu'elle se fait, des pots, des verres, des lampes, des cuillers, des souliers de bois et des urinaux [1]. »

Le revenu du queux, qui se prenait sur l'Évêché, consistait en treize setiers de blé méteil, deux boisseaux de pois, deux boisseaux de sel, un muid de vin, 113 sous pour parcelles de menus services et 30 livres 16 sous 8 deniers pour sa portion de pitance.

XIV. *Le Sous-queux.*

Le sous-queux préparait le vin et l'eau pour les messes [2]. De la Toussaint à Pâques, il garnissait de charbons les charriots de l'église [3]. Il mettait en place le pupitre de fer servant à la lecture de l'Évangile aux fêtes de la Vierge et aux anniversaires, approchait derrière l'autel la table sur laquelle

---

[1] Archives d'Eure-et-Loir, *Fonds du Chapitre*, C. II, BB, 8.

[2] « Le sous-queux doit aller quérir le vin et l'eau à l'Hôtel-Dieu pour l'ordinaire des messes des chanoines au chœur. Il doit aller quérir à l'Évêché du vin blanc et clairet pour le lavement des deux autels au chœur le jeudi-saint, et doit fournir les fleurs qu'on met ensuite dessus. » *(Règlement de 1652,* C. II, BB, 8).

[3] Que doit-on précisément entendre par ces charriots? Les uns ont voulu y voir des chaufferettes pour les chanoines; d'autres ont pensé que ces charriots se promenaient par l'église pour réchauffer les fidèles; d'autres enfin ont cru qu'ils n'avaient d'autre usage que d'entretenir du feu pour les encensoirs. On a retrouvé quelques-uns de ces charriots et on en a des dessins exacts : par leur dimension, ils excluent l'idée de simples chaufferettes et aussi la pensée qu'ils dussent servir seulement au feu des encensoirs. Ils remplissaient certainement jusqu'à un certain point l'office de calorifères : mais quant à croire qu'on les faisait rouler dans l'église, nous ne le pensons pas; leur usage se bornait au chœur. Voici d'ailleurs une note informe que nous avons retrouvée dans les papiers du Chapitre de Chartres et qui donne quelques renseignements à ce sujet : « L'Évêque est
» obligé de fournir les deux tiers de charbon *pour chauffer les enfants d'aube et les ministres*
» *de l'autel* depuis la Toussaint jusqu'à Pâques, et le chevecier l'autre tiers. Pour cela,
» l'évêque s'est accordé avec le queux et les deux porte-masses, auxquels il donne 20
» livres, et le chevecier leur donne 8 livres. »

les marguilliers montaient pour toucher à la Sainte-Châsse et posait sur cette table, lorsqu'il en était besoin, le marchepied dont le prêtre se servait pour atteindre au tabernacle. De la Toussaint à Pâques, il avait la charge de fermer les portes de l'église après matines. En Carême, il devait monter et descendre, quand il était nécessaire, le grand voile du jubé. Toutes les fois qu'il entrait au chœur, il devait être vêtu, comme les autres officiers de l'église, d'une longue robe tarare et avoir un bonnet carré. D'après un Compte de l'œuvre de 1414, il avait autrefois l'office de prendre les rats de l'église, et on lui donnait 15 deniers par douzaine. Lorsque la communauté des marguilliers laïcs se faisait, c'était au sous-queux à donner les fourniments de la garde-robe, comme seaux à eau, courges, paniers, pelles à charbon, etc.

Le revenu du sous-queux, qui se prenait sur l'Évêché, consistait en treize setiers de blé méteil, deux boisseaux de pois, deux boisseaux de sel, un muids de vin, 9 sous 10 deniers pour parcelles de menus services et 30 livres 16 sous 8 deniers pour sa portion de pitance.

XV. *Le Portier* ou *Maître sonneur.*

Le maître sonneur (*pulsator*) était en même temps portier. Son office consistait à faire évacuer l'église à la nuit tombante, à fermer les grosses portes et à remettre les clés aux marguilliers laïcs de semaine qui les déposaient dans un endroit secret du chœur. Au premier coup de matines le sonneur prenait les clés, ouvrait les grandes portes, et montait dans la grande tour où il exécutait la sonnerie exigée par la solennité. Dans la journée il sonnait les grosses cloches chaque fois qu'il en était requis par le tintement de la *commande*. Il était aidé dans ses fonctions par des sous-sonneurs auxquels s'adjoignaient au besoin le queux et le sous-queux [1].

XVI. *Les Éteigneurs de chandelles.*

Ces valets étaient au nombre de deux. Ils étaient chargés de changer la disposition de l'ouverture des portes pendant les sermons et de tirer les

[1] *Chap. génér.* de 1448, cité.

rideaux de la chapelle de Vendôme : ils devaient mettre tous les *tours* [1], *perches* [2] et *jubé* [3] et en aller quérir les cierges à l'œuvre; allumer les lampes soir et matin et prendre soin du *tour de bougies* offert par la ville. Ils devaient coucher toutes les nuits au *guet* [4], s'y rendre le soir en été à neuf heures et en hiver à huit, pour sonner les trois coups, à chaque heure de nuit sonner un coup jusqu'à quatre heures et faire des rondes dans la galerie du guet de temps à autre pour découvrir s'il n'y avait point de feu dans la ville ou les environs. Autrefois, on les obligeait de faire ces rondes à toutes les heures, et pour cela on leur donnait des robes fourrées pour l'hiver. Ils devaient assister à tout l'office de l'église, pour empêcher le bruit et le tumulte du peuple et chasser les chiens. Ils avaient soin des échelles de l'église et les attachaient avec les chaînes et cadenas. Ils mettaient les robes de la Vierge selon les fêtes. Ils distribuaient les cierges aux enfants de chœur suivant les fondations. Ils aidaient à tendre les tapisseries et à détendre le dais et le dossier de l'autel et les voiles. Ils devaient avoir soin de mettre la chaire dans la nef quand il y avait sermon épiscopal.

Chacun des éteigneurs de chandelles avait 198 livres 2 sous par an et le logement, sans y comprendre les réceptions, les enterrements et les étrennes. Ils avaient en outre 6 livres pour balayer la bibliothèque, les profits de la charpente et ce qu'ils pouvaient gagner en vendant des cierges à l'Hôtel-Dieu le jour de la Saint-Léonard.

[1] *Tours de bougie, tours de chœur*, bougies que l'on allumait autour du chœur de l'église de Chartres. Tous les ans, les échevins offraient à la cathédrale un *tour de bougie* destiné à être allumé à certaines grandes fêtes.

[2] Riche baldaquin dont on parait l'autel à certaines fêtes de l'année et auquel on attachait des vases sacrés, des reliquaires, des lampes et des emblêmes de diverses sortes. La *perche* était également en usage dans la cathédrale de Mayence.

[3] Le jubé, comme le tour du chœur, comme l'autel, était décoré à certaines fêtes, déterminées par un règlement, d'un nombre plus ou moins grand de lampes et bougies. Voir vol. II, p. 209.

[4] Le guet se faisait et se fait encore à l'un des étages supérieurs du clocher neuf de l'église de Chartres. Les *guetteurs* sont aujourd'hui payés par la ville; ils montent au clocher à huit heures et demie en hiver, à neuf heures et demie en été, et annoncent leur arrivée en sonnant trois coups. Leur charge est de faire la ronde autour de la galerie du clocher, afin d'annoncer les incendies qu'ils aperçoivent dans la ville ou dans les environs : pour prouver qu'ils remplissent leur charge, ils doivent toutes les demi-heures crier *repos* aux quatre points cardinaux.

XVII. *Les Chantres et Enfants d'aubes.*

Le lutrin était composé de chantres de plain-chant et de musique en nombre indéterminé et de dix enfants d'aube, sous la direction de deux maîtres de psallette [1]. Ces enfants, élevés aux frais de l'église, avaient un maître de grammaire qui dépendait du Chancelier et auquel on attribua par la suite la prébende dite *préceptorale* [2]. La réunion de ces jeunes élèves et de leurs maîtres formait ce que l'on appelait et ce que l'on appelle encore la maîtrise.

XVIII. *Ordre du service divin à Notre-Dame.*

Chaque jour cinq messes solennelles étaient célébrées par les soins du Chapitre au grand autel et à l'autel du Crucifix [3]; il se disait, en outre, une multitude de messes à tous les autres autels par les chapelains attachés aux fondations. Le culte de la Vierge noire de la crypte, *Notre-Dame de dessous-terre*, et la célébrité des reliques connues sous le nom de sainte chemise, *tunica interior* [4], et de voile, *supparum* [5], de Notre-Dame attiraient à Chartres des milliers de pèlerins et donnaient lieu à des cérémonies d'une pompe extraordinaire. Plusieurs ouvrages spéciaux décrivent les merveilles de ce pèlerinage au Moyen-Age et les richesses de la Sainte-Châsse; nous y renverrons nos lecteurs et nous nous bornerons

---

[1] Par délibération du chapitre général de la Saint-Jean 1353, l'un des enfants d'aube fut envoyé à Paris pour apprendre à toucher de l'orgue (voir *Hist. de Chartres*, par E. de Lépinois, t. Ier, p. 221). Il ne paraît pas y avoir eu d'orgues à Notre-Dame antérieurement à cette époque.

[2] Voir vol. Ier, p. 127, note 2.

[3] 1° A l'aurore, messe du Saint-Esprit à l'autel du crucifix, pour les ouvriers et les voyageurs; 2° avant primes, messe de la Sainte-Vierge, avec diacre et sous-diacre, au grand autel; 3° également avant primes, messe du jour ou des saints, à l'autel du crucifix; 4° avant tierces, messe des trépassés, soit au grand autel si c'est un anniversaire solennel, soit à l'autel de la Sainte-Châsse si c'est un anniversaire simple; 5° après tierces, messe du chapitre avec diacre et sous-diacre, au grand autel, par le chanoine semainier. (Voir vol. Ier, p. 58.)

[4] Voir vol. Ier, p. 12.

[5] Voir vol. Ier, p. 12.

à constater que la splendeur du service divin répondait au nombre des ministres attachés à la magnifique basilique de Marie [1].

§ II. — TEMPOREL DU CHAPITRE.

A l'époque du *Presbyterium* les biens et revenus de l'église étaient administrés par un économe [2]. Saint Laumer, qui vivait au VI° siècle, dirigea, pendant plusieurs années l'économat de Notre-Dame et s'acquitta de cette mission, disent ses actes, avec une équité admirable [3]. La division des menses entre l'évêque et les chanoines ne paraît pas avoir apporté tout d'abord de modification dans les usages de la *fraternité* de l'église de Chartres. La vie commune continua sous les prévôts comme sous les économes, ainsi que semblent l'indiquer plusieurs actes de notre Cartulaire [4].

La règle d'Amalaire, toute monacale à l'intérieur des communautés, n'empêchait pas les chanoines de jouir de leurs revenus particuliers [5] ni d'acheter, de vendre et de donner [6]. Le Cartulaire de Saint-Père qui,

---

[1] Consulter Rouillard, *Parthénie*, t. Ier, ch. 4 et 7; — Sablon, *Histoire de l'auguste et vénérable église de Chartres*, ch. VII, XII, XIII, et XIV; — *Catalogue des reliques et joyaux de l'église de Chartres*, 1682, mss. des archives d'Eure-et-Loir; — *Le Trésor de Notre-Dame de Chartres*, par A. de Santeul; Chartres, Garnier, 1841; — *Le Livre des miracles de Notre-Dame de Chartres*, édité par Gratet-Duplessis; Chartres, Garnier, 1855, et, dans le présent Cartulaire, vol. Ier, p. 57 et suivantes, et vol. II, p. 233.

[2] *OEconomus, ecclesiæ facultatum dispensator* (Hincmar. Remens., *ad clerum Laudunens.*). Les économes avaient été imposés aux églises par le concile de Chalcédoine, canon 26, et par celui de Nicée, canon 11, afin que les évêques et les clercs ne fussent pas détournés des choses du ciel par la manipulation des biens terrestres. Ces conciles disposèrent que les économes seraient choisis par le clergé, ce qui paraît avoir été pratiqué à Chartres si les actes de saint Laumer sont exacts sur ce point. (Voir la note 3 ci-après).

[3] Voir vol. Ier, p. 47. — Baillet, *Vie des Saints*, au XIX janvier. — Bollandistes, *id.*, Tomus II januarii, p. 231... *a fratribus cum quibus ad celestia anhelabat minister rei familiaris institutus, substantiam cunctam sollicitus providebat, summaque discretione, paterno affectu, carnis cunctis fratribus necessaria ministrabat, adeo ut nulli debitam annonam nec in parvo substraheret, neque alicui prodigè effunderet.*

[4] En 946, donation d'Ingré par Hugues le Grand, *unde fratres quotidiani victus alimenta habeant.* (Vol. Ier, p. 70.) — 1014-1017, donation de domaines en Normandie par le comte Richard, *ad stipendia canonicorum* (vol. III, Nécrol., x des cal. de sept.). — En 1031, donation d'Osmeaux par le roi Robert, *canonicorum stipendiis* (vol. Ier, p. 74). — 1029-1048, donation de biens par l'évêque Thierry, *augendo fratrum usui* (vol. III, Nécrol., xvi calend. maii). — En 1048, affranchissement d'Ingré par le roi Henri Ier, *usibus canonicorum* (vol. Ier, p. 89).

[5] *Concil. Aquisgr.*, a. 817, can. 115, 117, 142.

grâce au travail du moine Paul, renferme nombre de pièces d'une haute antiquité, nous en fournit quelques preuves. Ainsi, en 889, un chanoine de Notre-Dame, nommé Frotging, possédait une terre qu'il avait achetée d'un moine de Saint-Père et obtenait de l'évêque Aimery un acte recognitif de cette acquisition, *cum potestate concedendi aut venundandi*[1]. En 968, un autre chanoine de Notre-Dame, nommé Ardrad, tenait à cens du couvent de Saint-Père une place de moulin qu'il cédait en 971 à un de ses confrères nommé Robert[2]. En 977, Gérard, chanoine de Notre-Dame, vendait à deux matrones l'église de Bailleau qu'il avait achetée lui-même de l'évêque Eudes[3]. En 981, le chanoine Sigismond avait des vignes, des celliers, du vin à vendre, et un économe particulier[4]. D'un autre côté, le Nécrologe renferme plusieurs obits fort anciens, qui font mention de donations par des clercs ou chanoines de Notre-Dame à leurs frères ou conchanoines[5].

Sous l'empire de cette fraternité les prébendes étaient encore indivises, ou plutôt l'expression de prébende signifiait, comme dans les temps anciens, la portion de revenus nécessaire à l'alimentation et à l'entretien d'un chanoine[6]. C'étaient des prébendes de cette sorte que Ragenfroy donnait en 950 à l'abbaye de Saint-Père, avec le consentement des chanoines de Notre-Dame[7]. La division en prébendes territoriales et la jouissance distincte des fruits par chaque chanoine n'eurent lieu qu'au XIIe siècle, ainsi que nous le dirons ci-après.

La création de la mense capitulaire, que nous fixons conjecturalement au IXe siècle, nécessita un changement dans le personnel administratif des biens de l'église. Les chanoines, devenus propriétaires fonciers, choisirent dans leur compagnie quatre régisseurs, nommés Prévôts, qui, de même que les anciens économes, eurent la charge de la gestion des affaires temporelles et de la distribution des pitances[8]. Les domaines du Chapitre, dont

[1] *Cart. de Saint-Père*, p. 15, 16, 17.
[2] *Ib.*, p. 57 et 58.
[3] *Ib.*, p. 61.
[4] *Ib.*, p. 66 et suiv.
[5] Voir vol. III, *Nécrol.*, passim.
[6] *Prebendæ dictæ sunt ac potus portiones diurnæ, quæ monachis aut canonicis dantur ac prebentur* (du Cange, *Gloss.*, v° *Præbenda*).
[7] Voir vol. I, p. 82 et suiv.
[8] Voir vol. I, p. 42 et 43. L'auteur du *Supplément aux Affiches chartraines* (a. 1785,

les plus anciens paraissent avoir été Fontenay-sur-Eure, Sandarville, Mignières, Marchéville et quelques autres désignés dans une bulle du pape Innocent II du 22 mars 1133 [1], furent divisés en quatre Prévôtés, dites de Nogent-le-Phaye, de Fontenay-sur-Eure, d'Amilly et de Beauce : les Prévôts prirent alors les noms de ces chefs-lieux de leur administration. Mais, comme il arrive trop souvent, ces nouveaux économes, moins désintéressés que saint Laumer, abusèrent de la confiance de leurs mandataires ; avec le temps ils érigèrent en droit personnel, inhérent à leur dignité ce qui, dans le principe, n'était qu'une délégation, et, se croyant dispensés de tout compte, ils en vinrent à tailler les prébendes à la mesure de leur bon plaisir [2]. Leurs exactions soulevèrent de si violentes récriminations à partir du XIe siècle que les évêques durent souvent intervenir entre eux et le Chapitre. La *Vieille Chronique* nous apprend que l'évêque Eudes, qui siégea de 966 à 1004, s'éleva le premier contre les Prévôts ; mais il n'est pas vrai, comme l'ajoute ce document, que ce prélat leur ait enlevé l'administration des possessions de Notre-Dame pour la confier aux chanoines prébendiers [3]. Le Chapitre ayant fait entendre, vers 1114, de nouvelles plaintes, l'évêque Yves admonesta les Prévôts avec sa vigueur accoutumée, sans toutefois les priver de leurs fonctions [4]. Il

---

p. 15) dit que, même après la création de la mense canoniale, les chanoines ne furent pas libres de disposer de leurs biens et qu'ils durent subir l'administration de Prévôts nommés par l'Évêque *et ne rendant compte qu'à lui* Cette opinion demande une explication. A quoi bon la séparation des menses si l'Evêque avait voulu continuer à s'ingérer, comme l'abbé d'un monastère, dans la gestion des biens du Chapitre ? Les chanoines choisirent d'abord leurs Prévôts, mais ils eurent le tort de les faire constituer en dignités inamovibles, ce qui les rendait, en effet, éligibles par l'Evêque, et en tolérant ainsi leur indépendance ils préparèrent les exactions et les démêlés des XIe et XIIe siècles. A Paris, le Chapitre agit autrement et s'en trouva bien. Il institua douze Prévôts pris parmi les chanoines, mais il les surveilla, n'en fit pas des dignitaires, exigea des comptes et pour plus de sûreté rendit leurs fonctions annuelles. (Guérard, *Cart. de Notre-Dame de Paris*, préface, p. CXL et suiv.) D'ailleurs la charte d'Inchad, évêque de Paris, portant séparation des menses (a. 829), fait voir clairement que l'intention de ce Prélat était de rendre ses chanoines propriétaires absolus des biens qu'il leur abandonnait. (*Ib.*, p. LXIII.) La concession fut probablement semblable à Chartres, car, répèterons-nous, les réformes ecclésiastiques furent presque toujours simultanées et similaires.

[1] Voir vol. Ier, p. 139, 174, 175, 191, 192, 197 et vol. II, p. 25 et 105.
[2] Voir vol. Ire, p. 48. *Cuilibet prœbendam tutem qualem prò libito ministrabant.*
[3] Voir vol. Ier, p. 13, 14, 47 et 48.
[4] La Chronique attribue faussement à Yves l'expulsion des Prévôts comme administrateurs et l'érection des quatre anciennes précaires en titres de prévôtés (voir vol. Ier, p. 16).

exigea cependant que les revenus des précaires plénières [1], dont ces dignitaires faisaient leur profit exclusif, retournassent à la masse commune [2]; et il obtint du pape Pascal II, sous la date du 5 des calendes de novembre (28 octobre) 1114, une bulle confirmative de son ordonnance [3]. L'évêque Goslin de Lèves (1149-1155), qui avait été prévôt [4], n'épargna pas davantage ses anciens confrères; toutefois il fut plus modéré dans la forme, et, sans leur retirer la gestion générale, il les amena à renoncer en plein chapitre aux abus qu'ils commettaient, eux et leurs sergents, dans l'étendue des prévôtés, au détriment de la compagnie [5]. Mais les Prévôts incorrigibles ne tardèrent pas à reprendre leurs anciennes habitudes. En 1171, Guillaume aux-Blanches-Mains, légat du pape, archevêque de Sens et administrateur du diocèse de Chartres, reconnaissant que

[1] Les précaires étaient des biens donnés à l'Eglise sous réserve d'usufruit ou moyennant bail des mêmes biens à titre emphythéotique au profit des donateurs. Il nous semble donc qu'il faut entendre par ces mots *precarie plenaria* des précaires affranchies de la réserve d'usufruit et appartenant pleinement, c'est-à-dire en toute propriété, au Chapitre donataire. Les biens des précaires ne se confondaient pas avec ceux des prébendes.

[2] Voir vol. Ier, p. 119 et 120. — Yves fait le tableau le plus noir de la rapacité et des exactions des Prévôts et de leurs sergents.

[3] Voir vol. Ier, p. 121 et 122. — Les Prévôts s'efforcèrent d'intéresser à leur cause le roi Louis le Gros, sous prétexte que le Clergé et l'Evêque voulaient rabaisser leurs offices. Mais Yves fit justice de ces plaintes, en écrivant au Roi que la conduite odieuse de ces dignitaires envers les clercs et les laïcs allait être déférée au Pape (*Yvon. epist.*, n° 265). Le même Yves remercia vivement Pascal II de sa bulle si désirée par le Clergé, *ad compescendam oppressionem ecclesiasticorum pauperum contra rapacitatem prepositorum* (*Ib.*, n° 271). Le Pape renouvela sa confirmation dans une autre bulle du 5 avril 1116. (Voir vol. Ier, p. 124, 125.)

[4] Il avait été prévôt de Nogent (voir vol. Ier, p. 154).

[5] Au dire des chanoines, les sergents à pied et à cheval des Prévôts se faisaient héberger et nourrir par les paysans et exigeaient d'eux de l'argent, du blé et autres denrées, malgré la défense portée dans les statuts d'Yves et de Geoffroy de Lèves et dans le décret du pape Pascal. Les Prévôts, de leur côté, fatiguaient les paysans d'assignations et les vexaient de toutes manières; de plus, avant de présenter en chapitre les successeurs des maires décédés, ils exigeaient d'eux les reliefs des mairies, contrairement aux règles de l'Eglise; enfin ils possédaient des manoirs dans les prévôtés, quoique cela ne fût pas permis. Goslin renouvela les défenses faites par ses prédécesseurs, et, pour leur donner une sanction, il prescrivit aux maires de faire tous les deux ans, en plein chapitre, un serment par lequel ils s'engageaient non seulement à ne rien extorquer aux paysans de leurs mairies, *sive aurum, argentum, frumentum, avenas, humeros porcorum, tortellos, ova, corveias*, mais à ne pas souffrir que les sergents des Prévôts se fissent loger par les paysans ou les pressurassent d'une manière quelconque. Un autre serment devait être prononcé en chapitre par les hommes de corps eux-mêmes, et ce serment portait qu'ils ne céderaient à aucune des exigences des prévôts et des maires lorsqu'elles seraient contraires aux volontés du Chapitre. (Voir vol. Ier, p. 155 et suivantes.)

le dol et la fraude présidaient à toutes les opérations des Prévôts, leur ôta l'intendance des biens du Chapitre, ainsi que la justice des séculiers, pour les attribuer aux chanoines intéressés, par groupes de deux, trois, quatre prébendiers au plus. Cette ordonnance doubla les revenus des prébendes, si l'on en croit l'obit de Guillaume [1]. Elle fut approuvée par une bulle d'Alexandre III (1171-1172, 8 avril) [2] et complétée au mois d'octobre 1193, en présence du cardinal Mélior, légat en France, par l'évêque Renaud de Mouçon, qui, pour consommer, sans espoir de retour, l'œuvre de Guillaume aux-Blanches-Mains et pour indemniser jusqu'à un certain point les Prévôts dépossédés, annexa à leurs dignités la jouissance et la justice des anciennes précaires de Normandie, de Mazangé, d'Auvers et d'Ingré, dont ils prirent les noms [3]. Célestin III confirma ce dernier changement par une bulle du 19 juin 1195 [4].

La réforme opérée par Guillaume aux-Blanches-Mains et Renaud de Mouçon conduisit forcément à la division des terres de l'église en prébendes distinctes. Le Polyptyque de Notre-Dame fait connaître la manière dont on pratiquait cette opération au XIIIe siècle [5]. Les grandes circonscriptions par prévôtés furent conservées sous leurs noms anciens et on

---

[1] Voir vol. III, *Nécrol.*, au VIII des ides de septembre.

[2] Voir vol. Ier, p. 188 à 190. — L'ordonnance de Guillaume aux Blanches-Mains renouvela l'injonction aux Prévôts de ne percevoir quoique ce fût des paysans *pro nullo penitus forisfacto*; c'était rationnel puisque la connaissance des causes leur était enlevée. Cependant il fut accordé que dans le cas où les paysans ne paieraient pas aux Prévôts leurs revenus personnels, ces derniers en feraient justice et percevraient les amendes.

[3] Les biens composant la précaire de Normandie avaient été donnés, en 1014, par le duc Richard II (voir vol. Ier, p. 85 et 149. — Voir aussi les lettres 57 et 110 de Fulbert).

Les précaires de Mazangé et d'Auvers, dont les chefs-lieux étaient Mazangé, aujourd'hui commune de l'arrondissement de Vendôme (Loir-et-Cher), et Auvers-Saint-Georges de l'arrondissement d'Etampes (Seine-et-Oise), sont relatées dans la confirmation des anciens domaines de l'Eglise par Innocent II, en 1133 (voir vol. Ier, p. 140).

La précaire d'Ingré (arrondissement d'Orléans (Loiret) avait été donnée en 946, par Hugues le Grand (voir vol. Ier, p. 74).

L'ordonnance de Renaud de Mouçon prescrivit aux chanoines présents et à venir de jurer d'observer fidèlement la nouvelle institution des Prévôts. En effet, comme nous l'avons dit dans le chapitre précédent, un article spécial fut inséré à cet égard dans le serment des récipiendaires (voir vol. Ier, p. 225).

[4] Voir vol. Ier, p. 248 et 249. — L'abbaye de Saint-Père prétendait qu'elle perdait à cet arrangement une rente de 12 livres sur la ferme des anciennes précaires converties en Prévôtés; mais elle fut déboutée de sa prétention par sentence arbitrale de juillet 1225. (Voir vol. II, p. 106 et suivantes).

[5] Voir vol. II, p. 283 à 287.

établit dans chaque prévôté un certain nombre de chefs-lieux autour desquels se groupaient plusieurs prébendes [1]. Chaque groupe se composait d'un certain nombre de mairies [2] auxquelles on ajoutait ou desquelles on distrayait quelques revenus pour égaliser les parts. Les produits des prébendes étaient grevés de diverses charges soit en argent, soit en nature ; les unes, affectées au fond commun, incombaient à presque tous les prébendiers, par exemple : les deniers pour prévôté, légumes et vesces, et les avoines d'oblations [3] ; les autres, applicables à des services spéciaux, comme le fond des matines, le pain de Loëns, les anniversaires, les messes de la Vierge, etc., étaient supportées par quelques prébendiers jouissant de biens ou revenus soumis à ces charges aux termes de fondations.

Le partage des prébendes, qui devait avoir lieu tous les cinq ans aux

[1] Voir vol. II, p. 287 et suivantes. — La Prévôté de Beauce comprenait quatre chefs-lieux : Voves avec sept prébendes, Dammarie avec deux prébendes, Rebdulin avec trois prébendes, la précaire de Dunois avec six prébendes et une demie prébende. On comptait sept chefs-lieux dans la prévôté de Nogent : Nogent-le-Phaye avec quatre prébendes et une demie prébende, Champseru avec trois prébendes, Ymeray avec quatre prébendes, Jouy avec deux prébendes et une demie prébende, Berchères-la-Maingot avec quatre prébendes, Bouglainval avec quatre prébendes, et Berchères-sur-Vesgre avec quatre prébendes et une demie prébende. La prévôté de Fontenay avait cinq chefs-lieux : Fontenay-sur-Eure avec trois prébendes et une demie prébende, Mignières avec trois prébendes et une demie prébende, Charonville avec quatre prébendes, Bennes avec quatre prébendes, Sandarville avec cinq prébendes. La Prévôté d'Amilly se partageait aussi en cinq chefs-lieux : Amilly avec quatre prébendes, Saint-Aubin avec sept prébendes, Clévilliers avec trois prébendes, Chêne-Chenu avec six prébendes et Landelles avec quatre prébendes. Au total 86 prébendes et six demies prébendes.

[2] Le jurisconsulte Charles Loyseau, bailli de Châteaudun, a dit, dans son *Traité des Offices*, que les mairies couvraient le sol beauceron. Cela était particulièrement vrai dans les domaines de l'Eglise. La mairie qui représentait le district ou détroit soumis à l'administration et à la juridiction du maire, comprenait en général plusieurs hébergements ou fermes bâties, des hospices, métairies, manoirs occupés par des hommes de corps, des hôtes ou des colons, et les droits féodaux assis sur les immeubles.

[3] En 1300, les deniers pour prévôté, légumes et vesces s'élevaient à 350 livres 11 sous 4 deniers, soit environ 8,900 fr. d'aujourd'hui. Aucune prébende n'était exemptée des deniers de prévôté qui représentaient probablement une portion des bénéfices de gestion des anciens prévôts; presque toutes les prébendes payaient les deniers de légumes et vesces, ainsi appelés en mémoire des sommes consacrées jadis à l'alimentation quotidienne des frères. Les avoines d'oblations produisaient à la même époque 98 muids et une rasée, d'une valeur actuelle approximative de 14,561 fr. 28 c., à raison de 10 centimes le litre. Les prébendiers étaient tenus de rendre ces avoines avant Noël dans les greniers de Loëns. Les prébendes de Voves, Dammarie, Ymeray, Jouy, Bouglainval et Berchères-la-Maingot ne participaient pas à cette dernière redevance, sans doute en raison d'autres charges qui pesaient sur elles. (Voir vol. II, *Polypt.*, passim.)

termes de l'ordonnance de Guillaume aux-Blanches-Mains de 1171 [1], n'était opéré à la fin du XIII⁰ siècle qu'à l'expiration de chaque période de neuf ou de douze années. Il se faisait au commencement d'avril et était préparé par des chanoines délégués, auxquels chaque groupe de prébendiers certifiait par écrit la valeur réelle de ses prébendes pendant les trois dernières années. Quand le revenu de certaines prébendes avait progressé, on l'équilibrait au moyen de soultes en argent que les chanoines trop favorisés donnaient aux autres après le grand compte de la Purification. Lorsque les répartiteurs avaient achevé leur travail, ils le soumettaient à l'approbation du Chapitre, et la distribution des prébendes suivait immédiatement cette formalité.

Les dignitaires du Chapitre, d'après leur rang, faisaient d'abord leur choix, puis les prêtres, d'après leur ancienneté de réception au canonicat, puis les diacres et les sous-diacres, dans le même ordre. Les chanoines demi-prébendés choisissaient aussi, en observant la même règle, soit avant, soit après les chanoines prébendés, selon qu'il en avait été décidé par le Chapitre.

Le Doyen, le Sous-Doyen, le Chantre, le Sous-Chantre et le Chambrier avaient droit chacun à deux prébendes. Six prébendes entières étaient attribuées à l'abbaye de Saint-Père [2]; une prébende entière revenait au prieuré de Saint-Martin-au-Val, membre de Marmoutier [3]; une autre à l'abbaye de Cluny [4]; une autre à l'abbé de Saint-Jean-en-Vallée [5]; une demi-prébende à la Madeleine du Grand-Beaulieu et une autre à l'Aumône de Notre-Dame [6]. Une prébende était attachée à la Maîtrise [7], et une autre, dite *de Sandarville*, était possédée en commun par le Chapitre

---

[1] Voir vol. I⁰ʳ, p. 188 et suivantes, la bulle d'Alexandre III de 1171-1172.

[2] Voir vol. I⁰ʳ, p. 83 et 114, et *Cartul. de Saint-Père*, p. 13. Nous avons dit que vers 950 l'évêque Ragenfroy avait donné à l'abbaye de Saint-Père douze prébendes de son église; mais son frère et successeur Hardouin avait réduit cette donation à moitié. Les grains des six prébendes conservées se percevaient en nature aux greniers de Loëns comme ceux des autres prébendes. (Voir vol. I⁰ʳ, p. 161.)

[3] Voir vol. I⁰ʳ, p. 92.

[4] Voir vol. I⁰ʳ, p. 93, et 94 note 2.

[5] Voir vol. I⁰ʳ, p. 102. — Cette prébende ne consistait, comme nous le dirons plus bas, qu'en 60 sous sur les deniers de prévôté.

[6] Voir vol. I⁰ʳ, p. 127, et vol. II, p. 297.

[7] Voir vol. I⁰ʳ, p. 127, note 2, et vol. II, p. 297.

qui en donnait la jouissance à qui bon lui semblait [1]. Les revenus d'une autre prébende, dite *du Saint-Esprit*, se partageaient entre l'hôpital Sainte-Marie-des-Saxons à Rome, pour les deux tiers, et le chanoine titulaire pour le dernier tiers [2].

Après le partage, on rédigeait une sorte de procès-verbal, appelé *Bref des partitions*, qui contenait la désignation des prébendes et les règles adoptées par les chanoines en cette matière. Nous en extrayons les dispositions suivantes :

1° Le Chapitre se réservait les lods et ventes de toutes les terres de sa seigneurie, les reliefs ou rachats de toutes les mairies des prébendes et les reliefs qui pouvaient être dus par les hôtes, colons et hommes de corps. Les lods et ventes étaient payés à la Chambre par les acquéreurs dans la quinzaine des mutations; leur produit servait aux dépenses courantes, et l'excédant, s'il y en avait, figurait au grand compte de la Purification. Quant aux rachats des mairies et aux reliefs des autres biens, les nouveaux maires et les héritiers étaient tenus de les payer à la Chambre, lors de chaque mutation, avec l'assistance des chanoines prébendiers [3]. Ces produits appartenaient au petit compte de la Purification.

2° Les chanoines prébendiers d'un même groupe pouvaient, après la distribution générale, procéder entre eux soit à une sous-division de leurs prébendes, soit à l'échange de droits ou revenus y annexés, à la charge toutefois d'informer le Chapitre de ces changements.

3° Les chanoines qui avaient dans leurs prébendes les foins ou autres produits directs des fiefs des anciennes Prévôtés exerçaient sur les maires et hommes de corps, en ce qui concernait cette récolte ou cette recette, la justice et l'autorité que possédaient les Prévôts leurs prédécesseurs. Les

---

[1] Voir vol. II, p. 161, 285 et 297.
[2] Voir vol. II, p. 11.
[3] Cependant les reliefs ou rachats des mairies relevant jadis des fiefs des Prévôtés appartenaient aux prébendiers.

Ces droits se percevaient au décès ou au changement du Prévôt d'Ingré pour les mairies situées dans l'ancienne prévôté de Beauce, au décès ou au changement du Prévôt de Normandie pour les mairies situées dans l'ancienne prévôté de Nogent-le-Phaye, au décès ou au changement du Prévôt d'Auvers pour les mairies situées dans l'ancienne Prévôté de Fontenay-sur-Eure, et au décès ou changement du Prévôt de Mazangé pour les mairies situées dans l'ancienne prévôté d'Amilly. Avant de percevoir ces rachats, les prébendiers devaient lire au Chapitre un bref contenant la description des biens que les maires tenaient d'eux à titre de détenteurs des fiefs des anciennes Prévôtés. (Voir vol. II, p. 285.)

maires gardiens des prés étaient responsables des dégâts et dommages envers les Prébendiers.

4° Les maires et curés chargés de recueillir les fruits des prébendes devaient faire serment aux Prébendiers d'accomplir fidèlement cette besogne et de leur en rendre bon et juste compte.

5° L'édification ou la réparation des granges était à la charge des Prébendiers, lorsque la dépense n'excédait pas 40 livres; au-dessus de cette somme, le Chapitre entrait pour moitié dans les frais. Les granges devaient toujours être rendues en bon état par les Prébendiers à la fin du temps de leur jouissance.

6° Les maires préposés à la garde des bois du Chapitre étaient responsables des dégâts commis dans ces bois.

7° Les Prébendiers bénéficiaient des biens usurpés qu'ils parvenaient à retirer des mains des maires ou autres détenteurs illégitimes.

8° Les chanoines qui avaient des églises paroissiales dans leurs prébendes et qui les visitaient une fois l'an, soit en personne soit par procureurs canoniques, touchaient des curés, à titre de procure, une somme calculée d'après les revenus des églises, soit 15 sous pour un revenu de 30 livres, ou dans la même proportion selon que le revenu était plus ou moins élevé [1].

La perception des fruits des Prébendes n'était pas la même pour tous les chanoines. On distinguait à ce point de vue quatre classes de chanoines : les résidents, les stagiaires, les dispensés ou privilégiés et les étrangers [2].

Les résidents, c'est-à-dire ceux qui, après avoir fait le stage imposé, résidaient à Chartres pendant le temps réglementaire et pratiquaient les devoirs canoniaux, percevaient intégralement les fruits et revenus de leurs prébendes.

On entendait par stagiaires ceux qui faisaient pour la première fois acte de résidence à Chartres. Le stage était de six mois, commençant à la Saint-Jean et finissant à Noël. Les stagiaires gagnaient les distributions, mais ils n'entraient en possession de leurs prébendes qu'après l'expiration

---

[1] Les prébendiers remplissaient les fonctions des archidiacres et ceux-ci n'avaient rien à voir aux églises du Chapitre. (Voir vol. II, p. 4.)

[2] Voir vol. II, *Polypt.*, p. 296.

du stage. Ils touchaient alors l'intégralité des fruits, à moins que le gros de la première année ne revînt à Saint-Jean pour l'annuel des chanoines prédécesseurs décédés, comme nous le dirons ci-après ; dans ce cas, les nouveaux chanoines n'avaient droit qu'aux distributions et aux émoluments de la justice [1]. Aucun chanoine hors de stage ne jouissait de sa prébende avant d'avoir payé une somme de vingt livres destinée à l'achat d'une chape de soie ou d'un autre ornement à l'usage de l'église [2].

Le Chapitre accordait, dans certaines circonstances dont il restait juge, des dispenses plus ou moins longues de résidence; mais il cherchait à se conformer sur ce point aux décisions disciplinaires du Saint-Siége [3]. L'évêque Renaud de Mouçon statua, en 1208, par application du décret de Guillaume aux-Blanches-Mains et de la bulle d'Alexandre III, de 1171-1172, déjà cités, que nul chanoine ne pourrait jouir de son gros s'il n'avait résidé et assisté au chœur pendant six mois de l'année au moins [4]. Une ordonnance du Chapitre de 1222 ajouta à cette obligation celle d'être représenté à Chartres pendant l'autre semestre par un état de maison convenable [5]. Enfin le temps de résidence fut porté à neuf mois par le concile de Trente. Quant au privilége de non-résidence, il résultait de bulles des souverains-pontifes, spéciales à certains cas, mais appliquées souvent à des espèces analogues. Une bulle d'Honorius III (c. 1216) octroya ce privilége aux chanoines étudiants en théologie dans des universités ou écoles étrangères. D'autres bulles d'Innocent IV (1252), de Jean XXI (1276) et de Clément VI (1351) mirent au nombre des privilégiés les chapelains des papes, les officiers, chapelains et musiciens des oratoires du Roi et des Princes et même les conseillers au Parlement [6]. Cependant le Chapitre n'accordait ordinairement le bénéfice de non-résidence qu'aux chanoines étudiants, pélerins, en cour de

---

[1] Voir vol. II, p. 269.

[2] En 1725, la chape d'entrée était remplacée par un cadeau de 170 livres (voir vol. II, p. 298).

[3] Le principe de la résidence obligatoire pour obtenir et conserver une dignité dans l'église de Chartres avait été posé, comme nous l'avons déjà dit, par les bulles d'Alexandre III, de 1179, et de Lucius III, de 1183 (voir vol. Ier, p. 199).

[4] Voir vol. Ier, p. 189, note 1re.

[5] Voir vol. II, p. 99.

[6] Voir du Cange, Gloss., et Guy du Roussaud, Recueil de jurisp. canon., verbis absence, études, résidence.

Rome ou en mission pour le service de la compagnie [1]. Toutefois les absents, même autorisés, quoique percevant les gros fruits, ne participaient ni aux émoluments de la justice ni à la collation des bénéfices [2].

En règle générale, tout chanoine de Chartres qui n'avait pas fait son stage ou qui ne résidait pas était tenu pour étranger [3]. Le décret de Guillaume aux-Blanches-Mains décida, par disposition transitoire, que les chanoines alors inscrits au tableau, qui auraient quitté Chartres avant l'accomplissement du stage ou de la résidence de six mois, toucheraient par an cent sous de moins que les autres sur les fruits de leurs prébendes, et, par disposition définitive, qu'à l'avenir les chanoines étrangers, c'est-à-dire sans stage ou sans résidence annuelle suffisante, ne toucheraient par an que quarante sous par les mains du Chapitre. Cette dernière clause, que le pape Alexandre III avait déjà édictée, par bulle du 4 avril 1168-1169, devint la règle du Chapitre [4].

Les forennités ou fruits des prébendes des étrangers et les avoines d'oblations, emmagasinés dans les greniers de Loëns, étaient vendus pour les nécessités du Chapitre ou partagés en nature entre les chanoines résidents, après le compte de la Purification [5].

On prélevait sur les fonds provenant des deniers de Prévôtés, légumes et vesces : 1° 60 sous pour la prébende de l'abbé de Saint-Jean; 2° 50 sous par chaque obit à la charge de l'abbaye de Saint-Jean; 3° 30 sous pour indemniser les prébendiers de Berchères-la-Maingot de la justice de la Banlieue dépendant de leurs bénéfices et retenue par le Chapitre [6].

Lorsque l'évêque Yves de Chartres réforma l'abbaye de Saint-Jean, vers 1099, il donna à cette maison la jouissance, pendant un an, des fruits des prébendes de Notre-Dame vacantes par la mort, la prise d'habit, le pèlerinage à Jérusalem, la vie au désert, la démission volontaire ou forcée des

---

[1] Voir vol. II, p. 99 et 269. — L'ordonnance de 1222 dispose que les chanoines irrégulièrement absents seront sommés et au besoin contraints par la saisie de leurs bénéfices de rentrer à Chartres et de parfaire le temps de résidence obligatoire.

[2] Voir vol. II, p. 269.

[3] Le chanoine qui s'absentait irrégulièrement avant la fin du temps de résidence obligatoire était réputé étranger, et ne pouvait entrer en jouissance des gros fruits de sa prébende que lorsqu'il avait fait de nouveau une résidence complète. (Voir vol. II, p. 269.)

[4] Voir vol. Ier, p. 177 et l'*erratum*, fin du troisième vol., et p. 188, 189.

[5] Voir vol. II, p. 297.

[6] Voir vol. II, p. 161 et 297.

titulaires, à la condition par les religieux de dire un annuel de messes pour le repos de l'âme de chaque chanoine décédé [1]. Après de longues discussions sur l'interprétation de cette donation, discussions auxquelles prirent part Geoffroy de Lèves par une confirmation de 1120 ou environ [2], Renaud de Mouçon par son règlement de 1208 [3] et le Saint-Siége par une convention de 1217 [4], il avait été décidé que si un chanoine résignait ou mourait dans les six mois qui séparent la Saint-Jean de Noël, les fruits de sa prébende reviendraient à l'abbaye de Saint-Jean, ce chanoine n'ayant pas encore pu gagner son gros; que si la résignation ou le décès avait lieu après Noël, la résidence faite, les fruits reviendraient au Chapitre, et que si ledit chanoine, mourant ou résignant après Noël, n'avait pas accompli sa résidence, les fruits de sa prébende seraient dévolus à l'abbaye, attendu que le défaut volontaire de résidence le faisait considérer comme étranger [5].

Il arrivait donc fréquemment que l'abbaye de Saint-Jean, en outre des 50 sous prélevés à son profit, par chaque obit, sur les deniers de la Prévôté [6], profitait pendant un an des revenus de plusieurs prébendes vacantes [7].

L'émolument des chanoines se composait non seulement des revenus des prébendes, mais encore des distributions quotidiennes. Toutefois ces distributions n'étaient dues qu'autant qu'elles se gagnaient par l'assiduité au chœur et aux séances capitulaires. Un salaire particulier correspondait,

---

[1] Voir vol. Ier, p. 100 et suiv. — [2] Ib., p. 101, note 2. — [3] Ib., note 1. — [4] Ib., notes 2 et 3.

[5] Voir vol. II, p. 297. — Une sentence arbitrale de septembre 1225 disposa que lorsqu'un chanoine décèderait ou se démettrait, sa résidence accomplie, sa part dans les produits des prébendes des absents *(foraneitates)* pour le reste de l'année, lui appartiendrait ou reviendrait à ses héritiers; mais que si son décès ou sa démission avait lieu avant l'accomplissement intégral de la résidence, cette part reviendrait non à Saint-Jean mais au Chapitre, Saint-Jean n'ayant droit qu'aux gros fruits. (Voir vol. II, p. 108.)

[6] Une sentence arbitrale d'août 1227 décida que l'on agirait pour les fruits des Prévôtés partagés en commun, de même que pour les produits des prébendes des étrangers (voir note ci-dessus), sauf réserve des 50 sous dus à Saint-Jean pour l'annuel du chanoine décédé (voir vol. II, p. 109, note 1re). D'après une autre sentence d'octobre 1255, ladite somme de 50 sous par annuel devait être payée chaque année à Saint-Jean par les chanoines chargés de la perception des droits de Prévôté, au moment où ils rendraient leur compte (voir ib., p. 161).

[7] Dans l'église de Paris, les annuels ou revenus des prébendes des chanoines décédés furent attribués d'abord aux chanoines de Saint-Jean-le-Rond, puis à l'abbaye de Saint-Victor, à la charge de célébrer la messe pendant un an pour lesdits chanoines défunts. (Voir Lebœuf, *Hist. du dioc. de Paris*, éd. Cocheris, vol. Ier, p. 17; — et du Cange, *Glossaire*, verbo *annuale*.)

pour ainsi dire, à chaque acte religieux de la vie canoniale. Ainsi il y avait les distributions de matines [1], le pain de la grande messe [2], les deniers donnés en chapitre [3], les distributions des processions, des fêtes de la Vierge, des anniversaires [4], etc. Ces fonds divers n'étaient pas tous alimentés par la bourse commune; ils provenaient en partie de donations particulières ou constituaient des charges imposées par les donateurs aux détenteurs des biens par eux donnés à l'église.

Les dignitaires à deux prébendes et ceux des chanoines qui faisaient le service des absents en sus du leur touchaient double part dans les distributions [5]. Les autres chanoines prébendés ou demi-prébendés touchaient une part entière.

Les chanoines étrangers, c'est-à-dire sans stage ou sans résidence, avaient droit aux distributions lorsqu'ils assistaient aux offices [6]; mais aucun salaire de cette espèce n'était dû, même en cas de présence, aux religieux pourvus de prébendes en l'église de Chartres. Une seule exception était faite pour l'abbé de Saint-Jean lorsqu'il avait droit d'entrer au chœur, c'est-à-dire

[1] Le fond des matines était très-considérable. En 1300, les Prébendiers lui versaient 100 livres 13 sous (voir vol. II, Polypt., passim). Au XII⁰ siècle, le Chapitre consacrait à l'émolument des frères assidus à matines les oblations des autels de ses églises, le blé provenant de la mouture dans ses moulins banaux, les menues dîmes, les produits de ses forêts et quelques autres revenus (voir bulle d'Alexandre III, vol. I⁰ʳ, p. 174). En 1232, on ajouta à ce fonds le prix du vin de la dîme du Chapitre (voir vol. II, p. 124). Les matines se composaient à certains jours de trois parties distinctes : les grandes matines, les offices matutinaux de la Vierge et ceux des fidèles trépassés. Les chanoines qui se retiraient après les grandes matines ne touchaient que le tiers des distributions (ib.).

[2] Pour la messe de la Sainte-Vierge, le chanoine célébrant avait trois pains; le diacre, le sous-diacre et chaque prêtre assistant chacun un pain. Pour la grand'messe des défunts, chaque assistant avait droit à deux pains et à une part de l'argent de l'anniversaire. Pour la grand'messe du Chapitre, chaque chanoine présent recevait deux pains et quelquefois un coup de vin.

[3] La plus importante des distributions faites au Chapitre était celle appelée *lamproie*; elle se composait des sommes provenant des deshérences, aubaines, forfaitures, confiscations dans les seigneuries de l'église, et se gagnait par les chanoines ayant fait leur résidence qui assistaient en personne au chapitre général de la Purification (voir vol. I⁰ʳ, p. 258, note 3, et vol. II, p. 269).

[4] En 1300, la somme payée pour les anniversaires par les Prébendiers s'élevait à 202 livres 8 sous 4 deniers. Ils rendaient en sus pour le même fonds onze muids de blé et un muid d'avoine. (Polypt., passim.)

[5] Voir vol. II, p. 109, note 1ʳᵉ. Une ordonnance capitulaire de 1296 attribua 20 sous au chanoine prêtre suppléant l'absent (voir vol. II, p. 234).

[6] C'est ainsi qu'en 1725 le chanoine qui résidait mais qui n'avait pas fait son stage percevait le pain de matines et celui de communauté (voir vol. II, p. 298).

pendant les quatre fêtes de la Vierge et quand il remplissait l'office de chanoine semainier [1].

Les distributions, hormis l'argent des processions extérieures, le pain de la grand'messe et les deniers du chapitre, étaient accordées aux chanoines infirmes, pendant le temps de leurs infirmités, aux chanoines saignés, pendant trois jours, et aux chanoines purgés, pendant quatre jours.

Les septuagénaires jouissaient des distributions de matines sans assister à cet office, pourvu qu'ils y fussent représentés par un clerc reçu en chapitre.

La même faveur était faite aux chanoines qui instituaient à perpétuité en l'église de Chartres un vicariat ou une chapellenie de 12 livres de revenu.

Les clercs heuriers et matiniers et autres membres du clergé inférieur jouissaient aussi des distributions lorsqu'ils assistaient aux heures et matines depuis le commencement jusqu'à la fin [2].

Le Chapitre, dit la *Chronique*, était seigneur de 72 terres à clocher dans le diocèse de Chartres, et il possédait dans les limites de ces terres plus de 155 villages et hameaux, sur lesquels il percevait les dîmes, le champart, le cens, la capitation, la taille, et qui étaient soumis à sa justice haute, moyenne, basse, spirituelle et temporelle [3]. Il serait trop long de faire l'énumération de tous les droits qui résultaient à son profit de cette puissante seigneurie; mais ceux qui accusaient le plus complètement son omnipotence féodale étaient la collation des églises, la capitation et la taille.

Lorsque tout passait par les mains des Prévôts ceux-ci nommaient aux cures vacantes sans consulter le Chapitre. Il est vrai que les chanoines semblent avoir été dès le commencement du XIIe siècle, en possession du droit de collation des bénéfices. Ainsi, en 1119-1147, le prêtre desservant l'église de Bouffry était élu en commun par le Chapitre et l'abbaye de

[1] C'était l'évêque Yves qui avait donné à l'abbé de Saint-Jean le rang de chanoine et l'avait obligé à faire sa semaine comme les autres chanoines (voir vol. Ier, p. 103).

[2] Voir vol. II, p. 233 et suiv.

[3] Voir vol. Ier, p. 63. — Le Pouillé du diocèse, tiré du manuscrit 43 de la Bibl. impériale et inséré en tête du Cartulaire de Saint-Père, donne le décompte suivant en ce qui concerne les églises du Chapitre situées dans le diocèse :

Eglises appartenant en propre au Chapitre.	61
Id. au Doyenné	3
Id. à la Chancellerie	2
Eglises des archidiaconés dont le Chapitre était collateur. . .	6
Total	72

Thiron, sauf le droit de l'évêque et celui de l'archidiacre [1]. Le Chapitre avait aussi, en 1141-1181, le droit de présentation à ses églises du diocèse de Lisieux [2]. En 1157, la présentation à l'église d'Illiers, au diocèse d'Evreux, lui était commune avec l'abbaye de Saint-Père [3], et il partageait, en 1169, avec Rahier de Montigny, le droit de nommer un desservant à l'église de Fontenelle [4]. Mais ces textes ne sont pas très-concluants par eux-mêmes, et il est possible que le Chapitre, mis en nom collectif dans ces actes, fût représenté dans l'exécution par les Prévôts, ses maîtres. Il y a d'autant plus lieu de le croire que le pape Alexandre III, dans sa bulle de 1171-1172, approbative de la réforme radicale de Guillaume aux-Blanches-Mains, dit que la présentation des églises de chaque Prévôté sera dorénavant commune entre les chanoines prébendiers et le Prévôt, reconnaissant ainsi, comme une chose nouvelle, l'immixtion du Chapitre dans cette opération [5]. C'est pourquoi parmi les éloges accordés à la mémoire de Guillaume dans le Nécrologe de Notre-Dame se trouve en première ligne celui d'avoir transféré aux chanoines prébendiers l'élection et la présentation des prêtres desservants, lesquelles auparavant appartenaient exclusivement aux quatre Prévôts [6]. Quoiqu'il en soit, les Prévôts ne jouirent pas longtemps du droit commun avec le Chapitre que leur avait laissé le pape Alexandre, car le règlement de Renaud de Mouçon, de 1193, en leur enlevant les quatre anciennes prévôtés, les destitua implicitement de la prérogative de concourir à la collation des bénéfices [7]. Ils furent cantonnés, sous ce rapport comme sous tous les autres, dans le détroit des quatre grandes précaires de Normandie, de Mazangé, d'Auvers et d'Ingré, qui devinrent leurs prébendes. Les chanoines, remis en possession, usèrent de leur droit comme il suit : aux prébendiers la présentation, au Chapitre la collation ; celle-ci se faisait en assemblée capitulaire et à la pluralité des voix des membres présents [8].

---

[1] Voir vol. Ier, p. 128. — [2] Ib., p. 150. — [3] Ib., p. 165. — [4] Ib., p. 183. — [5] Ib., p. 189.

[6] *Que prius ad eosdem quatuor prepositos pertinebant.* (Voir vol. III, *Nécrol.*, au VIII des ides de septembre.)

[7] Voir vol. Ier, p. 225.

[8] Les chanoines qui avaient fait leur stage, mais qui ne percevaient pas encore les gros fruits, concouraient cependant à la collation des églises (voir vol. II, p. 269). Quant aux absents, même autorisés et percevant les gros fruits, ils ne pouvaient concourir par procureur à cette collation, ainsi que nous l'avons déjà dit p. cvj. (Ib.)

Le Chapitre, *gros décimateur* et *curé primitif*, devait pourvoir à l'émolument des desservants de ses églises. Cet émolument n'était pas uniforme et il se réglait par des transactions dont notre Cartulaire rapporte quelques-unes. Ainsi, en 1157, les curés des deux églises d'Illiers-l'Évêque, dont les droits avaient été sauvegardés par Rotrou, évêque d'Évreux, touchaient chaque année la troisième gerbe de la dîme de Vilette et du fief de Jérusalem, cinq muids de grains : trois d'hivernage, un d'orge et un d'avoine, et la dîme du lin, du chanvre et des petits animaux [1]. En 1217, il fut attribué au curé de Mézières-en-Drouais, en outre de deux muids tant de blé et d'avoine que d'orge, et probablement de ses droits d'autel, un demi muid, moitié orge moitié avoine, pour représenter sa part dans les novales de la paroisse [2]. En 1226, le Chapitre ajouta au revenu du curé de Berchères-la-Maingot quatre setiers de blé et autant d'avoine, en compensation de l'abandon qu'il faisait de sa part dans les novales [3]. En général cependant, l'émolument des curés se composait de portions de dîmes et des produits de quelques terres attachées à la cure, auxquels venaient se joindre quelquefois les menues dîmes sur la laine, le lin, le chanvre et les petits animaux et une partie des droits d'autel [4]. Le Chapitre faisait de temps en temps des sacrifices pour porter à un chiffre convenable le revenu de ses desservants. En mars 1219, il donna d'un coup aux curés des Chastelliers, de Landouville, des Corvées et de Saint-Christophe-en-Dunois toutes les dîmes, tant grosses que petites, qui se percevaient dans leurs paroisses [5], et en 1226, il annexa dans les mêmes intentions une terre de trois muids quatre setiers à la cure de Saint-Martin de Champseru [6]. Il n'est pas douteux que ces augmentations furent continuées dans les siècles suivants, notamment au XVIIe siècle ; en effet, en 1686, la plupart des curés du Chapitre préférèrent leur gros à la portion congrue de 300 livres fixée par la déclaration du Roi [7].

---

[1] Voir vol. Ier, p. 165.
[2] Voir vol. II, p. 96.
[3] Ib., p. 117.
[4] Le plus souvent le curé rendait au Chapitre une certaine somme sur les droits d'autel (voir *Polypt., passim*).
[5] Voir vol. II, p. 97.
[6] Ib.
[7] Ib.

La capitation était exigée des individus qui se reconnaissaient ou que l'on convainquait de condition servile. Chaque homme et femme de corps payait par an, à titre de capitation, quatre deniers, entre les mains du maire de sa circonscription, lequel en tenait compte à la chambre [1].

Le Chapitre levait la taille à sa volonté sur sa terre. Il se passait souvent plusieurs années sans qu'on établît cet impôt; souvent aussi on ne percevait qu'une demi-taille au lieu d'une taille entière [2]. Au reste, l'uniformité ne régnait pas en tous lieux quant à l'assiette de la taille; des transactions locales absolument différentes réglaient cette contribution en beaucoup d'endroits. Ainsi, en vertu d'un acte de 1175, la taille ne se levait que tous les quatre ans sur les hôtes du Gault-Saint-Étienne et se partageait entre les chanoines et le seigneur [3]. Il fut stipulé, en 1294, que les hommes de corps de l'église de Chartres demeurant à Bonneval paieraient la taille, non au Chapitre, mais à l'abbaye de Saint-Florentin [4]. Quelquefois les hôtes du Chapitre, concessionnaires de terres incultes, étaient exempts de la taille à la condition de mettre ces terres en culture; c'est ce qui fut accordé, en 1262, à Arnoul le Pelletier, de Pontgouin [5]. Au commencement du XIVe siècle, les terres d'Ingré, de Mazangé et de la Chapelle-Vendômoise étaient tenues de payer la taille tous les ans, quoique le Chapitre épargnât cet impôt à ses autres domaines [6]. Les tailles, variant entre 2 et 4 deniers par setier de terre, dues tous les 14 ans, selon les imposés, et tous les ans, selon le Chapitre, par les habitants de Fontaine-la-Guyon, Amilly, Saint-Aubin, Cintray, Dangers, Écublé, Cernay, Landelles, Fontenay-sur-Eure, Sandarville, Dammarie, Mignières, Blandainville, Ermenonville-la-Petite, Marchéville, Mézières-au-Perche, Charonville, Beauvilliers, Voves, Bouglainval et autres lieux, furent réduites à moitié et reconnues payables tous les ans par une transaction de 1387, homologuée par un arrêt du Parlement de la même année [7]. La taille était ordinairement de douze de-

---

[1] Voir vol. Ier, p. 63. — Comme une femme libre qui épousait un homme de corps devenait, par ce fait, de la condition de son mari, elle était assujettie à la capitation, même après la mort de ce dernier; c'est ce qui fut décidé pour Alix, veuve de Jean, dans la séance capitulaire du vendredi avant la Saint-Hilaire 1299 (*Reg. cap.*, Bibl. de la ville).

[2] Voir vol. II, p. 390 et les *Capitulaires généraux* de 1300, 1302, 1303, 1308, 1313, conservés à la Biblioth. communale.

[3] Voir vol. Ier, p. 193.

[4] Voir vol. II, p. 233. — [5] Ib., p. 179. — [6] Ib., p. 391.

[7] Bibl. impér., manuscrit 53, in-4°, f° 117.

niers par feu. Le recouvrement s'opérait dans chaque groupe de prébendes, sous la surveillance des maires, par des collecteurs, *tailliatores*, qui avaient préalablement prêté serment entre les mains du chanoine chargé de l'encaissement des deniers [1].

Les Souverains-Pontifes confirmèrent les possessions de l'église de Chartres par des bulles nombreuses. Notre Cartulaire donne *in extenso* celles d'Innocent II (1133) [2], d'Alexandre III (1173) [3] et de Clément III (1190) [4]. Les Rois se firent aussi un devoir de prendre sous leur protection les biens des ministres de la Vierge aux Miracles; nous publions les sauvegardes accordées au Chapitre par Louis le Gros (1111) [5], par Henri, roi d'Angleterre (1176-1183) [6], par Philippe Auguste (1203 et 1223) [7] et par Louis VIII (1225) [8].

Nous aurions voulu terminer ce chapitre en faisant connaître la valeur actuelle du revenu que produisait au XIII° siècle une prébende de Notre-Dame, mais notre Cartulaire ne nous donne malheureusement aucun moyen d'établir ce calcul. On sait, par une lettre du Chapitre aux chanoines de Verdun, en date du 19 décembre 1725 [9], que chaque chanoine résidant et libéré du stage jouissait alors des distributions suivantes en grains : 1° le *pain de matines* évalué à 30 setiers; 2° le *pain de communauté* ou *premier gros* évalué à 21 setiers; 3° le *second gros* de 3 muids; 4° les *forennités* et *collocations vacantes*, évaluées à 15 setiers; soit au total 8 muids 6 setiers, lesquels, estimés d'après les bases que nous avons adoptées pour les revenus de l'évêché, donnent en argent de nos jours 2,578 fr. 73 c.

CHAPITRE III.

JURIDICTION SPIRITUELLE DE L'ÉVÊQUE ET DU CHAPITRE.

La juridiction spirituelle de l'Évêque n'avait rien qui différât de celle des autres ordinaires du royaume. Les archidiacres relevaient et jugeaient en

---

[1] Voir vol. II, p. 390.
[2] Voir vol. Ier, p. 139. — [3] Ib., p. 191. — [4] Ib., p. 192, note 1. — [5] Ib., p. 115. — [6] Ib., p. 197.
[7] Voir vol. II, p. 25. — [8] Ib., p. 105. — [9] Ib., p. 298.

premier ressort, les cas contentieux qui surgissaient dans leurs visites, et un official, dont la cour était garnie d'un nombre suffisant d'avocats, de greffiers et de sergents, rendait tous les jugements au nom du prélat, sauf appel, le cas échéant, au Métropolitain et au Saint-Siége. Nous ne parlerions donc pas de cette juridiction toute naturelle sans les conflits qui s'élevèrent à son sujet entre l'Évêque et le Chapitre et qui durèrent depuis le XIV° jusqu'au commencement du XVIII° siècle.

Le Chapitre, en effet, s'efforça d'exercer pendant plus de cinq siècles la juridiction *quasi-épiscopale*; c'est-à-dire qu'il prétendit non-seulement le droit de simple correction sur ses membres, son clergé et ses hommes, mais encore l'exemption absolue de toute juridiction d'évêque, d'archevêque et autres juges ecclésiastiques, sauf le Pape, la connaissance exclusive de toutes les causes ecclésiastiques surgissant dans ses terres, et le privilége d'excommunier toutes personnes hors le Roi et la Reine, de mettre la ville et la banlieue en interdit, de tenir des synodes, de délivrer des démissoires, d'ordonner des prières, de permettre ou défendre l'érection d'églises, chapelles ou oratoires, ainsi que l'établissement de cimetières, dans Chartres et la banlieue, de donner l'institution canonique des bénéfices et de faire des visites archidiaconales dans ses paroisses.

Pour l'exercice de la partie contentieuse de cette juridiction, le Chapitre avait un official, escorté d'une armée d'agents inférieurs, dont les décisions ressortissaient *sans moyen* à la cour de Rome ou devant des juges délégués par le Saint-Père [1]. Quant aux différends qui pouvaient s'élever entre les paysans et les curés, ils étaient jugés en premier ressort par le chanoine prébendier, sauf pourvoi des parties devant le Chapitre et appel en cour de Rome.

Les usages de l'église de Chartres en matière de juridiction ecclésiastique sont résumés assez complètement dans une lettre de notre Cartulaire écrite au XIII° siècle par le Chapitre de Chartres à celui du Mans [2]. Nous en extrayons les dispositions suivantes :

1° Chaque chanoine a toute juridiction sur les gens de sa maison, sauf recours au Chapitre par appel, à l'exclusion de l'autorité épiscopale ;

---

[1] Voir vol. I°, p. 61.
[2] Voir vol. II, p. 3 et suiv.

2° Si le Chapitre dénie la justice due, l'Evêque a le pouvoir de le contraindre, surtout dans les cas où des étrangers sont en cause, car l'Évêque est le juge souverain du Chapitre à l'égard des étrangers, comme le Chapitre en corps est juge de chacun de ses membres. Ainsi le dernier des chanoines est justiciable du Chapitre et pleinement indépendant de l'Évêque;

3° Cependant les chanoines peuvent, lorsque le cas n'intéresse pas l'universalité de la compagnie, recourir au jugement de l'Évêque et se soumettre à sa décision, en témoignage de la fidélité qu'ils lui doivent à cause de leurs personnats. Mais aucune des matières concernant les prébendes, terres, hommes de corps et coutumes ne peut être déférée à l'Évêque;

4° Ni l'Évêque ni les archidiacres n'ont la moindre juridiction sur les églises, les curés et les paroissiens du Chapitre. Cette juridiction est exercée par les chanoines compréhendiers remplissant à ce titre les fonctions d'archidiacres, les appels, qui ailleurs sont portés devant l'Évêque, étant réservés exclusivement au Chapitre;

5° Les ordinations des clercs de Notre-Dame, les dédicaces des églises du Chapitre et les autres parties du ministère sacré réservé aux évêques seuls sont accomplis par l'Évêque de Chartres, sur l'invitation de la compagnie; mais si ledit évêque est absent ou répond par un refus, le Chapitre peut licitement s'adresser à tout autre prélat;

6° Si un procès surgit entre le Chapitre en corps ou un chanoine seul ou même un clerc de Notre-Dame et une personne ou une communauté quelconque du diocèse, sur un sujet intéressant la défense de l'église, l'archidiacre du lieu doit renvoyer la cause devant le Chapitre, faire ensuite exécuter la sentence, avec pouvoir de l'aggraver par une amende si le cas l'exige, et obliger les doyens et curés à prêter serment à la compagnie de maintenir la décision dans son intégrité; le tout sans que l'Évêque puisse rien connaître de l'affaire avant ou après la sentence;

7° Les malfaiteurs de l'église pris en flagrant délit doivent être remis au Chapitre par l'official de l'autorité ecclésiastique du lieu, et, s'il refuse, toute l'étendue de sa juridiction est mise en interdit. La même peine est infligée à la paroisse d'un curé non sujet du Chapitre, qui aurait négligé de faire restituer un homme ou une chose de l'église détenus injustement dans le circuit de sadite paroisse;

8° Le Chapitre, à l'exclusion de l'Évêque ou de toute autre personne ecclésiastique, a le droit de mettre en interdit l'église, la ville et la banlieue. L'interdit est employé principalement pour les délits du Prince (c'est-à-dire du comte de Chartres) ou de ses officiers envers l'église, et cela sans avertissement préalable et sans qu'il soit besoin de demander permission à l'Évêque. Cependant si le prélat est à Chartres, on l'informe de l'interdit, mais seulement par déférence pour sa dignité;

9° Les délinquants ne peuvent être relevés ni par l'Évêque, ni par l'archidiacre de la sentence portée par le Chapitre et promulguée dans tout le diocèse, jusqu'à pleine et entière satisfaction, sauf de l'amende prononcée par l'archidiacre, au sujet de laquelle il est cependant d'usage que ce dignitaire se conforme aux désirs de la compagnie;

10° En matière de juridiction ecclésiastique, l'absence des principaux dignitaires ne retarde pas le jugement, le Chapitre pouvant être convoqué par le chanoine semainier. En prévision de ces cas d'absence, les archidiacres sont tenus de commettre un chanoine pour les remplacer au besoin;

11° L'Évêque est obligé, avant sa consécration, de prêter serment au Chapitre, d'observer et de maintenir les priviléges, droits, coutumes, écrits et non écrits de l'église de Chartres. En cas de violation de ce serment, soit par l'Évêque, soit par l'archidiacre, le Chapitre a le droit de mettre la cathédrale en interdit, sauf les sonneries des cloches. En outre, le Chapitre, suivant l'exigence des cas, peut sévir contre l'archidiacre qui est un de ses sujets et faire sévir contre l'Évêque par le juge supérieur (le Métropolitain, le Légat ou le Pape).

Au commencement du XIV° siècle, les chanoines complétaient leurs prétentions de la manière suivante :

1° L'Évêque ne peut excommunier ni les chanoines, ni les clercs de chœur, ni les familiers et commensaux des chanoines, ni les avoués du Chapitre et leurs familles, ni les hommes de l'église, ni les habitants du cloître.

2° Le Doyen, le Sous-Doyen et les archidiacres n'ont pas non plus ce pouvoir.

3° Toute juridiction sur les avoués, les clercs de chœur et leurs familles, ainsi que les habitants du cloître, appartient au Chapitre.

4° Chaque chanoine a toute juridiction sur sa famille et ses commensaux.

5° Les hommes de l'église ne peuvent être excommuniés par les officiaux des archidiacres; mais chaque délinquant est traduit en Chapitre pardevant son archidiacre ou le vicaire de celui-ci ou pardevant un chanoine à ce commis.[1]

Le Chapitre ne parvint que lentement à se mettre en possession de la juridiction *quasi-épiscopale*. Elle n'existait complètement à son profit ni à la fin du X° siècle, ni au commencement du XII°, et les écrits de Fulbert et d'Yves de Chartres, ainsi que les actes de plusieurs de leurs successeurs, prouvent que ces prélats n'admettaient nullement les prétentions des chanoines, en tant qu'elles se produisaient alors sous cette forme absolue. En effet, dans sa 72° lettre, Fulbert, arguant du concile de Chalcédoine, proclame qu'il ne reconnaît pas d'ecclésiastiques exempts de la juridiction de leur évêque[2]. Il apparaît aussi, par la 57° lettre de ce prélat et par la 110° du même recueil écrite à Herbert, évêque de Lisieux, par les chanoines de Chartres, que ces derniers, loin de contester à leur évêque le pouvoir de visiter les églises du Chapitre, regardaient comme une grande faveur d'avoir obtenu de sa bienveillance la remise du droit dû au fisc épiscopal lors de chaque synode ou de chaque visite[3]. Quant à Yves, ses lettres 12° et 25° démontrent qu'il fit sans scrupule le procès à un chanoine et le chassa honteusement de la compagnie[4]. Il dit bien, dans sa 112° lettre, que le Chapitre a le droit d'excommunier ses sujets, mais il ajoute que ce droit lui vient de l'autorité épiscopale[5]. A cette époque, ainsi que le dénonce la lettre 121°, les chanoines, molestés par la comtesse de Chartres, ne se croyaient pas encore en droit de mettre la ville en interdit; ils s'adressaient à l'Évêque pour obtenir qu'il fît usage dans leur intérêt de cette arme spirituelle[6]. Yves n'hésite pas à déclarer, dans sa 218° lettre,

---

[1] Voir vol. II, p. 268.

[2] *Positi namque estis omnino sub potestate ipsius (episcopi) qui, ut ait Hieronymus, potestatem habet peccantem monachum tradere Sathanæ in interitum carnis.*

[3] *...... A nobis, ejus licet indignis famulis, nequaquam exigerunt (Carnotenses episcopi) id obsequii quod requiris (scilicet synodum).*

[4] Ce chanoine faisait de la fausse monnaie.

[5] *Non est hec solius Parisiensis ecclesiæ consuetudo, sed etiam Carnotensis et aliarum, quibus episcopali auctoritate excommunicandi jus concessum est.*

[6] *Postulant itaque clerici (canonici) summa instantia ut in civitate et per totum episcopatum divinum officium interdicam, donec sua recipiant quæ injuste sibi ablata esse reclamant.*

à Galon, évêque de Paris, que s'il surprenait un de ses chanoines en état de mariage, il le priverait aussitôt de sa prébende [1]. La charte de ce prélat, du 3 janvier 1095 [2], fait voir que s'il demandait à ses chanoines leur assentiment lorsqu'une communauté religieuse sollicitait la permission de fonder un couvent ou une église à Chartres ou dans les domaines du Chapitre, lui seul avait le pouvoir d'accorder aux solliciteurs l'autorisation définitive et d'imposer les conditions d'obéissance et de soumission dues à l'Évêque et à Notre-Dame [3]. Soucieux du salut des âmes de ses chers fils les chanoines, il ne balançait pas à les priver d'une partie de leurs biens temporels pour indemniser les religieux de Saint-Jean des annuels de messes qu'ils devaient dire à l'intention des défunts de la compagnie [4]. En un mot, toutes les lettres et tous les règlements de ce grand prélat établissent qu'il se considérait en toute occasion comme le supérieur et le tuteur de ses chanoines et qu'il intervenait directement dans leurs affaires disciplinaires, soutenant leurs querelles avec les étrangers, mais brisant leurs résistances lorsqu'elles s'attaquaient à son autorité épiscopale. Il en fut de même de ses successeurs, et en particulier de Geoffroy de Lèves [5], de Goslin de Lèves, de Guillaume aux-Blanches-Mains et de Renaud de Mouçon. On n'a pas oublié la part que prirent ces derniers évêques à l'expulsion des prévôts et comment leurs ordonnances devinrent tellement la loi du Chapitre que chaque chanoine était obligé d'en jurer l'exécution avant son admission au chœur [6].

Ce ne fut, croyons-nous, qu'après leur délivrance du joug des prévôts que les chanoines, enhardis par ce premier succès, empiétèrent peu à peu sur les droits de leur Évêque, en produisant par degrés à la lumière les *coutumes et libertés* de l'église de Chartres et en excipant de bulles obtenues de quelques papes du XIIe et du XIIIe siècle, intéressés à se faire des créatures. L'histoire complète des prétentions du Chapitre nous

---

[1] *Si aliquem de commissis mihi fratribus uxoria compede adstrictum deprehenderem,* cl... *stipendiq militiæ clericalis amittat.*

[2] Voir vol. Ier, p. 99.

[3] Voir vol. Ier, p. 117. Fondation de l'abbaye de Thiron.

[4] Voir vol. Ier, p. 100.

[5] Voir vol. Ier, p. 126, le règlement de Geoffroy en matière de prébendes.

[6] Voir ci-dessus, p. lxxiv.

échappe. Furent-elles acceptées par certains évêques du XIIIe siècle, nous l'ignorons; toujours est-il qu'elles ne paraissent pas avoir fait explosion avant l'épiscopat de Robert de Joigny (1315). Ce prélat, qui, pendant son long canonicat, avait peut-être constaté d'année en année l'esprit envahisseur de la compagnie, voulut en préserver sa dignité nouvelle. De là ce fameux procès, qui, abandonné et repris nombre de fois, suivant l'humeur plus ou moins résistante des évêques, ne reçut une solution définitive qu'en 1700.

Les chanoines se fondèrent, dans cette longue dispute, sur un prétendu partage d'autorité entre eux et les évêques dès l'époque du *presbyterium*, sur la possession constante, la prescription, les reconnaissances émanées de quelques prélats et les bulles des Papes.

Aucun titre positif n'exemptait, il est vrai, le Chapitre de la juridiction de son Évêque et ne lui accordait l'exercice des fonctions archidiaconales, la faculté de tenir des synodes, de délivrer des démissoires, de donner l'institution canonique des bénéfices et de juger les cas ecclésiastiques sans appel possible à la cour épiscopale; mais, comme ces divers droits étaient compris implicitement, d'après les chanoines, au nombre des libertés, coutumes et priviléges de l'église de Chartres, ils se trouvaient reconnus par les bulles d'Alexandre III (9 septembre 1173) [1], d'Urbain III (1186-1187) [2], de Clément III (1190) [3], de Célestin III (1194 et 1195) [4] et autres Pontifes, contenant approbation générale de ces libertés, coutumes et priviléges. D'autres droits revendiqués par le Chapitre comme conséquences de la juridiction spirituelle résultaient de titres plus explicites. Ainsi une bulle de Pascal II, de 1102 [5], faisait défense absolue aux clercs de Notre-Dame, sous peine d'infamie, de porter les causes ecclésiastiques devant des juges laïcs, et les chanoines s'en prévalaient pour déférer toutes ces causes au tribunal de leur officialité. Par une autre bulle d'Alexandre III, de 1173, déjà citée [6], il était interdit de construire une église, une chapelle ou un oratoire, ou d'établir un cimetière dans la ville ou banlieue sans le consentement de l'Evêque et du Chapitre. Cette bulle fut rigoureusement appliquée. La même pièce défendait à toute puissance ecclésiastique d'admettre aux offices divins et à la sépulture chrétienne les parois-

---

[1] Voir vol. Ier, p. 191 et 192. — [2] Ib., p. 214. — [3] Ib., p. 192. — [4] Ib., p. 227 et 228, 245, 246 et 248. — [5] Ib., p. 111. — [6] Ib., p. 192 et 212.

siens de l'église de Chartres excommuniés ou interdits par les chanoines. Plusieurs bulles, dont les plus anciennes sont celles de Lucius III, de 1183 [1], autorisaient le Chapitre à excommunier ceux qui lui faisaient tort dans ses biens temporels, fussent-ils comtes ou barons, et à mettre leurs terres en interdit, nonobstant appel, jusqu'à pleine et entière satisfaction. Martin IV, par une bulle du 1ᵉʳ novembre 1283, sauva heureusement de l'excommunication canoniale le Roi et la Reine, les fils de Rois et les Evêques [2]. Comme complément du privilége des chanoines en cette matière, une autre bulle d'Innocent IV, du 6 novembre 1249, leur accorda la faveur de ne pouvoir être excommuniés, suspendus ou frappés d'interdit par aucun délégat, subdélégat, exécuteur ou conservateur, à moins de lettres apostoliques spéciales [3]. Une bulle semblable fut donnée au Chapitre par Urbain IV le 28 juin 1262 [4].

La transaction de 1328, passée entre l'évêque Jean Pasté et la compagnie, constitua une reconnaissance effective de ces droits et priviléges. Il fut admis par cet acte que le Chapitre avait prescrit la juridiction spirituelle sur les chanoines, les marguilliers, les notaires et tabellions de l'église, le maître de l'œuvre, les portiers et gardiens du cloître, les geôliers de Loëns, deux charpentiers, deux verriers, deux plombiers, les avoués, les hommes de corps et les hôtes de Notre-Dame [5]. Une autre transaction, de 1418, émanée de l'évêque Philippe de Boisgiloud, reconnut au Chapitre toute juridiction spirituelle sur l'église de Saint-Saturnin de Chartres.

Au XVᵉ siècle, les chanoines avaient trouvé le Parlement disposé à favoriser leurs prétentions ; et des arrêts de 1473, 1475, 1480, 1482, 1485 et 1486, basés sur les titres et la possession constante, leur donnèrent gain de cause contre Miles d'Illiers, qui, quoique ancien doyen, n'avait pas hésité à traiter ses ci-devant confrères en justiciables de l'Evêque. Dès lors la juridiction *quasi-épiscopale* du Chapitre parut établie en droit comme en fait, et elle ne fut pas sérieusement contestée par les Evêques pendant le XVIᵉ siècle. L'un d'eux, Nicolas de Thou, déclara même, dans un acte de 1573, qu'il entendait exécuter de bonne foi la transaction de 1328.

[1]. Voir vol. Iᵉʳ, p. 208 et 209.
[2] Voir vol. II, p. 226 et 227. — [3] Ib., p. 143. — [4] Ib., p. 144, note 1.
[5] Voir vol. Iᵉʳ, p. 27 et 52.

Les choses changèrent au XVII° siècle. Le vieux procès ayant été exhumé de nouveau par l'évêque de Neufville de Villeroi, au sujet de la juridiction spirituelle prétendue par le Chapitre sur l'église de Saint-Saturnin, les chanoines ne manquèrent pas de produire au Parlement leurs moyens de défense et notamment la prescription ; mais l'avocat-général Talon les combattit avec force dans un plaidoyer resté célèbre. Ce magistrat, reprenant les choses à l'origine, exposa que l'autorité des évêques sur leurs prêtres est de règle et exprimée dans le canon dit *des Apôtres*[1] et dans nombre de canons des premiers conciles[2]; que ni le pape ni les évêques ne peuvent exempter les ecclésiastiques de la juridiction épiscopale parce qu'ils sont les protecteurs et non les violateurs des canons ; que, par conséquent, si des exemptions de ce genre existent, elles sont nulles *ipso facto;* que la juridiction épiscopale est imprescriptible parce que le droit divin ne se prescrit pas ; que la faculté de révoquer les exemptions de cette juridiction est éternelle et le droit de s'en plaindre perpétuel ; que si les chanoines ont possédé cette juridiction en tout ou en partie dès le temps du *presbyterium,* comme ils le prétendent sans le prouver, ce n'a pu être qu'à titre, non de partage, ce qui serait absurde et subversif de toute règle, mais de simple délégation ; qu'en effet, quoique la juridiction des évêques sur leurs prêtres soit de droit divin, son exercice qui est de droit humain peut être délégué par eux à des ministres inférieurs ; qu'ainsi le curé administre les sacrements, l'archidiacre, œil de l'évêque, a le droit de visite, le théologal, langue de l'évêque, la prédication, l'official, la juridiction contentieuse, le pénitencier, le for intérieur, mais qu'en l'évêque seul réside dans leur plénitude toutes ces fonctions diverses, car, comme dit saint Isidore, *dum presit quisque in singulis, hic tamen est preordinator in cunctis;* que toute délégation étant essentiellement révocable, la juridiction prétendue par le Chapitre ne peut lui être conservée dès l'instant qu'elle est revendiquée par l'évêque. A cette argumentation, l'avocat-général joignit un examen et une réfutation de tous les titres écrits invoqués par le Chapitre, et il conclut au rejet de ses prétentions. Ces conclusions furent admises par arrêt du 24 mars 1664, qui débouta les chanoines de leur opposition et maintint l'évêque dans la

---

[1] *Presbyteri et Diaconi præter Episcopum nihil agere pertentent.*
[2] Arles (314), can. 19. — Laodicée (366), can. 57. — Carthage (397), can. 9 et 10. — Chalcédoine (451), can. 57, etc.

plénitude de sa juridiction épiscopale tant sur les ecclésiastiques que sur les laïcs de Saint-Saturnin.

Quoique, dans cette cause, il ne s'agit que d'un fait spécial, les conclusions de l'avocat du Roi battaient en brèche tout l'édifice de la juridiction *quasi épiscopale* des chanoines. Aussi lorsque, 36 ans plus tard, l'évêque Godet des Marais porta la question générale devant le Conseil, personne ne douta un instant qu'il ne gagnât son procès. En effet, sur le rapport de M. de Voyer d'Argenson, et de l'avis de MM. les Conseillers d'État de la Reynie, d'Aguesseau, de Ribeyre, de Harlay et de Fourcy, le Roi, étant en son conseil assemblé à Versailles le 10 août 1700, maintint et garda l'évêque de Chartres dans son droit de juridiction, visite et correction sur le Chapitre de son église cathédrale, sur les bénéficiers et officiers servant en ladite église, ensemble sur le clergé et peuple des paroisses contestées, sans préjudice cependant du droit de patronage desdites églises réservé au Chapitre, à la charge par lui de présenter à l'Évêque des sujets capables [1].

Ainsi fut anéantie cette juridiction spirituelle des chanoines de Chartres. Avec elle disparut une source de divisions, funeste à la discipline comme à la dignité de l'église.

CHAPITRE IV.

JUSTICE TEMPORELLE DE L'ÉVÊQUE ET DU CHAPITRE.

§ Ier. — JUSTICE DE L'ÉVÊQUE.

Le Cartulaire de Notre-Dame ne nous fournit que très-peu de renseignements sur la justice temporelle de l'Evêque. On sait que le titre le plus ancien d'où résultait pour le clergé de France le droit de posséder une juridiction ordinaire et contentieuse était l'ordonnance de Clotaire II, de 614-615 [2], rendue en conséquence du 5° concile de Paris. Une des dispo-

---

[1] Consulter sur les procès du Chapitre le *Journal des audiences du Parlement*, t. II, de 1660 à 1674, p. 246 et 448; — le *Dictionn. des Arrêts*, de Brillon, *verbis* bénéfice, évêque, exemptions; — les *Arrêts notables des différents Tribunaux du Royaume*, par Angeard, t. II, ch. 48; — *Mém. du Clergé*, éd. de 1716, t. VI, p. 687 à 727.

[2] Longueval, *Hist. de l'église gall.*, vol. III, p. 368.

sitions de cette ordonnance prescrivait aux évêques d'établir dans leurs possessions rurales des juges originaires des lieux mêmes. Le capitulaire de Charlemagne, de mars 802, régla les qualités requises des officiers commis par les prélats et abbés pour l'exercice de la justice.

A Chartres, le Juge temporel de l'Evêque était un officier portant le titre de *Chambrier, garde de la juridiction temporelle de l'évêché*. Il avait sous ses ordres un procureur-fiscal, des greffiers, des avocats et des sergents.

Si l'on en croit une tradition rapportée par l'auteur du *Supplément aux Affiches chartraines* [1], avant l'épiscopat d'Yves, les Évêques n'avaient pas de juridiction dans la ville, même sur leur propre maison, et leur justice temporelle, instituée uniquement pour les possessions *extra-muros*, se tenait au lieu dit *la Couronne*, faubourg Châtelet. Mais, après que l'illustre prélat eut obtenu, vers 1102, du comte Etienne-Henri, la renonciation formelle aux violences que les Comtes exerçaient dans le palais épiscopal lors du décès des Évêques, la justice de ces derniers, ayant désormais une matière justiciable à Chartres, aurait été reportée dans l'enceinte de l'évêché où elle résida jusqu'à la Révolution. Cette tradition ne concorde pas avec la Chronique, qui fait les anciens évêques comtes de Chartres et possesseurs à ce titre de toute la justice, et qui dit qu'après l'installation d'un comte laïc, le prélat chartrain conserva la justice et la directe de la moitié du domaine, ainsi que les forteresses, les tours, les prisons et les soldats préposés à leurs gardes [2]. Quoiqu'il en soit de la date de son premier établissement à Chartres, la justice épiscopale urbaine se maintint et fonctionna en raison de la consolidation et de l'extension du domaine de l'Evêque et de l'assiette de ses droits féodaux. Il fallait, en effet, des juges pour connaître de tous les cas contentieux soulevés, non seulement par les délits et crimes commis dans le ressort urbain de l'Evêque et les contestations civiles surgissant entre ses sujets chartrains, mais encore par la perception de la taille et des mille redevances coutumières imposées aux habitants au profit du fisc épiscopal.

Après de nombreuses contestations, le détroit de la justice de l'Evêque

---

[1] P. 45.
[2] Voir vol. Ier, p. 48.

dans la ville et la banlieue fut réglé par une transaction passée entre Jean de Garlande et le comte Charles de Valois le samedi avant la Saint-Pierre-ès-Liens 1312. Il résulte de ce document et d'une pancarte dressée par ordre de Robert de Joigny vers 1320 que cette justice s'étendait sur les maisons Hue Quarceau et du Vidame au Cloître, sur le four l'Evêque et plusieurs maisons y attenant, sur la maison Agâce de la porte Guillaume, sur les maisons Arresvard du Marché-au-Blé et du four au Vidame ou Grand-Four, sur la tour et le four Nivelon, sur l'hôtel de Nicochet et maisons voisines, sur les moulins du Grand-Pont, les Trois-Moulins et les quatre maisons de Ponceau, sur la cour d'Ouarville, le clos et la courtille l'Evêque et les maisons voisines, sur Reculet, les prés de Reculet ou Grands-Prés, les Filles-Dieu, Saumont, la rue de la Barre-des-Prés, les près l'Evêque, la rivière depuis les moulins de Josaphat jusqu'à ceux de Brétigny, sur le Bourg-Neuf et Vauventriers, sur l'hôtel de la Banlieue, le clos Belin, Mautrou, Lucé, Poiffonds et Mainvilliers [1].

Les fourches patibulaires étaient dressées au four l'Evêque, à Mautrou et à Berchères-l'Evêque. Le Vidame, délégué à cet effet, justiciait les faux monnayeurs à Mautrou ; les autres criminels subissaient leur supplice à Chartres et à Berchères. Le prélat possédait, en outre, des échelles (pilori) dans le cloître, près de la chapelle Saint-Nicolas, pour l'exposition des coupables [2].

Des officiers nommés Maires ou Prévôts connaissaient des cas de police rurale. Leurs jugements, bornés à l'application de quelques légères amendes, relevaient en appel du tribunal du Chambrier.

Cette justice haute, moyenne et basse n'était pas, d'ailleurs, la seule arme défensive ou aggressive de l'Evêque en matière temporelle. Là encore les foudres de l'Eglise servaient efficacement le prélat. L'excommunication et l'interdit étaient employés par lui dans les cas graves, où il avait à lutter personnellement pour des intérêts terrestres contre le Comte, les grands seigneurs et le Chapitre.

La justice de l'Evêque déclina toujours la supériorité de celle du Comte. Longtemps le Prévôt royal de Verneuil au Perche connut des appels de la

---

[1] *Livre rouge*, p. 114 ; mss. de la Bibl. communale.
[2] Voir vol. II, p. 120, 121 et 196.

justice épiscopale ; mais, en 1335, Philippe de Valois décida que ces causes ressortiraient dorénavant à la prévôté royale de Janville, attendu que Verneuil appartenait à son frère le duc d'Alençon [1]. Quelques années après, la connaissance des appels des sentences du Chambrier fut attribuée au Prévôt de Paris au siége de Poissy. Enfin, lorsque le comté de Chartres fit retour à la Couronne, la justice épiscopale fut soumise en appel aux juges royaux du bailliage, comme toutes les autres justices seigneuriales [2].

§ II. — JUSTICE DU CHAPITRE.

Après la création de la mense canoniale, c'est-à-dire vers la fin du IXe siècle, le Chapitre, devenu seigneur féodal, jouit de la juridiction sur les domaines qu'il possédait. Telle est du moins la version de la *Vieille Chronique* [3]. Mais une autre opinion, dont l'auteur du *Supplément aux Affiches chartraines* s'est fait l'écho [4], veut que, lors du partage, l'Évêque se soit réservé la justice temporelle sur les biens qu'il abandonnait à ses chanoines, ne laissant à ceux-ci que le droit de connaître des causes légères par l'intermédiaire de leurs prévôts, et prétend que le fait de la justice plénière dans le sein du Chapitre résulta d'une usurpation. Les Prévôts, administrateurs du domaine canonial, exercèrent la justice, quelle qu'elle fût, au nom du Chapitre, pendant tout le temps de leur gestion ; ils n'en furent dépossédés que par la révolution intérieure qui rendit au sénat de Notre-Dame, comme nous l'avons dit plus haut, la direction de ses affaires privées.

Depuis cette époque — fin du XIIe siècle — la justice rurale échut aux chanoines comprébendiers et en sous-ordre aux maires. Quant à la justice supérieure, elle résida longtemps dans le Chapitre lui-même ; la compagnie en corps devint le tribunal d'appel des jugements rendus par les juges inférieurs et connut des cas urbains, ainsi que des causes de sang et de mutilation. Mais à une époque qui n'est pas antérieure au XVe siècle, le prétoire de la justice supérieure fut transféré à la maison de Loëns où se

---

[1] *Ordonn. des Rois de France*, vol. XII, p. 29.
[2] Rouillard, *Parthénie*, deuxième partie, p. 180.
[3] Voir vol. Ier, p. 49 et suiv.
[4] P. 49.

trouvait la geôle, et les hautes fonctions judiciaires furent déléguées à un officier laïc appelé *Maire et Garde Général de la juridiction temporelle de Notre-Dame*[1].

Les chanoines obtinrent aux XII° et XIII° siècles deux immunités importantes en faveur de leur justice et de leurs justiciables. La première fut la concession faite en 1129 par Louis le Gros aux serfs de l'Evêque et de l'église du droit de témoigner et de plaider devant les justices séculières, sans qu'on pût leur opposer leur condition servile [2]; Innocent II confirma cette ordonnance par sa bulle de 1133 [3]. La seconde fut l'abolition du duel judiciaire dans toutes les affaires intéressant les clercs de Notre-Dame. Quoique plusieurs pontifes et prélats eussent manifesté souvent leur horreur pour ce genre de jugement condamné par les canons [4], le Chapitre reporte l'honneur de son abolition définitive à l'évêque Jean de Salisbury (1176-1180)[5]. Il subsista très-longtemps dans la justice séculière, et une bulle de Grégoire IX, de 1233, fait connaître que certaines personnes de condition servile, revendiquées par le Chapitre de Chartres, élevaient encore la prétention de ne pouvoir être convaincues de leur état que par l'épreuve du combat, ce qui était tout-à-fait contraire aux statuts de l'église [6].

De même que l'Evêque, le Chapitre employait, en supplément de sa justice ordinaire, l'excommunication et l'interdit dans ses conflits avec le Comte, les seigneurs et les ennemis de Notre-Dame [7]. Il ne reconnaissait la compétence d'aucune justice séculière pour les affaires intéressant soit la compagnie, soit les clercs, si ce n'est en matière de fief [8].

Cette juridiction si absolue dans ses principes fut au Moyen-Age l'occasion de nombreux démêlés avec le Comte. Le district où elle devait s'exercer dans l'intérieur de la ville demeura longtemps indéterminé. La prétention toute naturelle du Chapitre, et dont nous retrouvons la trace au commencement du XII° siècle, fut évidemment d'y comprendre le cloître, non

---

[1] Voir *Hist. de Chartres*, par E. de Lépinois, vol. I⁰ʳ, p. 370, et le *Supplément* cité, p. 62 et suivantes.
[2] Vol. I⁰ʳ, p. 135. — [3] Ib., p. 139 et suiv.
[4] *Lettres de Yves de Chartres*, n° 205, 232, 247, 252.
[5] Voir *Nécrol.*, vol. III, p. 201, au VIII des cal. de novembre.
[6] Voir vol. II, p. 126.
[7] Voir vol. I⁰ʳ, p. 209, 246, 247, et vol. II, p. 126, 127, 203, 226.
[8] Voir vol. I⁰ʳ, p. 247, et vol. II, p. 64, 65.

INTRODUCTION. cxxvij

fermé alors, et les maisons écartées habitées par les chanoines ou les familiers de Notre-Dame. La Chronique nous dit que, dès le temps de Geoffroy de Lèves, les papes Honorius II et Innocent II (1124-1143) proclamèrent par des bulles la liberté du cloître [1]. Alexandre III renouvela ce privilége (1160-1181) [2], qui, en excluant toute justice seigneuriale séculière de l'enceinte de ce lieu d'asile, le soumettait implicitement à la juridiction des chanoines. La clôture du cloître, qui eut lieu au milieu du XIIIe siècle avec la permission du comte Jean de Châtillon [3] et du pape Alexandre IV [4], semblait devoir atteindre le but cherché [5]; mais elle n'arrêta pas complètement les disputes, et notre Cartulaire contient plusieurs pièces, que nous mentionnerons plus bas, qui attestent les mauvais rapports du Chapitre avec le Comte, depuis comme avant cette clôture.

Ce n'est pas à dire qu'il n'y eut jamais d'arrangements amiables entre les chanoines et les seigneurs, au sujet de leurs justiciables respectifs. Tels nous apparaissent notamment : 1° le traité de 1139 entre le Chapitre et Ursion de Meslay, au sujet des ouvriers vendangeurs du clos Notre-Dame [6]; 2° celui de 1155 ou environ, passé avec les religieux de Saint-Vincent-des-Bois et Guillaume, fils de Baudry, à l'égard des hôtes de Louvilliers-en-Drouais [7]; 3° celui de 1175, fait avec Eudes Boureau, seigneur de Courtalain, touchant les hôtes du Gault-Saint-Denis [8]; 4° celui consenti en 1179 par Jovin de Beauvilliers, pour la justice des hommes de l'église demeurant à Lutz, Marville et Beauvilliers [9]; 5° celui de 1201, au sujet des hôtes du Défait, justiciables en certains cas du seigneur de l'Isle [10]; 6° celui de 1213, par lequel le comte de Vendôme renonce à ses droits prétendus sur la haute justice de Mazangé [11]; 7° celui de 1294, avec le couvent de Bonneval, concernant la justice des hommes de corps de Notre-Dame habitant cette ville [12].

Les disputes entre le comte de Chartres et le Chapitre, pour la juridic-

---

[1] Voir vol. Ier, p. 18, 61, 139 et suiv. — [2] Ib., p. 168 et 190.

[3] Voir *Histoire de Chartres* citée, vol. Ier, p. 142.

[4] Voir vol. II, p. 165.

[5] Cette clôture engagea le Chapitre dans des conflits avec le vidame (1258) et avec le seigneur de Lèves (1259), à cause de leurs hôtels situées dans l'enceinte. Voir vol. II, p. 167 et 172.

[6] Voir vol. Ier, p. 146, 147. — [7] Ib., p. 167, 168. — [8] Ib., p. 193, 194. — [9] Ib., p. 200, 201.

[10] Vol. II, p. 7, 8, 9. — [11] Ib., p. 72. — [12] Ib., p. 233.

tion, remontent à une époque fort ancienne, et la correspondance de l'évêque Yves nous en a conservé le souvenir¹. Cependant ce ne fut qu'au XIII° siècle que l'état de guerre entre ces deux puissances, devenu pour ainsi dire permanent, donna lieu à l'emploi presque continuel des foudres ecclésiastiques. Nous allons énumérer brièvement les documents que contient notre Cartulaire relativement à ces conflits :

1° En mars 1207, sentence arbitrale rendue par le roi Philippe Auguste entre le Chapitre et la Comtesse, au sujet de violences exercées par les officiers de cette princesse sur une femme de corps de Notre-Dame, sur un homme saisi à Thiville et sur le nommé Michel *Medi*, revendiqués par les chanoines².

2° En février 1210, confirmation par l'archevêque de Sens, métropolitain, d'une sentence rendue contre le prévôt de la Comtesse par le Doyen et le Sous-Doyen de Chartres, juges ordinaires, au sujet de la détention de Morel, clerc de chœur de Notre-Dame, et approbation de l'interdit lancé sur la ville et banlieue, jusqu'à pleine et entière satisfaction³.

3° En octobre 1210, grande émeute occasionnée par une série de querelles entre les officiers de l'Église et ceux de la Comtesse. Le peuple viole le cloître et met à sac la maison du Doyen ; d'où, interdit et excommunication majeure des sacrilèges. Philippe Auguste se rend à Chartres et remet l'examen de l'affaire à une commission qui condamne le prévôt et le maréchal de la Comtesse à l'amende honorable et à des indemnités suffisantes envers le Doyen et les autres chanoines lésés par l'émeute ; à quoi le Roi ajoute une amende pécuniaire de 3,000 livres parisis⁴.

4° En juillet 1213, sentence arbitrale rendue par les évêques de Paris, d'Orléans et de Senlis, entre le Chapitre et le comte Thibault, au sujet de l'exécution de Laurent, serviteur du chanoine Hugues, pendu par ordre du prévôt de Chartres⁵.

5° En septembre 1249, sentence arbitrale rendue par le Doyen, entre le Chapitre et la comtesse Mathilde, au sujet de Léger de Maindreville, hôte de Notre-Dame, justicié par le prévôt de Chartres⁶.

---

¹ *Lettres de Yves de Chartres*, n° 121, déjà citée.

² Voir vol. II, p. 36 et 37. — Le droit du Chapitre à la haute justice de Thiville fut reconnu par une autre sentence arbitrale de septembre 1207 (ib. p. 87, note 1).

³ Voir vol. II, p. 47 et 48. ⁴ Ib., p. 56 à 62. ⁵ Ib., p. 77 et 78. ⁶ Ib., p. 140.

6° En février 1251, procès entre le Chapitre et les officiers du Comte, au sujet de la justice du clos Erard¹.

7° En janvier 1252, excommunication lancée par l'évêque d'Orléans, contre la Comtesse, à la requête du Chapitre de Chartres, au sujet de violences et injures graves faites par les officiers de cette dame sur les hommes et les terres du Chapitre au diocèse d'Orléans².

8° En mars 1256, sentence arbitrale rendue par l'évêque d'Orléans, entre le Chapitre et le Comte, par laquelle le prévôt de Chartres est condamné à l'amende honorable, comme condition de la cessation de l'interdit³.

9° Octobre 1256. — Procès entre le Chapitre et le prévôt du Comte, au sujet de la justice des maisons dites de Sandarville⁴.

10° Novembre 1278. — Interdit sur la ville et la banlieue, à cause des violences exercées par Guillaume de Saint-Mesmin, châtelain du Comte, sur des bouchers de la Porte-Neuve du cloître. Le Chapitre consentit à suspendre cet interdit pendant le séjour du Roi à Chartres, sauf à le reprendre aussitôt après le départ du monarque⁵.

11° Août 1286. — Excommunication du Comte et de ses officiers, à cause des violences exercées par eux sur Eudes le Tonnelier, homme de corps du Chapitre⁶.

A cette nomenclature des affaires du Chapitre et du Comté, nous devons ajouter, avec quelques développements, la grande querelle des *avoués* de Notre-Dame. On appelait ainsi des bourgeois de Chartres admis dans la domesticité des chanoines et jouissant par cela seul des privilèges ecclésiastiques et de l'exemption de la justice et de la taille seigneuriales⁷. Il dépendait du Chapitre de soustraire, au moyen de l'avouerie, à la puissance du Comte, un nombre indéterminé de citadins. Comme il y avait toujours dans la compagnie plusieurs chanoines d'origine chartraine, les avoués étaient ordinairement pris dans les familles de ces ecclésiastiques. Il arrivait même assez souvent que le choix du Chapitre s'arrêtait sur des

---

¹ Voir vol. II, p. 146, 147 et note 1ʳᵉ. — ² Ib., p. 148. — ³ Ib., p. 162. — ⁴ Ib., p. 164. — ⁵ Ib., p. 201 et 202. — ⁶ Ib., p. 230 et suiv.

⁷ Voir *Histoire de Chartres*, par E. de Lépinois, vol. Iᵉʳ, p. 117. — A Chartres, l'avoué était un protégé du Chapitre, tandis que partout ailleurs, au Moyen-Age, l'avoué était un prince ou un seigneur se vouant à la protection d'un couvent ou d'une église.

bourgeois puissants tombés par un motif quelconque dans la disgrâce du Comte. On comprend combien ce privilége, dont l'origine est inconnue, dut exciter de froissements entre les chanoines et le seigneur de Chartres. Ce ne fut cependant qu'à la fin du XII° siècle qu'une décision vint donner au Chapitre un premier titre régulier. Après une tentative d'arbitrage avortée, et à la suite de nombreux griefs rapportés notamment dans une enquête de l'année 1194-1195, que nous publions *in extenso* [1], le Pape attribua la connaissance des prétentions réciproques des parties à Michel, archevêque de Sens, et à Manassès, archidiacre de la même église [2]. Par leur sentence datée de Sens, la veille des calendes de mars (28 février) 1195 [3] cès commissaires reconnurent, conformément aux anciens usages et privilèges de l'église de Chartres, que les chanoines avaient le droit d'avouer et protéger les bourgeois de Chartres passés à leur service domestique, à l'exception des serfs du Comte; que lesdits avoués devaient jouir des mêmes libertés et immunités que les chanoines, sous la condition de s'abstenir de tout commerce et usure; qu'ils pouvaient néanmoins, au temps de la moisson ou des vendanges, vendre et acheter des grains et du vin et tisser la laine de leurs brebis sans payer la coutume ou le tonlieu [4]. Cette décision fut confirmée par une bulle de Célestin III du 4 des nones de juin (1195) [5]. Là ne s'arrêtèrent pas les contestations, et pendant près de 80 ans les puissances rivales se bataillèrent au sujet des avoués; en effet, le droit reconnu au Chapitre de prendre pour avoués des bourgeois de Chartres en nombre illimité était trop préjudiciable au Comte pour que celui-ci s'y soumît de bonne grâce [6]. Enfin, le mardi après la Saint-Nicolas d'hiver 1271, Philippe le Hardi fit accepter au comte Jean de Châtillon et au Chapitre une composition qui devint en quelque sorte la charte des avoués [7]. Cet

---

[1] Voir vol. Ier, p. 229 et suivantes. — Un arbitrage avait été tenté sans succès par la reine Adèle et Guillaume aux-Blanches-Mains, archevêque de Reims.

[2] Voir vol. Ier, p. 229. — [3] Ib., p. 244.

[4] Il était de règle que les hommes et hôtes de l'église, dans la ville et tout le circuit de l'évêché, ne payassent ni coutume ni tonlieu pour toutes les marchandises qu'ils achetaient ou vendaient. — Voir bulle d'Alexandre III, de 1171-1172, vol. Ier, p. 189, 190.

[5] Voir vol. Ier, p. 248 et 249.

[6] Une des querelles les plus violentes eut lieu, vers le milieu du XIII° siècle, à l'occasion de l'avouerie d'un bourgeois puissant nommé Renaud Col-Rouge (voir vol. Ier, p. 181, 182 et note, 183 et note).

[7] Voir vol. Ier, p. 24, 51, 52, et vol. II, p. 188, 189 et suivantes.

acte permit aux chanoines d'avouer dix bourgeois de Chartres et de les couvrir, eux, leurs ménages et leurs gens, des privilèges du Chapitre, sauf par ces avoués à jurer devant le prévôt ou le châtelain du Comte qu'ils ne frauderaient pas les droits fiscaux en adjoignant des étrangers à leurs domestiques. Il fut stipulé de plus que l'avouerie ne pourrait jamais s'étendre aux usuriers manifestes; et, pour indemniser le Chapitre du préjudice que lui causait la limitation du nombre des avoués, le Comte fut tenu de lui payer 160 livres tournois, à titre de récompense [1].

C'était un brandon de moins dans ce conflit de juridiction toujours renaissant entre le Chapitre et le Comte; mais il restait bon nombre de points litigieux, et les parties ne se firent pas faute de les agiter violemment, et sans paix ni trêve, jusqu'en mars 1306. A cette époque, on songea à réglementer les droits de chacun en matière de justice; une transaction intervint entre les chanoines et le comte Charles de Valois et fournit pour l'avenir aux contestants le moyen de réprimer avec une sorte de légalité leurs empiétements réciproques, si elle ne leur inspira pas la résolution de les éviter [2]. Cette convention mémorable renferme les clauses suivantes :

1° L'homme de corps du Chapitre, hôte du Comte, levant et couchant sur la terre et justice du Comte, est justiciable du Chapitre pour les méfaits entraînant peine de sang. L'extradition des prévenus s'exerce à la requête des justiciers du Chapitre; cependant l'instruction des affaires peut être commencée et même consommée par les officiers du Comte, mais ils doivent rendre le prévenu aussitôt que les gens du Chapitre le requièrent. Le Chapitre peut même, en cas de flagrant délit, saisir ou faire saisir, de son chef, sesdits hommes de corps, hôtes du Comte, pourvu qu'il en avertisse les officiers seigneuriaux et qu'il leur démontre son droit par une information sommaire;

2° Cependant le Comte peut juger les hommes de corps du Chapitre, hôtes dudit Comte, dans les trois cas suivants pouvant entraîner peine de sang; 1° Lorsqu'un homme de corps du Chapitre appelle quelqu'un devant la cour du Comte par gage de bataille; 2° si ledit homme appelé devant la cour du Comte répond de son plein gré et exprime le désir d'être jugé par

---

[1] Voir vol. Ier, p. 52. — La *Vieille Chronique* dit qu'en récompense de la limitation du nombre des avoués, le Chapitre reçut une rente de 150 livres sur l'argentier du comte.

[2] Voir vol. Ier, p. 25, et vol. II, p. 248 et suiv.

les gens du Comte, nonobstant la requête du Chapitre ; 3° si ledit homme appelé comme témoin et sans contrainte devant la Cour du Comte, se rend coupable de parjure ou faux témoignage ;

3° Pour tous les cas qui n'entraînent pas peine de sang, les hommes de corps du Chapitre, hôtes du Comte, sont justiciables du Comte ; à l'exception cependant de ceux de ces hommes qui sont *tenus ou obligiez au Chapitre, aux chanoines, ou à autres personnes de l'église*, lesquels sont toujours soumis à la justice du Chapitre ;

4° Lesdits hommes de corps du Chapitre, hôtes du Comte, pourront s'obliger à la contrainte par corps pour leurs dettes et tenir prison en la prison du Comte ;

5° Lorsqu'un homme de corps du Chapitre, hôte du Comte, sera condamné pour crime, ses biens meubles et immeubles situés sur la terre seigneuriale seront confisqués (forfaits) au profit du Comte, suivant les coutumes locales ;

6° La réciprocité la plus parfaite aura lieu au profit du Chapitre, à l'égard des hommes de corps du Comte, hôtes du Chapitre, levant et couchant sur la terre dudit Chapitre ;

7° En règle générale, les hommes de corps du Chapitre qui ne sont pas levant et couchant sur la terre du Comte, mais que les justiciers du Comte auraient saisis pour méfaits commis sur le domaine seigneurial ? seront rendus au Chapitre sur sa simple requête. En cas de condamnation de ces hommes par la justice du Chapitre, leurs biens meubles et immeubles situés sur la terre du Comte appartiendront à ce dernier, à titre de confiscation, si la matière le comporte suivant les coutumes locales ;

8° Cependant les officiers du Comte pourront justicier les hommes de corps du Chapitre, non levant ni couchant sur la terre du Comte, dans les trois cas spécifiés ci-dessus, article 2, et lorsque l'homme de corps aura insulté de paroles, gestes ou voies de fait les officiers du Comte en pleine Cour du Comte ou après l'audience, ou qu'il aura mis la main sur le bailli ou le prévôt du Comte en terre seigneuriale ;

9° Si un homme de corps du Comte, non levant ni couchant sur la terre du Chapitre, insulte un chanoine ou quelqu'un des siens par voie de fait sur la terre du Comte, le Chapitre pourra l'appréhender au corps et en faire justice. La réciprocité est accordée aux officiers du Comte dans le cas où ils seraient insultés par voie de fait sur la terre de l'église par un homme de corps du Chapitre, non levant ni couchant sur la terre du Comte ;

10° Si un homme de corps du Chapitre, non levant ni couchant sur la terre du Comte, s'oblige à tenir prison en la prison du Comte, le Chapitre pourra le réclamer et lui faire garden prison dans sa geôle pour satisfaire à son obligation. Même faculté est accordée au Comte pour ses hommes de corps, non levant ni couchant sur la terre du Chapitre, et gardant prison pour obligation dans la prison du Chapitre ;

11° Si les justiciers du Comte saisissent pour cause criminelle un homme de corps du Chapitre, quel que soit le lieu où il lève et couche, et si cet homme est réclamé par les officiers du Chapitre, lesdits justiciers du Comte seront tenus de venir déclarer au Chapitre que le cas de cet homme rentre dans les exceptions ci-dessus mentionnées. Si l'homme nie, le bailli et le prévôt du Comte seront crus sous la foi du serment, la main sur les reliques ;

12° Pareil serment sera exigé du bailli ou du prévôt du Comte, à la requête et sur l'assignation du Chapitre, dans le cas où l'un de ces officiers aurait saisi un hôte du Chapitre ou ses biens, ou les biens d'un homme de corps du Chapitre, en quelque lieu qu'il demeure ;

13° Si dans les deux cas qui précèdent, les justiciers du Comte ne répondent pas à l'assignation du Chapitre ou s'ils ne justifient pas leur saisie et refusent par suite la restitution du prévenu ou de ses biens, ils seront excommuniés jusqu'à pleine et entière satisfaction ;

14° Si un homme passant pour homme de corps du Chapitre est pris par les gens du Comte pour crime entraînant peine de sang et est réclamé par le Chapitre, les officiers du Comte l'amèneront devant les chanoines, et là, si ledit homme s'avoue homme du Chapitre, il sera remis aux officiers de l'église, à moins que les gens du Comte ne justifient qu'il se trouve bien dans les cas réservés à leur justice, par le présent traité ou qu'ils ne contestent l'état du prévenu comme homme de corps de l'église. Dans cette dernière hypothèse, la question d'état sera débattue devant le Chapitre. Si l'homme s'avouait pour homme de corps du Comte, il serait laissé aux officiers seigneuriaux jusqu'à ce que les chanoines aient prouvé qu'il est bien leur homme de corps ;

15º Si un homme réputé homme de corps du Chapitre se déclare franc bourgeois du Comte, le Chapitre, avant d'examiner cette question d'état, en informera les officiers du Comte par deux personnes dignes de foi, lesquelles jureront, au nom du Chapitre, que ledit homme et ses parents ont toujours été réputés hommes de corps du Chapitre. En outre, le Procureur du Chapitre jurera qu'il n'entreprend ce procès ni par fraude, ni par malice, ni pour nuire aux droits du Comte ou à la réputation du prévenu. Après ce préliminaire, la question d'état sera débattue contradictoirement en chapitre ;

16º Le Comte réserve le droit fiscal qu'il perçoit d'après l'usage lorsque ses hommes épousent des femmes de corps du Chapitre. Les chanoines font la même réserve ;

17º Le Chapitre exerce sa justice, exclusivement à tous autres, sur le cloître et 26 maisons canoniales hors du cloître. Si un malfaiteur justiciable du Comte se réfugie dans le cloître ou dans les logis canoniaux, le Maire du Chapitre ou son lieutenant sera tenu de le remettre aux mains des gens du Comte, mais ceux-ci ne pourront jamais faire la saisie eux-mêmes, Cependant si le principal locataire d'une maison canoniale hors du cloître est un bourgeois du Comte, la justice de la maison appartiendra à ce dernier. Les chanoines, détenteurs actuels des maisons canoniales hors du cloître, et leurs successeurs dans ces maisons jureront qu'ils ne donneront pas asile aux prévenus hommes du Comte, S'ils faussent leur serment, le Chapitre fera satisfaction à la requête des officiers du Comte ;

18º Si un chanoine tient une maison hors du cloître et en dehors des 26 logis canoniaux, il aura la justice de ses gens et de ses hôtes pendant tout le temps de son habitation ;

19º La justice des clercs de chœur et de leurs familles, des marguilliers et de leurs familles, des sergents de l'église et de leurs familles appartiendra au Chapitre, quel que soit le lieu de leur habitation.

Suivent les formules des serments exigés envers le Chapitre, du bailli, du prévôt et des autres officiers seigneuriaux à leur entrée en fonctions, et du Comte lui-même une fois en sa vie, d'une part, et des officiers de l'église envers le Comte, d'autre part, pour le maintien de la convention et le respect des droits mutuels des contractants.

Quoique ce traité, que l'on peut qualifier d'international, semble avoir prévu toutes les difficultés, il ne laissa pas d'être d'une exécution délicate et de donner lieu à des commentaires très-souvent litigieux [1]. Cependant les principes étaient nettement posés, et le Chapitre ne manqua pas l'occasion de les faire accepter à un seigneur dont les possessions féodales et les officiers avaient de nombreux points de contact avec les terres et les hôtes de Notre-Dame : c'était Guy de Châtillon, comte de Blois. Ce Prince donna son approbation, le jeudi après la Saint-Martin d'été 1330, à une convention dont voici la substance : Les hommes de corps du Chapitre domiciliés dans la terre du Comte de Blois seront soumis à la justice seigneuriale pour les causes civiles et pécuniaires, tant en actions personnelles que réelles, ainsi que ceux de ces hommes qui, n'étant pas domiciliés dans ladite terre, déclareront se soumettre pour les causes de cette nature à la juridiction du Comte. Le Chapitre aura le même droit de justice sur les hommes de corps du Comte domiciliés dans la terre de l'église ou qui accepteraient la juridiction des chanoines. Quant aux causes criminelles, le Chapitre en connaîtra à l'égard de ses hommes domiciliés sur la terre du Comte. Les prévenus seront arrêtés par les officiers du Comte et remis au Chapitre qui les justiciera sur sa terre. Les biens des hommes de corps domiciliés dans la terre du Comte et livrés par ses officiers au Chapitre en matière criminelle appartiendront au Comte en cas de forfaiture [2].

Telles furent, en résultat, les dispositions qui régirent pendant une partie du Moyen-Age les rapports judiciaires du Chapitre avec ses puissants voisins.

Il est difficile de conjecturer, en l'absence de documents positifs, devant quel siège royal étaient portés les appels de la justice temporelle du Chapitre avant la fin du XIII° siècle ; mais l'étude des diverses compositions intervenues entre les chanoines et le Comte nous permet d'affirmer que jamais le tribunal de Loëns n'admit la supériorité du bailliage de Chartres [3]. On sait,

---

[1] Nous citerons l'excommunication du bailli Robert Bretel (1329), coupable d'avoir molesté les hôtes du Four-Boël ; le procès soutenu et gagné par le Chapitre contre le bailli Nicolas Trouillart (1334) qui prétendait que la convention de 1306 ne s'appliquait pas aux domaines ruraux de l'église ; la transaction proposée en 1338 par le bailli Vincent Michel, au sujet de quelques articles de la convention de 1306, et la nouvelle composition réglée à cet égard entre ce magistrat et les délégués du Chapitre le samedi de la Purification 1340. (Voir *Hist. de Chartres*, par E. de Lépinois, vol. II, p. 4, 6, 8.)

[2] Voir vol. II, p. 266.

[3] Voir aussi le *Supplément aux Affiches chartraines*, p. 63 et suivantes.

par un mandement de Philippe le Bel de 1286, que le bailli de Gisors était alors juge des cas royaux du Comté de Chartres; peut-être ce magistrat connaissait-il aussi des appels de la justice canoniale [1]. Le Vicomte, juge royal de Verneuil-au-Perche, paraît aussi avoir eu accidentellement la connaissance de ces appels dans les premières années du XIV° siècle [2]. Quoiqu'il en soit, plusieurs passages des registres capitulaires nous apprennent qu'en 1301 les affaires du Chapitre ressortissaient en appel au siége de Janville, devant le Prévôt royal de ce lieu, lieutenant du Bailli d'Orléans [3].

« Le roi Philippe de Valois ayant donné le duché d'Orléans en apanage à
» son fils, retira au Prévôt de Janville, devenu Juge seigneurial, la supério-
» rité d'appel des causes du Chapitre, et décida, par lettres-patentes datées
» du Bois de Vincennes au mois de décembre 1345, qu'à l'avenir la justice
» canoniale relèverait en appel du Prévôt royal de Paris au siége de Poissy.
» Enfin le roi Jean, reconnaissant que le Prévôt de Poissy était trop chargé
» d'affaires, lui retira, par lettres du 30 août 1356, les causes du Chapitre
» de Chartres et les porta *sans moyen*, c'est-à-dire sans intermédiaire, au
» Parlement de Paris, pour y être jugées au jour du bailliage de Chartres.
» Cette ordonnance du roi Jean fut confirmée par lettres de Charles V du
» mois d'août 1366 et du 19 juillet 1367, de Charles VI du 7 sep-
» tembre 1395 et du 8 août 1401, de Charles VII du 25 septembre 1432
» et généralement de tous les Rois jusqu'à Louis XIV [4]. Pour compléter
» cette indépendance de la justice canoniale, le Parlement décida par
» plusieurs arrêts, notamment par celui du 9 juillet 1511, que les sergents
» royaux ne pourraient instrumenter dans le cloître et autres endroits de
» la juridiction du Chapitre sans obtenir au préalable le *pareatis* du maire
» de Loëns [5]. »

---

[1] *Supplément* cité, et *Hist. de Chartres*, par E. de Lépinois, vol. Ier, p. 310.
[2] *Ib.*, p. 63. — *Hist. de Chartres* citée, vol. Ier, p. 177, note 1re.
[3] *Registres capit.* (mss. de la Bibl. communale). — Séances du vendredi après la Pentecôte, du mercredi après la Saint-Mathieu, du vendredi après la Saint-Luc, 1301, et autres.
[4] *Registres des privil. du Chap.* (Archives départ.), et *Ordonnances des Rois de France*, vol. IV, p. 177, vol. V, p. 24, vol. VIII, p. 465.
[5] Voir vol. Ier, p. 56 et 57, et *Hist. de Chartres* citée, vol. Ier, p. 544 et 545.

TITRE III.

RENSEIGNEMENTS HISTORIQUES GÉNÉRAUX ET PARTICULIERS.

CHAPITRE PREMIER.

CATHÉDRALE. — MONUMENT.

L'histoire de Notre-Dame de Chartres, en tant que monument, n'est certainement pas écrite dans notre Cartulaire, mais on y trouve nombre d'indications dont les monographes futurs pourront faire leur profit.

Nous diviserons ces indications en trois séries : la première comprenant les faits antérieurs à l'incendie de 1020; la seconde ceux qui surgissent entre 1020 et l'incendie de 1194; la troisième ceux postérieurs à cette dernière date.

1° Faits antérieurs à 1020.

1° Mentions de l'église et du puits des *Saints-Forts*, données par la Chronique [1] et rapportées par elle à l'époque de la résurrection de Notre-Seigneur;

2° Sac et destruction de l'église par les Normands d'Hasting, sous Frotbold, en 855 [2];

3° Incendie de l'église par le duc Richard de Normandie, sous Thibault le Tricheur et l'évêque Hardouin, en 962 [3].

2° Faits postérieurs à 1020 et antérieurs à 1194.

1° Mention de l'incendie de l'église, en 1020, sous Fulbert, et de sa reconstruction par cet illustre évêque [4];

---

[1] Voir vol. Ier, p. 2, 41, 44, 58. — [2] Ib., p. 10. — [3] Ib., p. 13 et 148. — [4] Ib., p. 14.

2° Libéralités du comte Eudes II pour la restauration du temple, 1020-1037 [1];

3° Libéralités du chanoine Frédéric [2], de Rodulf [3], du sous-chantre Etienne [4], qui paraissent s'appliquer à la reconstruction du gros-œuvre de l'édifice ;

4° Construction du fronton de l'église par Teudon [5] ;

5° Construction du vestibule droit de l'église par le médecin Jean, milieu du XI° siècle [6];

6° Construction du porche du fronton de l'église, due aux libéralités du chanoine Ragembod [7], et du chanoine André [8] ;

7° Travaux d'agrandissements faits par l'évêque Arrald, vers 1060 [9],

8° Construction des combles par le roi Henri Ier, avant 1060 [10];

9° Couverture de l'église à laquelle contribuèrent Teudon [11], le chevecier Bernard [12], la religieuse Adélaïde [13], et la reine d'Angleterre Mathilde (1118) qui donna le plomb nécessaire [14] ;

10° Construction du campanille faite aux frais de Guillaume le Conquérant, avant 1087, pour le repos de l'âme de sa fille Adelise [15];

11° Construction du jubé par l'évêque Yves, vers 1100 [16];

12° Dallage du chœur, en échiquier d'oripeau et marbre, fait aux frais du sacriste Pierre [17] ;

13° Pavage en marbre, exécuté aux frais du doyen Zacharie, devant la place du doyen au chœur, 1131-1144 [18] ;

14° Réparation du pavage de l'entrée du chœur par l'évêque Robert, vers 1060 [19] ;

15° Placement d'une statue dorée de la sainte Vierge à la porte de l'église, aux frais de Richer, archidiacre de Dunois [20] ;

16° Peinture du portique de gauche (septentrional), par les soins de l'archidiacre Milès [21] ;

---

[1] Voir vol. III, p. 209.

[2] Ib., p. 65. — Lorsque les mentions que nous donnons résultent d'objets dépourvus de dates, nous procédons pour leur classement chronologique d'après l'âge des divers manuscrits du Nécrologe.

[3] Voir vol. III, p. 109. — [4] Ib., p. 199. — [5] Ib., p. 221. — [6] Ib., p. 2. — [7] Ib., p. 88. — [8] Ib., p. 186. — [9] Ib., p. 222. — [10] Ib., p. 147. — [11] Ib., p. 221. — [12] Ib., p. 58. — [13] Ib., p. 174. — [14] Ib., p. 204. — [15] Ib., p. 218.

[16] Vol. Ier, p. 17, et vol. III, p. 225.

[17] Voir vol. III, p. 13. — [18] Ib., p. 22. — [19] Ib., p. 180. — [20] Ib., p. 19. — [21] Ib., p. 104.

17° Fonte d'une cloche pesant 5,000, par le charpentier Jean [x];

18° Réparations au crucifix (de l'entrée du chœur) par Guy, lévite et chanoine [2], par le chanoine Mathieu [3], par le chantre Hamelin [4];

19° Construction de la salle capitulaire, par le doyen Adelard, vers 1090 [5];

20° Donations faites pour parvenir à l'édification de la Tour par le chanoine Mathieu [6], par le chantre Hamelin [7], par l'évêque Goslin de Lèves, 1155 [8], par le chanoine Nivelon [9], par Albert de Meiz, chanoine [10], par Adam, chanoine et lévite [11], par l'archidiacre Gautier [12], par l'archidiacre Auger [13], par Guy, lévite et chanoine [14], par Hugues, lévite et préchantre [15], par le doyen Adelard, vers 1090 [16], par le chanoine Arnoul [17], par Renaud, prêtre et chanoine [18], par le chanoine Hugues [19], par le charpentier Jean [20];

21° Donations pour l'édification des tours par le prévôt Henri [21], par Eudes, lévite et prévôt [22], par le chanoine Simon [23];

22° Reconstruction du toit du chevet de l'église et pose d'un ange doré au sommet de ce toit par le prévôt Henri [24].

3° *Faits postérieurs à l'incendie de 1194.*

1° Incendie de 1194, prouvé par la donation de Manassès de Mauvoisin, 1195 [25], et par le récit de l'émeute de 1210 [26];

2° Donation de 30 livres par le chanoine Hémeric de Feuillet, pour la reconstruction de l'église [27];

---

[1] Voir vol. III, p. 124. — [2] Ib., p. 135. — [3] Ib., p. 1. — [4] Ib., p. 16. — [5] Ib., p. 162. — [6] Ib., p. 1. — [7] Ib., p. 16. — [8] Ib., p. 32. — [9] Ib., p. 93. — [10] Ib., p. 97. — [11] Ib., p. 124. — [12] Ib., p. 124. — [13] Ib., p. 131. — [14] Ib., p. 135. — [15] Ib., p. 137. — [16] Ib., p. 162. — [17] Ib., p. 179. — [18] Ib., p. 195. — [19] Ib., p. 208. — [20] Ib., p. 212. — [21] Ib., p. 80. — [22] Ib., p. 143.

[23] Ib., p. 200. — Les massifs hors-œuvre des tours datent du milieu du XII° siècle. Une lettre d'Haimon, abbé de Saint-Pierre-sur-Dive, nous a fait connaître l'enthousiasme avec lequel les populations y travaillaient. (Voir *Hist. de Chartres*, par E. de Lépinois, vol. I°°, p. 99, et *Lettre de l'abbé Haimon*, par M. Léop. Delille, dans la *Bibl. de l'Ecole des Chartes*, V° série, t. I°°). L'incendie de 1194 n'atteignit pas cette partie du monument.

[24] Voir vol. III, p. 80.

[25] Vol. I°°, p. 252, et vol. III, p. 200.

[26] Vol. II, p. 59.

[27] Vol. III, p. 222.

3° Donation de 25 livres par Robert *de Blevia*, pour l'édification d'un pilier [1];

4° Donations pour les tours, par Eudes *quadrigarius* [2], par l'archidiacre Reinier [3], par le chanoine Thibault [4];

5° Cloches dans les deux tours, en 1250 [5];

6° Grosse cloche dans la tour *Neuve*, en 1261 [6];

7° Nouvelles stalles au chœur, 1221 [7];

8° Mention des chapelles des Dix-Autels [8];

9° Fondation des autels des Anges et des Vierges, par saint Louis, en 1259 [9];

10° Mention de l'autel Sainte-Anne, en 1276 et vers 1330 [10], et des autels Saint-Gilles et Saint-Loup, vers 1330 [11];

11° Fondation de la chapelle Saint-Piat, 1349 [12];

12° Fondation de la chapelle de Vendôme, 1414 [13];

13° Chambres des marguilliers, près de l'autel, fin du XIV° siècle [14];

14° Loges extérieures des gardiens du cloître, fin du XV° siècle [15].

CHAPITRE II.

CATHÉDRALE. — DÉCORATION INTÉRIEURE ET TRÉSOR.

Les mentions de notre Cartulaire relatives à la décoration intérieure et au Trésor de Notre-Dame sont trop nombreuses pour que nous puissions les énumérer complètement. Nous nous bornerons à mettre sous les yeux de nos lecteurs les plus intéressantes d'entr'elles, soit par l'antiquité des objets donnés, soit par leur valeur artistique, soit par la qualité des donataires.

1° *Verrières.*

Les donations de verrières, que nous trouvons toutes dans le Nécrologe, sont en majeure partie antérieures au XIII° siècle; les vitraux dont elles

---

[1] Voir vol. III, p. 45. — [2] Ib., p. 155. — [3] Ib., p. 189. — [4] Ib., p. 224. — [5] Ib., p. 161. — [6] Ib., p. 162.

[7] Voir vol. II, p. 95. — [8] Ib., p. 137. — [9] Ib., p. 169. — [10] Ib., p. 197 et 270. — [11] Ib., p. 270.

[12] Voir vol. Ier, p. 27. — [13] Ib., p. 33. — [14] Ib., p. 61. — [15] Ib., p. 61.

parlent appartenaient donc pour la plupart à la famille des grandes fenêtres de la porte royale [1] et ont dû périr dans l'incendie de 1194.

Les donateurs de cette période sont : 1° Haimeric, fils d'Herbram, pour une verrière [2];

2° Robert, dit Ragan, lévite et archidiacre, pour une verrière très-belle [3];

3° Le chanoine Nivelon, pour deux verrières magnifiques [4];

4° Goslin, sous-doyen et prévôt, pour trois belles verrières [5];

5° Hugues, sous-doyen, pour une superbe verrière [6];

6° Ernaud, archidiacre de Dunois, pour trois verrières [7];

7° Ernaud de Feuillet, chanoine, pour deux verrières [8];

8° Arnaud *quadrigarius*, pour une verrière [9];

9° Hugues de Morville, pour deux verrières [10];

Nous n'avons à signaler que trois donations postérieures à 1194 : la première, par le sacriste Jean, pour une verrière [11], la seconde, par le chancelier Robert de Berou, pour une verrière du chœur [12], et la troisième, par le chanoine Guy de Craches, pour une très-belle verrière.

De ces dernières verrières la seule que nous puissions reconnaître est celle donnée par Robert de Berou qui, placée dans le côté gauche du chœur, au-dessus de la stalle du Chancelier, représente deux groupes de pèlerins et le donateur lui-même agenouillé devant un autel, avec cette inscription : *Robertus de Berou, carn. cancellarius*.

2° *Avant-tables, tables, rétables d'autels et tables de reliques.*

Nous placerons sous ce titre les donations suivantes :

---

[1] Voir *Hist. de Chartres*, par E. de Lépinois, vol. Ier, p. 212 et 222.

[2] Voir vol. III, p. 48. — [3] Ib., p. 66. — [4] Ib., p. 93. — [5] Ib., p. 137. — [6] Ib., p. 145. — [7] Ib., p. 54.

[8] Ib., p. 114. — Ernaud ou Arnaud de Feuillet est cité dans une charte de 1195, relative à Hugues de Feuillet ; mais il était certainement mort alors, car Hugues prétendait tenir de lui les droits qu'il revendiquait sur la moitié des oblations de la chapelle de Giroudet, paroisse d'Ecrosnes, et Jean, curé d'Ecrosnes, soutenait, au contraire, que ledit Ernaud s'était jadis emparé violemment des droits en litige, au préjudice de ses prédécesseurs curés. (Voir vol. Ier, p. 225).

[9] Voir vol. III, p. 129. — [10] Ib., p. 143. — [11] Ib., p. 188.

[12] Ib., p. 52. — Ce personnage vivait en 1210. Voir vol. II, p. 49.

1° — Vers 1090 — par le doyen Adelard, d'une table d'autel en argent [1];

2° — Fin du XI° ou commencement du XII° siècle — par Hugues, lévite et sous-doyen, d'une somme de 100 sous pour la dorure de la table de Notre-Dame [2];

3° — A la même époque — par l'archidiacre Goslin, de cinq anneaux d'or pour achever la table de l'autel [3];

4° — 1092-1120 — par le doyen Arnaud, d'une somme de 10 livres pour achever la table de l'autel [4];

5° — Vers la même époque — par Robert, dit Ragan, lévite et archidiacre, de 3 marcs d'argent, pour agrandir la table qui est à gauche de l'autel près de la châsse de Notre-Dame, et de 3 marcs d'argent, pour faire une table devant l'autel de la Trinité [5];

6° — 1115 — par l'évêque Yves, de 100 muids de vin, pour le prix être employé à l'embellissement de la table de l'autel [6];

7° — 1155 — par Goslin de Lèves, d'une table d'or de 72 onces [7];

8° — Vers 1180 — par le chevecier Goslin, d'une table convenablement décorée d'or [8];

9° — Vers la même époque — par le chanoine Arnaud de Feuillet, d'un marc d'argent pour agrandir la table qui est à gauche de l'autel [9];

10° — Vers la même époque — par Hugues, lévite et archidiacre, d'une table de 30 marcs d'argent et 15 onces d'or à placer devant l'autel de la Trinité [10];

11° — Id. — par le chanoine Valter, de 8 marcs d'argent et une once d'or pour augmenter la table de l'autel de Notre-Dame [11];

12° — 1206-1212 — par le doyen Guillaume Ier, de 5 marcs d'argent, pour l'embellissement de la table de l'autel [12].

Il résulte d'une ordonnance de décembre 1259 [13] que l'Evêque avait la charge de nourrir les ouvriers orfèvres travaillant non-seulement à la Sainte-Châsse, mais encore à l'avant-table, aux rétables et aux tablettes du grand autel.

---

[1] Voir vol. III, p. 162. — [2] Ib., p. 191. — [3] Ib., p. 35. — [4] Ib., p. 206. — [5] Ib., p. 66.
[6] Vol. Ier, p. 17, et vol. III, p. 225.
[7] Vol. Ier, p. 19, et vol. III, p. 32.
[8] Voir vol. III, p. 9. — [9] Ib., p. 114. — [10] Ib., p. 137. — [11] Ib., p. 166. — [12] Ib., p. 135.
[13] Voir vol. II, p. 173.

INTRODUCTION.

3° *Tapisseries, tentures, voiles.*

On sait que dans la primitive église, comme dans le temple de Salomon à Jérusalem, quelques parties des saints mystères étaient soustraites aux yeux des fidèles par des tentures suspendues à une balustrade qui séparait le sanctuaire du chœur des chantres. Le Clergé siégeait alors sur des bancs rangés derrière l'autel, autour du *Presbyterium*, sorte d'hémicycle terminant l'édifice dans les basiliques latines. Plus tard, lorsque l'architecture religieuse isola le chœur des cathédrales du Moyen-Age, en l'entourant de latéraux, et plaça les stalles des ministres de Dieu de chaque côté de ce chœur non fermé, les tentures devinrent une nécessité physique tout autant qu'une réminiscence de la loi mosaïque. Tandis que le jubé et les voiles tombant du Crucifix protégeaient l'entrée du chœur contre les regards indiscrets du public, de grandes tapisseries, courant d'un pilier à l'autre, derrière les stalles, garantissaient du froid les épaules des chanoines. On appelait ces tapisseries *dorsalia*, à cause de leur destination. Nous allons indiquer les principales donations de *dorsalia*, contenues dans notre Cartulaire.

1° — C. 1000. — La comtesse Berthe donne deux belles tentures [1];

2° — 1068. — L'évêque Robert Ier donne cinq grandes tentures neuves [2];

3° — 1075. — L'évêque Arrald lègue à l'église plusieurs tentures magnifiques [3];

4° — Vers 1080. — Hildeburge, femme de Fouchier Nivelon, donne une tenture très-belle pour l'ornement du Crucifix [4];

5° — Fin du XIe siècle. — Guibert, lévite et chanoine, donne une tenture [5];

6° — Vers 1104. — Simon II de Montfort laisse à l'église une tenture très-précieuse [6];

7° — 1202. — L'archevêque Guillaume aux-Blanches-Mains lègue à Notre-Dame deux tentures superbes, dont l'une, destinée au côté droit du

---
[1] Voir vol. III, p. 86. — [2] Ib., p. 225.
[3] Voir vol. Ier, p. 16, et vol. III, p. 39.
[4] Voir vol. III, p. 150. — [5] Ib., p. 201. — [6] Ib., p. 185.

chœur, contient l'histoire de l'Incarnation, et l'autre, pour le côté gauche, l'histoire du martyre de saint Etienne [1].

Nous trouvons encore dans le Cartulaire nombre de mentions de poêles, voiles, tapis donnés à l'église. Voici les plus anciennes :

1° — Fin du XI° siècle. — Très-beau poêle donné par le sous-doyen Hugues [2];

2° — Ib. — Poêle superbe et courtine tissée de soie rouge, donnés par le sacriste Foucher [3];

3° — 1149. — Poêles et voiles de soie, laissés par l'évêque Geoffroy de Lèves [4];

4° — 1155. — Poêles laissés par l'évêque Goslin de Lèves [5];

5° — 1180. — Poêles laissés par l'évêque Jean de Salisbury [6];

6° — 1204. — Poêles très-précieux donnés par la comtesse Catherine, épouse du comte Louis [7];

7° — 1234. — Poêle très-beau, à placer devant l'autel de Notre-Dame dans les fêtes solennelles, laissé par l'évêque Gautier [8];

8° — XII° siècle. — Trente-trois poêles ou baldaquins de soie, donnés par Philippe, femme d'Erard de Braine [9];

9° — 1643. — Poêles et voiles d'autel de couleur rouge, tout en soie, brodés superbement à l'aiguille de fils d'or et d'argent, donnés par Louis XIII [10].

Nous terminerons cet article en mentionnant le legs de deux magnifiques draps mortuaires *(tapetia)*, fait vers la fin du XI° siècle par la matrone Philippa [11]; celui d'un drap mortuaire, fait en 1164 par l'évêque Robert III [12]; et celui de deux superbes tapis de Turquie rouges, fait en 1317 par Simon Festu, évêque de Meaux [13].

---

[1] Vol. I*er*, p. 21, et vol. III, p. 170. Toutes les tentures énoncées dans ces sept articles sont appelées *dorsalia*.

[2] Vol. III, p. 146. — [3] Ib., p. 164. — [4] Ib., p. 285. — [5] Ib., p. 32.

[6] Voir vol. I*er*, p. 20, et vol. III, p. 202.

[7] Voir vol. III, p. 178.

[8] Voir vol. I*er*, p. 22, et vol. II, p. 129.

[9] Voir vol. III, p. 70. — [10] Ib., p. 113. — [11] Ib., p. 204. — [12] Ib., p. 180. — [13] Ib., p. 216.

INTRODUCTION.   cxlv

4° Ornements, vêtements sacerdotaux.

On peut juger du nombre infini des donations d'ornements et vêtements sacrés, dont l'église de Notre-Dame fut l'objet au Moyen-Âge, par ce seul fait que chaque chanoine était tenu, à son entrée au chœur, de donner à l'église une chape de soie. Nous choisirons, parmi les plus anciens, quelques exemples de cadeaux de cette sorte.

1° — Vers 1000. — Trois chapes et deux chasubles données par la comtesse Berthe [1];

2° — 1048. — Ornements laissés par l'évêque Thierry [2];

3° — 1075. — Chapes très-belles et ornements pontificaux laissés par l'évêque Arrald [3];

4° — XI° siècle. — L'archidiacre Gautier donne une chape de pourpre et deux ceintures d'orfroy [4];

5° — Ib. — Hildeburge, femme de Foucher Nivelon, donne une tunique et une dalmatique [5];

6° — Ib. — Le préchantre Hilduin lègue une chape superbe [6];

7° — 1115. — Nombreux ornements laissés par l'évêque Yves [7];

8° — 1118. — Chasuble dorée donnée par Mathilde, reine d'Angleterre [8];

9° — Commencement du XII° siècle. — Henri, évêque de Winchester, lègue à Notre-Dame ses ornements épiscopaux, une chape de soie constellée d'or, une chasuble, une aube, un amict, une étole, un manipule, une ceinture, un pallium, d'une grande magnificence [9];

10° — 1131-1141. — Tunique donnée par le doyen Zacharie [10];

11° — C. 1140. — Nombreux ornements donnés par la comtesse Mathilde, femme de Thibault le Grand [11];

12° — 1164. — L'évêque Robert III laisse une chape, une chasuble, des sandales et une étole d'évêque [12];

---

[1] Voir vol. III, p. 86. — [2] Ib., p. 90. — [3] Ib., p. 39. — [4] Ib., p. 124. — [5] Ib., p. 150. — [6] Ib., p. 205.

[7] Voir vol. Ier, p. 17.

[8] Voir vol. III, p. 204. — [9] Ib., p. 152. — [10] Ib., p. 22. — [11] Ib., p. 204. — [12] Ib., p. 180.

s

13º — 1180. — Chape superbe et vêtements pontificaux laissés par l'évêque Jean de Salisbury¹;

14º — 1198. — Marie, femme de Henri le Libéral, comte de Champagne, lègue beaucoup d'ornements²;

15º — 1190-1212. — Ornements de toutes sortes donnés par Gautier le Jeune, chambellan du Roi³;

16º — 1203-1206. — Le doyen Hugues II laisse une chape superbe et achetée fort cher⁴;

17º — 1206-1212. — Le doyen Guillaume laisse deux chapes de soie à l'une desquelles est fixé un collier d'or⁵;

18º — 1234. — L'évêque Gautier lègue tous ses vêtements pontificaux⁶;

19º — 1271. — Jean de Sully, archevêque de Bourges, donne une chasuble et une dalmatique rouges, brodées d'or⁷;

20º — Vers 1300. — Pierre de Castra, chancelier, donne une aube de toile brochée (*ridata*) ayant des parements lustrés⁸;

21º — 1468-1475. — Le doyen Charles d'Illiers, donne des ornements de soie, dont une chasuble, une chape et des tuniques sur lesquelles est brodée à l'aiguille la généalogie de Notre-Seigneur⁹.

5º *Joyaux, pierreries.*

Les donations de joyaux et pierreries sont assez nombreuses. Nous indiquerons les plus anciennes :

1º — XIᵉ siècle. — Robert, dit Ragan, lévite et archidiacre, fixe à la châsse de Notre-Dame un collier orné d'une superbe émeraude¹⁰;

2º — Ib. — Le chanoine Nivelon fixe à la châsse de Notre-Dame une croix d'or et cinq pierres précieuses¹¹;

3º — Ib. — La matrone Hayise lègue à la châsse de Notre-Dame un collier de sept onces d'or¹²;

---

¹ Voir vol. III, p. 202. — ² Ib., p. 55. — ³ Ib., p. 153. — ⁴ Ib., p. 106. — ⁵ Ib., p. 135.
⁶ Voir vol. Iᵉʳ, p. 22.
⁷ Voir vol. III, p. 75. — ⁸ Ib., p. 54. — ⁹ Ib., p. 67. — ¹⁰ Ib., p. 66. — ¹¹ Ib., p. 93.
— ¹² Ib., p. 141.

4° — Vers 1100. — La comtesse Adèle, femme du comte Etienne-Henri, donne trois perles à la châsse de Notre-Dame¹ ;

5° — Vers la même époque. — Hildeburge, femme de Foucher Nivelon, donne deux colliers d'or à la châsse de Notre-Dame ² ;

6° — 1164. — L'évêque Robert lègue à la châsse de Notre-Dame des pierres précieuses et son anneau épiscopal ³ ;

7° — XII° siècle. — Le sacriste Pierre fixe un collier précieux à la châsse de Notre-Dame ⁴ ;

8° — Ib. — Le préchantre Amaury en fait autant ⁵ ;

9° — Ib. — Le prévôt Henri lègue à la châsse de Notre-Dame un collier d'or, orné d'une émeraude précieuse ⁶ ;

10° — Ib. — Le chanoine Ernaud de Feuillet fixe à la châsse de Notre-Dame quatre anneaux d'or ornés de pierres précieuses ⁷ ;

11° — Ib. — Arnaud *quadrigarius* fixe un collier d'or à la châsse de Notre-Dame ⁸ ;

12° — Ib. — Eudes, lévite et prévôt, lègue à la châsse de Notre-Dame un anneau orné d'une magnifique émeraude ⁹ ;

13° — 1180. — L'évêque Jean de Salisbury laisse à Notre-Dame un anneau épiscopal très-précieux ¹⁰ ;

14° — Même époque. — Le chanoine Nicolas fixe un collier d'or à la châsse de Notre-Dame ¹¹ ;

15° — Fin du XII° siècle. — Le chantre Crépin de Dreux donne à Notre-Dame un anneau précieux du prix de cent sous ¹² ;

16° — Même époque. — Le chanoine Simon de Bérou lègue à l'œuvre de l'église huit anneaux d'or ¹³ ;

17° — 1206-1212. — Le doyen Guillaume I** fixe à la châsse de Notre-Dame un anneau d'or, orné d'une émeraude ¹⁴ ;

18° — XIII° siècle. — Gilles, archidiacré de Blois, lègue à la châsse de Notre-Dame deux colliers d'or et une pierre précieuse ¹⁵ ;

19° — Ib. — La matrone Adelise lègue à la châsse de Notre-Dame deux beaux colliers d'or ¹⁶ ;

---

¹ Voir vol. III, p. 58. — ² Ib., p. 150.
³ Voir vol. I**, p. 19, et vol. III, p. 180.
⁴ Voir vol. III, p. 13. — ⁵ Ib., p. 35. — ⁶ Ib., p. 80. — ⁷ Ib., p. 114. — ⁸ Ib., p. 129.
— ⁹ Ib., p. 143. — ¹⁰ Ib., p. 202. — ¹¹ Ib., p. 223. — ¹² Ib., p. 39. — ¹³ Ib., p. 44. —
¹⁴ Ib., p. 135. — ¹⁵ Ib., p. 18. — ¹⁶ Ib., p. 193.

20° — Vers 1250. — Constantin, chancelier et médecin, lègue à la châsse de Notre-Dame une couronne d'or et un anneau d'or, orné d'une émeraude [1];

21° — 1259. — L'évêque Mathieu de Champs laisse à Notre-Dame un superbe anneau épiscopal [2].

6° *Vases sacrés, objets d'art.*

Notre Cartulaire, le Nécrologe surtout, abonde en mentions de donations de vases sacrés et d'objets d'art. Malheureusement le laconisme de ces mentions ne permet d'apprécier que fort imparfaitement la richesse artistique du Trésor de Notre-Dame aux XI° et XII° siècles et ne peut pas adoucir le regret que cause la destruction de tant de choses précieuses. Ici encore nous sommes forcés de nous borner à quelques indications.

1° — Vers 960. — Rotlinde, mère de l'évêque Eudes, laisse à la châsse de Notre-Dame cinq aigles d'or, du travail admirable de saint Éloi [3];

2° — Vers 1000. — La comtesse Berthe, depuis reine de France, laisse à l'église deux encensoirs d'or, un grand phylactère, et un pectoral d'or parsemé de perles, lequel, coupé en deux parties, servira à la décoration de la châsse [4];

3° — Même époque. — Teudon fabrique la châsse d'or de la sainte tunique de Notre-Dame [5];

4° — 1037. — Ermengarde, seconde femme du comte Eudes II, donne à l'église un calice d'or, d'une grande capacité [6];

5° — 1067. — Berthe, mère de Conan, comte de Bretagne, donne un magnifique ciboire [7];

6° — 1075. — L'évêque Arrald donne un calice d'or du travail le plus exquis [8];

7° — 1077. — L'évêque Robert II donne un grand calice et trois vases d'argent [9];

8° — XI° siècle. — Le chevalier Plastulphe donne à Notre-Dame une couronne d'argent et une lampe [10];

---

[1] Voir vol. III, p. 161. — [2] Ib., p. 232. — [3] Ib., p. 74. — [4] Ib., p. 86. — [5] Ib., p. 221. — [6] Ib., p. 209. — [7] Ib., p. 220. — [8] Ib., p. 391. — [9] Ib., p. 224, 225. — [10] Ib., p. 145.

9° — XIᵉ siècle. — Haïmeric, fils d'Hébram, donne trois phylactères précieux ¹ ;

10° — Ib. — Le chevecier Bernard donne un vase de cinq marcs d'argent, pour l'eau bénite ² ;

11° — Ib. — Le chanoine Ragembod couvre d'or le fronton de la châsse de saint Piat ³ ;

12° — Ib. — Le chanoine Gautier de Blois donne un phylactère d'or et un candélabre d'argent ⁴ ;

13° — Commencement du XIIᵉ siècle. — Henri, évêque de Winchester, donne une magnifique croix de 33 marcs d'or rouge, semée de pierres précieuses, et un calice de 14 marcs d'or, avec sa patène, le tout superbement décoré de pierreries ⁵ ;

14° — Ib. — La comtesse Adèle, femme du comte Etienne-Henri, donne deux candélabres d'un travail très-élégant ⁶ ;

15° — Vers 1103. — Simon II de Montfort lègue un calice d'or ⁷ ;

16° — 1129. — Hervé de Gallardon donne un calice d'or ⁸ ;

17° — 1154. — Gilbert de la Porrée, évêque de Poitiers, ancien chancelier de Chartres, lègue deux vases d'argent, d'un travail précieux ⁹ ;

18° — 1165. — L'évêque Robert III donne un vase de cristal, supérieurement taillé et des bassins d'airain, remarquables par leur magnifique sculpture ¹⁰ ;

19° — XIIᵉ siècle. — La matrone Albérède donne un phylactère précieux ¹¹ ;

20° — Ib. — Le chanoine Arnoul donne une coupe d'or à pendre au-dessus de l'autel, pour conserver le corps-Dieu ¹² ;

21° — Ib. — Ernaud, archidiacre de Dunois, donne des lanternes sourdes, *absconsa*, d'argent ¹³ ;

22° — 1190-1212. — Gautier le Jeune, chambellan du Roi, donne un candélabre d'argent, en forme de chevalier, d'une fabrication assez élégante ¹⁴ ;

23° — Vers 1190. — Amicie, femme de Simon le Chauve, comte d'Evreux et de Montfort, donne un vase d'argent doré semé de pierres précieuses, pour reposer la tête de saint Mathieu ¹⁵ ;

---

¹ Voir vol. III, p. 38, 48. — ² Ib., p. 58. — ³ Ib., p. 88. — ⁴ Ib., p. 119. — ⁵ Ib., p. 152. — ⁶ Ib., p. 58. — ⁷ Ib., p. 185. — ⁸ Ib., p. 213. — ⁹ Ib., p. 168. — ¹⁰ Ib., p. 180. — ¹¹ Ib., p. 171. — ¹² Ib., p. 179. — ¹³ Ib., p. 54. — ¹⁴ Ib., p. 153. — ¹⁵ Ib., p. 173.

24° — 1219. — Gaucher de Bar-sur-Seine donne un cavalier monté, de 30 marcs d'argent [1];

25° — 1259. — L'évêque Mathieu de Champs donne sa crosse et sa mitre [2];

26° — 1261. — Pierre de Bordeaux, archidiacre de Vendôme, donne une image de la Vierge et deux anges d'argent, à placer sur le grand autel [3];

27° — 1309. — Gilles de Condé, archidiacre, donne une image d'albâtre de la Vierge, à placer devant le jubé, à droite [4];

28° — 1326. — Pierre le Riche, sous-doyen, donne un calice et des burettes d'argent [5];

29° — 1382. — Philippe, duc de Bourgogne, et Guy de la Trémouille, son chambellan, donnent chacun une lampe, à placer devant l'image de la Vierge située à l'entrée du chœur [6];

30° — 1559. — Le chantre Thiersault lègue à l'église son bâton cantoral, d'argent doré, d'un travail très-élégant [7];

31° — 1594. — Le roi Henri IV, lors de son sacre, donne une châsse d'argent doré, pour y placer les reliques de saint Serge et de saint Bacche [8];

32° — 1640-1643. — Le roi Louis XIII donne deux grands candélabres d'argent [9];

33° — 1648. — La reine-mère Anne d'Autriche fait établir une châsse dorée au coin droit du grand autel, pour y placer le chef de sainte Anne [10].

CHAPITRE III.

CATHÉDRALE. — BIBLIOTHÈQUE.

L'église de Chartres, dont l'école attirait déjà les étudiants au VII° siècle, fut l'objet de fréquentes donations de livres et put se composer dans le Moyen-Age une bibliothèque relativement fort importante. La preuve en

---

[1] Voir vol. III, p. 94. — [2] Ib., p. 8. — [3] Ib., p. 162. — [4] Ib., p. 175. — [5] Ib., p. 122. — [6] Ib., p. 62. — [7] Ib., p. 112. — [8] Ib., p. 113. — [9] Ib., p. 113. — [10] Ib., p. 26. — Ce fut en 1648 que Anne d'Autriche fit son principal pèlerinage à Notre-Dame de Chartres. (Voir *Hist. de Chartres*, par E. de Lépinois, vol. II, p. 419.)

est dans les nombreux manuscrits provenant de l'ancien Chapitre, qui font aujourd'hui la richesse de la bibliothèque communale [1].

Notre Cartulaire contient quelques mentions de cadeaux et legs de livres faits à Notre-Dame aux XI°, XII° et XIII° siècles; mais, de même que pour les objets d'art, ces indications sont fort insuffisantes. Nous les donnons cependant, convaincus qu'en pareille matière le moindre renseignement a de l'intérêt :

1° — 1029-1052. — L'évêque Thierry laisse à l'église une notable quantité de livres [2];

2° — Vers 1090. — Le doyen Adelard donne de très-bons livres [3];

3° — XI° siècle. — Le chantre Gerogius donne un antiphonaire précieux avec un graduel [4];

4° — Ib. — Le chevecier Bernard laisse un lectionnaire des Evangiles, recouvert en argent [5];

5° — Ib. — Ascelin Breton, prêtre, donne une notable quantité de livres [6];

6° — Ib. — Le prévôt Serannus donne un Augustin, *de civitate Dei*, et un Jérôme, *in Jovianum* [7];

7° — Ib. — Le chancelier Bernard laisse à l'église 24 volumes [8];

8° — Ib. — Le prévôt Guillaume donne un antiphonaire décoré d'argent, un missel et un martyrologe, ces deux derniers écrits très-convenablement [9];

9° — Ib. — L'archidiacre Auger donne les canons, quelques décrets, un antiphonaire et un graduel, ces deux derniers excellents [10];

10° — Ib. — Le prêtre Ragembod donne un superbe missel et un volume du psautier [11];

---

[1] Les plus anciens manuscrits de la bibliothèque communale de Chartres appartenaient autrefois à l'abbaye de Saint-Père-en-Vallée et sont de la fin du VII° et du commencement du VIII° siècle. Les manuscrits provenant de l'ancien Chapitre de Chartres ne remontent pas au-delà de la fin du IX° ou du commencement du X° siècle. C'est par erreur que le *Catalogue* imprimé des manuscrits cite, comme appartenant au VI° ou au VII° siècle un saint Augustin *De confessione*, qui est en réalité du X° siècle.

[2] Voir vol. III, p. 90. — [3] Ib., p. 163. — [4] Ib., p. 40. — [5] Ib., p. 58. — [6] Ib., p. 81.

[7] Voir vol. III, p. 93. — L'un de ces deux volumes est sans doute celui coté 129 dans le *Catalogue des mss. de la Bibl. communale.* (Chartres, Garnier, 1840.)

[8] Voir vol. III, p. 123. — [9] Ib., p. 126. — [10] Ib., p. 131. — [11] Ib., p. 133.

INTRODUCTION.

11° — XI° siècle. — Restaud, prêtre et chanoine, donne un très-bon missel [1];

12° — Ib. — Le chanoine Radulf donne un excellent psautier et un antiphonaire avec graduel [2];

13° — Ib. — Hugues, lévite et sous-doyen, laisse un martyrologe et un livre des homélies [3];

14° — 1115. — L'évêque Yves donne un missel, un épistolier, un livre des Evangiles, un lectionnaire de Matines, tous couverts d'argent [4];

15° — Vers 1144. — Le doyen Salomon donne trente volumes [5];

16° — 1155. — Goslin de Lèves laisse un livre des Evangiles décoré de 52 onces d'or pur et de pierres précieuses [6];

17° — 1180. — L'évêque Jean de Salisbury laisse un Jérôme *super Marcum, super Isaiam, super Ezechielem, super Danielem, super epistolas Pauli, super duodecim prophetas*, et le petit bréviaire du même sur les psaumes; un Jérôme *contra Jovianum;* un livre *de divinis officiis* [7]; le livre de Hugues (de Saint-Victor ?) sur les lamentations de Jérémie ; un livre de *Ecclesiastica;* un Raban-Maur *de ecclesiasticis officiis* et super *paralipomenon;* un Augustin *contra Judeos, de octoginta tribus questionibus et de doctrina christiana* [8]; un Origène *super Josue;* un Valérius ; un Lactance ; un Végèce ; la Chronique de Sigebert ; un Psautier de Pierre Lombard (?); le livre des Rois glosé; un Lanfranc *de Eucharistia;* les Histoires de Jean de Tours (?); les Histoires d'Eutrope; les Etymologies d'Isidore de Séville [9]; les Homélies du pape Léon; un livre des bénédictions et des collectes; un Sénèque *de naturalibus questionibus;* un Cicéron *de officiis et de oratore;* et en outre son *Polycraticus* et toute sa bibliothèque [10];

18° — Vers 1180. — Le chantre Richer donne un très-beau graduel [11];

19° — Ib. — Ernaud, archidiacre de Dunois, donne un livre de collectes, couvert d'argent [12];

20° — Ib. — Henri, sous-diacre et prévôt, donne une bibliothèque superbe et un passionnal [13];

---

[1] Voir vol. III, p. 144. — [2] Ib., p. 175. — [3] Ib., p. 191. — [4] Ib., p. 225. — [5] Ib., p. 159.
[6] Voir vol. Ier, p. 19, et vol. III, p. 32.
[7] Voir le *Catalogue* cité, nos 159, 164. — [8] *Ib.*, n° 96. — [9] *Ib.*, n° 75.
[10] Voir vol. III, p. 202. — [11] Ib., p. 17. — [12] Ib., p. 54. — [13] Ib., p. 58.

21° — Vers 1180. — Le chanoine Lambert donne un graduel et un *troparium* ou livre contenant les strophes à chanter avant l'introït [1];

22° — Ib. — Le prêtre Pierre donne un épistolier [2];

23° — Ib. — Théoderic, archidiacre et chancelier, donne une bibliothèque des sept arts libéraux et des lois romaines, à savoir : les Institutes, les Novelles, le Digeste, et 45 autres volumes [3];

24° — Ib. — Le chanoine Gautier donne le livre des épîtres de saint Augustin [4];

25° — Fin du XII° siècle. — Le chanoine Simon de Berou donne une bibliothèque [5];

26° — 1203-1206. — Le doyen Hugues donne trois volumes de sermons et d'homélies, en gros caractères, à l'usage des matiniers [6];

27° — 1206-1212. — Le doyen Guillaume donne un psautier glosé, les épîtres de saint Paul, les décrets et un antiphonaire [7];

28° — Avant 1250. — Le chanoine Robert de Blevia laisse à l'église un antiphonaire pour l'usage quotidien [8];

29° — Ib. — Constantin, chancelier et médecin, donne ses livres de droit, savoir : les décrets, le *corpus juris* en cinq volumes, et les vieilles décrétales [9];

30° — XIII° siècle. — Le chancelier Pierre de Resseio donne les histoires de Pierre *Comestor*; les sentences de Pierre Lombard [10]; le psautier glosé; les épîtres de saint Paul glosées; des moralités sur l'apocalypse et les douze petits prophètes; les épîtres canoniques et les actes des apôtres glosés en un volume; des gloses sur l'ancien Testament en deux volumes; les sermons de Bernard de Clairvaux; les épîtres de Gaïus, Sidoine Apollinaire; le livre de Sénèque *de naturalibus*, en un volume [11].

31° — 1270. — L'évêque Mathieu fait tirer les chroniques du Trésor et translater le livre des Miracles du latin en français [12];

32° — Vers 1315. — L'archidiacre Gilles de Condé donne un superbe missel en deux parties et un bréviaire également en deux parties, achetés

---

[1] Voir vol. III, p. 154. — [2] Ib., p. 199. — [3] Ib., p. 206. — [4] Ib., p. 223. — [5] Ib., p. 44. — [6] Ib., p. 106. — [7] Ib., p. 135. — [8] Ib., p. 45. — [9] Ib., p. 161.

[10] Voir le *Catalogue* cité, n°s 210, 251 et 363.

[11] Voir vol. III, p. 710.

[12] Voir vol. Ier, p. 23.

des exécuteurs testamentaires de feu Jean (de Garlande), évêque de Chartres[1].

CHAPITRE IV.

HISTOIRE GÉNÉRALE ET PARTICULIÈRE.

Un Cartulaire est une source qui apporte aux faits, même connus, un appoint respectable d'authenticité. C'est pourquoi nous croyons devoir signaler les principaux renseignements historiques contenus dans ce recueil.

La *Chronique*, écrite, comme nous l'avons dit, en 1389, n'a évidemment d'autorité réelle que pour les événements voisins du XIV° siècle. Nous ne la citerons donc que pour mémoire, à l'égard des temps anciens.

Elle mentionne, très-sommairement d'ailleurs :

1° Les origines fabuleuses du royaume des Francs et la chronologie de Sigebert de Gemblours[2] ;

2° La part que Solemnis, évêque de Chartres, prit au baptême de Clovis, en 499[3] ;

3° La défaite de Clotaire II par Théoderic, sa fuite vers la forêt du Perche, la prise de Chartres par le vainqueur et la captivité de l'évêque Bohaire ou Béthaire. Ces événements, qui se passèrent en 600-602, sont reportés par le chroniqueur à l'année 662[4] ;

4° Le sac de Chartres par les Normands, sous la conduite du roi Byer et du chef Hasting, la mise à mort de l'évêque Frotbold, de ses clercs et des principaux citoyens (en 857-858)[5] ;

5° Le siége de Chartres par les Normands de Rollon et la défense de l'évêque Gantelme qui, arborant au fer d'une lance la sainte Chemise de la Vierge, relique vénérée de son église, fait une sortie opportune et met en fuite les assaillants (en 911)[6] ;

6° La conversion de Rollon et son mariage avec Gilla, fille de Charles le Simple (en 912)[7] ;

[1] Voir vol. III, p. 175.
[2] Voir vol. Ier, p. 4, 42, 43 et 45.
[3] Ib., p. 5 et 44. — On fixe généralement cette conversion à l'année 496.
[4] Voir vol. Ier, p. 8 et 45. — [5] Ib., p. 10, 45, 46. — [6] Ib., p. 11, 12, 46. — [7] Ib., p. 12, 46.

7° Le règne de Raoul et le retour de Louis d'Outremer (923-936)[1],

8° L'incendie de Chartres et de l'église (en 963). — La *Chronique* n'ajoute pas que ce désastre fut l'œuvre de Richard, duc de Normandie, en guerre avec le comte Thibault le Tricheur[2];

9° Le règne de Louis le Fainéant qui ne dura qu'un an, et l'élection par les barons de Hugues Capet, *fils de l'empereur Otton* (986-987)[3];

10° L'introduction en France de la fête de la Nativité par l'évêque Fulbert (1007-1029)[4];

11° La légation en Aquitaine de l'évêque Robert Ier, dont l'épiscopat, compris entre 1063 et 1069, est placé par le chroniqueur aux années 1054-1060[5];

12° Les démêlés d'Yves de Chartres avec le roi Philippe, à l'occasion de son mariage avec Bertrade (1092-1094)[6];

13° La légation de l'évêque Geoffroy de Lèves dans les provinces de Bourges, de Bordeaux, de Tours et de Dol, pour pacifier l'église troublée par le schisme de l'antipape Anaclet (1130-1143). La mort de ce prélat, arrivée en 1148, est fixée par le chroniqueur à l'année 1137[7];

14° La mort de Philippe, fils aîné de Louis le Gros, lequel, chevauchant à travers Paris, fut renversé par son cheval qu'un porc avait effrayé et se tua sur le coup (1131)[8].

Nous arrivons maintenant aux faits anciens énoncés dans le Chartrier et dans le Nécrologe et à ceux plus modernes dont le chroniqueur de 1389 et ses continuateurs[9] ont été, pour ainsi dire, témoins :

1° Lettre des 32 évêques, assemblés en synode à Paris, en 573, au roi Sigebert, pour l'engager à ne pas soutenir Promotus qui s'était fait sacrer évêque de Châteaudun, quoique ce lieu fût du diocèse de Chartres[10];

---

[1] Voir vol. Ier, p. 12. — [2] Ib., p. 13.

[3] Ib., p. 13. — Cette filiation de Hugues Capet ne prouve guères en faveur des connaissances historiques de notre chroniqueur.

[4] Voir vol. Ier, p. 14. — [5] Ib., p. 16. — [6] Ib., p. 16 et 17. — [7] Ib., p. 18. — [8] Ib., p. 18.

[9] La liste des évêques insérée dans la Chronique s'arrêtait d'abord à Jean de Montaigu (1389); elle a été continuée à diverses reprises jusqu'à Jacques Lescot (1643).

[10] Voir vol. Ier, p. 67, 68. — Cette lettre a déjà été publiée par Sirmond, *Concil. Gall.*, I., p. 353, et par D. Bouquet, *Rec.* IV, p. 76. Nous avons cru devoir la reproduire parce qu'elle est la pièce authentique la plus ancienne où il soit question de l'église de Chartres.

2° Mention plus précise du sac de Chartres, en 858, indiction vi, le 2 des ides de juin, par les payens des bords de la Seine, c'est-à-dire les Normands, et meurtre de l'évêque Frotbold, des prêtres Étienne, Titulf, Tetbert, Rainulf, des sous-diacres Landramne, Letramne, Almand, Ulgar, des clercs Adalgaud, Adalbert, Gauzbert, et d'une multitude d'autres personnes [1];

3° Incendie de la ville et de l'église (par le duc Richard de Normandie), le jour des nones d'août 962 [2];

4° Prise et destruction du château du Puiset par Louis le Gros, en 1111 [3];

5° Autre mention de la légation de l'évêque Geoffroy de Lèves, par ordre d'Innocent II, dans les provinces de Bourges, Bordeaux, Tours et Dol (1130-1143). — C'est ce passage qui a été presque textuellement reproduit par la *Chronique* [4];

6° Obit de Philippe Auguste, roi de France, mort à Mantes le 2 des ides de juillet 1223. Cet obit contient l'historique sommaire des faits et gestes de ce prince en Palestine et contre les Albigeois, ainsi que des détails très-circonstanciés sur ses obsèques et son testament [5];

7° Mention de l'expédition de Blanche, reine-régente, contre Pierre Mauclerc, duc de Bretagne, à laquelle assista Gauthier, évêque de Chartres (1230) [6];

8° Obit de Nicolas de Cannes, chapelain et conseiller de saint Louis, lequel mourut dans la croisade, après la prise de Damiette, en suivant l'armée dans les contrées extrêmes de l'Egypte (1249) [7];

9° Obit de Robert, comte d'Artois, frère de saint Louis, tué par les Sarrasins, à la Massoure, le 8 février 1250 [8];

---

[1] Voir vol. III, p. 127.

[2] Ib., p. 148. — La *Chronique*, comme nous l'avons vu plus haut, place cet événement en 963.

[3] Voir vol. Ier, p. 115 et 116.

[4] Voir vol. III, p. 28.

[5] Ib., p. 138, 139. — La plupart des renseignements contenus dans cet article ont été reproduits, avec la Chronique de Robert Le Breton, dans le *Recueil des historiens de France*.

[6] Voir vol. II, p. 127, 128.

[7] Voir vol. III, p. 61. — [8] Ib., p. 36, 37.

10° Lettre de Philippe le Bel, du mois de septembre 1304, donnant à l'église de Notre-Dame de Chartres une rente de cent livres, sur le Trésor de Paris, en réjouissance de la victoire de Mons-en-Puelle gagnée par lui sur les Flamands le 18 août de la même année [1]. Le Chapitre institua à cette occasion le service solennel, dit de la Victoire, qui se célébrait chaque année le 17 août [2];

11° Mention du règne de Louis le Hutin (1314), lequel, avant de succéder à son père Philippe le Bel, possédait déjà la couronne de Navarre (comme héritier de Jeanne, sa mère, morte en 1304). — Autre mention du règne de Philippe le Long, frère de Louis le Hutin, lequel exerça d'abord la régence pendant la grossesse de la reine Clémence, puis monta sur le trône après la mort de l'enfant-roi Jean qui ne vécut que huit jours (1316). — Autre mention du règne de Charles le Bel, comte de la Marche, frère de Philippe le Long (1322-1328). — Rappel de l'histoire d'Enguerrand de Marigny, ministre, pendu en 1315 [3];

12° Mission de Jean Pasté, évêque de Chartres, en Angleterre, pour décider le roi Edouard III à rendre hommage à Philippe de Valois, en qualité de duc de Guyenne (avant juin 1329). — Conférence célèbre entre Pierre Bertrand, évêque d'Autun, et Pierre de Cugnières, avocat du Roi, au sujet des droits réciproques de la puissance civile et de la puissance ecclésiastique, à laquelle prit part l'évêque Jean Pasté [4];

13° Rétablissement du siège pontifical à Rome par Grégoire XI, après 70 ans de séjour à Avignon (1377) [5];

14° Double élection du pape Urbain VI (avril 1378) et du pape Clément VII (septembre 1378), qui donna naissance à un nouveau schisme. — Légations de Jean Fabri, évêque de Chartres, au nom de Clément VII, en plusieurs pays de la chrétienté. — Mention des travaux de ce prélat, en sa qualité de chancelier de Louis, duc d'Anjou, fils du roi Jean et frère du roi Charles V, dans les entreprises de ce prince pour la conquête des royaumes de Jérusalem et de Sicile et du comté de Provence sur Charles de Duras, dit de la Paix (1381-1384). — Mention des travaux du même

---

[1] Voir vol. II, p. 246.
[2] Voir vol. III, p. 156.
[3] Voir vol. Ier, p. 26, 27.
[4] Voir vol. III, p. 72. — [5] Ib., p. 73.

évêque, en qualité de chancelier de la reine Marie, veuve de Louis d'Anjou, tutrice de ses enfants Louis et Charles (1384-1388)[1] ;

15° Pèlerinage à Notre-Dame de Chartres par Philippe le Hardi, duc de Bourgogne, en reconnaissance de la victoire de Rosebecq remportée sur les Flamands par l'armée française commandée par ce prince, lieutenant du roi Charles VI (1382)[2] ;

16° Analyse des faits et gestes de Jean de Montaigu, évêque de Chartres (1390-1406), qui fut successivement conseiller au Parlement, chambrier du pape Clément VII, chancelier du comte d'Alençon, conseiller du roi Charles VI, et président de la Chambre des Comptes. — Sommaire du schisme de Clément VII et Urbain VI, continué sous Benoît XIII (Pierre de Luna), successeur de Clément, et sous Grégoire XII (Angelo Corrario), troisième successeur de Urbain, et terminé par leur déposition au concile de Pise, et par la nomination d'Alexandre V (Pierre de Candie), faite (le 26 juin 1409) en conclave des cardinaux des deux obédiences[3] ;

17° Prise de Chartres par Dunois et Florent d'Illiers sur les Anglais et les Bourguignons, et meurtre de l'évêque Jean de Frétigny, le jour du sabbat après *Judica* (12 avril) 1431[4] ;

18° Sous l'évêque Louis Guillard (1525-1553), grande extension de l'hérésie, dont les chefs et fauteurs furent Luther, Erasme, de Rotterdam, Mélanchthon et Ecolampade. Il y avait alors à Paris, dit la *Chronique*, un fameux astrologue nommé Jean Thibault, et à cette époque le roi François, guerroyant contre l'empereur Charles, exigeait beaucoup de décimes du clergé et beaucoup de subsides de ses sujets, ce qui faisait gémir le pauvre peuple[5] ;

L'histoire purement locale (et c'est assez naturel) a aussi sa part dans notre Cartulaire. Nous allons énoncer brièvement quelques faits de cet ordre, en rappelant la réserve que nous avons posée plus haut sur le degré d'autorité de la *Chronique*, à l'égard des temps anciens :

1° Découverte miraculeuse des corps de saint Prest et de ses compagnons par l'évêque Ethère, entre 515 et 525[6] ;

---

[1] Voir vol. Ier, p. 28, 29.
[2] Voir vol. III, p. 62, 63.
[3] Voir vol. Ier, p. 31, 32, 33. — [4] Ib., p. 34. — [5] Ib., p. 36.
[6] Voir vol. Ier, p. 5. — On ne connaît historiquement Ethère que par son assistance aux 2e, 3e et 4e synodes d'Orléans, en 533, 538 et 541.

2° Au temps de l'évêque Malard qui siégea de 601 à 615, dit la *Chronique*, il n'y avait pas à Chartres d'autre seigneur que l'Evêque, lequel, avec l'aide du Roi, des nobles du voisinage et des soldats à sa solde, défendait la ville en cas d'attaque. Ainsi Malard, assisté des citoyens et de ses chevaliers, mit en fuite les voleurs qui voulaient s'emparer du corps de saint Laumer déposé à Saint-Martin [1];

3° Violences de l'évêque et comte Hélie envers les religieux de Saint-Père, qui ne voulaient pas contribuer à la solde de ses hommes d'armes [2];

4° Les évêques Haganon (926-941) et Ragenfroy (941-955) restaurent l'abbaye de Saint-Père [3];

5° L'évêque Hardouin institue un Comte, auquel il donne une partie des biens de l'église, entre autres l'abbaye de Saint-Martin-au-Val (vers 955-963) [4];

6° L'évêque Eudes ôte la gestion des prébendes aux prévôts et la remet aux chanoines intéressés [5];

7° Incendie de l'église sous Fulbert, qui la reconstruit avec l'aide des princes de la chrétienté (1020) [6];

8° Incendie de la ville entière, sauf l'église, sous l'évêque Thierry (1031-1038) [7];

9° Lettre d'Urbain II, au sujet de la déposition de Geoffroy Ier et de l'élection d'Yves au siége épiscopal de Chartres, en date du 25 novembre 1090 [8];

---

[1] Voir vol. Ier, p. 7, 44, 45. — Nous avons déjà exposé notre opinion sur cette question des Comtes-Évêques. On connaît historiquement Malard par sa souscription au concile de Châlons de 644 et par une charte de Landry, évêque de Paris, de 653. Les dates assignées à la séance de ce Prélat par la *Chronique* paraissent donc fausses.

[2] Ib., p. 10 et 45. — Hélie vivait, dit la *Chronique*, du temps de Charlemagne. C'est encore une erreur : Bernoin, son prédécesseur, figure au concile de Sens de 836 et le nom d'Hélie se trouve dans des titres compris entre les années 840 et 849. Or Charlemagne mourut en 814.

[3] Ib., p. 12, 13, 46, 47, 77, 82.

[4] Ib., p. 13, 47, 48, 49. — Le lecteur a vu ce que nous pensons de cette prétendue institution.

[5] Ib., p. 13, 14, 47, 48. — La question des prévôts et de la gestion des prébendes a été traitée par nous dans cette Introduction. Ce n'est pas l'évêque Eudes qui a ôté cette gestion aux prévôts. — D'après les titres connus, Eudes aurait siégé de 965 environ à 1004.

[6] Ib., p. 14, et vol. III, p. 85.

[7] Voir vol. Ier, p. 15. — Thierry siégea, d'après les titres, de 1029 à 1048.

[8] Ib., p. 96, 97, 98.

10° L'évêque Yves obtient du comte de Chartres, Henri-Etienne, la liberté de la maison épiscopale, définitivement acquise après de longs démêlés avec le pouvoir laïc (1101)[1];

11° Le même prélat confirme l'expulsion des prévôts et la division des prébendes[2];

12° Lettre de Pascal II au Clergé et au peuple de Chartres, pour l'engager à recevoir son nouvel évêque Geoffroy de Lèves, malgré l'opposition du comte Thibault (1116, 5 avril)[3];

13° Incendie de la ville de Chartres, sauf la Cathédrale, en 1133. — La châsse de saint Aignan brûle, mais les reliques du saint sont miraculeusement préservées[4];

14° Lettre du pape Alexandre III au roi Louis le Jeune, relativement à l'élection de Guillaume aux-Blanches-Mains au siége de Chartres (1165, 20 août)[5];

15° Preuves de l'incendie de l'église, sous l'évêque Renaud de Mouçon (1194)[6];

16° Abolition définitive de l'administration temporelle des prévôts, sous le même évêque (1195)[7]:

17° Le comte Louis envoie de Constantinople à Notre-Dame de Chartres le chef de sainte Anne (1205)[8];

18° Grande émeute de 1210. — Violation du cloître. — Sac de la maison du doyen par la populace. — Intervention et arbitrage du roi Philippe Auguste[9];

19° Dédicace de l'église des Frères-Prêcheurs par l'évêque Gauthier, en présence de la reine Blanche (1232)[10];

20° Meurtre du chantre Renaud de Lépine par les frères de Chavernay,

---

[1] Voir vol. Ier, p. 104 et 105, et vol. III, p. 225. — Voir notre Introduction, au *Temporel des évêques*.

[2] Voir vol. Ier, p. 16. — Cette assertion trop absolue de la *Chronique* est rectifiée par la charte d'Yves que nous donnons vol. Ier, p. 119.

[3] Voir vol. Ier, p. 124, 125. — [4] Ib., p. 18. — [5] Ib., p. 171, 172.

[6] Ib., p. 252, et vol. III, p. 200.

[7] Voir vol. Ier, p. 225.

[8] Voir vol. III, p. 89 et 178.

[9] Voir vol. II, p. 56 et suivantes.

[10] Voir vol. Ier, p. 22.

INTRODUCTION. clxj

et translation du Chapitre à Mantes, la ville de Chartres n'étant plus sûre pour lui [1];

21° Permission donnée par saint Louis au Chapitre, en 1260, d'élire un évêque en remplacement de Mathieu de Champs [2];

22° Lettre de saint Louis, datée de Thimert, le 4 juillet 1269, priant le Chapitre de faire jouer les orgues et de suspendre l'interdit lancé sur la terre du comte de Blois, pendant son séjour à Chartres [3];

23° Composition réglée entre le Comte et le Chapitre, au sujet des bourgeois de Chartres, avoués de l'église [4];

24° Monitoire du Chapitre à ses curés et aux abbés, prescrivant de suspendre l'interdit lancé sur la terre du Comte, pendant tout le temps de la présence du Roi (Philippe le Hardi) à Chartres (1278) [5];

25° Composition réglée entre le Comte et le Chapitre, au sujet de l'administration de la justice (1306) [6];

26° Réforme de l'hôpital des Aveugles de Saint-Julien, par Jean Toupineau, délégué du Grand-Aumônier du Roi (1477) [7];

27° Fondation de la chapelle de la Brèche par le chanoine Sallier, en commémoration de la levée du siége de 1568 [8];

En terminant ce compte-rendu sommaire des richesses historiques de notre Cartulaire, nous croyons devoir appeler l'attention des lecteurs sur les obits du Nécrologe.

Trente évêques de Chartres figurent dans cette liste funèbre. Ce sont Frotbold (858) [9]; Gilbert ou Gislevert (vers 880) [10]; Gérard (vers 887) [11]; Gantelme (vers 920) [12]; Haganon (941) [13]; Ragenfroy (960) [14]; Hardouin (vers 961) [15]; Vulfald (967) [16]; Eudes (1004) [17]; Fulbert (1028) [18]; Thierry (1048) [19]; Agobert (vers 1060) [20]; Robert I (1069) [21]; Arrald ou Adrald (1075) [22]; Yves (1115) [23]; Geoffroy de Lèves (1148) [24]; Goslin de Lèves (1115) [25]; Robert II (1164) [26]; Guillaume *aux-Blanches-Mains* (1165-

---

[1] Voir vol. II, p. 156 et suivantes. — [2] Ib., p. 174. — [3] Ib., p. 187. — [4] Ib., p. 188. — [5] Ib., p. 201. — [6] Ib., p. 248 et suivantes.

[7] Voir vol. III, p. 219. — [8] Ib., p. 100. — [9] Ib., p. 127. — [10] Ib., p. 10. — [11] Ib., p. 127. — [12] Ib., p. 32. — [13] Ib., p. 1. — [14] Ib., p. 141. — [15] Ib., p. 154. — [16] Ib., p. 189. — [17] Ib., p. 160. — [18] Ib., p. 85. — [19] Ib., p. 90. — [20] Ib., p. 219.

[21] Ib., p. 224. — C'est par erreur que dans la note 1 de cette page nous avons attribué cet obit à Robert Ier, évêque de Senlis.

[22] Ib., p. 39. — [23] Ib., p. 225. — [24] Ib., p. 28. — [25] Ib., p. 32. — [26] Ib., p. 180.

1176)[1]; Jean de Salisbury (1180)[2]; Pierre de Celles (1183)[3]; Hugues de la Ferté (1236)[4]; Albéric ou Aubry Cornut (1243)[5]; Henri de Grez (1246)[6]; Mathieu de Champs (1259)[7]; Pierre de Minci (1276)[8]; Simon de Perruchay (1297)[9]; Robert de Joigny (1326)[10]; Pierre de Chappes (1326-1328)[11]; Jean Pasté (1332)[12]; Aimery de Chastellux (1342)[13]; Louis de Vaucemain (1357)[14]; Jean d'Anguérant (1360-1368)[15]; Pierre Bêchebien (1459)[16]; René d'Illiers (1507)[17].

Parmi les autres dignitaires de l'église, nous distinguons : Hugues de Breteuil, évêque de Langres (1049)[18]; Etienne, patriarche de Jérusalem, fils de la vidamesse Hélissende (commencement du XIIe siècle)[19]; Henri, évêque de Wincester, fils du comte Etienne-Henri (Ib.)[20]; le savant Gilbert de la Porrée, évêque de Poitiers (1154)[21]; Guillaume, comte du Perche, dernier mâle de sa maison (1226)[22]; Barthélemy, évêque de Paris (1227)[23]; Nicolas de Roye, évêque de Noyon (1240)[24]; Gilles Ier Cornut, archevêque de Sens (1254)[25]; Henri II Cornut, archevêque de Sens (1257)[26]; Jean de Melun, évêque de Poitiers (1257)[27]; Guillaume de Bucy, évêque d'Orléans (1258)[28]; Jean de Sully, archevêque de Bourges (1271)[29]; Henri de Suze, évêque et cardinal d'Ostie (1271)[30]; Amédée de Genève, évêque de Die (1275)[31]; le cardinal Guillaume de Braye (1282)[32]; Gilles Pasté, évêque d'Orléans (1288)[33]; Gilles II Cornut, archevêque de Sens (1292)[34]; Guy de Genève, évêque de Langres (1292)[35]; Guillaume des Grès, doyen de Chartres, évêque d'Autun (1295)[36]; Jean de Rochefort, des vicomtes de Chartres, évêque de Langres (1304)[37]; Nicolas de Luzarches, évêque d'Avranches (1311)[38]; Simon Festu, évêque de Meaux (1317)[39]; Pierre de Rochefort, des vicomtes de Chartres, évêque de Langres (1330)[40]; Armand de Barces, archevêque d'Aix (1348)[41]; Renaud Chauveau, évêque de Châlons-sur-Marne (1356)[42]; Renaud des Moulins, évêque de Nevers (vers 1360)[43]; Guy d'Auvergne, cardinal arche-

---

[1] Voir vol. III, p. 169. — [2] Ib., p. 204. — [3] Ib., p. 46. — [4] Ib., p. 151. — [5] Ib., p. 197. — [6] Ib., p. 216. — [7] Ib., p. 5 et 211. — [8] Ib., p. 76. — [9] Ib., p. 195. — [10] Ib., p. 93. — [11] Ib., p. 71. — [12] Ib., p. 75. — [13] Ib., p. 16. — [14] Ib., p. 13. — [15] Ib., p. 27. — [16] Ib., p. 69. — [17] Ib., p. 83. — [18] Ib., p. 150. — [19] Ib., p. 127. — [20] Ib., p. 152. — [21] Ib., p. 167. — [22] Ib., p. 40. — [23] Ib., p. 199. — [24] Ib., p. 44. — [25] Ib., p. 20. — [26] Ib., p. 196. — [27] Ib., p. 172. — [28] Ib., p. 41. — [29] Ib., p. 75. — [30] Ib., p. 158. — [31] Ib., p. 215. — [32] Ib., p. 101. — [33] Ib., p. 167. — [34] Ib., p. 26. — [35] Ib., p. 198. — [36] Ib., p. 32. — [37] Ib., p. 24. — [38] Ib., p. 110. — [39] Ib., p. 210, 215. — [40] Ib., p. 36. — [41] Ib., p. 100. — [42] Ib., p. 188. — [43] Ib., p. 68.

vêque de Lyon (1373) [1]; le cardinal Guillaume de la Jugie (1374) [2]; le pape Grégoire XI (1378) [3]; Jean de Talaru, archevêque de Lyon (1393) [4]; Jean Tabari, médecin de Charles VI, évêque de Térouanne (1403) [5]; Philippe des Moulins, secrétaire des rois Jean, Charles V et Charles VI, évêque d'Évreux, puis de Noyon (1409) [6]; Jean Millet, évêque de Soissons (1514) [7]; François d'Escoubleau, cardinal de Sourdis (1628) [8]. — Presque tous ces prélats possédaient des dignités ou des canonicats en l'église de Chartres avant leur promotion à l'épiscopat.

La maison de Chartres-Blois est représentée dans le Nécrologe par Leudgarde de Vermandois, femme du comte Thibault le Tricheur (vers 985) [9]; Hugues, chanoine de Chartres et archevêque de Bourges, fils de Thibault et de Leudgarde (987) [10]; Advise, fille du comte Eudes Ier et de la comtesse, puis reine, Berthe (995-996) [11]; Berthe de Bourgogne, femme du comte Eudes Ier, puis du roi Robert, répudiée par ce dernier en l'an 1000 (commencement du XIe siècle) [12]; Eudes II, comte de Chartres-Blois et de Champagne (1037) [13]; Berthe de Chartres-Blois, fille de Eudes II, femme d'Alain III, duc de Bretagne (après 1066) [14]; Etienne-Henri, comte de Chartres-Blois (1102) [15]; Adèle, fille de Guillaume le Conquérant, femme du comte Etienne-Henri (commencement du XIIe siècle) [16]; Thibault le Grand, comte de Champagne et de Chartres-Blois (1152) [17]; Mathilde de Carinthie, femme du comte Thibault le Grand (vers 1160) [18]; Henri le Libéral, comte de Champagne, fils de Thibault le Grand (1181) [19]; Thibault le Bon, comte de Chartres-Blois, fils de Thibault le Grand (1191) [20]; Marie de France, comtesse de Champagne, femme de Henri le Libéral (1198) [21]; Adèle ou Alix de France, femme de Thibault le Bon (fin du XIIe siècle) [22]; Guillaume aux-Blanches-Mains, dit le cardinal de Champagne, fils de Thibault le Grand, oncle de Philippe Auguste (1202) [23]; Louis, comte de Chartres-Blois, fils de Thibault le Bon (1205) [24]; Catherine de Clermont, femme du comte Louis (commencement du XIIIe siècle) [25]; Thibault VI, comte de Chartres-Blois, fils du comte Louis (1218) [26]; Hugues de Châtillon,

---

[1] Voir vol. III, p. 116. — [2] Ib., p. 107. — [3] Ib., p. 73. — [4] Ib., p. 64. — [5] Ib., p. 44. — [6] Ib., p. 68. — [7] Ib., p. 103. — [8] Ib., p. 37. — [9] Ib., p. 209. — [10] Ib., p. 10. — [11] Ib., p. 156. — [12] Ib., p. 23. — [13] Ib., p. 209. — [14] Ib., p. 86 et 220. — [15] Ib., p. 115. — [16] Ib., p. 58. — [17] Ib., p. 18. — [18] Ib., p. 221. — [19] Ib., p. 64. — [20] Ib., p. 23. — [21] Ib., p. 55. — [22] Ib., p. 74. — [23] Ib., p. 169. — [24] Ib., p. 89. — [25] Ib., p. 178. — [26] Ib., p. 95.

comte de Saint-Pol, époux de Marie d'Avesnes, héritière du comté de Blois (1248)[1]; Jean de Châtillon, fils aîné de Hugues de Châtillon, comte de Chartres après sa cousine-germaine Mahaut d'Amboise (1279)[2]; Jeanne de Châtillon, comtesse de Chartres-Blois, veuve de Pierre de France (1292)[3]; Hugues de Châtillon et de Saint-Pol, comte de Blois, héritier de Jeanne, sa cousine-germaine (1307)[4].

On rencontre aussi dans le Nécrologe les noms d'une foule de princes illustres, bienfaiteurs de Notre-Dame. Nous signalerons, entre beaucoup d'autres : Hugues le Grand, duc de France (956)[5]; Richard Ier, duc de Normandie (996)[6]; le roi Robert (1031)[7]; le roi Henri Ier (1060)[8]; Guillaume le Conquérant, duc de Normandie et roi d'Angleterre (1087)[9]; Henri IV, empereur d'Allemagne (1106)[10]; Mathilde, reine d'Angleterre, femme de Henri Ier (1118)[11]; Mathilde, comtesse du Perche, épouse de Rotrou II (1120)[12]; Henri Ier, roi d'Angleterre (1135)[13]; Renaud II, comte de Bar et de Mouçon (1170)[14]; le roi Louis le Jeune (1180)[15]; Robert de Dreux, frère de Louis le Jeune (1188)[16]; Geoffroy III, comte du Perche (1202)[17]; Mathilde de Bavière, sa femme (commencement du XIIIe siècle)[18]; le roi Philippe Auguste (1223)[19]; Hervé de Donzy, époux de Mahaut de Nevers (1223)[20]; Robert, comte d'Artois, frère de saint Louis (1249)[21]; la reine Blanche (1252)[22]; Alphonse, comte de Poitiers et de Toulouse, frère de saint Louis (1271)[23]; Charles, roi de Naples, frère de saint Louis (1285)[24]; Marie de Brabant, reine de France, femme de Philippe le Hardi (1321)[25]; Jeanne de Joigny, comtesse d'Alençon (1336)[26]; Philippe, comte d'Evreux et roi de Navarre (1340)[27]; Jeanne d'Evreux, reine de France, femme de Charles IV (1370)[28]; Jeanne de Bourbon, reine de France, femme de Charles V (1377)[29]; Charles V, roi de France (1380)[30]; Louis II, comte d'Etampes (1400)[31]; Louis, duc d'Orléans (1407)[32]; Henri IV et Louis XIII (1610-1643)[33]; Anne d'Autriche, reine de France, femme de Louis XIII (1666)[34].

---

[1] Voir vol. III, p. 84. — [2] Ib., p. 199. — [3] Ib., p. 31. — [4] Ib., p. 94. — [5] Ib., p. 128. — [6] Ib., p. 159. — [7] Ib., p. 141. — [8] Ib., p. 147. — [9] Ib., p. 172. — [10] Ib., p. 136. — [11] Ib., p. 204. — [12] Ib., p. 10. — [13] Ib., p. 59. — [14] Ib., p. 143. — [15] Ib., p. 177. — [16] Ib., p. 193. — [17] Ib., p. 81. — [18] Ib. p. 83. — [19] Ib., p. 138. — [20] Ib., p. 27. — [21] Ib., p. 36. — [22] Ib., p. 213. — [23] Ib., p. 157. — [24] Ib., p. 14. — [25] Ib., p. 18. — [26] Ib., p. 93. — [27] Ib., p. 158. — [28] Ib., p. 55, 123. — [29] Ib., p. 36. — [30] Ib., p. 10. — [31] Ib., p. 57. — [32] Ib., p. 12. — [33] Ib., p. 113. — [34] Ib., p. 26.

D'autres obits concernent les anciens vidames de Chartres, les vicomtes de la maison du Puiset, des seigneurs du pays chartrain, des chanoines et dignitaires de l'église, des savants et des littérateurs clercs et laïcs. Quelques-unes de ces notices occupent plusieurs pages du *Nécrologe* et sont de véritables pièces de style.

Nous craindrions d'abuser de la patience de nos lecteurs en continuant à analyser les titres, même les plus importants, de notre *Nécrologe* : la plupart d'entre eux d'ailleurs, pour ne pas dire tous, ont un vif intérêt, surtout au point de vue local. Cependant, tout en voulant rester bref, il nous est impossible de ne pas signaler parmi les familles du pays chartrain, dont le *Cartulaire* s'occupe le plus fréquemment, une des plus importantes sans contredit, mais aussi de celles dont la généalogie présente le plus de difficultés; nous voulons parler de la maison des Vidames de Chartres. Nos chartes citent ces seigneurs en plusieurs endroits, et, à l'aide des renseignements nouveaux qu'elles nous fournissent, à l'aide de ceux que nous avons recueillis dans d'autres fonds des Archives d'Eure-et-Loir, nous avons tâché de reconstituer le mieux possible le tableau généalogique des différentes branches entées sur la souche primitive de Giroard en 928, et antérieures à la famille de Vendôme, qui entra en possession du Vidamé au commencement du XVe siècle. Tous les écrivains qui se sont successivement occupés de l'histoire du pays chartrain ont tenté de nombreux efforts à ce sujet, sans pouvoir aboutir à rien de satisfaisant : instruits déjà par les erreurs mêmes de ceux qui nous ont précédés, nous espérons avoir mieux réussi, sans pourtant prétendre avoir atteint à la perfection. Nous avons adopté pour cette généalogie des Vidames la forme de tableau, comme celle qui offre le plus de netteté et de précision : pour éviter la confusion, nous avons supprimé tous les détails qui nous semblaient inutiles et que l'on trouvera facilement ailleurs; nous nous sommes contentés d'établir la filiation exacte de cette maison dont les différents membres ont trop souvent été confondus entre eux, par ce fait même que les alliés, aussi bien que les descendants directs de la famille Giroard, prenaient tous le titre de *vidames*.

Archambaud, eut d'Hildeburge, sa femme,
——
Guillaume.   Raoul.   Gui.   Geoffroy.   Adelard.

Renaud, *vidame* en 1037, eut d'Oda, sa femme,
——
Albert, *vidame*.   Nivelon.   Salomon.   Hilduin, chanoine de Chartres.

Hugues, en 1059, eut d'Ada, sa femme,   Hervé.   Hildebert.
——   ————————   —————————
Guerry, *vidame*, eut d'Hélissende,   Albéric, moine.   Hélissende.   Nivelon, seigneur   Girard.   Foucher.   Aimery.
sa femme [1],   Lorette.   de Meslay.

Hugues,   Etienne, abbé   Elisabeth,   Ursion, seigneur de Meslay   Comtesse, épouse   Hamelin.   Nivelon.
vidame de St-Jean,   femme de   et Fréteval,   Hugues III, vicomte   Foucher.
en 1100. puis   Guillaume   en 1139.   de Châteaudun.
          patriarche   de Ferriè-
          de   res, *vida-*
          Jérusalem.   *me*.

                                                                        Nivelon, Fou-   Hame- Philippe. Renaud. Agnès. Hélis- Béatrix. Hamelin,
Ernaud,   Hugues.   Henri.   Guillaume,   Julienne.   eut   cher. lin.   sende.   seigneur de
vidame.   *vidame*,   d'Agathe,   Montigny-le-Gannelon.
                             eut de Mar-
                             guerite,   Nivelon,   Foucher,   Mathieu.
                                                                        en 1197,   chanoine
Guillaume, Robert,   Jean,   Marguerite,   Isabelle,   Hélissende,   eut d'Alix. de Chartres.
vidame.   *vidame*. *vidame*. religieuse à mariée à   *vidamesse*,
                                Belhomert.   Anceau   mariée à   Ursion,   Hugues épouse :   Geoffroy.   Marguerite,   Isabelle.
                                             de Poissy. Guillaume   en   1° Mahaut de Lèves,   femme de
                                                         de Tachain-   1229.   2° Catherine.   Guérin de Priaize.
                                                         ville.
                                                                        Robert.   Geoffroy, *vidame*,   Héloïse,   Hugues,   Nivelon, eut
                                                         Hélissende,   épouse   épouse   *vidame*, d'Isabelle,
                                                         vidamesse,   Hélissende,   Robert de   eut de
                                                         mariée à   *vidamesse*.   Tachainville. Julienne. Guérin.
                                                         Geoffroy de
                                                         Meslay.   Genf-   Guillaume, Mathieu,   Philippe,   Hugues,   Gilles,   Jeanne,   Eremburge,   Gil-   Phi-
                                                         Morte en   froy.   *vidame*,   *vidame*,   femme   cheva-   écu-   femme   femme de   lette. lippe.
                                                         1251.   eut de   marié à   de   lier.   yer.   de   Pierre de
                                                                                Jeanne   Julienne.   Goslein   Hubert   St-Georges.
                                                                                de Béron.   de Lèves.   Noyer.

                                                                                Guillaume, *vidame*,   Guillaume,   Robert,   Gui,
                                                                                épouse Marguerite   *vidame*.   *vidame*. *vidame*.
                                                                                de Bruyères.

[1] En secondes noces, Hélissende se maria à Barthélemy Boël,   Guillaume, *vidame*, épouse   Jeanne, épouse Robert
qui prit le titre de vidame. Ils eurent pour fils Girard Boël, dont   Isabeau d'Estouteville.   de Vendôme, *vidame*.
la fille unique épousa le seigneur d'Illiers.

TITRE IV.

DE LA CLASSE AGRICOLE ET DE L'AGRICULTURE EN BEAUCE PENDANT LE MOYEN-AGE.

S'il est une partie de l'histoire sociale du Moyen-Age intéressante à étudier dans notre province, c'est assurément l'agriculture et la condition de la classe agricole. De tout temps, le Beauceron fut adonné aux travaux des champs, et les archives les plus anciennes de nos églises et monastères concernent presque toujours l'homme de la campagne envisagé dans ses rapports avec ses maîtres et avec la terre. A ce point de vue, notre Cartulaire contient assez de faits curieux pour que nous cherchions à les mettre en œuvre. Nous n'avons pas la prétention d'arriver les premiers dans cette étude spéciale; un des érudits les plus distingués de notre époque, le regrettable M. Guérard, nous a montré le chemin, et quoique les prolégomènes du *Cartulaire de Saint-Père* ne traitent pas exclusivement de l'agriculture, plusieurs chapitres ont mis en relief la condition des habitants de notre plateau pendant le servage et la féodalité.

D'un autre côté, l'excellent travail de M. Léopold Delisle sur l'état de l'agriculture en Normandie au Moyen-Age est un modèle que nous nous efforcerons de suivre, non-seulement à cause de la bonne méthode de l'auteur, mais encore parce que le champ de ses recherches confine au nôtre par la plaine de l'Eure et le bocage de l'Orne.

CHAPITRE PREMIER.

ÉTAT DES PERSONNES.

Le proverbe *tant vaut l'homme, tant vaut la terre*, un peu détourné, il est vrai, de son sens habituel, trouvait son application rigoureuse aux débuts de la société issue de la conquête franque. L'homme et la terre étaient les termes adéquats d'une même proposition, et l'on pouvait dire, à peu près à coup sûr, telle terre est un alleu, donc elle appartient à un seigneur, homme libre par excellence; telle terre est un bénéfice, donc elle a été concédée à titre d'usufruit à un inférieur libre aussi, en récompense de services rendus. L'alleu était au bénéfice ce que le général est aux soldats. Quant à ceux qui ne possédaient ni alleux, ni bénéfices, on pouvait, sans grand risque de se tromper, les ranger dans la vaste catégorie des serfs donnés par la victoire ou sortis de l'esclavage et du colonat de la domination romaine.

Diverses révolutions, dont nous ne raconterons pas les phases, modifièrent la condition des serfs. Le christianisme leur apporta le mariage et la famille; les monastères en firent des colons, n'exigèrent d'eux que certaines redevances et les attachèrent comme des immeubles par destination à la terre qui les nourrissait; puis ils obtinrent la faculté d'hériter, d'acheter, de vendre, de se mouvoir dans les domaines du maître en payant pour unique marque de servitude un modique cens capital; enfin, vinrent les affranchissements par la tonsure, à prix d'argent et même gratuits. La terre fit aussi ses évolutions. L'alleu fut absorbé par le bénéfice et le bénéfice fit place au fief.

Au moment où s'ouvre notre recueil, c'est-à-dire du VIIIe au Xe siècle, une certaine confusion s'est déjà produite dans les deux termes jadis égaux; l'homme et la terre ne sont plus en rapport aussi direct que par le passé. Quelques alleux, épaves d'un autre âge, conservent leur franchise première, mais n'indiquent plus nécessairement la propriété d'un homme libre; les bénéfices tendent tous les jours à perdre par l'hérédité leur caractère transitoire; les fiefs et tenures, chargés les uns envers les autres de cens, rentes et services divers, couvrent déjà le sol de la France et commencent à être possédés indifféremment par des libres ou des hommes de corps. Aux XI⁰, XII⁰ et XIII⁰ siècles, époques sur lesquelles nous avons le plus grand nombre de documents, cet état de choses se généralise. Si la masse des fiefs d'une certaine importance et ayant justice est encore entre les mains des nobles, les petits fiefs, tenures et offices constituent la fortune des roturiers libres ou serfs.

Les agriculteurs se recrutaient parmi ces derniers, et quoiqu'il soit assez difficile de reconnaître en quelle proportion les gens de nos campagnes, sous les noms divers qu'on leur donne, étaient mélangés de liberté et de servage, nous allons exposer les conditions de leur état social d'après les données que nous possédons.

§ 1ᵉʳ. — LIBRES.

Les libres, c'est-à-dire ceux qui n'étaient ni nobles, ni serfs, formaient déjà dans les villes et dans les campagnes une classe intermédiaire importante lorsque les manumissions des XIII⁰ et XIV⁰ siècles vinrent augmenter beaucoup leur nombre.

Nous nous bornerons, toutefois, à comprendre sous cette dénomination les vavasseurs et les affranchis, à l'égard desquels il n'y a pas de doute.

I. *Vavasseurs.*

En Normandie, les vavasseurs tenaient les terres du seigneur, payaient un cens, acquittaient le droit de relief, assistaient aux plaids et devaient toujours un cheval de service [1]. Nous ne les voyons paraître dans notre Cartulaire qu'au commencement du XIII⁰ siècle ; non que cette classe de tenanciers manquât en Beauce, mais sans doute parce que l'appellation de vavasseur ne s'y introduisit que vers cettte époque.

---

[1] *Etudes sur la condition de la classe agricole en Normandie,* par L. Delisle ; Evreux, 1851, ch. Iᵉʳ, Etat des personnes.

Nous citerons : 1° les trois vavasseurs, Robert de Fai, chevalier, Thibault et Vilana, donnés en 1215 par le chanoine Geoffroi de Pouancé à Notre-Dame, avec un hébergement sis à Bailleau-le-Pin [1];

2° Les vavasseurs du fief de Godechart, ayant chacun leur justice, tenus de l'évêque par Ursion de Meslay, en 1229 [2];

3° Les vavasseurs de la Framboisière qui possédaient deux parties de la grange, sans pouvoir rien prétendre de la justice, en 1300 [3].

Nous y joindrons deux autres exemples que nous fournissent les registres capitulaires et les archives départementales :

1° Le vavasseur d'Armonville, vendu au Chapitre par le vidame Robert, et réclamé comme sien par Jean le Grand, de Janville, en 1310 [4];

2° Les deux vavasseurs vendus à l'abbaye de Saint-Jean-en-Vallée, en 1290, par Raoul Chevrel, savoir : Renaud, fils de Michel de Challet, et Guiard de Boutheucourt, écuyer, tenant chacun la moitié de deux fiefs aux territoires de Marville et de Charpont [5].

Ces exemples démontrent que les vavasseurs étaient des fieffés importants, pouvant exercer la justice dans leurs fiefs, et se trouvant beaucoup au-dessus des simples métayers, hôtes ou colons, par le fait seul de leurs tenures nobles. Un chevalier et un écuyer figurent parmi les vavasseurs mentionnés dans nos chartes; la noblesse ne dédaignait donc pas cette position. Peut-être quelques roturiers hommes de corps, avancés, comme les maires par exemple, dans les bonnes grâces de leurs seigneurs, parvinrent-ils à occuper des vavassories; mais ces exceptions, si elles se produisirent jamais, ne peuvent empêcher de ranger en principe les vavasseurs parmi les hommes libres.

La vente ou la donation de ces vavasseurs n'implique nullement leur condition servile. Ce qui est vendu ou donné, ce n'est pas la personne, ce sont les services exigibles de cette personne à raison de son fief.

---

[1] Voir vol. II, p. 98, note 2. — La pièce d'où nous tirons ce renseignement et que nous n'avons fait que mentionner dans le Cartulaire, existe en original aux Archives départementales (*fonds du Chap.*, C. LXVII, B, 9) et en copie aux mss. de la Bibliot. impériale (Cart. 28 bis, f° 139 r°).

[2] Voir vol. II, p. 121.

[3] Ib., p. 390.

[4] *Reg. capit.*, séance du mercredi après Noël 1310. (Bibl. départ.)

[5] *Fonds Saint-Jean*; Arch. départ.

II. *Affranchis*.

Nous ne trouvons pas dans notre Cartulaire d'exemples d'affranchissements avant le XIIIᵉ siècle. Ceux que ce document nous fournit sont 1° les frères, sœurs et autres parents du chanoine Pierre de Fontenay, tous serfs d'origine du Chapitre, affranchis en 1253 pour prix des biens donnés à l'église par ledit chanoine [1];

2° Léger Parent et Gillette, sa femme, de Bonneval, affranchis par le Chapitre en 1254 et auxquels on impose le serment de ne jamais faire commune à Chartres ou ailleurs au préjudice de l'église [2];

3° Tous les individus affranchis par la tonsure entre les années 1255 et 1278 [3];

4° Pierre, maire des moines de Coulombs, affranchi en 1263 [4];

5° Robert Fouquault et Jeanne, sa femme, de Bonneval, affranchis en 1264 [5].

Les registres capitulaires du XIIIᵉ et du XIVᵉ siècle contiennent, en outre, un grand nombre de manumissions ou affranchissements, que nous ne croyons pas devoir insérer, pour éviter des répétitions inutiles. Qu'il nous suffise de dire que, pendant cette période, tout homme de corps parvenu à une position de fortune et d'éducation relativement supérieure arrivait facilement à la liberté pleine et entière, soit à prix d'argent, soit par la tonsure, soit gratuitement en récompense de services rendus.

L'élément libre, répétons-le, était certainement beaucoup plus répandu dans les campagnes que nous ne semblons l'admettre dans ce chapitre. Mais la condition sociale native des personnes appartenant à la classe agricole ne pouvant guères être déduite de leur rôle dans la vie des champs, nous n'avons pas voulu faire, à cet égard, de conjectures hasardées [6].

---

[1] Voir vol. II, p. 153. — [2] Ib., p. 154, 155. — [3] Ib., p. 154, note 1. — [4] Ib. — [5] Ib.

[6] Dans les villes c'était différent. Il y avait la bourgeoisie, classe privilégiée intermédiaire, qui tirait du servage ceux qui en faisaient partie, sans leur donner toutefois la liberté pleine et entière. A Chartres, les bourgeois, parmi lesquels le Chapitre choisissait ses avoués, n'étaient pas serfs du Comte, et ils ne payaient pas la capitation; mais ils étaient taillables et retournaient à la bourgeoisie et à la taille après la mort du chanoine qui les avait avoués (1193-1194). Voir vol. Iᵉʳ, p. 231, 233, 234, 244, 245.

§ II. — NON LIBRES.

La servitude, cette première transformation de l'esclavage qui, précédant le servage, commença à admettre la condition humaine dans l'être dont l'implacable loi du plus fort avait jusqu'alors fait une chose, a laissé quelques traces dans le Cartulaire de Notre-Dame.

Nous placerons au nombre des individus soumis à ce régime : 1° les serfs du VIII° siècle, *mancipia utriusque sexus*, donnés en dot, d'après la loi salique, par Geoffroi à sa femme Hismodée, avec les manses serviles auxquels ils étaient attachés, situés à Cherville et à Boigneville, dans la vicairie ou viguerie de Jouy [1] ;

2° Les familles de serfs des deux sexes, *mancipia utriusque sexus*, attachées à la villa de Gamaricourt et données, avec cette villa, par Charles le Chauve, à son fidèle Hadebert, le 5 avril 870 [2] ;

3° Les familles de serfs, *mancipia utriusque sexus*, attachées au fisc d'Ingré et données, avec ce fisc, par Hugues le Grand, à Notre-Dame de Chartres, le 19 juin 946 [3] ;

4° Les deux cultivateurs, *incolæ*, attachés à l'alleu d'Osmeaux et donnés à Notre-Dame, par le comte Manassès de Dammartin, à titre d'investiture du domaine, le 4 février 1031 [4] ;

5° Les serfs et serves des églises de Saint-Étienne, Morancez et Mondonville, donnés, avec lesdites églises, par l'évêque Yves, à l'abbaye de Saint-Jean, vers 1099 [5] ;

6° Le serf Baudouin légué à Notre-Dame par la veuve du vidame Guerry, vers 1088 [6] ;

7° Les enfants serfs ou serves, nés du mariage des serfs ou serves de Notre-Dame de Chartres et des serves ou serfs du Comte et de l'église de Saint-Martin-au-Val, lesquels sont attribués à Notre-Dame par le comte Thibault III (1084) [7].

---

[1] Voir vol. Ier, p. 68, 69. — [2] Ib., p. 71, 72. — [3] Ib., p. 74, 75. — [4] Ib., p. 87. —
[5] Ib., p. 102.
[6] Voir vol. III, p. 17.
[7] Voir vol. Ier, p. 95, 96.

Mais il y eut des progrès dans la servitude elle-même, et la condition des serfs paysans des VIII° et IX° siècles ne ressemblait pas à celle des serfs du XI°. Ces derniers, à ce que nous apprend le moine Paul de Saint-Père, jouissaient d'une somme de liberté beaucoup plus grande que leurs prédécesseurs [1]. Leur position ne fit que s'améliorer au siècle suivant : les services personnels ou résultant de la tenure et de l'office furent parfaitement déterminés ; les serfs prirent tout-à-fait pied dans la propriété et dans la société civile par la faculté d'acheter et de vendre et par l'admission de leurs témoignages en justice ; ils osèrent même prononcer le mot de commune, au grand effroi de leurs maîtres.

Signalons parmi les non-libres astreints aux lois de cette servitude mitigée appelée servage :

1° Les paysans, *rustici*, molestés par les prévôts et défendus par le Chapitre, par les évêques et par les papes (1114-1172) [2] ;

2° Tous les serfs et serves de l'église, auxquels le roi Louis le Gros accorda, vers 1129, la faculté de témoigner en justice [3] ;

3° Bernier et sa famille, serfs que Louis le Gros revendiquait comme siens et qu'il reconnut appartenir à l'évêque Geoffroi (1129) [4] ;

4° Les hommes de corps du Chapitre, conduits, en 1167, à l'armée du roi Louis le Jeune, sans tirer à conséquence pour l'avenir [5] ;

5° Les deux hommes de corps mutilés par Hugues de Gallardon et vengés par le Chapitre [6] ;

6° Les enfants d'Amiard de Bretonvilliers, réclamés par Evrard du Puiset, et reconnus serfs du Chapitre, vers 1179 [7] ;

7° Les hommes de corps du Chapitre qui, d'après la coutume, étaient tenus d'entretenir les fossés d'une partie de la ville, corvée dont ils furent dispensés par le comte Thibault V, en 1181 [8] ;

8° Les hommes de corps de Mazangé qui ne payaient par an que la somme de cent sous pour past et gîte au prévôt (1191) [9] ;

9° Les serfs et serves de l'église auxquels le pape Célestin III interdit de faire commune ou conspiration contre le Chapitre (1195) [10] ;

---

[1] *Cart. de Saint-Père*, p. 14.
[2] Voir vol. Ier, p. 119, 155, 156, 157, 188. — [3] Ib., p. 135, 136, 140, 141. — [4] Ib., p. 137. — [5] Ib., p. 176. — [6] Ib., p. 179. — [7] Ib., p. 202. — [8] Ib., p. 206. — [9] Ib., p. 224. — [10] Ib., p. 246, 247 et 248, et vol. II, p. 115, 219.

10° Michel, maire de Reboulin (1199), et Mathieu', maire de Mazangé (1210)[1] ;

11° Les serfs du Chapitre qui, se soustrayant malicieusement à leurs services, prétendaient ne pouvoir être convaincus de leur état de servilité que par la voie du duel judiciaire (1233)[2] ;

12° Les hommes de corps dont il est parlé dans la convention passée entre le Chapitre et le Comte, au sujet de la justice (mars 1306)[3], et dans celle passée entre le Chapitre et le comte de Blois, sur le même objet (1330)[4].

Il est inutile de multiplier ces exemples. Au XIV° siècle, le servage ne consiste plus pour l'homme de corps que dans l'obligation d'acquitter le droit modique de 4 deniers pour capitation, de payer la taille, de faire quelques corvées, de ne pas fuir les domaines du seigneur et de ne pas se marier sans son consentement. Il y a un code pour le serf comme pour le plus puissant des vassaux, et il est aussi difficile de le dépouiller arbitrairement de sa tenure que d'enlever au vassal noble le domaine qu'il tient en fief de son suzerain[5].

§ III. — OFFICIERS RURAUX ET AGRICULTEURS.

Les officiers ruraux et les agriculteurs du Moyen-Age se recrutant indifféremment parmi les hommes libres ou les non-libres, nous n'avons à nous occuper que des avantages ou des charges résultant de leur position dans les campagnes, quelle que fût, d'ailleurs, la condition sociale qu'ils devaient au hasard de leur naissance.

I. *Maires.*

Les maires étaient en Beauce les principaux officiers ruraux du Chapitre. Ils cumulaient tout à la fois les fonctions de juges-de-paix, de commissaires

---

[1] Voir vol. Ier, p. 262, et vol. II, p. 51.
[2] Voir vol. II, p. 126.
[3] Voir vol. II, p. 248. — [4] Ib., p. 266, 267.
[5] Voir, sur les serfs et le servage, les Prolégomènes du *Cartulaire de Saint-Père*, p. XLV à LVI.

de police, d'intendants, de gardes-champêtres et de collecteurs d'impôts. Ces attributions variées en firent promptement des personnages, et, quoique partis, pour la plupart, dans l'origine, des rangs du servage, ils étaient parvenus, dès la fin du XI⁰ siècle, à rendre leurs offices héréditaires et à régner en maître sur leurs administrés.

Ils relevaient d'abord des prévôts et un peu des sergents des prévôtés, et, selon l'ordinaire, ils enchérissaient sur les exactions de leurs supérieurs. Au XII⁰ siècle, les plaintes des paysans contre les prévôts et leurs acolytes ayant appelé l'attention du Chapitre sur la gestion des Maires, quelques mesures furent prises pour refréner l'esprit de rapine de ces officiers. On leur imposa, sous l'épiscopat de Goslein de Lèves (1148-1155), un serment dont nous avons déjà brièvement parlé dans cette Introduction [1], mais que nous allons analyser d'une manière plus développée, parce qu'il fait toucher au doigt une des plaies saignantes de l'agriculture. Ce serment, que chaque maire devait renouveler au Chapitre tous les deux ans, obligeait ceux qui le prêtaient à jurer de n'exiger à l'avenir des paysans de leurs mairies, ni or, ni argent, ni froment, ni avoine, ni épaules de porcs, ni gâteaux, ni œufs, ni corvées de culture ou de filage de laine, ni brebis, ni agneaux, ni oies, ni poules, rien en un mot qui ressemblât à une exaction; de ne pas tenir de plaids et de ne pas ajourner en justice sans l'ordre du prévôt ou de son délégué; de ne pas souffrir que les sergents du prévôt prissent gîte chez les paysans et les poursuivissent de leurs vexations; de veiller avec fidélité sur les revenus des chanoines; de ne toucher les lods et ventes qu'après avoir présenté l'acquéreur au Chapitre; de poursuivre la rentrée des cens dûs à l'église aux termes prescrits et de les verser dans les quinze jours à la chambre aux deniers; d'empêcher que les hommes et femmes de corps et les autres biens de Notre-Dame lui fussent soustraits, et de ne pas s'emparer d'une partie quelconque du domaine canonial [2].

Nous ignorons si ce serment produisit tout d'abord beaucoup d'effet, et si la substitution des chanoines prébendiers aux prévôts dans la gestion des biens du Chapitre modéra les tendances usurpatrices des maires. Nous pensons, toutefois, qu'à mesure que le temps poussa les paysans vers une con-

---

[1] Voir ci-dessus, p. xcix, note 5.
[2] Voir vol. I⁰ʳ, p. 155, 156.

dition meilleure, les exigences de leurs intendants éprouvèrent plus de résistance. D'ailleurs, les devoirs et les services des tenures étant nettement déterminés, il ne dépendit pas des maires de les aggraver contre l'aveu des détenteurs.

Nous avons dit ailleurs [1] en quoi consistaient les mairies comme districts administratifs, il nous reste à les étudier comme fiefs des maires. C'est ce que nous ferons à l'aide de quelques extraits de notre Cartulaire.

1° En 1175, le maire du Gault-Saint-Etienne était à la fois homme lige de Eudes Borel, seigneur de Courtalain, et du Chapitre de Notre-Dame, quant à l'administration de la grange dîmeresse. Il avait la charge de compter les gerbes du champart et de la dîme dans les champs et dans la grange, et le bénéfice de son fief correspondant à ce service était représenté par les menues pailles de la grange, les déchets des gerbes avant et après le battage, une mine de grain de chaque hôte possédant une paire de bœufs et une demi-mine des autres. Le maire tenait la moitié de ce fief du seigneur de Courtalain et l'autre moitié du Chapitre [2];

2° En 1200, Geoffroi, maire d'Auvillier, tenait son fief des trois frères de Chavernay et du Chapitre. Il rendait hommage à l'aîné de la maison de Chavernay, à chaque mutation, pour la portion de justice et des droits appartenant audit seigneur sur le territoire de la mairie en dehors des arpents (hospices) du Chapitre. A cette occasion, ledit maire devait au sire de Chavernay vingt sous pour tout service de fief. Il rendait au Chapitre deux deniers de cens annuel pour la grange du lieu, que les sires de Chavernay avaient donnée jadis à ses prédécesseurs, et, moyennant ce cens, le Chapitre était tenu de le garantir de tout trouble à l'occasion de cette grange. En retour, le maire devait tenir la grange en tel état de clôture et de couverture, que le sieur de Chavernay n'en éprouvât aucun préjudice. Au temps de la moisson, lorsqu'on était sur le point d'apporter la première gerbe du champart, le maire remettait la clef de la grange au sergent du sire de Chavernay, lequel la gardait depuis la moisson jusqu'à la saint Rémi, époque à laquelle les gerbes devaient être entièrement battues. De la saint Rémi à la moisson, la grange restait au maire pour son usage per-

---

[1] Voir ci-dessus, p. cj.
[2] Voir vol. Ier, p. 194.

sonnel. Il avait droit aux menues pailles et fourrages de lentilles, pois, fèves et vesces provenant des récoltes, mais il était tenu d'apporter les balais, les pelles et les vans nécessaires pour le nettoyage du grain [1];

3° En 1206, la mairie de Jupeau et Thiville, consistant en terres, eaux, moulin, prés, fourrages, criblures et droits divers, fut vendue 600 livres au Chapitre par Guillaume de Jupeau, chevalier [2];

4° En 1226, le maire de Grandhoux avait un hébergement libre de cens, sauf la justice du Chapitre; 40 arpents de terres et noues frappés d'une demi-dîme pour l'église (chaque arpent de 150 perches à la perche de Notre-Dame); deux batteurs en grange; deux deniers pour gants par chaque vente d'immeubles; deux parties de la dîme du lin et du chanvre sur toutes les censives de la mairie, pour l'indemniser de la fourniture du couchage qu'il était obligé de faire aux gardiens de la grange dîmeresse; trois deniers par chaque charroi effectué par ses soins à la maison des chanoines; les criblures, menus fourrages et pailles d'avoine bien battues de la grange de Grand'houx; deux deniers pour la première borne posée dans les bornages et un denier pour chacune des autres; deux setiers de vin de moyenne qualité par chaque muid, pour son détroit administratif [3];

5° En 1226, le fief de Hugues le Noir, maire d'Ingré, comprenait deux batteurs en grange, la moitié de toutes les menues pailles, un trait de dîme à un cheval sur toutes les terres dîmées, une gerbe de blé d'hiver ou deux gerbes d'avoine chaque jour qu'il chariait à la grange, la moitié de tous les déchets restés sur l'aire après l'enlèvement du grain à la pelle, et la dernière mine dudit grain si elle n'était pas tout-à-fait complète. Ces droits divers furent convertis par le Chapitre en 60 sous parisis de rente et huit muids de grain, mesure d'Orléans. Ce maire possédait encore deux sous pour quatre charrois, six deniers pour poules à Noël, la moitié des champarts de sa baillie, vingt deniers sur les cris de sadite baillie, une jallée de vin moyen par jaugeage dans les ventes de fûts de vin, un denier par bornage, la moitié des ratelages des prés, et 50 arpents de terre, mesure d'Orléans, tant en labour qu'en vignes et prés, quittes de tailles et corvées, sauf la justice et la dîme comptée [4].

Ces exemples, pris dans leur ensemble, suffisent à faire connaître en

---

[1] Voir vol. II, p. 2. — [2] Ib., p. 32. — [3] Ib., p. 112. — [4] Ib., p. 111.

quoi consistaient les devoirs, les droits et les émoluments du maire beauceron au XIII° siècle. On peut se figurer facilement que certaines mairies constituaient des fiefs fort enviés, même par la noblesse [1], et que le Chapitre avait quelquefois de la peine à exiger des titulaires de ces offices les devoirs presque serviles auxquels la coutume les astreignait [2]. Aussi, toutes les fois qu'ils le purent, les chanoines saisirent-ils l'occasion de convertir les droits des maires en pensions fixes ou de racheter les mairies [3]. Ils y trouvèrent l'avantage d'avoir dans ces postes des hommes beaucoup plus à eux et beaucoup plus facilement révocables en cas de mauvaise gestion. Par suite de ces acquisitions, l'église augmenta le nombre de ses précaires ou prêtrières; le Polyptyque fait mention de plusieurs hébergements, autrefois mairies, annexés, comme précaires, à des prébendes [4].

Dans quelques localités, entre autres à Nonvilliers, à Alluyes, à Nogent-le-Rotrou, à Marchéville-au-Perche, le maire portait le nom de Prévôt [5].

Au XIII° siècle, les maires et prévôts de l'évêque devaient le rachat à chaque mutation d'évêque, et les maires du Chapitre à chaque mutation des dignitaires pourvus des prévôtés de Notre-Dame [6].

Les autres établissements de main-morte et les seigneurs laïcs avaient aussi des Maires. Ce que nous avons dit des attributions des maires du Chapitre s'applique aux officiers du même ordre répandus dans toute la Beauce.

---

[1] Nous trouvons au nombre des maires Guillaume de Jupeau, chevalier, maire de Jupeau (Vol. II, p. 32), Geoffroi, chevalier, maire de Voves (Ib., p. 144), Yves de l'Eau, chevalier, maire de Landelles (Ib., p. 40), Étienne, chevalier, maire d'Ouerray (Ib., p. 145).

[2] Le Chapitre était sévère envers les Maires. Les registres capitulaires les plus anciens (1300-1314) sont remplis de condamnations à des amendes, prononcées contre des maires, pour avoir mal gardé les terres et bois de l'église.

[3] Mairies rachetées par le Chapitre : Baigneaux (1206), vol. II, p. 34; Landelles (1207), vol. II, p. 40; Puiseaux (1217), vol. II, p. 52, note 1re; Mazangé (1248), ib., p. 85, note 2 et 139; Dollemont (1243, 1248, 1265), ib., p. 133 et note 2; Ouerray (1250, 1258), ib., p. 145 et note 1re; Villars (1260), ib., p. 33, note 5, et 164, note 1re; Monceaux (1288), ib., p. 232; Dammarie (1295), ib., p. 165 et note 2.

[4] Anciennes mairies devenues précaires : Les Puits (vol. II, p. 306); Soignolles (ib., p. 308); Villars (ib., p. 310); Menonville (ib., p. 312); Bouglainval (ib., p. 343); Mévoisins (ib., p. 344); Fontenay-sur-Eure (ib., p. 351); Bennes (ib., p. 362); Monceaux-sur-Eure (ib., p. 363); partie d'Amilly (ib., p. 378); Ouerray (ib., p. 380).

[5] Voir vol. II, p. 369, 371, 374 et 389.

[6] Ib., p. 245, 285.

II. *Sergents.*

Chaque seigneur laïc ou ecclésiastique, possesseur d'une justice, avait non-seulement un bailli, un prévôt, un maire, un procureur-fiscal, quel que fût le nom qu'il donnât à son juge, mais encore des sergents, officiers chargés de délivrer les ajournements et d'incarcérer les malfaiteurs. Ces sergents, ceux surtout attachés aux mairies rurales, remplissaient, en outre, des fonctions administratives qui les mettaient en contact journalier avec les paysans. Ils étaient les assesseurs habituels des maires pour la surveillance des terres, l'engrangement des dîmes et champarts, le mesurage des grains, etc. Nous avons dit quelles étaient, au milieu du XI° siècle, les exactions que les sergents des prévôts commettaient sur les hommes de l'église [1]. Ces vexations durent céder, comme celles des maires, devant les mesures prises par le Chapitre et surtout devant l'émancipation progressive des paysans [2].

Les sergents faisaient aussi au besoin le métier d'arpenteurs. En 1214, le sergent de Robert des Gués, *de Vadis*, était chargé de délimiter et de livrer aux nouveaux hôtes de son maître, à Chennevière près Blévy, les terres qu'ils devaient cultiver, et il recevait pour ce service quatre deniers, un pain et un jambon à Noël de chaque hôte salant un cochon pour son propre usage [3].

L'office de sergent, dont les émoluments variaient suivant les attributions dévolues aux titulaires et suivant les usages des lieux où ils exploitaient, s'appelait *Sergenterie* [4].

---

[1] Voir le chapitre précédent, et p. xcix, note 5.

[2] Nous en avons un exemple dans une charte d'avril 1216, par laquelle Jean, seigneur de Montoire, sur la réclamation des hommes de Notre-Dame à Mazangé, défend à ses sergents de s'approprier, lors de la livraison des avoines de champart, le grain tombé à terre ou demeuré dans les sacs après le mesurage (vol. II. p. 85).

[3] Voir vol. II, p. 75. Nous n'avons pas inséré ce détail dans le texte de la charte parce qu'il ne concerne pas l'église de Chartres.
Du Cange, v° *serviens de pertico*, dit qu'il faut entendre par cette expression le sergent chargé en titre d'office de mesurer les champs à la perche, *qui pertica agros ex officio metitur*, et il allègue un titre du Livre Blanc de l'évêché de Chartres, de l'année 1200, qui accorde à ce sergent *de pertico* un pain et un denier de chaque hôte la veille de Noël.

[4] *Cart. de Saint-Père*, Prolég., n° 106. — *Cart. de N.-D. de Paris*, Préface, n° 49.

III. *Compteurs ou Champarteurs, Métiviers et Batteurs en grange.*

Les compteurs ou champarteurs, *numeratores*, *campipartores*, avaient pour mission le comptage des gerbes de dîme et de champart dans les champs des paysans. Ces fonctions étaient dévolues soit aux maires ou aux sergents, soit à des hommes de confiance choisis parmi les redevables eux-mêmes, et surveillés par les maires et les sergents. Chaque mairie avait sa grange dîmeresse, et chaque grange ses champarteurs nommés par les prébendiers. C'était la règle ordinaire, lorsque le Chapitre se trouvait seul décimateur et champarteur au regard de ses paysans; mais, quand la dîme ou le champart étaient partagés entre les chanoines et d'autres seigneurs, le choix des individus chargés du comptage devenait plus délicat, et donnait lieu à des conventions souvent assez compliquées dont nous allons analyser quelques-unes.

1° En 1169, dans une partie du territoire de la Fontenelle et du Gault, le terrage ou champart appartenait à Rahier de Montigny, et la dîme au Chapitre de Notre-Dame. Il fut convenu que ce terrage et cette dîme seraient rassemblés dans une grange ou deux par les soins du champarteur de Rahier, lequel prêterait chaque année serment de fidélité aux chanoines, et qu'après le battage le partage aurait lieu à raison du tiers du grain et de la paille pour le Chapitre, et des deux autres tiers pour le seigneur. Il fut, d'ailleurs, permis aux chanoines d'avoir sur les lieux un sergent qui jurerait fidélité à Rahier, si celui-ci l'exigeait, et surveillerait le partage [1]. En 1229, le seigneur de la Fontenelle et le Chapitre convinrent de partager à l'avenir le champart et la dîme par moitié [2]. En 1300, le seigneur était tenu de fournir le champarteur ou compteur, et le Chapitre le gardien de la grange [3];

2° En 1179, le Chapitre et Jedoin de Beauvilliers convinrent que, chaque année, au temps de la moisson, les hommes de Notre-Dame seraient tenus de demander au seigneur de Beauvilliers des compteurs, dont l'un officierait à Lutz et Moirville, et l'autre à Beauvilliers ; que si ledit seigneur

---

[1] Voir vol. I*er*, p. 182.
[2] Voir vol. II, p. 120. — [3] Ib., p. 375.

restait quatre jours sans faire cette désignation, les hommes de Notre-Dame compteraient eux-mêmes, en présence de deux témoins et après avoir prêté serment au seigneur ; que les compteurs désignés jureraient sur les reliques, en présence des hommes et du seigneur, de remplir leur office sans espoir de lucre, sans haine comme sans amitié, et sans acceptation de personnes, selon l'ordre des réquisitions ; que si un des compteurs désignés, requis de remplir son office, ne voulait ou ne pouvait pas compter par un motif quelconque, les hommes de Notre-Dame compteraient eux-mêmes dès le lendemain, en présence de deux témoins, et se libéreraient ainsi du champart dû au seigneur [1] ;

3° En 1215, le conflit existant entre le seigneur de Feuillet, le Chapitre et le curé d'Ecrosnes, au sujet des dîmes des novales de Giroudet, fut réglé ainsi qu'il suit, à l'égard du comptage : l'homme désigné par le Chapitre pour compter le champart, compterait aussi la dîme des novales ; les sergents du Chapitre la conduiraient dans la grange de Giroudet où elle serait battue, mesurée et partagée, au jour indiqué, par le métayer ou les sergents, à raison de moitié pour le curé et le seigneur, et de moitié pour le Chapitre ; le compteur, le métayer, les sergents et les métiviers de la grange jureraient fidélité, chaque année, aux parties, le jour de la fête de saint Pierre et saint Paul, dans la chapelle Saint-Étienne de Giroudet [2].

Les métiviers, *mestivarii* [3], et les batteurs en grange, *trituratores*, *excussores messium*, *batatores* [4], étaient aussi des serviteurs ruraux de con-

---

[1] Voir vol. Ier, p. 201. — Cette charte est rappelée dans Du Cange, v° *numeratores*.

[2] Vol. II, p. 83. — Voir aussi le *Cartul. de Saint-Père*, Prolég. n° 134 et p. 482, 483, 592, 655. Le champarteur portait le nom de terragiateur, *terragiator*, là où le champart s'appelait terrage.

[3] Nous pensons qu'il faut entendre par métiviers, non les moissonneurs dont le choix importait peu aux seigneurs décimateurs, mais les gens qui faisaient les gerbes, les entassaient dans la grange, vannaient et recueillaient les pailles et les grains tombés après le mesurage.

[4] On trouve dans le *Polyptyque* et dans le *Nécrologe* les mots *leta, leca, loca* avec la signification de batteurs en grange ou plutôt d'offices de batteurs. — Ainsi on disait indifféremment *duo leta* ou *duos trituratores*. (Voir vol. II, p. 290, 310, 315, 316, 327, 331, 334, 337, 343, 346, 360, 361, 368, 370, 372, 377, 380, 382, 383, 388 ; vol. III, p. 6, 48, 137.)
Nous lisons aussi dans le *Polyptyque* (vol. II, p. 370). « *Apud Bellum-Robur* . . . . . *habet Capitulum XII sol. V den. super ostisiis letorum;* ce dernier mot remplace là celui de *hospitum* ou de *hominum*, qui se rencontre en vingt autres endroits et semble se référer ⌣ radical teuton *laet*, qui veut dire colon ou hôte d'après Du Cange, v° *leti*. — D'après cela, nous pensons que les mots *leta, leca* ou par corruption *loca* du Polyptyque et du Nécrologe

fiance. Ils ne se bornaient pas aux travaux de leurs métiers, ils prêtaient encore la main au mesurage et au partage des grains entre les seigneurs décimateurs et juraient fidélité aux parties prenantes. Quoique fieffés, pour ainsi dire, et immobilisés à la grange dîmeresse, ils n'appartenaient pas toujours soit au Chapitre, soit aux autres propriétaires de la dîme et du champart. Ainsi les maires, en particulier, avaient très-souvent des métiviers et batteurs en grange dans leurs mairies; ils en retiraient un profit et pouvaient aliéner leurs services comme les autres choses de leurs fiefs. Notre Cartulaire contient un grand nombre de mentions de propriétés et de ventes de cette nature de biens[1].

IV. *Les Hôtes.*

« Les hôtes, dit M. Guérard, étaient des espèces de fermiers ou loca-
» taires occupant une petite habitation ordinairement entourée de quelques
» pièces de terrain. Ils n'avaient que l'usufruit de leurs possessions pour
» lesquelles ils devaient des rentes ou services, et le propriétaire ou sei-
» gneur, à moins de stipulation contraire, avait le droit de les congédier
» à sa volonté..... Ils étaient donnés, vendus ou aliénés de toute autre
» manière avec les fonds qu'ils occupaient[2]. »

Cette définition, juste peut-être dans l'origine des hospices, cessa avec le temps d'être rigoureusement exacte, comme on le verra par les exemples que nous allons donner ci-après. En tous cas, elle n'implique en rien la condition sociale native des individus de cette catégorie. Hôtes, ils jouissaient des bénéfices et supportaient les charges de leurs tenures. La position que leur procurait cette sorte de fermage ou de colonat était sans doute meilleure que celle du serf vivant du travail journalier de ses deux bras; convoitée par l'homme de corps intelligent, elle n'était pas dédaignée par le libre pauvre; mais elle n'effaçait pas plus la tache originelle du premier qu'elle ne réduisait le second en servage.

---

ont la même signification générique et veulent dire les hommes ou ouvriers fieffés de la grange.

[1] Voir vol. Ier, p. 195; vol. II, p. 111, 112, 145, 177, 289, 290; vol. III, p. 137.
[2] *Cartul. de Saint-Père*, Prolégom., p. xxxvi.

Le mode de culture par habitation ou hospice, fut adopté particulièrement par les églises et monastères si favorables aux progrès de l'agriculture. Le moine Paul, de Saint-Père, qui écrivait au XI° siècle, cite des hospices établis, dit-il, dans les temps anciens, *priscis temporibus*[1]. Les mentions que nous rencontrons dans notre Cartulaire ne sont pas antérieures au commencement du XII° siècle.

1° (1119-1147). L'abbaye de Thiron possédait à Fontaine-Raoul et aux Fouteaux des hôtes qui, bien que paroissiens de l'église de Bouffry donnée au Chapitre de Notre-Dame, et payant à cette église tous les droits parrochiaux, devaient à ladite abbaye, comme par le passé, les dîmes tant grosses que menues de la terre qu'ils cultivaient[2];

2° (1159). Les chanoines de Saint-Vincent-aux-Bois abandonnèrent à l'église de Chartres les hôtes de Louvilliers-en-Drouais qu'ils avaient longtemps possédés; ce qui fut approuvé par les seigneurs de la terre, et en particulier, par Baudry et son fils Guillaume. Cependant, le Chapitre de Notre-Dame, à la demande desdits seigneurs, concéda les hôtes en question à Guillaume, fils de Baudry, pour sa vie et celle d'un héritier, à la condition que chaque hôte rendrait par an 18 deniers au Chapitre[3];

3° (1168). Le doyen Geoffroy et le Chapitre donnèrent à perpétuité à Pierre et à ses hoirs, les terres situées à Auvers, tenues et cultivées par le chanoine Hervé, à la condition que tous ceux qui les détiendraient à l'avenir seraient hôtes desdites terres et paieraient chaque année à Notre-Dame la dîme et le champart[4];

4° Vers 1170, Hugues de Boutigny donna à l'église et au chantre Amaury, 43 arpents de terre à Boisricheux. Sur ce nombre, dix furent affectés aux hôtes, onze au curé du lieu, et douze au maire[5];

5° Vers 1175, Eudes Borel de Courtalain donna à Notre-Dame douze charruées de terre dans la forêt du Gault-Saint-Étienne, et les chanoines lui abandonnèrent la dîme de cette terre qu'ils possédaient. Les hôtes des chanoines exploitant le domaine ainsi concédé furent déclarés quittes et libres de

---

[1] *Cart. de Saint-Père*, p. 38, 64, 183, 201, 402. — Il y a dans le même ouvrage une mention d'hôtes à l'année 860 (p. 44, 45); mais on n'en trouve plus ensuite avant la fin du XI° siècle. (p. 183, 201, 250.)
[2] Voir vol. I°r, p. 128.
[3] Voir vol. I°r, p. 167. — [4] Ib., p. 176. — [5] Ib., p. 185.

toutes charges envers Eudes, à l'exception de la moitié du four, d'un charroi par an et de moitié d'une taille tous les quatre ans [1];

6° (1179). Composition entre le Chapitre et Jodoin de Beauvilliers, au sujet des hôtes de Lutz, Beauvilliers et Moirville. Il fut reconnu que lesdits hôtes et leurs tenures appartenaient à Notre-Dame, et que le seigneur de Beauvilliers ne pouvait rien exiger d'eux (hôtes), ni corvées, ni taille, ni oie, ni poule, rien qu'un cens annuel de 28 deniers par bovée de terre, et le charroi d'un muid de blé [2];

7° (1212). La terre du Bourgneuf fut divisée par le Chapitre en douze hostises, et chaque hostise fut donnée à un homme qui devait en rendre à perpétuité cinq sous le jour de la saint Rémy. Convenu que lesdits hôtes pourraient vendre leurs tenures, mais à la condition que ceux qui les achèteraient subiraient la même loi, et que chaque vente produirait au Chapitre les droits de lods et ventes [3];

8° (1213-1228). Les terres de Tournainville (Néron), données au Chapitre par Germond de Herluat, avaient huit hôtes. Dans le cas où Germond ou son fils serait fait prisonnier, ou qu'il marierait sa fille, ou qu'il équiperait son fils en guerre, chaque hôte devait lui payer douze deniers. Ledit Germond concéda aux hôtes d'autres terres en dehors des hostises; il fut statué que, pour les unes, les détenteurs paieraient deux setiers d'avoine, une poule, et trois deniers pour pains, et, pour les autres, le champart et la dîme, à la condition qu'ils ne pourraient cultiver d'autres terres tant que celles-là seraient incultes [4];

9° (1214). A la suite d'une donation faite par Robert des Gués au Chapitre, ce seigneur établit des hostises sur une partie de terre à Chennevière qu'il s'était réservée, et stipula que chaque hôte serait tenu de cultiver au moins une bovée de cette terre avant de mettre en culture ses propres biens héréditaires, et qu'il paierait cinq sous par bovée à la saint Denis, un setier d'avoine, un chapon, un denier pour oublies le jour de Noël et le champart; quant à celui qui ne pourrait pas cultiver toute une bovée, il ne paierait les coutumes susdites qu'en raison de l'importance de sa culture. Robert ajouta que lesdits hôtes n'auraient pas l'hérédité des bovées

---

[1] Voir vol. Ier, p. 193. — [2] Ib., p. 199.
[3] Voir vol. II, p. 67. — [4] Ib., p. 73.

à eux données en hospices, mais que ces bovées ne pourraient leur être enlevées qu'en les indemnisant de la valeur du cheptel[1];

10° (1215). Les hôtes que le chambrier tenait du Chapitre à Adey lui devaient annuellement quatre deniers de cens et un setier d'avoine par hostise. Chaque hôte, ayant chevaux et voiture, était tenu, en outre, à une journée de corvée par an, de manière cependant à ce qu'il pût revenir coucher chez lui; il était nourri, pendant cette journée, par le chambrier. L'hôte, n'ayant qu'un cheval sans chariot, devait la corvée de son cheval; enfin, l'hôte, n'ayant ni cheval ni chariot, devait la corvée de son corps pendant un jour. Les six hôtes que le même tenait du Chapitre au Monceau-Sainte-Marie et qui étaient placés sur des vignes devaient annuellement, par chaque hostise, un cens de trois sous, la moitié de la menue dîme de leurs consommations, et la moitié de la dîme des vignes de leurs hostises situées en dehors des arpents du village. Les hôtes de la Grappe devaient au même 12 deniers de cens par tenure et moitié de la menue dîme. Lesdits hôtes, placés hors de la Banlieue sur la voirie du Chapitre, pouvaient vendre leur vin sur place, au temps des *bans*, sans payer le droit au Comte, ce que leurs voisins de l'autre côté de la route ne pouvaient pas faire. A Borville, le cens payable par chaque hôte était de 12 deniers sans plus. A Vaubrun, les hôtes, jadis au nombre de cinq, étaient réduits à deux, payant un cens de deux sous; ils désertaient cet endroit, à cause des vexations que le seigneur Hugues de Fay leur faisait éprouver. Les hôtes du Boullay-Thierry devaient au chambrier le tiers de la menue dîme, mais ils étaient exempts de la taille en vertu des lettres de leur donation au Chapitre. A Fontaine, quoique la terre fût divisée en quinze hébergements, il n'y avait que neuf hôtes; mais, le chambrier pouvait les contraindre à cultiver tous les hébergements. Ils ne devaient qu'un cens avec les ventes, la justice, deux tiers de la menue dîme et des oblations aux grandes fêtes; ils étaient exempts de la guerre, de la chevauchée et de la taille tant qu'ils faisaient résidence. Lesdits hôtes ne pouvaient vendanger l'enclos de quatre arpents de vignes situé au même lieu, avant que le chambrier eût fait vendange sur ses propres vignes attenant audit enclos.

---

[1] Voir vol. II, p. 75. — Nous n'avons pas donné ces détails dans le *Cartulaire* parce qu'ils n'intéressent pas Notre-Dame.

Les hôtes de Chartainvilliers devaient au chambrier le cens des hostises, onze setiers d'avoine d'oblations, cinq deniers par setier de fourniments et deux muids de champart. La justice de tous ces hôtes appartenait au chambrier [1];

11° (1217). Les hôtes de Bretonvilliers, abandonnés viagèrement, avec leurs terres, par le Chapitre, à Jean, chantre d'Orléans, devaient conduire chaque année à Chartres, deux muids, blé et avoine, à moins qu'ils ne prouvassent, comme ils le soutenaient, que cette corvée incombait au Chantre lui-même, qui devait déjà faire transporter à ses frais quatre autres muids [2].

Nous terminerons par quelques citations prises en dehors de notre Cartulaire :

1° (1311, vendredi après la Saint-Barnabé). — Ténard, dit Guibourg, d'Affonville, reconnut et confessa qu'il était hôte et justiciable du Chapitre et qu'il demeurait sur sa terre, mais il affirma en même temps qu'il était de libre condition et offrit de le prouver en justice [3];

2° (1190). — Les hôtes d'Erouville appartenant à l'Aumône Notre-Dame avaient le pouvoir d'engager leurs terres et de les vendre *secundum consuetudinem patriæ* [4];

3° (1229). — Geoffroy de Bérou donna à l'Aumône Notre-Dame le quart de ce qu'il possédait à Fontenay, tant en prés qu'en hôtes taillables haut et bas à sa volonté [5];

4° Nous lisons dans le *Cartulaire de Saint-Père* que les hôtes de Bois-Ruffin (1120) et de Groslu (c. 1105) allaient à la guerre pour la garde du corps de leur seigneur, que ceux des Châteliers (1090-1116) devaient une taille en cas de rançon de leur maître, et que ceux de Groslu (c. 1105) devaient une aide pour la construction de la forteresse [6].

Il n'est pas besoin d'un plus grand nombre d'exemples pour démontrer que la condition des hôtes était essentiellement variable et qu'elle dépendait le plus souvent des conventions établies lors de l'établissement des hospices. Les uns ne payaient qu'un faible cens, surtout lorsqu'on leur donnait des

---

[1] Voir vol. II, p. 79. — [2] Ib., p. 89.
[3] Registres capitul.; Bibl. communale.
[4] Archives de l'Hôtel-Dieu, coffre n° 1. — [5] Id.
[6] *Cartul. de Saint-Père*, p. 484, 529, 566.

terres incultes à défricher ; les autres, considérés comme colons partiaires, devaient la dîme, le champart, les oublies, etc,; quelques-uns étaient taillables à volonté, d'autres ne devaient la taille qu'à des époques réglées ; d'autres en étaient complètement dispensés; on imposait aux uns des charrois, des corvées et des aides annuels; ces charges n'incombaient à d'autres que dans certains cas ou ne les frappaient jamais. Les uns n'avaient leurs biens que viagèrement, les autres les possédaient à perpétuité et pouvaient les engager, les vendre ou les donner, sauf par les acquéreurs ou donataires à satisfaire à toutes les clauses du contrat primitif. Par la même raison, les seigneurs du fief pouvaient aliéner leurs hôtes, mais seulement en raison des devoirs et services auxquels ces derniers étaient tenus comme fermiers des hospices [1].

Ce que nous disons des hôtes est applicable aux métayers, closiers, colons et fermiers d'hébergements [2].

V. *Paysans, artisans et domestiques agricoles, ouvriers à la journée.*

A côté des hôtes, colons et métayers, vivait la population agricole des villages, composée de paysans, hommes de corps pour la plupart, faisant valoir une ou deux parcelles de terre moyennant un cens et l'acquit de quelques charges seigneuriales et ecclésiastiques, comme la menue dîme et le champart. Ces parcelles, appartenant aux cultivateurs soit à titre d'accensement, soit par donation, acquisition ou héritage, étaient comprises, ainsi que les hospices, dans les terres désignées sous le nom d'*arpents* [3]. C'était la petite culture de nos villages modernes.

Venaient ensuite les artisans agricoles : maréchaux, charrons, tonneliers, etc., dont quelques-uns, attachés spécialement au service de seigneurs ou d'établissements de main-morte, étaient de véritables fieffés. Notre Cartulaire contient à l'année 1215 la charte du charpentier-tonnelier de l'évêque [4].

Quant aux domestiques des fermes, tels que les charretiers, bouviers,

---

[1] Voir *Cartul. de Saint-Père,* prolégomènes, n° 27.
[2] Voir vol. Iᵉʳ, p. 17, 18.
[3] Voir vol. II, p. 290, 313, 319, 334, 347. — [4] Ib., p. 84.

bergers, vachers, etc., il en est peu question dans les actes, si ce n'est à titre de témoins, parce que, ne possédant rien, ils n'avaient rien à démêler directement avec les propriétaires du sol. Les ouvriers à la journée, *operarii conducticii*, libres ou serfs, subissaient pendant tout le temps de leur séjour dans un lieu quelconque, les réglements administratifs et judiciaires faits par les maîtres. Ainsi, en 1139, les ouvriers vignerons aux gages des chanoines, travaillant dans les vignes du Chapitre situées à Meslay, étaient soumis, en cas de méfaits, à la justice du sire de Meslay [1].

CHAPITRE II.

ÉTAT DES TERRES.

§ Ier. — L'ALLEU.

L'expression d'alleu n'est pas très-commune dans le Cartulaire de Notre-Dame. Nous pensons que nos plus anciennes chartes entendent par là une terre possédée en pleine propriété, libre de tout relief, rachat ou autres redevances féodales. Ainsi nous apparaissent l'alleu de Boigneville dont la moitié fut donnée, au VIIIe siècle, par Geoffroi, à sa femme Hismodée [2]; l'alleu de Gamaricourt légué, vers 1005, par l'évêque Eudes, aux chanoines de Notre-Dame [3]; l'alleu d'Osmeaux, distrait du patrimoine de Manassès, comte de Dammartin, et donné par lui, en nue-propriété, à Notre-Dame, le 4 février 1031 [4]; l'alleu, dit d'Odolon, situé à Chartres, vers le chemin des Fumiers, devant la porte du cloître de Saint-Père, et donné à ce couvent, en échange d'un autre bien, par l'évêque Ragenfroy, vers 949 [5].

Il est encore question d'alleux dans quelques endroits du Polyptique, c'est-à-dire au XIVe siècle, mais il s'agit dans ces passages de lieux-dits qui n'ont aucun rapport avec les terres libres des premiers siècles de la monarchie [6].

---

[1] Voir vol. Ier, p. 146, 147. — [2] Ib., p. 70.
[3] Voir vol. III, p. 74, et vol. Ier, p. 71.
[4] Voir vol. Ier, p. 87. — [5] Ib., p. 79.
[6] *Allodia de Belsia* (vol. II, p. 288); *decima allodiorum de Senevilla* (ib., p. 289), et *passim*.

§ II. — LE BÉNÉFICE.

Le bénéfice ou casement purement usufructuaire ne se rencontre qu'une fois dans nos chartes. C'est en 889, dans un diplôme du roi Eudes, qui confère à son fidèle Ricbodon, à sa femme s'il se marie, et à son fils s'il a de la postérité, pour en jouir bénéficiairement et à titre d'usufruit, un domaine, *mansus indominicatus*, à Jouy, comprenant 31 manses, à la charge par ledit Ricbodon et son fils de le servir fidèlement [1].

Les biens d'église donnés en casements par l'évêque Hélie et autres prélats à des hommes d'armes (840-850) étaient probablement considérés d'abord comme simples bénéfices; mais les bénéficiaires, devenus fieffés par l'effet de la révolution féodale, ne se firent pas scrupule de garder à tout jamais leurs casements. L'insistance de quelques évêques, parmi lesquels il faut citer Ragenfroi (c. 949-950) [2], les croisades et la peur des foudres ecclésiastiques firent rentrer dans le domaine de l'évêché, du Chapitre et des couvents [3] une partie des dîmes et des églises engagées. Ce qui était bien rural échappa et devint fief héréditaire.

§ III. — LE DOMAINE.

Les mots *mansus indominicatus, indominicatum, dominium*, reviennent assez souvent dans les titres les plus anciens du Cartulaire de Notre-Dame [4]. Ils signifiaient la partie de la terre réservée par le seigneur et exploitée pour son compte particulier par ses serviteurs; en un mot le domaine.

§ IV. — LE FIEF.

Nous trouvons pour la première fois le mot *fiscus* dans une charte de 946, par laquelle Hugues le Grand donne son fief d'Ingré à l'église de

---

[1] Voir vol. Ier, p. 73. — [2] Ib., p. 79, 83.
[3] (1128), vol. Ier, p. 131; (1168-1169), vol. Ier, p. 178.
[4] (VIIIe s.), vol. Ier, p. 69; (870), I. 71; (889), I. 73; (c. 949), I. 79; (950), I. 83.

Chartres [1]. Cette expression n'avait dans la bouche de ce prince que la signification primitive de domaine heréditaire [2]. Mais la terre d'Ingré devint réellement un fief pour le Chapitre qui, dès le milieu du XI° siècle, en rendait au Roi quatre setiers de vin, par arpent, *advocationis gratia* [3]. Lorsque la féodalité se fut emparée du sol français, l'équivoque cessa ; tout se donnait en fief, et les mots *fiscus, feodum, fevum* ne désignèrent plus que le fief féodal.

Le fief rural était une partie distraite du domaine seigneurial et concédée à la charge de redevances et services plus ou moins onéreux. Il se divisait lui-même 1°. en terres nobles obligeant à l'hommage et au service militaire et possédées par des vassaux ; 2° en terres roturières ou tenures serviles ou ignobles, données à des laboureurs, moyennant l'acquit de cens, rentes, corvées. Dans nos plus anciens titres (VIII°, IX° et X° siècles), les terres serviles, c'est-à-dire distribuées entre les roturiers et les serfs, sont désignées sous le nom de *mansus servilis* ou *cum servis* par opposition au *mansus indominicatus* [4]. Mais ce n'étaient pas encore là des tenures héréditaires, et nous n'entrons sur ce point en plein régime féodal que lorsque les manses font place aux hébergements et hospices.

§ V. — L'HÉBERGEMENT.

L'hébergement était la ferme bâtie des XIII° et XIV° siècles. Il y en avait de grands et de petits, mais ils comprenaient généralement plus de terres d'exploitation que les hospices. Les uns étaient engagés à des cultivateurs, moyennant une rente perpétuelle ; les autres étaient devenus les apanages des maires et constituaient le principal revenu de ces officiers ; d'autres étaient donnés à des métayers ou colons partiaires, soit viagèrement, soit à titre de main-ferme ou d'emphytéose, moyennant des cens en argent et

---

[1] Voir vol. Ier, p. 75.

[2] Et, en effet, la charte dit : *fiscum nostrum..... quod libere ac jure hereditario hactenus possedimus ;* et plus loin, *de nostro dominicatu in ejus ditionem transfundimus.*

[3] (1048), charte du roi Henri Ier, vol. Ier, p. 89.

[4] (VIIIe siècle), vol. Ier, p. 69, 70 ; (870), vol. Ier, p. 71 ; (889), vol. Ier, p. 73 ; (c. 949), vol. Ier, p. 80.

des redevances en nature. Les exemples suivants que nous fournit le Polyptique feront apprécier l'importance des hébergements de notre pays.

1° Le petit hébergement de Sazeray, paroisse de Voves, contenait trois setiers de terre, soit un hectare 26 ares 63 centiares [1].

2° L'hébergement de Bisseau, paroisse de Villeau, s'étendait sur 12 muids cinq mines de terre, soit 61 hectares 83 ares 50 centiares [2].

3° L'hébergement de Foinville, dans la mairie de Voves, comprenait 18 setiers de terre, soit 7 hectares 59 ares 78 centiares [3].

4° L'hébergement des Puits, dans la prébende de Voves, appartenant jadis à la mairie du lieu, avait 6 muids, 4 setiers et une mine de terre, soit 30 hectares 60 ares 10 centiares [4].

5° L'hébergement de Vieil-Allonnes, dans la prébende de Voves, appelé hébergement du maire Clément, contenait 15 setiers, soit 6 hectares 33 ares 15 centiares [5].

6° L'hébergement de Soignolles, dans la prébende de Voves, appartenant jadis à la mairie du lieu, renfermait quatre muids, soit 20 hectares 26 ares [6].

7° L'hébergement d'Amoinville, paroisse de Fains, contenait environ 5 muids, soit 25 hectares 39 ares [7].

8° La mairie de Villars, précaire du Chapitre, consistait en un grand hébergement situé près du manoir, comprenant 13 muids, soit 65 hectares 84 ares 50 centiares [8].

9° L'hébergement de la mairie de Menonville, paroisse de Villars, était de 7 muids 6 setiers, soit 37 hectares 98 ares 76 centiares [9].

10° L'hébergement de Corancez consistait en deux arpents de vignes et 16 muids de terre, soit environ 82 hectares [10].

11° La précaire du Chapitre à Benechèvre, paroisse de Louville-la-Chenard, comprenait un bel hébergement ayant 2 arpents de vignes et 21 muids de terre, soit environ 107 hectares [11].

12° Il y avait au Grand-Archevilliers, paroisse de Nogent-le-Phaye, deux

---

[1] Voir vol. II, p. 303. Le setier de terre équivalait à 42 ares 21 centiares.

[2] Ib., p. 303. Le muid de 12 setiers valait 5 hectares 6 ares 50 centiares, et la mine moitié du setier, soit 21 ares 10 centiares.

[3] Voir vol. II, p. 305. — [4] Ib., p. 306. — [5] Ib. — [6] Ib., p. 308. — [7] Ib., p. 309. — [8] Ib., p. 310. — [9] Ib., p. 312. — [10] Ib., p. 316. — [11] Ib., p. 322.

hébergements, l'un de dix muids, soit 50 hectares 65 ares, l'autre de onze muids, soit 55 hectares 71 ares 50 centiares [1].

13° L'hébergement de Giroudet, paroisse d'Ecrosnes, comprenait un bois de six arpents, trois arpents de vignes et neuf muids de terre, soit environ 46 hectares [2].

14° A Chaleine, près Emancé, l'hébergement contenait onze muids six setiers de terre, soit 58 hectares 24 ares 76 centiares [3].

15° A la Malmaison, près Saint-Hilarion, la prépaire consistait en un superbe hébergement contenant 3 arpents de bonnes vignes, deux étangs, et sept muids six setiers de terre, soit 37 hectares 98 ares 76 centiares [4].

16° L'hébergement de la mairie de Bouglainval avait cinq arpents de vignes et 5 muids de terre, environ 36 hectares [5].

17° L'hébergement de Mignières, situé près du manoir du lieu, exploitait 19 muids de terre, soit 96 hectares 23 ares 50 centiares [6].

18° L'hébergement de Messonville, paroisse de Saint-Loup, contenait 13 muids, soit 65 hectares 84 ares 50 centiares [7].

19° L'hébergement de Masselin, paroisse de Courville, comprenait 9 muids de terre, soit 45 hectares 58 ares 50 centiares [8].

20° Au Boulay, paroisse de Saint-Denis-d'Authou, il y avait une masure ou petit hébergement de 17 setiers de terre, soit 7 hectares 17 ares 57 centiares [9].

21° L'hébergement du Gault, près la Bazoche-Gouet, n'était que de deux muids de culture, soit 10 hectares 13 ares [10].

22° A Montobuville, l'hébergement contenait 8 muids, soit 40 hectares 52 ares [11].

23° Douze muids de terre, soit 60 hectares 78 ares, dépendaient de l'hébergement de Verouville, dans la mairie de Saint-Aubin [12].

24° L'hébergement de Bilheux, dans la mairie d'Ecublé, comprenait 38 setiers de terre seulement, soit 16 hectares 3 ares 98 centiares [13].

25° A Torçay-Saint-Ange, l'hébergement contenait 96 arpents de terre, soit 40 hectares 51 ares 20 centiares [14].

[1] Voir vol. II, p. 325, 326. — [2] Ib., p. 333. — [3] Ib., p. 334. — [4] Ib., p. 336. — [5] Ib., p. 343. — [6] Ib., p. 359. — [7] Ib., p. 359. — [8] Ib., p. 364. — [9] Ib., p. 373. — [10] Ib., p. 374. — [11] Ib., p. 379. — [12] Ib., p. 381. — [13] Ib., p. 384. — [14] Ib., p. 385. L'arpent de terre équivalait au setier.

26° Enfin à l'Aunay, mairie de Champ, dans la paroisse de Pontgouin, la précaire consistait en un petit hébergement de 3 muids 2 setiers, soit environ 11 hectares [1].

Ainsi la loi de la culture n'a pas varié depuis 600 ans. Dans la plaine beauceronne le terrain exploité comprend toujours une superficie relativement considérable. Cette quantité diminue dans les vallées et dans les pays bocagers voisins du Perche. Elle se réduit à des proportions moindres encore et cesse de constituer des hébergements dans cette dernière contrée. Des hospices ou hostises, quelques masures ou métairies [2], tenures usitées dès les XI° et XII° siècles, voilà en quoi consiste la ferme percheronne. Au XIII° siècle, le sol y est encore exclusivement forestier; on l'attaque partiellement, mais les efforts sont loin de répondre aux exigences de la terre dont on proclame souvent la mauvaise qualité.

§ VI. — L'HOSPICE.

L'hospice, *hospitium*, *hospitalicium*, que nous rencontrons dans nos chartes vers la seconde moitié du XI° siècle, était la tenure d'un hôte. Il comprenait, outre une maison et des bâtiments d'exploitation, quelques pièces de terre dont l'étendue variait, mais ne constituait jamais un ensemble très-considérable. En 1175, l'hospice de chaque hôte du Gault-Saint-Etienne consistait dans le tiers d'un arpent, soit environ 14 ares [3]. En 1213-1228, chaque hôte de Tournainville avait un arpent (42 ares 20 centiares) dans sa tenure [4]. En 1215, les six hôtes du Monceau-Sainte-Marie exploitaient six quartiers de vignes (63 ares), et les treize hôtes de Miscouart 13 quartiers de terre (un hectare 30 ares environ) [5]. Vers 1120, l'abbé de Saint-Jean avait fondé sur sa terre de Mantarville 20 hospices sur quatre carrés de terre, soit cinq par carré ; or, comme l'ensemble formait un domaine d'une charruée ou cent arpents, la tenure de chaque hôte était de cinq

---

[1] Voir vol. II, p. 388.
[2] Ib., p. 373, 376. — Le *Cartulaire de Saint-Père* donne de nombreux exemples de masures dans le Perche : à Brezolles (p. 139), à Saint-Evroult (p. 222), à Saint-Christophe (p. 533), à Moussonvilliers (p. 539), à Armentières (p. 596), à Rohaire (p. 600).
[3] Voir vol. Ier, p. 193.
[4] Voir vol. II, p. 73. — [5] Ib., p. 79.

arpents, soit 2 hectares 10 ares [1]. Vers 1129, à Boncourt, la tenure d'un hôte était de un arpent (42 ares 20 centiares) [2], et, en 1190, l'Hôtel-Dieu avait à Erouville vingt quartiers de terre, soit 2 hectares 11 ares, sur lesquels se trouvaient vingt hospices [3].

Les hospices avaient diverses origines. Les uns s'étaient substitués aux manses serviles, comme nous l'avons déjà dit, et leurs détenteurs d'abord temporaires avaient fini par profiter du bénéfice de l'hérédité amené par la marche du progrès social ; les autres avaient été institués en pleine féodalité, et comme les seigneurs et les établissements de main-morte les plaçaient la plupart du temps sur des terres à défricher, les charges qu'on leur imposait étaient peu onéreuses. Les hospices, soit qu'ils fussent établis au chef-lieu de la paroisse, soit, ce qui était le plus ordinaire, qu'ils constituassent des hameaux, prirent au XIII° siècle le nom d'hostises et firent partie des *arpents* ou de la petite culture.

CHAPITRE III.

PRINCIPALES CHARGES GRÊVANT LA PROPRIÉTÉ ET LA CLASSE AGRICOLE EN BEAUCE, AU XIII° SIÈCLE.

Les charges étaient de deux sortes, les redevances et les services [4].

§ I. — REDEVANCES.

Les redevances se divisaient en redevances en argent et redevances en nature.

I. *Redevances en argent.*

1° *Cens.* — Le cens était une redevance ou rente perpétuelle en argent imposée par le seigneur sur l'immeuble tenu par le vassal. Il variait en raison de la nature de l'engagement. Ainsi, le menu cens, *minutus census,*

---

[1] Fonds de Saint-Jean ; Archives départementales.
[2] *Cartul. de Saint-Père*, p. 311.
[3] Archives de l'Hôtel-Dieu. Vidimus de 1267, coffre I.
[4] Voir les *Études sur la condition de la classe agricole en Normandie*, par L. Delisle.

qui frappait les hostises et terres des paysans, ou arpents enclavés dans les villages, était peu élevé et constituait moins un revenu qu'une reconnaissance de la suzeraineté. Au contraire, le gros cens ou surcens, *grossus census, supercensus*, perçu généralement sur la grande culture ou sur les terres situées en dehors des arpents, était déterminé d'après le produit de la terre accensée et se rapprochait beaucoup d'un prix de ferme. Pour ne citer qu'un exemple, nous dirons qu'en 1300, toutes les hostises de Chaunay rapportaient ensemble trois sous six deniers de menu cens, tandis que les deux setiers de Guillot Normand, situés hors du village, au lieu dit la Fosse-Bodard, payaient 14 sous de gros cens, que le setier de Girard Tineau, situé au même lieu, en payait six, que le setier de Jordan de Goindreville, au lieu dit Bardon, en payait dix, et que les deux setiers de Geoffroy Vivien, situés au Petit-Clos, en payaient vingt [1]. Le Polyptique est plein d'énonciations constatant ces différences entre le menu et le gros cens.

Notre Cartulaire mentionne en plusieurs endroits le cens capital ou chef-cens, *census capitalis*. Cette expression avait une double signification ; elle s'entendait d'abord de la capitation, taxe de 4 deniers par tête due au seigneur par chaque homme de corps, en reconnaissance de sa condition servile ; puis elle signifiait le cens seigneurial dont nous venons de parler, c'est-à-dire la marque du droit du seigneur sur l'immeuble [2].

Le menu cens dû sur les hostises et terres enclavées dans les villages, portait souvent le nom générique de coutumes, *costumœ* [3]. Cependant ce dernier mot exprimait quelquefois l'ensemble de tous les droits en argent frappant la terre, comme nous le dirons ci-après.

D'après la Coutume de Chartres, art. cxii, tout censitaire en retard de payer devait au seigneur une amende de 7 sous 6 deniers tournois.

2° *Escobuage, Estoublage, Ecublage.* — Le mot *escoblagia*, fréquent dans notre Polyptique, ne se trouve pas dans du Cange. Il signifiait *estoubes* ou *éteuils*, nom donné au chaume en Beauce, et s'entendait, d'après D. Muley, du droit d'enlever le chaume aussitôt après la récolte, en payant une certaine redevance au seigneur [4].

---

[1] Voir vol. II, p. 356.
[2] Voir vol. II, p. 305, 310. — *Cart. de Saint-Père*, Prolégomènes, n° 132.
[3] Voir vol. II, p. 302, 306, 307, 308, 319, 320, 321, 327.
[4] *Cart. de Saint-Père*, Table des noms barbares, p. 846.

« Nous n'avons aucune objection à faire contre cette interprétation, le droit dont il s'agit pouvant avoir laissé quelque souvenir local à l'époque où écrivait D. Muléy. Nous ferons observer seulement que les termes escobuage, estoublage, écublage, expressions similaires, nées de *scoba* ou *scopa*, balai, et de *scobillœ*, ordures, balayures, indiquaient plusieurs opérations de nettoyage agricole que nous expliquerons au chapitre des *Façons des terres*.

La quotité et l'assiette du droit d'escobuage n'avaient rien de fixe. Ainsi, tandis que ce droit paraissait s'évaluer en bloc, d'après la quantité de chaume engrangé, au moulin de Chalaines [1], à Bouglainval [2], à Mousseaux [3], il était de 3 bboles pour une terre de 2 muids 3 setiers à Pouancé [4], de 6 deniers pour une terre de 17 setiers au Boulay, près de Saint-Denis-d'Authou [5]; de 2 sous 6 deniers, coutumes comprises, pour une terre de 27 setiers à Amilly [6]; de 3 deniers seulement par muid de terre dans la précaire de Chalaines [7], et de 4 deniers par arpent à la Framboisière [8].

3° *Fourniments*. — Le droit de fourniments, *fornamenta*, *fournamenta*, *fourramenta*, accompagnait toujours les avoines d'oblations dont nous parlerons plus bas, et se calculait ordinairement à raison de tant de deniers par setier d'avoine. La quotité de ce droit était fort variable. Ainsi, il était de un denier par setier à Sainte-Joye, paroisse de Villiers-le-Morhier [9], à Marsauceux, près Mézières-en-Drouais [10], et à Puiseux [11]; de deux deniers par setier à Fadainville [12]; de trois deniers par setier à Harville, paroisse de Bailleau-le-Pin [13], à Trémemont, près Saint-Cheron-des-Champs [14]; de quatre deniers par setier à Villarceaux [15], au Grand-Chavernay, paroisse de Montainville [16], à Carouge, près Luplanté [17], à Blandainville [18]; de cinq deniers par setier à la Gâtine de Chartainvilliers [19]; enfin de 8 deniers par setier à l'Aubépine, près Saumeray [20]. Quelquefois cependant, les fourniments se réglaient par une somme déterminée : ils étaient de 15 sous à Vovette, près Theuville [21], et de 14 deniers à Amilly [22]; quelquefois aussi ils se confondaient avec le cens : certaines pièces de terre de la paroisse d'Amilly payaient 46 deniers de cens et de fourniments [23].

---

[1] Voir vol. II, p. 335. — [2] Ib., p. 343. — [3] Ib., p. 363. — [4] Ib., p. 361. — [5] Ib., p. 373. — [6] Ib., p. 378. — [7] Ib., p. 335. — [8] Ib., p. 390. — [9] Ib., p. 341. — [10] Ib., p. 347. — [11] Ib., p. 348. — [12] Ib., p. 348. — [13] Ib., p. 367. — [14] Ib., p. 341. — [15] Ib., p. 303. — [16] Ib., p. 318. — [17] Ib., p. 313. — [18] Ib., p. 370. — [19] Ib., p. 346. — [20] Ib., p. 371. — [21] Ib., p. 317. — [22] Ib., p. 378. — [23] Ib., p. 378.

Nous pensons que le droit de fournitures était représenté dans l'origine par le transport des avoines d'oblations que les détenteurs d'hostises ou d'arpents de petite culture faisaient aux granges dîmeresses. Pour régulariser ce service de livraison ou *fourniture* incombant à un grand nombre de personnes, les décimateurs s'en chargèrent moyennant une redevance en argent perçue comme nous l'avons dit ci-dessus.

4° *Voirie, Péage.* — On entendait par voirie (*viaria, viatoria,*) la police des chemins; elle avait pour annexe le péage; *pedagium, pensilus,* droit de passage exigé par les seigneurs en certains endroits des routes. Il est souvent question de la voirie et du péage dans notre Cartulaire. Le tarif du péage et des amendes de contravention à la police de la voirie n'avait sans doute rien d'uniforme. Au XIII° siècle, on évaluait à dix sous par an le revenu de chacune des voiries de Beauvilliers et de Dammarie; ce revenu était de 20 sous pour les voiries de Voves et de Giroudet.

Vers 1280, le péage des portes de Chartres rapportait à l'évêque 60 livres, et quelquefois 80 [1].

En 1175, chaque fraude du péage commise au préjudice d'Eudes Borel de Courtalain, par les hôtes du Gault, pouvait être punie d'une amende de cinq sous, sur la plainte du péager juré [2].

Plusieurs de nos chartes contiennent des abandons ou donations de voiries et péages par les princes et seigneurs propriétaires, en faveur du Chapitre ou des habitants des villages [3]. Peut-être dans quelques-uns de ces actes, doit-on entendre par *viaria* le droit de garde, *vicaria,* dont nous allons parler [4].

5° *Vicarie ou viguerie.* — La vicarie ou viguerie, office des viguiers juges des *pagi* et comtés sous la seconde race, désigna plus tard la juridiction que certains seigneurs s'arrogeaient sur un territoire, sous prétexte de protection et garde des habitants. Ce mot signifia aussi le droit qui était perçu pour prix de cette protection. C'était une exaction fort pesante et dont les redevables cherchaient à se débarrasser par tous les moyens possibles. Notre Cartulaire fournit plusieurs exemples de ces sortes de vicaries.

---

[1] Voir vol. II, p. 29, 283 et 334. — [2] Ib., p. 218.
[3] Voir vol. I⁰ʳ, p. 194.
[4] Voir vol. I⁰ʳ, p. 146, 194, 225; vol. II, p. 20, 22, 44, 68; vol. III, p. 126.
[5] *Cart. de Saint-Père*, Prolégom., n⁰ˢ 120, 121, 122, 146.

En 1048, le roi Henri Ier affranchit le fisc d'Ingré appartenant à l'église de Chartres, de l'*exaction* appelée *vicarie*, qu'il avait le droit d'y exercer, retenant seulement 4 setiers de vin par arpent, pour marque de l'avouerie ou protection royale [1].

En 1188-1190, Hugues de Gallardon convertit la vicarie que lui et ses prédécesseurs exerçaient depuis les temps les plus anciens sur la terre du Chapitre, en un cens de 15 livres payable en trois termes [2].

C'était cette vicarie que les vicomtes de Chartres, seigneurs du Puiset, prétendaient sur les terres de l'église dans la haute Beauce, et qui fut l'occasion des démêlés violents de ces seigneurs avec les évêques [3].

Nous ignorons quel était le droit de vicarie au point de vue fiscal; nous pensons cependant que le *past* et le *gîte* en faisaient essentiellement partie.

6° *Past, Gîte, Procurations.* — Les mentions de past, gîte et procurations reviennent fréquemment dans le Cartulaire de Notre-Dame. Le past était le droit qu'avait le seigneur de prendre un repas chez son vassal; le gîte était le droit qu'avait le seigneur de loger chez son vassal. Le droit de *procurations* ne différait pas du past; seulement il indiquait plus spécialement les réfections dues par des communautés religieuses ou des vassaux laïcs à des évêques, des archidiacres ou autres personnages ecclésiastiques.

Les pasts et gîtes furent généralement convertis en une redevance en argent, à partir du XIIe siècle, et en beaucoup d'endroits, cette redevance constitua un des revenus des mairies [4]. Nous avons l'exemple de plusieurs maires qui, dès cette époque, abandonnèrent ou vendirent au Chapitre les pasts en argent de leurs offices [5]. Il en fut de même des procurations : presque partout les redevables les rachetèrent ou les convertirent en rentes [6]. Cependant les pasts appartenant aux officiers de l'évêque ou à quelques serviteurs des chanoines, sur la cuisine de leurs maîtres, furent maintenus en nature [7].

---

[1] Voir vol. Ier, p. 89. — [2] Ib., p. 219, et vol. II, p. 65, 66.

[3] Voir vol. Ier, p. 115. — *Lettres d'Yves de Chartres*, n°s 129, 130, 140 et 151. — *Cart. de Saint-Père*, p. 452. On trouve dans ce dernier Cartulaire de nombreux exemples de vicaries ou avoueries exercées aux XIe et XIIe siècles par des seigneurs, sur les terres de Beauce (p. 126, 128, 142, 166, 175, 195, 204, 207, 209, 216, 238, 240, 323, 412, 499).

[4] Voir vol. II, p. 228, 289, 290, 291, 292.

[5] Voir vol. Ier, p. 137, 144, 164. — [6] Ib., p. 195, et vol. II, p. 15, 107, 110, 116, 118, 131.

[7] Voir vol. Ier, p. 259, et vol. II, p. 53, 84, *et passim*.

Le Chapitre était le juge des difficultés qui s'élevaient entre ses membres et les contribuables à l'égard du droit de past et gîte. Ainsi, en 1194, il réduisit à cent sous par an le droit de past et gîte que le prévôt de Mazangé exigeait des hommes de corps de ce lieu [1].

L'obit de l'évêque Mathieu (1259) nous apprend que saint Louis prétendait pour lui et ses successeurs le gîte et le past sur les terres de l'évêque à Chartres et à Fresnay, et qu'après divers débats, il renonça à ce droit à la condition que le prélat appliquerait une rente de 50 livres à l'autel des Anges et des Vierges en l'église Notre-Dame [2].

La rente en argent, représentant les pasts et gîtes, était sans doute calculée à raison de la dépense occasionnée jadis par la charge en nature et du nombre de jours où elle pouvait s'exercer chaque année. Ainsi, tandis que le past et gîte réclamé à Chartres et à Fresnay par saint Louis était évalué 50 livres de rente, celui de Mazangé ne valait que cent sous, celui de Voves l'intérêt annuel de 20 livres, celui de Champseru l'intérêt annuel de 27 livres, celui du Vieil-Allonnes 20 sous, celui du lieu des Juifs, dans la mairie de Reboulin, 12 deniers, celui de Meslay 40 sous, la procuration de Saint-Père 15 livres, et celle de Saint-Martin-au-Val 60 sous [3].

7° *Ventes, Gants.* — Les ventes, *vende*, étaient un droit payé au seigneur à chaque vente d'immeubles dépendant de sa seigneurie. Notre Cartulaire, le Polyptique surtout, fait souvent mention des ventes et les accole à la justice, *justicia et vende* [4]. C'est qu'en effet la justice et les ventes accusaient directement la puissance seigneuriale.

Nous avons vu à l'article des Maires que ces officiers avaient la mission de toucher les droits de *ventes* dûs par les nouveaux propriétaires dans l'étendue des terres du Chapitre.

La quotité du droit de *ventes* variait probablement au Moyen-Age suivant l'usage des lieux. Il était du douzième denier lors de la rédaction des Coutumes de Chartres, au commencement du XVI° siècle [5].

---

[1] Voir vol. Ier, p. 224.

[2] Voir vol. III, p. 8. — Notre Cartulaire contient aussi, vol. Ier, p. 254, la renonciation de Geoffroi III, comte du Perche, au gîte de Grand'houx.

[3] Voir vol. Ier, p. 138, 144, 195, 224, et vol. II, p. 15, 288, 289, 322. Voir aussi le *Cart. de Saint-Père*, Prolégomènes, n°s 127, 128, 129.

[4] Voir vol. II, *Polyptique, passim.*

[5] *Coutumes de Chartres*, art. 47.

Aux *ventes* se joignaient les *gants*, sorte de gratification ordinairement en argent, qui revenait aux serviteurs du seigneur lors de chaque mutation. Les maires avaient presque toujours les *gants* des mutations de leurs mairies. Ce droit était de 4 deniers par vente pour le maire de Fresnay-l'Evêque [1] et pour celui de la Chapelle-du-Thieulin [2], et de deux deniers seulement pour celui de la Pommeraie [3]. La coutume de Chartres fixe les *gants* à 20 deniers tournois en Beauce, et à 4 deniers seulement dans les cinq baronnies et Perche-Gouet [4].

8° *Rachat, Relief.* — Le rachat ou relief était un droit de mutation que chaque vassal entrant en possession de son fief par héritage devait au seigneur féodal. C'était la partie sensible et matérielle de l'acte de foi et hommage. Nous avons dit ailleurs comment s'acquittaient les reliefs dûs par les hommes du Chapitre, ainsi que les rachats des mairies [5]. Nous ajouterons seulement qu'au XIII° siècle, le prix du rachat variait suivant l'importance des mairies ; que tandis que les plus petites, comme celles des Pinthières, du Tartre-Gaudran, de Mantarville, de Mongerville, de Borville et de Fadainville ne payaient que 40 sous, celle de Fresnay-l'Evêque payait 60 livres, celle de Santeuil 40 livres, celle de Bailleau-l'Evêque 30 livres, etc. [6]. La Coutume de Chartres a donné, dans ses articles 11 et 12, le tarif des droits de rachat et relief usités au XVI° siècle en Beauce et dans le Perche.

9° *Capitation, Taille.* — Nous avons déjà parlé de ces deux impôts [7], dont le second surtout pesait fort lourdement sur l'homme de corps. Nous n'avons rien à ajouter sur ce point, nous réservant toutefois de dire un mot des tailles extraordinaires ou aides dans le § des services.

10° *Coutumes.* — Le mot coutumes, *consuetudines, costumæ*, avait plusieurs acceptions au point de vue fiscal. Associé aux expressions *angariæ* ou *exactiones*, il signifiait mauvaises coutumes. C'était ainsi qu'on qualifiait les procédés violents que les sergents des prévôts et les maires

---

[1] Voir les chartes des maires de l'évêque dans le *Cart. de Saint-Père*, Prolégomènes, p. cxxij. — [2] Ib., p. cxxiv.
[3] *Cart. de Saint-Père*, p. 702.
[4] *Coutumes de Chartres*, art. 47.
[5] Introduction, p. ciij.
[6] Voir vol. II, p. 245, 246, 348.
[7] Introduction, p. cxij.

employaient au XIIe siècle vis-à-vis des paysans du Chapitre [2], la redevance d'avoine que Hugues du Puiset exigeait à tort des gens de Fresnay-l'Evêque en 1133 [3], la taille, la tolte et le past que Louis le Gros percevait en Beauce, en 1137 [4], les corvées, tailles, livraisons de volailles auxquelles Jodoin de Beauvilliers renonça en 1179 [5]. Le mot *coutumes* s'entendait aussi de l'ensemble des redevances en argent (cens, fournitures, écublages, etc.), dues sur certaines terres. C'est dans ce sens que le Polyptique l'emploie plusieurs fois [6]. Enfin notre Cartulaire désigne sous le nom de menues coutumes ou pancarte l'ensemble des droits fiscaux, dûs à l'évêque et au doyen, exigibles sur les denrées de toutes sortes mises en vente dans la ville ou la traversant [7]. Comme chaque seigneurie avait sa pancarte, on peut se figurer quelle multitude de petits droits s'abattait à chaque instant sur la bourse de l'agriculteur.

11° *Tonlieu.* — Le tonlieu était un droit de douane ou d'entrée qui frappait les denrées, transportées par eau ou par terre, à leur arrivée au quai ou à la porte de la ville. Le Comte avait à Chartres un tonlieu qui constituait un des principaux revenus de son domaine, mais dont les sujets et avoués du Chapitre étaient exempts [7]. Le petit tonlieu de l'Evêque, *minutum tonleium*, frappait les animaux, le pain, les poissons d'eau douce, les oignons, les aulx et les fruits de toutes sortes; il était évalué à 60 livres de revenu [8].

12° Nous terminerons cette nomenclature incomplète des redevances en argent, ou converties en argent, après avoir été perçues d'abord en nature, par l'énumération d'un certain nombre de droits de la même espèce dont nos chartes ne disent qu'un mot, mais qui n'en pesaient pas moins sur les redevables. Nous citerons le minage, *mina*, *minagium*, droit en argent dû à raison du mesurage du blé et des autres céréales au marché, lequel rapportait à l'Evêque 25 livres par an [9]; la rasée de sel, *rasellum salis*, droit

---

[1] Voir vol. Ier, p. 155 et suiv., et Introduction, p. xcix, note 5. [b]

[2] Voir vol. Ier, p. 139. — [3] Ib., p. 143. — [4] Ib., p. 200. — Voir le *Cart. de Saint-Père*, Proleg., n° 101.

[5] Voir vol. II, p. 353, 377, 379, 381, 382, 383. — [6] Ib., p. 211 et suiv.

[7] Introduction, p. cxxx.

[8] Voir vol. II, p. 217. Ce tonlieu est estimé ailleurs 120 livres (p. 239).

[9] Voir vol. II, p. 217.

d'entrée du sel évalué à un revenu de 40 livres [1]; le frescennage, ou coutume sur les porcs [2]; le moutonnage, ou coutume sur les moutons [3]; le charroi, considéré comme coutume sur les chevaux [4]; le nombrage, *numeragium*, droit exigé pour le comptage de la dîme et du champart (?) [5]; les deniers d'oublies ou d'oblations, appendices des avoines d'oblations [6]; le lignage, redevance exigée en retour de la permission de couper du bois dans les forêts [7]; le forestage des pierres à Berchères-l'Evêque, droit dû pour l'exploitation des carrières, rapportant au prélat 40 sous à Noël et 40 sous à la Saint-Jean [8]; le panage, droit perçu pour l'introduction des porcs dans les bois [9]; le ban ou bannage, droit dû par chaque pièce de vin vendue pendant un temps réservé par le seigneur et rapportant environ 80 livres à l'Evêque [10]; les revenus éventuels de la justice, amendes et droits de sceau, évalués, pour l'Evêque seulement, à 500 livres par an [11]; les bannières, droit d'exploitation de la justice par les maires et sergents, lesquels s'en récupéraient sur les justiciables [12]; enfin la *perrée* du Comte, où les *aignelins* (peaux de moutons) étaient pesés et taxés à raison de un denier par 60 livres [13].

II. *Redevances en nature.*

1° *Dîme.* — « La dîme est, comme on sait, une certaine part des
» fruits, ordinairement le dixième, prélevée par l'Eglise ou par un sei-
» gneur, sur les produits tant de la terre que des animaux et de l'indus-
» trie humaine. Dans l'origine c'était un droit purement ecclésiastique et
» exercé exclusivement par le clergé; mais les seigneurs ayant usurpé ce
» droit ou l'ayant reçu en fief, donnèrent naissance à ce qu'on appela les
» dîmes inféodées ou seigneuriales, c'est-à-dire aux dîmes sorties des
» mains de l'Eglise et possédées par des laïcs [14]. »

---

[1] Voir vol. II, p. 217. — [2] Ib., p. 241 et suiv. — [3] Ib., p. 240, 243.

[4] Ib. — Trois deniers par tête de cheval à Ermenonville, p. 243; quatre deniers par tête de cheval à Trémemont, p. 341.

[5] Voir vol. II, p. 241. — [6] Ib., p. 241 et suiv. — [7] Ib., p. 242, 243. — [8] Ib., p. 243. — [9] Ib., p. 244. — [10] Ib., p. 239. — [11] Ib. — [12] Ib., p. 328, 337, 339, 344, 345, 401.

[13] *Hist. de Chartres*, par E. de Lépinois, vol. Ier, p. 129.

[14] *Cartul. de Saint-Père*, Prolégomènes, n° 89.

INTRODUCTION.　　　　　　　　　　　　　　　cciij

Les mentions de dîmes se rencontrent à chaque ligne de notre Cartulaire et nous n'entreprendrons pas de les énumérer.

De même qu'il y avait le gros et le menu cens, il y avait la grosse et la menue dîme; la première prélevée sur les céréales, les vignes, les plantes fourragères, la guède, et autres produits de la grande culture; la seconde sur la laine, le chanvre, le lin, les fruits et légumes des jardins et les petits animaux. Cette dernière dîme, augmentée des produits des pains, deniers d'oblations et cires, était assez souvent attachée à l'autel et constituait l'émolument des curés [1].

La dîme des céréales se distinguait, d'après nos documents, en dîme nombrée et portée, *numerata*, *illata*, c'est-à-dire comptée par les jurés et engrangée par les soins des paysans [2], et en dîme laissée dans les champs, *relicta in campis*, c'est-à-dire à l'engrangement de laquelle les paysans restaient étrangers [3]. La première dîme frappait le plus souvent les immeubles du domaine de Notre-Dame compris dans les prébendes; la seconde, des territoires dont le fonds n'appartenait pas à l'église. La dîme nombrée ou laissée dans les champs était de la onzième gerbe; mais il y avait certaines terres, presque toujours de celles propres à Notre-Dame, qui, dans l'intérêt de l'agriculture et des hôtes ou métayers, ne payaient à titre de dîme qu'une [4] ou deux gerbes [5] par setier; on les appelait terres à une ou à deux gerbes; quelques terres acquittaient seulement une demi-dîme, c'est-à-dire la vingt-et-unième gerbe [6].

Cependant la dîme ne se percevait pas toujours par gerbe. Il y avait quelquefois entre le décimateur et le dîmé un traité, d'après lequel le premier s'engageait à livrer au second une certaine quantité de grains battus, vannée et mesurée, pour tenir lieu de la dîme. Il en était ainsi des dîmes de Saint-Léger dues, vers 1180, par Garin et Drocon, son fils [7], et de

---

[1] Voir vol. Ier, p. 105, et vol. II, p. 303, 350, 360.

[2] Voir vol. II, p. 309, 311, 329, 330, 331, 356, 357, 359, 367.

[3] Ib., p. 309, 311, 312, 314, 315, 316, 317, 318, 322, 324, 329, 330, 332, 334, 352, 355, 356, 361, 362, 363, 366, 367, 368, 375, 377, 379, 382, 383.

[4] Ib., p. 302, 304, 312, 327, 351, 352, 353, 377, 378.

[5] Ib., p. 302, 303, 304, 305, 306, 307, 308, 311, 312, 316, 320, 321, 323, 324, 326, 327, 335, 336, 343, 346, 347, 349, 352, 353, 355, 360, 861, 362, 365, 366, 370, 373, 377, 378, 379, 381, 384. — [6] Ib., p. 359.

[7] Vol. Ier, p. 203.

celles de Mignières dues en 1300 aux prébendiers de Mignières et de Fontenay-sur-Eure [1].

Quelquefois aussi la dîme et le champart se prélevaient en même temps et étaient engrangés sans distinction et partagés après le battage, en portions déterminées entre les ayant-droit. Par exemple, en 1169, le Chapitre avait le tiers de la masse du champart et de la dîme du Gault, tant en grain qu'en paille, et Rahier de Montigny les deux tiers [2]. En 1171, les trois quarts de la dîme et du champart des guèdes de Berville appartenaient à l'Eglise, et le dernier quart était attribué au prévôt Anseau [3]. En 1196, la dîme et le champart des récoltes d'Erouville se partageaient par moitié entre l'Hôtel-Dieu et Geoffroi d'Erouville [4].

Toutefois, en règle générale, les dîmes anciennes et novales [5] se prélevaient dans les champs avant le champart.

Le trait de dîme, *tractus decimæ*, était, dans l'origine, le droit que percevait sur la dîme ou en sus de la dîme la personne chargée du charriage. Il y avait non-seulement des dîmes à un trait, mais encore à deux et jusqu'à quatre traits. Assez souvent, en Beauce, les traits de dîme appartenaient aux maires qui, en effet, pratiquaient par eux-mêmes ou surveillaient le transport des gerbes. Mais il arrivait aussi que ces droits étaient possédés par les propriétaires de la dîme ou autres personnes étrangères au fait matériel du charriage. La manière de percevoir le trait de dîme variait suivant les conventions des parties ou les usages des lieux. En 1196, après de longues contestations, le Chapitre reconnut que les enfants de Robert Godin avaient droit au trait de la dîme de la Fontenelle, ainsi qu'aux autres revenus de la mairie, et qu'ils percevraient, en conséquence, les menues pailles et fourrages, le grain resté à terre après l'enlèvement à la pelle et le mesurage à la mine, et les dîmes du lin et du chanvre [6]. En 1225, Hugues le Noir, maire d'Ingré, avait, entre autres revenus de son office, un trait de dîme à un cheval; ce trait qui lui produisait une gerbe d'hivernage ou deux ger-

---

[1] Vol. II, p. 359. — [2] Ib., p. 182.
[3] Voir vol. Ier, p. 187.
[4] Archives de l'Hôtel-Dieu, coffre n° 1.
[5] On appelait *novales* les dîmes posées sur des terres nouvellement mises en culture. (Voir vol. II, p. 40, 70, 83, 88).
[6] Voir vol. Ier, p. 254.

bes d'avoine pour la nourriture de son cheval par chaque jour de travail et des profits de grange énumérés dans l'acte, fut converti, ainsi que d'autres droits, en une rente de 60 sous parisis et huit muids de grain, mesure d'Orléans [1]. En 1300, l'Eglise possédait à Theuville une dîme à quatre traits ; cette dîme et ces traits non évalués se partageaient entre le Chapitre et les prébendiers de Dammarie [2]. En 1300, à Gérainville, paroisse de Prunay-le-Gillon, il y avait une dîme à un trait dont le Chapitre possédait la quatrième partie ; de quatre ans en quatre ans les chanoines percevaient la dîme qui valait un muid de grain et le trait qui était estimé deux setiers [3]. En 1300, au Poislay, près du Gault, la dîme à un trait était attribuée pour un tiers à la précaire et pour deux tiers au prieur de Gohory ; le trait appartenait pendant un an à la précaire et pendant deux ans au prieur, et celui qui le possédait avait pour émolument les fourrages et menues pailles [4].

Il est question plusieurs fois de la dîme des vignes ou du vin dans notre Cartulaire. Elle était assez souvent convertie en argent d'après la quantité de vin récolté dans les vignes dîmées [5] ; à Jouy, la dîme du vin se percevait en nature sur les cuves remplies par un premier pressurage, *de uno pede presso* [6].

2º *Champart*. — Le champart seigneurial était en nature l'équivalent du cens. Il représentait la part du seigneur dans les récoltes de ses vassaux. Les feudistes le distinguent du champart foncier, lequel n'impliquait pas la seigneurie, mais tenait lieu de rente foncière. Le premier de ces champarts était imprescriptible, tandis que le second se prescrivait comme tout autre droit foncier.

Les mentions de champart seigneurial ou foncier sont trop fréquentes dans notre Cartulaire pour que nous puissions les énoncer. Le mode de perception de cette redevance en nature ne différait pas de celui usité pour la dîme. Il y avait aussi le champart par gerbes, le champart nombré et porté et le champart laissé dans les champs [7] ; mais il ne frappait que les

---

[1] Voir vol. II, p. 111. — [2] Ib., p. 317. — [3] Ib., p. 318. — [4] Ib., p. 376. — [5] Ib., p. 328, 332, 333.

[6] Ib., p. 338. — Cette dîme était d'un treizième dans les vignobles du Parisis. *Cart. de N.-D. de Paris*, p. CXCIX.

[7] Voir vol. II, Polyp., *passim*.

gerbes restées après l'enlèvement de la dîme. Il arrivait fréquemment, en fait de champart foncier surtout, que la redevance se subdivisât entre plusieurs ayant-droits. En 1122, Roger Fortin donna à l'abbaye de Saint-Père tout le champart de sa terre de Réveillon, à l'exception de la huitième gerbe [1]. En 1261, Pierre Boisseret vendit à Philippe de la Porte-Morard, chanoine, la huitième gerbe de champart qu'il possédait à Houdoir dans le fief de Hugues de Magny, chevalier [2] En 1300, à Charonville, les prébendiers ne possédaient que la troisième gerbe du champart du Chapitre [3]. En 1300, le champart de la Côte, paroisse de Bouglainval, appartenait pour moitié au Chapitre et pour moitié au seigneur de Maintenon [4].

Le champart portait aussi, en Beauce, les noms de terrage [5] et d'agrier [6].

D'après la Coutume de Chartres, art. cxiii, celui qui enlevait une récolte frappée de champart, sans prévenir le seigneur, était passible d'une amende de 60 sous tournois.

3° *Métive*. — Au champart il faut joindre la métive, sorte de redevance en grains, assise en quelques endroits sur les terres couvertes de céréales. Cet impôt se percevait dans l'origine à raison du nombre de bœufs employés à la culture, à ce que nous apprennent des chartes du XII° siècle citées par du Cange. Aussi le voyons-nous employé dans les pays où la mesure à grain était la bovée. Au mois d'avril 1214, Hervé de Chennevières avait droit chaque année à une métive d'un setier de grain, moitié blé, moitié avoine, par bovée en céréales dépendant de la terre de Robert des Gués [7]. — Cette redevance est encore rappelée dans un autre endroit de notre Cartulaire, mais les terres imposées n'y sont désignées que sous le nom d'hostises, sans assignation plus précise de mesure [8].

Le Registre des cens du comté de Chartres, cité par du Cange, v° *mestiva*, disait : « Les coustumes des portes de Chartres appartiennent à la

---

[1] *Cart. de Saint-Père*, p. 543.
[2] Archives départementales; fonds de Saint-Cheron.
[3] Voir vol. II, p. 288. — [4] Ib., p. 343.
[5] Voir vol. Ier, p. 182, 193, et *Cartul. de Saint-Père*, p. 433, 437, 461, 464, 483, 592, 657, 658.
[6] *Cartul. de Saint-Père*, p. 431, 462, 498.
[7] Voir vol. II, p. 75. — Nous n'avons pas donné ce détail dans le texte parce qu'il ne concerne pas Notre-Dame.
[8] Ib., p. 67.

» Prévosté, quand elle est vendue : c'est à scavoir le deaublage, ...et
» les mestives de Beausse, mès le Prévoust poie lors le past aux meres,
» qui doivent avoir chascun an à diner le jour que les mestives sont
» assises. »

4° *Ménage*. — Le ménage était, pensons-nous, une redevance en nature de grains que chaque homme de corps ou vassal adonné aux travaux des champs payait au seigneur, pour son droit d'habitation et d'exploitation dans le fief seigneurial. Cet impôt était quelquefois associé aux *oublies*, autre droit en nature d'avoine, et presque toujours aux *coutumes*, droit en nature d'argent. Il remplaçait souvent le champart, mais il était indépendant de la dîme. Ainsi, à Vieil-Allonnes, une terre de 15 setiers, à deux gerbes de dîme, payait 2 sous de coutumes et six setiers de grain de ménage [1]. A Maulou (Beauvilliers), une terre de deux muids neuf setiers, à deux gerbes de dîme, payait 5 sous 4 deniers de coutumes et 15 setiers de grain de ménage [2]. A Soignolles (Voves), une terre de quatre muids, à dîme nombrée, devait un muid de grain de ménage [3]. A Menonville (Villars), une terre de 7 muids 6 setiers, dont deux muids à deux gerbes de dîme et le reste à une gerbe, payait deux muids de grain de ménage [4]. A Guillonville, une terre de 18 setiers, à deux gerbes de dîme, rendait 3 sous 10 deniers de coutumes et 16 setiers de grain de ménage [5]. Une terre de deux muids à Sandarville, à deux gerbes de dîme, payait deux setiers d'avoine d'oublies à Loëns et 20 setiers de grain de ménage [6]. Au même lieu, une terre de deux muids, à deux gerbes de dîme, payait 2 sous de cens, 2 setiers d'avoine d'oublies à Loëns et deux muids de grain de ménage [7].

Nous pourrions multiplier ces exemples dont le Polyptique est plein. Il nous suffira de faire observer qu'il n'y avait pas de règle uniforme pour la quotité du droit de ménage par rapport à la quantité de terre à blé frappée de l'impôt. Ainsi la terre de Vieil-Allonnes contenant 15 setiers n'acquittait que 6 setiers de grain de ménage, tandis que les 18 setiers de Guillonville en payaient seize. Nous trouvons aussi dans le Polyptique la trace d'un autre mode de perception du ménage, à savoir par gerbes au lieu de setiers de grain.

---

[1] Voir vol. II, p. 306. — [2] Ib., p. 307. — [3] Ib., p. 309. — [4] Ib., p. 312. — [5] Ib., p. 320. — [6] Ib., p. 353. — [7] Ib., p. 365.

A Pouancé (Ollé), une terre de 21 setiers, à deux gerbes de dîme, devait pour ménage six gerbes par setier de blé et huit gerbes par setier d'avoine [1].

5° *Oublies*. — Cette redevance en nature d'avoine était très-usitée en Beauce, dans les terres du Chapitre. Elle tenait ordinairement lieu du champart, peut-être de la dîme, pour les hostises et arpents de petite culture [2]. Comme nous l'avons dit plus haut, les oublies et le ménage frappaient quelquefois les mêmes terres, mais dans ces cas le ménage avait beaucoup plus d'importance que les oublies. Ainsi, dans la précaire de Fontenay-sur-Eure, une terre de deux muids, à Sandarville, devait 20 setiers de grains de ménage et seulement deux setiers d'avoine d'oublies [3]. A Amilly, une terre de deux muids six setiers payait deux setiers d'oublies et 4 muids de ménage [4].

Lorsque les oublies étaient isolées de toute autre redevance en nature, leur somme en avoine était beaucoup plus considérable. A Masselin, près Courville, le Chapitre avait 38 setiers d'avoine d'oublies sur les 19 arpents du hameau, ce qui faisait deux setiers par arpent [5]. A Harville (Bailleau-le-Pin) chaque hostise, au nombre de 28, payait un setier d'avoine [6]. La même proportion existait à l'Aubépine, paroisse de Saumeray [7], à Mongerville (Santeuil) [8] et autres endroits. Assez souvent, et spécialement dans les lieux que nous venons de désigner, le nombre des setiers d'avoine d'oublies était accompagné d'un nombre semblable de poules, soit une ou deux par arpent ou hostise.

Les oublies en grains et volailles ont-elles pour origine les *oblations* anciennes en pains faites à certains jours par les vassaux à leurs seigneurs ? c'est possible ; mais elles ne se substituèrent pas complètement à ces dernières oblations, car les offrandes en pains existaient en même temps que les oublies en avoine, comme le font voir nombre de passages de notre Cartulaire. Les oublies en avoine étaient, d'ailleurs, fort anciennes dans la

---

[1] Voir vol. II, p. 361.

[2] Le Polyptique ne nous fournit, en effet, qu'un seul exemple des oublies associées au champart, c'est à Dampierre-sur-Avre, et encore n'est-il pas bien certain que les terres soumises aux oublies fussent les mêmes que celles soumises au champart (vol. II, p. 387). — Nous voyons deux ou trois fois, dans le susdit document, des terres dîmées frappées du droit d'oublies (vol. II, p. 353, 378.).

[3] Voir vol. II, p. 353. — [4] Ib., p. 378. — [5] Ib., p. 364. — [6] Ib., p. 367, 368. — [7] Ib., p. 371. — [8] Ib., p. 331.

liste des impôts en nature frappant les terres de Beauce. Il en est question dans des titres de 1149-1155, 1170, 1175 [1]. Les arpents qui les devaient étaient même connus en quelques lieux sous le nom d'arpents d'oblations, *agripenni oblatorii* [2].

Ce qu'il y a de certain, c'est que les oublies en avoine, pain, argent, poulles, étaient rangées dans la même catégorie, comme le prouve cette phrase d'une charte de 1111, de l'abbaye de Saint-Père : *solam medietatem retinens oblivionum illarum, que sunt avena et panis, denarius et chapo* [3].

6° *Râtelage*. — Le râtelagé, *restalagium*, était le droit de râteler les prés après l'enlèvement des foins ou leur mise en mulons, et de s'approprier l'herbe ainsi récoltée. Dans le principe, le râtelage était la rémunération des maires ou sergents chargés par les seigneurs ou même par les paroisses de veiller à la conservation des prés à l'époque de leur maturité [4]. Des mutations et aliénations successives firent souvent passer ce droit entre les mains de personnes étrangères au service pour lequel il avait été créé. En 1300, le râtelage des prés de Jouy appartenait aux chanoines prébendiers de ce lieu, qui en rendaient 30 sous au Chapitre pour divers anniversaires et le pain de Loëns [5]. A la même époque, les prébendiers de Bouglainval et Mévoisins jouissaient des râtelages et andains [6] des prés de Maintenon, qui avaient été achetés, vers la fin du XII° siècle, par le chanoine Philippe Morhier, du maire de Mévoisins [7]. Les prébendiers de Landelles avaient aussi le râtelage et les andains des prés de ce lieu, mais ils devaient payer 12 sous sur le produit pour le pain de Loëns [8]. En 1300, le râtelage du pré du Doyen et de celui du Sous-Doyen à Barjouville appartenait à la précaire de ce lieu et valait environ 70 sous de revenu par an [9].

Nous trouvons dans le Cartulaire de Saint-Père un exemple assez curieux des exigences et des émoluments des maires pour la garde des prés. En

---

[1] Voir vol. II, p. 154, 186, 193.

[2] A Erouville (St-Germain-le-Gaillard). — Arch. de l'Hôtel-Dieu, titre de 1190, coffre n° 1.

[3] Voir *Cartulaire de Saint-Père*, p. 435.

[4] Parmi les droits constituant le fief du maire d'Ingré en 1225 était compris le râtelage de la moitié des prés de la mairie (voir vol. II, p. 112).

[5] Voir vol. II, p. 290.

[6] On appelait marges, *margines, rivagia*, ou andains, *andena*, une bande longitudinale, de la largeur d'une enjambée, contournant les limites du pré en tous sens.

[7] Voir vol. II, p. 291 et vol. III, p. 137.

[8] Voir vol. II, p. 296. — [9] Ib., p. 357.

1265, Jean, écuyer, maire de Thivars, prétendait avoir droit, dans les prés de l'abbaye, au râtelage, au foin resté sur place après l'enlèvement des mulons, aux herbes des limites, à deux pointes desdits prés, à une charge de foin au moment du fauchage, à la moitié de la loge construite chaque année pour le gardien des prés, à 14 miches bises par semaine de la mi-mars à la fauchaison, et à 7 miches bises, 7 miches blanches et 7 coups de vin, également par semaine, de la fauchaison à l'engrangement, le tout comme salaire de la garde des prés. Après contestation, les religieux et le maire transigèrent moyennant la cession qui fut faite à ce dernier, pour tenir lieu des droits susdits, de la cinquième partie des prés, c'est-à-dire de cinq arpents et demi et d'un demi quartier du grand pré, plus d'une somme de 50 livres tournois une fois payée [1].

7° *Terceau.* — Le terceau était pour les vignes ce que le champart était pour les céréales, c'est-à-dire le droit par le seigneur de prendre une quantité déterminée de vin sur la récolte de ses vassaux.

La grande extension que prit la culture de la vigne en Beauce et notamment dans les environs de Chartres aux Xe, XIe et XIIe siècles rendit cet impôt fort important.

Pour un quart de vignes, demi-baril, dit du Cange, verbo *terciolagium,* d'après le registre des cens et fiefs du comté de Chartres, p. 8. Le quartier étant le quart de l'arpent, la redevance du terceau pour un arpent était de deux barils. Nous savons par un titre de l'abbaye de Saint-Père que six barils de terceau, de ceux appelés *costerets,* faisaient un muid de vin [2]. Notre Polyptique rapporte que le Chapitre possédait, en 1300, un terceau de trois muids un baril et demi sur des vignes sises au clos Sainte-Marie, au clos Saint-Martin, à Mautrou et vers Saint-Lubin [3]; ce qui porte l'ensemble de ces vignes à neuf arpents un quart et demi, soit 3 hectares 90 ares 44 centiares, et le terceau perçu, à 7 hectolitres 08 litres 50 centilitres, suivant les calculs de M. Guérard [4].

8° *Moulte.* — En certains endroits les vassaux étaient obligés de faire

---

[1] Voir p. 714.

[2] *Cart. de Saint-Père,* p. 687.

[3] Voir vol. II, p. 423. — Ce terceau s'appelait le terceau de Sainte-Catherine, il revenait aux matiniers et était pris dans les cuves avant que les débiteurs eussent touché au vin.

[4] *Cart. de Saint-Père,* Proleg., p. CLXXX.

moudre leur grain dans les moulins banaux du seigneur. Le droit féodal perçu en nature ou en argent par le meunier, pour prix de la mouture, s'appelait moulte, mouture, *molta, moltura*. Notre Cartulaire distingue deux sortes de moulte, celle cherchée et celle non cherchée, *quæsita, non quæsita*. La première était ainsi nommée parce que le moulin n'étant pas banal, le meunier avait la charge d'aller solliciter la pratique et de rapporter la marchandise, tandis que dans le cas de moulte non cherchée les vassaux étaient tenus de conduire eux-mêmes leurs grains au moulin [1].

Le seul moulin banal du Chapitre que nous fasse connaître le Polyptique était situé à Ferrières, entre Jouy et Saint-Prest; il avait trois roues et moulait le grain appartenant aux hommes demeurant sur la terre de l'Eglise à Nogent-le-Phaye, Saint-Prest, Jouy, Berchères-la-Maingot et Villiers-le-Bois. Il rapportait par an 18 muids de grain, lesquels appartenaient aux matiniers [2]. Ce revenu était beaucoup plus considérable que celui provenant de chacun des autres moulins non banaux du Chapitre.

Les propriétaires de moulins banaux avaient soin de prendre des mesures de surveillance et de pénalité pour empêcher leurs sujets d'aller ailleurs et de frauder la moulte. Vers 1175, il fut convenu entre le Chapitre et Eudes Borel, de Courtalain, que les hôtes du Gault-Saint-Etienne feraient moudre leur grain aux moulins qui devaient être construits en ce lieu; mais que, s'ils ne le pouvaient pas, ils iraient soit au moulin des Fontaines, soit aux moulins de Courtalain appartenant audit Borel, et que là, si après une attente d'un jour et d'une nuit, ils n'étaient pas servis, ils iraient faire moudre où ils voudraient. Il fut ajouté que si un hôte était accusé par le meunier d'avoir fraudé la moulte, il serait admis à se purger par simple serment devant le maire, et qu'en cas de refus ou d'impossibilité, il serait condamné à payer double moulte [3]. En 1214, Robert des Gués, dans une donation au Chapitre, dont nous avons déjà plusieurs fois parlé, se réserva la moulte due par les habitants du village de Chennevières, sujets banniers de son moulin situé entre Dampierre et Blévy, et stipula que chaque défaillant convaincu lui paierait deux sous d'amende [4].

[1] Voir vol. II, p. 336, 344, 354. — [2] Ib., p. 338, 339.
[3] Voir vol. Ier, p. 193, 194. — Voir aussi vol. II, p. 8 et 9, les dispositions prises à l'égard des hôtes du Défait, sujets banniers du moulin de ce lieu.
[4] Voir vol. II, p. 75. — Ce détail est dans l'original que nous n'avons fait qu'analyser.

Un titre de 1258, relatif à ce même moulin, fait connaître que le meunier prélevait pour son office un quart de la moulte [1].

Il est question dans le Polyptique d'une rente perpétuelle de 5 muids 4 setiers de blé, appelée moulte, et due par les villages de Champseru, Champgarnier, Pampol, Brez, Loinville et Senainville [2]. Mais cette redevance foncière, de la nature du ménage, ne paraît pas avoir la moindre analogie avec la moulte des moulins banaux [3].

9° *Fournage.* — Le fournage était une redevance en pain ou en argent que les sujets banniers payaient au fournier ou boulanger du four banal pour la cuisson de leur pain.

Le Cartulaire de Notre-Dame fait mention de plusieurs fours [4]; mais il ne désigne clairement comme four banal que celui de la mairie de Bouglainval auquel les hommes du Chapitre résidant en ce lieu étaient tenus de cuire. Le maire recevait de chaque homme cuisant à ce four un pain par fournée, mais il était tenu de chauffer le four avec le bois que lui apportait celui qui cuisait [5].

10° *Pains, Poules, Chapons.* — Nous avons déjà dit que les pains, les poules et les chapons étaient compris au nombre des redevances appelées *oublies.* Ils frappaient ordinairement la petite culture et accompagnaient les menues dîmes et l'avoine d'oblations. Ainsi, en 1300, à la Varenne, paroisse de Meslay-le-Grenet, le Chapitre percevait sur les hostises le tiers de la dîme des jardins, des agneaux et de la laine, et les pains valant 4 sous par an [6]. A Marsauceux, la redevance des hostises était de neuf setiers d'avoine, neuf poules et neuf pains [7]. A Dampierre-sur-Avre, les hostises rendaient à la précaire du Chapitre, le jour de Noël, 18 setiers d'avoine, 20 poules, 20 pains et 20 sous de cens [8]. A Corancez, la somme des redevances perçues sur les arpents était de 18 setiers d'avoine, 4 setiers d'orge,

---

[1] Achat par le Chapitre, du sire Guillaume des Gués, moyennant 40 livres 1/2, des trois quarts de la moulte du moulin de Becael et de 4 sous de cens que rend le meunier. Acte de 1258, original, Archives dép., fonds du Chapitre.

[2] Voir vol. II, p. 328.

[3] Voir, sur la moulte et les moulins, le *Cartulaire de Saint-Père*, Proleg., n° 149, et p. 305, 328, 476, 537, 584, 595, 596, 605, 608, 703 et 712.

[4] Voir vol. II, p. 381, 409, 411, 419.

[5] Voir vol. II, p. 343 et le *Cart. de Saint-Père*, Proleg., n° 150.

[6] Voir vol. II, p. 313. — [7] Ib., p. 347. — [8] Ib., p. 387.

4 poules et deux deniers par poule ; ou dix deniers pour tenir lieu d'une poule [1]. Nous ne multiplierons pas ces exemples qui abondent dans le Cartulaire de Notre-Dame [2]; nous dirons seulement que la poule, estimée 8 deniers (puisqu'il faut en retrancher deux donnés en argent) dans la citation qui précède, n'est évaluée ailleurs que quatre [3] et six deniers parisis [4].

Telles sont les principales redevances en nature qui frappaient la classe agricole aux XII° et XIII° siècles dans le pays chartrain. Nous n'avons pas la prétention d'avoir donné une nomenclature complète de ces impôts essentiellement variés. D'ailleurs, il nous a semblé inutile de répéter ce que M. Guérard a si bien dit dans ses Prolégomènes du Cartulaire de Saint-Père. Nous ne pouvons donc qu'engager le lecteur à recourir à cet excellent ouvrage dont notre propre travail n'est sur ce point qu'un humble appendice.

§ II. — SERVICES.

Nous divisons les services en corvées et en aides.

I. *Corvées.*

1° *Corvées de corps ou services corporels.* — On entendait par les mots *corvedœ, corveiœ*, les services corporels dus au seigneur par ses vassaux, à certaines époques ou pendant un certain nombre de jours de l'année. Le Cartulaire de Saint-Père nous donne deux exemples de cette sorte de corvée, au X° siècle ; le premier à Jouy, où quatre agriculteurs devaient quinze jours de travail pendant la moisson, et le second à Corton, où trois habitants faisaient chacun douze jours au même temps de l'année, s'ils n'aimaient mieux les racheter au prix de six deniers [5].

2° *Corvées de charrue.* — L'obligation de faire à certaines époques de l'année des corvées de charrues ou de donner des labours à une certaine quantité de terre était nécessairement très-usitée dans un pays de culture

---

[1] Voir vol. II, p. 317. — [2] Ib., p. 240, 241, 242, 243, 244, 311, 329, 331, 348, 367, 368, 369, 371, 383, 387. — [3] Ib., p. 241. — [4] Ib.

[5] *Cart. de Saint-Père*, p. 40 et 41. — A Boisville-la-Saint-Père, à Demainville et à Morville, les cultivateurs étaient tenus de faire par corvée l'élagage des arbres. (*Ib.*, p. 36 et 37.)

comme la Beauce. Aussi en trouvons-nous des exemples fort anciens dans nos archives. Au X° siècle, à Boisville-la-Saint-Père, cinq cultivateurs faisaient chacun, par corvée, un labour sur deux perches de terre pour les semailles d'automne et un labour sur une perche et demie pour les semailles de mars [1]. L'hôte de Demainville devait, à la même époque, une corvée de charrue sur quatre perches de terre pour les semailles d'automne [2]. En 1149-1155, il fut défendu aux maires d'exiger des paysans des corvées de charrue [3]. En 1300, les cultivateurs de Puiseux devaient des corvées de charrue [4].

3° *Corvées de chevaux et bœufs.* — Nous ne parlerons que pour mémoire du cheval ou roncin féodal de service, que certains vassaux devaient à leur seigneur une fois dans leur vie ou à des époques déterminées, ordinairement en cas de guerre. D'après la coutume de Chartres, tout vassal entier et à plein cheval de service devait 60 sous tournois de rachat à son seigneur [5].

Mais, indépendamment de cette redevance, il y en avait une autre, plus pénible pour le paysan, qui consistait à mettre à la disposition de son maître ses chevaux ou ses bœufs pendant un certain nombre de jours par an. En 1108, les hôtes de Tournoisis devaient une corvée de leurs animaux en mars, aux guérets et autres façons des terres [6]. En 1215, chaque hôte d'Adey ayant chevaux et voiture en devait la corvée au chambrier un jour par an [7]. En 1226, Guillaume, fils de Garin de Saint-Prest, avait droit à une corvée de douze chevaux une fois chaque année dans sa terre de Foinville, près de Voves [8]. En 1253, Marie de Saint-Laumer et son fils Michel étaient tenus de fournir, pendant 40 jours, un cheval de travail aux religieux de Saint-Père [9].

4° *Charrois.* — Les charrois étaient les corvées les plus habituellement

---

[1] *Cart. de Saint-Père*, p. 36. — [2] *Ib.*
[3] Voir vol. Ier, p. 157.
[4] Vol. II, p. 348.
[5] Art. XI. — Nous trouvons dans le *Cartulaire de Saint-Père*, p. 383, de nombreux exemples de fieffés astreints à la corvée du cheval de service.
[6] *Cart. de Saint-Père*, p. 439.
[7] Voir vol. II, p. 79.
[8] *Archives de l'Hôtel-Dieu*, caisse 1re.
[9] *Cart. de Saint-Père*, p. 703.

imposées aux cultivateurs dans notre pays. Elles sont mentionnées trop souvent dans les actes de notre Cartulaire pour que nous puissions les rapporter. Il y en avait pour les transports de denrées de toute nature, mais en particulier pour la rentrée des récoltes, dîmes et champarts, dans les granges. Quelquefois les charrois devaient franchir des distances assez considérables. En 1175, le charroi annuel exigé de chacun des hôtes du Gault-Saint-Etienne pouvait être expédié à Châteaudun, à Vendôme, à Mondoubleau, à Montmirail ou à Brou [1]. En 1179, les hommes de Notre-Dame demeurant à Beauvilliers et Lutz devaient au seigneur de Beauvilliers un charroi d'un muid de grain soit à Chartres, soit à Bonneval, soit au Puiset [2].

Il faut ajouter cependant que presque toujours le convoyeur et ses animaux étaient nourris aux frais du destinataire [3].

5° *Expédition, chevauchée.* — A ce qu'à dit M. Guérard dans ses prolégomènes du *Cartulaire de Saint-Père* [4], nous ajouterons quelques exemples tirés de notre Cartulaire. En 1167, les hommes de l'église de Chartres étaient venus à l'armée du roi Louis le Jeune ; mais ce monarque déclara, en 1168, qu'il ne se prévaudrait pas de ce fait isolé pour réclamer à son profit dans l'avenir une coutume qui n'avait pas existé jusqu'alors [5]. A une époque aussi agitée cette immunité avait du prix ; mais les serfs seigneuriaux n'étaient pas dans des conditions aussi favorables. En 1213, le comte de Vendôme fit l'abandon au Chapitre des coutumes qu'il prétendait sur la terre et les hommes de Mazangé, en se réservant le droit d'obliger lesdits hommes à l'accompagner pendant une journée dans ses expéditions militaires [6]. En 1215, les hôtes d'Adey, de Miscouart, de Vaubrun, et autres lieux tenus par le chambrier ne devaient ni le service de guerre ni la chevauchée [7].

6° *Garde des villes et châteaux.* — Cette charge incombait souvent aux vassaux en cas de guerre. Les hommes de Mazangé dont nous venons de

---

[1] Voir vol. Ier, p. 194. — [2] Ib., p. 200.

[3] Cette réfection donnée aux gens et aux bêtes était appelée l'excitation, l'incitation au charroi, *pro citando carragio*. Voir vol. II, *Polyptique*, p. 343, 344, 351, 362. — Voir aussi les chartes des maires dans le *Cart. de Saint-Père*, Prolégomènes, p. cxxj et suivantes.

[4] N° 125.

[5] Voir vol. Ier, p. 176. — [6] Ib., p. 72.

[7] Voir vol. II, p. 81.

parler devaient la garde au château de Vendôme, en cas de nécessité[1]; et cependant ils appartenaient à Notre-Dame. A plus forte raison les vassaux directs du comte, demeurant dans le voisinage de son château, étaient-ils astreints à ce service. En 1294, les hommes de corps du Chapitre demeurant dans l'étendue de la juridiction des religieux de Bonneval devaient la garde des villes et châteaux de cette circonscription[2]. Il n'est pas douteux que cette obligation atteignît généralement les habitants de la banlieue des places fortes.

II. Aides.

Les aides étaient des secours temporaires que les vassaux devaient à leurs seigneurs en certaines nécessités.

Les quatre circonstances principales dans lesquelles les vassaux, mêmes libres, devaient l'aide ou taille extraordinaire à leur seigneur, étaient, dit M. Guérard, lorsqu'il prenait la croix, lorsqu'il était fait prisonnier, lorsqu'il mariait sa fille aînée, lorsque son fils aîné était fait chevalier[3]. Aux exemples qu'il a cités nous ajouterons celui des hôtes de Bois-Ruffin, qui devaient une taille à Guillaume Goët dans le cas où il marierait sa fille légitime, achèterait un château ou serait fait prisonnier[4]. Vers 1175, Eudes Borel promit aux hôtes du Gault-Saint-Etienne de n'exiger d'eux aucune taille extraordinaire, même pour sa rançon[5].

CHAPITRE IV.

CULTURE DES TERRES.

§ 1er. — BATIMENTS RURAUX, AMEUBLEMENTS, OUTILLAGE.

Examinons, comme ensemble de bâtiments ruraux, l'hébergement, grande ferme beauceronne du XIIIe siècle, dont nous avons déjà fait connaître l'importance comme domaine.

---

[1] Voir vol. II, p. 123.
[2] *Cart. de Saint-Père*, Prolég., n° 444, p. 155. III, p. 483, 484.
[3] Voir vol. Ier, p. 194.

Un mur très-élevé en pierres ou en terre, protégé à l'extérieur par un fossé sec, large et profond, ou par des douves pleines d'eau, entourait la ferme. On pénétrait dans la cour principale par un grand portail avec poterne, sorte de fortification d'une construction monumentale ; des chambres, des greniers, des galeries étaient pratiqués au-dessus. Dans l'intérieur de la cour se trouvait la maison d'habitation du métayer, ordinairement attenante au portail ; puis venaient, à droite et à gauche, les bâtiments d'exploitation, étables [1], poulaillers, porcheries, pressoir, four, appentis à usages divers, et, dans le fond, les granges avec leurs doubles portes. Un colombier en forme de tour s'élevait dans un coin de la cour ou dans le jardin. Tous ces bâtiments, édifiés en pierres ou en terre, étaient couverts soit en tuiles, soit en chaume, soit en bardeaux, selon les localités et l'importance de l'hébergement [2]. Le jardin potager, compris le plus souvent dans l'enceinte murée, renfermait les arbres fruitiers, les treilles et quelquefois un vivier à poisson. Quelquefois aussi un verger séparé du jardin à légumes s'étendait derrière les granges et fournissait une pâture aux volatiles de la ferme. Dans les lieux où l'on cultivait la vigne, il y avait des caves et des celliers creusés dans le roc [3].

Tel était au Moyen-Age, d'après le Polyptique [4], l'hébergement du pays chartrain, en tant qu'ensemble de constructions rurales, et l'on voit que, sauf le portail monumental et les douves, il ne différait pas de la ferme moderne.

L'ameublement de la maison du métayer tient peu de place dans notre Cartulaire. Nous connaissons cependant les lits et objets de literie, les escabeaux, les bancs, les tables, les huches, les couteaux, les pots, les cruches, les balais [5].

Quant aux instruments aratoires, nous citerons les charrues, les char-

---

[1] Il est quelquefois question de bergeries, *bercherie*, dans le Polyptique, mais rarement. Le mot *stabula*, étables, désignait tous les bâtiments propres à l'habitation des races chevaline, bovine et ovine.

[2] Voir vol. II, p. 303, 306, 308, 309, 314, 316, 317, 323, 325, 326, 344, 351, 358, 359, 364, 374, 375, 379, 380, etc. — A l'hébergement de la Framboisière, le poulailler était couvert de branches de bruyères. (Voir vol. II, p. 389.)

[3] Voir vol. II, p. 323 et 333.

[4] Ib., p. 303 et suivantes. — Voir aussi le plan d'un établissement rural en 1234, dans la préface du Cartulaire de Notre-Dame de Paris, p. ccix.

[5] Voir vol. Ier, p. 105, et vol. II, p. 213, 214, 215, 217,

rettes, chariots et banneaux, les herses, les bêches, les hoyaux, les cognées, les faucilles, les faulx, les pelles, les râteaux, les vans et les mesures de capacité pour les grains ¹.

§ II. — ANIMAUX DOMESTIQUES.

1° *Race chevaline.* — Les chevaux se distinguaient principalement, au Moyen-Âge, par les usages auxquels ils étaient propres. Notre Cartulaire nous fait connaître le cheval de travail ou roncin, *equus, roncinus*, le destrier ou cheval de guerre, *equus ad arma*, le palefroi ou cheval de selle, *palefredus*, le porteur ou cheval de bât, *sommarius* ². On employait plus souvent le cheval rural comme bête de somme ou de trait que comme bête de labour. Il servait surtout aux charrois, la charrue étant réservée de préférence aux bœufs ³. Le mauvais état des chemins rendait aussi les services du cheval indispensables comme bête de selle. Tous les voyages se faisaient à cheval, et les femmes elles-mêmes ne connaissaient d'autres moyens de transport que les palefrois ou les haquenées ⁴.

D'après le *Fleta* et le *Traité d'économie rurale* que nous venons de citer en note, la nourriture du cheval était par nuit du sixième d'un boisseau d'avoine, du prix de une obole. Sa mise à l'herbe pendant l'été coûtait 12 deniers, suivant le *Fleta*, et 22 deniers, suivant le *Traité*, et sa ferrure revenait à 1 denier par mois ⁵. Somme toute, la dépense de

---

¹ Voir Polyptique, *passim*, pour les charrues et chariots, les pelles, les vans, etc.; — le *Poème des miracles de Notre-Dame*, pages 11, 12, 93, 169, 170, pour les cognées, les faucilles, les râteaux; — le *Cartul. de Notre-Dame*, vol. II, p. 214, pour les faulx.

² Voir Polyp., *passim*, et vol. II, p. 215 et suiv.

³ C'était un axiome de l'agriculture du Moyen-Age qu'il y avait plus d'avantage à se servir du bœuf que du cheval pour la charrue (voir le *Fleta*, l. II, chap. lxxiij, dans les *Coutumes anglo-normandes* de Houard, et le *Traité d'économie rurale au XIIIe siècle*, donné par M. L. Lacour dans la *Biblioth. de l'Ecole des Chartes*, 4ᵉ série, vol. II, p. 138).

⁴ Ainsi une charte de 1138 nous apprend que Falca, fille de Hugues, maire de Voves, ne put se rendre à Chartres, parce qu'étant prête d'accoucher il lui était impossible de monter à cheval (vol. Ier, p. 144).

⁵ Le maire de Saint-Maurice, chargé du transport de la dîme du vin appartenant au Chambrier, avait 6 deniers pour la ferrure de son cheval pendant le temps des vendanges (vol. II, p. 81). Le mot maréchal, *marescallus*, appliqué aux artisans, s'entendait non-seulement de l'homme qui ferrait les chevaux mais encore de celui qui les dressait. (*Cart. de Saint-Père*, Proleg., p. lx.)

l'année était, sans les pailles et issues de grange, de 11 sous 2 deniers selon le *Fleta*, et de 18 sous 1 denier, selon le *Traité*[1].

Le prix des chevaux variait évidemment suivant leur qualité, mais la moyenne, aux XII° et XIII° siècles, était dans notre pays de 3 à 5 livres pour un fort cheval de travail, soit environ 300 à 500 fr. de notre monnaie, et de 40 à 50 sous, pour un roncin, soit 200 à 250 fr.; ce qui suppose une production assez abondante[2]. Les bocages et les prairies du Perche fournissaient probablement déjà leurs excellents produits. Au commencement du XII° siècle, les religieux de Saint-Père avaient des cavales à la Pommeraye, paroisse de Chuisnes[3].

Sur le marché de Chartres, chaque vendeur et chaque acheteur devait 1 denier de menue coutume par cheval de travail vendu, et 2 deniers par cheval de guerre. Le marchand qui traversait la ville avec des palefrois devait 1 denier par chaque bête, et celui qui avait des chevaux de guerre 2 deniers par tête[4].

L'âne, dont il est, du reste, fort peu question dans nos documents, paraît avoir été employé au labour en quelques lieux de la Beauce-Etampoise. Ainsi il est question d'une terre d'un âne, *unius asini*, à Mantarville, paroisse de Sainville, dans un acte de 1120 environ, et à Oisonville, dans un acte de 1138[5]. Vers 1143, une ânée de terre fut donnée à Saint-Père par Pierre d'Orlu, pour prix de sa manumission[6]. Nous parlerons de l'ânée en traitant des mesures agraires.

2° *Race bovine*. — Si la mesure agraire appelée *bonnier* vient de *bobus*, comme le veut une des opinions exprimées par Du Cange (v° *bonnarium*), l'emploi des bœufs pour le labourage en Beauce remonterait à une époque très-reculée. En effet, le bonnier est l'une des plus anciennes mesures dont il soit question dans les actes, puisqu'elle n'était déjà plus usitée lorsque le moine Paul de Saint-Père écrivait, c'est-à-dire au XI° siècle[7].

Quant à la *bovée*, *bovata*, autre mesure agraire des XII° et XIII° siècles,

---

[1] *Fleta*, dans Houard, tome et page cités; *Traité*, ch. 12.
[2] *Cartul. de Saint-Père*, Proleg., n° 184.
[3] *Cartul. de Saint-Père*, p. 500.
[4] Voir vol. II, p. 216.
[5] Archives départ.; *Fonds de Saint-Jean*.
[6] *Cartul. de Saint-Père*, p. 379.
[7] *Ib.*, p. 38.

elle implique évidemment pour cette époque l'usage de la culture par les bœufs. Ajoutons que cet usage était fort répandu dans la Beauce, car nous démontrerons dans le chapitre des mesures agraires, d'après un titre de l'abbaye de Saint-Jean, que la bovée, autrement dite *terre à deux bœufs*, était synonyme de la *charrue*, l'une des plus usitées de ces mesures [1]; de telle sorte que lorsqu'on parlait d'une *charrue* de terre, ce qui arrivait très-fréquemment dans les actes du Moyen-Age, on comprenait généralement la quantité de terre que deux bœufs peuvent labourer par an.

Le bœuf coûtait chaque année, pour l'avoine en gerbes, 2 sous 6 deniers, d'après le *Fleta*, et 5 sous 4 deniers, d'après le *Traité* [2], non compris la paille et le fourrage.

Il est inutile de dire que les bœufs étaient soumis au joug, comme aujourd'hui, mais nous devons faire connaître que les vaches travaillaient aussi et étaient attelées de la même manière [3]. La menue dîme frappait quelquefois les veaux considérés comme petits animaux [4].

Nous nous réservons de parler du pâturage des bestiaux dans les articles que nous consacrerons aux *prairies, pâtures* et *bois*.

Les menues coutumes de l'Evêque frappaient le jeune bœuf non cornu d'une pite et le bœuf cornu d'une obole pour le transit. L'acquéreur et le vendeur devaient chacun pour un jeune bœuf une pite, pour un bœuf cornu une obole, pour un jeune taureau une pite et pour une vache même somme [5].

3° *Race ovine*. — Comme les exploitations rurales, même les plus importantes, comprenaient au Moyen-Age une bien moins grande quantité de terre que celles de nos jours, il n'y avait pas de grands troupeaux. C'est peut-être pour cela que les bergeries, *bercherie*, sont rarement mentionnées dans le Polyptique. Mais on aurait tort d'en conclure que la race ovine fut peu répandue dans le pays.

Le commerce des laines et la manufacture des lainages étaient, à cette

---

[1] Archives départ.; *Fonds de Saint-Jean*, Acte de 1120.
[2] Endroits déjà cités.
[3] *Boves jugum ferentes*. Titre de Saint-Père de 1105 (p. 566). — *Vaccæ sub jugo gementes*, ib. (p. 566).
[4] *Decima vitulorum*, à l'autel de Saint-Lubin de Brou (*Cartul. de Saint-Père*, p. 504).
[5] Voir vol. II, p. 214 et 216.

époque, une des richesses de Chartres¹. Aussi l'impôt qui sait bien ce qu'il fait allait-il frapper le mouton et sa toison dans toutes les circonstances de la vie de l'animal ou de la manipulation de la laine. Il y avait là dîme des agneaux², le moutonnage³, le droit de transit sur les brebis dans les menues coutumes⁴, la dîme de la laine⁵, la *perrée* ou droit de pesage des toisons⁶, le droit de vente sur la laine et les étoffes de laine vendues au marché⁷.

Evidemment un tel état de choses implique l'élève des moutons en Beauce, contrée d'ailleurs éminemment propre à ce produit. Chaque petit cultivateur, à défaut de grand fermier, nourrissait un nombre de moutons en rapport avec son exploitation et il devait s'adonner d'autant plus ardemment à la propagation et à l'amélioration de l'espèce ovine qu'il avait un débouché certain et lucratif pour ses laines.

4° *Race porcine.* — L'élève des porcs était pratiqué en grand dans les contrées bocagères et forestières de notre pays. Comme on faisait un usage ordinaire du porc salé, *baco*, il y avait nécessité et profit de répondre aux besoins de la consommation. Le panage et la glandée, dont nous parlerons au chapitre des *bois*, procuraient aux hôtes les moyens d'engraisser leurs bêtes à peu de frais.

Là encore le fisc épiscopal et canonial, sans parler de celui du Comte, trouvait matière imposable. La dîme des petits animaux atteignait les porcelets⁸ et le frescennage les porcs adultes⁹. La vente du porc salé¹⁰, le transit par la ville et la vente des porcs, soit au marché, soit dans les rues, étaient passibles d'un droit¹¹.

5° *Volatiles.* — Parmi les volatiles dont les noms reviennent le plus souvent dans nos actes, nous trouvons les coqs, poules, poulets et chapons, les oies et les pigeons des colombiers¹².

---

¹ Voir *Histoire de Chartres*, par E. de Lépinois, vol. Iᵉʳ, p. 379 et suiv.
² Polyp., *passim*.
³ Voir vol. II, p. 241 et suiv. — ⁴ Ib., p. 215. — ⁵ Polyp., *passim*.
⁶ *Histoire de Chartres*, citée, vol. Iᵉʳ, p. 379 et suiv.
⁷ Voir vol. II, p. 212, 215.
⁸ Polyp., *passim*.
⁹ Voir vol. II, p. 240 et suiv. — ¹⁰ Ib., p. 213. — ¹¹ Ib., p. 214.
¹² Voir Polyp., *passim*, et vol. II, p. 241 et 374. — *Cartul. de Saint-Père*, p. 36, 37, 38, 40, 41, 353, 439, 484, 684.

§ III. — PLANTES CULTIVÉES ET ARBRES A FRUITS.

1° *Céréales.* — On donnait au blé les noms génériques d'*annona, bladum, frumentum, triticum.* Les espèces particulières étaient l'hivernage, *hibernagium, annona hibernalis,* ou blé d'hiver, semé à l'automne [1], et le blé de mars ou trémois, *marciagium, annona marcialis, trimensis,* semé au printemps [2]. Le plus pur froment recevait le nom d'*albéron* [3]; on disait aussi froment du premier prix de Loëns, froment du second prix de Loëns, froment commun [4]. Quelques terres étaient ensemencées en méteil, *mistiolum* [5], mélange de blé, d'orge et d'avoine ou de blé et d'avoine, dont la farine servait à faire le pain des paysans.

Nous rencontrons dans nos documents peu de mentions du seigle [6], mais en revanche la culture de l'avoine de mars suivait d'assez près celle du blé [7]. On employait une certaine quantité de cette céréale à la préparation de la bière, appelée cervoise [8], boisson d'un usage beaucoup plus général au Moyen-Age que de nos jours. Au commencement du IX° siècle, l'abbaye de Saint-Germain-des-Prés possédait 22 moulins entre Villemeux et Aulnay, et dans le cens qu'elle en retirait figuraient 177 muids de braie, *de bracia,* c'est-à-dire de malt ou de drèche, grain germé et desséché qui, réduit en farine, sert à la fabrication de la bière.

Enfin l'orge, *hordeum, ordeiacum,* complétait pour les graminées la sole des mars [9].

Quoiqu'il soit assez difficile d'établir d'une manière exacte quelle proportion il y avait entre la culture du blé et celle des autres céréales, nous ne croyons pas nous éloigner de la vérité en disant que les cinq huitièmes de l'exploitation produisaient de l'hivernage et du blé de mars, deux huitièmes au moins de l'avoine et le dernier huitième de l'orge et des légumineuses.

---

[1] Voir vol. Ier, p. 165, et vol. II, p. 111 et Polyp., *passim*. — On donnait aussi le nom d'hivernage à un mélange de seigle et de froment commun. (*Cart. de Saint-Père*, p. 464.)

[2] Voir vol. Ier, p. 173, et vol. II, Polyp. — Voir aussi *Cart. de Saint-Père*, p. 36, 38, 609.

[3] *Cart. de Saint-Père*, p. 642.

[4] *Cartul. de N.-D. de Chartres*, passim.

[5] Voir vol. II, p. 132.

[6] *Cart. de Saint-Père*, p. 464. — [7] *Polyptique*, *passim*.

[8] *Cartul. de Saint-Père*, p. 36. — [9] *Ib.*, p. 36, 677, et vol. II, Polyp., *passim*.

Dans les rendements en grains mentionnés dans les actes nous trouvons la proportion suivante : 18 setiers de blé, 10 setiers d'avoine et 8 setiers d'orge [1]; 16 setiers de blé et 8 setiers d'avoine [2]; un muid de blé et 6 setiers d'avoine [3]; 18 setiers de blé et 11 setiers d'avoine [4], etc.

2° *Légumineuses*. — Les seules légumineuses de culture des champs dont nos titres parlent sont les fèves, les lentilles, les pois et les vesces (*favat, lentillat, pesiat, vechiat*) [5]. Elles entraient dans la sole des mars, se récoltaient à maturité et subissaient le battage comme les céréales. Il pouvait se faire cependant qu'on en coupât une partie en vert comme dragée ou fourrage frais, mais rien ne nous le démontre positivement.

Dans les jardins on cultivait les oignons [6], les aulx [7], les poireaux [8] et les salades ou verdures [9]. Les paysans apportaient au marché des paniers de verjus [10] et des charretées d'égrun [11].

3° *Plantes textiles*. — Le lin et le chanvre étaient cultivés sur un grand nombre de points du pays, dans les terrains un peu humides et très-abrités. Nous trouvons des traces de cette culture au Moyen-Age à la Fontenelle-au-Perche [12], Brou [13], Anet [14], Epernon [15], Ymeray [16], Jouy [17], Ollé [18].

Chaque cent de chanvre vendu à Chartres devait un denier de menues coutumes.

4° *Plantes tinctoriales*. — La guède, *isatis tinctoria*, sorte de pastel fort employé, avant l'introduction de l'indigo, pour teindre les draps en bleu, était certainement cultivé en Beauce. Il est question de la guède dans le Cartulaire, mais à propos d'une seule localité nommée *Ebrardivilla*, que nous croyons être Berville-en-Roumois, près Bourgtheroulde (Eure) [19].

---

[1] Archives départ.; *Fonds de Saint-Jean*, acte de 1290.
[2] Voir vol. II, Polyp., p. 289, 294, 295. — [3] Ib., p. 293. — [4] Ib., p. 313. — [5] Ib., p. 290, 291, 351, 370 et *passim*; vol. III, p. 137.
[6] Voir vol. II, p. 211. — [7] Ib., p. 217. — [8] Ib., p. 214. — [9] Ib.
[10] *Hist. de Chartres*, par E. de Lépinois, vol. Ier, p. 139 et 140.
[11] Voir vol. II, p. 113. — On appelait *egrun* toutes sortes de fruits, plantes et légumes acides.
[12] Voir vol. Ier, p. 254.
[13] *Cartul. de Saint-Père*, p. 504. — [14] Ib., p. 586.
[15] Voir vol. II, p. 337. — [16] Ib., p. 331. — [17] Ib., p. 338. — [18] Ib., p. 360.
[19] Voir vol. Ier, p. 186, 187. — Voir sur le commerce et l'emploi de la guède dans la manufacture de Chartres au Moyen-Age, l'histoire de cette ville, déjà citée, vol. Ier, p. 380, 381.

Chaque voiture de guède conduite au marché de Chartres payait un denier de menues coutumes [1].

La garance, *rubia sativa*, avait-elle sa place parmi les plantes tinctoriales cultivées dans le pays? Nous pouvons l'affirmer sans crainte. On trouve ces deux mentions dans la pancarte des revenus de l'Evêque [2] : *furnum de Chambli* [3] *VI lib.; garencia XL sol.*, et ailleurs : *furnum sine garancia Chambli VI lib.* Ce moulin servait probablement, outre son usage ordinaire, à la dessication de la garance récoltée dans le voisinage. En 1461, les religieuses de l'abbaye de l'Eau près Chartres, donnent à bail leur moulin à garance, sis dans l'enclos de leur abbaye et appelé le moulin de Mauneau.

La Beauce produisait sans doute aussi la gaude, *reseda luteola*, dont le nom accompagne presque toujours celui de la guède dans les chartes où il est question de plantes tinctoriales.

5° *Chardons à foulon.* — La culture des chardons à foulon n'était certainement pas négligée aux environs d'une ville de fabrique comme Chartres. Cette plante qui vient très-bien dans les terres à chanvre trouvait un large débit sur le marché de la ville où elle s'amenait par charretées [4].

6° *Arbres à fruits.* — Tous les arbres à fruits cultivés à cette époque dans les contrées tempérées de la France existaient dans notre pays. Les titres nous parlent particulièrement du pommier, du poirier, du cerisier, du prunier, du châtaignier, du noyer [5].

A ces cultures variées, il faut joindre celle de la vigne dont nous parlerons dans un article spécial.

§ IV. — ASSOLLEMENTS, FAÇONS DES TERRES, ENGRAIS, MOISSONS.

Les terres cultivables recevaient des noms divers, suivant leur étendue, leur situation et la nature de leur délimitation. En Beauce, les champs de

---

[1] Voir vol. II, p. 217. — [2] Ib., p. 243, 244.
[3] Chamblay, paroisse de Berchères-l'Évêque.
[4] Voir vol. II, p. 217.
[5] *Cart. de Saint-Père*, p. 135, 139, 140. — Vol. II, p. 213 et Polyptique, p. 309. — Bibl. commun., *Registres capitulaires*, séance du mercredi après la Saint-Denis 1316. — Archives départ., *Fonds de Sainte-Foy;* titre de 1296.

petite dimension attenant aux maisons et entourés de haies ou de fossés, étaient appelés *ouches*[1], et les champs moins rapprochés des villages et délimités simplement par les chemins ou les pierres du bornage portaient les noms de *coutures*, *cultures* ou *agriculture*[2].

L'assolement était triennal : un tiers en hivernage, un tiers en mars et un tiers en jachères[3].

Le *Fleta*, qui s'est spécialement occupé de l'agriculture en Angleterre et en Normandie, dit qu'il fallait 180 acres de terre (121 hect. 55 ares 40 cent.), divisés en trois soles de 60 acres (40 hect. 51 ares 80 cent.), pour faire une terre d'une charrue[4]. En Beauce, la charruée étant de neuf muids ou de cent arpents, soit approximativement 42 hect. 80 cent., une terre d'une charrue à trois assolements aurait dû comprendre 126 hect. 2 ares 40 cent. Ce calcul semble erroné. Peut-être veut-il dire qu'il fallait une charrue par sole de 60 acres, ou plutôt par chaque 40 hect. de terre, qui est encore aujourd'hui la quantité maximum que peut exploiter par an dans la grande culture un seul et même attelage. Et, en effet, de même qu'en Beauce la charruée était de 42 hectares environ, en Normandie, aux XIe et XIIe siècles, on entendait généralement par terre d'une charrue un domaine de 60 acres, ou 40 hect. 50 ares[5].

Les labours principaux étaient au nombre de trois : celui du printemps ou de trémois (*riga ad tramissem*)[6], pour les blés de mars ; celui d'été (*riga ad gareta*)[7], donné aux guérets de la jachère ; celui d'hiver ou plutôt d'automne (*riga hibernatica*)[8], pour les semailles de la sole du blé. Il paraît qu'on donnait un premier labour aux guérets de la jachère en avril, et c'était ce qu'on appelait *vareter* ou *guéreter*.

L'utilité des engrais se faisait sentir au Moyen-Age comme aujourd'hui.

---

[1] *Cart. de Saint-Père*, p. 100, 217, 485, 486, 600, 624, 628, 690, et *Cart. de N.-D.*, vol. II. Polyptique, p. 304, 305, 306, 307, 312, 316, 319, 340, 356, 358, etc.
[2] Polyptique, p. 308, 319, 326. — *Cart. de Saint-Père*, passim.
[3] Cet assolement est relaté dans cette phrase du Polyptique : *Que terra* (un setier à Sancheville) *debet 5 minota bladi quando bladum crescit in terra, 5 minota avene quando avena crescit ibi, et quando nichil crescit nichil redditur* (vol. II, p. 314). — Nous n'avons pas trouvé trace de l'assolement biennal qui cependant était usité, d'après le *Fleta* (l. II, ch. lxxij).
[4] *Fleta*, l. II, ch. lxxij, p. 342. — Le *Traité* pose les mêmes chiffres et s'efforce de les justifier dans le chap. IX, intitulé *les jorneyes de la charrue*.
[5] *Études sur la condition de la classe agricola en Normandie* (ch. XII, p. 297, 298).
[6] *Cartul. de Saint-Père*, p. 36. — [7] *Ib.*, p. 439. — [8] *Ib.* p. 36, 38, 39.

Les litières des écuries et vacheries et les menues pailles des granges étendues dans les bergeries servaient de base aux fumiers. Le *Fleta* et le *Traité* donnent une théorie de purin qui était sans doute usitée en Beauce[1].

Le mot *escoblagia*, si fréquent dans le Polyptique, nous met sur la trace d'une pratique encore habituelle en quelques lieux; c'est l'écobuage ou incinération des chaumes et des mauvaises herbes, et la dispersion de leur cendre dans les champs.

On marnait les terres fortes pour les ameublir. Au nombre des titres de l'évêque Mathieu à la reconnaissance de l'église pour son administration temporelle, le Nécrologe n'oublie pas le défrichement d'une plaine stérile et ajoute : *fecit novalia, marnavit terras et in culturam redegit*[2].

Nous lisons dans un compte de l'Hôtel-Dieu de Chartres de 1381 que cette année-là on ne recueillit rien de la terre de Fresnay-le-Comte parce qu'on la divisait. Nous pensons que cette division s'obtenait au moyen de la marne qui, répandue à l'automne et enfouie avant l'hiver, s'unissait à la terre et la rendait meuble, mais ne permettait pas d'ensemencer avant l'automne suivant.

Les céréales, même les avoines, étaient sciées à la faucille[3]. L'opération, connue en Normandie sous le nom d'*étoublage*, qui consistait à couper d'abord les épis, puis ensuite la paille réservée à la couverture des maisons, se pratiquait sûrement en Beauce, pays où les couvertures en chaume étaient fort communes, ainsi que nous l'enseigne le Polyptique[4]. Là encore le radical *scoba (escoblagia)* trouve son application.

Le battage au fléau et le vannage se faisaient dans les granges. Les résidus, autres que les grandes pailles réservées pour la litière, la nourriture des bêtes et les couvertures des bâtiments, portaient les noms de pilous *(pilones)*, étrains, besterons, étoubles, éteuils *(stramina, escoblagia)*, criblures ou déchets de vannage *(vespillones)*[5]; entre autres usages, ils étaient destinés, avons-nous déjà dit, à composer le fumier des moutons.

---

[1] Delisle, *Études citées* (ch. X, p. 264). — *Traité*, ch. XIX (*Bibl. de l'Ecole des chartes*, 4ᵉ série, 2ᵉ vol., p. 140 et 141).

[2] Voir vol. III, p. 7.

[3] *Miracles de N.-D.*, p. 169, 170 et suiv.

[4] Voir vol. II, p. 306, 308, 317, 323, 344, 379, etc.

[5] Ib., Polyp., *passim*. — *Cart. de Saint-Père*, p. 442, 609. — Arch. départ.; *Fonds de Saint-Jean*, acte de 1120. — Arch. de l'Hôtel-Dieu, acte de 1190.

CHAPITRE VI.

PRÉS, PATURES.

Les prairies, si rares en Beauce, étaient au Moyen-Age l'objet de soins particuliers; et cela se conçoit si l'on songe que l'on ne connaissait alors aucune de ces plantes fourragères qui concourent pour une si large part aujourd'hui à la nourriture des bestiaux.

Non seulement les travaux nécessaires pour maintenir les prés en bon état étaient exécutés, mais encore on les gardait avec sollicitude contre les maraudeurs et l'envahissement des bêtes. Les gardiens jurés occupaient des loges construites à cet effet au centre des prairies de chaque paroisse et exerçaient leurs fonctions depuis le printemps jusqu'après la récolte des foins, comme les messiers dans les vignobles pendant les vendanges. Nous avons déjà parlé de cette surveillance et dit que les prairies des seigneurs et des monastères avaient ordinairement les maires pour gardiens [1].

Les prairies de nos contrées se divisaient, comme partout, en humides et sèches. Parmi les premières, les meilleures étaient situées aux bords des cours d'eau et assainies par des fossés, comme les grands prés des vallées de l'Eure et du Loir [2].

On appelait *noues*, *noæ*, des prairies basses et un peu marécageuses, comme les herbages normands [3].

Les prés secs, c'est-à-dire dépourvus d'eau et impossibles à irriguer convenablement, étaient connus sous le nom de *friches* ou *pâtis* lorsqu'ils occupaient des terrains plats, et sous celui de *larris* lorsqu'ils s'étendaient sur le penchant de collines crayeuses et incultes [4].

Les prés humides étaient soumis au régime ordinaire des coupes de foin et de regain. On les fanait, on les râtelait, on les mettait en mulons, on

---

[1] Voir ci-dessus, p. clxxv.
[2] Voir vol. II, p. 239, 325, 326, 329, 333, 335, 336, 338, 339, 340, 347, 350, 352, 353, 354, 357, 363, 364, 365, 366, 367, 372, 376, 386, 387, 388, 421.
[3] Ib., p. 330, 333, 346, 362, 363, 368, 373, 377, 378, 386, 387.
[4] Ib., p. 307, 325, 326, 340, 349, 363, 368, 373, 374, 386, 387.

les bottelait sur place ou dans la grange. Cependant en beaucoup d'endroits on ne faisait qu'une seule coupe, parce que les habitants de la paroisse ou du hameau avaient le droit de faire paccager leurs animaux dans les prés depuis la Saint-Jean jusqu'à la Saint-Lubin en mars [1].

Les *noues* étaient plus particulièrement destinées au paccage. Elles composaient dans beaucoup de paroisses la prairie commune ou les *communaux*, soit que la communauté des habitants fût propriétaire du tréfonds, soit qu'elle n'eût qu'une simple jouissance perpétuelle ou temporaire, gratuite ou onéreuse. Dans le premier cas, on ne coupait pas les foins; ils étaient mangés en vert sur les lieux. Dans le second cas, les noues n'étaient livrées aux bestiaux qu'après la récolte.

Presque tous les hébergements avaient dans l'endroit le plus humide de la tenure un pâtis pour les bestiaux, planté de pommiers et de poiriers dans les pays à cidre.

Les *friches* et les *larris* à herbes courtes et maigres étaient réservés, ainsi que les jachères, à la paisson des moutons.

CHAPITRE VII.

CULTURE DE LA VIGNE.

A l'époque que le moine Paul de Saint-Père, écrivain du XI° siècle, appelle *les temps anciens*, la vigne n'était pas très-répandue sur le territoire de Chartres, soit que sa culture eût toujours été négligée, soit que les invasions danoises et normandes l'eussent en partie détruite. Cependant, même dans ces temps anciens, l'Evêque possédait son clos, et quelques arpents, épars çà et là sur les versants de la vallée de l'Eure, pourvoyaient à la consommation des monastères [2]. Au X° siècle, les titres, plus nombreux d'ailleurs, signalent déjà beaucoup d'endroits cultivés en vignes [3], et au

---

[1] Cette coutume existait en particulier pour les Grands-Prés ou Prés-l'Évêque, près Chartres. (Voir *Hist. de Chartres*, par E. de Lépinois, vol. II, p. 96, 97.)

[2] *Cartul. de Saint-Père*, p. 35, 36.

[3] *Ib.*, p. 11, 20, 26, 52, 60.

XIII° siècle cette branche de produits avait pris toute l'extension qu'elle pouvait avoir sur notre sol [1]. Nous ne ferons pas l'énumération des vignobles de nos contrées; malgré des défrichements assez considérables, son massif existe encore dans nos vallées beauceronnes, dunoises et drouaises, et il paraît même attirer en ce moment l'attention des viticulteurs amis du progrès.

Nous savons que dans le Moyen-Age il y avait près de Chartres des vignes *champêtres et libres, vineæ campestres liberæ*, et qu'on se servait d'échalas ou *charniers* [2]. Cela suffit pour nous édifier sur les façons alors en usage; elles sont les mêmes que celles pratiquées encore aujourd'hui. On plantait la vigne en rayons, puis au bout de quelques années — six ans environ — on la couchait en tous sens, de sorte qu'elle perdait son alignement primitif et poussait *librement, dans le champ,* comme un taillis. Le fumage et le provignage se faisaient au moyen de fossés ouverts çà et là chaque année dans l'étendue de la pièce. L'échalassage implique la ligature du cep et des bourgeons, le retranchement des faux bourgeons et la suppression de tout ce qui dépasse la hauteur de l'échalas.

Indépendamment des vignobles ordinaires, le territoire de Chartres renfermait plusieurs clos dont les vignes étaient l'objet de soins particuliers et qui produisaient du vin d'une qualité relativement supérieure. Nous citerons parmi les principaux le clos de l'Evêque [3], le clos de Saint-Père [4], le clos Notre-Dame [5], le clos Isacart [6], le clos Erard [7], le clos Cloypas [8], le clos Rucon [9], le clos *Medium* [10], le clos de Challoel [11], etc. Quelques expositions privilégiées avaient aussi des plants qualifiés d'excellents par les titres [12].

Les vignerons ne pouvaient commencer la vendange que le jour fixé par le seigneur et en présence de son délégué. Ce dernier remplissait les fonc-

---

[1] *Cart. de N.-D.; passim*, et surtout vol. II, de 306 à 428.

[2] Voir vol. II, p. 67, note 1. — Une des conditions de cet acte est que Robert Hervin, preneur, paiera moitié des *charniers* et le Chapitre l'autre moitié. — Voir aussi vol. II, p. 114 et Polyp., p. 421.

[3] Voir vol. II, p. 114 et *passim*.

[4] *Cartul. de Saint-Père*, p. 11, 20.

[5] Voir vol. II, p. 104, 423. — [6] Ib., p. 406, 427. — [7] Ib., p. 418. — [8] Ib., p. 421. — [9] Ib., p. 422. — [10] Ib., p. 423.

[11] Arch. départ.; *Fonds de l'Eau*, titre de 1285.

[12] *Cart. de Saint-Père*, p. 43, 349. — *Cart. de N.-D.*, vol. II, p. 306, 336 et *passim*.

tions de messier; il gardait les vignes nuit et jour depuis la maturité des raisins jusqu'à l'enlèvement de la récolte, verbalisait contre les maraudeurs et suivait attentivement les opérations des travailleurs dans les vignobles et au pressoir [1].

La fabrication du vin se faisait dans certains pressoirs désignés à l'avance par les seigneurs, et les vignerons payaient une redevance en argent ou en nature pour le pressurage. La façon contribuait beaucoup, comme de nos jours, à la qualité du liquide. On distinguait le vin produit par le foulage aux pieds [2] de celui provenant de l'action du pressoir [3]. Quelques tonneaux étaient remplis de vin de foulage, dit aussi *mère goutte* ou *fleur de cuve;* les autres récipients recevaient un coupage de vin de foulage et de vin de pressoir. Le premier de ces vins avait naturellement plus de qualité que le second; aussi était-il souvent réservé par les actes pour le terceau seigneurial. C'était aussi ce vin que le Chapitre destinait aux cadeaux à faire aux grands personnages qui passaient par la ville [4].

Plusieurs actes de notre Cartulaire constatent les rapports qui existaient entre le Chapitre et les vignerons, et les conditions diverses auxquelles les vignes étaient accensées ou louées. Au mois de février 1209, le Chapitre concéda, à perpétuité et pour en jouir à titre héréditaire, à Chauvel du Pressoir et à Léger des Vauroux, une vigne aux Vauroux plantée par le chanoine Pierre du Coin-du-Mur, moyennant un cens annuel de 13 sous payable le jour de la Nativité, avec affectation de tous les biens des preneurs à la garantie du service de cette rente [5]. Au mois d'août 1212, le Chapitre concéda à titre de précaire aux chanoines Bonvallet et Guismond des vignes au Bourg-Neuf, moyennant une redevance annuelle de huit muids de vin de foulage, avec cette condition que si le foulage ne rendait pas huit muids il y serait suppléé par du vin de pressurage [6]. Au mois de juillet 1218, le Chapitre donna à vie à Robert Hervin deux arpents et demi de vignes et un verger au Bourg-Neuf, le tout provenant du chancelier Robert de Berou,

---

[1] Ces détails sont puisés dans un acte de 1218 que nous avons mentionné vol. II, p. 67, note 1. — Voir aussi p. 104 et 105.

[2] *Vinum de uno pede presso*, vol. II, p. 67, note 1, et 338.

[3] *Vinum per compressionem torcularis extorto*, vol. II, p. 67, note 1.

[4] C'était ce qu'on appelait le vin de cour, *curialitas vini* (vol. II, p. 407).

[5] Voir vol. II, p. 42, 43. — [6] Ib., p. 67, note 1.

aux charges et conditions suivantes : 1° le preneur fera toutes les façons ; 2° il ne vendangera pas sans la permission du Chapitre ; 3° il supportera moitié des frais de vendange, de transport du raisin, de foulage et de pressurage ; 4° il souffrira que le garde du Chapitre veille à la cueillette du raisin et à la fabrication du vin ; 5° il livrera chaque année au Chapitre moitié de tout le vin fabriqué et au minimum trois muids ; 6° afin de l'engager à améliorer la culture, le Chapitre lui tiendra compte de moitié des charniers et lui donnera la faculté de planter des vignes dans le verger, s'il le désire [1]. On trouvera, à la date de mars 1225 [2], un bail à deux vies du clos Notre-Dame consenti par le Chapitre à plusieurs individus dont les uns prennent trois quartiers et les autres un demi-arpent, moyennant des conditions à peu près semblables, mais avec l'injonction d'aller à des pressoirs désignés. Dans cet acte, les chanoines s'engagent à aider les fermiers en gardant à leur charge la plus petite façon, dans le cas où la misère ou les infirmités empêcheraient un vigneron de cultiver toute sa portion ; mais, par voie de conséquence, le Chapitre se réserve le droit de retour dans l'immeuble si le bail n'est pas exécuté ou si les vignes sont mal cultivées.

CHAPITRE VIII.

BOIS.

Quoique les terrains boisés de cette partie de la Beauce et du Perche qui forme aujourd'hui le département d'Eure-et-Loir, fussent très-considérables au Moyen-Age, aucun, à l'exception de l'extrémité de la forêt Iveline ou de Rambouillet, n'appartenait au domaine royal [3]. Les grands bois de Pontgouin, de Val-Augis ou Bois-Roger, des Haies près le Gault et de Friaize dépendaient de l'Évêché [4] ; le Chapitre possédait le massif de Saint-

[1] Voir vol. II, p. 67, note 1. — [2] Ib., p. 104 et 105.
[3] En 1319, les officiers royaux ayant élevé la prétention d'exercer le gruage et de percevoir l'amende appelée *danger*, le cas échéant, sur les bois d'Ingré, Philippe le Long, après s'être fait représenter la donation de Hugues le Grand, de 946 (vol. Ier, p. 74), reconnut qu'il n'était rien dû à sa couronne, de ce chef. (Voir vol. II, p. 261.)
[4] Voir vol. II, p. 245.

Aubin, Bailleau et Fontaine-la-Guyon, les bois de Lanneray; ceux de la Malmaison près Emancé, et une quantité de boquetons épars sur ses terres ¹; les forêts de Châteauneuf, de Senonches et de la Ferté étaient la propriété des puissantes maisons de Châteauneuf et de la Ferté, dont la première avait encore dans le comté de Dreux une partie des forêts de Crotais (Dreux), d'Anet et de Sorel ²; le comte du Perche, les seigneurs du Perche-Gouet, le vicomte de Châteaudun et autres grands seigneurs, les abbayes de Thiron et de Bonneval se partageaient presque entièrement les forêts de Champrond et de Montécot, les bois de Montigny, de Moléans et autres de ces parages ³; à la maison de Fréteval-Meslay appartenaient naturellement les bois de Fréteval, le bouquet de Meslay-le-Vidame, etc., ⁴. Quant au comte de Chartres-Blois, il ne paraît pas avoir été mieux loti que le Roi dans cette division des richesses forestières de notre pays.

Les Cartulaires de Notre-Dame et de Saint-Père contiennent presque tous les noms, soit génériques, soit particuliers, donnés aux bois dans le latin du Moyen-Age. Indépendamment des expressions *silva, foresta, nemus, boscus, saltus, lucus*, qui s'employaient à différentes époques, quelquefois même simultanément, sans préoccupation bien arrêtée du plus ou moins d'étendue des bois ainsi désignés ⁵, nous trouvons dans ces recueils les termes suivants :

1° *Haia*, la haie, portion de forêt, ordinairement d'une médiocre étendue, enclose de fossés et de haies et propre à renfermer du gibier de réserve ⁶;

2° *Plesseium*, le plessis, certaine quantité de bois, palissadée au moyen

---
¹ Voir vol. II, Polyp. de 280 à 429.
² *Cart. de Saint-Père*, p. 287, 525, 685, 610, 729. — *Cart. de N.-D.*, vol. II, p. 19.
³ *Cart. de N.-D.*, vol. I⁽ᵉʳ⁾, p. 221; vol. II, p. 373. — *Cart. de Saint-Père*, p. 473.
⁴ *Cart. de Saint-Père*, p. 482.
⁵ *Cart. de Saint-Père, Silva*, p. 57, 72, 85, 89, 152, 183 à 187, 585 à 605. *Boscus*, p. 129, 228, 287, 485, 516, 517, 543, 610, 678, 729, *Lucus*, p. 429, 535, *Saltus*, p. 38, 39, 97, 141, 228. — *Cart. de N.-D., Foresta*, vol. II, p. 305, et vol. III, p. 6 et 7, *Nemus*, vol. I⁽ᵉʳ⁾, p. 221; vol. II, p. 40, 41, 92, 242, 245, 327, 333, 334, 336, 340, 342, 349, 354, 369, 372 à 376, 381 à 389. *Boscus*, vol. II, p. 19, 336, 337, 342, 347, 363, 372 à 376, 381, 383 à 386, 388.
⁶ Voir vol. II, p. 314, 331, 340, 341, 346, 347, 352, 353, 375, 379. — Cependant on entendait quelquefois par haie, *haid*, ou plutôt *haiæ* au pluriel, les haies des buchés ou jardins des villages; ainsi nous trouvons : *ad caput haiarum de Mondonvilla* (p. 379), ad *haias Sandarville* (p. 353), etc.

de sepées vives entrelacées et servant de petit parc à une habitation de plaisance [1] ;

3° *Brogilum*, le breuil ou parc, bois en futaie, enclos de murs ou de fortes haies et disposé pour la chasse de la grosse bête [2] ;

4° *Garenna*, la garenne, petit bois à lapins, entouré de fossés ou de haies [3] ;

5° *Ulmeya*, l'ormaye, petite garenne d'ormes [4], et aussi bouquet de gros ormes ombrageant la place d'un village [5] ;

6° *Defensa, vetitum nemus*, les défenses, parties de bois interdites, soit en tout temps, soit pendant une partie de l'année, aux bestiaux et aux porcs [6].

Nous n'avons malheureusement que fort peu de renseignements sur l'administration intérieure des forêts. Nous voyons seulement figurer quelques forestiers comme témoins [7], et nous savons que la haute surveillance des bois du Chapitre était confiée aux maires [8]. Il nous est aussi très-difficile de reconnaître les divers modes d'aménagements usités. A la Malmaison, près Émancé, le Chapitre possédait 800 arpents de bois dont la coupe annuelle produisait environ 100 livres [9]. On peut supposer qu'il s'agissait d'un aménagement de taillis sous futaie de 20 ans, donnant 40 arpents forestiers à la coupe. Or, comme, d'un côté, la livre du XIII° siècle valait cent francs de monnaie actuelle, ce qui fait 10,000 fr. pour cent livres, et que, d'un autre côté, l'arpent forestier de la Beauce était de 51 ares, soit environ deux arpents pour l'hectare, la conséquence est que la coupe de l'arpent de bois de la Malmaison, dans notre hypothèse

---

[1] *Cart. de Saint-Père*, p. 675, 678. — *Cart. de N.-D.*, vol. II, p. 337. — En Beauce, le plessis portait aussi le nom de touche. On lit dans la Coutume de Chartres, art. 12 : *L'arpent de bois en plessis, que les aucuns appellent touche, vaut dix sols.*

[2] *Cart. de Saint-Père*, p. 35, 40, 60, 94.

[3] *Cart. de N.-D.*, vol. II, p. 320, 321, 323, 326, 337, 354, etc. — [4] *Ib.*, p. 363.

[5] *Ib.*, p. 318, 335, 340, 377, 379. — Souvent un orme unique était planté dans un carrefour, près d'une croix ou d'un hameau. *Ib.*, p. 337, 342, 353, 365, etc.

[6] Voir vol. Ier, p. 222, et *Cart. de Beaulieu*, Bibl. comm., titre de 1180 environ.

[7] *Cart. de Saint-Père*, p. 459, 586.

[8] *Cart. de N.-D.*, vol. II, p. 292, 372, 373. — Les registres capitulaires (Bibl. comm.) donnent, de 1300 à 1314, de nombreux exemples d'amendes prononcées contre des maires, pour n'avoir pas empêché les dégâts dans les bois du Chapitre.

[9] *Ib.*, p. 336.

d'aménagement, rapportait alors 250 fr., c'est-à-dire à peu près moitié moins qu'aujourd'hui. Un autre exemple semble confirmer ce calcul. Le Chapitre faisait chaque année, dans les bois de Saint-Aubin dont la contenance n'est pas indiquée, une coupe estimée 340 livres [1]. Si le rapport qui existe entre ce dernier chiffre et le terme inconnu est le même que celui donné par le titre pour le bois de la Malmaison, la contenance cherchée pour les bois de Saint-Aubin sera de 2,700 arpents environ. L'aménagement de 20 ans donnerait donc une exploitation annuelle de 135 arpents forestiers, rapportant 34,000 fr., soit à peu près 252 fr. par arpent. Le bois de Théléville, entre Bouglainval et Berchères-la-Maingot, donnait 400 livres (40,000 fr.), *quand on le vendait* [2]. Cela indique-t-il une seule et unique coupe à parfaite maturité, soit de 10 ans en 10 ans au plus tôt, d'un taillis de 160 arpents, ou bien l'exploitation à périodes déterminées (triennale par exemple, comme cela avait lieu quelquefois), d'un bois de 1,120 arpents au total, livrant 160 arpents à la coupe? Ce dernier mode qui constitue un aménagement de 21 ans à sept coupes est clairement énoncé dans un passage du Polyptique, duquel il résulte que les haies du Gault rapportaient trente sous par coupe de 3 ans en 3 ans [3]. Un titre de 1190, relatif à la co-propriété du bois d'Authou entre le Chapitre et le comte du Perche, dit que les coupes de gros bois seront faites par le comte seul, sans doute à son profit exclusif, mais que les ventes de forestage, auront lieu par l'entremise des agents du comte et du Chapitre et que le prix en sera divisé entre les co-propriétaires [4]. L'expression gros bois, *grossum nemus*, indique évidemment la haute futaie; celle forestage, *forestagium*, nous paraît signifier le taillis. Probablement le bois d'Authou était traité partie en haute futaie, partie en taillis, et le droit du Chapitre, cantonné dans une moitié du taillis seulement, résultait de la donation de la comtesse du Perche, Mathilde, qui avait réservé aux siens le plus beau morceau de la co-propriété [5].

Il était bien difficile de maintenir les bois en bon état au Moyen-Age

---

[1] Voir vol. II, p. 381. — [2] Ib., p. 342. — [3] Ib., p. 375.

[4] Voir vol. Ier, p. 221 et 222.

[5] Ib. — Il y avait et il y a encore de nos jours des co-propriétés de cette sorte. Ainsi la forêt de Hez (Oise) appartient pour le taillis à l'ancien domaine de la maison de Condé et pour la futaie à l'État.

avec les droits d'usage qui existaient presque partout. Parmi ces droits subversifs de toute administration intelligente, nous remarquons particulièrement l'affouage et le bois mort. Quelques exemples suffiront pour les faire apprécier. Par un acte antérieur à 1102, Gillette du Perche donna aux moines de Saint-Père le droit de prendre dans son bois de Boitel, paroisse de Rohaire, de quoi entretenir quotidiennement le feu de leur maison et réparer ou même réédifier leurs greniers et bâtiments d'exploitation [1]. Vers la même époque, Gervais de Châteauneuf concéda aux mêmes religieux le droit de faire leur profit à perpétuité et en toute saison des arbres morts ou desséchés de son bois de Thimert, pour l'alimentation de la cuisine, de la boulangerie, de la maison des infirmes et autres bâtiments de service dépendant du couvent [2]. En vertu d'une donation de Roger Fortin de 1122 ou environ, le couvent de Saint-Père faisait fabriquer les cercles de ses tonneaux dans le bois de Réveillon [3]. Vers 1136, Hugues, archevêque de Tours, ratifia un acte par lequel son frère Guillaume de la Ferté, accordait aux moines du même monastère la faculté de prendre dans toutes ses forêts le bois mort ou même vif nécessaire à leurs feux et le bois vif à employer dans leurs constructions [4]. En 1115, Louis le Gros donna aux religieux de Thiron tous les droits ordinaires des usagers dans sa forêt du Merlerault [5]. En 1198, Simon IV, comte de Montfort, confirma les lépreux de Beaulieu dans les droits d'usage que leur avait concédés jadis le roi de France et Amaury V, comte de Montfort, sur une partie de la forêt de Rambouillet [6]. Par une transaction passée entre l'abbaye de Saint-Jean et Geoffroi de Lèves, en 1206, il fut stipulé que tous les hôtes du prieuré de Courville auraient les droits d'usage dans les bois de Gâtine et du Tremblay, non-seulement pour l'alimentation de leurs feux en bois mort, mais encore pour la construction de leurs maisons en bois vif [7]. En 1215, Hervé, comte de Nevers et seigneur d'Alluyes, accorda au prieur et aux religieux de Saint-Romain de Brou la faculté d'enlever chaque jour de ses forêts deux chariots à deux chevaux de bois mort [8]. Vers la fin du

---

[1] *Cart. de Saint-Père*, p. 228. — [2] *Ib.*, p. 287. — [3] *Ib.*, p. 543. — [4] *Ib.*, p. 610.
[5] *Fonds de Thiron*, Archives départementales.
[6] *Cart. noir de Beaulieu*, Bibliothèque communale.
[7] *Fonds de Saint-Jean*, Arch. dép., n° 1543 de l'Inventaire.
[8] *Cart. de Saint-Père*, p. 678.

XIII° siècle, Gervais de Châteauneuf permit aux religieux de Saint-Père de se fournir de tout le bois à eux nécessaire dans la haie de Tournaise, paroisse de Vitray-lés-Brezolles, à la condition que la clôture ne serait pas détruite par le fait du débardage [1]. Nous ne pouvons citer que des concessions de droits d'usage faites à des couvents, nos Cartulaires n'en contenant pas d'autres, mais il est certain que dans les temps anciens ces droits étaient exercés presque partout par les populations riveraines des forêts.

Le panage, la glandée et la pâture étaient encore des droits d'un usage général et qui nuisaient, moins sans doute que l'affouage, mais beaucoup encore, aux bois qui les subissaient. On appelait panage et glandée la faculté de mener, moyennant une redevance ou gratuitement, les pourceaux dans une forêt pour y paître la faine et le gland [2]. La pâture s'entendait de la paisson des bêtes à cornes et des moutons dans les bois.

Le panage, la glandée et la pâture remontent pour la Beauce et le Perche aux temps les plus anciens. Le moine Paul en cite un exemple puisé dans les vieilles archives du couvent de Saint-Père et se rapportant à une époque et à des lieux dont on avait déjà complétement perdu le souvenir au XI° siècle [3]. C'était une pratique qui avait passé des Gaulois aux Francs. Les mentions de panage sont trop nombreuses dans les titres de nos monastères pour que nous songions à les énumérer [4]. Nous nous bornerons à citer quelques particularités qui s'y trouvent. Quelquefois on fixait le nombre des porcs qui devaient paître dans un bois; ce nombre était de 500 pour les bois de Boissy [5], et cela sans redevance aucune à la charge des religieux de Saint-Père, possesseurs de ces animaux, tandis que les autres usagers du pays payaient un droit pour leurs bêtes [6]. Vers 1060, les porcs du couvent avaient non-seulement chaque année le panage du bois de Saint-Rémi, mais encore un arpent de parc pour dormir en tranquillité pendant la nuit, eux et leurs gardiens [7]. — Quoique la paisson n'eût qu'une époque et que le temps de la sève en fût généralement exclus, il y avait des lieux où les bestiaux pouvaient aller en toute saison. Ainsi le bois du vicomte Hilduin (*ante* 1080), était ouvert l'été comme

---

[1] *Cart. de Saint-Père*, p. 729. — [2] *Ib.*, Prolég., p. CLX. — [3] *Ib.*, p. 38.
[4] *Cart. de Saint-Père*, p. 38, 126, 129, 151, 152, 228, 473, 482, 485, 535, 543, 585, 628. — *Cart. de N.-D.*, vol. Ier, p. 221, et *passim*.
[5] *Cart. de Saint-Père*, p. 38. — [6] *Ib.*, p. 152. — [7] *Ib.*, p. 129.

l'hiver aux bêtes des moines de Saint-Père demeurant à Jusiers [1]. Les *défenses* avaient pour but de protéger contre les animaux les jeunes pousses de taillis ou les plans que l'on destinait à former des futaies; ordinairement cette interdiction était levée au plus tôt au bout de quatre ans, et le plus souvent au bout de six ou sept ans, c'est-à-dire lorsqu'on regardait le bois comme *défensable* par lui-même. En 1197, Nivelon de Meslay, fit une exception au profit des hommes du Défait auxquels il accorda l'entrée de ses taillis de *Gratelou* et de Corbigny après trois ans et demi seulement de coupe; de plus il leur donna le pâturage pour leurs animaux, à l'exception des moutons et des porcs non ferrés [2], dans les herbages et les bois de ces lieux, avec faculté de faire leur profit de l'herbe et de la fougère, de mettre ces plantes en botte, de les emporter soit au cou, soit dans des chariots et de prendre leurs harts et leurs houlettes sur tous les arbres, sauf le chêne [3]. Pour compléter nos observations sur cette matière, nous renvoyons le lecteur aux articles que M. Guérard a consacrés au panage et à la pâture dans les prolégomènes du Cartulaire de Saint-Père [4].

Il est fait très-souvent mention de défrichements, *exarta*, dans les Cartulaires du pays chartrain, et ce que disent les titres confirme les observations de M. Delisle sur l'établissement des hospices aux lisières des forêts [5]. C'est ce qui eut lieu, notamment en 1175, sur la partie de la forêt du Gault donnée par Eudes Borel de Courtalain à Notre-Dame, à charge de défrichement et de fondation d'hospices [6], et, en 1262, sur les bois de Pinson concédés à même charge par le Chapitre à Arnoul le Pelletier de Pontgouin [7]. Les premiers défrichements remontent à une époque reculée. Une charte du couvent de Saint-Père antérieure au XIIe siècle prouve que l'on faisait dès lors de grands travaux de ce genre dans la forêt de Crotais [8]. Il y avait là un énorme massif que la culture attaqua avec succès au profit de

---

[1] *Cart. de Saint-Père*, p. 172.
[2] On passait des anneaux de fer dans le groin des cochons pour les empêcher de fouiller trop profondément la terre.
[3] Voir vol. Ier, p. 256.
[4] N°s 147 et 148.
[5] *Etudes sur la condition de la classe agricole* etc., ch. XIV, p. 390 et suivantes..
[6] Voir vol. Ier, p. 193.
[7] Vol. II, p. 178.
[8] *Cart. de Saint-Père*, p. 585.

la plaine qui sépare aujourd'hui les bois de Dreux de ceux de Rambouillet.

Les forêts beauceronnes et percheronnes étaient abondamment pourvues d'animaux sauvages. Ainsi, vers 1120, il y avait dans les bois d'Arrou et de Bois-Ruffin des chèvres (chevreuils?), des renards et des chats sauvages, dont la chasse était réservée à Geoffroi d'Arrou [1]. En 1198, Amaury de Montfort, en confirmant, comme nous l'avons déjà dit, le droit de panage concédé aux lépreux de Beaulieu dans la forêt de Rambouillet ou Iveline, s'engagea à leur donner chaque année un sanglier et un cerf gras, dans leurs cuirs [2]. En 1336, une biche fut prise sur le territoire de Cernay, dans les bois du Chapitre [3]. Les loups étaient très-communs dans le Perche au commencement du XII° siècle [4]. Nous ne parlons pas des lapins dont les garennes regorgeaient.

La chasse, plaisir de grand seigneur, constituait aussi une branche de revenus pour le propriétaire. En 1014, Richard, duc de Normandie, donna à l'église de Chartres, entre autres biens, la dîme de la chasse de la forêt de Brotonne, dans le comté d'Evreux [5]. Aussi les chanoines faisaient-ils garder avec grand soin la chasse de leurs bois. Une charte de 1219 du roi Philippe Auguste concéda au Chapitre le droit d'avoir garenne dans sa terre d'Émancé et défendit à toutes personnes d'y chasser sans la permission des chanoines [6]. Les registres capitulaires du XIV° siècle contiennent plusieurs décisions relatives à des délits de chasse commis par des maires ou des curés dans les bois de Notre-Dame [7].

---

[1] *Cart. de Saint-Père*, p. 485.

[2] Arch. départ.; *Fonds du Grand-Beaulieu*.

[3] Bibl. communale; *Registres capitulaires*, séance du vendredi après la Nativité 1336.

[4] *Cartul. de Saint-Père*, p. 491. « In loco qui, a frequenti luporum infestatione, Lupiniacus vulgi sermone vocitatur. »

[5] Voir *Cartul. de N.-D.*, vol. Ier, p. 86, 197.

[6] Vol. II, p. 95.

[7] Bibl. comm.; *Registres capit.*, séance du mercredi avant la Saint-Martin d'été 1303, et amendes payées en 1308 et années suivantes.

CHAPITRE IX.

PÊCHERIES, ÉTANGS.

La pêche était une source d'alimentation largement exploitée au Moyen-Age ; mais les rivières et les étangs n'entrèrent jamais, comme les terres, dans le commerce des biens accessibles aux paysans ; ils furent toujours, pour ainsi dire, du *dominium* seigneurial et ne s'en éloignèrent que par des accensements temporaires ou des baux de plus ou moins longue durée. Il y avait dans les parties boisées de la Beauce et surtout dans le Perche une grande quantité d'étangs poissonneux dont la pêche était fort abondante. On ne s'occupait nullement de dessèchements, car les contrées forestières, les gâtines et autres parties vierges du sol fournissaient à l'agriculture naissante plus de terrain qu'elle ne pouvait en cultiver.

Nous lisons dans la pancarte des revenus de l'Évêché, dressée vers l'année 1300, que la pêcherie de l'Eure qui appartenait à l'Évêque depuis le grand-pont de Chartres jusqu'au moulin de Brétigny, paroisse de Saint-Prest, rapportait chaque année 15 livres, soit 1,500 fr. de notre monnaie [1]. La pêcherie de la même rivière, du Pont-Tranchefêtu, paroisse de Nogent-sur-Eure, au moulin de Vaucelle, paroisse de Thivars, entrait pour 30 livres, soit 3,000 fr., dans les revenus du Chapitre [2]. Il est aussi question dans les titres de pêcheries sur la Risle, l'Iton [3], la Conie [4], l'Avre [5], la Blaise [6], l'Eure [7], le Loir [8], l'Ozanne [9].

---

[1] Voir vol. II, p. 239. — [2] Ib., p. 355.
[3] *Cartul. de Saint-Père*, p. 146 et 534. — La Risle et l'Iton prennent naissance dans l'arrondissement de Mortagne, près de Moulins-la-Marche (Orne).
[4] *Cartul. de Notre-Dame*, vol. II, p. 315.
[5] A Bérou-la-Mulotière (*Cartul. de Saint-Père*, p. 558); à Rueil (*Ib.*, p. 628).
[6] A Tréon (*Ib.*, p. 656); à Palisay, paroisse de Saint-Ange (*Ib.*, p. 729); à Armentières (*Ib.*, p. 536 et 674).
[7] A Montreuil (*Ib.*, p. 691); à Saint-Georges-sur-Eure (*Ib.*, p. 717); à Barjouville (vol. II, p. 357).
[8] A Alluyes (*Cartulaire de Saint-Père*, p. 458, 459).
[9] A Unverre (*Ib.*, p. 472).

Les documents que nous avons examinés mentionnent un trop grand nombre d'étangs pour que nous les énumérions tous. Nous allons seulement parler de ceux qui, à raison de quelques particularités, nous semblent dignes de remarque. Vers 1101-1129, un étang dont nous ne connaissons pas bien l'emplacement, mais qui était dans le voisinage d'Alluyes, recevait ses eaux d'un ruisseau intermittent. Il fut stipulé entre les religieux de Saint-Père et le chevalier Aucher d'Alluyes, que toutes les fois que le ruisseau serait courant et l'étang rempli, l'eau et les poissons appartiendraient au couvent, mais que lorsque le ruisseau et l'étang seraient à sec le lit appartiendrait au chevalier pour en faire à sa guise [1]. Par acte de 1101-1129, Eustachie, femme de Guillaume Gouet, concéda aux religieux de Saint-Père la faculté de pêcher trois fois par an et toutes les fois que l'abbé serait sur les lieux dans le grand étang de l'Ozanne, à Unverre [2]. Richard de Gournay avait le droit de lever les écluses et de pêcher dans l'étang de Saint-Père, à Armentières; il y renonça par acte de 1225 [3]. L'eau de Brezolles, ainsi que l'étang alimenté par la Meuvette, était libre de toute redevance envers le seigneur Gervais de Châteauneuf qui le reconnut par un acte de la fin du XIII° siècle [4]. Par acte de 1130 environ, Yves de Courville donna aux moines de Thiron, entre autres biens, la pêche à faire une fois par an, le jour de la Saint-André, dans l'étang du moulin de Charreau, à Courville [5].

En 1096, il y avait dans les étangs ou plutôt dans les biefs des moulins de Berou, des trous à anguilles et à fretin, pour la pêche desquels les moines de Saint-Père habitant Brezolles pouvaient entretenir un pêcheur à l'année; ils étaient, de plus, autorisés par Geoffroi de Berou à faire pêcher toutes sortes de poissons lorsqu'ils en auraient besoin pour leur table, et, en cas de présence de l'abbé sur les lieux, à employer, pour la pêche, tous les engins connus, même le feu [6].

D'après la Coutume de Chartres, la bonde d'étang payait 60 sous de rachat et l'arpent d'eau en étang cinq sous [7].

---

[1] *Cartul. de Saint-Père*, p. 459. — [2] *Ib.*, p. 472. — [3] *Ib.*, p. 684. — [4] *Ib.*, p. 729.
[5] Archives départ.; *Fonds de Thiron*.
[6] *Cartul. de Saint-Père*, p. 558. — Cette particularité a déjà été signalée par M. Guérard, Proleg., n° 208.
[7] *Coutumes du duché, bailliage et siége présidial de Chartres*, art. XII.

CHAPITRE X.

MESURES.

Le cahos des mesures du Moyen-Age déjà remué par Du Cange, a certainement été exploité avec un grand bonheur par MM. Guérard et Delisle [1]; mais leurs travaux, si recommandables à tous égards, ont surtout démontré combien en pareille matière l'hypothèse entrait facilement dans les calculs et avec quelle réserve il fallait avancer une évaluation.

Quoique nous ayons adopté purement et simplement les chiffres de M. Guérard dans les chapitres qui précèdent, nous nous hasarderons à proposer quelques modifications aux contenances qu'il donne à certaines mesures agraires. L'étude de nos chartes nous a conduits à cette nécessité que nous satisfaisons avec la juste inquiétude qui résulte de notre insuffisance et de la difficulté du sujet.

§ I. — MESURES AGRAIRES.

Le Polyptique de Notre-Dame nous fait connaître qu'au XIIIe siècle les mesures agraires les plus employées dans les domaines de l'Eglise étaient, pour les terres labourables, le muid, le setier, la mine, le minot et le boisseau. Nous avons vérifié la plupart des calculs de ce recueil et nous nous sommes assurés qu'à cette époque il y avait entre ces différentes mesures les mêmes rapports qu'en 1786, lorsqu'écrivait Doyen, c'est-à-dire que trois boisseaux équivalaient à un minot, deux minots à une mine, deux mines à un setier et douze setiers à un muid [2].

L'unité de ces mesures était la perche carrée. Mais quelle contenance superficielle avait la perche et combien fallait-il de perches pour un setier,

---

[1] Guérard, *Polyp. d'Irminon* et *Cartul. de Saint-Père*. — Delisle, *Études sur la condition de la classe agricole et l'état de l'agriculture en Normandie au Moyen-Age*.

[2] Voir les *sommes* des terres, indiquées dans le Polyptique, vol. II, p. 302, 303, 307, 308, 309, 310, 311, 316, 321, 336, 352, 361, 377, etc. — Voir aussi *Histoire de la ville de Chartres, du pays chartrain et de la Beauce*, par Doyen, t. II, p. 365.

par exemple? D'après Doyen, la perche du pays chartrain, et des cinq baronnies du Perche-Gouet était en longueur de 20 pieds, de 13 pouces chacun, soit 21 pieds 8 pouces, donnant au carré 469 pieds quatre neuvièmes (49 centiares 54). Il ajoute qu'il fallait 80 de ces perches pour un setier, soit, en mesures actuelles, 39 ares 62 centiares. Il allègue plusieurs titres des XVIe et XVIIe siècles qui « portent unanimement que le pied de la perche est de 13 pouces, suivant la coutume du bailliage de Chartres [1]. » Gattey, qui composait ses tables en l'an X, donne au département d'Eure-et-Loir une perche de 26 pieds (71 centiares 33) dont 100 à l'arpent, une perche de 22 pieds (51 centiares 07) dont 80 au setier, une perche de 21 pieds 8 pouces (49 centiares 54) dont 100 à l'arpent, et une perche de 20 pieds (42 centiares 21) dont 100 au setier [2]. De nos jours, un érudit distingué, M. A. Benoît, a pris la peine de relever par commune et même par fragments de commune toutes les mesures en usage avant la Révolution, et son travail rigoureusement contrôlé est ce que nous possédons de plus complet sur cette matière [3]. Il en résulte 1° que la perche de 26 pieds était exclusivement employée dans les paroisses du grand Perche (cantons de Nogent-le-Rotrou, d'Authon en partie, de Thiron en partie, et de la Loupe en partie); qu'il fallait le plus souvent 100 de ces perches, quelquefois 80 seulement, pour faire un arpent, et que l'expression de setier était inconnue dans cette contrée; 2° que la perche de 22 pieds, légale pour l'arpentage des forêts de l'État aux termes de l'ordonnance de 1669, était la seule en usage pour les terres labourables dans un certain nombre de paroisses de l'Est du diocèse, aujourd'hui comprises dans les cantons d'Anet, Nogent-le-Roi, Maintenon, Auneau et Janville, limitrophes de Seine-et-Oise; que dans ces localités il fallait 80 perches de 22 pieds au setier, sauf toutefois dans les paroisses du Mesnil-Simon, de Gilles, Guainville, Mérouville et Saint-Lubin-de-la-Haye où l'on n'admettait pas le setier et où l'on se servait de l'arpent de 100 perches de 22 pieds aussi bien pour les terres que pour les bois; 3° que la perche de 21 pieds 8 pouces était employée généralement dans le pays Chartrain, le Drouais et les cinq baronnies du Perche-Gouet; que dans 129 paroisses de ces pays il fallait 80 per-

---

[1] *Histoire de la ville de Chartres*, citée.
[2] Gattey, *Éléments du nouveau système métrique*, avec tables, Paris, an X.
[3] Benoît, *Anciennes mesures d'Eure-et-Loir*, Chartres, Garnier, 1843.

ches pour un setier; que le setier était de 100 perches dans 52 autres paroisses, de 120 perches dans les paroisses de Louville-la-Chenard en partie, de Moutiers, de Prasville, et d'Ymonville (canton de Voves), et de 90 perches seulement à Villeau (même canton); enfin que 118 paroisses faisant usage de la perche de 21 pieds 8 pouces, ne connaissaient pas l'expression de setier et mesuraient leurs terres labourables à l'arpent de 100 perches; 4° que la perche de 20 pieds était adoptée dans les paroisses du Dunois et de la Beauce orléanaise, mais que celles du Dunois (cantons de Bonneval en partie, de Châteaudun, de Cloyes, d'Orgères en partie et de Brou pour la commune de Gohory) comptaient 100 perches au setier, tandis que celles de la Beauce orléanaise (cantons d'Orgères en partie, de Voves en partie, de Janville en partie) en comptaient 133 1/3.

Si nous réduisons ces mesures en valeurs actuelles nous trouvons 1° que l'arpent de 100 perches de 26 pieds du Grand-Perche équivalait à 71 ares 33 centiares 20; que l'arpent de 80 perches de 26 pieds en usage en quelques endroits du même pays équivalait à 57 ares 6 centiares 56; 2° que le setier de 80 perches de 22 pieds employé dans un certain nombre de paroisses de l'Est du diocèse équivalait à 40 ares 85 centiares 76; que l'arpent de 100 perches de 22 pieds adoptés par cinq paroisses de la même contrée équivalait à 51 ares 07 centiares 20; 3° que le setier de 80 perches de 21 pieds 8 pouces dont on se servait dans 129 paroisses du pays Chartrain, du Drouais et des cinq baronnies équivalait à 39 ares 62 centiares 89; que le setier de 100 perches de 21 pieds 8 pouces usuel dans 52 autres paroisses des mêmes pays équivalait à 49 ares 53 centiares 61; que le setier de 120 perches de 21 pieds 8 pouces employé dans 4 paroisses du canton actuel de Voves équivalait à 59 ares 44 centiares 33; que le setier de 90 perches, de 21 pieds 8 pouces, de la paroisse de Villeau, équivalait à 44 ares 58 centiares 25; 4° que le setier de 100 perches de 20 pieds, du Dunois, équivalait à 42 ares 20 centiares 83; que le setier de 133 perches un tiers de 20 pieds adopté dans la plupart des paroisses de la Beauce orléanaise équivalait à 56 ares 27 ares 77.

Gattey s'est donc trompé en disant que dans le département d'Eure-et-Loir l'arpent valait 100 perches de 20 pieds, ou 42 ares 20 centiares [1];

---

[1] Gattey, *Table des rapports des anciennes mesures agraires*, p. 128.

car cette mesure n'était employée que dans le Dunois. Il n'a pas observé que la perche en usage dans le pays Chartrain, le Drouais et le Perche-Gouet, c'est-à-dire dans la majorité des paroisses de notre contrée, était bien celle de 20 pieds, mais de 20 pieds de 13 pouces au pied, soit 21 pieds 8 pouces, et qu'alors la véritable valeur de l'arpent ou du setier commun d'Eure-et-Loir était, pour 100 perches, de 49 ares 53 centiares 61, et pour 80 perches, mesure plus usitée encore, de 39 ares 62 centiares 89.

Ce n'est certainement pas une raison de croire que ces contenances fussent absolument identiques à celles du XIII° siècle; mais c'est du moins une présomption légitime si l'on songe à la ténacité des habitudes et traditions locales, surtout pendant une période qui, bien que fort longue, n'a été troublée par aucune révolution agricole ni par aucun essai de substitution d'un nouveau système de mesures à celui auquel les habitants étaient accoutumés. Il n'y aurait donc rien de bien étonnant à ce que l'échelle des mesures que le Polyptique nous dénonce fût à peu près la même que celle encore en vigueur lors de la Révolution.

Notre Cartulaire nous fournit, d'ailleurs, une preuve à l'appui de cette thèse, quant à la contenance de la perche dite de Notre-Dame que nous estimons avoir toujours été de 20 perches au pied de Roi (13 pouces), soit de 21 pieds 8 pouces. Un titre de 1225 fait connaître qu'à Grandhoux il fallait 150 perches à la mesure de Notre-Dame pour faire un arpent[1]. Or 150 perches de 21 pieds 8 pouces donnent un arpent de 74 ares 30 ares 42, ce qui se rapproche beaucoup de l'arpent formé de 100 perches de 26 pieds, lequel avait, comme nous l'avons dit, 71 ares 33 centiares 20, et était employé dans les paroisses du Grand-Perche, tout-à-fait voisines de Grandhoux. La différence de 2 ares 97 centiares entre ces deux arpents ne doit pas surprendre, les énonciations de mesure dans nos titres étant presque toujours approximatives.

Quant aux mesures agraires qui traversèrent la Beauce et le Perche depuis les temps les plus reculés jusqu'aux XII° et XIII° siècles, nous n'en toucherons que quelques mots, tant la matière est dangereuse.

Le bonnier, l'une des plus anciennes de ces mesures et dont la contenance n'était déjà plus connue à Chartres au XI° siècle[2], subsistait encore,

[1] Voir vol. II, p. 112.
[2] *Cart. de Saint-Père*, Prolég., n° 156.

au moins de nom, à la Framboisière, au XIII⁵ siècle. Nous lisons dans le Polyptique : « *Item dicte precarie pertinent escoblagia, que valent circa IIII lib., videlicet pro qualibet boneria antiqua XII den. et pro qualibet nova IIII sol.;...... et iste bonerie sunt divise per particulas; quodlibet arpentum divisum reddit IIII den. pro escoblagiis* [1]. » D'après ce texte, il fallait trois arpents pour faire un bonnier ancien et douze arpents pour faire un bonnier nouveau, et comme, à la Framboisière, l'arpent ou setier en usage était celui de 100 perches de 21 pieds 8 pouces, la contenance du bonnier ancien, en valeurs actuelles, était de 1 hectare 48 ares 60 centiares 83, et celle du bonnier nouveau de 5 hectares 94 ares 43 cent. 32. La première de ces contenances se rapproche de celle trouvée par M. Guérard pour le bonnier du IX⁵ siècle, qu'il fixe approximativement à 1 hectare 28 ares [2]; la seconde est exactement celle du muid de 12 setiers dans les contrées où l'on employait le setier de 100 perches de 21 pieds 8 pouces.

La charrue, autre grande mesure des plus usitées surtout dans les XI⁵ et XII⁵ siècles, est fixée à neuf muids, comme l'a déjà remarqué M. Guérard [3], dans une charte de notre Cartulaire de 1175 environ [4], concernant la terre du Gault-Saint-Etienne, au Perche-Gouet. Le muid employé dans cette contrée étant de 12 setiers de 100 perches de 21 pieds 8 pouces [5], soit de 5 hectares 94 ares 43 centiares 32, la charrue de neuf muids devait contenir 53 hectares 49 ares 89 centiares 88 [6]. D'un autre côté, un titre de 1242 relatif à la nouvelle paroisse du Perray [7] fait connaître qu'en ce lieu la charrue était de cent arpents [8], ce qui, en admettant que le setier de cette paroisse fut composé de 80 perches de 22 pieds, comme sa position topographique autorise à le penser, porterait la charrue à 40 hectares 85 ares 76 centiares.

[1] Voir vol. II, p. 390.
[2] *Polypt. d'Irminon*, Prolég. et *Cartul. de Saint-Père*, Prolég., p. clxix. — [3] *Ib.*
[4] Vol. I⁵ʳ, p. 193.
[5] C'est la mesure de Chapelle-Guillaume et de la Bazoche-Gouet, paroisses limitrophes de celle du Gault.
[6] M. Guérard ne trouve que 42 hectares 80 centiares pour la charrue, parce qu'au lieu de prendre l'arpent de 100 perches de la localité, il fait usage du setier de 80 perches de Notre-Dame.
[7] Arrondissement de Rambouillet (Seine-et-Oise).
[8] Voir vol. II, p. 132.

Nous renvoyons pour la bovée, l'ânée, le journal, le quartier, l'acre, l'andain, à ce qu'en ont dit MM. Guérard [1] et Delisle [2].

§ II. — MESURES DE CAPACITÉ.

La seule observation que nous ayons à faire, quant aux mesures de capacité, est relative à la contenance du setier de Chartres comparée à celle des setiers de Châteaudun, de Nogent-le-Roi et d'Épernon, au XIIIe siècle. Nous puisons nos exemples dans le Polyptique.

Il fallait, dit-on, onze setiers d'avoine, mesure de Nogent-le-Roi, pour faire sept setiers trois rasières, mesure de Chartres. Comme le setier de Chartres contenait 126 litres 626, suivant les calculs de M. Guérard conformes en cela au tableau des mesures locales de 1789 [3], il en résulte que le setier de Nogent-le-Roi n'aurait eu dans ce cas qu'une capacité de 89 litres 220 [4]. Cependant un autre exemple donnant 5 setiers une rasée de Chartres comme l'équivalent de 7 setiers de Nogent-le-Roi, la contenance de ce setier serait de 94 litres 977 [5]. Enfin nous trouvons dans un autre endroit que 17 setiers 3 rasières de Chartres valaient 23 setiers de Nogent-le-Roi, ce qui donne à ce dernier setier une contenance de 97 litres 730 [6]. La moyenne de ces trois sommes différentes étant de 93 litres 979, nous fixons à 94 litres la contenance approximative du setier de Nogent-le-Roi au XIIIe siècle [7]. D'autres passages du Polyptique nous autorisent à fixer à 96 litres la contenance du setier de Châteaudun [8] et à 85 litres celle du setier d'Épernon à la même époque [9]. Il est entendu que nous ne donnons ces chiffres que sous toutes réserves. La différence n'est pas douteuse, mais son quan-

---

[1] *Cartul. de Saint-Père*, Proleg., et *Polyptique d'Irminon*, Proleg.

[2] *Etudes sur la condition de la classe agricole*, ch. XIX.

[3] *Cartul. de Saint-Père*, Proleg., p. clxxix, et *Anciennes mesures d'Eure-et-Loir*, p. 47.

[4] Voir vol. II, p. 347. — [5] Ib., p. 341. — [6] Ib., p. 341.

[7] En 1789, le setier de Nogent-le-Roi contenait cinq minots de 33 litres 285, soit 166 litres 425 (*Anc. mes.*; p. 39 et 47).

[8] Voir vol. II, p. 313, 347, 372. — En 1789, le setier de Châteaudun contenait 96 litres 512 ou 4 minots de 24 litres 128 (*Anc. mes.*; p. 47).

[9] Voir vol. II, p. 350. — En 1789, le setier d'Epernon contenait 141 litres 792 ou 4 minots de 35 litres 448 (*Anc. mes.*; p. 47).

tum n'a rien de bien certain, notre auteur accompagnant presque toujours du mot *circa*, surtout en matière de mesures, les sommes qu'il inscrit dans son ouvrage.

Il est bon de faire observer qu'au XIV° siècle les mesures de capacité dont le Chapitre se servait étaient plus grandes que celles du Comte [1]. Si donc c'est la mesure du Chapitre que le Polyptique appelle *mensura carnotensis*, nos calculs sont erronés, car nous avons pris pour point de départ la contenance de 126 litres 636 au setier, qui pourrait très-bien ne convenir qu'à la mesure du Comte. Malheureusement il est impossible de vérifier ce point.

Quoiqu'il en soit, les mesures de capacité de Loëns, siége de l'administration temporelle du Chapitre, après avoir été refaites sur le modèle de la plus grande contenance usitée pour la mine et le minot, suivant une décision prise en séance capitulaire le vendredi après Saint-Pierre et Saint-Paul 1373 [2], furent brisées en 1402 et rétablies en cuivre conformément à l'étalon de la mesure du Roi à Chartres [3]. A partir de cette époque il n'y eut plus de différence entre la mesure du Chapitre et celle de la Ville.

CHAPITRE XI.

LOYERS DES TERRES ET DOMAINES RURAUX.

Le plus ancien et le plus commun des actes de fermage usités au Moyen-Age en Beauce est l'accensement. Nous avons dit, dans un des chapitres qui précèdent, ce qu'étaient le gros et le menu cens, et comment le premier se rapprochait d'un prix de ferme tandis que le second ne constituait

---

[1] Nous trouvons dans les *Registres capitulaires*, séance du jour de la lune après la Saint-Jean-Baptiste 1338, la phrase suivante : *Item, cum in Loenio a tempore predicto recepta fuerunt multa grana, et mensura Capituli cum qua fuerunt recepta sit major quam mensura Comitis cum qua predicta fuerunt vendita, quod sciatur quantum et reddatur Capitulo illud quod superfluit de mensura* (Bibl. comm.; mss. 5/D 39, 2° partie).

[2] *Reg. cap.*, cités.

[3] *Reg. cap.*, séance du mardi après l'octave de la Purification 1402. — Cette ordonnance prescrit aussi de faire confectionner une aune conforme à celle dont on se sert à Chartres pour mesurer les draps et les toiles.

guère qu'une reconnaissance de la suzeraineté. Il nous reste à ajouter que depuis l'époque où les serfs émancipés furent admis à la possession de la terre jusqu'à celle où l'agriculture eut pris résolument son essor, c'est-à-dire du Xe au XIIIe siècle, l'accensement ou engagement perpétuel de la terre, à charge de culture, moyennant, en nature, la dîme ecclésiastique et le champart, et, en argent, le menu cens, fut le mode de fermage le plus général. C'était, avec des tempéraments divers suivant les temps et les circonstances, celui que le Chapitre appliquait à ses hôtes, surtout lorsqu'il s'agissait de mettre en valeur une partie des landes, forêts et gâtines qui envahissaient le sol.

Les accensements moyennant le gros cens ou surcens accusent un ordre de choses plus nouveau et plus avancé; ils ne sont pas ordinaires avant le XIIIe siècle.

Nous avons déjà donné quelques exemples de gros et de menus cens tirés du Polyptique; ces mêmes exemples nous serviront à établir, en monnaie de nos jours, le loyer des terres accensées. Nous avons dit qu'en 1300 les terres de Chaunay enclavées dans le village et communément désignées dans nos titres sous les noms d'hostises, d'ouches ou d'arpents, ne payaient, toutes ensemble, qu'un menu cens de 3 sous 6 deniers, soit, d'après M. Guérard, 17 fr. 50 cent.[1]. Dans le même terroir, mais hors du village, deux setiers, c'est-à-dire 79 ares 26 centiares[2], situés à la Fosse-Bodard, payaient 14 sous de gros cens, soit 70 fr.; un setier (39 ares 63 cent.), au même lieu, payait 6 sous de gros cens, soit 30 fr.; deux setiers (79 ares 26 cent.), au Petit-Clos, payaient 20 sous de gros cens, soit 100 fr.[3].

D'autres titres de notre Cartulaire compléteront cette première citation. En 1149, chaque arpent (42 ares 21 centiares) de la paroisse d'Umpeau rapportait 4 deniers de menu cens, soit 1 fr. 68[4]. En 1179, chaque bovée (4 hect. 75 ares 51 cent.?) occupée par les hôtes de l'Église à Beauvilliers payait un menu cens de 28 deniers, soit 11 fr. 76[5]. En 1186, une terre de

---

[1] *Cartul. de Saint-Père*, Prolég., p. cxciv.

[2] Nous continuons à suivre les calculs de M. Guérard, malgré les observations que nous avons faites dans notre Chapitre des mesures.

[3] Voir vol. II, p. 356.

[4] Voir vol. Ier, p. 154. — [5] Ib., p. 200.

deux arpents et demi (1 hect. 5 ares 52 cent.) en labour et vignes, à Rachigny, était donnée à Anseau Tracorteis, moyennant un gros cens de 30 sous, soit 150 fr.[1]. En 1208, une maison et un arpent de terre à Cognières produisaient au Chapitre un gros cens de 10 sous, soit 50 fr.[2]. En 1212, chaque nouvelle hostise du Bourg-Neuf, que l'on peut estimer à deux arpents (84 ares 42 cent.), prise par un hôte de l'église, devait rendre 5 sous de cens perpétuel, soit 25 fr.[3]. Dans ce dernier cas il y avait une mise en culture qui, incombant aux preneurs, devait être prise en considération pour la fixation peu élevée du gros cens. En 1262, le Chapitre bailla à Arnoul le Peaussier de Pontgouin, 120 arpents de bois (50 hect. 65 ares 20 cent.) à défricher, moyennant un menu cens annuel et perpétuel de 10 deniers par arpent, soit 4 fr. 20, et à la charge de la dîme, du champart et du marnage dans les deux ans[4]. En 1295, 3 setiers (1 hect. 18 ares 89 cent.) de terre labourable à Dammarie étaient tenus à perpétuelle emphytéose par Robin, dit Rodiquois, moyennant un gros cens annuel de 23 sous, soit 115 fr. pour le tout, ou 38 fr. 33, pour chaque setier[5].

Les mainfermes, fermes et pensions étaient des engagements d'immeubles d'une durée limitée soit à la vie du preneur, soit aux vies du preneur et d'un ou deux héritiers. Le prix du fermage était un cens plus ou moins fort. L'expression de mainferme ne se rencontre que dans les actes anciens. Le Cartulaire de Saint-Père en fournit plusieurs exemples des Xe et XIe siècles[6]. Les fermes et pensions étaient, comme expressions, en pleine vigueur aux XIIe et XIIIe siècles. Le Chapitre engageait souvent ses précaires à des ecclésiastiques moyennant une pension annuelle payable pendant toute la vie des détenteurs.

Le Polyptique fait connaître la somme de revenu produite par chaque hébergement ou précaire. Les citations suivantes que nous puisons dans ce recueil donneront une idée du rendement en argent des terres de la grande culture en divers endroits du pays.

En 1300, la précaire de Bisseau comprenant 12 muids 9 mines (57 hectares 85 ares 36 centiares), rapportait 44 livres 5 sous de revenu, soit

---

[1] Voir vol. II, p. 213. — [2] Ib., p. 42. — [3] Ib., p. 67. — [4] Ib., p. 178.
[5] Voir vol. III, p. 32.
[6] *Cartul. de Saint-Père*, p. 57, 58, 59, 67, 69, 70, 169, 191, 222, 399, 539.

4,425 fr., ce qui fait environ 76 fr. 29 pour l'hectare[1]. Aux Puits, une précaire de six muids six setiers et une mine (31 hectares 10 ares 62 centiares), ne donnait que 12 liv. de revenu, soit 1,200 fr. ou 38 fr. 70 par hectare[2]. A Benechèvre, l'hébergement composé de deux arpents de vignes et de 21 muids de terre (100 hectares environ) valait 55 liv., soit 5,500 fr. ou 55 fr. par hectare[3].

La rente se montra à son tour et signala une augmentation notable sur le prix du loyer résultant du cens et du surcens. Un acte de 1344 de l'abbaye de Saint-Jean-en-Vallée[4] en fournit une preuve frappante. Une maison, un verger et une vigne à Rachigny qui ne payaient en 1305 que cinq sous de surcens, soit 25 fr., furent loués en 1344 moyennant 100 sous tournois de rente, soit 500 fr.

Il est inutile de pousser plus loin ces citations dont nos titres, le Polyptyque surtout, sont pleins. Nous ne dissimulons pas, d'ailleurs, qu'elles n'ont rien de bien concluant. Les fermages en argent, qu'ils s'appelassent cens, surcens, fermes ou rentes, étaient ordinairement accompagnés de charges en nature telles que le champart, la dîme, les oublies, etc., qui augmentaient beaucoup le prix de ferme et qui échappent à notre appréciation. Ce prix lui-même variait à l'infini suivant la qualité de la terre et la nature de ses productions. Enfin, malgré les travaux fort estimables des savants modernes, l'altération des monnaies chartraines fut si fréquente au Moyen-Age, et particulièrement au XIII° siècle, qu'il est bien difficile d'établir une moyenne exacte de la valeur intrinsèque de l'argent à ces époques de démoralisation monétaire et, par conséquent, de calculer d'une manière rigoureuse le degré d'abaissement du pouvoir de l'argent chartrain depuis le XIII° siècle jusqu'à nos jours.

L'amodiation ou engagement d'immeubles moyennant une redevance annuelle en nature était encore un mode de bail assez ordinaire en Beauce. Les moulins du Chapitre se louaient rarement d'une autre manière. En 1155-1159, l'abbaye de Saint-Père abandonna à l'évêque Robert le moulin des Petits-Prés, moyennant l'amodiation annuelle de sept muids de blé (106 hectol. 19 litres) au four de Loëns, sous réserve de rentrée en possession

---

[1] Voir vol. II, p. 305. — [2] Ib., p. 306. — [3] Ib., p. 322.
[4] Arch. départ.; *Fonds de Saint-Jean*, c. 31.

dans le cas où un des évêques futurs ne paierait pas exactement cette redevance [1]. En 1169, le Chapitre amodia à son sergent Guillaume, maire de Mignières, le moulin de Vaucelles et le pré y attenant, moyennant une redevance annuelle et perpétuelle de six muids de blé (91 hectol. 2 litres) [2]. Vers 1170, Hugues de Boutigny donna au Chapitre et au chantre Amaury trente arpents de terre à mettre en culture à Bois-Richeux, moyennant une amodiation annuelle de deux muids d'avoine (30 hectol. 34 litres) [3]. En 1217, le Chapitre amodia pour sa vie à Jean, chantre d'Orléans, tenant la précaire de Bretonvilliers, le champart de cette précaire, moyennant six muids (91 hect. 2 litres), moitié froment, moitié avoine [4]. En 1222, Jean de Frécot, archidiacre de Blois, reconnut tenir du Chapitre les moulins de Ferrières, sa vie durant, moyennant une amodiation ou pension annuelle de 28 muids de blé (434 hectol. 76 litres), payable chaque année le jour de la Saint-André [5]. Ce marché fut repris, après la mort de Jean, par Nicolas, son frère, chanoine de Notre-Dame, moyennant une amodiation ou pension de 30 muids (455 hect. 10 litres) [6].

Les baux à moitié fruits avaient lieu surtout pour les vignes. Nous en avons cité, au chapitre de la culture de la vigne, deux exemples des années 1218 et 1225 [7]. Le Cartulaire de Saint-Père en contient un autre de l'année 1143 ou environ [8].

Il nous reste à signaler quelques particularités des contrats de louage au Moyen-Age dans le pays chartrain. La première est l'absence presque complète de baux à courte durée [9]; l'engagement est le plus souvent perpétuel, quelquefois emphytéotique ou pour une ou pour plusieurs vies [10]. C'était, au surplus, ce qui se pratiquait à peu près généralement en France. La clause de retour au profit du bailleur en cas de non paiement du cens est, du reste,

---

[1] Voir vol. I*er*, p. 162. — [2] Ib., p. 181. — [3] Ib., p. 186.
[4] Voir vol. II, p. 89. — [5] Ib., p. 245. — [6] Ib., p. 100, note 1.
[7] Voir vol. I*er*, p. 67, note 1, et vol. II, p. 104 et 105.
[8] *Cartul. de Saint-Père*, p. 378.
[9] Le plus court bail que nous ayons trouvé, avait une durée de 20 ans (Arch. départ.; *Fonds de Saint-Jean*, c. 45, acte de 1253).
[10] Un acte de 1280 renferme une époque de cessation de bail assez singulière. Il s'agit d'une place assise devant le Monceau Saint-Maurice, louée moyennant 14 sous de surcens ou de *ferme annel*; il est dit que le bail est fait *dusques au premier feu dom le surpont qui sera fait dedenz celle place sera ars* (Arch. départ.; *Fonds de Saint-Jean*, c. 28).

toujours stipulée. Dans les accensements d'immeubles à des hôtes il était ordinaire d'imposer, outre le menu cens payable par arpent, l'obligation de construire une maison convenable sur chaque hostise ; c'était cette maison qui devait répondre du paiement du fermage [1]. Quand un bois était loué, à la charge de dérocage et de mise en culture, le bailleur stipulait minutieusement les travaux à exécuter, en particulier le marnage, et fixait le délai dans lequel ces travaux devaient être accomplis [2]. Au XIV° siècle, dans presque tous les baux de terres labourables, on avait soin de spécifier que *les pailles et estrains* seraient consommés sur lieu.

Tel est l'aperçu que nous pouvons donner de l'agriculture beauceronne au XIII° siècle, d'après les titres de notre Cartulaire et de quelques autres chartriers de nos couvents.

Quoique incomplète sur bien des points, cette étude, nous l'espérons du moins, apportera son petit contingent d'observations à l'une des questions les plus intéressantes de l'histoire populaire au Moyen-Age.

---

[1] C'est ce qui est clairement exprimé, entre autres, dans un titre de l'abbaye de Saint-Jean par lequel une place à Saint-Maurice est louée moyennant cinq sous de cens et à la condition par le preneur *quod infra instantem Nativitatem Domini tenetur facere edificari in dicta platea quamdam domum sufficientem ad manendum in ea, ita quod ex proventu dicte domus dictus census solvi poterit.*

[2] Voir vol. II, p. 178, et Arch. départ.; *Fonds de Saint-Jean.*

CHARTULARIUM

ECCLESIÆ

BEATÆ MARIÆ CARNUTENSIS

EX AUTOGRAPHIS

ET ALIIS INSTRUMENTIS NOVISSIME COLLECTUM.

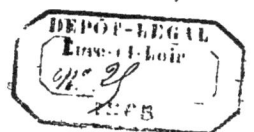

TRACTATUM DE ALIQUIBUS NOBILITATEM ET ANTIQUAM FUNDACIONEM
CARNOTENSIS ECCLESIE TANGENTIBUS [1].

I.

Nomina episcoporum qui dicte ecclesie prefuerunt, a principio dicte fundationis usque ad tempus Johannis, episcopi, qui dicte ecclesie, hoc anno octogesimo nono, preerat et jam prefuerat novem annis, presenti opusculo, ad evidenciam dicendorum, primo duximus annotanda.

Adventinus igitur primus, ut in legenda sancti Aniani legitur, hujus sancte Carnotensis ecclesie fuit episcopus consecratus. De aliis non consecratis non loquitur, quia, ut tenetur, dicta ecclesia fundata fuerat, antequam

---

[1] Ce traité, souvent cité par les anciens historiens chartrains sous le nom de *Vieille-Chronique*, fut écrit, comme l'indique le titre de la première partie, en 1389. Nous le rapportons tout au long, non pas que nous voulions le donner comme base certaine d'une histoire du Chapitre de Chartres, mais parce qu'il renferme bien des faits, bien des détails qu'il est curieux de trouver rassemblés. En faisant d'ailleurs la part de l'absence de critique qu'on remarque dans toutes les œuvres de cette époque, on rencontrera dans ces quelques pages des notions précieuses pour l'histoire de Chartres.
Ce traité est divisé en trois parties. La première est une liste des évêques depuis Aventin jusqu'à Jean Lefèvre, continuée par diverses mains, à différentes époques, jus-

Christus nasceretur, in honorem Virginis Pariture, et regebatur per pontifices ydolorum. Sed post ascensionem Domini ad celos, directis a beato Petro, Apostolorum principe, adhuc vivente beata et gloriosa Virgine, sanctis Saviniano et Potenciano ad urbem Senonicam, ipsi, concito gradu, miserunt Aurelianis sanctos Altinum et Eodaldum, collegas suos, ubi plures ad Christi fidem converterunt. Et deinde ad Carnotensem civitatem accedentes, invenerunt magnam partem populi christianam, et ecclesiam in honorem sancte Dei genitricis Marie, ut dictum est, jam fundatam, quam sanctificantes Domino dedicaverunt, episcopum consecraverunt, uniuscujusque ordinis servitores ibidem preelegerunt, Quirino, ex parte Romanorum destinato principe, patrie et civitati tunc presidente : qui, audito de premissis rumore, una cum pontificibus ydolorum, ira permoti, omnes fideles ibi repertos, cum filia dicti presidis, virgine jam conversa, necaverunt et in putheum magne profunditatis penes dictam ecclesiam existentem [1] precipitavèrunt. Evaserunt autem Altinus et Eodaldus, et, venientes Senonis, facta per eos relacione sanctis Saviniano et Potenciano, gracias egerunt Deo. Iste autem Adventinus per multa tempora rexit dictam ecclesiam Carnotensem. Fuit enim consecratus post ascensionem Domini, vivente beata Virgine Maria et beato Petro et aliis Apostolis, postquam beatus Stephanus fuerat lapidatus, quo tempore missi fuerunt per universum orbem septuaginta duo

qu'à Jacques Lescot, qui prit possession du siége de Chartres en 1643. Nous ne relèverons pas les erreurs contenues dans cette liste : en dressant nous-mêmes, dans notre Introduction, le catalogue des évêques de Chartres, nous indiquerons en quoi et pourquoi notre opinion diffère de celle de l'auteur de ce traité.

La seconde partie, qui analyse les séances des premiers évêques jusqu'à Eudes (966), est moins sèche et plus curieuse : elle parle de la fondation de l'Eglise de Chartres et s'étend longuement sur l'origine du comté de Chartres et sur les droits réciproques des évêques, des comtes et du Chapitre. Ici encore la critique doit s'exercer ; mais, quelque opinion que l'on adopte, on ne fera pas moins son profit, par exemple, des détails sur *la monnaie* et *le change* à Chartres, sur les tours existantes dans la ville, sur la justice et les appels, etc.

Enfin la troisième partie, fort intéressante aussi, trace à grands traits les principaux usages du Chapitre, énumère rapidement les plus riches trésors de l'Eglise et termine par l'explication de quelques cérémonies bizarres.

Il existe plusieurs copies de la *Vieille Chronique :* nous avons suivi pour notre publication le manuscrit original, relié aujourd'hui à la suite du *Poème des Miracles de la Vierge.* (Bibl. comm. de Chartres, n° 18, 2e partie). Nous indiquerons, chemin faisant, les interpolations qu'il a subies.

[1] Le puits, dont la tradition faisait le tombeau des victimes de Quirinus, était situé dans la crypte de Notre-Dame et portait le nom de puits des *Saints-Forts.* Ses vestiges n'ont pu être retrouvés lors des fouilles pratiquées en 1846 et en 1855.

discipuli [1], ex parte Apostolorum, ad predicandum fidem catholicam, de quibus fuerunt Savinianus et Potencianus predicti : et, ut apparet, hoc fuit anno gracie, videlicet ab incarnacione Domini tricesimo tercio vel quarto; quo tempore, ex parte Apostolorum, incepit regere idem Adventinus, et rexit tempore Quirini et quorumdam successorum suorum, ad regendum provinciam, ex parte Romanorum, deputatorum, qui *principes* seu *presides* vocabantur, fere per xxx annos. Nec erat tunc de rege Francie memoria, quia non erat nec fuit post longum tempus postea.

Optatus fuit secundus episcopus, temporibus principum et presidum Romanorum. Incepit anno Domini LXIII vel circa et rexit xl annis vel circa.

Valentinus fuit tercius, temporibus Romanorum. Incepit anno Domini centesimo tercio et rexit liii annis vel circa.

Martinus fuit quartus, temporibus principum Romanorum. Incepit anno Domini CLVI et rexit xliii annis vel circa. Hic cognominatus fuit *Candidus*, et jacet apud Sanctum-Martinum-in-Valle ; in cujus tumulo sculpuntur versus qui sequuntur :

> Te coluit, Christe, Martinus Candidus iste :
> Quem modo tu recreas et recreando beas.

Anianus fuit quintus, temporibus Romanorum. Incepit anno Domini CC vel circa et rexit xlv annis vel circa, quem, miraculis fulgentem in vita et in morte, sanctum Dei colimus et festum ejus bis in anno celebramus [2] : cujus merita sanctitatis in legenda sua [3] lacius continentur.

---

[1] En mémoire de cette mission des 72 disciples, le Chapitre de Chartres fut primitivement composé de 72 chanoines.

[2] On ne célèbre plus dans le diocèse de Chartres qu'une fête de saint Aignan, le 7 décembre, jour auquel elle fut fixée par l'évêque Geoffroy de Lèves, lors de la translation des reliques du saint prélat, en 1134. On verra, dans la suite du récit de la *Vieille Chronique*, qu'une seconde fête de ce saint avait été fixée au 10 juin, par Pierre de Mincy, au XIIIe siècle.

[3] La légende de saint Aignan, dont il est fait mention ici pour la seconde fois, n'a jamais été imprimée ; elle se rencontre manuscrite dans plusieurs volumes de la Bibliothèque de Chartres. Le plus ancien texte que nous en connaissions, et peut-être l'original, est celui qui se trouve dans un manuscrit du XIIIe siècle (n° 190 de la Bibl. de Chartres). Voici le passage relatif aux premiers évêques de notre ville : *Quem, secundum Cathalogum episcoporum, Adventinum legimus et credimus primum hujus civitatis episcopum consecratum. Huic successit Obtatus, Obtato Valentinus, Valentino Martinus, Martino Anianus.* Ce Catalogue des évêques, antérieur au XIIIe siècle, est bon à noter ; c'est là une des sources où dut puiser l'auteur de la *Vieille-Chronique*.

Severus fuit sextus. Incepit anno Domini CCXLV vel circa et rexit xxxv annis vel circa.

Castor fuit septimus, temporibus Romanorum. Incepit anno Domini CCIIII^{xx} et rexit xLIII annis.

Auffricanus fuit octavus, temporibus Romanorum. Incepit anno Domini CCCXXIIII et rexit xLIIII annis.

Possessor fuit nonus episcopus Carnotensis. Hic incepit anno Domini CCCLXVII, quo tempore gesta Francorum inceperunt, videlicet quando Priamus, post destructionem Troye, venit cum xII^m armatis in partibus Galliarum et construxerunt Sicambriam et acquisiverunt vi armorum castra et villas multas, quas per multa tempora tenuerunt a Romanis sub tributo : quod tributum Valentinianus imperator, eo quod ipsum adjuvassent ad destruendum Alanos usque ad decem annos quittavit et eos *Francos* appellavit. Elapsis autem decem annis, imperator misit ad tributum recuperandum a Francis, qui negativam dederunt, et licet multa bella per Romanos eis illata fuissent nunquam deinceps eos superare potuerunt; sed tractu temporis omnes Romanos de Galliarum partibus expulerunt. Iste Priamus fuit primus dux Francorum ; secundus dux fuit Marcomenus, et fuit princeps et dux Francorum triginta tribus annis. Isti duo, videlicet Priamus et Marcomenes, habuerunt principatum Francorum quinquaginta duobus annis. Et mortuus est Marcomenes ; post cujus [mortem] [1] elegerunt regem Pharamondum [2]. Igitur hic Possessor episcopus fuit, partim tempore Priami, partim tempore Marcomeni, per annos circiter quadraginta.

Polocronius fuit decimus. Hic fuit tempore Marcomeni per duodecim annos vel circa, et tempore Pharamundi per undecim annos vel circa ; qui Pharamundus primus rex Francie [fuit] et incepit regnare anno Domini CCCCXIX et regnavit undecim annis. Et sic rexit Polocronius xxIII annis.

---

[1] Les mots placés par nous entre crochets ont été ajoutés au XVIe siècle. Comme nous le verrons dans la suite, le manuscrit original fut, à cette époque, défiguré en plusieurs passages. Ces altérations, au reste peu importantes pour le traité que nous publions, ont au contraire un caractère assez grave dans le manuscrit du *Poème des Miracles* qui précède la *Vieille-Chronique*. Le but du faussaire était évidemment de reculer encore l'antiquité de l'Eglise de Chartres. (Voir, dans le *Livre des Miracles de Notre-Dame de Chartres*, publié par M. Gratet-Duplessis (Chartres, Garnier, 1855), la dissertation de MM. Rossard de Mianville et Chasles aîné, sur l'époque de l'édification de la cathédrale.)

[2] Cette chronologie fabuleuse de notre histoire a été tirée presque textuellement de la chronique de Sigebert de Gemblours, dont nous aurons occasion de parler ci-après.

Paladius fuit undecimus. Hic fuit tempore Clodionis regis, cognominati *le Chevelu*, qui regnavit xviii annis, et tempore Merovei regis qui regnavit decem annis. Hic Paladius incepit regere anno Domini CCCCXXX et rexit xxviii annis.

Arboastus fuit duodecimus, tempore Childerici, qui incepit regnare anno Domini CCCCLIX et regnavit xxvi annis. Hic Arboatus rexit xii annis.

Flavius fuit tercius decimus, tempore dicti Childerici regis. Flavius rexit xiiii annis.

Sollempnis fuit quartus decimus, tempore Clodovei regis, qui incepit regnare anno Domini CCCCIIII^{xx} et IIII° et regnavit xxx annis : quem beatus Sollempnis cathesisavit et in fide instruxit ; postmodum vero, anno regni sui xv et Domini IIII^{xx} et XIX, a sancto Remigio, Remorum archiepiscopo, et a beato Sollemni baptismi gratiam adeptus est. Quem Sollempnem ut sanctum colimus, et anno quolibet in ecclesia nostra ejus festivitas celebratur[1]. Cum isto autem sancto Sollempni, propter varietatem electionis et propter moram dicti sancti, qui latens recesserat, concurrit [et fuit consecratus] unus, nomine Adventinus, qui, per modum provisionis, habuit archidiaconatum Dunensem et apud Castridunum resedit : tamen in episcoporum numero propter hoc non ponitur.

Etherius fuit quintus decimus. Hic fuit tempore Lotharii regis, qui incepit regnare anno Domini V°XV et regnavit quinquaginta annis. Aliqui habent quod Childebertus fuit rex post Clodoveum, sed Lotharius erat primogenitus et ideo tenuit regnum : verum est quod Childebertus Parisius morabatur ; alii duo fratres fuerunt unus Aurelianis, et alter habuit Lothoringiam. Etherius fuit sanctus, et ei fuerunt revelata divinitus corpora sanctorum Prisci et ejus sociorum, que collocavit prope civitatem, ad duo milliaria, juxta ripariam, in basilica per eum inibi fabricata. Rexit x annis vel circa.

Leobinus fuit sextus decimus. Hic fuit tempore dicti Lotharii : incepit regere anno Domini V°XXV et rexit circa duodecim annos. Hic Leobinus Carnotensem diocesim delimitavit. Jacet in monasterio Sancti-Martini-in-Valle sanctum corpus ejus ; capud autem, in ecclesia Carnotensi, in nobilissimo vase, reconditum manet. Hic, in extremis positus, Caletricum successorem

---

[1] La fête de saint Solemme est encore célébrée à Chartres le 25 septembre : celle de son frère, saint Aventin, l'archidiacre de Dunois, fut fixée, pour la première fois, par Mgr de Lubersac, dans son Bréviaire, au 4 février.

suum pronunciavit. Festivitas ejus bis in anno in nostra Carnotensi ecclesia celebratur [1].

Caletricus fuit decimus septimus. Hic fuit tempore dicti Lotharii regis : incepit ecclesiam regere anno Domini V° XXXVII; rexit circa XIII annis: hunc predixit Leobinus successorem suum futurum. Corpus ejus sanctum elevatum [est] in altiori loco ecclesie Carnotensis [2] et cum [aliis] sanctis veneratur, et ejus festivitas ibidem, anno quolibet, celebratur.

Magobodus fuit decimus octavus. Hic fuit tempore dicti Lotharii regis et incepit regere ecclesiam anno Domini V° LI et rexit XIII annis vel circa.

Sigoaldus fuit decimus nonus. Hic fuit tempore Chilperici regis, qui incepit regnare anno Domini V° LXIIII et regnavit XXIII annis. Illo anno incepit regere ecclesiam Sigoaldus et rexit XII annis vel circa.

Maynulphus fuit vicesimus. Hic fuit tempore dicti Chilperici : incepit regere ecclesiam anno Domini V° LXXVI et rexit XI annis vel circa.

Theobaldus fuit vicesimus primus. Hic fuit tempore secundi Lotharii regis, filii Chilperici, etatis quatuor mensium, qui, sub custodia Gontrandi avunculi sui, incepit regnare, per dictum avunculum suum, anno Domini V° IIII^{xx} VIII

---

[1] Les deux fêtes de saint Lubin se célébraient le 14 mars et le 15 septembre; cette dernière, à cause de l'octave de la Nativité de la Vierge, fut remise au 16; c'est la seule qui soit observée aujourd'hui.

[2] En 1703, en démolissant la chapelle de Saint-Serge et Saint-Bacche ou de Saint-Nicolas, située dans le cloître, au lieu occupé aujourd'hui par la grille et une partie de la cour d'honneur de l'évêché, on découvrit le sarcophage parfaitement conservé de saint Calétric. Ce curieux monument d'archéologie chrétienne a été déposé au fond de la chapelle de Saint-Nicolas, lors de la restauration de la partie absidale de la crypte de Notre-Dame, en 1860. On y lit encore très-distinctement l'inscription suivante :

HIC REQUIISCIT CHALETRICUS EPS, CUJUS DULCIS MEMORIA
.... NONAS OCTOBRIS VITAM TRANSPORTAVIT IN CAELIS.

Le mot *octobris* a été substitué dans cette légende au mot *septembris* qui est encore apparent. On a enlevé au ciseau le premier mot de la seconde ligne, qui était vraisemblablement *pridie*. En effet, la fête de saint Calétric, célébrée primitivement le 4 septembre, c'est-à-dire *la veille des nones de ce mois*, fut reportée aux nones d'octobre, jour de l'invention des reliques du Pontife. (Voir Le Blant, *Inscriptions chrétiennes de la Gaule*, t. I, p. 307.)

La fête de saint Calétric qui, dans le *Bréviaire de Chartres*, est portée au 8 octobre, à cause de la fête de saint Serge et saint Bacche tombant le 7, est célébrée le 4 octobre dans le diocèse de Blois, par suite d'un chapitre erroné du Bréviaire, fixant la date de la mort de ce saint au 4 des nones d'octobre.

Les œuvres du poète Fortunat, évêque de Poitiers et ami de Calétric, contiennent une épitaphe ou plutôt un panégyrique de ce prélat. (D. Bouquet, *Rec.* II, 492.)

et tenuit regnum XLV annis. Theobaldus eciam incepit regere ecclesiam dicto anno, quam rexit decem annis vel circa.

Lancegisillus fuit vicesimus secundus, et fuit tempore dicti Lotharii. Incepit regere ecclesiam anno Domini V° IIII^{xx} XVIII, quam rexit XI [1] annis vel circa.

Malardus fuit vicesimus tertius episcopus. Hic fuit tempore predicti Lotharii regis. Incepit regere ecclesiam anno Domini sexcentesimo primo et eam rexit XIII annis vel circa. De isto Malardo et de aliis pluribus precedentibus et subsequentibus tenetur et habetur pro certo quod fuerunt comites Carnotenses, et comitatum et ecclesiam simul regebant, nec aliquis erat qui se comitem nominaret; sed episcopi, manu armata, cum auxilio regis et nobilium vicinorum et aliorum armatorum, civitatem et patriam deffendebant. Et maxime de isto legitur quod depredatores et fures, qui ad corpus sancti Launomari venerant aufferendum, cum militibus et burgensibus suis, insequutus est, tanquam comes et dominus civitatis et patrie. Nec habebant quemquam adire nisi episcopum, qui cunctis necessitatibus succurrere non postponebat; de quibus infra et alibi pluries apparebit. Hic apud nos sanctus habetur et ejus patrocinium imploramus, de more antiquo ecclesie, anno quolibet, cum processio ecclesie apud Sanctum-Martinum accedit, cum orationibus et capitulis ad hoc specialiter ordinatis [2]. In loco enim predicto jacet sanctum ejus corpus, ubi devote veneratur et colitur.

Gaubertus fuit vicesimus quartus. Hic fuit tempore dicti regis Lotharii. Incepit regere ecclesiam anno Domini VIe XV et rexit decem annis vel circa.

Godebertus fuit vicesimus quintus. Incepit ecclesiam regere tempore Dangoberti regis, qui incepit regnare anno Domini VIe XXXIII et regnavit XIII annis. Hic Godebertus rexit VI annis.

Deodatus fuit vicesimus sextus, tempore dicti Dangoberti. Incepit regere ecclesiam anno Domini VIe XXXIX et rexit quatuor annis.

---

[1] Le rédacteur de la *Vieille Chronique* avait d'abord écrit *decem;* il a corrigé et mis *XI;* mais ni l'une ni l'autre de ces deux périodes ne correspond avec les dates assignées par lui aux intronisations de Lancégisile et de Malard : c'est sans doute *III* qu'il faut lire.

[2] La fête de saint Malard se célèbre encore le 15 janvier dans le diocèse de Chartres, mais il n'y a plus ce jour-là de procession à Saint-Martin-au-Val, et par suite, plus d'Oraisons et de Capitules spéciaux.

Dronius fuit vicesimus septimus, dicti Dangoberti tempore. Incepit presidere anno Domini VI°XLIII et sedit quatuor annis.

Pronius fuit vicesimus octavus. Incepit ecclesiam regere tempore Clovis regis, filii Dangoberti, qui incepit regnare anno Domini VI°XLVII et regnavit xvii annis. Hic Pronius sedit annis decem.

Papulus, alias Pabolus, fuit vicesimus nonus, tempore dicti Clovis regis. Incepit presidere anno Domini VI°LVII et sedit septem annis. Hic levavit corpus sancti Karauni, et Betharium successorem predixit.

Betharius fuit tricesimus, tempore Lotharii, filii regis Cloovis ; qui Lotharius incepit regnare anno Domini VI°LXII et regnavit tribus annis. Iste vero Betharius, ut dictum est supra de Malardo, regebat, tanquam comes et dominus civitatis, patriam Carnotensem. Insurrexit autem contra regnum Francie Theodoricus, rex Burgundionum, cui occurrens Lotharius, rex Francie, idem Lotharius victus fuit a Theoderico et fugiit usque ad silvas Perthicences. Theodericus vero, insequens eum, obsedit civitatem Carnotensem, et dolo fect quod episcopus eum intrare permisit ; quo facto, idem Theodericus, cum exercitu suo, civitatem depredavit, episcopum cum clericis et civibus suis captivos cepit et secum adduxit. Episcopus vero quicquid habere potuit in redemptionem captivorum expendit, et tandem, per miraculum liberatus [1], Carnotum cum gloria reversus est. Tempore eciam hujus Betharii, post mortem dicti Lotharii, regnavit frater suus Theodoricus, uno anno dumtaxat, quia, expulsus per barones, efficitur monachus, et loco ejus positus est in regno Childebertus, frater suus, qui regnavit tresdecim annis, et incepit regnare anno VI°LXVI. Hujus tempore sedit Betharius, et sic sedit xvi annis. Cujus sanctum corpus jacet in ecclesia nomine suo dedicata [2], inter Blesis et Vindocinum. Festivitas ejus in ecclesia Carnotensi, anno quolibet, celebratur [secunda die augusti].

[1] Voici comment le *Catalogue des Reliques*, manuscrit des Archives d'Eure-et-Loir, rédigé en 1682, raconte ce miracle : « Il y eut un soldat qui luy arracha insolament ses gands.
» Ce misérable les ayant mis, il ressentit aussitôt un si grand feu aux mains qu'il se les
» déchira avec les dents, en présence de Thierry, en même temps qu'il rompit les gands.
» Ce spectacle obligea le Roy de demander pardon à saint Bohaire, et le renvoya lui et
» les siens en toute liberté. »

[2] On a modifié ce passage au XVI° siècle, et on a substitué : *Cujus sanctum corpus jacet in ecclesia Carnotensi, et in nomine suo dedicata est quedam ecclesia, inter Blesis et Vindocinum.* Voici le motif qui, selon nous, dicta cette interpolation. En faisant la translation de quelques reliques, le 20 septembre 1587, on trouva, dans une des anciennes châsses, une inscription sur parchemin, que l'on traduisit ainsi : *Hæc sunt pignora de sancto Bertario,*

Bethegrannus fuit tricesimus primus. Incepit anno Domini VI^{c}LXXIX, tempore regis Theodorici qui, post mortem Childeberti, de monacatu fuit revocatus ad regnum, quindecim annis, sub regimine Pipini, filii Ansoldi, ducis Francie et baillivi, per barones ad hoc electi. Sedit vii annis.

Haynius fuit tricesimus secundus. Incepit anno Domini VI^{c}IIII^{xx}VI, tempore dicti Theodorici, anno regni sui octavo, et sedit octo annis.

Haygrandus fuit tricesimus tercius. Incepit anno Domini VI^{c}IIII^{xx}XIIII, tempore Clovis qui, post Theodoricum patrem, regnavit, sub Pipini regimine, Francie ducis, quatuor annis.

Agatheus fuit tricesimus quartus. Incepit anno Domini VI^{c}IIII^{xx}XVIII, tempore Hilderici qui, post Clovem, regnavit, sub Pipini regimine, decem et septem annis. Sedit Agatheus septem annis.

Leobertus fuit tricesimus quintus. Incepit anno Domini VII^{c}V^{to}, tempore dicti Hilderici, anno regni sui octavo, et sedit decem annis.

Hado fuit tricesimus sextus. Incepit anno Domini VII^{c}XV, tempore Dagoberti Secundi, qui regnavit quatuor annis, sub Carolo-Martelli, qui, post mortem patris sui Pipini, constitutus fuit dux Francie et baillivus. Fuit eciam tempore Lotharii Quarti, qui regnavit duobus annis. Fuit eciam tempore Chilperici Secundi, qui regnavit quinque annis. Sic sedit xi annis.

Flavius fuit tricesimus septimus. Incepit anno Domini VII^{c}XXVI, tempore Theodorici Secundi, qui regnavit xv annis, sub ducatu Karoli-Martelli.

Godassaldus fuit tricesimus octavus. Incepit anno Domini VII^{c}XLI,

---

domno Monulfo Trejectense episcopo; et l'on conclut de là que les reliques ainsi transférées étaient celles de saint Béthaire ou saint Bohaire, comme l'appelle le *Catalogue des Reliques.* Pour faire concorder avec cette version le récit de notre manuscrit, on lui fit subir l'altération que nous venons de signaler. Mais, sans crainte qu'on nous accuse d'une admiration outrée pour l'antiquité, nous devons dire que nous avons vu rarement les anciens manuscrits gagner à être corrigés, tandis que sans cesse nous sommes à même de déplorer les erreurs grossières dans lesquelles sont tombés ceux qui voulaient redresser leurs devanciers. C'est ici un des exemples les plus frappants de cette vérité. Les archives d'Eure-et-Loir possèdent encore le précieux authentique qui, mal interprété au XVIe siècle, fit donner une fausse attribution aux reliques dont on opérait la translation. C'est un petit parchemin de 6 centimètres de longueur sur un et demi de hauteur, où on lit, en écriture du VIe ou VIIe siècle : *Hyc sunt pignora de cobertorio domno Monulfo Trejectense episcopo.* C'était donc à des reliques du linceul de saint Monulfe, évêque d'Utrecht, et non à celles de saint Béthaire, que se rapportait l'attestation contenue dans ce parchemin. Dès-lors l'addition faite au récit de la *Vieille Chronique* devenait inutile, et c'est à Saint-Bohaire, commune de l'arrondissement de Blois, qu'il faut laisser l'honneur d'avoir possédé le corps du saint évêque de Chartres. — La fête de saint Bohaire est célébrée encore aujourd'hui, le 2 août, dans le diocèse de Chartres.

tempore Hildeberti, qui regnavit novem annis, sub ducatu Caroli-Martelli et sub ducatu Pipini, qui, post mortem patris sui Caroli-Martelli, fuit electus in ducem et baillivum Francie et postea fuit rex.

Hernoynus fuit tricesimus nonus. Incepit anno Domini VII^{e}LXIX, tempore Pipini regis, qui per papam et barones fuit electus in regem, et regnavit xviii annis.

Helyas fuit quadragesimus. Incepit anno Domini VII^{e}LXXXIX, tempore Caroli-Magni, qui regnavit quadraginta sex annis. Iste Helyas fuit episcopus et comes, sicut de aliis predecessoribus suis creditur et tenetur, ut in Malardo et in Bethario declaratur. Hic, pro deffensione civitatis et patrie, nobiles patrie et stipendiaros multos congregaverat. Qui, cum, exhaustis thesauris, non haberet unde solveret, cepit perquirere subsidia, et cum monachi monasterii Sancti-Petri dare subsidium recusassent, idem Helyas, episcopus et comes, cum excersitu, dictum monasterium invaserunt [1], bona omnia ibi reperta ceperunt, inter stipendiaros diviserunt, abbatiam et monachos dissipaverunt et dextruxerunt omnino; ac redditus et possessiones quas apud se episcopus confiscaverat nobilibus patrie dedit in casamentum, quas ab eo in feodum tenuerunt, et de eis fidem et homagium ligium eidem, pro se et successoribus suis, prestiterunt, prout et adhuc modernis temporibus fieri consuevit.

Buchardus fuit quadragesimus primus. Incepit anno Domini VIII^{e}XV, tempore Ludovici qui fuit imperator et rex; tenuit regnum xxvi annis.

Froboldus fuit quadragesimus secundus. Incepit anno Domini VIII^{e}XLI, tempore Caroli-Calvi, qui regnavit xxxvi annis. Hujus tempore et ante, per magna tempora, Pagani vastabant regnum Francie et tandem venerunt Carnoti, videlicet rex illorum, nomine Byer, cum Hastinguo duce suo, et ceperunt civitatem Carnotensem, dictumque Froboldum, qui, ut dictum est de Helya et aliis, comitatum tenebat, cum clericis et majori parte populi, interfecerunt [2], civitatemque et ecclesiam vastaverunt, [anno] regni dicti Caroli nono, et totaliter dextruxerunt. Et tandem ordinaverunt adire

---

[1] Le moine Paul (*Cart. de Saint-Père*, titul. Agan., vol. 1er, ch. 7, p. 9, éd. Guérard) fait connaître en termes énergiques la violence des procédés d'Hélie envers les religieux de Saint-Père, mais il se garde bien d'en indiquer le motif.

[2] Un récit des plus dramatiques du sac de Chartres par les Normands et de la mort de Frotbold nous a été donné par le moine Paul (*Cart. de Saint-Père*, ch. 8, p. 45). Voir aussi, volume III de notre publication, le *Nécrologe de Notre-Dame*, au 2 des ides de juin (858).

Romanos et capere Romam et acquirere imperium, sed Bier morte preventus fuit et Hastingus rediit in Franciam et firmavit pacem cum Karolo rege. Que pax regno multum profuit, nam regi servierunt fideliter, et regnum Francie per multa tempora usque ad Rollonem quievit in pace. Eciam in guerra Rollonis in multis pro rege prudenter se habuit.

Galeverus fuit quadragesimus tercius. Incepit anno Domini VIII^{c}LV, tempore dicti Karoli-Calvi, anno regni sui XV, et fuit episcopus decem [1] annis.

Aymo fuit quadragesimus quartus. Incepit anno Domini VIII^{c}LXVII, tempore dicti Caroli-Calvi, anno regni sui XXV. Hic Aymo fuit episcopus undecim [2] annis.

Girardus fuit quadragesimus quintus. Incepit anno Domini VIII^{c}LXXVII, tempore Ludovici *le Baube*, qui regnavit quatuor annis.

Aymericus fuit quadragesimus sextus. Incepit anno Domini VIII^{c}IIII^{xx} et I, tempore Karoli, cognominati Simplicis, qui, per se et per alios, regnavit XLVI annis : primo enim fuit regnum in regimine duorum filiorum Ludovici predicti, qui non erant de matrimonio, per quinque annos, et decesserunt ; secundo fuit in regimine Caroli imperatoris, qui ad hoc vocatus per barones ut deffenderet regnum a Normanis, quod rexit aliis quinque annis. Et sic sedit episcopus decem annis.

Gaucelinus fuit quadragesimus septimus. Incepit anno Domini VIII^c IIII^{xx}XI, tempore dicti Caroli-Simplicis, qui jam rexerat decem annis, ut dictum est, et restabant de tempore regni sui XXXVI anni. Hujus Gaucelini tempore, Rollo obsedit civitatem Carnotensem [3] ; sed Gaucelinus, qui regimen civitatis, tanquam comes et episcopus, habebat, ut de aliis supradictum est, videns se non posse resistere Rolloni, confidens in meritis et

---

[1] Corr. mod. *duodecim*.
[2] Corr. mod. *duodecim*.
[3] Toutes les chroniques font mention du siége de Chartres. On peut consulter entre autres : *Hist. Dudonis et Willelmi Gemetic.*, D. Bouquet, t. VIII, p. 256 ; — *Chron. Virdun.*, id. ibid., p. 287 ; — *Chron. breve sancti Martini Turon.*, id. ibid., p. 316 ; — *Chron. Hugon. Floriac*, id. ibid., p. 322 ; — Robert Wace, *Rom. de Rou*, t. I, p. 79, éd. Pluquet, 1827 ; — *Cart. de Saint-Père de Chartres*, p. 46 et 47. Nous mentionnerons plus particulièrement le récit qu'en a conservé le *Poème des Miracles de Notre-Dame de Chartres*, à la suite duquel se trouve, comme nous l'avons dit, la *Vieille Chronique*. (Chartres, Garnier, 1855, p. 79.) Ce récit est reproduit avec plus de correction dans l'édition que nous avons donnée de l'*Histoire des relations des Hurons et des Abnaquis du Canada avec le Chapitre de Chartres*, p. 71. (Chartres, Garnier, 1858).

auxilio beatę Virginis, Dei genitricis, Marie, dicte civitatis domine et patrone, una dierum, cum gentes Francorum venissent ad resistendum Rolloni, et confligentes parum proficerent, quin ymo Rollo eos speraret devincere, accepta Camisia beate Virginis [1], in qua filium pepererat, in sancto scrinio dicte Virginis, in ecclesia reposita, que ab aliquibus *supparum* et ab aliquibus aliis *interior tunica* vocabatur, in modum vexilli, haste applicuit, et exiens civitatem, cum armatis et civibus suis, dictum vexillum preferens, eumdem Rollonem, inopinate a tergo eum cedendo, invasit. Qui Rollo, videns se suosque in extremo mortis positos, a certamine declinavit et cum paucis militibus fugam cepit. Unde postea furibundus contra Francos acrius insurrexit; nunquam tamen deinceps Carnotum insultare conatus est, sed per eum, recepto baptismate, et per successores suos dicta ecclesia plurimum ditata fuit et honorata [2]. Hic Gaucelinus sedit xxxvi annis, videlicet usque ad annum ultimatum dicti Caroli-Simplicis. Hujus tempore, videlicet anno Domini IX^{c}XII, fecit pacem rex cum Rollone et dedit ei filiam suam Gillam, cum tota terra quam acquisiverat, que postmodum Normania vocata est, et fuit baptisatus.

Haganus fuit quadragesimus octavus. Incepit anno Domini IX^{c}XXVI, tempore Radulphi, filii ducis Burgondie, in regem electi, qui regnavit duobus annis, in absencia Ludovici, filii Caroli-Simplicis, qui ex certis causis fuerat per amicos missus in Angliam; sed post mortem dicti Radulphi, barones Ludovicum accersitum de Anglia receperunt, qui regnavit xxvii annis. Hujus tempore decessit Haganus, videlicet anno Domini IX^{c}XLI.

Ragenfredus fuit quadragesimus nonus. Incepit anno Domini IX^{c}XLI, tempore dicti Ludovici, anno regni sui tercio decimo, qui postea regnavit

---

[1] Voir, pour l'histoire de l'origine et de la conservation de cette sainte relique de la Vierge, la dissertation et les notes placées à la suite de l'ouvrage intitulé *Histoire des relations des Hurons et des Abnaquis du Canada avec le Chapitre de Chartres*, p. 51 et suiv.

[2] Nous ne connaissons pas les donations que Rollon et ses premiers successeurs purent faire à l'Eglise de Chartres, mais nous possédons, soit en original, soit en copie, les titres qui consacrent les largesses de quelques ducs de Normandie envers notre église, à partir de Richard II. Ce prince dont la donation est datée du 11 des kal. d'octobre 1014, dota Notre-Dame de Chartres de plusieurs grands domaines dans les évêchés de Lisieux et d'Evreux, qui formèrent la prévôté dite de Normandie. Les rois d'Angleterre Henri I (1157-1162) et Henri II (1174-1183) confirmèrent et amplifièrent cette première donation, qui fut encore sanctionnée par Arnoul, évêque de Lisieux (1141-1183), par Rotrou, évêque d'Evreux (1157) et par le même prélat devenu archevêque de Rouen (1174-1183). Nous donnerons toutes les chartes relatives à ces libéralités.

xiii annis ; quibus sedit idem Ragenfredus. Hic multa bona fecit ecclesie, restauravit monasterium Sancti-Petri, ibi monachos revocavit et duodecim prebendas in majori ecclesia eis dedit, in recompensationem possessionum per Heliam episcopum, ut supradictum est, ab eis subtractarum, quas a militibus retrahere non poterat.

Hardoynus fuit quinquagesimus. Incepit anno Domini IX^{c}LV, in principio regni Lotharii, filii Ludovici, qui regnavit xxxi annis. Iste Hardoynus monachos Sancti-Petri exosos habuit, et ab eis, de duodecim prebendis, quas ex dono Ragenfredi habuerant, sex abstulit. Comitem in civitate et patria Carnotensi, divinis intendere volens, instituit, et sibi possessiones et redditus episcopales communicavit, et inter cetera temporalitatem Sancti-Petri et Sancti-Martini ei subjecit : et sic patet quod comitatus ad episcopatum pertinebat [1]. Hujus tempore, videlicet anno IX^{c}LXIII, fuit civitas et ecclesia Carnotensis tota igni succensa [2].

Ulphardus fuit quinquagesimus primus. Incepit anno IX^{c}IIII^{xx}VI, tempore Ludovici, filii Lotharii, qui regnavit uno anno dumtaxat et decessit sine herede : tunc barones elegerunt Hugonem-Capeti, comitem Aurelianensem, filium Ottonis imperatoris, qui regnavit decem annis. Et sic sedit xi annis.

Odo fuit quinquagesimus secundus, anno Domini IX^{c}IIII^{xx}XVII, tempore Roberti, filii dicti Hugonis, qui regnavit xxxiii annis. Iste Odo

---

[1] La question du *Comte-Évêque héréditaire* a occupé tous les historiens chartrains. Soutenue par la *Vieille Chronique*, le *Poème des Miracles*, Rouillard et quelques autres écrivains ecclésiastiques, à l'exception du judicieux Souchet, elle a été combattue notamment par l'auteur du *Supplément aux Affiches Chartraines* (1785). La vérité est, ce nous semble, dans un moyen terme. La fonction de comte ne fut, sans doute, pas héréditaire chez les évêques pendant les deux premières races, mais il est certain que plusieurs d'entre eux l'exercèrent en diverses circonstances, soit spontanément, à l'approche de l'ennemi, soit comme délégués du prince. C'est ce qui paraît prouvé par la capitulation de Bohaire, les guerres d'Hélie, l'expédition de Bouchard contre les Normands, et la défense de Chartres par Gaucelin.

[2] Cet incendie fut allumé par les Danois et les Normands, le duc Richard étant alors en guerre avec le comte de Chartres, Thibaut-le-Tricheur. Le *Roman de Rou* mentionne ce désastre de la ville de Chartres :

> A cel jor meisme arstrent Chartres sa cité ;
> Tal duil en out Thiébaut par joie ne fu desvez.
> . . . .
> Ses mezons trova arses, é ses villes ardant,
> É un suen fils trova mort en bierre geisant.
> (*Roman de Rou*, t. I, p. 248.)

prebendas ecclesie Carnotensis, que antea in commune levabantur, et postea inequaliter, prout prepositis placebat, dividebantur, distinxit et divisit, ita quod per loca terre Capituli ponerentur duo, tres, vel plures canonici ad percipiendum ibi suam quilibet porcionem. Canonicos exemit, exémpcionemque et privilegia multa a sede apostolica pro eis et ecclesia impetravit. Sedit dicto tempore decem annis.

Rodulphus fuit quinquagesimus tercius. Incepit anno Domini millesimo sexto, tempore dicti Roberti regis, et sedit septem annis [1].

Fulbertus fuit quinquagesimus quartus. Incepit anno Domini millesimo tercio decimo [2], tempore regis Roberti, anno regni sui xvii°. Hic Fulbertus, gloriosus in vita sua, maximus doctor in ecclesia, speculum fidei christiane, devotissimus beate Marie, multos tractatus de ipsa et legendas multas eleganciores, utpote de Navitate que incipit *Approbate Consuetudinis*, composuit; quam Nativitatem primus in Gallia celebrari procuravit. Ipsum beata Virgo, tanquam specialem alumpnum, in quadam egritudine sua, personaliter visitavit et linguam ejus jam sacro igne pene consumptam lactis sui de mamilla recenter extracti infusione lavavit; unde accidit tres guctas dicti lactis super faciem remansisse, quas recollegit et in precioso vase ad hoc aptato reposuit, que usque ad presens, in ecclesia, certis temporibus, venerantur. Hujus tempore, anno episcopatus vii^{mo} [3], anno vero Domini M°XX°, civitas et ecclesia incendio totaliter devastatur; sed postmodum idem Fulbertus, adhibita diligencia, sua magna industria, dictam ecclesiam, a fondamento usque ad summum ejus, in decore quo nunc est fere totaliter consummavit, auxiliante Domino, qui, pro reffectione dicte ecclesie, que quasi impossibilis videbatur, tanta miracula ministravit quod ex omni parte regnorum Francie, Anglie, Scotie et aliorum christianitatis, ad videndum opus et mirabilia et succurrendum [eidem], reges et populi confluebant [4]. De quibus miraculis pauca, que vix postmodum scripta re-

[1] Corr. mod. *Et sedit episcopus annis decem*.
[2] Corr. mod. *Sexto decimo*.
[3] Corr. mod. *Anno episcopatus sui IIII°*.
[4] Parmi beaucoup d'autres témoignages des chroniqueurs, nous citerons celui de Guillaume de Malmesbury (lib. 2. *De gestis regum Anglorum*, cap. II), parce qu'il nous fournit plusieurs détails sur Fulbert et sur des donations faites par Canut, roi d'Angleterre, et dont nous ne rencontrons plus la trace aujourd'hui : *Cnuto, alias Canutus, Anglorum rex, Edelnothi Cantuariensis episcopi monitu, ad transmarinas ecclesias pecunias mittens, maxime Carnotum ditavit, ubi tunc florebat Fulbertus episcopus, in sanctitate et philosophia nomina-*

perta sunt, [huic operi sunt, ut supra patent, annexa] [1]. Sedit autem in episcopatu, tempore dicti Roberti, decem et septem annis, et rex Robertus requievit in pace anno regni sui xxxiii°. [Hic floruit tempore pape Clementis II, et composuit *Stirps Jesse* et *Solem justicie* et *Chorus nove Jerusalem*] [2].

Theodoricus fuit quinquagesimus quintus. Incepit anno Domini millesimo tricesimo primo, tempore Henrici regis, qui regnavit xxx annis. Tempore hujus Theodorici fundata fuit et exempta facta abbacia Vindocinensis [3]. Hoc anno fuit civitas Carnotensis igne consumpta. Sedit in episcopatu septem annis.

Agobertus fuit quinquagesimus sextus, [vir mire simplicitatis et innocentie]. Incepit anno Domini M°XXXVIII, tempore dicti regis Henrici, anno regni sui septimo. Sedit octo annis.

Robertus fuit quinquagesimus septimus. Incepit anno Domini M°XLIIII°,

tissimus qui, inter cætera industriæ suæ documenta, ecclesiæ nostræ Sanctæ Mariæ, cujus fundamentum jecerat, summam manum mirifico effectu imposuit; quam etiam, pro posse honorificare studens, musicis modulationibus crebro extulit.

[1] Ce passage a été complètement dénaturé. Le récit de ces miracles, auxquels il est fait allusion, se trouve en effet dans le *Poème des Miracles*, mais au lieu de se rapporter à la reconstruction de la cathédrale de Chartres par Fulbert, ils ont trait en réalité à l'œuvre de Regnault de Mouçon à la fin du XII° siècle: Malgré les efforts du faussaire pour faire disparaître dans le *Poème des Miracles* toute trace de l'incendie de la cathédrale qui eut lieu en 1194, malgré les dates surchargées, les vers effacés ou ajoutés et autres supercheries encore évidentes aujourd'hui, il a néanmoins laissé échapper des détails qui ne permettent pas la moindre confusion entre ces deux incendies. La présence à Chartres du légat Mélior fournirait à elle seule une date certaine, quand bien même toutes les chroniques, d'accord avec le style même de l'architecture de l'Eglise, ne viendraient pas révéler le grand désastre de 1194, si souvent contesté et dont on a si long-temps cherché à nier la possibilité.

[2] La fête de saint-Fulbert est célébrée le 10 avril dans le diocèse de Poitiers. Elle n'a pas été observée jusqu'à ce jour dans le diocèse de Chartres, mais, dans le nouveau Bréviaire, elle est également portée au 10 avril. Lors de la restauration de la partie absidale de la crypte de Notre-Dame, un autel a été consacré en l'honneur de ce prélat.

[3] Le monastère de la Trinité de Vendôme, l'un des plus célèbres et des plus riches de l'ancien diocèse de Chartres, fut fondé en 1032 par Geoffroy Martel, comte d'Anjou et duc d'Aquitaine, lequel, dit le livre *De gestis consulum andegavensium* (*Spicilège de D. Luc d'Achery*, t. X, 482), contemplant les astres à l'aube du jour, avait vu trois étoiles se détacher du firmament et tomber dans une fontaine. Le prince construisit l'église en cet endroit et plaça 25 moines de Marmoutier dans le nouveau couvent, dont la dédicace fut faite en 1040 par Théodoric, évêque de Chartres.

L'abbaye de Vendôme devint par la suite un bénéfice très-recherché et eut pour abbés les plus hauts dignitaires de l'église. Il fut réuni à l'évêché de Blois, lors de sa création, en 1693. (Voir le *Gallia Christ.*, t. VIII, p. 1364).

tempore dicti regis Henrici anno regni sui xv°. Hic Robertus fuit legatus pape, de quo beatus Bernardus scripsit *Robertum, Carnotensem episcopum, bonum legatum fuisse*: qui, propriis sumptibus et expensis, omnibus donis spretis, totam Acquittaniam visitavit. Sedit in episcopatu xv [1] annis.

Arraldus fuit quinquagesimus octavus. Incepit anno Domini millesimo LX, tempore regis Philippi, qui regnavit xlix annis. Hic fuit vir eloquentissimus et tocius sciencie radiis illustratus : ecclesiam, quamdiu vixit, [augmentavit et] capis optimis, dorsalibus preciosis extruxit. Calicem aureum, opere elegantissimo informatum, cotidiano ecclesię usui deputavit, et in morte capellam suam, ornamentis episcopalibus instructam, cum immensi argenti pondere, derelinquit. Villam de Spedona, que erat episcopalis [2], Capitulo Parisiensi tradidit, pro pastu quem percipit episcopus [Carnotensis] super Capitulum antedictum. [Decessit iiii° idus februarii].

Gaufridus, quinquagesimus nonus, incepit anno Domini millesimo LXVII, tempore dicti regis Philippi, anno regni sui sexto. Et cum sedisset tribus annis, suis demeritis exigentibus, per papam Alexandrum [3], hujus sui nominis Secundum, depositus est. In loco ejus Yvo fuit episcopus institutus.

Yvo fuit sexagesimus. Incepit anno Domini millesimo LXIX°, tempore dicti regis Philippi, anno regni sui nono. Hic fuit doctor egregius et lux ecclesie sancte Dei : de eo scribit Vincencius, in *Speculo ystoriali*, quod *Hugo Parisiensis et Yvo Carnotensis, qui contemporanei erant, fundamentum ecclesie gallicane et lux fidei christiane merito vocabantur*. Hic Yvo divisiones prebendarum confirmavit et quatuor prepositis, qui male regebant prebendas, a regimine expulsis, quatuor precarias assignavit et eos officiorum seu dignitatum ecclesie numero aggregavit, et super hoc confirmacionem [papalem obtinuit] [4]. Regis Philippi incurrit [indignacio-

---

[1] Corr. mod. xvi.

[2] Corr. mod. *que erat in parte episcopi Carnotensis.*

[3] Corr. mod. *Urbanum.* C'est bien en réalité sous Urbain II, au concile d'Issoudun, vers 1081, que Geoffroy I avait été excommunié par le légat Hugues de Die, pour cause de simonie ; mais la correction moderne n'en est pas moins mauvaise : du moment qu'on adoptait la chronologie de la *Vieille Chronique*, il fallait laisser subsister le mot *Alexandrum* : en 1069, c'était en effet Alexandre II qui occupait le siége de saint Pierre. Nous imprimerons dans notre *Cartulaire* une lettre d'Urbain II au Chapitre, relative à la déposition de Geoffroy et à la consécration d'Yves.

[4] Nous publierons les chartes originales d'Yves, v. 1100 et 1105, par lesquelles il chercha à réprimer les exactions des prévôts, comme aussi la bulle de Pascal II de 1114, par laquelle ce pape confirma les réglements dressés par Yves contre ces officiers.

nem], ex eo quod adulterium per regem commissum cum Bertranda, uxore comitis Andegavensis, quam tenebat, uxore sua Bertha relicta, detestabatur : propter quod fuit in exilium relegatus, sed rex, procurante papa Urbano, sui nominis Secundo, penituit, et Yvonem episcopum ad episcopatum cum gaudio revocavit. Hic [Yvo] domos episcopales combustas lapideas fecit, et a dicto Philippo rege dictarum domorum, in morte episcopi, libertatem procuravit, quia videlicet tunc gentes regis et comitis capiebant, post mortem episcopi, omnia bona, et domos, in quibuscumque poterant, dissipabant : illud idem a comite impetravit [1]. Ecclesiam Sancti-Johannis-in-Valleya de seculari in regularem fecit [2]. Instituit et auxit monasterium monachorum Belli-Loci [3], et decanatum Sancti-Andree instituit [4]. Lictrinium et pulpitum ecclesie Carnotensis, opere mirifico et miro decore, construxit. [Ecclesie plura ornamenta et libros argentatos usui ipsius cessuros contulit] : alia bona quasi innumerabilia personis et ecclesie procuravit. [Ad augmentandum tabulam altaris, idem moriens centum modios vini reliquit]. Obiit [XI kalendas januarii], anno Domini M°CXV, tempore Ludovici-Grossi, anno VI regni sui. Jacet in ecclesia Sancti-Johannis antedicta, ubi tanquam sanctus veneratur et colitur. [Sedit in episcopatu XLVI annis, et primo, ut volunt, canonicus regularis sancti Augustini apud Sanctum-Quintinum Belvacensem fuit] [5].

[1] Parmi les pièces publiées dans notre *Cartulaire*, on trouvera, aux années 1100 et 1105, d'abord la bulle de Pascal II, confirmant l'abolition des spoliations des maisons épiscopales lors du décès des évêques, puis l'acte de renonciation faite par le comte Henri-Etienne du droit de s'emparer des biens de l'évêque, et enfin la confirmation de cette renonciation par le roi Philippe Ier.

[2] La charte de restauration de l'abbaye de Saint-Jean-en-Vallée est de l'année 1099 ; elle fut confirmée par Pascal II en 1108 et par Eugène III en 1150.

[3] La léproserie du Grand-Beaulieu avait été fondée vers 1054 par Thibaut III, comte de Chartres. On croit que ce fut Yves qui, vers 1115, donna aux prêtres et frères de cette maison la règle de saint Augustin : cependant, parmi les titres nombreux de cette léproserie, nous n'avons trouvé aucune charte émanée directement de l'évêque de Chartres. Par un acte que nous publierons, daté de l'année 1094, Yves permit à l'abbaye de Cluny et aux religieux de la Charité-sur-Loire de faire construire une église et d'établir un monastère au Petit-Beaulieu : peut-être est-ce à cet acte qu'il est fait ici allusion.

[4] L'érection en Chapitre du clergé de Saint-André est du 17 des calendes de septembre 1108.

[5] Le souvenir d'Yves de Chartres s'est maintenu dans le Beauvaisis, et son office, approuvé par le pape Pie V, est compris dans le propre du diocèse de Beauvais sous la date du 23 décembre, jour de sa mort. Dès le XIVe siècle, on voit la fête de ce prélat célébrée à Chartres, le 20 mai, jour auquel il est encore honoré dans ce diocèse. Lors de la res-

Gaufridus fuit sexagesimus primus. Incepit anno Domini M°CXVI, tempore dicti Ludovici-Grossi, anno regni sui septimo ; cujus regni tempus fuit xxix annis, de quibus nunc restabant xxii. Hic impetravit apud regem predictum et apud comites libertatem hominum ecclesie, tam suorum quam capituli, quod omnes reciperentur ad testimonium et ad bellandum tanquam liberi, anno millesimo CXVIII [1]; et de libertate claustri et aliis multis eciam, a papa Innocencio et Honorio et aliis successoribus suis summis pontificibus, confirmaciones super hoc, et alia multa privilegia pro ecclesia et personis obtinuit. Hic legatus, pro scismate Romane ecclesie pacificando [2], super Bituricensem, Burdegalensem, Turonensem et Dolensem provincias, a papa Innocencio constitutus, per annos circiter quindecim, sancte et religiose laborans, [omnes scismaticos] ad pacem ecclesie revocavit. Abbaciam de Josaphat fundavit [3]. Hujus tempore, civitas Carnotensis, reservata per Dei gratiam ecclesia, fuit tota combusta, anno Domini M° CXXXIIII : ossa eciam sancti Aniani, ardente feretro, illesa, Dei miseracione, servata fuerunt, quibus per episcopum levatis et in capsa repositis, constituta fuit Translacio dicti sancti, annuatim, in crastino sancti Nicholay Yemalis, solenniter in ecclesia celebranda. Obiit anno Domini M°CXXXVII : jacet in ecclesia de Josaphat [4]. Notandum est quod iste Ludovicus-*le-Groux* habebat primogenitum, nomine Philippum, quem in vita sua coronavèrat regem ; sed, antequam pater moreretur, idem Philippus, equitans per villam Parisiensem, anfractibus cujusdam porci infra quatuor pedes sui equi tumultuantis, ad terram prosternitur et, fracto collo, lamentabiliter expiravit.

Goslenus fuit sexagesimus secundus. Incepit anno Domini millesimo CXXXVIII, tempore Ludovici-*le-Preux*, qui, post Ludovicum-*le-Groux*

---

tauration de la partie absidale de la crypte de Notre-Dame en 1860, un autel lui a été consacré. (Voir, sur les libéralités d'Yves envers son église, le *Nécrologe* inséré dans notre 3ᵉ vol., à la date du 10 des kal. de janvier.)

[1] Les lettres-patentes de Louis-le-Gros sont de 1128, la 20ᵉ année de son règne ; elles n'existent plus en original aux Archives d'Eure-et-Loir, mais nous en donnerons une copie d'après le *Livre des Priviléges de Notre-Dame* où elles ont été transcrites.

[2] Ce schisme était celui suscité par l'anti-pape Anaclet.

[3] En 1117.

[4] Suivant une note extraite du cabinet généalogique de la Bibliothèque Impériale (Boîtes du Saint-Esprit, Liévain-Lorris), le tombeau de Geoffroy de Lèves était situé contre le mur à gauche, dans la chapelle de la Vierge, dans l'église de l'abbaye de Josaphat.

patrem suum, regnavit XLIII annis. Hic Goslenus ad perfectionem abbacie de Josaphat multipliciter laboravit, et abbaciam Sancti-Karanni 'fundavit ¹. Textum Evangeliorum auro puro LII onciis et lapidibus preciosis decoratum, tabulam auream LXXII onciis appendentem, huic ecclesie donavit. Quatuor villas [de] episcopatu dedit pro anniversario suo, et super exaccionibus prepositorum et majorum tollendis diligenter laboravit ². Corpus ejus in dicta ecclesia de Josaphat, [ad ostium claustri, e regione scallorum dormitorii], sepultum est. Sedit autem in episcopatu x annis vel circa.

Robertus fuit sexagesimus tercius. Incepit anno Domini M°CXLVIII°, tempore dicti Ludovici-*le-Preux*, anno regni sui decimo. Sedit in episcopatu sexdecim annis, et obiit anno M°CLXIIII. Hic multa bona ecclesie procuravit et fecit : lapides preciosos et anulum suum pro capsa honoranda dedit [et eciam] argentum et aurum; domos episcopales plurimum emendavit, capellam in honore sancti Martini ibidem a fondamento refecit et consecravit ³; tres abbacias instituit, scilicet abbaciam Beate-Marie de Clarofonte, abbaciam Sancti-Remigii et abbaciam Sancti-Cirici. Apud Bercherias, granicam muro clausit, et apud Pontem-Gadanum molendinum et stangnum reparavit. Buxeium, cum magno sumptu et labore, de manu laicali in usum episcoporum retraxit. Decimam apud Ylleyas, diocesis Ebroicencis, que communis est monachorum Sancti-Petri et ecclesie, acquisivit et pro suo anniversario dedit ; et multa alia bona episcopatui et canonicis dedit. Corpus ejus in ecclesia de Josaphat requiescit. [Obiit nono kalendas octobris.]

Johannes fuit sexagesimus quartus. Incepit anno Domini M°CLXIIII, tempore Ludovici-*le-Preux*, qui jam regnaverat XXVII annis, restabant XVI. Hic Johannes fuerat [socius sancti] Thome, Cantuariensis [archiepiscopi ⁴ :

---

[1] L'abbaye de Saint-Cheron existait, suivant la tradition, dès le VIIe siècle. En 1138, l'évêque Geoffroy avait reconstruit les bâtiments. Goslein introduisit dans le monastère la réforme que saint Yves avait imposée à l'abbaye de Saint-Jean-en-Vallée, réforme qui fut confirmée par une bulle du pape Eugène III, du 13 avril 1150.

[2] Les lettres de Goslein au sujet des exactions des prévôts sont de l'année 1140 environ : nous les publierons d'après l'original.

[3] C'est la chapelle de l'évêché, qui, d'abord dédiée à saint Martin, le fut ensuite à saint Nicolas, et enfin aujourd'hui est placée sous l'invocation de saint Serge et saint Bacche, en mémoire de la chapelle détruite en 1703. Voir la note au sujet de saint Calétric, p. 6.

[4] Saint Thomas de Cantorbéry ne fut assassiné que le 29 décembre 1170, mais c'est qu'aussi Jean de Salisbury ne devint en réalité évêque de Chartres qu'en 1177.

vir magne religionis, totiusque sciencie radiis illustratus, solus sibi nimis crudelis, a pedibus namque usque ad collum cilicio semper carnem domabat]. Hic ecclesiam [rexit XVI annis, et eam] cappa optima, tribus paliis, anulo episcopali, vestimentis sacerdotalibus decoravit. Duo vasa preciosa, unum cum sanguine beati Thome adhuc stillante [1], aliud cum reliquiis sanctorum Crispini et Crispiniani, alias eciam reliquias sancti Gereonis et sanctarum Virginum Colonensium eidem ecclesie dedit. Multa eciam librorum volumina dedit. Privilegia multa pro ecclesia impetravit et anniversarium bonum fundavit. Jacet in ecclesia de Josaphat, [in cappella Beate-Marie, ante altare]. Obiit anno M°CIIII^{xx}, [VIII° kalendas novembris].

Petrus fuit sexagesimus quintus. Incepit anno Domini M°CIIII^{xx}, tempore Philippi, qui, post Ludovicum-*le-Preux* patrem suum, regnavit XLIII annis. Iste Petrus fuit abbas monasterii Sancti-Remigii Remensis, deinde fuit episcopus Carnotensis. Hic civitatem Carnotensem, a porta Sparrarum usque ad Sanctam-Fidem, ubi clausura erat solummodo de fossatis, [de suo proprio], muris altis et fortissimis vallavit, et per hoc homines ecclesie a reparacione fossatorum liberavit [2]. Bannum vini, quod erat voluntarium, ad tres solidos pro modio reduci procuravit. Vias antiquas et calciatas [seu cancellatas] viarum circa Carnotum reparari procuravit, et ad hoc centum libras donavit, ceteros exemplo ipsius incitando. Ab omnibus quidem ita tenere diligebatur ut omnes undique ad ejus obsequias

[1] C'est à cette sainte relique et au poignard avec lequel fut tué saint Thomas, également donné à l'Eglise de Chartres par Jean de Salisbury, que font allusion ces vers du *Poème des Miracles* :

> Et seint Tomas de Conteorbere
> De cui sanc ot illuec partie,
> Et son coustel d'auceserie.

[2] Le curieux poème de Garnier de Pont-Sainte-Maxence, contemporain de Thomas Becket, sur la vie et la mort de cet illustre archevêque, ne parle pas des reliques données à l'Eglise de Chartres par Jean de Salisbury, mais il fait connaître que ce clerc fidèle passa pour avoir eu le bras coupé dans la scène d'assassinat, et que le sang du martyr, conservé dans des fibules ou ampoules, *en semblance de vin et d'eue*, c'est-à-dire miraculeusement liquide, était donné aux Rois, Princes, Ducs, Barons et gens de tout lignage et de toute langue qui venaient *le requérir en dreit pélerinage*. (*Vie et mort de Thomas Becket*, poème du XII° siècle, en vers français, par Garnier, clerc de Pont-Sainte-Maxence. Mss. de la Bibl. Imp. Supplém. français, 2636 — fragment édité par Bekker, à Berlin, en 1838 — édition complète donnée par M. Hippeau, à Paris, en 1858).

[3] Nous publierons d'après l'original l'acte de 1181, par lequel le comte Thibaut V exempta les serfs et hommes de corps du Chapitre de l'entretien des murs et fossés de la ville de Chartres.

concurrerent, et, rubore postposito, os ejus deosculabantur et pedes, ipsum cum lacrimis lamentantes. Minutas decimas de Luceyo et de Cerevilla canonicis dedit, pro suo anniversario faciendo. Rexit ecclesiam septem annis. [Sepulchro commendatus est in ecclesia de Josaphat]. Obiit anno Domini M°CIIII^{xx}VII, [xi kalendas marcii].

Guillermus fuit sexagesimus sextus, [vir magnificus, Alize, Theobaldi Blesensis filie, Ludovici-Junioris uxoris, frater, proinde Philippi-Augusti, qui ex ea natus est, avunculus; primum Carnotensis episcopus, deinde Senonensis archipresul, deinde ad Remensem archiepiscopatum translatus. Juridicionem utramque canonicis per prebendas attribuit. Dorsalia de Incarnationis atque Stephani historia ecclesie contulit]. Incepit anno Domini M°CIIII^{xx} et VII°, anno regni dicti Philippi septimo. Rexit ecclesiam annis duobus; obiit anno Domini MCIIII^{xx}IX.

Reginaldus fuit sexagesimus septimus. Incepit anno Domini M°CIIII^{xx}IX, anno regni dicti Philippi nono. Iste Reginaldus multa bona ecclesie, fratribus suis canonicis et clericis procuravit, domos et possessiones episcopatus melioravit et auxit. Multa privilegia a sede apostolica et a rege Philippo et principibus aliis, libertates et honores ecclesie et subdictorum tangentia, impetravit. Capellam Sanctorum Sergii et Bachi in curia episcopi Capitulo dedit [1], et propter hoc fit anniversarium suum ac patris et matris ac fratris ejus, comitis Moncionis, in quo distribuuntur redditus, quos faciunt capellani dicte capelle pro oblacionibus quas recipiunt in eadem. Dedit eçiam, [ob amorem et graciam Crispini de Drocis, tunc cantoris,] ad augmentum Cantorie, prebendam quam percipiebat in ecclesia Sancti-Johannis-in-Valya, [scilicet quatuor modios annone, duos modios et dimidium avene in mense augusto percipiendos, cum duobus sextariis pisorum, tempore vero vindemiarum duos modios boni vini, in festo sancti Martini Hiemalis, xx solidos, in capite Quadragesime, viginti solidos, in festo Penthecostes, totidem.] Rexit ecclesiam viginti octo annis, et obiit, [nonis decembris], anno Domini MCCXVII. Jacet in ecclesia de Josaphat, [ante altare Apostolorum].

Galterius fuit sexagesimus octavus. Incepit anno Domini M°CCXVII, tempore dicti Philippi, anno regni sui xxxvii. Iste Galterius fuerat abbas

---

[1] On trouvera parmi les pièces de notre Cartulaire l'acte du mois de juillet 1181, par lequel Regnault de Mouçon donne au Chapitre la chapelle de Saint-Serge et Saint-Bacche.

Cisterciensis. Tempore istius Galteri, fuit fundata ecclesia fratrum Predicatorum Carnotensium, videlicet anno Domini M° ducentesimo secundo [1], presente Blancha, regina Francie, et Galtero predicto et aliis pluribus magnatibus, dominica in Octabis festi Penthecostes Domini ; anno vero precedente, Hugo de Feritate, decanus Carnotensis, dederat locum illum [2] ubi ecclesia et fratres predicti fuerant collocati ; et fuit prima missa conventualis ibidem celebrata, die jovis in Cena Domini, dictum festum Penthecostes tunc proximo precedente. Et ibi jacet idem Galterus. Rexit ecclesiam xvi annis, videlicet in fine regni dicti Philippi septem annis, et toto tempore regni Ludovici, patris sancti Ludovici, quod fuit solum tribus annis, et tempore sancti Ludovici septem annis, qui sanctus Ludovicus regnavit xlix annis. Obiit idem Galterus anno Domini M°CCXXXIII [3], [primo abbas Fontis-Joannis existens, postea in Potiniacensi monasterio religiosam agens vitam, curam abbatis proinde exercuit, et inde per Honorium papam Tercium ad hujus ecclesie regimen, suis exigentibus meritis, translatus extitit et promotus ; et paulo post, a domino Ludovico, Francorum rege, ad Aule consilia vocatus est. Episcopalia omnia ornamenta et pannum sericum optimum et pulcherrimum, quod consuetum erat poni ante altare Beate-Marie, in festis solennibus, ecclesie moriens reliquit. Apud Lanceyum, in prioratu ordinis Majoris-Monasterii, fine laudabili delatum, in abbacia ordinis Cisterciensis, ubi primo habitum induit monachalem, honorifice traditus est sepulture].

Hugo fuit sexagesimus nonus. Incepit anno Domini M°CCXXXIII, tempore sancti Ludovici, qui jam regnaverat septem annis. Iste Hugo fuerat decanus, deinde, suis exigentibus meritis, fuit factus episcopus. Hic, ut dictum est supra, dedit fratribus Predicatoribus locum ubi manent ; in cujus fundacione et operis perfectione sumptus magnos posuit et multis laboribus insudavit. Ecclesie Carnotensi et fratribus suis de Capitulo multa bona fecit,

---

[1] Il y a évidemment ici une erreur de date, c'est 1232 qu'il faut lire. Nous reproduirons la requête adressée au Chapitre, au mois d'avril 1231, par les frères Mineurs, à l'effet d'obtenir un lieu et maison à Chartres pour leur servir de demeure, et la permission, par grâce spéciale, d'y célébrer les divins offices. Les frères Prêcheurs en avaient fait une semblable.

[2] Près la maison des Templiers, entre les bourgs Muret et de Beauvoir. La rue où était ce couvent porte encore le nom de rue Saint-Jacques.

[3] Nous publierons d'après l'original le testament de Gautier, du 5 décembre 1234.

et semper profuit cum dilectione sincera. Rexit ecclesiam tresdecim annis et obiit anno Domini M°CCXLVI. [Jacet, elevato sepulchro, in choro fratrum Predicatorum].

Albericus, [cognominatus Cornutus, nobilis genere, juris civilis et canonici apud Parisios professor eximius, regis et regni consiliarius cum fratre suo, Galtero, Senonensi archiepiscopo], fuit septuagesimus [episcopus Carnotensis]. Incepit anno Domini M°CCXLVI, tempore sancti Ludovici, tempore cujus rexit Albericus ecclesiam decem annis et obiit anno Domini M°CCLVI. Fuerat electus [primum in episcopum Lemovicensem, quem episcopatum recusavit; deinde idem electus] archiepiscopus Bituricensis, [similiter recusavit; tandem, ejus fama crescente, factus Carnotensis presul et confirmatus]. Ordinavit et construxit ecclesiam de Perreto. [Mortuus est apud Pruneriacum castrum, xviii kalendas novembris; hinc corpus ejus delatum est, sedente in sinodo, loci presule, hujus Alberici nepote]. Jacet in ecclesia fratrum Predicatorum.

Henricus fuit septuagesimus primus. Incepit anno Domini M°CCLVI, tempore dicti sancti Ludovici. Rexit ecclesiam sex annis. Hujus Henrici frater erat Stephanus, decanus. Jacent ambo sub eodem tumulo apud fratres Predicatores. In vita sua omnibus se amabilem exhibuit. Nature debitum solvit anno Domini M°CCLXII.

Matheus fuit septuagesimus secundus. Incepit anno Domini M°CCLXII, tempore [sancti Ludovici], anno regni sui XLI. Sedit in ecclesia octo annis et obiit anno Domini M°CCLXX, qui fuit primo anno regni Philippi, filii sancti Ludovici. Hic fuit nepos Galteri episcopi, [antea duodecim annis subdiaconus] [1], vir eximie devocionis et prudencie : honores, privilegia, redditus et possessiones ecclesie plurimum ampliavit. Cronicas miraculorum [2], que contigerunt in reffectione ecclesie, in thesauro ecclesie latentes, repertas transfferri fecit de latino in gallicum, prout superius sumptas reperiuntur [3]. [Sepultus fuit in ede Predicatorum, ante majus altare. Obiit pridie kalendas januarii].

---

[1] Sic, forsan pro *subdecanus*.
[2] Corr. mod. *Inventarium miraculorum seu cronicas.*
[3] C'est le *Poème des Miracles*, si souvent cité par nous, mis en vers et en français, d'après d'anciennes chroniques, par maître Jean le Marchant, en l'année 1262, comme le témoignent ces vers qui terminent ledit poème :

·Petrus de Minciaco fuit septuagesimus tercius. Incepit anno Domini M°CCLXXI, primo anno regni Philippi, filii sancti Ludovici, qui post patrem regnavit XIIII annis. [Iste Petrus fuit nepos Henrici, episcopi, Stephani, decani, atque Conrardi, prioris Sancti-Martini-de-Campis Parisiorum]. Iste Philippus [1] fecit et confirmavit composicionem inter Capitulum et [Comitem] de advoatis Capituli [2]. Tempore dicti Petri, fuit combusta tota civitas Carnotensis [3], reservata majori ecclesia; sed, ardente ecclesia Sancti-Aniani, cum feretro ubi corporis sui ossa sancta jacebant, ossa quidem illesa remanserunt, sicut aliquando in simili casu contigerat. Et ideo, ossibus illis in aliud feretrum translatis, dictus episcopus secundum festum Translacionis sancti Aniani celebrandum instituit, in vigilia sancti Barnabe apostoli, qua die a combustione ossa predicta, sicut alias, fuerant reservata; et quia simile videbatur miraculum, fuit simile servicium institutum. Rexit ecclesiam xv annis. Obiit anno Domini millesimo CCIIII^{xx}VII. [Apud fratres Predicatores, ante majus altare, sepulturam sortitus est.]

Symon de Perrucheyo fuit septuagesimus quartus. Incepit anno Domini M°CCIIII^{xx}VI^{to}, primo anno Philippi-*le-Beau*, qui post patrem suum Philippum regnavit XXVIII annis. Hic Symon nepos fuit pape Martini Quarti; ante episcopatum erat archidiaconus Pissiacensis. Domos et maneria episcopatus nobiliter reparavit; jura, possessiones et privilegia multipliciter ampliavit, et pro eis in composicionibus faciendis cum comite laboravit; pro deffensione juris ecclesie fideliter decertavit. Rexit ecclesiam viginti

    Mestre Johan le Marcheant,
    Que Dex gart d'estre mescheant
    Et doint que tozjorz bien li chée,
    Ceste œuvre a dusqu'à chief cerchiée:
    Mil deux cens LXII ans
    Puis l'Incarnacion passans,
    Ou sexante-deus, en septembre,
    Si com par mon escript me membre,
    Fut ceste besoigne achevée.

[1] Corr. mod. *Petrus*; ce qui est évidemment une erreur.

[2] Nous n'avons plus le texte original du jugement rendu en 1271 par le roi Philippe-le-Hardi entre le comte et le Chapitre, mais il est analysé dans l'Inventaire du Chapitre, et nous reproduirons ce résumé.

[3] La date de cet incendie est le 10 juin 1262. Ce fut bien sous Pierre de Mincy qu'il eut lieu: les dates fournies par la *Vieille Chronique* pour l'avènement et la mort de cet évêque et de ses successeurs sont fausses, comme on va le voir par l'inscription de la tombe de Simon de Perruchay.

annis, et obiit [apud Parisios], anno Domini M°CCCVI°, et sepultus fuit in ecclesia Sancti-Innocencii Parisiensis [1], ubi in victrina quadam adhuc restat ejus memoria. Illo anno facta fuerat composicio inter Capitulum, ex una parte, et dominum Carolum, filium regis Francie, comitem Vallesiensem, Alenconensem, Carnotensem et Andegavensem, et Katherinam, ejus uxorem, imperatricem Constantinopolitanensem et dominam de *Courternay*, et eorum liberos [2]; que eciam per regem Philippum extitit confirmata.

Johannes de Gallenda fuit septuagesimus quintus. Incepit anno Domini M°CCC°VI° et dicti Philippi-*le-Beau* anno octavo; qui composicionem, de qua in Symone episcopo fit mencio, approbavit, auctorisavit et confirmavit sub data M°CCC°XIIII°. Hic Capitulum suum et fratres obnixe dilexit. Jacet sub tumba autentica alabastri, apud fratres Minores Carnotenses [3]. [Obiit die sancti Remigii M°CCC°XIIII°].

Robertus de Joygniaco, septuagesimus sextus, incepit anno Domini M° CCC°XIIII°, primo anno regni Ludovici, qui, post patrem suum Phylippum-*le-Beau*, regnavit duobus annis, sed antea fuerat per magnum tempus rex Navarre, et dictis duobus annis fuit rex Francie et Navarre. Sedit in-

---

[1] En 1510, les chanoines de Chartres déléguèrent quatre des leurs : Jean Bouguier, Guillaume Cornu, Simon Palfuau, docteur en médecine, et Michel Mainterne, chancelier de l'Eglise de Chartres et doyen de la faculté de théologie de Paris, pour par eux, assistés de deux religieux de l'abbaye de Thiron, Mes Jean Legrand et Bertrand Legros, relever et collationner l'inscription placée sur la tombe de Simon de Perruchay. Les archives d'Eure-et-Loir possèdent le procès-verbal de cette collation, passé devant Jean de Rueil, lieutenant-civil de la prévôté de Paris. Suivant cette relation, la tombe de l'évêque de Chartres était en cuivre, *placée en l'un des bouts du maistre-autel de l'église des Sainctz-Innocens, à main senestre*. On y lisait : ✠ ICY GIST NOBLE HOMME MESTRE SIMON DE PERRU- CHAI, DE BONNE MÉMOIRE, JADIS ÉVESQUES DE CHARTRES, NEVEU JADIS NOSTRE PÈRE L'APOS- TOLLE MARTIN, ET ELLEUT CÉANS POUR SON HUMILITÉ SA SÉPULTURE ENTRE LES POVRES, ET TRESPASSA L'AN DE GRACE MIL II^cIIII^{xx} ET XVII, LE LUNDI APRÈS LA TOUSSAINS. PRIEZ POUR LUY. Aux quatre coins de la tombe étaient quatre écussons, mais déjà tellement détériorés qu'il était impossible d'y reconnaître aucunes armoiries, sinon quatre fleurs-de-lys.

[2] C'est la fameuse transaction de 1306, que nous publierons *in extenso*.

[3] Le Nécrologe du couvent des Cordeliers de Chartres (Bibl. de Chartres, mss. n° 61 de la IIe partie) porte cette mention à la date des calendes d'octobre : *Anno Domini M°CCC°XV°, obiit reverendus pater et dominus Johannes de Galendia, quondam episcopus Carnotensis, sepultus ante magnum altare, in medio chori, in sepultura notabili et sub tumba marmorea cum effigie alba desuper*. L'église des frères Mineurs possédait déjà la tombe de Manassé de Garlande, oncle de l'évêque, dont voici l'obit : *Anno Domini M°CC° septuagesimo, pridie kalendas marcii, obiit Manasserius, dictus de Galendia, archidiaconus Dunensis, avunculus reverendi domini, domini Johannis dicti de Galendia, episcopi Carnotensis, sepultusque est in choro juxta pulpitum a parte sinistra.*

super dictus Robertus episcopus tempore Philippi, comitis Pictavensis, qui, post mortem Ludovici fratris sui, cepit regimen Francie et Navarre, pro eo quod Clemencia, regina, uxor Ludovici, pregnans remanserat, et illo anno peperit Johannem, filium dicti Ludovici, qui cito post obiit ; et tunc Philippus, comes Pictavensis predictus, accepit possessionem regnorum predictorum, videlicet anno Domini M°CCCXVI, et regnavit quinque annis. Et post mortem Philippi fuit rex Karolus, comes Marchie, qui, post dictum Philippum fratrem suum, regnavit septem annis ; in cujus regni tempore sedit dictus Robertus quinque annis. Et sic sedit Robertus episcopus duodecim annis, et decessit anno Domini millesimo CCC°XXVI, et sepultus est apud Joygniacum cum patribus suis [1]. Hic, tempore suo, sanctum cerebrum capitis gloriosi martyris et baptiste Christi Johannis, in quadam veteri macerie antique ecclesie Sancti-Johannis apud Nogentum-Rotrodi repertum, levavit, et post multa miracula, ipso vidente, tunc facta, dictum cerebrum, in solenni vasculo, ad modum capitis usque ad scapulas, cum angelis ipsum vas ad manus sustinentibus, auro et argento, opere precioso, propriis sumptibus fabricato, cum maxima reverencia, reposuit. Litem acerbam cum Capitulo suo habuit, propter privilegia sua que contra plures et maxime contra eum extendere nitebantur [2]. Hic probus reputabatur et sanctus, ex eo maxime quod cum processio generalis fuisset indicta apud Josaphat pro pluvia a Deo impetranda, accidit quod dum in dicta processione missarum solennia celebraret, hora sacre communionis, subito de celo pluvia dulcis et serena patriam circumfluxit, adeo quod terra, que sterilis prius pre siccitate nimia judicabatur, fructum afferret uberrimum, et laudes tunc et postea Domino solverentur. In isto capitulo de morte Engolrendi de *Marregny* dicendum esset si materia pateretur.

Petrus de Cappis fuit septuagesimus septimus. Incepit anno Domini M° CCC°XXVI, anno regni Karoli de Marchia [sexto]. Primo fuit Attrebaten-

---

[1] Nous reproduirons l'inventaire dressé, en décembre 1327, des ornements d'église et argenterie servant à l'autel, restés après la mort de Robert de Joigny.

[2] Ce grand procès, commencé sous Robert de Joigny, et continué, presque sans interruption, sous ses successeurs jusqu'au XVII siècle, entre le Chapitre et l'évêque de Chartres, était relatif au droit que prétendaient avoir les chanoines de ne point relever de l'évêque et de ne reconnaître d'autre chef que le Souverain-Pontife. En ce passage, l'auteur de la *Vieille Chronique* paraît favorable aux droits de l'évêque : dans la seconde partie de ce traité, au contraire, nous le verrons soutenir énergiquement l'indépendance du Chapitre.

sis, deinde Carnotensis episcopus ; tandem per dominum papam Johannem assumptus fuit ad cardinalatus honorem ; titulus ejus fuit Sancti-Martini-in-Montibus presbiter cardinalis.

Johannes *Pasté* fuit septuagesimus octavus. Incepit anno Domini M°CCC° XXVIII, tempore Philippi de Valesio, primo anno regni sui Francie. Hic Joannes erat magne sciencie et nobilitatis, qui, a juventute nutritus in ecclesia Carnotensi, decanus factus est, et deinde promotus ad episcopatum Attrebatensem. Tandem se procuravit transferri ad ecclesiam Carnotensem per dominum papam Johannem xxii, ubi sedit tribus annis, obnixe diligens fratres et ecclesiam. Hic, pro bono pacis, a domino papa et a domino Philippo rege Francie exortatus, composicionem fecit cum Capitulo super articulis pro quibus lis per episcopum Robertum fuerat intentata [1]; que huc usque per Dei graciam servata est. Obiit anno Domini M°CCC° XXXI, et jacet in ecclesia Sancti-Johannis-in-Valleya Carnotensi, [in choro].

Aymericus de Castrolucii fuit septuagesimus nonus. Incepit anno Domini M°CCCXXXI, tempore regis Philippi de Valesio. Hic Aymericus fuit doctor utriusque juris, auditor sacri palacii, deinde archiepiscopus Ravennatis, et, cum hoc, propter summam ejus prudenciam, factus fuit comes Romaniole ex parte Romane ecclesie; et deinde per dominum papam Johannem xxii translatus ad ecclesiam Carnotensem, quam rexit x annis strenuissime ; et tandem factus fuit cardinalis, anno M°CCC°XLII, cujus titulus fuit Sancti-Martini-in-Montibus. Hic, existens cardinalis, capellam Sancti-Piati in ecclesia Carnotensi fundavit, et duodecim canonicos, videlicet octo presbiteros et duos dyaconos et duos subdyaconos, ibidem instituit [2]. [Obiit vii° idus januarii [3]].

Guillermus Amici fuit octogesimus. Incepit anno Domini M°CCC°XLII, tempore regis Philippi de Valesio. Hic vir summe sciencie fuit, familiaris domini pape Clementis V[d], auditor camere apostolice ; promotus primum in episcopum Aquensem, deinde translatus ad ecclesiam Carnotensem,

[1] Cette transaction est de 1328; elle n'existe plus en original aux Archives d'Eure-et-Loir.

[2] L'acte de fondation de la chapelle Saint-Piat est de l'année 1349.

[3] Suivant le Nécrologe du couvent des Cordeliers, Aymery de Chastellux serait mort le 7 avril ; mais c'est certainement une erreur, le Nécrologe du Chapitre de Chartres, comme la *Vieille Chronique*, fixe la mort de ce prélat au 7 des ides de janvier.

quam rexit octo annis, in Curia semper manens; et tandem factus fuit patriarcha Iherosolimitanus, anno Domini M°CCC° quinquagesimo. Et tempore mortis sue legavit ecclesie Carnotensi omnia vestimenta ad episcopale officium pertinencia de violeto cum aureis leopardis ; [et sanctus estimatus].

Ludovicus de *Vaucemain* fuit octogesimus primus. Incepit anno Domini M°CCC° quinquagesimo, tempore regis Johannis. Hic sedit in episcopatu vm annis. Dedit Capitulo domum suam, Parisius, sitam in vico dicto *Herondalle;* per compulsionem eorum a quibus tenebatur in feodali, et admortizata censiva, Capitulum vendidit reverendo patri domino Johanni de Angerente, episcopo tunc Carnotensi, nepoti dicti Ludovici; qui obiit anno quinquagesimo VII°, et sepultus fuit Parisius, in ecclesia fratrum Heremitarum, ordinis sancti Augustini.

Symon *le Maye* fuit octogesimus secundus. Incepit anno Domini M°CCC° quinquagesimo VII°, tempore regis Johannis. Hic Symon fuerat abbas Majoris-Monasterii et deinde episcopus Dolensis, et tandem translatus fuit ad ecclesiam Carnotensem, quam proinde rexit tribus annis. Obiit anno Domini M°CCC°LX, [die dominica post festum sanctorum Gervasii et Protasii]. Jacet in ecclesia Majoris-Monasterii.

Johannes de Angerente fuit octogesimus-tercius. Incepit anno·Domini M°CCC°LX, tempore regis Karoli, filii regis Johannis. Hic episcopus rexit ecclesiam octo annis, deinde fuit translatus ad ecclesiam Belvacensem per dominum papam Urbanum Quintum, anno Domini M°CCC°LXVIII, [et ibi mortuus est].

Guillermus de Chenaco fuit octogesimus quartus. Incepit anno Domini M°CCC°LXVIII, tempore regi Karoli, filii regis Johannis. Hic Guillermus fuit pronepos Guillermi et nepos Fulconis de Chenaco, quondam episcoporum Parisiensium. Hic primo fuit abbas Sancti-Florentini Salmuriensis, deinde fuit episcopus Carnotensis, et rexit duobus annis, postmodum translatus ad ecclesiam Mimatensem, et tandem factus cardinalis per dominum Gregorium papam Undecimum. Semper ecclesiam obnixe dilexit.

Garinus de Arceyo fuit octogesimus quintus. Incepit anno Domini M° CCC°LXX, tempore regis Karoli, filii regis Johannis. Hic erat vir admodum graciosus et'expertus, qui, doctor legum solennissimus, factus fuit auditor sacri palacii apostolici, et deinde per dominum papam Gregorium Undecimum ad episcopatum Carnotensem sublimatus, quem per sex annos rexit utiliter et prudenter. Edificia reparavit, pro juribus ecclesie decertavit, et obiit in domo episcopali anno Domini M°CCC°LXXVI.. Jacet in ecclesia fratrum Predicatorum Carnotensium, [ante majus altare].

Eblo de Podio fuit octogesimus vi^{us}. Incepit anno Domini M°CCC°LXXVI, tempore regis Karoli, filii regis Johannis. Hic erat subdecanus, frater cardinalis Majoris Monasterii, et de genere pape Gregorii xi. Hic per dictum dominum Gregorium papam, dum Rome iter suum arriperet, ad nominacionem vel quasi ad electionem Capituli, fuit creatus episcopus. Rexit tribus annis, in quibus manerium de Pontegoenii ex parte reparavit et multa alia bona fecit. Hic, dum esset subdecanus, fundavit festum et servicium solenne cum organis, in ecclesia Carnotensi, ad honorem Beate-Marie, celebrandum, quinta die augusti; quod festum vocatur Beate-Marie-de-Miraculo-Nivis [1]; et, prima solennitate dicti festi, celebravit primam missam suam postquam fuerat presbiter ordinatus. Obiit anno M°CCC°LXXIX, [die xxvi mensis februarii], et sepultus fuit in ecclesia Sancti-Johannis-in-Valleya Carnotensi, prope majus altare.

Johannes Fabri, decretorum doctor venerabilis, fuit octogesimus vii^{us}. Incepit anno Domini M°CCC° septuagesimo nono, tempore regis Karoli, qui fuit filius regis Johannis, anno regni sui ultimo. Hoc tempore habuimus papam novum, scilicet Clementem vii^{um}, regem novum, scilicet Karolum, predicti Karoli filium, episcopum novum, scilicet hunc Johannem. Hoc tempore scisma erat in ecclesia propter electionem de papa Urbano, qui erat archiepiscopus Barrensis, per cardinales apud Romam factam; et quia hoc fuit per vim et metum Romanorum, cardinales, videntes hoc sustineri non posse, evaserunt Romam et fugerunt; et, dampnata electione dicti Urbani, elegerunt papam Clementem, qui erat cardinalis Gebenensis. Propter quod scisma, dictus Johannes episcopus, qui erat doctor solennissimus decretorum, facundissimus predicator, in pluribus partibus christianitatis, pluribus ecclesie Romane, de parte Clementis, legacionibus functus et potitus est, in quibus laboravit viriliter, fideliter et prudenter. Erat

---

[1] L'acte de fondation d'Ebles du Puits, par lequel il assigne quinze livres de rente sur divers héritages, est du mois de juin 1361. (Voir dans le IIIe volume de notre *Cartulaire* le Nécrologe du Chapitre, aux nones d'août.) Ce service se célébrait à la chapelle de Notre-Dame-des-Neiges ou de la Belle-Verrière, ainsi appelée à cause d'un magnifique vitrail en face duquel elle était située. Ce fut le chanoine Geoffroy des Fouchers, archidiacre de Blois, qui fonda cette chapelle en 1321.

eciam tempore promocionis sue cancellarius domini Ludovici, ducis Andegavensis, filii regis Johannis secundo geniti et fratris regis Karoli, qui negocium arduum arripuit et assumpsit in conquesta, contra Karolum de Pace, de Iherosolimitano et Sicilie regnis, de comitatu Provincie et aliis quibusdam terris et dominiis facienda : in quibus idem cancellarius plurimis laboribus insudavit, negocium pacificandi scismatis nichilominus prosequendo [1]. Sed factis quodammodo conquestis regnorum et terrarum predictorum, dictus dominus dux diem clausit extremum : dictus autem episcopus, de dicti mandato pape Clementis, reassumpsit onus cancellarie dictarum terrarum, sub nomine domine Marie, uxoris dicti defuncti, que in litteris suis se sic intitulabat : *Marie, par la grâce de Dieu, royne de Jhérusalem et de Sicile, duchesse d'Anjou, contesse de Prouvence, de Forcalquier, du Maine, de Pymont et de Roucy, aient le bail, garde et administracion de Loys, roy de Jhérusalem et de Sicile, et Charles, nos enfans, maindres d'aage et de toutes leurs terres dessus dictes.* Quibus consideratis, satis animadvertendum est in quantis sollicitudinibus et vigiliis, in quantis laboribus et erumpnis ipsum dominum Johannem oportuerit intendere et expendere dies suos. Quin eciam, cum predictis curam episcopatus sui non neglexit, sed semper affuit personaliter in temporibus ordinandorum, solennitatibus penitencium et crismatis conficiendi, et aliorum officiorum episcopatui incumbencium, prout potuit, adimplendis. Obiit autem in civitate Avinionensi, ubi tunc Romana curia residebat, anno Domini M° CCC° nonagesimo, die xi² januarii, indictione xiii³, pontificatus dicti domini nostri pape Clementis Septimi anno xii°. Ipse autem Johannes episcopus multa bona fecit episcopatui et successoribus suis episcopis Carnotensibus ; nam legavit in suo ultimo testamento [2] et dedit episcopatui Carnotensi domum suam Parisiensem, sitam in vico Sancti-Pauli, eo modo sicut se continet, et domum suam Drocensem, una cum vineis et pratis in territorio Drocensi per eum acquisitis ; ita tamen quod episcopus successor suus non poteret nec haberet, pro reparacionibus edificiorum episcopatus

---

[1] Jean Fabri ou Lefèvre a consigné le récit de ses travaux de chancelier d'Anjou et de diplomate pendant les années 1381-1388 dans un journal manuscrit des plus intéressants, conservé à la Bibl. Imp., départ. des Mss. ancien fonds Colbert, n° $\frac{9560}{}$.

[2] Les Archives d'Eure-et-Loir possèdent encore le testament original de Jean Lefèvre, dont nous publierons quelques extraits.

Carnotensis, ultra summam duorum milium francorum auri super bonis suis, quam summam dumtaxat dicebat se habuisse pro reparacionibus ab executoribus Eblonis, predecessoris sui, et quam summam et amplius dicebat in consciencia se pro reparacionibus predictis expendisse ; et nisi esset sic contentus, dictum legatum anullabat. Item legavit successori suo predicto missale, breviaria, pontificalia que sunt ad usus Carnotenses ; mictram gemmatam per regem Ludovicum, tunc ducem Andegavensem, sibi donatam; mictram quam habuerat ab heredibus dicti Eblonis, predecessoris sui; baculum pastoralem, dictum galice *croce*, per eum emptum, dedit et legavit episcopatui Carnotensi, ut successor suus illis suo tempore potiretur, tamen suis successoribus ea omnia relicturus, et idem voluit fieri de tunicis et dalmaticis, cirotecis et sandalibus. Item in omnibus bonis suis aliis, mobilibus et immobilibus, quibuscumque, et actionibus et juribus ad eum spectantibus heredem instituit universalem episcopatum Carnotensem, seu residuum omnium bonorum suorum, ordinacione sua completa, dedit et legavit et relinquit ipsi episcopali dignitati. Et hoc in testamento suo, cujus instituit executores, in partibus Francie, magistrum Matheum de Berona, [canonicum Carnotensem], et dominum Johannem de *Moy*, prepositum Sancti-Vedasti, et eorum quemlibet. Item in codicillis postea factis per dictum testatorem, voluit et ordinavit quod successor, episcopus Carnotensis, qui pro tempore esset, de bonis mobilibus et immobilibus vel aliis episcopali dignitati datis vel legatis, ut dictum est, nichil posset inbursare seu in usus suos convertere aut sibi vel suis retinere seu appropriare; sed omnia per executores suos, in utilitatem episcopatus sive dignitatis episcopalis hujusmodi, fideliter converterentur. Et est notandum quod dictus dominus Johannes, episcopus Carnotensis, a juventute fuit religiosus monachus monasterii Sancti-Vedasti Attrebatensis, ubi crevit et ad studium missus multum profuit; deinde factus fuit abbas de Trenorchio, et postmodum abbas monasterii Sancti-Vedasti, et tandem episcopus Carnotensis, ut dictum est. Anima ejus requiescat in pace, amen.

[1] Johannes de Monteacuto fuit octogesimus vm^{us}. Incepit tempore regis

---

[1] Comme nous l'avons dit, les notices sur Jean de Montaigu et ses successeurs ont été ajoutées successivement au manuscrit original de la *Vieille Chronique*. Nous avons cru devoir cependant reproduire ces additions, qui offrent un résumé assez fidèle de l'histoire des évêques de Chartres jusqu'au milieu du XVIIe siècle.

Karoli hujus nominis vi^{ti}, regni sui anno xi°, incarnacionis vero dominice M°CCC° nonagesimo. Hic nobilis genere, sciencia dotatus, conversacione benignus, thesaurarius ecclesie Belvacensis et dicti regis in suo Parlamento consiliarius existens, factus est cubicularius domini Clementis pape Septimi, et paulo post per ipsum ad episcopatum hujus venerabilis ecclesie Carnotensis promotus, quam laudabiliter, prudenter et utiliter rexit annis xv^{cim}, scilicet a dicto anno Domini M°CCC° nonagesimo usque ad annum MCCCCVI^{um}, quo per dominum Benedictum papam xiii^{um}, ipsius Clementis immediatum successorem, translatus est ad ecclesiam Senonensem. Hic, post promocionem suam ad episcopatum Carnotensem et regressum a curia Romana, factus est cancellarius illustrissimi principis, regalis prosapis, comitis Alenconii et Pertici vicecomitisque Bellimontis. Quod officium, cum omnium gratia, sapientissime, longo tempore, rexit, usquequo per dictum regem Karolum assumptus est in suum magni Consilii sui consiliarium ac presidentem suorum Compotorum. Hic isti ecclesie plura bona, tam in jocalibus aureis et cum lapidibus preciosis quam aliis fecit et donavit, donarique et fieri a pluribus et specialiter dictis rege et comite, quibus, tempore suo, fuit intimus, procuravit. Hic edificia episcopatus magnifice reparavit, nonnulla eciam de novo et specialiter in castro de Pontegoenii, in quo turres notabiles a solo edificari fecit. Hic, quod precipuum est, jura ecclesie viriliter deffendit et prosecutus est, et taliter quod ecclesiasticam juridicionem, que, per potenciam plurium potentum, propter aliquorum suorum predecessorum absenciam, multum erat impedita, diminuta et quasi deperdita, vigilanti cura procuravit et demum integraliter recuperavit. Obiit anno M°CCCC°XV°, mense octobri. Hiis temporibus, durante adhuc in ecclesia sancta scismate quod, ut pretactum est, inter archiepiscopum Barrensem regni Sicilie, se Urbanum Sextum nominari facientem, in sede appostolica, per impressionem notariam Romanorum, intrusum, et predictum dominum Clementem papam Septimum incepit, dicto Clemente vita functo, successit in papatu dictus Benedictus Decimus-tercius, ante sui creacionem Petrus de Luna vocatus, nacione Cathalaunensis, et tituli Sancte-Marie-in-Cosmedim dyaconus cardinalis. Cui Benedicto, quia viam cessionis, per eum, in sui electione et post, oblatam et solenniter juratam, pro bono unionis ecclesie acceptare et exequi omnino recusavit, plures vias fraudulosas, scisma fovendo, ut in suo statu remaneret, inveniendo, per reges Francie, Hispanie, Arragonie et Navarre et alios principes sibi obedientes facta est subtractio totalis obediencie ; et demum, quia in concilio generali ecclesie, Pisis, canonice congregato, ipse Benedictus et Angelus Corrariq, in dicta intrusione succedens, cum dictoque B. de papatu contendens, et se Gregorium xii nominari faciens, citati comparere recusarunt, nec viam cessionis, iterum moniti et per eorum juramenta requisiti (juraverat enim eorum uterque, jure suo pretenso, pro ecclesia unienda cedere), acceptare voluerunt, sed adinvicem colludebant, per dictum concilium ejecti sunt de papatu et privati. Et sic, sede apostolica per eorum ejectionem et privacionem vacante, electus est dominus Alexander papa vii^{us}, nacione de insula Candie, proprie Petrus de Candia vocatus, cardinalis Mediolanensis, ordinis fratrum Minorum, doctor solennissimus theologie, de gremio universitatis Parisiensis.

Martinus *Gouge* fuit octogesimus nonus, tempore regis Caroli Sexti Francorum, Carnotensem adeptus episcopatum, anno Domini M°CCCC°X^{mo}, et post paulum, quum a rege Carolo Sexto ad ducis Aurelianensis partes defuisset, relegatus. Revocatus autem ab exilio, id loci ubi nunc roncinia Carnotensia agitantur canonicorum usui adjecit [1]. Transfertur denique et ipse ad Claramontensem episcopatum, ubi jacet, xi^a julii, anno Domini millesimo CCCC°XV^{to}. Sub ipsius episcopatu, videlicet anno millesimo CCCCXIIII, die ii^{da} mensis decembris, concessa est potestas construende capelle que Vindocinensis appellatur [2].

Philippus de *Boys-Gilould* fuit nonagesimus. Incepit anno Domini millesimo CCCC°XVI°, tempore regis Caroli vi^{ti} et rexit ii annis. Obiit anno Domini millesimo CCCC°XVIII°, die vicesima secunda mensis septembris.

---

[1] La Chambre des Comptes du Chapitre, dont il est ici question, fut construite en 1414 sur le terrain situé entre la chapelle Saint-Nicolas et la porte de l'hôtel épiscopal donnant sur le cloître.

[2] La chapelle de Vendôme en l'église de Chartres, connue aussi aujourd'hui sous le nom de *chapelle des Martyrs*, parce qu'elle renferme les châsses de saint Piat, de saint Taurin et de saint Castin, est pratiquée hors œuvre entre les deux contre-forts de la cinquième travée de la nef méridionale et offre un beau spécimen du style ogival flamboyant. Elle fut construite en 1413 par les soins de Louis de Bourbon, comte de Vendôme, pour accomplir un vœu qu'il avait fait à la Vierge. Autrefois, suivant Rouillard, on voyait sur l'autel l'image de l'Annonciation de Notre-Dame, et, vis-à-vis, contre la muraille, la statue relevée en bosse de Louis, comte de Vendôme, et l'effigie de sa femme, Blanche de Roucy. Le comte de Vendôme mourut en 1446; son cœur fut déposé dans cette chapelle.

Fuerat canonicus Carnotensis, et jacet apud fratres Minores Carnotenses [1].

Johannes de Fetigniaco, Burgundus, fuit nonagesimus primus, tempore dicti Caroli Sexti. Philippo predicto sepulture tradito, convenerunt canonici, die xx^a decembris, anno millesimo CCCC°XVIII, et eumdem Johannem elegerunt in episcopum Carnotensem, qui ante hujusmodi electionem archidiaconus Blesensis erat. Qui, etsi ante dictam electionem prestitisset juramentum cum ceteris canonicis de tollenda janua domorum episcopi que vicum Mureti respicit, cujus causa adversus superiores episcopos Capitulum vehementissime contenderat, quod, juramenti, licet electus et confirmatus repetisset, contemptor, non fecit [2]. Hic autem tenebat episcopatum quando Angli Burgundique Carnoto potiebantur; recuperantibus vero Carnotum Francis, Johanne Dunensi atque Florentino d'Illesio ducibus, Johannes Fetiniacus, dum ad ecclesiam de domibus suis, Francos metuens, fugerat, ad porticum revestiario contiguum ignoti Franci manibus infeliciter occubuit, die sabbati post Judica anno millesimo CCCC° XXXI° [3], qua die Angli Carnoto ejecti fuere. Tempore hujus episcopi, circa annum III1^um, sextarium bladi valluit duodecim librarum turonensium.

Robertus Dalphinates, nonagesimus secundus episcopus, Johanne Fetiniaco occiso, Carnotensi ecclesie suffectus est [4]. Cujus electionis certiores facti, canonici Carnotenses, etsi Philippum *Prunelle*, Sancti-Launomari Blesensis abbatem, in episcopum elegissent, Robertum nichilominus, cui favebat Carolus Septimus, in episcopum, anno millesimo CCCCXXXII,

---

[1] On trouve cette mention dans le Nécrologe des Cordeliers, à la date du 21 septembre : *Anno Domini MCCCCXLIII, obiit reverendus in Christo pater et dominus, dominus Philippus de Bosco-Girouldi, episcopus Carnotensis, specialissimus pater et amicus ordinis notri, sepultus ante medium magni altaris ecclesie nostre, hoc est in medio chori, sub lampade, et tomba notabili.*

[2] Par une transaction de 1424, le Chapitre consentit que cette porte continuât à subsister, mais pendant la vie de Jean de Frétigny seulement.

[3] Voici une nouvelle preuve que la prise de Chartres par les Français eut bien lieu le 12 avril, et non le 20, comme l'ont répété tous les historiens locaux, sur la foi de Monstrelet. Voir *Hist. de Chartres*, par M. E. de Lépinois, t. II, p. 82 et 84.

[4] Aussitôt après la mort de Philippe de Boisgiloud, Robert Danphin, abbé de Thiron, avait été élu évêque de Chartres à l'encontre de Jean de Frétigny, par quelques chanoines réfugiés à Orléans et partisans du dauphin Charles. Le Chapitre protesta contre cette nomination et obtint de Charles VI, à la date du 5 août 1419, des lettres déclarant que l'élection de Robert Dauphin était subreptice et radicalement nulle. (Pièce tirée des *Mém. de Laisné, prieur de Mondonville*, mss. de la Bibl. Imp., t. Ier, p. 345, r°. — Voir aussi les *Mém. de la Société Archéol. d'Eure-et-Loir*, vol. II, p. 231.)

die martis post assumptionem Beate Marie, receperunt. Exactis vero duobus annis, Robertus ad Albiensem episcopatum, authore Summo Pontifice, translatus est.

Theobaldus Monachus fuit nonagesimus tercius episcopus, tempore Caroli Septimi. Hunc, acceptis a Summo Pontifice litteris, die prima mensis septembris, anno millesimo CCCCXXXIIII, canonici Carnotenses in episcopum habuerunt. Perseveravit in episcopatu usque ad annum millesimum CCCCXLI^{um}. Obiit eodem anno, III^a julii, apud Parisios.

Petrus *Beschebien* fuit nonagesimus quartus episcopus, Normanie prepositus et medice artis professor. Cum enim undecima septembris anno CCCCXLI a clero fuisset electus, venit in ecclesiam quinta januarii anno millesimo CCCCXLIIII. Aulam, que gallice dicitur *Hostel-de-Ville*, construere fecit, que nunc est ante palatium Comitum Carnotensium, vulgo *Turris regia* vocitatum. Protendit autem episcopatum usque ad annum quinquagesimum octavum, quo anno, die mercurii post Judica, decessit. Jacet apud Sanctum-Caraunum Carnotensem.

[1] Milo d'Illesiis, nonagesimus quintus, antea decanus Carnotensis, omnibus votis in episcopum electus fuit. Qui, cum ante episcopatum cum Capitulo adversus omnes pro libertate communi decertasset, tamen episcopus exemptionem Capituli continuo oppugnavit, nec abstinuit, cum etiam ipse, jam octogenarius, episcopatum in Renatum d'Illesium, nepotem modestissimum, authore Summo Pontifice, deposuisset. Obiit in ede episcopali, Carnoti, xv^a kalendas octobris, millesimo CCCCIIII^{xx}XIII, et in capella Sancti-Nicholai, in edibus episcopalibus sita, sepulture traditur; deinde, die xx^a mensis marcii, anno millesimo V^{c}XIX, apud fratres Predicatores, in sepulchro parentum translatus. Robertus Gaguinus, ordinis sancte Trinitatis, composuit carmina ad laudem dicti d'Illesii, de campana. Campana loquitur :

> Me sacer antistes, ut signem tempora, Milo
> Flavit : ago lites, prandia, connubium;
> Presulis egressum cunctis prenuncia signo.

[1] Dans un autre manuscrit de la *Vieille Chronique*, nous trouvons avant Miles d'Illiers : *Christophle de Harecours, iiii^{xx}xvme évesque de Chartres. Il commencea son siége en l'an mil quatre cens soixante dix. Il fut confesseur du roy Charles septième. Il tint le siége xii ans*. Christophe d'Harcourt fut en effet compétiteur de Miles d'Illiers au siége de Chartres, mais il n'a jamais été compté au nombre des évêques de cette ville.

Renatus d'Illesiis fuit nonagesimus sextus. Cum litteras de episcopatu a curia Romana accepisset, et quamvis omnia a Capitulo illi apud Carnutes permitterentur et apud Carolum Octavum magnis et frequentissimis amicis uteretur, haud facile ad sacramentum receptus est. Cui tamen, pro summa virtute singularique doctrina, Carolus annuit. Renatus quam pacatissime rexit episcopatum sibi commissum. Usque adeo lectioni adherebat ut ne cibum quidem, nisi presentibus libris, rarissime sumeret. Obiit autem Carnoti, in domo episcopali, vm^a aprilis, anno Domini millesimo V^c septimo. Jacet sub tumulo marmoreo, in choro monasterii Sancti-Carauni [1].

Erardus de Marka fuit nonagesimus septimus, anno Domini millesimo quingentesimo septimo, tempore regis Ludovici xn^{mi}. Rexit autem xvIII annis. Fuit primo episcopus Leodiensis, deinde archiepiscopus Valencinensis et cardinalis. Jacet apud Leodium.

Ludovicus *Guillard* fuit nonagesimus octavus, tempore Francisci, Francorum regis, primi hujus nomine. Tempore illius, hereses multum pullularunt, quarum fuerunt fautores et inventores Luther et Herasmus Rotherodanus, a quibus et eorum clientibus ecclesia fuit valde agitata, etiam a Melenthone et Eolopadio. In illo tempore, erat quidam astrologus Parisiensis, Johannes *Thibault* vocatus, multum famosus in astrologia. Hic Franciscus, Francorum rex, multa bella gessit contra Carolum Quintum, Romanorum imperatorem, et ob hoc multas a clero decimas exegit et multa subsidia a suis subditis requisivit, quibus exactionibus et molestiis populus lamentabiliter contristabatur. *Loys Guillard fut premièrement évesque de Tournay, puis de Chartres le 2 juin* 1525, *après le fut de Chaalon-sur-Saône et enfin de Senlis, ayant résigné au suivant son neveu. Il gist à Paris, aux Blancs-Manteaux* [2].

---

[1] Des détails intéressants sur la maladie, la mort, l'inhumation de René d'Illiers et la désolation du peuple et du clergé lors de cet événement sont consignés dans un extrait du *Registre des actes de ce prélat*, rapporté par Laisné (mss. cité, p. 81, v°). Il était, dit ce document, *pius, pudicus, benignus, prudens, liberalis, ingenuarum bonarumque artium, ac disciplinarum, et virtutum omnium scibilium omnifarium refectus* (*Mém. de la Société Arch. d'Eure-et-Loir*, vol. II, p. 102).

[2] Une copie de la *Vieille Chronique*, faite du temps de Charles Guillard, contient sur Louis Guillard ce jugement évidemment passionné: *Ille cum, in ecclesiam pro more delatus, juramentum iterum prestitisset, quod jam in ede seu monasterio beatissimi Martini in suburbio Carnotensi prestiterat, se scilicet observaturum libertatem, exemptionem, immunitatem, statutaque et consuetudines ecclesie Carnutensis, uti a predecessoribus episcopis factum*

Charles Guillard, quatre-vingt-dix-huitiesme, fut reçu le 18 décembre 1553. Il avoit esté chanoine de Chartres et le résigna au suivant l'an 1573, auquel an il mourut, en febvrier.

Nicolas de Thou, quatre-vingt-dix-neufiesme, fut conseiller en la Cour et archidiacre de Paris, puis évesque de Chartres, et feist son entrée solennelle la veille de Toussaint audit an 1573. Il siégea 15 ans 5 jours, et mourut le 5 novembre 1598, et fut enterré à Saint-André-des-Arts à Paris.

Philippes Hurault, centiesme, son nepveu, fils du chancelier de Chiverny, estoit abbé de Saint-Pierre-en-Vallée, de Pontlevoy, Royaumont, la Vallasse, la Plisse et le Brueil, et grand-aumosnier de la Reyne, mère du Roy Louis XIII. Il print seulement possession et feist son entrée solennelle le 28 aoust 1608, et mourut subitement au chasteau de Chiverny près Bloys, où il gist, le 27 may 1620.

Léonor d'Estampes de Vallançay, cent-uniesme, abbé de Bourgueil, feit son entrée le xxii décembre 1620. Il résigna son évesché le xe décembre 1642, et fut pourveu de l'archevesché de Reims, duquel il print possession le jour du Mardy-gras 1643 par procureur, et depuis en personne.

Jacques Lescot, cent-deuxiesme, natif de Saint-Quentin, docteur en théologie, confesseur de l'Eminentissime Armand-Jean, cardinal de Richelieu, abbé de Toussaint d'Auxerre et chanoine de Paris, en fut pourveu à la nomination du Roy et en print possession en personne le mercredy 30 décembre 1643.

fuerat, susceptus in honorem, juramenti sui oblitus est et Capitulum ejusque privilegia et consuetudines oppugnare cepit, ut nunquam cessaverit, quin senatus-consulta in sedis illius insignis jurium conservationem sanccita resque judicatas infregerit, ritumque in conferendis prebendis a trecentis annis observatissimum, quo communis erat collatio episcopo et Capitulo, prorsus aboleverit. Tante ambitionis fuit ut nihil intentatum reliquerit : supra modum biliosus, nihil humane, nihil clementer, nihil modeste gerens, semper bile tumens, torvis aspernens oculis, in pauperes sevus. O quam dissimilis Yvoni, Gotfrido, Roberto, Johanni, Petro, Guillelmo, Aymerico et ceteris, qui adeo in ecclesiam liberales, atque in pauperes effusi, humanique et familiares in fratres canonicos fuerunt! Fuit et hic ad corporis voluptates propensior, ut et viduam, lubricitate suspectissimam, familiariter atque in victu quotidiano aleaque et ludo usus sit; unde a Carnutibus, quibus pastor et antistes datus erat, diffamatissimus fuerit. Cum autem quinque et triginta annos illius sedis titulum occupasset, bonaque in suos magis quam pauperum usus convertisset, uno, levo scilicet, orbatus oculo ac paulo post altero, in favorem, ut moris est, nepotis ex fratre, Caroli Guillard cessit, retentis tamen in locum pensionis redditibus amplioribus episcopatus.

' II.

Dicto de episcopis ecclesie Carnotensis, qui a prima fundacione ejusdem huc usque fuerunt, dicendum est aliquid de fundacione eadem [1].

Ad insinuandum posteris et reducendum memorie modernorum sancte ac precellentis matris nostre Carnotensis ecclesie nobilitatem et antique ipsius fondacionis altitudinem et honorem, quanteque dignitatis et devotionis ceteris [Galliarum] ecclesiis differencius et peculiarius nomen hereditavit, et quanto altius ceteris dictarum partium ecclesiis, ampla prediorum et rerum possessione, locupletata fuerit et dotata, quantisque prerogativis ac privilegiis et libertatibus vallata fuerit, munita et stabilitata, de multis pauca dicamus.

Revolutis namque antiquorum patrum historiis et scripturis ac antiquis voluminibus atque cartis, adhibitisque relacionibus quorumdam moderno tempore antiquorum, reperitur quod dicta Carnotensis ecclesia, antequam Virgo beata nasceretur, a primis Christum venturum et de Virgine nasciturum credentibus fundata fuit in honorem *Virginis pariture.* Sicut enim primi credentes predestinati ad salvacionem sunt, sicut de patriarchis legitur et prophetis, qui, ante Christi passionem, post mortem ad inferos descendentes, in limbo patrum manebunt; sic isti fondatores predestinati, licet inter ydolatras viverent, inspirati divinitus et per oracula prophetarum instructi, credebant, et, in fide expectantes redemptionem et tempus gracie pronosticantes, dictam fundacionem Carnotensis ecclesie inceperunt [2]. Refferunt eciam prin-

---

[1] Cette seconde partie, ainsi que la troisième, manque dans la plupart des manuscrits de la *Vieille Chronique,* qui se réduisent en général au catalogue des Evêques. Nous avons collationné entre eux ces divers manuscrits, déposés tant à la Bibliothèque communale de Chartres qu'aux Archives d'Eure-et-Loir, et nous avons extrait de chacun d'eux les renseignements intéressants qui pouvaient servir à compléter le texte original.

[2] Voici ce qu'on dit dans une note, ajoutée, vers la même époque, au manuscrit original : *Fuerunt quidem Carnotensis civitatis coloni, que tunc civitas Carnutum dicebatur, qui eciam Druides famoso nomine vocabantur, sicut in gestis Cesaris tactum repperimus, viri quidem studio sapiencie dediti, mira solicitudine philozophantes, astrorum et orbium supernorum gignasia sustinentes, ac solerti diligencia tocius orbis terrarum varios mores et pro-*

cipem civitatis et patrie Carnotensis fundacionem hujusmodi approbasse, et ad honorem illius virginis ymaginem unius virginis puerum in gremio gestantis fabricari fecisse, quam in secreto loco juxta ydola reconditam adorabant, quemadmodum in Babilone, sicut in *legenda aurea* [1] legitur, audierant esse factum. Et in tantum crevit dicti principis erga Virginem devocio quod eidem et puero suo, quamvis nundum temporaliter editis, dictam civitatem Carnotensem, cum tota terra et dominio eidem adjacentibus, liberaliter contulit, et de eis post mortem suam heredes esse voluit et concessit. Et inde est quod ad episcopos, qui fuerunt comites et domini civitatis et patrie Carnotensis, tenetur et creditur devenisse. Inde eciam processisse dicitur quod postea beata virgo Maria se *dominam Carnotensem* nominavit, et ita se nominari precepit, ut in miraculo curacionis Gondrate seu Gondree,

digiosos eciam venturos effectus perquirentes. Ad quorum siquidem ora, salubre consilium acceptura, pene tocius Gallie Belgice plebs ipsa properabat. Hii denique Druides, universarum gencium ritus ac libros perscrutantes, ad Judeorum apices devenerunt, Ysaye presertim volumini curiosius animos infigentes, inde virgam de radice Jesse, *Virginem scilicet*, florem mundi parituram, super quem requiescet spiritus Domini *instructi divinitus educerunt. Quibus oraculis indubitabili fide adherentes, in odorem ipsius floris adeo pia religione cucurrerunt, ut ymaginem Virginis elegantissime construerent, quam, in fano suo Carnuti statuentes, die noctuque, in honore atque memoria Virginis alme tantum florem, Deum scilicet Emmanuel et hominem, in Judeorum solo, pariture, procidentes, sepius adorabant. Crebris quoque missis, legatis Iherosolimis, investigarunt si jam* Virgo paritura, *secundum Ysaye vaticinium, terris eisdem fulgeret exorta. Quem quidem sedule ritum adoracionis per aliqua temporum curricula deducentes, divine dispensacionis plurima miracula, ut cecis visum, surdis auditum, claudis gressum solidum, leprosis mundiciam et mortuis vitam, coram Virginis ymagine, precibus impetrare meruerunt. Quod non dubitamus divina providencia factum, ut, ante Verbi Dei benedictam in virginali thalamo factam incarnacionem, illius Virginis memoria, celebris per Druides philozophos exhibita, fuerit presagium simul et exordium Carnotensis ecclesie.* — Un autre manuscrit de la *Vieille Chronique*, ayant appartenu à Jacques Haligre l'aîné, élu de Chartres, donne en note cette étymologie curieuse du nom *Carnutes : Carnutes a* carne, quia*, affecti gravioribus morbis aut in preliis versati, homines immolabant vel se immolaturos vovebant, per victimas arbitrantes Deorum immortalium numen non posse placari pro vita hominis, nisi vita hominis immolaretur.*

[1] Ce n'est pas à Babylone, mais en Egypte, que le livre de Jacques de Voragine place la légende de la vierge *qui devait enfanter*. Le fameux hagiographe du XIIIe siècle, s'exprime en ces termes au chapitre *de Nativitate Domini : Legitur in historia scolastica quod Jeremias propheta, in Egyptum descendens post mortem Godolie, regibus Egypti signum dedit quod eorum idola corruerent cum virgo filium parturiret. Quapropter sacerdotes Idolorum imaginem virginis, puerum gremio bajulantis, secreto loco templi statuerunt, et eam ibi adorabant. Sed a Bartholomeo rege postea interrogati, quod hoc sibi vellet, dixerunt paterne tradicionis hoc esse misterium quod a sancto viro et propheta eorum majores acceperant, et sic in rebus venturum credebant*. (*Legenda aurea, sive flores sanctorum*, éd. de Lyon, 1486. — Jacobi a Voragine, *Legenda aurea, vulgo historia lombardica dicta*, avec les annotations du docteur Grœsse, Dresde et Leipsick, 1843-1844.)

Suessionensis diocesis[1], et aliis quibusdam locis plenius continetur. Crevit insuper aliorum quorumdam principum erga dictam Virginem et ejus hujusmodi ymaginem et fundacionem devocio, quia, per fidem et fiduciam quas ad illam precipue preferebant, eciam nundum credentes, ejus auxilium in loco dicte ecclesie postulantes, senciebant se exauditos. Et inter ceteros reperitur quidam, qui se regem de Monteleherico nominabat, facto voto ad Virginis ymaginem sepedictam, filium suum, in magne profunditatis putheum in turri de Monteleherico situatum, collapsum et mortuum, resuscitatum et sanum recepit; de quo non ingratus, votum apud Carnotum reddidit, et ab eo fundacio jam incepta, cui adhesit, non modicum incrementum recepisse reffertur.

Adveniente igitur tempore gracie in quo concepta et nata est beata virgo Maria, postquam in tercio sue etatis anno presentata fuerat et nutrita in Templo cum aliis virginibus, in Jherusalem, providente sapientia Dei patris, in quarto-decimo anno etatis sue nupta fuit Joseph, qui semper virgo cum virgine mansit. Antequam convenirent, impleta salutacione et promissione angelica virgini, apud Nazareth inventa est in utero habens de Spiritu-Sancto filium Dei, scilicet Deum et hominem, Salvatorem et Redemptorem mundi, quem peperit in Bethleem. De mirabilibus autem circa nativitatem Domini et beate Virginis et educacionem eorum magna apud omnes habentur volumina, et in tantum crevit fama quod statim repletus est totus orbis. In Carnotensi vero ecclesia [tunc] fundata inceperunt palam et in apperto beatam Virginem adorare, et in ejus laudem psalmos et hympnos Deo canere. Et inter cetera hympnum composuerunt de ipsa vivente et puerum lactante, in hunc modum :

O gloriosa femina,
Excelsa super sydera,

---

[1] Le miracle de la guérison de Gondrée est le premier qui soit raconté dans le *Poème des Miracles de Notre-Dame de Chartres*.

A l'entrée de ma matire,
Premièrement vous vodroy dire
En quel leu et comment avint
Que dame de Chartres se tint
Cele qui seur toutes est dame.

Voir pour la suite de ce miracle, l'édition donnée du poème original par M. Gr.-Duplessis (Chartres, Garnier, 1855, p. 2 et suiv.)

Qui te creavit provide
Lactas sacrato ubere.

Que composicio presens tempus lactationis designat. Inde est quod in sola ecclesia Carnotensi canitur hympnus ille sub forma predicta ; in cunctis vero aliis ecclesiis dicitur :

O gloriosa domina,
Excelsa super sydera,
Qui te creavit provide
Lactasti sacro ubere;

relinquentes ecclesie Carnotensi auctoritatem prioritatis predicte. Et sic, toto tempore quo mater Virgo vixit cum filio, et eciam postea usque ad hec tempora, Domino servientes ibidem, tamquam in speciali et principali camera sua, dictam Virginem fuerunt prosecuti fideles laudibus ; et speciali quadam prerogativa honoris, affectionis et devocionis, ab omnibus Christi fidelibus est habita, et inter alias orbis ecclesias in talibus obtinuit principatum.

De fondacione autem prima tam honorabili et antiqua dicte ecclesie non est aliquatenus dubitandum [1]. In ystorialibus siquidem legendis invenimus ipsam, principe Apostolorum Petro adhuc vivente, ab ipsius vicariis Altino et Edoaldo, cum beatis Saviniano et Potenciano ab eo missis in partibus Galliarum et delegatis, in honorem beate Marie virginis jam fundatam, per eos repertam fuisse, consecratam et Domino dedicatam sub Kyrinio preside, qui tunc, furore succensus, multorum martirum corpora, cum Modesta virgine, filia sua, ad fidem catholicam jam conversa, in magne profunditatis putheum, apud dictam ecclesiam, in loco qui *locus Sanctorum Fortium* nunc nominatur, precipitavit [2]. Et quia, sicut successive frequens predecessorum spirat memoria, sicut de beata Maria Magdalena et beato Maximino legitur quod, lapidato beato Stephano, tam Apostoli quam alii credentes et discipuli dispersi diversa regna pecierunt a Domino sibi delegata,

---

[1] Tous les chroniqueurs du Moyen-Age ont en effet accepté sans conteste la fondation de l'église de Chartres avant la naissance du Christ. *Nonne notum est apud Francos quod ecclesia beatissimæ Virginis Mariæ Carnotensis fuit ante Christi adventum ædificata in honorem Virginis pariturœ? de quo demonstratur quod si alii gentiles de Christo verba prophetisaverunt, tamen Franci facto in eum crediderunt, prout et Græci qui templum Deo ignoto construxerunt.* (Chassanæus, in *Catalogo gloriæ mundi*, pars 12, consider. 17, n° 30.)

[2] Voir ci-dessus, p. 2, note 1re.

verbum salutis gentibus propinando, de quibus fuerunt predicti sancti viri Altinus et Eodaldus, qui, dictam Carnotensem ecclesiam invenientes fundatam et doctatam, dedicaverunt, quasi necessario concluditur ecclesiam ipsam jamdudum, prius eciam ante Christi vel ipsius Virginis nativitatem, fuisse fundatam, ut superius est expressum. Et siquidem, secundum cronicorum fidem et secundum prenotata, accipiendo fundacionem inceptam in anno nativitatis beate Virginis pariture, que fuit ante incarnacionem Verbi Dei in ipsa Virgine factam quatuordecim annis, et deinde ab Incarnacione usque ad originem Francorum regum, que origo incepit anno ab Incarnatione predicta trecentesimo sexagesimo septimo, predicta fundacio precessit dictorum Francie regum originem, facta computacione a nativitate beate Virginis, de trecentis octoginta duobus annis vel circa, secundum cronicam Sigiberti [1]; sed secundum computaciones alias, de origine predicta mencionem facientes, dicta fundacio precessit originem Francorum de trecentis octoginta novem annis. Quibus temporibus per Romanos tota Gallia regebatur, videlicet per presides ad regendum provincias destinatos; quorum regimen duravit usque ad tempus Pharamondi, primi regis Francie, qui primum Romanos fugasse et Gallias occupasse narratur. Cujus si plenius originem scire desideras, cronicam dicti Sigiberti revolvere studeas diligenter: sed quia non omnes, immo pauci dictam cronicam habere dicuntur, necessarium credidi, quoad declaracionem aliquorum dicendorum inferius, presenti opusculo dictam ystoriam, quantum pertinet ad dicti Pharamondi originem, inserere et tractare.

Igitur anno ab incarnatione Domini CCCLXVII, post magne Troje excidium, Priamus, magni regis Priami filius, et Antenor, ejus socius, cum xii^x militibus, fugientes, navigando usque ad rippas Tanay fluminis pervenerunt; deinde, intrando Meotides-Paludes, in finibus Pannoniarum, ediffcaverunt civitatem quam Sicambriam vocaverunt. Et ibi fuerunt annis multis, patriam, villas et castra circumcirca debellantes, usque ad tempora Valentiniani imperatoris, qui, audita fama dictorum Trojanorum principum

---

[1] Cette computation donne le chiffre, non de 382, mais de 381, et c'est bien la date assignée par le moine Sigebert de Gembiours à la fondation du royaume des Francs, suivant les croyances historiques acceptées de son temps, c'est-à-dire à la fin du XIe siècle. (Voir la remarquable édition de la chronique de Sigebert, insérée, avec les notes de Bethmann, dans les *Monumenta Germanie*, de Pertz, t. VI, p. 302. Hanovre, 1844.)

tam strenue bellancium, ipsos ad auxilium suum contra Alanos, quos devincere nunquam potuerat, convocavit. Et inter cetera eis donavit libertatem et quod tributum aliquod usque ad decem annos minime solvere cogerentur, promictens eis plura si Alanos devincere possent; quod et fecerunt: et sic per Romanos et per aliarum parcium nationes *Franci* fuerunt nominati. Annis vero decem elapsis, Romani miserunt ad Francos ut eis tributum solverent antea consuetum, qui hoc facere denegantes, nuncios occiderunt. Priamus autem hucusque fuerat dux Francorum : sed imperator Valencius, post mortem Valentiniani, iratus contra Francos, bellum indixit et eos de Sicambria expulit; in quo bello Priamus, qui ducatum rexerat xviii annis, moritur. Post quem Marcomirus, Priami filius, dux constituitur super Francos, anno incarnati Verbi CCCIIII^{xx}V. Interea Franci, relicta Sicambria, venerunt in Alamania, ubi castella et civitates multas ceperunt et habitaverunt inter Rinum et Dynoam, et ibi conflictus multos cum Romanis [habuerunt, sed victi nichil] ultra contra eos actemptare sunt ausi. Quibus actis, mortuo Marcomiro, duce Francorum, qui ducatum rexerat triginta quatuor annis, Franci fecerunt regem Pharamondum. Electus fuit anno ab incarnatione Domini CCCCXIX, qui [1], cognomine Crinitus, id est *le Chevelu*, regnavit xi annis; decessit anno Domini CCCCXXX. Post mortem cujus regnavit Clodio, filius ejus, et tenuit [regimen] annis xviii. Hic autem Clodio, fugatis omnino Romanis, cepit Tornacensem et Cameracensem civitates, quas cum fortaliciis circum adjacentibus Francorum dicioni subjecit. Decessit anno Domini CCCCXLIX. Post illum regnavit ejus filius Meroveus decem annis, qui regno multum profuit et decessit anno Domini CCCCLIX. Post quem Childericus, ejus filius, regnavit xxvi annis, qui decessit anno Domini CCCCIIII^{xx} et IIII. Hic, post multas injurias per barones suos sibi factas, recuperata virtute, cepit Agripinam quam Franci Coloniam vocaverunt; item cepit Treverensem, Aurelianensem, Andegavensem civitates, cum multis aliis. Hic multa strenue gessisse legitur, et decessit anno Domini CCCCIIII^{xx} et IIII. Cui successit in regno Clodoveus, filius ejus, quem ex Basina, regis Turingorum quondam uxore, matrimonialiter genuerat. Hic Clodoveus incepit regnare anno Domini CCCCIIII^{xx} quarto : accepit in uxorem quamdam

---

[1] Corr. mod. *qui regnavit xii annis, post cujus mortem regnavit Claudius, ejus filius, cognomine Crinitus.....*

nobilem puellam christianam, nomine Grohendam. Hic fuit potentissimus omnium qui ante eum fuerant Francie reges: de eo enim in alia cronica scriptum est : *Clodoveus quicquid Galliarum sublime erat Romanorum transfert ad jus Francorum.* Hic fuit primus rex Francorum christianus ; baptizatus fuit a sancto Remigio, Remensi archiepiscopo, anno regni sui quinto decimo, videlicet anno Domini CCCCIIII^{xx}XIX, presente beato Solempne, Carnotensi episcopo, qui eum cathesizaverat et in fide instruxerat [1], mediante regina Grohenda christiana, que dictum regem sepius ad hoc faciendum commoverat. Ista siquidem de origine Pharamondi, primi regis, et aliorum regum Francie, ad clariorem noticiam dicendorum, breviter narrasse sufficiat ; nunc ad propositum redeamus.

Fluxerunt igitur a prima fundaccione Carnotensis ecclesie, videlicet a nativitate beate Virginis, que in fundacione Virgo Paritura vocatur, usque ad Pharamundum, primum regem Francie, quater centum triginta tres anni ; et sic patet quod tantum precessit honorem regium fundacio supradicta. Item a dicto Pharamundo usque ad baptismun Clodovei, primi regis Francie christiani, fluxerunt, ut superius declaratur, octoginta anni. Et sic ab anno nativitatis beate Marie, in quo prima dicte ecclesie fundacio supponitur per premissa, usque ab baptismum Clodovei fluxerunt v^{c}xiii anni, et longe plus, ut creditur, quia hujusmodi fundacio longe ante nativitatem beate Marie incepta fuisse verissimiliter asseritur. Et sic de antiquitate fundacionis apparet lucide et apperte. Preterea de dotacione dicte ecclesie satis potest concludi quod civitas et comitatus Carnotensis fuit fundacio et dotacio ejus, sicut in presentis tractatus principio plenius continetur. Non enim legimus nec in aliquibus cronicis reperimus quod temporibus quinquaginta episcoporum, videlicet a tempore primi episcopi, Adventini nomine, usque ad Hardoynum, qui fuit quinquagesimus, aliquem alium quam episcopum fuisse comitem vel dominum Carnotensem. Erant enim comites et episcopi, quia datus fuerat comitatus beate Virgini, cujus nomine, Dei providentia, ipsum comitatum possidebant et regebant, regum Francie et aliorum principum auxilio, necessitatis tempore, convocato ; in quorum curiis, pro reverencia et obediencia quibus racione comitatus forsitan tenebantur, pluries frequentabant et facta comitum, [vi armorum et aliter], exercebant.

[1] *Ex vita sancti Deodati*, D. Bouquet, t. III, p. 381.

Ad cujus rei evidenciam aliqua, que in libris Sancti-Petri [1] et alibi de gestis eorum reperiuntur, breviter transcurramus.

Sanctus igitur Solempnis, qui fuit quartus decimus episcopus et comes, curiam regis Clodovei pluries frequentavit; unde, accepta, idem Solempnis, occasione, dictum Clodoveum, qui fuit primus rex Francie christianus, convertit ad fidem et eum cathesizavit ac baptizari procuravit. Precedentes autem et sequentes episcopi usque ad predictum Hardoynum factis armorum intendebant : in palacio enim episcopali plures episcopi ab antiquo depicti fuerunt et adhuc sunt, loricati et gladio succincti, et inter armorum insignia defferunt mitram et ensem [2].

Malardus eciam, qui fuit vicesimus, cum armatis, ad clamorem populi, fures quosdam, qui corpus sancti Launomari de ecclesia Sancti-Martini subripuerant, est insecutus. Talia enim faciebant episcopi tanquam comites et domini Carnotenses.

Betharius insuper fuit tricesimus episcopus et comes, quem Theodoricus, rex Burgondionum, fugato rege Francie Lothario usque ad silvas Perticanas, et civitate Carnotensi per eum destructa, cepit, et captivum, cum pluribus de nobilibus et civibus, secum duxit, et per magna tempora tenuit : qui tandem, exhaustis facultatibus et diviciis ejus in redempcionem suorum civium, miraculose extitit liberatus [3].

Item Helias, qui fuit quadragesimus, tempore Caroli-Magni, monachos Sancti-Petri, eo quod subsidium pro stipendariis episcopi solvere recusassent, cum armis et magna sanguinis effusione invasit, et eos in dispersionem fugavit, monasterium dissipavit, ac bona ipsius, ornamenta et jocalia sibi et stipendariis distribuit, possessiones quoque et redditus dicti monasterii confiscavit, et magnam partem militibus tradidit, et ut ab eo, in feudum seu casamentum, tenerent liberaliter assignavit. Hoc fecisse non presumitur nisi comes et dominus extitisset.

Item de Frotboldo, qui fuit quadragesimus secundus, legitur quod ipse, ab Hastingo, Hunorum duce, debellatus, capta civitate Carnotensi, occisus

---

[1] Le Cartulaire de l'abbaye de Saint-Père-en-Vallée de Chartres a été publié par M. B. Guérard (Paris, Crapelet, 1840, 2 vol. in-4º). Voir ci-dessus, p. 13, note 1.

[2] Les armoiries de l'évêché de Chartres, sont écartelées, *au 1er de gueules à la mitre d'or, au 2 d'azur au casque de chevalier d'or, au 3 d'azur à la crosse d'or, au 4 de gueules à la main de carnation tenant une épée d'or*.

[3] *Ex vita sancti Betharii*, Bolland., t. I, p. 168. Bouquet, t. III, p. 488.

est cum magna parte nobilium civium et clericorum suorum; civitas eciam tota destructa est. Hoc fuit tempore Caroli-Calvi, regis Francie, qui succurrere episcopo non poterat, nec erat comes vel deffensor alius quam episcopus supradictus. Nec est mirum de Carnotensi civitate, quia totum regnum Francie devastabant.

Item Gaucelinus fuit quadragesimus septimus, tempore Caroli-Simplicis, regis Francie. Hic Gaucelinus, cum Rollo, primus dux Normanorum, post multas et varias oppressiones regi et regno factas, civitatem Carnotensem obsedisset, cui nec posset quomodolibet resistere, sumpta de beata Virgine fiducia, de propugnaculis ostensa Normanis Sancta Camisia in quo Virgo Dominum pepererat, que interior ejus tunica dicitur et que in dicta Carnotensi ecclesia hucusque servatur, dicti hostes territi et quasi amentes [facti sunt]. Tunc dictus episcopus, assumpto alio ornamento quod supparum Virginis nominatur et haste in modum vexilli imposito, civitatem cum suis stipendariis et civibus exiens, super eos inopinate irruit et eos cedens de subsidione fugavit, in tantum quod nichil contra civitatem vel ecclesiam Carnotensem deinceps actemptavit; quin ymo, post baptismum susceptum, ipse, ejus filius [Guillelmus] et alii successores, Normanie duces, multa predia, honores et divicias Carnotensi ecclesie contulerunt. Recepit enim Rollo baptismum, et impositum est ei nomen Robertus pro Roberto, duce Francorum, qui eum de fonte levavit; et per pactum pacis recepit Gillam, filiam regis Caroli-Simplicis, cum tota terra quam acquisiverat, que tunc vocata fuit Normania. Et fuit hoc factum, [ut in Gestis Normanorum continetur], anno ab incarnatione Domini nongentesimo duodecimo, vivente dicto Gaucelino episcopo [1].

Post cujus obitum legimus Haganonem episcopum et comitem, qui fuit quadragesimus octavus. Hic monasterium Sancti-Petri restaurare incepit, et ibi canonicos posuit, quibus multos redditus et possessiones, in civitate et extra, contulit et concessit.

Huic successit Ragenfredus, qui fuit quadragesimus nonus, tempore Ludovici regis, filii Caroli-Simplicis. Hic restauravit monasterium Sancti-Petri et monachos loco canonicorum ibi posuit, certam partem in civitate ac possessiones certas extra civitatem et duodecim prebendas in majori eccle-

---

[1] Voir ci-dessus, p. 11, note 3.

sia, loco possessionum quas episcopus Helias ab eis abstulerat et quas militibus datas in feudum recuperare non poterat, assignavit. In carta autem dicti episcopi super hoc data, que incipit *Orthodoxorum*[1], continentur hec verba : *Conjacet autem dicta terra infra muros civitatis nostre Carnotensis.* Per premissa autem liquide satis patet quod episcopi episcopatum et comitatum tenebant.

Sed liquidius patet in Hardoyno, qui fuit quinquagesimus. Erat enim frater carnalis Ragenfredi. Hic monachos Sancti-Petri exosos habuit ; sex prebendas de duodecim per Ragenfredum assignatis ab eis abstulit. Preterea volens contemplacioni vacare et divinis obsequiis intendere, unum comitem, qui in factis bellicis et in deffensione civitatis et patrie se occuparet, ordinare decrevit. Et hoc de facto pro posse complevit, nam ordinacionem factam publicavit, et abbaciam Sancti-Martini extunc de manibus episcoporum eiciens, eam comitum in perpetuum habendam tradidit potestati, et tandem unum elegit et instituit, Odonem nomine, de genere suo, sicut fertur. Et quia negocium tractum temporis requirebat propter assensum regis et ministeria in talibus requisita, bona, possessiones et redditus episcopatus eidem Odoni communicavit.

Huic Hardoyno successit Volphardus, cujus tempore pauca legimus de ecclesie vel comitatus negociis expleta.

Post hunc prefuit dicte ecclesie Carnotensi Odo, qui fuit quinquagesimus secundus episcopus, anno Domini nongentesimo nonagesimo septimo, tempore Roberti, regis Francie, filii Hugonis-Cappeti, Francie regis. Per istum Odonem multa legimus strenue facta. In primis sciendum est quod a principio fundacionis seu saltem paulo post consecracionem et dedicacionem ecclesie Carnotensis fuerunt in ea constituti et ordinati servitores et persone que, nocte dieque, laudes Deo canerent, usque ad numerum septuaginta duorum, ad instar et modum septuaginta duorum discipulorum Christi per universum orbem missorum, quibus servitoribus fuit assignata per episcopos medietas vel circa tocius temporalitatis et reddituum episcopatus seu comitatus Carnotensis ; que porcio fuit per multa tempora in communitate omnium distributa, prout unicuique opus erat, sicut in Vita sancti Launomari satis patet. Postmodum quatuor fuerunt ordinati,

---

[1] Voir *Cartul. de Saint-Père*, déjà cité, p. 28.

qui *prepositi* vocabantur, qui terram totam regebant, omnia recipiebant, de quibus cuilibet prebendam talem qualem pro libito ministrabant; sed tractu temporis, de illorum injusticia apud episcopos facta per fratres querimonia, hic episcopus Odo dictas prebendas distinxit et divisit, ita quod duo vel tres aut plures, secundum divisionem et valorem terrarum, insimul suas reciperent equaliter porciones, et loca sua sic divisa regerent, juridicionem haberent. Et ne de cetero prepositi aliquid alibi quam in locis sibi pro suis porcionibus assignatis peterent, constituit de quatuor precariis que erant de communi canonicorum quatuor dignitates, ne ecclesia dignitatum seu officiorum numero fraudaretur, canonicos Carnotenses et eorum ecclesias exemit et super premissis a papa et a rege impetravit confirmaciones et alia privilegia multa [1].

Hic eciam non [2] comitis negocium ratum habuit et magnam partem terrarum et possessionum quas episcopus, post porcionem factam, Capitulo retinuerat quasi per medium assignavit pro comitatus oneribus supportandis, et auctoritatem ac juridicionem ad comitatum pertinentes eidem delegavit, salvo et retento sibi et successoribus suis, necnon et ecclesie et Capitulo Carnotensi, dominio, juridicione, cum mixto et eciam mero imperio in omnibus terris et possessionibus ac locis et villis, hominibus et subditis eorumdem. In signum autem dominii sic retenti, quod a se nullatenus abdicaverat, ultra porcionem mediam quam cum comite in civitate reservaverat, retinuit fortalicia et turres, cum vassallis ad presidium alias ordinatis; itaque postmodum oportuit comitem construere castrum seu turrim, per quod introitum haberet et exitum in civitate, dubitans ne ecclesia, resiliens ab eo comitatum, vellet aufferre [3]. Et hac de causa exegit ab episco-

---

[1] L'ordonnance de l'évêque Eudes au sujet des Prévôts nous est inconnue, mais la transformation en prévôtés des quatre anciennes précaires de Normandie, Mésangey, Auvers et Ingré, n'est pas du fait de ce prélat; elle fut consommée par le Chapitre en 1193, en conséquence d'un décret de Guillaume-aux-Blanches-Mains, qui avait retiré aux Prévôts la justice et l'administration des quatre grandes prévôtés de Nogent, Fontenay, Amilly et Beauce. Nous donnerons dans cet ouvrage les lettres des évêques Ives (c. 1114), Goslein de Lèves (1149-1155), Renaud de Mouçon (1193), les bulles des papes Pascal II (1114), Alexandre III (1171-1172) et Célestin III (1195), le réglement fait par le Chapitre (1193) et l'approbation donnée par Philippe-Auguste (1193), toutes pièces relatives aux exactions des Prévôts et au retour des quatre anciennes prévôtés entre les mains des chanoines.

[2] Une main moderne a transformé *non* en *Odo*.

[3] Le château fut construit par Thibault-le-Tricheur dans la seconde moitié du Xe siècle. Voir le *Cart. de Saint-Père*, p. 23.

pis successoribus juramentum, quod fecerunt et adhuc faciunt episcopi, in primo introitu suo, transeuntes ante turrim predictam, prout inferius continetur. Retinuit eciam episcopus plura alia ad bonum justicie conservandum, et ne comes vel ministri vellent contra rem publicam aliquid agere minus juste, prout infra poterit apparere.

Comes enim et episcopus, in levandis principalibus juribus que ab antiquo ad comitem et dominum civitatis pertinent, sunt quasi pares, et quilibet eorum dicit civitatem esse suam. Habet enim comes, nisi apud se revocaverit vel acquisiverit, vicecomitem; episcopus eciam vicedominum habet; non enim haberet episcopus vicedominum nisi dominus civitatis esset. Vicecomes habet duos viarios; similiter et vicedominus habet duos viarios : isti quatuor viarii habent, quilibet in parte sua, justicie execucionem, arrestacionem et quedam alia minuta jura que percipiunt exercendo justiciam pariter suo ordine, ut latrones suspendendo et alia similia faciendo. Episcopus cum comite rectam habet medietatem in omni consuetudine, costuma, bannagio, toleyo, boisselagio et in omni consuetudinaria et antiqua exaccione cujuscumque rei empte et vendite in tota villa, foro, mercato, nundinis, quocumque nomine censeantur vel nominentur, excepta terra Capituli, in qua comes et episcopus nichil percipiunt, sed remanet eidem libera cum hominibus et hospitibus suis; et in eis habet Capitulum et canonici omnimodam juridicionem, altam, mediam et bassam, et jura sua ibi levant et percipiunt, sicut comes et episcopus faciunt in terra sua.

Item vicecomes vel comes pro vicecomite a quo vicecomitatum acquisivit, et vicedominus tenens ab episcopo, habent pariter et uniformiter jura sua, suos redditus, et exacciones consuetas in costumis portarum, districtibus piscium, alectium, pistorum et jumentorum et ceteris talibus percipiendo, sunt equales sicut comes et episcopus. Et sicut episcopus habet quedam jura apud se retenta ab inicio sine comite, ita comes habet aliqua sine episcopo, sicut est deablagium et buffeteriam, que non de antiquo jure sed de nova impositione processerunt. Habent eciam ab antiquo episcopus et comes tallias super terris et hominibus suis, non insimul, sed quilibet in juridicione sua distincta, et eciam Capitulum pari forma. In frocis eciam civitatis, sive plateis ociosis, uterque jus habet per medium. Bannum eciam ex parte comitis et episcopi proclamatur, et in predictis omnibus pares esse videntur. Istam autem paritatem non dedit comes episcopo, sed episcopus comiti, ut supra [in Odone] est divisum. Ecclesia enim fuit ab inicio dotata magnifice, et deinceps, tractu temporis, per reges Francie et principes catholicos et alios fideles quamplurimos multipliciter augmentata. Ab inicio autem tradita fuit ecclesie pro canonicis et servitoribus ad divinum servicium deputatis medietas possessionum et reddituum ecclesie et comitatui pertinentium, reliqua medietate apud episcopos, qui erant episcopi et comites, remanente: de qua episcoporum medietate tradita fuit comiti noviter instituto pars media; et sic habuit comes solummodo quartam partem, non tamen integram, quia episcopus tunc retinuit possessiones aliquas in speciali. Non est igitur presumendum quod comes de tam paupere comitatu suo ecclesie tam diviti dimidium coustumarum et jurium civitatis largitus fuerit et precipue in moneta omnimodam justiciam et custodiam cuneorum, et aliis que consequenter dicimus; in quibus comes nichil habet, sed episcopus ea retinuit et ab episcopo solo tenentur in feudum. Moneta enim et justicia cujuscumque false monete tenentur ab episcopo per medium domini Hugonis de Mellayo [1], qui, quando comes facit monetam, in quolibet miliario habet sexdecim libras. Item quatuor tenentes ab episcopo in feudum habent custodiam cuneorum monete, et quolibet mane illos tradunt percucientibus et sero recipiunt iterum in custodia, et propter hoc habent certas libertates et jura. Et ex parte episcopi reservate sunt et in thesauro ecclesie, tanquam in sequestro posite, in quodam anulo perforate, duodecim pecie monete, ad quarum instar et aleamentum comes tenetur facere monetam novam. Et quicumque falsarium cujuscumque monete invenerit vel ceperit, illum liberat dicto militi, qui falsarium hujusmodi judicat et ad palum suspendit ubicumque voluerit extra villam. Custodes vero dictorum cuneorum sunt Raginaldus *Lambert*, Petrus *Beruat* [2], Michael *Breton* et heredes dicti *le Mareschal*, qui, propter hoc, nomine libertatis, forum comitis declinant et forum episcopi sorciuntur. Sunt eciam in Cambio xxxix

---

[1] On trouve dans le *Livre rouge de l'évêché*, f° 61, v° *(Bibl. de la ville)*, sous la date de juillet 1229, un aveu fait à l'évêque, par le sire de Meslay, en qualité de vidame, de la moitié de toutes les redevances et des droits de justice qu'il tenait de l'évêché, sur la monnaie, les monnayeurs, le change et les changeurs. La convention intervenue en 1312 entre l'évêque Jean de Garlande et Charles de Valois parle aussi du fief de la monnaie tenu de l'évêque par le vidame Hugues de Meslay, des seize livres auxquelles ce seigneur avait droit par chaque millier, de l'arrière fief de la garde des coins, du change et de la justice des faux monnayeurs. *(Liv. blanc de l'évêché*, f° 178. Bibl. de la ville.)

[2] C'est par erreur que d'autres documents portent Pierre *Thiénard*.

mense nummulariorum, quarum quelibet dicto militi reddit annuatim xxxiiii denarios et obolum de censu. Cambium vero erat in vico qui Moneta vocatur, quod Thebaldus [comes] mutare voluit, sed hoc nunquam potuit sine voluntate dicti militis et speciali consensu [1].

De feodo episcopi eciam sunt antique fortericie civitatis, videlicet turris et domus Vicedomini [2]; turris et [domus] Nevelonis [3]; turris Porte-Guillermi [4]; turris et domus Boelli [5] ubi erat antiquus carcer militum, cum omni libertate usque ad medium vie publice; item turris et domus *Malet* [6]; item turris et domus Michaelis *Breton* [7]: sunt de censivis episcopi et ecclesie. Et domus de Leugis et domus *Pigorel* et domus Camerarii Carnotensis [8] sunt de feodo Tachainville, et multe alie in quibus olim manebant milites episcopi qui custodiebant civitatem, qui in civitatibus et castellis tunc temporibus morabantur.

Preterea solus episcopus habet totam aquam sive rippariam et piscatorias, a Magno-Ponte usque versus Sanctum-Priscum, ac omnia molendina; et hec omnia aut sua sunt aut majoris vel aliarum ecclesiarum, vel ab eo tenentur in feodum sive censum. Et eciam omnis justicia planchiarum, omnia prata ab utraque parte riparie aut sua sunt vel ecclesiarum, aut de suo feodo vel censiva.

In civitate et eciam in terra et justicia comitis habuit episcopus et habet de subdictis comitis, de quolibet artificio de quo homo vel mulier operari potest, unum quem vult advoare, qui advoatus episcopi nominatur. Et similiter Capitulum et canonici habebant quantum de illis advoare volebant; sed, orta super hoc dissencione inter ipsos [canonicos] et comitem, composicionem [9] fecerunt ad invicem non solum [10] super illis advoatis, sed super

---

[1] Voir, sur la monnaie chartraine, l'*Histoire de Chartres*, par M. E. de Lépinois, vol. Ier, p. 405, 414 et 537.

[2] Au chevet de Notre-Dame.

[3] Près de la maison du Vidame.

[4] Construite par le vidame Guillaume de Ferrières, 2e du nom (XIIe siècle).

[5] Rue du Cygne.

[6,7,8] Dans le Cloître.

[9] On a corrigé et mis *composiciones plures*. Parmi les traités conclus entre le Comte et le Chapitre et relatifs aux avoués, nous mentionnerons en effet ceux de 1195, de 1271 et de 1306, que nous publierons *in extenso* dans la suite de cet ouvrage.

[10] Au lieu de *non solum*, on a suppléé *primo*; un peu plus loin, au lieu de *sed*, *secundo*.

aliis pluribus articulis; per quam compositionem [1] plures nobilitates et jura dicti Capituli lucide declarantur. De illis autem advoatis fuit compositum quod amodo dicti canonici et Capitulum haberent duodecim advoatos, qui cum omni familia essent liberi et exempti ab omni juridicione, justicia et cohercione comitis, tamquam persone canonicorum, et possent negociari et mercari omni genere mercacionis et negociacionis, per se et alios, in banleuga et civitate, absque coustuma vel redibencia, et vendere vina et emere absque banagio vel quolibet alio genere servitutis, quocumque tempore. Et pro residuo dictorum advoatorum habuerunt commutationem [2] centum et quinquaginta [3] librarum redditus perpetui super argentarium comitis annuatim. De advoatis autem episcopi nulla fuit mencio facta.

Canonici [vero], sicut comes et episcopus, se dicunt dominos civitatis Carnotensis : habent enim magnam partem vel quasi majorem juridicionis civitatis predicte et habitancium in eadem; utpote Capitulum in [toto claustro et in] canonicos et clericos de choro, in advoatos, in servitores suos, videlicet majorem, consiliarios, officiales, servientes, nuncios, carpentarios, vitrarios, excubias, matricularios, hostiarios, in hospites in locis pluribus civitatis ubi habent juridicionem commorantes; canonici eciam singulares in familiares, servientes, commensales suos, et in omnes in eorum domibus delinquentes ; in quibus omnibus comes vel episcopus nichil penitus pretendere possunt, nec per superioritatem vel alias. Nunquam enim episcopus comiti nec Capitulum comiti vel episcopo subjecti fuerunt, nec unus alteri se pretulit ; sed eorum querele, sive de uno contra alium, sive contra subdictos vel extraneos, coram judicibus regiis fuerunt expedite. Specialiter enim de querellis episcopi et Capituli contra comitem consuevit Rex committere tractatores, qui ex parte sua querelas inter eos et discordias amicabiliter pacificarent; et in paucis seu nullis huc usque legitur aliter esse factum.

Et sic per predicta et alia plura que de facili et absque tedio scribi vel narrare vix possent, patet quod episcopus cum Capitulo majus dominium habuerunt et habent in civitate quam comes. In signum eciam hujus antiqui dominii depicti sunt episcopi in palacio episcopali, qui sunt, [cum]

---

[1] Corr. mod. *per quas compositiones.*
[2] Corr. mod. *commutationes et indemnitatem.*
[3] Corr. mod. *sexaginta.*

pontificalibus indumentis, excepta capa seu capsula, gladio materiali succincti, scutum habentes mictra et ense ornatum. Item lapis magnus quadratus stat, in curia pontificalis domus, super alium lapidem artificialiter compositus, super quem marinorum piscium advectores suas sarcinas deponebant, nec abinde consuerant recedere nisi per rectorem hospicii necessaria porcione recepta et licencia habita ab eodem.

Item fere omnes censive civitatis sunt episcopi seu capituli Carnotensis, et paucas ibidem habet comes, nisi de nova acquisicione devenerint. Ipsa enim turris Comitis, a parte anteriori, est de censiva capituli ad quinque solidos censuales; et dicunt multi se vidisse aliquando posticum porte, tempore comitis, fuisse amotum pro deffectu solucionis dicti census : a parte autem exteriori, sita esse dicitur in censiva religiosorum Sancti-Petri et Sancti-Martini, quibus comes indempnitatem tradidit vino et aliis redditibus, sicut fertur [1].

Preterea dictus episcopus habet in suburbiis vicos et villagia, in quibus comes nichil habet, ut sunt Luceyum, Nicochetus, *Poyfont*, Manum-Villare, Vallis-Perronis, Moncellum-Sancti-Mauricii et locum de *Rigart*, Solidum-Montem, Burgum-Novum, Os Pratorum-Episcopi, Clausum-Erardi, vicum Filiarum-Dei, Cortilliam et Clausum-Episcopi. Et similiter Capitulum habet Burgum-Mathei, vicum de Foillet, Moncellum-Leugarum, villam de Leugis et infinita alia loca in quibus comes nichil habet videre ; juridicionem nedum locorum, sed eciam viarum, que *viarie* dicuntur, videlicet in delinquentibus et commorantibus, in mundandis et refficiendis viis et passagiis. Furni eciam ville et suburbiorum cum mansionariis sunt episcopi et ecclesie, vel ab eis tenentur, et alia multa que magnum dominium importare noscuntur. Nec ista de comitum largicione ad ecclesiam devenisse dicuntur : comites enim reperiuntur redditus pro paucis anniversariis et nichil aliud ecclesie contulisse.

Prefatus enim Hardoynus et Odo et alii successores, timentes guerras, obsidiones et destructiones civitatis et patrie et dispendium populi, sicut ante fuerat de Hastingo et Rollone, comites instituerunt, et non ad habendum super eos vel super ecclesiam dominium, sed quasi quoddam consi-

---

[1] Thibault-le-Tricheur construisit le donjon de Chartres sur un terrain appartenant à Saint-Père et il consentit aux religieux un cens d'un muid de vin à prendre dans le clos *Fabri*. (*Cart. de Saint-Père*, vol. Ier, p. 23.)

lium et collaterale adjutorium ; et ad reprimendos tante civitatis motus, et casus difficiles atrociaque duella et severitatis justicie exercicium ipsis tamquam forcioribus relinquentes, secum liberaliter assumpserunt. Erant autem [episcopi] viri contemplativi, qui talia negocia, juxta divinum servicium ac tante tamque religiose ecclesie contemplacionem, tractare vel facere non solum non poterant, ymo pocius abhorrebant.

Addit eciam informacioni consciencie non modicam rationem quedam promissio seu juramentum, quod exegerunt comites sibi fieri ab episcopis ante portam Turris, in prima eorum recepcione, per hec verba: « Promitto quod non faciam rem per quam comes et heredes sui perdant comitatum Carnotensem. » Videtur non calumpniose intelligenti [comes], in sua introductione, timuisse ne ecclesia ad pristinum statum, ejecto comite, redire vellet, et in hoc sibi per juramentum episcopi precavisse. Propter prefatum enim timorem comitis, cum claustrum, quod faciebant canonici, impedire vellet[1], post inquestam per commissarios ex parte Regis propter hoc Carnotum destinatos factam, fuerunt [fundamenta] reperta, et clausura claustri facta, contradictione [dicti] comitis nonobstante.

Predictis igitur sincera interpretacione consideratis, apparet jura et dominia, juridiciones, franchisias, libertates, hospites, homines, advoatos et alia de quibus supra fit mencio, non de comitum largicione nec de episcoporum vel capituli usurpacione, sed jure et dominio suo, id est de suo proprio jure, per retencionem, in signum antiqui dominii, olim factam, ad eamdem ecclesiam spectare. Nec magnum vel dispendiosum videbatur seu videri debet si episcopus et capitulum talia de toto comitatu retinuerint, honorem et nobilitatem antiquos et pristinos dicte ecclesie, predecessorum vestigiis inherentes, ad perpetuam memoriam, per succedentia tempora conservando.

Recolligamus ergo tempora fundacionis hujus ecclesie, que, tempore

---

[1] Ce passage a été dénaturé et on lit aujourd'hui : *Propter prefatum enim timorem comitis, clausuram claustri, quam faciebant canonici, comes impedire voluit, sed.....* La clôture du Cloître, entreprise probablement dès le commencement du XIIe siècle et poursuivie d'intervalles en intervalles par le Chapitre, malgré l'opposition des comtes, ne fut autorisée que par la transaction faite entre les chanoines et Jean de Châtillon, au mois de mars 1256. Le droit de se clore coûta au chapitre mille livres comptant et une rente annuelle et perpétuelle de 20 livres. (Voir sur le Cloître la *Notice historique* donnée par M. Lecocq dans le 1er volume des *Mémoires de la Société arch. d'Eure-et-Loir*, et l'*Histoire de Chartres*, par M. E. de Lépinois, vol. Ier, p. 139, 142, 171, 181 et 471.)

Prophetarum et Sibillarum et juxta eorum oracula, in honorem Virginis pariture, fuisse dicitur inchoata et ante nativitatem beate Virginis fere per centum annos. Ysayas [divinus] enim, qui olim ante prophetaverat: *Egredietur virga de radice Yesse*, id est beata Virgo de Anna; et: *Flos de radice ejus ascendet*, id est Christus de beata Virgine; et: *Requiescet super eum spiritus Domini*, et cetera, per magnum tempus ante nativitatem Virginis obierat. Rex Achaz eciam, cui dixit Dominus: *Ecce virgo concipiet*, et cetera, jam longe precesserat. Jheremias et alii longe ante nativitatem fuerant; quorum instinctu dictorum fuerat dicta fundacio inchoata in honorem dicte Virginis pariture. Igitur securius potest dici quod, ab inchoacione fundacionis ecclesie usque ad nativitatem dicte Virginis, secundum eciam precedencia dicta de regibus Babilonis, fluxerunt centum annis vel circa. Item a nativitate Virginis usque ad Salutacionem angelicam vel pocius Incarnacionem dominicam, fluxerunt quatuordecim anni : summa annorum cxiii. Item ab incarnatione Domini usque ad originem Francorum, videlicet usque ad Priamum, primum eorum ducem, fluxerunt ccclxviii : summa annorum ccccrm^{xx}i. Item ab origine Francorum usque ad Pharamundum, primum regem Francorum, fluxerunt lii anni : summa annorum v^{c}xxxiii. Item a Pharamondo, primo rege Francorum pagano, usque ad Clodoveum, primum regem Francie christianum, videlicet usque ad ejus baptismum, quod fuit anno regni sui quintodecimo, anno videlicet ab incarnacione Domini CCCCIIII^{xx}XIV, fluxerunt octoginta anni : summa annorum vi^{c}xiii. Item a baptismo Clodovei usque ad Hardoynum, quinquagesimum episcopum, et usque ad primum comitem Carnotensem, nomine Odonem, per eundem Hardoynum institutum, fluxerunt anni iii^{c}lvi. Recollectis ergo annis a principio fundacionis Carnotensis ecclesie usque ad primum comitem, loco episcopi Carnoti, per episcopum institutum, secundum superius declarata, reperiuntur mille sexaginta et novem anni, et simili modo videri poterunt anni a fundacione predicta usque ad originem Francorum; item usque ad reges Francie paganos et eciam christianos, et sic de aliis, singula singulis refferendo[1].

Sed quicquid dicatur de comitibus Carnotensibus, de regibus tamen et primis Francorum ducibus cepit dicta ecclesia fundamentum, et postmo-

---

[1] Voir ci-dessus, p. 42, note 1.

dum nobilitatis sue ac tocius potencie magnificum tractu temporis incrementum. Nam, temporibus ducum et regum Francorum qui Romanos de Galliarum partibus expulerunt, dicta ecclesia et ejus episcopi ac ministri, eorum benigna paciencia et sub eorum imperio, in possessionem comitatus Carnotensis et aliorum jurium, libertatum et nobilitatum eis antea concessarum fuerunt positi et pacifice conservati, et ad tuicionem et deffensionem ipsorum semper eis presidio affuerunt, quin ymo in omnibus augmentarunt et tanquam propriam eorum cameram favoribus et honoribus ampliarunt, novissime autem Johannes, rex Francorum, et Karolus, ejus filius et successor, considerantes dictam beatam Virginem, in honorem cujus pariture fundata fuerat dicta Carnotensis ecclesia, eandem ecclesiam in suam principalem et specialem in terris cameram elegisse et in ea pre ceteris excellencius honorari voluisse [1], prout per revelacionem et per miracula, preteritis et modernis temporibus, ibi facta patuerat et patebat. Et ad hoc eciam reflectebant intuitum quod dicte beate Virgini placuerat ipsam ecclesiam fuisse et esse exemptam ab omni juridicione archiepiscoporum, episcoporum et aliorum quorumcumque judicum ecclesiasticorum, cum universitate collegii et servitorum ejus, necnon ecclesiis, villis, hospitibus et hominibus eorum, sed solum subjiciebantur sine medio domino nostro pape et sancte Romane ecclesie. Ita primo idem rex Johannes et deinde rex Karolus supradicti voluerunt et pragmatica sanctione decreverunt quod dicta ecclesia, cum omnibus canonicis, servitoribus, familiis, hospitibus, hominibus, terris acquisitis et acquirendis exempta esset ab omnibus judicibus secularibus quibuscumque, ponendo eos in suo Parlamento; volentes

---

[1] Les lettres-patentes du roi Jean, qui changèrent le ressort des causes du Chapitre de la prévôté de Poissy en la cour de Parlement, existent en original aux Archives d'Eure-et-Loir (G 194, anc. cote 10 D 2) et sont datées de Chartres du 30 août 1356. Les lettres confirmatives de Charles V existent également (G 194 ou 10 D 4) et ont été données à Chartres, au mois de juillet 1367. Voici le passage auquel il est fait allusion dans notre chronique : *Attendentes*, dit le roi Jean, *quod ecclesia predicta fuit ab antiquissimo tempore fundata, videlicet adhuc vivente beata Maria, Virgine gloriosa, sicut scriptum est in libris antiquis ecclesie prelibate, quam quidem ecclesiam ipsa Virgo gloriosa elegit pro sua camera speciali, prout fertur fuisse per multa miracula revelatum.*

Ce privilége fut depuis confirmé par Charles VI (Paris, 17 septembre 1395), Charles VII (Amboise, 25 septembre 1432), Louis XI (Chartres, 17 juillet 1462), Charles VIII (Paris, août 1485), Louis XII (Paris, juillet 1498), François Ier (Paris, mars 1515), Henri II (Fontainebleau, octobre 1547), François II (1560), Henri III (Blois, avril 1581), Henri IV (Paris, février 1603) et Louis XIII (août 1611). (Archives d'Eure-et-Loir, G 194 ou 10 D 12, 13, 16 et 17.)

et precipientes quod nullatenus compellerentur vel compelli possent ad respondendum vel causas suas ventilandum, nisi voluerint, alibi quam in sua principali camera justicie, coram ipsis vel presidentibus, Parisius, in sua curia Parlamenti. Et sic nullum, preter Summum Pontificem et romanam ecclesiam in spiritualibus, et regem Francie et ejus curiam Parlamenti in temporalibus, [superiorem] recognoscunt. Et in tantum crevit erga ipsam ecclesiam divina miseracio quod, in divieiis et honoribus spiritualibus et temporalibus, cunctis regni precellit ecclesiis, prestante domino nostro Jhesu Christo, dicte Virginis filio, qui cum Patre et Spiritu-Sancto vivit et regnat, Deus, per infinita seculorum secula, amen.

III.

Sequitur et quedam alia notabilia de nobilitate ecclesie, que de magno libro Capituli de grossa littera scripto sunt extracta.

Primo recitatur ibi fundacio ecclesie Carnotensis antiqua et nobilis, sicut supra.

Item continetur ibidem quod, ad modum septuaginta duorum discipulorum in messem Domini transmissorum, fuerunt septuaginta duo canonici instituti, pro divino servicio celebrando et juribus ecclesie deffendendis.

Item pro dicto servicio sunt instituti viginti quatuor alii, qui dicuntur *horari et matutinarii,* habentes singulis horis certa commoda; et nisi tam canonici quam horarii a principio horarum et matutinarum usque ad finem interfuerint, amittunt commodum et aliter puniuntur.

Item canonici in servicio totaliter sunt principales, nec quicumque presbiter, alius quam canonicus vel prelatus, celebrat ad majus altare dicte ecclesie.

Item in dicta ecclesia ordinarie celebrantur quinque misse: quarum prima, in aurora, de Sancto-Spiritu vel de Beata-Maria, cothidie celebratur, ad opus peregrinorum et operariorum, ad altare Crucifixi, per capellanum ad hoc specialiter ordinatum. Secunda celebratur ad presens per canonicum, ad majus altare, cum diacono et subdiacono, de Beata-Maria, solenniter, ante horam Prime, canonicis et presbiteris in choro ad hoc specialiter congregatis, et lucratur quilibet unum panem, canonicus celebrans tres panes, diaconus et subdiaconus quilibet unum panem. Tercia missa, antequam Prima cantetur in choro, ad dictum altare Crucifixi, per capellanum ad hoc deputatum, eciam celebratur, sicut dies desiderat, vel de Sanctis. Quarta missa est de Deffunctis, que celebratur, antequam Tercia decantetur, per canonicum, si anniversarium solenne fuerit, ad majus altare, cum diacono et subdiacono, decantatis prius in choro solenniter commendacionibus animarum; si autem solenne non fuerit, per capellanum ad hoc deputatum, retro majus altare, canonicis et choro congregatis; et lucratur quilibet assistens duos panes cum pecunia per mortuum ordinata. Quinta vero missa per canonicum ebdomadarium celebratur ad majus altare, cum diacono et subdiacono, in qua lucratur quilibet canonicus, si presens fuerit, duos panes et aliquociens potum vini. De ordinacione eciam ecclesie sepius accidit sexta missa, que eciam ad majus altare celebratur, ut cum jejunium et festum ix lectionum occurrunt, vel cum fit aliqua processio, vel pro pace, vel pro temporis tranquillitate et aliis multis modis.

Item sunt in ecclesia superius et inferius in criptis altarium multitudo [1], in quibus missarum pluralitas cothidie celebratur.

In dictis autem criptis est hospitale quod dicitur *Sanctus-locus-Forcium*, eo quod pridem multitudo martirum ibi passa fuerit martirium, quorum corpora in magne profunditatis putheum ibidem factum, de tyrannorum mandato, projecta sunt. Locus enim iste mirabilis sanctitatis hactenus est habitus, nam ad illum ex omni parte concurrunt infirmi qui *ardentes* vocantur et sacro igne qui *ignis Beate-Marie* dicitur infirmantur; sed per [Dei] et ejus genitricis graciam, infra novem dies quibus ibi manere consueverunt, omnino sanantur vel, ut in paucis, cicius moriuntur.

Item in dicta ecclesia est scrinium Beate-Marie, in nobili capsa, auro et jemmis preciosissimis adornata, repositum [2]; in quo, inter cetera, sancta Camisia in qua Filium peperit, que aliter, prout placet aliquibus, *tunica*

---

[1] Pour l'énumération et la position des autels de l'église supérieure et de la crypte, voir *Histoire de l'Eglise de Chartres*, par Vincènt Sablon; nouv. édit. (Chartres, Garnier, 1861).

[2] Le détail de toutes les richesses que possédait la cathédrale de Chartres et des nombreuses reliques qui y étaient vénérées se trouve consigné dans un manuscrit des Archives d'Eure-et-Loir, déjà mentionné par nous et intitulé : *Catalogue des reliques et joyaux de l'église de Chartres, 1682*. Nous préparons une édition de ce précieux inventaire.

interior beate Marie Virginis nuncupatur, est recondita et servata [1]. Ad cujus Camisie reges, principes, milites et alii armorum homines, ad ecclesiam confluentes, dictam capsam visitant, et in honorem dicte sancte Camisie Camisias faciunt, quas, dicte sancte capse oblatas et tactas, confligere et bellare intendentes, induunt; et, ipsis indutis subtus loricam, sepius compertum est quod tales dictas camisias induti liberabantur a lanceis et gladiis, omnibus armis usque ad camisiam perforatis, et non ultra gladius vel lancea poterat penetrare; brachia eciam vel alia membra non poterant amputari, hujusmodi camisie protectione munita. Istius autem virtute Camisie fuit civitas a Rollonis obsidione deffensa.

Item in dicto sacro scrinio est aliud ornamentum dicte Virginis, quod *supparum* noncupatur, et alia plura sanctuaria et jocalia dicte Virginis.

In hac eciam ecclesia, preter sanctorum corpora in criptis ejusdem ecclesie sine numero collocata, sunt incapsata, in capite chori, ante majus altare, sanctorum corpora quorum nomina subsecuntur:

Primo corpus sancti Piati martyris [2];

Item corpus sancti Leobini, Carnotensis episcopi et confessoris [3];

Item corpus sancti Solempnis [4];

---

[1] Cette relique précieuse, vénérée à Chartres depuis neuf siècles, a été placée dans une châsse neuve le 1er août 1849. Elle se compose de deux morceaux de soie blanche écrue, l'un de 2 mètres 12 centimètres de long sur 40 centimètres de large, et l'autre de 25 centimètres de long sur 24 de large; le surplus a été morcelé et dispersé en 1793. Les restes sont enveloppés dans un voile de lin et soie, connu sous le nom de *voile de sainte Irène*, semé dans la trame de figures d'oiseaux et de fleurs et terminé par des bandes de diverses couleurs où l'on remarque des fleurons, des oiseaux, des poissons et des lions, avec une frange en soie rouge. M. Paul Durand, qui assistait au dernier enchâssement, a reproduit avec la plus scrupuleuse exactitude, en chromo-lithographie, le *supparum* ou voile de sainte Irène, et les dessins de cet habile archéologue sont annexés, à l'appui d'une dissertation de Souchet sur la sainte Chemise, dans l'*Histoire des relations des Hurons avec N.-D. de Chartres*, déjà citée, p. 51.

[2] Le corps de saint Piat passe pour avoir été apporté à Chartres, dans le courant du XIe siècle, par les habitants de Séclin. Cependant la *Vieille Chronique* explique cette translation d'une autre manière. (Voir ci-après, p. 65.) Il existe aux Archives d'Eure-et-Loir de nombreux procès-verbaux d'ouverture de la châsse de ce saint. Nous publierons le plus ancien, qui est de l'année 1276. Le corps de saint Piat, jeté dans une fosse en 1793, avec les autres reliques de l'église, a été retrouvé en 1816. Voir *Notice historique sur saint Piat*, par M. Hérisson (Chartres, Hervé, 1816).

[3] D'après le *Catalogue des Reliques*, le corps de saint Lubin n'existait pas à la Cathédrale en 1682; on n'y conservait que le haut de la tête de ce saint.

[4] On possédait de saint Solein le haut du crâne et deux os de la cuisse, d'une grandeur

Item corpus sancti Tugduali [1];

Item corpus sancti Betharii, Carnotensis episcopi et confessoris [2];

Item corpus sancti Caletrici, Carnotensis episcopi [3].

Item extra capsas, in vasis preciosissimis propter hoc factis, sunt :

Primo capud sanctissime Anne, matris beate Marie Virginis, matris Dei [4];

Item capud sancti Mathei, apostoli et evangeliste [5];

Item capud sancti Leobini predicti;

Item capud sancti Theodori, martiris [6];

Item manum sancti Thome, cum digito quo tetigit latus et vulnera Christi [7].

Item aliis innumeralibus reliquiis est munita, quas nimis tediosum et prolixum esset hic scribere.

Item ad servicium continuum dicte ecclesie sunt deputati sex diaconi, qui dicuntur *matricularii sive sacriste*, eo quod sacra ecclesie custodiant et ministrent, quia eciam habent custodiam, mediantibus tamen episcopo et capicerio, sancte capse et omnium sanctorum corporum predictorum, et

---

et d'une grosseur extraordinaires, si bien que, suivant le *Catalogue*, on peut dire que cet évêque était un géant de sept pieds.

[1] Le corps de saint Tugdual, frère de Hoël II, roi des Bretons, fondateur de l'abbaye de Tréguier, aurait été apporté à Chartres au IXe siècle par Goneran, évêque de Tréguier.

[2] Voir ce que nous avons dit des reliques de saint Béthaire, p. 8, note 2.

[3] Nous avons déjà dit (p. 6, note 2) qu'en 1703 on découvrit le tombeau de cet évêque. Le corps de saint Calétric, tiré de l'abbaye de Saint-Martin-au-Val, était conservé dans l'église de Chartres.

[4] Le chef de sainte Anne, auquel manquaient d'ailleurs la mâchoire inférieure et quelques parties de la supérieure, avait été donné à l'église de Chartres, en 1204, par Louis, comte de Blois, qui l'avait envoyé de Constantinople comme la plus précieuse partie de son butin. C'était sur cette relique que les chanoines prêtaient serment lors de leur réception.

[5] Le chef de saint Mathieu, auquel manquait également la mâchoire inférieure, avait été donné à la cathédrale, en 1205, par Gervais, seigneur de Châteauneuf, qui l'avait rapporté de Constantinople.

[6] Le chef de saint Théodore, auquel manquait la partie supérieure du front et du nez, avait été rapporté de Rome, en 1120, par Geoffroy de Lèves, évêque de Chartres. Avant que l'église possédât le chef de sainte Anne, c'était sur cette relique que les chanoines prêtaient serment.

[7] La main de saint Thomas n'existait pas en entier, mais seulement le doigt annulaire et le petit doigt, dont le dernier os du bout manquait. Autour du reliquaire dans lequel ces os étaient conservés, on lisait ces deux vers :

    Hec est illa manus qua Didymus, dum dubitasti,
    Vivere post mortem Christum tangendo probasti.

jocalium et ornamentorum ac librorum, quibus predicti episcopus et capicerius victualia honorabiliter subministrant. Et ut in custodia predicta frequencius et attencius vacent, jacent in ecclesia, in cameris prope altare, reffectiones suas recipiunt in pulpito, et cum eis capellanus, qui dicitur *capellanus sancte capse*, qui cotidie missam de Beata-Maria, dum pulsatur alia missa vel post, celebrare tenetur. Cum eis eciam sunt ad custodiam deputati duo matricularii laici, coquus, subcoquus, pulsatores campanarum et alii plures famuli, qui cum matriculariis et sacristis vivunt pariter in communi et in ecclesia jacent, ob ejus securitatem et ut prompcius quilibet suum officium exequatur [1].

Item, extra ecclesiam, in portaliciis ejus, a dextris et a sinistris, sunt quatuor camenile, in quibus sunt ordinati quatuor homines ibi jacentes, armati continue, tota nocte custodientes ecclesiam atque claustrum [2]. Et [qui] ejus libertatem infringeret in centum libris [auri] puniretur, prout in apostolicis et regiis privilegiis specialiter continetur [3]. De salariis vero competentibus omnibus est provisum.

Item ecclesia, claustrum, capitulum, singulares canonici, presbiteri et clerici choriales, officiarii, cantores et servientes, advoati, advocati cum eorum familiis, hospites, homines de corpore, ecclesie parrochiales capituli, earum curati, habitantes in parrochiis hujusmodi et alibi in tota terra eorum sunt liberi et exempti ab omni juridicione episcopi, archiepiscopi et alterius cujuscumque juridicionis; sed in solidum et immediate subsunt domino nostro pape.

Item similiter, in temporalibus, subsunt immediate domino nostro regi, in suo Parlamento, Parisius, nec coram aliquo alio judice temporali, ad agendum vel deffendendum, possunt compelli, nisi coram rege vel ejus gentibus in sua curia Parlamenti. Et de predictis sunt exempciones apostolice quoad archiepiscopum et episcopum, et composiciones inter ipsos et

---

[1] Nous donnerons par extraits le réglement des marguilliers clercs et laïcs contenu dans le Cart. 28 de la Bibliothèque impériale.

[2] Ces gardiens, dont plusieurs actes capitulaires nous font connaître l'armement (*bacinets, mailles et épées*), recevaient chacun 12 deniers de gages par nuit et étaient sous le commandement du portier du Cloître. (*Actes capitulaires* du samedi après la Saint-Nicolas 1304 et du samedi après l'Assomption 1309. — Bibl. de la ville).

[3] Nous donnerons dans ce Cartulaire tous les titres constitutifs ou recognitifs de la liberté du Cloître.

capitulum super controversiis in hac parte dudum motis; necnon et privilegia regia autentica publicata, et [per] Parlamentum, post contenciones plurimas, approbata [1].

Item sciendum est quod, de antiqua fundacione, pro parte Capituli, extra partem episcopi et comitis, sunt in diocesi Carnotensi septuaginta due ville ad clocherium, videlicet quod in qualibet villa est ecclesia parrochialis; que ville et parrochie sunt in juridicione Capituli, alta, media et bassa, spirituali et temporali, et ab eis tenentur immediate, sub papa et sub rege, ut superius declaratur.

Item in dictis LXXII parrochiis et in metis quarumdam aliarum parrochiarum habet Capitulum villas seu villagia aut hamellos, numero centum quinquaginta quinque et amplius, in quibus Capitulum habet decimas, campipartagium, tallias, census et redditus suos; in quibus eciam habet omnimodam juridicionem, altam, mediam et bassam, temporalem et spiritualem, quam principaliter regit Capitulum; et, sub Capitulo seu juridicione Capituli, quilibet prebendarius, in suo tempore regens prebendam, [suo nomine] et consociorum suorum, juridicionem illam excercet [2]. Et a talibus prebendariis supplicatur ad Capitulum et non appellatur; et Capitulum interlocutorias vel sentencias examinat, et illas confirmat vel infirmat, prout casus requirit: a quo Capitulo appellatur ad Parlamentum in secularibus vel ad Romanam curiam in spiritualibus, quibus subsunt sine quocumque medio. De causis autem sanguinis vel [mutilacionis], que irregularitatem sentirent, nunquam, nec immerito, se intromittunt; sed habent unum judicem laycum, qui *major capituli* nominatur, qui causas sanguinis et alias que irregularitates concernunt judicat et gubernat, et circa negocia Capituli consulenda et prosequenda, principaliter, cum auxilio procuratorum et aliorum de consilio ecclesie, se exercet. Habent insuper in dictis villis alios officiarios seu servientes, qui *majores* vocantur, ad quos spectat facere adjornamenta, redditus, census et denaria alia Capituli perquirere, malefactores capere et ad carceres Capituli adducere et alia expleta justicie facere, quilibet in territorio sibi ab olim constituto: qui omnes habent habergamenta, terras, reddibencias et redditus ad suas majorias

---

[1] Voir ci-dessus, p. 56, note 1.
[2] Voir dans le volume II de cet ouvrage le *Polyptyque de Notre-Dame*.

pertinentes, quas tenent a Capitulo in feodum et racheta, solvunt videlicet filius patre mortuo vel alius qualitercumque mutetur homo.

Item habet Capitulum homines de corpore, qui solvunt annuatim quilibet quatuor denarios de capitali censu; quos Capitulum potest manumictere ad tonsuram [1] et eis dant tonsuras, et per hoc gaudent privilegio clericali, et promoventur ad ulteriores ordines si voluerint. Sin autem fuerint uxorati, eciam cum unica et virgine, tonsuram amictunt, et sunt homines Capituli sicut ante. Nec quivis episcopus potest vel debet eos tonsurare, invicto Capitulo; quod si fiat, homines hujusmodi ad faciendum emendam et ad deponendum tonsuram per Capitulum compellentur.

Item prebende ecclesie Carnotensis ad collacionem episcopi et Capituli conjunctim pertinent [2], ita quod episcopus sine Capitulo, ad hoc congregato et in loco Capituli, prebendam conferre non potest; quin ymo illum cui conferenda est prebenda presentare tenetur quatuor personis principalibus ecclesie, scilicet decano, cantori ac subdecano et succentori, per unum diem antequam prebenda eidem conferatur; examinatur enim per easdem personas et de sufficiencia fit in crastinum Capitulo relacio, et, si ydoneus sit repertus, presentatur episcopo ex parte dictarum personarum, suo et Capituli nomine; ad quorum presentacionem episcopus confert et Capitulum intronizat : si vero reperiatur minus sufficiens, vel ipsum fuisse contra ecclesiam ipsam, in suis privilegiis, juribus, consuetudinibus vel libertatibus inquietando, molestando aut perturbando, seu molestantibus aut perturbantibus prestando consilium, auxilium vel favorem, repellitur nec admittitur in canonicum vel in fratrem. Et hec sunt de consuetudinibus approbatis et privilegiatis ecclesie.

Item episcopus novus non debet intrare banleugam donec introitum suum

---

[1] Les Archives d'Eure-et-Loir possèdent plusieurs actes de manumissions de serfs et hommes de corps du Chapitre au XIIIe siècle; nous en publierons un de l'année 1254.

[2] La collation des prébendes fut une des principales sources des différends entre le Chapitre et l'évêque de Chartres. Une bulle de Clément VI de 1345 avait réglé l'exercice de ce droit de la manière dont l'explique la *Vieille Chronique*, et nous voyons qu'en 1473 encore Berthaut Charbonneau, mis en possession d'une prébende par l'Evêque, consent que son intronisation soit déclarée nulle, parce qu'au Chapitre seul appartient le droit de mettre en possession; mais dès 1534 cette question si souvent agitée fut résolue en faveur de l'Evêque : un arrêt du Parlement déclara que le Chapitre ne prendrait aucune connaissance de cause des collations que voudrait faire l'Evêque des prébendes vacantes, mais examinerait seulement si le canonisande était capable.

solempnem faciat [1], [quem tenetur significare Capitulo, et eos] invitare ad convivium, et, per noctem precedentem diem introitus, in ecclesia Sancti-Martini-in-Valle devocius pernoctare, et in crastinum per quatuor milites, casatos suos [2], in cathedra, ad majorem ecclesiam deportare, factis prius in capitulo Sancti-Martini, coràm deputatis a Capitulo, juramentis fieri consuetis; que eciam ad portam ecclesie, antequam recipiatur, iterum prestare tenetur.

Iste siquidem consuetudines, jura, libertates et juramenta sunt autoritate sedis apostolice confirmate ac privilegiate, cum aliis infinitis, quarum scriptura vel recitacio, propter earum multitudinem, pluribus forsitan tedium generaret, et ideo, quoad presens, de eisdem premissa scripsisse sufficiat. Si quis autem de premissis plenius informari voluerit, libros et cartas necnon privilegia et composiciones ecclesie petat, diligenter videat et revolvat, et sic super hiis poterit plenius edoceri.

Solet queri cur in ecclesia Carnotensi non respondetur *Amen* nec *Et cum spiritu tuo*, primum dixerunt quod, sicut, post ascensionem domini nostri Jhesu Christi ad celos, persecutio contra Apostolos a Judeis excitata est in Jherusalem, in qua sanctus Stephanus lapidatus est, dicti Apostoli et alii discipuli fuerunt in unum congregati cum Maria, matre ejus, propter metum Judeorum; ita, in civitate Carnotensi, in qua viguit illis temporibus prima persecucio, omnium Galliarum erant fideles, ut dictum est prius; qui, congregati in unum, in loco dicte ecclesie tunc occulto, super quo nunc majus altare constituitur, celebrabant divina, sed occulte tamen et taliter quod nullus ausus erat alter alteri respondere; sed cum non multo post convaluisset ecclesia, appercius celebrarent, ad memoriam persecucionum pretentarum, de non respondendo fuit consuetudo in eadem ecclesia

---

[1] Le cérémonial pour la première entrée des évêques était sévèrement réglé par divers jugements et transactions. Nous publierons, d'après le *Livre noir* de l'évêché, le procès-verbal de l'entrée de Pierre de Mincy, en 1265. En 1381, le Chapitre ajourna en la cour de Parlement Jean de Montaigu, pour être allé, avant d'avoir fait son entrée, à Josaphat où il avait officié et séjourné, et pour être venu à cheval de Saint-Maurice à Saint-Jean-en-Vallée, où il avait aussi couché, sans la permission du Chapitre.

[2] Ces quatre chevaliers, appelés les *Chairiers de l'Evêque*, étaient, dans le principe, les seigneurs d'Alluyes, d'Authon, de Brou, de Montmirail ou de la Bazoche-Gouet, barons du Perche-Gouet et grands vassaux de l'Evêque. Plus tard, ce fut le vidame de Chartres, le baron d'Alluyes et les seigneurs du Chêne-Doré et de Longny. Le dernier prélat qui se soit fait porter est Réné d'Illiers, en 1495.

nobiliter introducta. Alii, prime racioni addentes, dixerunt quod, fide plenius propalata, tanta, quodam tempore, ad Carnotensem ecclesiam multitudo populi confluebat quod presbiter, ad altare celebrans, quantacumque vocis exultacione missam cantaret, a chorialibus et ministris ecclesie audiri non poterat pre tumultu ; sed Deus, gratum sibi ostendens hujusmodi dicte ecclesie sacrificium, per angelos in albis, in superiori parte ecclesie, circa chorum apparentes, frequencius pro chorialibus respondebat, quod ad miraculum reputabant: et ob hoc, ad memoriam miraculorum hujusmodi, huc usque de non respondendo in dicta ecclesia consuetudo laudabilis, sicut creditur, observata est.

Querunt eciam multi quare, in Ascensione Domini, distribuatur pigmentum sive claretum [1], cum sit tempus calidum, et de talibus nichil fiat in hyeme : ad hoc dixerunt antiqui quod ecclesia Carnotensis, que antiquissima erat et potentissima, se conformabat libencius moribus et institucionibus Romane ecclesie, cui suberat et subest immediate, et quia illo tunc, in tribus diebus Rogacionum, per papam et cardinales, cum tota populi multitudine Romanorum, fiebant processiones solempnes, et in tercia die dabat papa cardinalibus, in consistorio congregatis, post labores mercedem, videlicet pigmentum ad potandum, et postmodum de illo singulis certam porcionem mittebat : ita ecclesia Carnotensis instituit fieri per decanum et subdecanum, non solum canonicis, sed et presbiteris et chorialibus ejusdem ecclesie quibuscumque.

Quare eciam fumus incensi fiat et pastilli dentur anno quolibet in festo sancti Piati [2], refferunt quod certi milites, ecclesiam Carnotensem magis ac magis honorare volentes, corpus sancti Piati de partibus Tornacensibus ad ecclesiam Carnotensem transtulerunt, non sine corporum periculo, de

---

[1] Une transaction de 1359 porte qu'au lieu des petits pâtés et du vin clairet que fournissaient le Doyen et le Sous-Doyen au retour de la procession des Rogations qui se fait la veille de l'Ascension, ils donneront chaque année une sorte d'échaudé appelé vulgairement *craquelin*, avec du pain, du beurre et des raves. Le Doyen traitait les chanoines en chapitre et le Sous-Doyen le bas-chœur à la chambre. En 1769, cette redevance fut convertie en deux livres de cire blanche que le Doyen dut payer à chaque chanoine, et en trente-une livres que le Sous-Doyen fut tenu de distribuer chaque année aux heuriers et matiniers et aux enfants de chœur.

[2] Le Doyen était tenu de donner à chaque chanoine assistant à l'office de saint Piat un coup de vin et un petit pâté de volaille, si c'était un jour gras, ou d'anguille, si c'était un jour maigre. Cette coutume subsista jusqu'en 1769 ; elle fut abolie par la même transaction que celle qui précède.

quo, gracia Dei cooperante, liberati fuerunt : nam militibus cum Sancti corpore Carnotum fugientibus, et civibus Tornacensibus ac patrie nobilibus eos insequentibus, propter a Deo missam temporis obfuscacionem, sicut de Benedicto legitur [1], visum dictorum militum et facultatem eos reperiendi totaliter amiserunt. Ipsis autem Carnotum venientibus, episcopus cum clero et populo eos festive recepit, et dictum fumum, hora Vesperarum, in memoriam miraculi, ac pastillos, hora Matutinorum, in memoriam festive recepcionis illius sancti corporis et eorumdem militum, per decanum fieri, perpetuis temporibus, instituit, competentibus redditibus propter hoc sibi datis.

[1] Saint Benoît étant allé visiter sainte Scholastique, sa sœur, dans une petite maison près du mont Cassin, se disposait vers le soir à retourner au monastère, malgré les larmes de la sainte qui, prévoyant qu'elle ne le reverrait plus, cherchait à le retenir. Benoît résistait, parce qu'il voulait donner à ses moines l'exemple de l'obéissance à la règle; mais, comme il mettait le pied sur le seuil, Scholastique adressa à Dieu une prière ardente, et aussitôt le ciel, jusqu'alors serein, s'obscurcit profondément, un orage violent éclata et le saint fut forcé de suspendre son départ. (Saint Grégoire le Grand, *Dial.*, l. II, ch. Ier. — Mabillon, *Ann. bened.*, t. I, l. I, p. 3, et l. II, p. 38. — Dom Mège, *Vie de saint Benoît.*)

INSTRUMENTA

EX AUTOGRAPHIS ET VARIIS CODICIBUS RECOLLECTA.

I.

Epistola synodi Parisiensis IV ad Sigibertum regem, ut causam Promoti non defendat, quem Ægidius, episcopus Remensis, in Dunensi castro episcopum consecraverat [1].

(573, 11 septembre.)

« Domino gloriosissimo atque sanctæ ecclesiæ catholicæ filio, Sigisberto Regi, Sapaudus *(arch. d'Arles)*, Philippus *(arch. de Vienne)*, Priscus *(arch. de Lyon)*, Constitutus *(arch. de Sens)*, Laban *(arch. d'Eause)*, Felix *(arch. de Bourges)*, item Felix *(év. de Nantes)*, Germanus *(év. de Paris)*, Lucretius *(év. de Die)*, Clementinus *(év. d'Apt)*, Syagrius *(év. d'Autun)*, Gallomagnus *(év. de Troyes)*, Optatus *(év. d'Antibes)*, Salonius *(év. de Genève)*, item Salonius *(arch. d'Embrun)*, Quinidius *(év. de Bazas)*, Promotus *(év. de Glandève)*, Silvester *(év. de Besançon)*, Genesius *(év. de Sisteron)*, Polemius *(év. d'Agen)*, Palladius *(év. de Saintes)*, Victor *(év. de Saint-Paul-Trois-Châteaux)*, Sagittarius *(év. de Gap)*, Aunaarius *(év. d'Auxerre)*, Isychius *(év. de Grenoble)*, Claudianus *(év. de Riez)*, Desiderius *(év. de Toulon)*, Heraclius *(év. de Digne)*, Tetradius *(év. de Venasque)*, Pappolus *(év. de Langres)*, Licerius *(év. d'Oloron)*, Leudobaudis *(év. de Séez)*, episcopi. Quantum ineffabili gaudio synodali

---

[1] C'était le roi Sigebert lui-même qui, de son autorité privée, avait créé Promotus évêque de Châteaudun, et, l'archevêque de Sens refusant de le consacrer, l'archevêque de Reims l'avait institué au mépris des lois canoniques qui défendaient à un évêque de s'immiscer dans les affaires d'un archevêché voisin. Sur la supplique de Pappolus, évêque de Chartres, au synode de Paris, les évêques réunis dans cette ville déposèrent l'intrus et, écrivirent à Sigebert pour le prier de ne pas soutenir cette usurpation. Sigebert étant mort sur ces entrefaites (575), la négociation du synode n'en devint que plus facile, et Gontran donna gain de cause au prélat chartrain. (D. Ruinart, *Préface sur l'érection de Châteaudun en évêché*, apud Bouquet, *Rec.* II, p. 85. — *Grég. de Tours*, l. VII, ch. 17.)

concilio nuntiatur, quandoquidem a catholico principe res nova pro dilectione Christi concipitur, tantum lamentabile execrandumque censetur, cum in Ecclesia sancta contra Deum et contra Canonum disciplinam dissensio generatur. Nuper etenim, non absque conniventia gloriæ vestræ, sicut credimus, evocati Parisius venientes, novam inauditamque ordinationem in castro Dunensi, parrocia denique Carnotina, factam fuisse cognovimus. Quam rem, licet vix credere possumus cum consensu gloriæ vestræ fieri potuisse, tamen si, cujuscumque prava suggestione præventi, in hac tam obscena et ecclesiæ universæ contraria consensistis, ab hujusmodi scandali defensione sinceritatis vestræ conscientiam expietis : quia satius est ut ille, qui, ambitionis instinctu, rem tam nefariam dolosa ambitione competiit, per satisfactionem pœnitentiæ reatum suum abluere compellatur, quam vestra puritas, quod avertat divinitas, hujus facinoris contagione maculetur. Et quia nobis necesse fuit ut, juxta Canonum constituta, personæ temerariæ deberet præsumptio coerceri, ideo, salutis obsequium digno in Christo officiositatis et reverentiæ cultu præbentes, poscimus ut vos, quos Deus et culmine præcipuos et sinceritate præclaros esse præcepit, non quocumque, aut quorumcumque temerario consilio ad defensanda hujusmodi scandala misceatis : quia Deum sufficit nosse nos nequaquam penitus velle contra vos divinam iracundiam promoveri. Annis multis gloriam regni vestri potentia divina cum omni felicitate conservet, domne gloriosissime et præcellentissime domne.

Data epistola sub die III iduum septembrium, anno XII regum domnorum nostrorum [1], Parisius. »

(Sirmond., *Concil. Gall.*, I, p. 353. — Bouquet, *Rec.* IV, p. 79.)

II.

Constitutio dotis ex quibusdam rebus in vicaria Gaugiacense.
(VIII° siècle.)

« Cum constet fœcunditatem humanæ prolis a proteplasto Domino præcipiente crevisse, *Crescite*, inquiente, *et multiplicamini;* atque ob adju-

---

[1] Les quatre fils de Clotaire Ier s'étaient partagé le royaume des Francs à la mort de leur père en 562. Caribert, l'aîné, roi de Paris, était mort en 566; mais il restait encore Gontran, roi de Bourgogne (562-593), Sigebert Ier, roi d'Austrasie (562-575), et Chilpéric Ier, roi de Soissons (562-584). Sigebert avait eu le Chartrain et le Dunois à la mort de Caribert,

torium mulier de latere sumpta sit viri, dicente Domino: *Faciamus ei adjutorium simile sibi*, et: *Idcirco relinquet homo patrem et matrem, et adhærebit uxori suæ, et erunt duo in carne una.* Et, ut certius humana fragilitas possit dignoscere bonum atque a Deo constitutum esse conjugium, ipse auctor redemptionis Christus, Dei filius, invitatus ad nuptias, venit, ibique aquas in vinum mirabile convertit. Ideoque ego, in Dei nomine, Gaufridus, præcedentium patrum vestigia sequens, una cum consensu virorum illustrium propinquorum meorum, visum est mihi legibus copulare legitimum conjugium ad procreationem filiorum, atque in dotis titulum dare sponsæ meæ, nomine Hisdomei, filiæ quondam Vutardi atque Osbrenæ, decrevi in præsentia virorum nobilium agere, studuique ut ejus temporibus inconvulsum permanere queat: quod ita et feci. Ergo dono tibi donatumque secundum Legem Salicam in tua dote, a die præsenti, jure legitimo, in perpetuum esse volo, et de meo in tuum jus et dominationem trado atque transcribo, hoc est, mansum juris mei indominicatum, cum aliis quatuor mansis servilibus, seu adspicientibus simul curtiferis, vineis arpennorum quatuor, silvis, viridigariis, pratis, campis, cultis vel incultis, pascuis, perviis, exitibus et regressibus, et reliquis adjacentiis, mobilibus et immobilibus, cum mancipiis utriusque sexus, quorum hæc sunt nomina: Giefredus et uxor sua..... cum [1] infantibus Geroldo et Abdone, necnon et Poppa; Magewardus et uxor ejus Adalburgis cum filio suo nomine Durando; Isembertus, Aimbertus, Petitus, Ultegerius, Alboinus, Olfardus, Lanceri et uxor sua Sicberta, Airmannus et conjux ejus Adalburgis et filia eorum Ingeltrudis, Cathindes, Megewardus, Pucellita et Albutius. Qui præscriptus mansus, cum omnibus appenditiis, est in pago Carnotense, in vicaria Gaugiacense [2], in loco qui dicitur Sicheri-Villa [3]. Hæc omnia superius com-

[1] Il y a évidemment ici une erreur de lecture dans Lindenbrog : il a ainsi traduit ce passage : *et uxor sua donavit eam infantibus*; au lieu de *donavit*, l'original devait porter le nom de la femme et *cum* au lieu de *eam*.

[2] Lindenbrog a lu *Ganegiacense*, mais la véritable leçon doit être *Gaugiacense*, la viguerie de Jouy.

[3] Nous ignorons si Cherville, commune d'Oinville-sous-Auneau, fut jamais la propriété du Chapitre ; en tous cas l'aurait-il aliéné fort anciennement, puisque, dès le XIIe siècle, la famille de Chartres était en possession de cette seigneurie. L'église de Notre-Dame avait bien une dîme sur des terres situées entre le Boullay-Thierry et Villemeux, du côté de Cherville, *Sechervilla* (voir *Polyptique*, préb. de Berchères-sur-Vesgre, t. II de cet ouvrage); mais nous ne pensons pas que ce Cherville, commune de Villemeux, situé dans les terres, sur la rive gauche de l'Eure, et à une assez grande distance de Jouy,

prehensa die præsenti tibi sum daturus vel traditurus, totum et inexquisitum, ut quicquid exinde facere volueris, liberam et firmissimam in omnibus habeas potestatem faciendi. Dono etiam tibi in præfixo pago vel in eadem vicaria, in loco qui dicitur Bonervilla, omnem medietatem, tam ex mancipiis quam ex alode, quam ibi videor habere, hoc est, mansum unum cui adspiciunt mansi serviles quatuor cum mancipiis, quorum hæc sunt nomina: Galastus, Ergarius, Pascarius, Marlinus, Polita et Amelberga; vineis arpennorum quatuor, pratis, silvis, aquis aquarumve decursibus, terris cultis et incultis, exitibus et regressibus, vel quicquid ibi adspicit, omnem medietatem tam in terris quam in mancipiis, id est, mansum unum, cum mansis quatuor ibi adspicientibus, cum pratis arpennorum duorum et medietatem ecclesiæ Dei. »

(*Form. Lindenbrog.*, LXXIX, apud D. Bouquet, *Rec.* IV, p. 556.)

III.

(septembre 768.)

Donation à l'abbaye de Saint-Denis-en-France par le roi Pépin, de la forêt Yveline, *Æqualina silva*, à l'exception de tout ce qui avait été donné antérieurement à d'autres églises, *quod antea exinde ad loca Sanctorum per strumenta cartarum noscitur fuisse concessum*, et entre autres à l'église Notre-Dame de Chartres, *ad ecclesiam Sanctæ-Mariæ Carnotensis urbe* [1].

(Doublet, *Hist. abb. S. Dionisii*, p. 699. — Bouquet, *Rec.* V, p. 707.)

IV.

De donatione terræ de Mala-Domo.
(vers 777.)

« Ego Rollandus do fratribus ecclesie Carnotensis domum meam de

dépendît de cette ancienne viguerie qui, par la position de son chef-lieu, devait s'étendre de préférence sur la rive droite. Quant à la terre de Boigneville, *Bonervilla*, mentionnée plus bas, elle passa certainement entre les mains du Chapitre (*Polypt.* cité, préb. de Bouglainval), qui l'unit à la prêtrière de Mévoisins et l'échangea avec le duc de Noailles au mois de décembre 1753.

[1] On ne trouve plus de traces des donations faites au Chapitre de Chartres de biens, situés dans l'étendue de la forêt Yveline. L'église de Chartres dut d'ailleurs aliéner promptement ces possessions, car, dès le XIe siècle, elle n'avait plus aucun droit de propriété sur cette forêt.

Mala-Domo [1], quam spada mea acquisivi et eadem spada mea garentizabo. Teste cultro meo [2]. »

(Bibl. comm. de la ville de Chartres; *notes mss. de l'abbé Brillon.*)

V. [3]

Donatio Caroli-Calvi, regis Francorum, « de Gulmari-Culte [4]. »
(870, 5 avril.)

« In nomine sanctae et individuae Trinitatis, Karolus, gratia Dei, rex. Regalis celsitudinis mos est fideles regni sui donis multiplicibus et honoribus ingentibus honorare sublimesque efficere: proinde ergo morem parentum regum, videlicet predecessorum nostrorum, sequentes, libuit amplitudini nostrae celsitudinis quendam fidelem nostrum atque ministerialem, nomine Hadebertum, de quibusdam nostrae proprietatis rebus ac mancipiis honorare atque in jus proprietatis delegare. Quae siquidem res sunt sitę, in pago Belvacensi, super fluvium Mastum, villa videlicet nomine Gulmari-Curtis [5], una cum indominicato, continens mansos XIII, ex qua

---

[1] Au mois de janvier 1224, Girard de Chartres, chevalier, et Isabelle, sa femme, Hubert et Jean de Hauville, frères de celle-ci, firent un compromis avec le Chapitre au sujet d'un droit de voierie et frou qu'ils prétendaient sur la terre de Notre-Dame à la Malmaison. (*Orig. en parch.*, Archiv. d'Eure-et-Loir, fonds du Chapitre, C. XXXVII, A, 1.)

[2] Nous ne garantissons en rien l'authenticité de cette charte que nous ne connaissons que par une note de l'abbé Brillon, chancelier de l'église de Chartres au XVIIIe siècle. Le savant chanoine rapporte que, suivant une ancienne tradition de l'église Notre-Dame, Roland, le neveu de Charlemagne, Roland-le-Furieux des romans du Moyen-Age, aurait aumôné au Chapitre la prêtrière de la Malmaison, et, sans indiquer les sources où il a puisé, il donne la copie que nous publions en ce moment, en ajoutant que l'original est perdu depuis un temps immémorial. Quoique nous suspections fort la légitimité de cette pièce, nous ferons remarquer que la prêtrière de la Malmaison était en effet une des plus anciennes possessions du Chapitre de Chartres.

[3] Cette charte de Charles-le-Chauve est le document original le plus ancien que nous connaissions, concernant indirectement, il est vrai, le Chapitre de Chartres.

[4] Les titres ou les parties de titres placés par nous entre guillemets sont de l'époque même des chartes et se trouvent ordinairement inscrits par derrière.

[5] La terre de Gamaricourt fut donnée au Chapitre par l'évêque Eudes (966-1005), comme le témoigne le nécrologe de l'église au 4 des calendes d'avril (voir le IIIe volume de notre ouvrage). Ce domaine, situé près de la rivière de Matz, aux extrêmes limites du Beauvaisis (canton de Ressons, Oise), n'est pas facile à retrouver aujourd'hui. Cependant la désinence *court* est des plus fréquentes, pour les noms de lieux, dans cette partie de l'arrondissement de Compiègne, et six villages ou hameaux : *Bellicourt, Bayencourt, Elin-*

olim aliquid per preceptum largitionis nostrae eidem relaxantes, cum omni nunc integritate eam illi, jure proprio habendam ac possidendam, pro suo nobis utili ac bene placito famulatu, concessimus. Unde hoc altitudinis ac magnitudinis nostrae preceptum fieri et jamdicto fideli ac ministeriali nostro Hadeberto dari jussimus; per quod prenominatam villam, cum omni integritate ad se pertinentium, cum terris videlicet, vineis, pratis, silvis, exitibus ac regressibus, pascuis et omnibus ad se legitime pertinentibus, una cum mancipiis utriusque sexus, his nominibus : Sichero, Vuanemberto, Frotuino, Absalon, Dischembrun, Vuarentramno, Ledemio, Agledulfo, Gontberto, Frumengario, item Agledulfo, item Vuanemberto, Frodevino, Letmiro, Gontfredo, Tagenardo, Adelgudę, Ledevia, Richildi, Lersida, Petresida, Aifrada, Aflatgia, Bertegildi, cum filiis ac filiabus illarum, eidem Hadeberto in jus proprietatis habendam concessimus. Preter haec etiam, in loco qui dicitur Fraimundi-Lucus, addimus illi ex silva bunuarium I et perticas XL, pariterque de terra arabili dimidium bunuarium, cujus sunt terminales ex una parte, terra Sancti-Medardi, ex alia parte terra Sancti-Vedasti, item ex una parte terra fiscalis et ex alia parte terra ipsius Hadeberti[1]. Haec omnia superius descripta et actenus preceptis nostrae auctoritatis prefato fideli nostro relaxata, cum suis adjacentiis ac mancipiis desuper commanentibus vel sibi legitime pertinentibus, universaliter illi ad proprium largimur et de nostro jure in jus ac dominationem illius, sollemni more, transferimus atque delegamus; eo siquidem tenore ut quicquid ex eisdem rebus ac mancipiis ab hinc et in reliquum, pro sua oportunitate ac commoditatis libitu, saepedictus Hadebertus facere decreverit, libero in omnibus potiatur arbitrio faciendi, quemadmodum ex reliquis proprietatis suae rebus ac mancipiis. Et ut haec nostrae largitionis auctoritas firmior habeatur ac per futura tempora diligentius conservetur, manu propria subter eam firmavimus anulique nostri impressione insigniri jussimus.

court, Vandelicourt, Chevincourt, Devincourt, sont précisément groupés au bord du Matz, sur une longueur de dix kilomètres. Gamaricourt et ses dépendances furent sans doute aliénés très-anciennement par le Chapitre.

[1] Ces biens durent échoir au XIIe siècle à l'abbaye de Froidmont, dont les possessions englobèrent bientôt la majeure partie des terres du voisinage, ainsi que de notables portions de la forêt de Hez. Mais la dispersion des archives de Froidmont et l'état incomplet et par trop abrégé du Cartulaire de ce monastère, conservé à la Bibliothèque Impériale et cité par M. Cocheris dans son Catalogue des manuscrits de la Picardie (*Mém. des Antiq. de Picardie*, t. VI, p. 304), ne permet pas d'éclaircir ce point.

Signum *(monogr.)* Karoli gloriosissimi regis.

Ego Rotfredus [1], notarius, ad vicem Gisleni, recognovi et subscripsi *(locus sigilli)* [2].

Data nonis aprilis, indictione tertia, anno xxx regnante Karolo gloriosissimo rege. Actum monasterio Sancti-Dyonisii. In Dei nomine feliciter. »

(*Orig. en parch. scellé.* Arch. d'Eure-et-Loir, fonds du Chapitre, caisse LXIV, P, 1.)

VI.

Carta Odonis, regis Francorum, de quibusdam rebus in villa Gaugiaco.

(889, 16 juin.)

« In nomine sanctae et individuae Trinitatis, Odo, clementia Dei, rex. Regalis celsitudinis mos est fideles regni sui donis multiplicibus atque honoribus ingentibus honorare sublimesque efficere. Noverit igitur omnium fidelium sanctae Dei ecclesiae et nostrorum, tam presentium quam et futurorum, sollertia, quoniam placuit serenitati nostrae quendam fidelem nostrum, nomine Ricbodonem, de quibusdam rebus nostrae proprietatis honorare. Sunt autem eaedem res in pago Carnotensi, super fluvium Oduram, in villa Gaugiaco [3], mansus indominicatus, ubi aspiciunt mansa xxxi, quos predictus Ricbodo in beneficium tenet. Nos itaque beneficium jamdicto fideli nostro, jure beneficiario et usufructuario, concedimus, quatenus dum idem Ricbodo, quandoquidem, Deo disponente, uxorem duxerit et exinde

[1] Rotfredus est porté dans la liste des notaires cités par du Cange *(Glossaire,* 'édit. Henschel, t. II, p. 80) et par M. Nat. de Wailly (*Elém. de paléogr.*, I, p. 222), comme ayant exercé leur charge sous le chancelier Louis, frère et prédécesseur de Goslein. Notre charte prouve qu'il faut le comprendre également parmi les notaires employés sous ce dernier chancelier.

[2] Cette charte est scellée en placard d'un sceau en cire jaune, parfaitement conservé et représentant une tête d'empereur romain, avec cette légende : KAROLVS GRATIA DI REX.

[3] On ignore en quelles mains passa le fief donné par le roi Eudes à Ricbodon, mais, suivant une note de l'Inventaire du Chapitre, une partie au moins de ces terres était comprise dans les propriétés d'Henri de Saint-Yon qui, en 1360, vendit au Chapitre tout ce qu'il possédait à Jouy et à Chartainvilliers. Cette acquisition fut faite par le Chapitre de la Cathédrale, pour le Chapitre de Saint-Piat; ce fut donc celui-ci qui s'intitula seigneur de Jouy et en exerça les droits. On aliéna plus tard une partie de ces biens, et enfin, le 30 mai 1687, le Chapitre vendit son fief, avec tous ses droits seigneuriaux, à Thomas Lenoir, qui prit le titre de seigneur de Jouy. — L'auteur du *Supplément aux affiches chártraines*, p. 35 (ann. 1785), pense que *Gaugiacum* doit être traduit par Gorget, près Saint-Prest; mais c'est certainement là une erreur. Voir n° II.

filium procreaverit, et unus ex illis advixerit, jamdictum beneficium teneant atque possideant, nemine inquietante. Unde hoc nostrae celsitudinis preceptum fieri et memorato fideli nostro dari jussimus, per quod precipimus atque jubemus ut ab hodierna die jamdictus fidelis noster Ricbodo suprascriptum beneficium teneat, uxorque et filius ejus, dum advixerint, disponant usu quidem, ut dictum est, fructuario et jure beneficiario, omni tempore vitae suae, eo siquidem tenore ut aliquis eorum, in nostra fidelitate semper et devotione, pro eorum beneficio deserviat. Et ut haec nostrae largitionis concessio ita in omnibus conservetur atque verius credatur, annulo nostro insigniri jussimus.

Crohannus [1], notarius, ad vicem Ebonis, recognovit et subscripsit.

Datum xvi calendas julii, indictione vii [2], anno secundo regnante domno Odone gloriosissimo rege. Actum Sancto-Maximino monasterio [3]. In Dei nomine feliciter, amen. »

(*Copie sur papier*. Arch. d'Eure-et-Loir, fonds du Chapitre, C. LXIV, V, 1. — D. Mabillon, *De re diplomatica*.)

VII.

Carta Hugonis, Francorum ducis, de quodam fisco, vocabulo Uno-Gradu.

(946, 19 juin.)

« In nomine summi et eterni Salvatoris domini nostri Jesu-Christi, Hugo, excellentissimus Francorum dux et marchio [4]. Cum, in hac ancipiti et

---

[1] *Crohannus* est certainement le même notaire que celui nommé *Troannus* par du Cange, *Rohannus* par D. Carpentier et *Rollon* par D. Mabillon. Quant à *Ebo*, appelé *Ebolus* par du Cange et *Eblo* par Mabillon, c'était l'abbé de Saint-Germain-des-Prés et de Saint-Denis.

[2] L'inventaire du Chapitre fixe la date de cette charte à l'année 892, ce qui est une erreur: l'année 892 était la dixième, et non la septième de la 59e indiction; c'est donc avec raison que D. Mabillon a daté cet acte de l'année 889, qui est la septième de l'indiction et la seconde du règne du roi Eudes, en partant de 888. On sait, en effet, que ce prince, élu roi de France à la fin de 887, fit partir le commencement de son règne, dans ses diplômes, soit de 887, soit de 888, suivant les pays dans lesquels son autorité avait été reconnue plus ou moins promptement. M. Nat. de Wailly (*Elém. de paléogr.*, t. I, p. 293) cite un diplôme d'Eudes, daté de juin 888, *la seconde année de son règne*.

[3] Une autre charte du même roi de la même année, publiée aussi par D. Mabillon, est datée de Paris, le 5 des ides de juillet: Eudes ne fit donc qu'un très-court séjour à Saint-Mesmin.

[4] Hugues le Grand, dit aussi le Blanc et l'Abbé, comte de Paris et duc de France, mort à Dourdan, le 16 juin 956.

lubrica vita, mortalium quisque, superni largitoris munere, terrene commoditatis nobilitetur felicitate et temporalium bonorum opimetur dapsilitate, magnopere providendum cuique fidelium est ut, per ea que temporaliter possederunt, celestia acquirantur et ex visibilibus invisibilia et ex corruptibilibus felici commutatione mercentur incorrupta: vere etenim ac permanentis hereditatis jura facilius quisquam obtinere celitus promerebitur si, inter cetera pie actionis studia, mundana quedam et transeuntia sua bonorum omnium collatori fideliter cesserit, et sacrosanctam ecclesiam, videlicet domum suam, labilium rerum datis honestare atque sublimare certaverit. Noverit igitur omnium sancte Dei ecclesie fidelium, presentium atque futurorum, nostrorumque successorum prudentialis sagacitas quod, hujus sancte exhortationis commonitione roborati ac divine inspirationis gracia edocti, quendam fiscum nostrum, vocabulo Uno-Gradum [1], quem libere ac jure hereditario hactenus possedimus, qui est in pago Aurelianensi, in vicaria Moduacense, cum omnibus appendiciis ejus, quorum nomina hec sunt: Campigniacus, Modius-Major, Modius-Minor, usque ad Altarici-villam et usque ad villam que appellatur Certus, Cultura, Baniolus, Mons-Pastorum, Brogilus, Villaris, Chiregius, Colta, Casnagius, Sorberes, Pataliacus, Mansus, Mons-Corvicus, Sucrogilas, Buiras, Buxidus et quedam terra que conjacet in villa que vocatur Ulmos, ceterisque adjacenciis tam infra quam eciam extra urbem consistentibus [2], quecumque ibi aspicere sub integritate im presenciarum videntur vel aliquando subtracta sunt, rectoribus ipsius fundi reimpetrare facultas erit, una cum consensu et voluntate parentum fideliumque nostrorum, Sancte-Marie Carnotensi matri ecclesie con-

[1] En 1317, Philippe-le-Long confirma au Chapitre tous les droits autrefois cédés à l'église de Chartres par Hugues, duc de France, sur la seigneurie d'Ingré et notamment sur les bois dudit lieu, vulgairement appelés bois Sainte-Marie, abandonnant au Chapitre tout droit de gruerie et toute justice haute, moyenne et basse sur lesdits lieux. La reine Clémence de Hongrie, veuve de Loüis-le-Hutin, confirma de nouveau cette donation en 1323. (*Orig. en parch.* C. XXXIII ter, A, 3).
Les bois de Sainte-Marie faisaient partie de la forêt d'Orléans et comprenaient environ 122 arpents. (*Mémoire dressé pour le Chapitre en* 1738. C. XXXIII ter, A, 9).

[2] Ces héritages formèrent dans la suite la prévôté d'Ingré, une des quatre grandes prévôtés de l'église de Chartres. En 1597, Jean de Bullion, prévôt d'Ingré, aliéna, pour les subventions de l'Etat, les bâtiments de la prévôté, jardins et pâtures y attenant, se réservant d'ailleurs tous droits et toute juridiction, et retenant pour lui la place des prisons de la prévôté (*Inv. du Chapitre*, C. XVIII, 9). — Nous donnerons ci-après, *in extenso* ou par extraits, suivant leur importance, les actes relatifs à cette prévôté.

cedimus ac donamus, et de nostro dominicatu in ejus ditionem transfundimus atque transponimus, cum terris cultis et incultis, vineis, pascuis, pratis, silvis et mancipiis utriusque sexus et ecclesia inibi existente, in honore Sancti Luppi dicata atque constructa. Concedentes itaque hoc juris nostri datum, deliberando statuimus ut pastibus fratrum jamdicte ecclesie delegetur eorumque stipendiis et usibus deputetur, unde cotidiani victus alimenta habeant et divinis cultibus atque exercitiis spiritualibus liberius inserviant, pro nobis eciam ac conjuge nostra, necnon et omni sobole, jugiter ad Dominum indefessas preces effundant, quatinus idem, genitricis sue, Marie meritis, cujus amore hujusmodi munusculum tradimus, omniumque Sanctorum obtentu, nos in culmine temporalis dignitatis atque sublimitatis moderetur ac regat, quo in terra viventium aliquando ejus videre et capere mereamur bona et possidere superne hereditatis municipia. Si quis autem parentum, heredum vel proheredum nostrorum seu aliqua calumpniatrix persona hujus tradicionis auctoritatem deinceps violare temptaverit, trine uneque Deitatis iram incurrat, Mariam quoque Dei genitricem, cui fraudem fecerit, sibi adjutricem nequaquam sentiat, et, quod repetierit evendicare non valens, confusus ab hac presumpcione resipiscat; presens vero scriptum inconvulsum illibatumque per succedencia tempora persistat cum stipulacione subnixa. Quatinus autem hec pagina validioris firmitatis robur obtineat, manu propria, nos et filius noster Hocdo [1], eam subterfirmavimus, et nepotum fideliumque nostrorum manibus roborandam censuimus.

Signum Hugonis, Francorum ducis, qui hanc scripti auctoritatem fecit et adfirmavit. Signum Hugonis, filii ejus [2]. Signum Ocdonis, filii ejus. Signum Airberti, nepotis sui [3]. Signum Odonis. Signum Rotberti. Signum Tetbaldi. Signum Fulconis. Signum Bernardi. Signum Gautfridi. Signum Aimonis. Signum Ivonis. Signum Warini. Signum Gautberti. Signum Gautfridi. Signum Frotmondi. Signum Adelelmi. Signum Isembardi. Signum Ansculfi. Signum Walterii. Signum iterum Walterii. Signum Gautberti. Signum Calidonis. Signum Rotberti. Signum iterum Rotberti. Si-

---

[1] Otton, second fils d'Hugues le Grand, duc de Bourgogne après son père, mort au château de Pouilli, le 3 février 963.

[2] Hugues, depuis roi de France en 987 sous le nom d'Hugues-Capet.

[3] Herbert III, comte de Troyes (968-993), quatrième fils d'Herbert II, comte de Vermandois, et d'Hildebrante, sœur d'Hugues le Grand.

gnum Landrici. Signum Hugonis. Signum Herivei. Signum Suggerii. Signum Gisleberti. Signum Odonis. Signum Rodulfi.

Datum xiii kalendas julii, anno xi regnante Hludovico rege. »

(*Vidimus en parch. de 1298*. Arch. d'Eure-et-Loir, fonds du Chapitre, C. XXXIII ter, A, 1.)

VIII.

De rebus quas dedit vel reddidit Ragenfredus episcopus abbatiæ Sancti-Petri Carnotensis, et de quadam commutatione cum canonicis Sanctæ-Mariæ [1].

(vers 949.) [2]

« In nomine sanctæ et individuę Trinitatis, Ragenfredus, nullis extantibus meritis, sanctę sedi Carnotinę sublimatus antistes [3]. Quotienscumque precedentium patrum ad medium deducuntur exempla, sanis mentibus incitamenta sunt virtutum, informatio melioris vitę, inoffensa progressio vię mandatorum Dei. Divina autem, quia sunt pleraque rationis incapabilia ammirationis, nonnunquam subeunt contemplativa. Unde ego Ragenfredus, vocatus episcopus, cum a secularium negociorum tumultibus, quibus, plus necessitate quam voto, implicitus teneor, paululum animum expedissem, totum me intra me colligens, cœpi in ammirationem habere beneficia miserationis divinę erga salutem stirpis humanę, quemadmodum quos diligit, vulnerando, medicabili dextra medetur, et paterno, percutiendo, affectu salutis ac sanitatis prospera subministrat. Cujus clementię magnitudo; licet ubique terrarum se dignanter impendat, ut michi tamen videtur, pre reliquis, nostrę sedis diocesim suę dilectionis amore dignam duxit, dum, exigente filiorum suorum peccaminum mole, ita eam verbere disciplinalis

[1] Cette charte et les deux suivantes ont déjà été publiées par B. Guérard, dans le *Cartulaire de l'abbaye de Saint-Père*, p. 49 et 60. Si nous les reproduisons, c'est que nous ne voulons laisser de côté aucun document intéressant, directement ou indirectement, l'église Notre-Dame de Chartres. En copiant d'ailleurs ces pièces sur le manuscrit original lui-même, nous avons été assez heureux pour découvrir dans le texte publié par notre savant maître quelques erreurs dont la rectification pourra servir à justifier notre réimpression.

[2] Les auteurs du *Gallia christiana*, suivis en cela par M. Guérard, ont daté cette pièce vers 954. Nous croyons devoir reculer cette date de quelques années. Cette charte nous paraît en effet antérieure à la pièce suivante, datée de 950, par laquelle Ragenfroy donne à l'abbaye de Saint-Père, douze prébendes dans l'église Notre-Dame, don qui n'est pas mentionné dans ce premier document.

[3] Ragenfroy occupa le siége de Chartres de 942 à 955, environ.

correctionis submisit, ut efferam gentem paganorum quaquaversum cedibus, incendiis, depopulationibus dibachari sine aliqua retractacione permiserit. Nullus honor impendebatur locis, voraci eos indifferenter flamma lambente, nulli dignitati, ętati vel sexui accedebant remedia parcendi, gladio impiissimę crudelitatis universa metente. Tunc omnia hujus episcopii destructa sunt igne, monasteria consumpta, ęcclesię pęne omnes fundetenus dirutę [1]. Si qua vero eorum evasere manus, domesticę oppressionis tam privatorum quam potentum senserunt detrimenta. Tandem prospiciens de excelso propitiatio superna, indoluit afflictorum lacrimis et gemebundis miserorum querelis, sicque, cęlis misericordię rorem stillantibus, obsidioni pęnę protritę urbis, divina se subveniendo, indulsit, dum post illorum bellorum validissimam oppressionem diu optatę pacis gaudia arridere concessit. Interea, non multo post, Agano, vir illustris [2], hujus ecclesię sublimitatis indeptus pontificatu, totam animi intentionem in reedificandis monasteriis restruendisque ęcclesiis dirigere sategit. Erat in suburbio jamdictę urbis Carnotis celebrę a priscis temporibus monasterium, in honore principis Apostolorum dicatum, regularibus disciplinis assuetum, sed premissa vastatione neglectum, vixdum in parvula ęcclesia in canonica institutione transductum, cui, nostris temporibus, preerat venerabilis Alveus, quamvis sub scemate canonici, amator et custos religionis, qui persepe cum prefato pontifice tractare cępit, qualiter quod animo deliberabat opere ad effectum perduceret. Quod superna annuente gratia et antistitis favorabili accedente in hoc 'suadela, sui compos effectus est voti. Preparatis siquidem impensis, non parvę jecit fundamenta fabricę, et, procedente temporis spacio, superposuit basilicam quantitatis amplę, pulcritudinis operosę, sicut in presenti facile est cernere, ilicoque, auctoritate pontificali, canonicorum servitia inibi delegavit. His ita se habentibus, ultimo vocationis suae diem presule sortito, ego Ragenfredus, quamvis nullius meriti prerogativo, in hujus cathedrę fastigiatus sum solio : quo intronizatus, vigili meditatione cępi animo conferre, si quid acceptum oculis divę majestatis valerem offerre, et quod proficuum foret remedio animę meę. Ad quod, reor, non se difficulter obtulit materiei prebitio ; namque pervidens premissi Sancti-

---

[1] C'est au siége de Chartres en 911 par Rollon et aux violences des Normands que Ragenfroy fait ici allusion.

[2] Aganon, évêque de Chartres, de 930 à 941 environ.

Petri ęcclesię clericos se agentes, et, relicta spiritualis militię exercitia, mente et actu sectari terrea et caduca, et jamque dictu comittere nefaria, cum consultu bonę memorię prenominati Alvei, abbatem cęnobii Sancti-Benedicti Vulfaldum accersivi, in quo, salvo discretionis bono, artius et perfectius religionis censura valere predicabatur ab omnibus. Quo adventante, cum quibusdam ejusdem ordinis comitibus una cum eo, in antiquitatis monastice observantiam sepedictum reformavimus locum. Quibus monachis, ne incusandę egestatis penuria subiret occasio evagandi foras, quęcumque eidem loco a predecessorum nostrorum aliorumque invasionibus injuste videbantur substracta, tam ex beneficiis militaribus quam et nostro indominicato, ut se temporis optulit ratio, reddere studuimus, quanquam vita comite, si facultas subpeditaverit, pluriora reddere michi animus suggerit, quorum quędam huic pontificali privilegio, quędam aliis inserere ratum duximus. Reddimus itaque eis terram quandam a suis antecessoribus, priscis temporibus, possessam, postea malo ordine subtractam, quatenus illam pleniter possideant, veluti illorum predecessores eam tenuisse, multorum testimonio, comprobantur. Ipsa vero terra conjacet infra et extra muros Carnotis civitatis, juxta portam Cinerosam; terminatur vero ipsa terra uno latere, via quę est exitus civitatis, altero vero latere terminatur terra Sancti-Petri Pictavensis et Sancti-Aniani; sed terra Sancti-Petri Pictavensis terminatur infra muros civitatis, terra vero Sancti-Aniani infra et extra. Una fronte terminatur terra Sancti-Petri Carnotensis via quę ducit per medium civitatis usque ad murum; altera fronte, via foris portam quę vadit ad ipsum monasterium. Commutavimus etiam, pro terra quam habebant in loco Belmontus, alodum Oidolonis, juxta supraterminatam terram in ipsa civitate, ante portam claustri Sancti-Petri, in via quę vulgo dicitur Merdosa; tantum eis restituimus de terra, unde exeunt solidi decem et octo, non longe a fossa Algisi, vinearum aripennos vIII; terram vero ad plantandum, juxta estimationem, bonuaria octo. In ipso situ cęnobii dedimus eis hortum cum xv^{cim} aripennis vinearum, et non longe a Luceiaco campum vacuum ad plantandum xxx aripennos [1]. Facta est autem

---

[1] La culture de la vigne était, dans le principe, peu répandue aux environs de Chartres, comme l'atteste un passage du *livre d'Haganon: Priscis temporibus, quia raro habebatur Carnotis usus vinearum;* mais dès le Xe siècle cette culture commençait à prendre une grande extension.

commutatio inter canonicos Sanctę-Marię et monachos Sancti-Petri ex ecclesiis ipsorum: dederunt nempe canonici Sanctę-Marię ęcclesiam Ursi-Villaris, cum uno aripenno de terra ad ipsam ęcclesiam pertinentem, et acceperunt in Centriaco ęcclesiam econtra, cum dote. Dedimus etiam, ex potestate Sanctę-Marie, in predicta parroechia Ursi-Villaris, Germinionis-Villam, in pago Dunensi, cum xxx^{ta} mansis cultis et incultis. In pago quoque Carnotensi, dedimus ęcclesiam quę dicitur Immonis-Villa, cum novem mansis et dimidio; ęcclesiam quoque de Alona dedimus, cum tribus mansis et dimidio ad eam pertinentes; item capellam Sancti-Victoris, in villa quę dicitur Vernus, cum molendino uno, et, post obitum Odulfi, totam villam; item capellam in Mitani-Villare. Has omnes ęcclesias reddimus eis, concedentes decimas et remittentes synodum et circadas; simul etiam et de ecclesia in Bodasi-Villa, quam ipsi omni tempore tenuerunt, ita ut, neque a nobis neque a successoribus nostris eis umquam ullo modo requiratur [1]. Reddimus etiam illis, in pago Carnotino, in villa quę dicitur Britiniacus, mansos de terra VIII, cum mansuris, terris quoque cultis et incultis; in Campchiaco, mansum unum, cum mansuris, terris quoque cultis et incultis; in Cosentiaco, mansum unum; in Enprani-Villa et Concreciis, quicquid ex ipsa potestate haberi dinoscitur; in Sancta-Maria-super-Stratam, mansum unum; in Spotmeri-Villa, mansum unum; in Magnerias, mansos tres et dimidium; in Gundri-Villa, mansos VIII^{to}, cum brogilo et pratis; in Cepido, mansum unum; in Fontinido, mansum unum, cum duobus aripennis de prato in Villeta conjacentibus; in Levesi-Villa, unum mansum; in Vuadreio, quartarium unum; in Teuvasio, mansum unum; in Vallis, mansum unum, eum pratis, aripennis scilicet novem; in Monte-Otrico, molendinum unum, cum aripennis de prato decem; in Mandri-Villa, mansum unum; in Lotdreio, mansum unum, cum molendino uno; in Bertoni-Villare, quartarium unum; in Saxna-Villa, in eodem pago, mansos de terra duos: in pago Stampense, in villa que dicitur Malaredus, mansum unum: in Dunensi pago, in villa quę vocatur Alpedagnus, ęcclesiam unam, cum omni terra quę conjacet ibi ex ipsa potestate. De cetero, sub pontificali excommunicatione auctorabili et anathematis condempnatione inevitabili, interminamus, tam presentibus quam cunctis insuper venturis

---

[1] Toutes ces possessions de l'abbaye de Saint-Père furent confirmées par un acte postérieur de Ragenfroy. (*Cart. de Saint-Père*, p. 28.)

seculis futuris, ut nemo antistitum, clericorum seu laicorum nullus, eos in omni molestetur negocio, non in exigendo decimas et circadas, quas alii *paratas* nominant [1], non in terrarum invasione nulla secularis dignitatis ambitio, ejus potestatis homines distringere presumat, non thelonea, non freda extorquere, non quaslibet vel minimas sibi suorumque servientium inrogare injurias, quin potius, remota inquietudine sollicitudinis, tranquillam in Dei servitio et in monachico preposito ducant vitam, memores, omni tempore, nostri nobisque commisse ecclesie, inter suorum tam privatarum quam et communium orationum. Quod si quis his episcopalibus decretis obviare presumpserit aut irrita facere, eterne maledictionis confodiatur jaculis, et cum Juda proditore, Anna et Caipha, atque Pilato et capite eorum Diabolo, percipiat penas perpetue dampnationis, gehennalibus deputandus flammis, nisi resipuerit et ab hac intentione animum revocaverit. Ut autem hujus privilegii auctoritas inconvulsam perpetualiter obtineat firmitatem, tam nostra quam coepiscoporum manibus subterroborandam decrevimus.

Actum Carnotis civitate, publice.

Ragenfredus, Carnotis civitatis presul, hujus auctoritatis paginam firmavit ac roboravit.

Hildemannus, archiepiscopus Senonensis [2]. Graulfus, abbas Sancti-Carauni [3]. Arduinus, archiclavus. Teodericus, presbiter. Arcarius, presbiter. Adelandus, presbiter. Guazzo, diaconus. Ardradus, subdiaconus. Radulfus, presbiter. Bernardus, presbiter. Gerardus, diaconus. Lambertus, canonicus. Aymo, Vualerannus, Burchardus, milites.

Subscripti inantea, postea firmaverunt : Joseph, archiepiscopus Turono-

---

[1] Dans le principe, cette redevance consistait dans le droit qu'avaient les envoyés royaux et les officiers publics d'exiger certains frais, certains préparatifs pour leur réception, d'où le mot *parata*. Plus tard, le même mot fut employé pour désigner les dépenses faites par les curés et les maisons religieuses pour la réception des évêques et des archidiacres lors de leurs tournées. Ces dépenses se convertirent à la longue en une redevance qu'on appela *circada*, pour rappeler la visite diocésaine, objet de cette prestation. (Guérard, *Cart. de Saint-Père*, prolég. p. CXXV.)

[2] Suivant le *Gallia christ.*, Hildeman aurait occupé le siége archiépiscopal de Sens du 12 septembre 954 au 5 août 959. Il nous semble cependant difficile, comme nous l'avons expliqué p. 77, note 2, de reculer jusqu'à la fin de l'année 954 la date de la charte qui nous occupe.

[3] Graulf, abbé de Saint-Cheron-lés-Chartres, ami de Ragenfroy et de l'abbé Alveus, paraît comme témoin dans plusieurs chartes de cette époque.

rum [1]; Constantius, Pariseorum episcopus [2]; Gunhardus, Ebroice episcopus [3]; Mainardus, Cinomannice episcopus [4]; Mabbo, Paulinani Britannie episcopus [5]; Nordoardus, Redonensium episcopus [6]; Tedbaldus, comes [7]; Hugo archiepiscopus, filius Tedbaldi comitis [8]; Odo, comes [9]; Hugo, dux Francię; Hugo, filius ejus; Ledgardis, comitissa [10]. »

(Bibl. de la ville de Chartres, *Liber Haganonis*, § 53, f° 28 v°. — Bibl. Imp., *Livre d'argent*, cart. 52, f° 5 r°, n° 9. — *Gall. christ.*, t. VIII, instr., col. 289. — Guérard, *Cart. de Saint-Père*, p. 49.) [11]

IX.

« Scriptum Ragenfredi episcopi de XII prebendis in ecclesia Sancte-Marie ab ipso datis » Sancto-Petro Carnotensi.

(950.)

« Ego Ragenfredus, nullis existentibus meritis, sed sola Domini gratuita pietate, Carnotensis ecclesie episcopus. Cenobium, in honore apostolorum

[1] Joseph II, archevêque de Tours (945-juin 957).
[2] Constant, évêque de Paris (954). Le *Gallia christ.* ne donne que cette date pour l'épiscopat de ce prélat. Au reste, il est probable que cette confirmation, ajoutée à la charte originale de Ragenfroy, ne fut faite que quelques années après.
[3] Guichard, évêque d'Evreux (vers 950-970).
[4] Mainard, évêque du Mans (940-960).
[5] Mabbon, évêque de Saint-Pol-de-Léon (vers 950).
[6] Nodoard, évêque de Rennes (950-956).
[7] Thibault-le-Tricheur, premier comte de Chartres, mort vers 977.
[8] Suivant le *Gallia christiana*, Hugues ne devint archevêque de Bourges qu'en 959.
[9] Eudes I, comte de Chartres, vers 978, mort en 995.
[10] La comtesse Ledgarde, fille d'Herbert de Vermandois, veuve en premières noces de Guillaume-Longue-Epée, duc de Normandie, et en secondes noces de Thibaut-le-Tricheur, comte de Chartres, mourut vers 985, et fut inhumée dans le monastère de Saint-Père-en-Vallée, dont elle avait été une des principales bienfaitrices. (*Cart. de Saint-Père*, p. 64, 65, 77, 79). Son obit est inscrit au *Nécrologe* (t. III de cet ouvrage), sous la date du 18 des calendes de décembre. Suivant Souchet, sa mémoire resta long-temps populaire à Chartres, sous le nom de *dame de Rigeard*.
[11] Cette charte fut plus tard confirmée par l'évêque Eudes (966-1004), comme le témoigne cette note ajoutée à la fin de la copie du livre d'Aganon : *Sequenti tempore Odo, episcopus Carnotensium; Ottho, comes Burgundie; Suggerius, decanus*. Suivant le *Gallia christiana* et l'*Art de vérifier les dates*, ces trois personnages ne vivaient pas dans le même temps. Ainsi, tandis que l'épiscopat d'Eudes n'aurait commencé qu'en 966, Othon, comte de Bourgogne, serait mort dès 963. Il n'y a rien d'impossible à cela : le livre d'Aganon a inscrit sans ordre tous les personnages qui confirmèrent le privilége de Ragenfroy.

Petri et Pauli dicatum, augustorum donariorum titulis longe lateque resplenduit, ac in multiplici monachorum numero, divina largiente gratia, floruit, sed, infestationibus paganorum ingruentibus, ceterisque supervenientibus pressuris, pene ad nichilum rediit; nunc vero, adjuvante gratia Christi, pro modulo nostro renovavimus pristinos religionis usus, ut ibi perhenniter laus Dei celebretur in psalmis, ymnis et canticis spiritalibus, ritu observandum perpetuo. Ego itaque Ragenfredus, Carnotum constitutus antistes, cui divinitus statera judicii et equitatis est commissa, una cum consensu et obsecratione nostrorum fidelium, sicut ipsius cenobii continetur in archivis, dantes juste reddimus, in propriis fratrum usibus stipendiariis, que eorum alimonie subtracta a nostrorum quodam antecessorum nomine Helya, dominioque episcopali inepta cupiditate sunt detenta, atque in casamento militum ceca mente tradita. Verum quia minus, ut animus suggerit, peragere valemus, ipsis fratribus, cum consensu canonicorum, in nostra ecclesia XII prebendas, absque ulla repetitionis calumpnia, dedimus, interminantes pontificali auctoritate et anathematis condempnatione, tam presentibus quam futuris, ut nemo antistitum, clericorum seu laicorum, sicut in illorum continetur privilegiis, eos in nullo molestet negotio, nec eorum terras invadat, nec ejusdem potestatis homines distringere presumat; et, quod in alio pretermisimus [1], omnibus, preter monachos ipsius loci, in eligendo abbatem denegamus facultatem. Eligant autem monachi sibi bonorum operum exemplis eos commenentem, antistiti offerentes dono benedictioneque donandum. Itaque, omni sollicitudinis inquietudine remota, tranquillam in Dei servitio ducant vitam, nostri memores inter communium vota orationum. Si quis autem his pontificalibus decretis obviare, aut irrita facere presumpserit, jaculo dampnationis confodiatur eterne, et cum Dathan et Abiron, quos terra vivos absorbuit, atque cum Juda proditore, nisi ab hac intentione resipuerit, dampnandus gehennalibus flammis cum Diabolo pereat. Ut autem hujus privilegii auctoritas inconvulsa permaneat, tam nostra quam coepiscoporum manibus ducisque, subterroborandam decrevimus.

Actum Carnotis civitate, publice.

Signum Ragenfredi, episcopi Carnotensis. Signum Hugonis, archiepis-

---

[1] Nouvelle preuve, suivant nous, que la charte VIII est antérieure à celle-ci et doit être reportée à l'année 949.

copi, filii Theobaldi comitis. Signum Joseph, archiepiscopi Turonum. Signum Gunhardi, episcopi Ebroicensis. Signum Nordoardi, episcopi Redonensis. Signum Suggerii, decani. Signum Gradulfi, abbatis. Signum Ardradi, subdecani. Signum Humberti, precentoris. Signum Hugonis, ducis. Signum Hugonis, filii ejus. Signum Theobaldi, nobilissimi comitis. Signum Odonis, comitis, filii Theobaldi comitis. Signum Ledgardis, comitisse. Signum Buchardi. Signum Galeranni.

Anno dominice incarnationis Jhesu-Christi domini nostri DCCCCL. »

(Bibl. Imp.; *Livre d'argent*, cart. 52, fo 22 vo, no 158. — *Gall. christ.*, t. VIII, inst., col. 291. — Guérard, *Cart. de Saint-Père*, p. 351.)

X.

« De commutatione facta inter canonicos Sanctae Mariae Carnotensis ecclesie et monachos Sancti-Petri. »

(vers 970.)

« In Dei Patris et Filii et Spiritus-Sancti nomine, qui est unus potentialiter et trinus personaliter. Facta est commutatio inter canonicos Sanctę-Marię Carnotensis ęcclesię et monachos Sancti-Petri, in suburbio ejusdem civitatis ad australęm plagam, olim multa elegantia ac nobilitate, nec minus modo quantum ad presens ęvum attinet, constructi. Dederunt sane prefati canonici sanctę Virginis Marię ad eumdem locum Moris-Villam, et quicquid in Subritana et in Uni-Villa videntur habere, ęquo et [prompto animo, prout decet sanctos consultum ire venerabilibus et Deo dignis moribus. Econtra vero, mutua vicissitudine, receperunt a nobis monachis, videlicet Sancti-Petri, in sua ditione, totum quod in Ginone-Villa et Petripertusa a priscis temporibus videbamur possidere. Harum autem situs villarum in pago Carnotensi esse dinoscitur. Quod, ea ratione atque intentione, noverint tam presentes quam superventuri fideles sanctae Dei ęcclesię factum, ut inviolabilis et semper benefida caritatis custodia conservetur inter utrumque ordinem, prout tempus et res, Deo provisore, dictaverit. Ut autem hęc inconvulsam obtineat firmitatem, manibus clericorum obtulimus examussim roborandam.

Odo, presul. Suggerius, decanus. Salico, ypodecanus. Lanbertus, archidiaconus. Rodulfus, prepositus. Atto, prepositus. Hunbertus, levita. Aimo, subdiaconus. Hilduinus, levita. Isaac, sacerdos. Vuarnerius, levita. Guido, archidiaconus. Gauzbertus, levita. Adelmus, levita. Morandus, levita. Erbertus, subdiaconus. Arembertus, subdiaconus. Suggerius, claviger. Ailbertus, subdiaconus. Romoldus, subdiaconus. Gauzbertus, miles. »

(Bibl. de la ville de Chartres; *liber Haganonis*, § 54, f° 44 r°. — Guérard, *Cart. de Saint-Père*, p. 70.)

XI.

(vers 990.)

Donation faite à l'église de Chartres par Avesgaud [1], d'une certaine église sise à Illiers, dans le territoire d'Evreux, avec toutes ses dépendances; ladite église à lui appartenant en vertu du don qui lui en avait été fait, à titre de bien héréditaire, par la comtesse Ledgarde; cette donation faite dans l'intention que les chanoines de ladite église prient Dieu pour le repos de son âme et de celle de ladite comtesse.

(*Inv. du Chap.*, C. LXXXV bis, M, 1.)

XII.

« De dono Ebrardiville et aliorum reddituum qui sunt in Normania. »
(1014-1017, 21 septembre.)

« Regnante domino Jhesu-Christo in perpetuum, anno incarnationis ejus post mille XIIII, indictione xv, et Roberti regis Francorum anno xxvi [2]. Ego Ricardus [3], marchio Normannie, sollicite pro captu meo retractans quanto

---

[1] C'est par une erreur évidente que Doyen (*Hist. de Chartres*, t. II, p. 267) fait d'Avesgaud le premier seigneur d'Illiers-en-Beauce. La donation d'Avesgaud est rappelée dans le *Nécrologe* (t. III de cet ouvrage), à la date du 19 des calendes de septembre.

[2] La vingt-sixième année du règne de Robert, à partir du 1er janvier 988, jour présumé de son couronnement à Orléans, correspond bien avec 1014; mais le chiffre de l'indiction de cette année est XII et non XV, suivant les computistes. Peut-être faut-il lire *post mille XVII* pour la date de l'année, car 1017 a bien XV pour chiffre d'indiction, et se trouve être la vingt-sixième année de Robert, si l'on part de 991, l'une des époques présumées de son sacre à Reims.

[3] Richard II, duc de Normandie (996-1026). L'obit de ce prince, énonçant toutes ses libéralités envers l'église de Chartres, est inscrit au *Nécrologe* (t. III de cet ouvrage) sous la date du 10 des cal. de septembre.

me Deus honore et potentia post antecessores meos sua gracia sublimaverit, anime mee valde necessarium judicavi ut quadam bonorum meorum parte, quia de toto filiorum necnon et affinium meorum causa prohibebat, ecclesie Dei facultates augerem, certus quia sic facientem celestia manent. Notum igitur esse volo omnibus christianis, tam presentibus quam futuris, qualiter ecclesiam sancte Dei genitricis Carnotensem esse non tulerim mee largitatis expertem, tum opitulandi gratia quam apud Deum pre omnibus habet, tum injurie causa non modice quam in vicinia ejus graviter exercueram, quatinus, aliquantula satisfactione placata, pro animabus nostris vel parentum nostrorum, ut vere piissima est, intercedere dignetur. Dono itaque, pari voto et communi favore filiorum necnon et affinium meorum, et de jure meo in propriam ditionem Dei, cujus omnia sunt, et Sancte Marie Carnotensis perpetualiter habenda transfundimus donatione directa, videlicet, in Ebroacensi comitatu, Ebrardivillam totam, cum ecclesia et decimam venationis de silva que dicitur Bortis, et, in eodem pago, ecclesiam solam de Hauvilla, et, in Lisvino, ecclesiam solam de Bona-Villa, et, in eodem territorio, Angliscam-Villam totam cum ecclesia, et Runtiam-Villam totam cum ecclesia, et ecclesiam de Sancto-Juliano cum duobus membris appendentibus [1]. Hec itaque dona, pro qualitate peccatorum nostrorum modica, pro excellentia vero sancte Marie fere nulla, predicte ecclesie, confisi de immensa Dei bonitate et ejusdem matris sue clementia, desiderantissime tradimus, omni consuetudine nostra vel inquietatione penitus dimissa, ut piis ejus meritis adoptemur sempiterne hereditati. Quatinus autem hec donatio perpetua sit stabilitate subnixa, litterarum exinde noticiam scribere mandavi, scriptum vero signo crucis et mei nominis roboravi, filiorum quoque et affinium, necnon et eorum quorum intererat manibus corroboravi simul et omnibus insigniri precepi. Datum xi kalendas octobris, regnante Roberto rege feliciter, Actum Rothomagi. »

(Bibl. Imp.; *Livre des Priv. de l'égl. de Ch.*, cart. 28, p. 40, et 28 bis, f° 17 v°.)

[1] Ces biens formèrent la dotation de la Prévôté de Normandie, comme nous l'avons déjà dit p. 12, note 2.

XIII.

« Roberti, regis Francorum, de Humellis, de *Brissart*, Campisilve, et *Fermaincourt* et aliis. »
(1031, 4 février.) [1]

« In nomine summi et æterni regis, domini Jesu-Christi, omnium redemptoris, Rotbertus, gratia Dei, Francorum rex: Dum nostrum fidelium justis peticionibus aurem pii favoris accommodamus, regię dignitatis officium exercemus. Noverit itaque sanctæ Dei æcclesiæ fidelium sollertia et palatinorum simul industria qualiter ad majestatis nostrę mansuetudinem suplex accessit noster a secretis Manasses comes [2], postulans ut, auctoritatis regiæ precepto, quoddam opus misericordię scribi et firmari annueremus quod ille gloriosę virgini Mariae, genitrici Dei, ęcclesię scilicet Carnotensi, ex alodis suis conferre disposuerat. Cujus salubri desiderio nequaquam contraire sed satisfacere gratanter elegimus. Est autem ipse alodus, de quo supradictam elemosinam facere constituit, in Drocassino comitatu, duobus ab ipso castro miliariis distans, nomine Ulmellis [3]. Hunc ergo, cum omnibus appendiciis suis, quorum hęc sunt nomina: Campus-Silvę, Briessartus, Roserorus, Firmaticortis, et totum hoc quod de dominici villa pertinet ad illum alodum, Manasses comes supramemoratus condonat Sanctę Mariae Carnotensis ęcclesię, canonicorum stipendiis, ea ratione ut, quamdiu vixerit, in suos illum usus teneat, sed mater æcclesia jamdicta, in bona vestitura, habeat sibi, de capite alodi quod est Ulmellis, unum incolam, et, de singulis quibusque appendiciis ejus prescriptis, similiter unum incolam. Illa vero omnia que sibi de his retinuit nullomodo occupabit neque de sua manu foras mittet, neque per dotem, neque per beneficium, quin totum ad

---

[1] Nous avons fixé cette date en prenant pour point de départ le 24 octobre 996, jour où Robert succéda à son père Hugues-Capet, et duquel les années du règne de ce prince sont ordinairement comptées dans ses diplômes.

[2] Manassès, comte de Dammartin-en-Goëlle, mort en 1037, était le second fils d'Hilduin II, comte de Montdidier, et d'Adèle, héritière du comté de Dammartin.

[3] Le Chapitre compléta cette donation en acquérant, le 8 décembre 1372, sur Gilbert de Tillières et Jeanne d'Emerville, sa femme, une pièce de rivière en la rivière d'Eure à Osmeaux, un moulin à eau et un arpent et trois quartiers de terre audit lieu. Les objets compris dans cette acquisition furent amortis par le roi Charles VI le 26 août 1382, et le Chapitre entra en possession le 10 décembre 1383. (*Orig. en parch.*; C. LXXXV bis, C, 2 et XXXIII bis, 5.)

ęcclesiam jamscriptam revertatur, etiam in vita sua, si Deus illi hanc voluntatem augendi suam elemosinam concesserit: post suum vero decessum, totus ex integro alodus, cum omnibus sibi appendentibus, excepta illa terra quam tenet Amalricus de Monteforti [1], sicut ille Manasses comes tenet solidum et quietum, similiter in usus canonicorum Carnotensis æcclesię deveniat. Ut autem opus hoc pietatis et ejusdem operis noticia permaneant undique stabiliora, manu mea illam firmavi et conjunx mea Constantia regina et filii mei Henricus [2] et Rotbertus [3], ipse denique Manasses comes cujus est hæc elemosina, et frater ejus Hilduinus comes [4], cum filiis suis Hilduino et Manasse, necnon et proceres palatii. Ego vero sigilli nostri impressione signari mandavi, ut si quis illud attaminare presumpserit, tanquam reus majestatis qui capiti meo injuriam intulerit, auri libras xxx sanctę Dei genitrici Mariae coactus persolvat, et sua presumptio cassa in perpetuum remaneat. Propter hanc autem elemosinam, Manasses comes, qui eam perficit, et antecessores ejus, qui inceperunt, in æcclesia memorata unam missam habeant unaquaque ebdomada: Actum publice Pisciaco castro.

Signum Rotberti regis. Signum Constantię reginę, conjugis ejus. Signum Henrici. Signum Rotberti. Signum Manassis comitis, qui hanc elemosinam perfecit. Signum Hilduini comitis, fratris ejus. Signum filiorum ejus Manassis et Hilduini. Signum Burcardi de Montemorenciaco [5]. Signum Evrardi, filii Hilduini de Britogilo [6]. Signum Amalrici de Monteforti. Signum Milonis de Caprosa [7]. Signum Maingonis. Signum Guidonis Burgundelli.

[1] Amaury II, seigneur de Montfort-l'Amaury, paraît dans des actes de 1028 et 1053.

[2] Henri I, successeur de son père sur le trône de France, cette année même 1031.

[3] Robert-le-Vieux, créé duc de Bourgogne par son frère en 1032.

[4] Hilduin III, comte de Montdidier, d'Arcis-sur-Aube et de Rameru, mort en 1033. Suivant Du Cange, le P. Anselme et M. de Beauvillé, il n'aurait eu de son mariage avec Lesceline d'Harcourt, veuve de Guillaume, comte d'Eu, que deux enfants : Hilduin IV, qui lui succéda, et Isabelle, mariée en premières noces à Bouchard II, comte de Corbeil, et en secondes noces, à Gui de Montlhéry, comte de Rochefort. Nous voyons par notre charte qu'il eut un second fils nommé Manassès. (*Histoire de Montdidier*, par M. de Beauvillé, t. I, p. 53).

[5] Bouchard III, seigneur de Montmorency, mentionné dans les chartes jusqu'en 1032.

[6] Hilduin, comte de Breteuil et de Clermont-en-Beauvoisis, dont la fille épousa Raoul, seigneur de Nanteuil, a laissé son nom à cette dernière seigneurie, qui s'appela depuis, Nanteuil-le-Hilduin, et par corruption, le Haudouin.

[7] Miles, premier seigneur de Chevreuse, n'est connu que par cette charte, à laquelle le P. Anselme (*Hist. généal.*, t. VIII, p. 536) donne à tort la date de 1029.

(Hic est locus monogrammatis).
Evrardus monachus scripsit, ad vicem Balduini signatoris.
Data ɪɪ nonas februarii, anno xxxv regnante Rotberto rege feliciter. »

(*Orig. en parch.;* Arch. d'Eure-et-Loir, fonds du Chap., C. LXVII, A, 1. — A. Du Chesne, *Hist. de la mais. de Montmorency*, pr. p. 16. — E. Lefèvre, *Annuaire d'Eure-et-Loir* pour 1860, p. 230.)

XIV.

« Henrici, regis Francorum, de Uno-Gradu. »
(1048, 17 avril.)

« In nomine sancte et individuę Trinitatis, Patris videlicet, et Filii et Spiritus Sancti, ego Heinricus, Francorum rex, Dei gratia. Si erga cultum Sanctorum et utilitatem ecclesiarum antiquorum institutio nos voluit esse devotos, quanto magis erga singularem memoriam nostrę Salvationis, videlicet Dei genitricis, quam post Deum credimus et confidimus non solum nostrę salutis amminisculum, sed etiam plenum effectum. Unde, pro adquisitione æternę felicitatis admodum sollicitus, circumspexi si circa me aliquid haberem quod ejus famulatui et promerendę gratię impendere possem. Et hoc mihi aliquantisper cogitanti, ad memoriam rediit canonicorum Carnotensis ecclesię, quam sepius inculcaverant, petitio, per quam, a diversis exhibitionibus et exactione illa quę vulgari nomine vicaria vocatur, illum fiscum cui Uni-Gradus vocabulum est liberum et quietum deinceps esse concederem [1]. Ego vero petitionis ipsorum exaggerando cumulum, universa concedo quęcumque quelibet terra prefati fisci mihi meisque hactenus persolvere consueverat, quatenus in eo habitantes tutius vivere, et idcirco quęcumque ab eis usibus canonicorum debentur plenius valeant reddere, exceptis quatuor sextariis vini de unoquoque arpenno, quos michi advocationis gratia retinui, quatinus si in posterum quis ei fisco injuriam inferre temptaverit, rege auxiliante superno, me advocatum sibi sentiat esse infestum. Et ut nostrę liberalitatis munificentia omnibus sancte matris ecclesię fidelibus et nostris esset nota, summo studio et diligentia precipimus exarari et sigilli nostri impressione signari, quatinus quod manu pro-

[1] Voir n° VII.

pria signo crucis impresso statuimus esse ratum, per curricula succedentium temporum maneat inconvulsum. Et si quis hujus conventionis esse temptaverit violator, quod absit, iram Dei incurrat, atque nostra nostrorumque auctoritate convictus abscedat, et pro illicita presumptione auri libras centum regali fisco persolvat.

Actum publice Parisius, anno Verbi incarnati M^{mo}XLVIII^{vo}, indictione I [1], regnante Hænrico rege XVIII anno, xv kalendas maii.

Signum Teoderici, Carnotensis episcopi [2]. Signum Isenbardi, Aurelianensis episcopi [3]. Signum Vualterii, Meldensis episcopi [4]. Signum Frotlandi, Silvanectensis episcopi [5]. Signum Vuiscelini, capellani. Signum Richardi, diaconi et capellani. Signum Gausfridi, Sancti-Aniani subdecani. Signum Adelardi Laudunensis. Signum Burchardi, clerici. Signum Tetboldi, palacii comitis [6]. Signum Ivonis, comitis [7]. Signum Ingelranni, comitis. Signum Rodulfi, comitis [8]. Signum Ragenaldi, camerarii [9]. Signum Gilduini, viceco-

---

[1] L'année 1048 a bien le chiffre I pour indiction; mais Henri Ier, n'étant monté sur le trône que le 20 juillet 1031, le 17 avril de la dix-huitième année de son règne ne correspondrait qu'au 17 avril 1049. Malgré cette contradiction, nous avons conservé la date 1048, supposant, ou qu'il y avait erreur dans l'indication de l'année du règne, ou que le chancelier faisait partir les années d'Henri d'une époque qui nous est aujourd'hui inconnue.

[2] Suivant le *Gallia christiana*, Thierry, évêque de Chartres, serait mort le 16 avril 1048. On voit qu'il y a erreur de la part des savants Bénédictins, au moins quant à la date du mois.

[3] Isembard de Broyes, évêque d'Orléans, de 1033 à 1063. D'après Doyen (*Histoire de Chartres*, t. II, p. 284), c'est à ce prélat que la ville de Nogent-le-Roi aurait dû son surnom d'*Erambert* ou *le Rambert* par corruption. Nous croyons plutôt que ce surnom lui vint d'une famille Erembert qui l'habitait au XIIe siècle. (Voir *Hist. de l'abb. de Coulombs*, par M. Luc. Merlet, Chartres, Garnier, 1861.)

[4] Gautier Savoir, évêque de Meaux, de 1045 environ à 1082.

[5] Frolland I, évêque de Senlis, de 1043 à 1053 environ.

[6] Thibault III, comte de Chartres-Blois et de Champagne, second fils du comte Eudes II (1037-1089).

[7] Yves Ier, comte de Beaumont-sur-Oise, mari de Gisèle, sœur de Miles de Chevreuse (1022-1050). Ce seigneur avait été mêlé à plusieurs affaires intéressant le comte de Chartres et le pays Chartrain. (Guérard, *Cart. de N.-D. de Paris*, t. I, p. 325. — Du Chesne, *Hist. de la maison de Montmorency*, pr., p. 15. — P. Anselme, *Hist. généal. de la maison de France*, t. VIII, p. 396. — Douet-d'Arcq, *Recherches hist. et crit. sur les anciens comtes de Beaumont-sur-Oise*, p. LXIV.)

[8] Raoul II de Crépy, un des plus puissants seigneurs de son temps, qui devint comte de Vexin, de Valois, de Mantes, de Crépy, d'Amiens, de Péronne, de Montdidier, etc., et mourut en 1074. Adèle, fille de ce seigneur, avait épousé Thibault III, comte de Chartres.

[9] La séance du chambrier Renaud, que Mabillon et du Cange fixent à 1052 ou même à 1060, remonte, comme on le voit, à 1048.

mitis [1]. Signum Hugonis Bardulfi [2]. Signum Evrardi, filii Gelduini [3]. Signum Bernardi, sinescalci [4]. Signum Vualterii, constabularii [5]. Signum Nivelonis [6]. Signum Gauslini Casati-Carnotensis. Signum Rotberti de Sancto-Leodegario. Signum Vualterii de Friasia [7]. Signum Vuarini, militis Carnotensis. Signum Gaufridi, militis Carnotensis. Signum Hugonis, militis. Signum Arnulfi, Carnotensis precentoris. Signum Ageverti, Carnotensis succentoris [8]. Signum Hugonis, prepositi. Signum Huberti, presbiteri. Signum Vualterii, prepositi. Signum Odonis, canonici. Signum Gencelmi, presbiteri et canonici.

(Hic est locus monogrammatis et crucis).

Ego Balduinus, cancellarius regis, subscripsi. ⨯

(*Orig. en parch.;* Arch. d'Eure-et-Loir, fonds du Chapitre, C. XXXIII ter, 2. — *Copie sur pap.;* Arch. de l'Empire, sect. hist., 1³/K, 177. — Bibl. Imp., *cart. 28*, p. 35, et *28 bis*, f° 14 v°. — *Gallia christ.*, t. VIII, Instr., col. 300.)

[1] Gilduin, vicomte de Chartres (vers 1020-1050), figure dans la donation du bourg Muret faite à l'abbaye de Saint-Jean par le comte Eudes, vers 1036 (Arch. d'Eure-et-Loir, *fonds de l'abb. de Saint-Jean*). Il comparaît comme donateur, avec sa femme Emeline, son fils aîné Hardouin, et Elisabeth, femme de ce dernier, dans un titre de Saint-Père, du 26 avril 1046 (*Cart. de Saint-Père*, p. 161). S'étant fait moine sur ses vieux jours, il donna à Notre-Dame la terre de Sigogne, *Ciconiolas*, et son obit est inscrit au *Nécrologe* sous la date du 15 des calendes de janvier.

[2] Hugues Bardulphe, seigneur de Nogent-le-Roi, de Broyes et de Pithiviers, est célèbre par le siége qu'il soutint pendant deux ans, contre Henri Iᵉʳ, dans son château de Pithiviers, à la suite de la révolte du prince Eudes, frère du roi, et de Thibault III, comte de Chartres et de Blois, dont Hugues avait épousé la fille Elisabeth. Hugues Bardulphe, vaincu, fut privé de tous ses honneurs et banni du royaume vers 1044; il est probable qu'il rentra en grâce, en même temps que son beau-père, Thibault, en 1048. Il mourut vers la fin de 1059. (*Hist. mss. des seigneurs de Nogent-le-Roi*, par l'abbé d'Espagnac.)

[3] Evrard I, fils de Gilduin, et son successeur dans la vicomté de Chartres (1050-1060).

[4] Bernard ne figure pas dans la liste des sénéchaux donnée par le P. Anselme, Moréri, Mabillon, Du Cange et M. de Wailly. D'après ces auteurs, le plus ancien des successeurs des comtes d'Anjou dans cette dignité, serait Guillaume de la Ferté, sénéchal en 1060.

[5] Le connétable Gauthier n'est pas non plus porté dans les listes données par les auteurs. D'après eux, le plus ancien connétable connu serait Albéric, qui vivait en 1060.

[6] Nivelon de Fréteval, époux d'Ermentrude et fils de Foucher, l'un des fidèles du comte Eudes (v. 1020-1050). Ce seigneur tenait de son père, qui l'avait reçu en bénéfice du comte, le petit monastère de Saint-Lubin-des-Vignes : sollicité par sa femme de donner ce bénéfice à l'abbaye de Saint-Père, il résista jusqu'à la fin de sa vie; mais, dans ses derniers jours, il prit l'habit de moine et prescrivit, avant de mourir, à ses enfants, de remplir les intentions de leur mère, ce qui fut exécuté par son fils Foucher II, vers 1060 (*Cart. de Saint-Père*, p. 25 et 96).

[7] Gauthier de Friaize est le chef d'une famille illustre du pays chartrain, dont plusieurs membres figurèrent dans les croisades, et qui s'allia au XIIIᵉ siècle avec la maison des vidames de Chartres.

[8] Agobert, depuis évêque de Chartres (1049-1060).

XV.

De fraternitate inter monachos Majoris-Monasterii et capitulum Beatæ Mariæ Carnotensis.
(1049-1060.)

« Notum perpetuitate istius carte fieri volumus fidelibus universis et maxime successoribus nostris quod domnus Albertus [1], Majoris-Monasterii abbas, vice omnium sub ejus regimine Deo servientium monacorum, petiit a venerando ecclesie Carnotensis episcopo, nomine Aguoberto, et ab honorabili sancte Dei genitricis clero uti aliquam suarum eis concederent prebendarum, desiderantibus in Beate Marie congregatione censeri et tante ecclesie canonicis federari. Quod illi gratanter amplectantes, a minimo usque ad maximum, libero animo concesserunt, gratulantes et ipsorum monachorum societatem adipisci et oracionibus participare..... *Pour ce, les moines promettent aux chanoines de prier pour eux à leur mort et d'inscrire les noms de tous les évêques de Chartres sur leur martyrologe; de plus, à la mort de chaque chanoine actuellement existant, ils lui feront un service solennel avec chant des cinq pseaumes et une messe.....* Ut autem hoc pactum stabile fieret et indissolubile, regis francorum Henrici nomine confirmatum est. Signum Henrici regis; Gaufridi comitis, filii comitis Britannorum [2]; Rainaldi, camerarii regis [3]; Ebraldi de Putheolo [4]; Yvonis, filii Yvonis comitis [5]; Guillelmi de Calniaco; Ricardi, regis capellani; Guillelmi, capellani; Rainaldi, custodis capelle regis; Gualterii, filii Renaldi de Britannia; Vualterii Rufi; Guidonis, filii Guillelmi; Fulberti, nepotis episcopi; Alberti Marvillerii; Roberti de Vindocino; Bernardi, nepotis episcopi; Agoberti, episcopi; Hugonis, decani [6]; Arnulphi, cantoris;

---

[1] Albert, abbé de Marmoutier. Cette célèbre abbaye était alors dans toute sa splendeur, et, les religieux de Souvigny, écrivant en 1048 à l'abbé Albert pour lui faire part de la mort de saint Odilon, lui donnaient le titre d'*abbé des abbés*. (D. Mabillon, *Ann. Bénéd.*, — Moréri.)

[2] Geoffroy, fils naturel d'Alain III, duc de Bretagne, dépossédé du comté de Rennes en 1048.

[3] Voir p. 90, note 9.

[4] Voir p. 91, note 3.

[5] Yves II, second fils d'Yves Ier, qui devint comte de Beaumont-sur-Oise vers 1067-1070 et mourut vers 1091.

[6] Hugues, doyen du Chapitre de Chartres (1038-1060).

Fulcherii, archidiaconi; Yvonis de Curbavilla [1]; Johannis, medici [2]; Hugonis, filii vicedomini [3]; Herberti, nepotis Alberti abbatis; Hugonis, filii Huberti de Firmitate. »

(*Vidimus de 1241.* Arch. d'Eure-et-Loir, fonds du Chap., reg. des privil., f⁰ 147 r⁰.)

XVI.

(vers 1055.)

Donation faite à l'église de Chartres, par Isembard, évêque d'Orléans, de l'église d'Ingré, sise au territoire dudit Orléans, et de tous les droits que ledit évêque et l'archidiacre d'Orléans étaient en possession d'exercer en ladite église d'Ingré; à raison de quoi Agobert, évêque de Chartres, abandonne, par forme d'échange et de compensation au Chapitre Saint-Liphard de Meung, l'église d'Oinville-en-Beauce.

(*Inv. du Chap.*, C. XVIII, 3.) [4]

XVII.

Carta Araldi, episcopi, de una prebenda Cluniacensi monasterio donata.

(1071-1075.)

« Evangelicis atque apostolicis monemur institutis atque etiam majorum nostrorum provocamur exemplis, ut sic, ex abundantia nostra, Christi servorum temporalem indigentiam relevemus, quatenus eternorum abundantiam, precibus eorumdem, cum eis assequi valeamus, quod non ex tristitia aut ex necessitate faciendum est, ut docet beatus Apostolus *quoniam hilarem datorem diligit Deus*, nec vacuum esse reputatur temporalia seminare cum sic spiritualia debeamus indesinenter mereri. Quapropter ego Araldus, ecclesie Carnotensis indignus episcopus [5], et ejusdem ecclesie canonica fraternitas, notum fieri volumus cunctis orthodoxe ecclesie filiis, tam

---

[1] Yves I, seigneur de Courville, l'un des chefs de cette puissante maison, vivait vers la seconde moitié du XIe siècle. Il était probablement frère de Girois de Courville, *Gerogius*, dont il est question dans deux titres de Saint-Père, de mars 1094 et de 1101, insérés au *Cartulaire* de cette abbaye, p. 499 et 502.

[2] Jean de Chartres, dit le Sourd, médecin de Henri Ier, chef de la secte des Nominaux. Il passe pour avoir fait construire un des portails de l'église de Chartres.

[3] Hugues II, fils de Guerry et d'Hélissende, vidame de Chartres (v. 1089-1100).

[4] Voir nos VII et XIV.

[5] Adrald, évêque de Chartres, de 1069 au 10 février 1075.

presentibus quam futuris, quod nos pariter, bona fama virtutum Cluniacensis monasterii, tanquam florentis hortuli suavissimo liliorum atque rosarum odore perflati, et iccirco habende fraternitatis ejusdem monasterii desiderio divinitus inspirati, prebendam quam habebat Fulcherius, filius Nivelonis [1], fratribus predicti monasterii, rogatu ejusdem Fulcherii, in perpetuos usus concedimus [2], et canonica authoritate firmamus habendam, ut, ab hac die in posterum, usumfructum ejus prebende recipiant, et ad utilitatem monasterii sui, sive per se, sive per suos ministros, secundum suum velle, disponant, nullumque hebdomadale servitium in nostra ecclesia pro eadem prebenda faciant. Predictus vero Fulcherius, nichil temporale de prebenda ulterius recepturus, quia, pro remedio anime sue, ad voluntatem Dei et nostram, hanc elemosinam Cluniacensi monasterio fieri permittit, nostra spirituali fraternitate et communium orationum suffragiis, quamdiu vixerit, non carebit, imo et in vita et in morte propter hoc ipsum melius obtinebit. Ut autem scriptura ista certum habeat firmamentum, ego Araldus presul propria manu subtus eam firmavi, et majorum ecclesie nostre manibus confirmandam esse decrevi, regiaque manu postea roboratam, domno Richerio, nostre ecclesie metropolitano [3], deinceps obtuli roborandam. Signum Araldi, episcopi. Signum Ingelranni, decani. et cancellarii. »

(*Cop. sur pap.;* Arch. d'Eure-et-Loir, fonds du Chapitre, C. IX, K, 1. — D'Achery, *Spicil.*, VI, p. 451. — *Gall. christ.*, t. VIII, Instr., col. 303.)

[1] Foucher, fils de Nivelon, que nous avons vu figurer parmi les témoins de la charte de 1048, et qui donna à l'abbaye de Saint-Père l'abbaye de Saint-Lubin-des-Vignes, avait d'abord porté la robe de clerc; il l'échangea contre une armure après la mort de Payen, son frère aîné, tué dans une attaque contre le château de Fréteval, que Geoffroy-Martel, comte d'Anjou et de Vendôme, avait enlevé à leur père Nivelon (*Cart. de Saint-Père*, p. 25). Foucher laissa son nom à la poterne Foucher-Nivelon, située au haut du tertre Saint-François.

[2] En 1258, le pape Alexandre IV accorda à l'abbaye de Cluny une bulle de réunion à la manse du monastère de la prébende donnée par le Chapitre de Chartres, ainsi que de celle donnée à ladite maison, à peu près dans le même temps, par l'évêque d'Orléans, dans l'église de Sainte-Croix. La réunion de ces deux prébendes à la manse conventuelle fut faite pour que le produit en fût employé à l'entretien des lampes de l'église de Cluny dédiées aux apôtres saint Pierre et saint Paul.

Pour éviter les contestations qui s'élevaient au sujet de la nature et de la qualité du grain, par une transaction passée le 5 septembre 1666, le Chapitre de Chartres consentit que le gros de la prébende de Cluny fût converti en une redevance annuelle de 135 livres.

[3] Richer, archevêque de Sens, d'avril 1062 au 26 décembre 1096.

XVIII.

« Theobaldi, palatini comitis, de servis conjugio mixtis. »
(1084, 9 janvier.)

« In nomine Patris et Filii et Spiritus Sancti, amen. Ego Tetbaldus, palacii comes, precepi litterarum tenaci memoriæ tradi et sic notum fieri posteris sanctæ Dei æcclesie fidelibus atque nostris quod in presentia multorum facio et a quibuslibet videri vel audiri volo. Quia enim, injuste et nulla juris nostri repetitione premissa, mancipaveram mihi et æcclesiæ Sancti-Martini, per manum Guillelmi prepositi et aliorum fidelium nostrorum, servos atque ancillas qui nati sunt ex conjugio servorum Sanctæ Mariæ Carnotensis æcclesiæ et ancillarum nostrarum et æcclesiæ Sancti-Martini vel e converso, venit ad me Gaufridus episcopus [1], decano et aliis quibusdam personis æcclesiæ sibi adhibitis, humiliter postulans ut, sicut anno introitus Arraldi, episcopi, et supra, quietam possessionem servorum et ancillarum ex tali conjugio habuerat Carnotensis æcclesia, ita sibi habendam perpetuo redderem liberam et quietam de his qui usque ad hanc diem simili matrimonio copulati erant. Precibus ergo episcopi et canonicorum, presertim justis in hac re, dissentire indignum duxi, et litis atque contentionis causam funditus eradicare atque pacem quæ Deo conciliat animas elegi inter nos et canonicos ponere. Consensu ergo sororis meæ Berte [2], et uxoris Adelaidis [3], atque filiorum meorum Stephani [4] et Odonis [5], necnon etiam canonicorum Sancti-Martini, facio quod episcopus et canonici petierunt, et servos vel ancillas, de quibus sermo est, a nostra manu in potestatem illo-

---

[1] Geoffroy I, évêque de Chartres (1077 à 1088), neveu de Geoffroy, évêque de Paris, et d'Eustache, comte de Boulogne. Il avait été déposé pour simonie au concile d'Issoudun, comme nous l'avons dit p. 16, note 3 ; mais il parvint à conserver encore quelques années le siège de Chartres, et Yves, son successeur, ne le remplaça que vers 1090, quoique soutenu énergiquement par le pape Urbain II.

[2] Berthe de Chartres, fille du comte Eudes II, épouse d'Alain III, duc de Bretagne, puis de Hugues II, comte du Maine, morte en 1085.

[3] Adèle ou Alix, fille de Raoul II, comte de Crépy, que nous avons vu figurer dans la charte de 1048.

[4] Voir n° XXI.

[5] Eudes, comte de Troyes et de Meaux, mort sans postérité.

rum reddo liberam et quietam : hoc tamen addens ut si forte contigerit simile matrimonium inter servos nostros et illorum, servent erga nos legem illam et consuetudinem quam poterunt probare legitime canonici Sancti-Martini se habuisse tempore Ôdonis comitis [1], antequam prohibuisset ne servi canonicorum Sanctæ Mariæ conjugio miscerentur suis. Ut ergo hæc nostra concessio petitionis illorum plenariam firmitatem in posterum habeat, cartam hanc, sigillo auctoritatis nostræ impresso, cruce etiam facta manu nostra, roboravimus et fidelium nostrorum manibus tangendo corroborandam dedimus.

+ Signum Tetbaldi comitis. + Signum Adelaidis, uxoris ejus.

Signum Ingelranni, Suessorum archidiaconi [2]. Signum Rainerii, Blesensis clerici. Signum Bonidonis Lonbardi. Signum Rotberti, capellani. Signum Tetbaldi de Rupibus. Signum Gilduini Blesensis. Signum Dudonis, dapiferi. Signum Fulconis de Brana. Signum Rodulfi de Vitreio. Signum Rotberti, legis docti. Signum Guillelmi, prepositi. Signum Goscelini, canonici Sancti-Martini. Signum Gradulfi, canonici. Signum Ilberti de Gurzeis. Signum Hilduini, precentoris. Signum Girardi, majoris. Signum Ugonis, cubicularii. Signum Guidardi de Vana. Signum Guillelmi, servientis. Signum Hugonis, filii Rotrochi. Signum Gauterii Cenomannensis. Signum Gelduini de Sancto-Oculo. Signum Hugonis, constabularii.

Data v^{to} idus januarii, indictione vi^{ta}, anno a passione Domini millesimo LXXX°III°, regnante Philipo xx°m°. Scripta manu Ingelranni, Carnotensis æcclesiæ decani et cancellarii. »

(*Orig. en parch.;* Arch. d'Eure-et-Loir, fonds du Chapitre, C. X, F, 1. — Bibl. Imp., cart. 28 *bis*, f° 145 r°.)

XIX.

Epistola Urbani II, clero ac populo Carnotensi, de depositione Gaufridi et electione ac consecratione Ivonis.

(1090, 25 nov.)

« Urbanus episcopus [3], servus servorum Dei, dilectis in Christo filiis, clero ac populo Carnotensi, salutem et apostolicam benedictionem. Nos

---

[1] Eudes II, comte de Chartres-Blois et de Champagne (1004-1037).
[2] Ingelrand, devenu évêque de Soissons cette même année 1084, ne siégea qu'un an.
[3] Urbain II (1088-1099).

quidem, tum pro beate Marie semper Virginis devotione ac reverentia, tum pro nostri officii debito, ecclesie vestre dilectionem, protectionem, et curam specialius impendentes, ejusque labores diuturnos, quos a Gaufrido, quondam episcopo, passa est, propensiore animo perpendentes, rei veritate diutius atque diligentius pertractata, largiente Domino, justicie satisfecimus. Bonam itaque animi vestri voluntatem prevenientes ac subsequentes, venerabilem virum Ivonem presbiterum [1], quem, Gaufrido per nos deposito, catholice atque canonice, secundum nostra monita, elegistis, ne quod ulterius hac in re impedimentum vestra ecclesia pateretur, sine more longioris obstaculo consecravimus. Nunc eum ad vos remittentes, tanquam beati Petri manibus consecratum, beati Petri vice vos rogamus et obsecramus quatinus eum benigne suscipientes, debita, ut pastoris veri membrum, obedientia honoretis, debita sollicitudine que vobis annunciaverit observatis : et ut ipse Deo placere et eum pro vestris valeat excessibus digne intercedendo placare, vos quoque placere Deo totis conaminibus procurate. Si enim placere Deo studueritis, pastorem procul dubio Deo placentem habebitis : nos quoque in vestris opportunitatibus ad exaudiendum paratos invenietis. Porro de Gaufrido, qui, sine conditione omni, nostris in manibus episcopatum reddidit, indignum se patenter agnoscens, precepimus et precipimus ne quis ei ullo modo, ad episcopatum reinvadendum, vel infestandum, assensum accommodare presumat : alias et ipsum et ipsius fautores excommunicationi subjacere censemus; obedientes vero monitis gratia divina custodiat. Datum Capue, vii kalendas decembris. »

(*Ivonis op.*, II, 1. — Bouquet, *Rec.*, XIV, 698. — *Gall. christ.*, t. VIII, instr. 305. — *Udalr. Bab. cod.*, n. 174, ap. Eccard, *Corp. hist.*, II, 196. — *Mansi*, XX, 650. — Jaffé, *Reg. Pont. Rom.*, 454, 4059.)

XX.

Epistola Urbani II, Richerio Senonensi archiepiscopo, de depositione Gaufridi et electione ac consecratione Ivonis.

(1090, 25 nov.)

« Urbanus, episcopus, servus servorum Dei, Richerio, Senonensi archiepiscopo, salutem et apostolicam benedictionem. Quantas pro Gaufredo,

[1] Yves, évêque (1090-1115). Voir, sur ce grand évêque, le *Nécrologe*, t. III de cet ouvrage, au 10 des cal. de janvier.

quondam episcopo, Carnotensis ecclesia molestias sustinuerit, quante ad apostolicam sedem querelę perlate fuerint, dilectionis tue strenuitas recognoscit. Tandem, rei veritate diligentius perquisita, largiente Domino, justicie satisfecimus, et ab ipso in nostris manibus, sine cujuslibet tenore conditionis, episcopatus refutatus est. Tandem ad tuam fraternitatem scripta direximus, rei geste ordinem indicantes, et ut tuum Carnotensibus, ad eligendum et consecrandum antistitem, auxilium contribueres flagitantes. Nostra itaque fulti licentia, Carnotenses venerabilem virum presbiterum Ivonem, canonico ordine, in episcopum elegerunt. Cum autem a te consecrationis gratiam pro more ecclesie petivissent, tua fraternitas ei manum imponere recusavit. Ad nos igitur ipsis venientibus, et consecrationis ejusdem gratiam deposcentibus, nos qui viri religionem jamdudum noveramus et ejus eligendi licentiam dederamus, petitioni juste deesse nequivimus. Consecratum igitur eum, salva tuę ecclesie obedientia, remittentes, dilectionis tue dulcedinem postulamus, ut, omni litis fomite consopito, benignitate eum debita complectaris, et ad ecclesie regimen auxilium tuum ei largiaris. Porro Gaufredum, si episcopatum invadere aut ecclesiam infestare tentaverit, ipsum ipsiusque fautores anathemati subjacere decrevimus. Datum Capue, vii kalendas decembris. »

(*Ivonis op.*, II, 1. — Bouquet, *Rec.*, XIV, p. 698. — Jaffé, *Reg. pont. Rom.*, p. 454, n° 4060. — *Mansi*, XX, 651. — *Udalrici Bab. cod.* n° 175, apud Eccard, *Corpus hist.*, II, 196.)

XXI.

« Super dono terre Hervei apud Bullanvillam. »

(1090-1101.)

« Communi capitulo Sancte Marie Carnotensis ecclesie St[ephanus][1] comes et A[delicia] comitissa [2]; salutem. Volumus vobis notum esse nos conces-

---

[1] Les mots ou phrases mis entre crochets ne sont indiqués dans l'original que par des initiales ou manquent complètement.

[2] Etienne-Henri, fils de Thibault III, fut comte de Chartres de 1089 à 1102; fait prisonnier à Ramla, dans la Terre-Sainte, par les troupes du calife d'Egypte, il eut, dit-on, la tête tranchée le 18 juillet 1102 (Michaud, *Hist. des Croisades*, t. II, p. 34). — Il avait épousé vers 1080, Adèle, fille de Guillaume-le-Conquérant, duc de Normandie et roi d'Angleterre.

Ele fu de Chartres cuntesse,

sisse ecclesie Saucte Marie vobisque terram Hervei, filii Arnaldi [1], scilicet illam quam habet apud Bullanam Villam [2]. »

(Bibl. Imp., cart. 28, p. 88, et 28 bis, f° 36 r°.)

XXII.

« Ivonis, episcopi Carnotensis, super licencia ecclesie construende monachorum de Bello Loco. »
(1095, 3 janvier.)

« In nomine sancte et individuę Trinitatis, Patris et Filii et Spiritus Sancti. Ego Ivo, licet indignus æcclesię Carnotensis episcopus, notum volo fieri omnibus, tam presentibus quam futuris, quod domnųs Hugo, venerabilis abbas Cluniacensis monasterii, cum grege sibi commisso, et maxime fratres de Karitate parvitatem nostram humiliter adierunt, petentes ut eis concederem fįeri et consecrari monasterium extra urbem Carnotanam, in loco quem Guillelmus ad edificandum monasterium elegerat [3]. Quorum peticio quia digna impetratione et multis profutura visa est, assensu confratrum nostrorum canonicorum Beatę Marię, in supradicto loco monasterium fieri et consecrari concessimus, ea conditionis lege ut omnem obedientiam et subjectionem michi et ecclesię michi commissę, et successoribus meis quam monachi circumquaque positi exibent, exibeant, et jura æcclesię

     Espuse al conte Estievenum,
     Gentiz home, noble barun,

dit le *Roman de Rou*, t. II, p. 59. Ce prince et cette princesse se montrèrent très-aumônieux envers l'église de Chartres, comme nous le verrons ci-après. Leurs obits sont inscrits au *Nécrologe* (t. III de cet ouvrage), savoir : celui d'Etienne, le 14 des cal. de juin; et celui d'Adèle le 8 des ides de mars.

[1] Ce même Hervé, au retour de la Terre-Sainte, donna au Chapitre de Chartres, une notable partie du bois de la vraie Croix (*Nécrologe*, 6 des ides d'avril).

[2] Cette donation est l'origine de la mairie que possédait le Chapitre à Bullainville : plus tard, Philippe-Auguste, par lettres datées de Paris au mois de novembre 1207, abandonna aux chanoines le droit de servage qu'il avait sur les personnes de Jodouin, maire de Bullainville, de sa femme et de leurs héritiers. (Bibl. imp., *cart. 28*, p. 88, et *28 bis*, f° 40 r°. — L. Delisle, *Catal. des actes de Ph.-Aug.*, 246, 1,063). Enfin, en 1356, Erard de Dicy, chantre de l'église de Chartres, acquit, au nom du Chapitre, un hébergement audit lieu de Bullainville (*Inv. du Chap.*, C. XCV, O, 3 et 4).

[3] Le prieuré de la Madeleine du Petit-Beaulieu, pendant plusieurs siècles assez florissant, ne consistait plus, au moment de la Révolution, qu'en un petit oratoire.

nostre et æcclesiarum ei commissarum, absque meo consensu et capituli Beatę Marię et successorum nostrorum, invadere non presumant.

+ Signum Ivonis, episcopi. + Signum Ernaldi, decani[1]. + Signum Ilduini, cantoris. + Signum Gauslini, subdecani.

Data in capitulo Beatę Marię, III nonas januarii, anno ab incarnatione Domini M nonagesimo IIII[to], indictione secunda. »

(*Orig. en parch.*; Arch. d'Eure-et-Loir, fonds du Chapitre, C. IX, G, 1. — Bibl. Imp.; cart. *28*, p. 50, et *28 bis*, f° 23 r°.)

XXIII.

« Privilegium Ivonis episcopi et cardinalium de prebendis et ceteris tam ecclesiis quam redditibus abbatie Sancti-Johannis datis. »

(v. 1099.)

« Quia, summi patris ineffabili misericordia disponente, pastoralem curam, licet indigni et peccatores, suscepimus, ut assidua cordis vigilantia communi utilitati et saluti animarum diligenter providere studeamus, et ut, in vespera nummum recepturi, dominice unice circumquaque propagines extendamus, superna gratia mentem nostram illustrante, et vero dilecto nostro, quasi per compunctionis foramen, manum promotionis et auxilii ad nos extendente, sepe et multum cogitavimus et cogitantes investigavimus qualiter in hac urbe vel in suburbio aliquam haberemus ecclesiam, in qua devota fidelium concio devotam et Deo dignam canonicam ageret vitam. Nunc igitur tandem salvatoris nostri Jhesu-Christi magna et inexplicabilis benignitas, que bene clamantibus respondere, digne pulsantibus aperire non dedignatur, desideriorum nostrorum diutius non differens efficaciam, Beati-Johannis-Valiacensis ecclesiam, locum scilicet opportunum et tam sacris institutionibus aptissimum, utpote a populari strepitu civitatis

---

[1] Arnauld, doyen (1092-1120), est connu par ses luttes violentes avec son évêque, au sujet de la réforme qu'Yves, voulait introduire dans la collation des dignités et des prébendes du Chapitre. A la suite de ces disputes, il se démit du décanat, pour se retirer d'abord à Cluny, puis à l'abbaye de la Trinité de Vendôme, qu'il quitta ensuite pour reprendre le décanat, au grand scandale de l'abbé Geoffroy. (*Lettres d'Yves de Chartres*, publiées par M. Luc. Merlet dans la Bibl. de l'Ec. des Chartes, 4e série, t. I, p. 459. — *Gaufridi abb. Vindoc. Epist.*, lib. II. C. 7).

aliquantisper sepositum, nobis obtulit, et corda quorumdam fratrum loci ejusdem, beneficia non satis ecclesiastice tenentium, sic illustrando preparavit, ut secundum Apostolum, mente excedentes, non jam sibi sed Deo velint vivere, et fieri aliquod initium Dei creature. Ego itaque Ivo, sancte Dei matris ecclesie Carnotensis, divina gratia, episcopus, communi consilio et assensu totius Capituli primatumque nostrorum, in pretaxata Sancti-Joannis ecclesia canonicos tales esse decernimus, qui, proprietate posthabita, canonicam haberent vitam juxta beati Augustini institutionem. Et quoniam, sine boni temporalis sustentaculo, intenti divino nequeunt esse servicio, illis que antea possidebant ad victus stipendia superaddidimus prebende uniuscujusque fratris de congregatione nostra deffuncti [1], sive monachilem vel canonicalem habitum suscipientis, vel Jherosolimam vel in heremum proficiscentis si prebendam dimiserit, vel seculo renunciantis, vel metu mortis seu infirmitate, vel pro malo introitu prebendam suam dimittentis, totos redditus per integrum annum [2], ut in singulis diebus unius integri anni missam celebret pro anima fratris cum defunctus fuerit [3].

---

[1] Cependant un réglement de Renaud de Mouçon, de juillet 1208, que nous donnerons à sa date, conserve intégralement les fruits de la prébende, pendant le reste de l'année, aux héritiers d'un chanoine mort après six mois de résidence.

[2] Dans une confirmation de l'évêque Geoffroy (v. 1120), en tout point d'ailleurs conforme à la charte d'Yves, on trouve cette clause explicative, à l'endroit des prébendes : *Et quia aliquid minus predicti Ivonis privilegium continere videtur, nos superaddimus ut quocumque modo persona mutetur, prefata Beati-Johannis ecclesia totos prebendales redditus per integrum annum habeat.* (Cop. sur pap., fonds de l'abb. de Saint-Jean, H, 1). — Cette donation d'Yves et de Geoffroy fut la source de nombreux différends entre le Chapitre et l'abbaye de Saint-Jean. En 1217, après de longs débats, une convention, élaborée par des arbitres, délégués du Saint-Siége, régla le mode de perception de la prébende de Saint-Jean, des revenus assignés pour les *annuels*, et des fruits des prébendes vacantes (*Orig. en parch.*, fonds du Chapitre, C. IX, B, 3. — Bibl. imp., *cart. 28 bis*, f° 101 v°). Mais ce réglement ne tarda pas à tomber en désuétude, et, dès 1271, un procès s'éleva entre les chanoines et les religieux au sujet des premiers fruits de la prébende de Thibaut de Nanteuil, chanoine, décédé avant d'avoir fini son stage. Les chanoines consentirent cependant à laisser jouir les religieux de ladite prébende, mais sans conséquence pour l'avenir. De nombreuses transactions intervinrent à l'occasion de ce droit sur les prébendes en 1427, 1524, 1529, 1588, etc.

[3] Le jugement arbitral de 1217, qui rappelle sur ce point le privilège d'Eudes, dispose que les religieux de Saint-Jean, doivent célébrer par jour, une messe particulière pour chaque *annuel*, c'est-à-dire pour le repos de l'âme de chacun des chanoines de Notre-Dame, décédés dans l'année, et que, pour réparer les oublis plus ou moins volontaires du passé, ils sont tenus de réciter, chaque jour, à l'une de leurs messes, une oraison spéciale pour les chanoines défunts. Le jugement contient, en outre, la confirmation de la règle établie par Renaud de Mouçon (voir *supra*, note 1), et n'accorde à l'abbé de Saint-

Concedimus etiam ut ecclesia Beati-Johannis, in ecclesia Beate-Marie, perpetualiter habeat prebendam quam habebat abbas Albertus [1] cum canonicam susciperet normam. Dedimus et ecclesiam Beati-Stephani et omnia ad eam pertinentia, altare scilicet de Morentiaco cum parte synodi ad altare pertinentis, necnon et ecclesiam de Mondonis-Villa, liberam a synodo et circada et omni exactione, pariterque servos et ancillas et terras sive cultas sive incultas..Concedimus etiam Sancte-Fidis ecclesiam, et ecclesiam de Luciaco, et campipartem illius terre quam ante possidebamus, et omnes consuetudines terre Beati-Johannis illius scilicet ville, et terram cum oblatis de Osainvilla, tam episcopalem quam canonicalem. Terram etiam de Ancheri-Villa concedimus. Super hec dedimus junioratum ecclesie de Ponte-Godonis, cum omnibus domibus nostris, et totam avene farraginem, et totam nostram terram ultra aquam eo tempore incultam, et furnum ejusdem ville, decimam quoque molendinorum et vinearum. Confirmamus etiam donum altaris ecclesie *Serni*, factum a Gauslino, canonico et preposito Sancte-Marie, et donum vigerie de Valeia et totius terre ,de Moncellis, cum omnibus consuetudinibus, actum ab Hugone, vicedomino hujus civitatis. Confirmamus quoque donum tocius terre Eddeville, cum omnibus consuetudinibus et feodis, necnon donum ecclesie *Ardeluth*, cum omnibus hospitibus et cum terra ad duas carrucas. Ut autem hoc nostrum caritatis opus per succedentia tempora firmum ac stabile maneat, litterarum memorie tradi fecimus et impressione sigilli nostri atque auctoritate et presentia Joannis et Benedicti, divina gratia, cardinalium apostolice sedis, confirmatum, manibus quoque canonicorum nostrorum ceterorumque fidelium dedimus confirmandum. Si quis ergo aliquam huic nostre institutioni calumniam inferre vel aliquid adnullare temptaverit, anathemate nostro percussus, Deum sibi sentiat iratum, et, nisi digna satisfactione culpam correxerit, penis infernalibus deputetur. Preterea etiam constituimus ut si forte abbas supradicte ecclesie deffunctus fuerit vel aliqua canonicali occasione discesserit, fratres sibi abbatem ex eadem congregatione vel alia aliqua regulari, si ibi idoneus inveniri non poterit, eligant, et ad hanc electionem aliquos sani consilii sibi conjungant. Abbas autem electus in communi capitulo

---

Jean, le droit d'entrer au chœur, que pendant sa semaine canoniale et les jours de fête de Notre-Dame.

[1] Albert, premier abbé régulier de Saint-Jean-en-Vallée, après la réforme d'Yves.

Beate-Marie presentetur et ab episcopo recipiat abbatiam, et sicut alii canonici suam in ecclesia Beate-Marie faciat septimanam [1].

Ego Joannes, sancte Romane ecclesie cardinalis, subscripsi.

Ego Benedictus, gratia divina, sancte Romane ecclesie cardinalis, subscripsi.

Ego Ivo, divina gratia, Carnotensis episcopus, subscripsi.

Signum Arnaldi, decani. Signum Guillelmi, archidiaconi. Signum Guarini, succentoris. Signum Radulphi, canonici. Signum Huberti, canonici. Signum Georgii, camerarii. Signum Symonis, archidiaconi. Signum Milonis, archidiaconi. Signum Hilduini, prepositi. Signum Goslini, presbiteri. Signum Guillelmi, abbatis. Signum Gausfridi, presbiteri. Signum Guineberti, diaconi. Signum Theodori, diaconi. Signum Hilduini, cantoris. Signum Seranni, subdecani. Signum Raginaldi, canonici. Signum Herberti, canonici. Signum Ulgrini, cancellarii [2]. Signum Odonis, archidiaconi. Signum Fulconis, archidiaconi [3]. Signum Goslini, prepositi. Signum Hugonis, prepositi. Signum Hugonis, presbiteri. Signum Garini, presbiteri. Signum Landrici, diaconi. Signum Andree, diaconi. Signum Guarini, diaconi. Signum Durandi, diaconi. Signum Gisleberti, subdiaconi. Signum Alberti, canonici. Signum Stephani, subdiaconi. Signum Hugonis, subdiaconi. Signum Philippi, canonici. »

(*Copie sur pap.;* Arch. d'Eure-et-Loir, fonds de l'abb. de Saint-Jean, H, 1. — *Epist. Yvonis*, n° 286. — *Gall. christ.*, t. VIII, Instr., col. 305.)

---

[1] Ce privilége d'Yves fut confirmé par une bulle de Pascal II, datée de Chartres le 13 des calendes de mai 1108 (*Cop. sur pap.*, fonds de l'abb. de Saint-Jean, H, 1). Il le fut de nouveau, en même temps que les donations de l'évêque Geoffroy de Lèves, par le pape Eugène III, dans ses bulles datées de Ferentino, le 16 des calendes d'avril 1150 (*Cop. sur pap.*, fonds de l'abb. de Saint-Jean, H, 1).

[2] Vulgrin fut élu archevêque de Dol en 1107. (Voir, au sujet de son élection, les lettres de saint Yves, n° 200 et 262.) Il se démit avant d'avoir été confirmé par le Pape, et reprit ses fonctions de chancelier en l'église de Chartres. On lit, en effet, dans une charte d'Yves, relative à l'église de Saint-Nicolas de Courville, appartenant à l'abbaye de Saint-Jean, la phrase finale suivante : *Data per manum Vulgrini, cancellarii, anno ab incarnatione Domini M°C°XV°, indictione octava.* (*Orig. en parch.;* Arch. d'Eure-et-Loir, fonds de l'abb. de Saint-Jean, H, 44.)

[3] Ce Foulques fut sans doute celui qu'Yves voulut élever au sous-décanat et dont la nomination excita une si vive résistance de la part du doyen Arnauld et de ses adhérents. (*Epist. Yvonis*, n° 205.)

XXIV.

Carta Henrici-Stephani, comitis, « de immunitate domorum et rerum episcopalium in morte episcopi. »

(d'octobre 1100 à ... 1101.)

« In nomine sancte et individue Trinitatis, Patris et Filii et Spiritus Sancti, amen. Ego Henricus, comes, cognomine Stephanus, necnon et Adela uxor mea, cum filiis nostris, notum fieri volumus omnibus sancte Dei ecclesie fidelibus, tam laicis quam clericis, presentibus et futuris, quia Ivo, humilis Dei servus, venerabilis Carnotensis ecclesie episcopus, presentiam nostram adiit, et a nobis obnixe postulavit quatinus domum pontificalem, domum scilicet quam ex lignea lapideam, ex vili reddidit speciosam[1], ab illa prava consuetudine, quam predecessores nostri et nos habuimus in ea huc usque, liberam esse concederemus, ne scilicet, episcopis ab hac vita migrantibus, vel aliqua occasione decedentibus, prefata domus dissiparetur, ne quid ferri, vel plumbi, vel vitri, vel ligni, vel lapidis absportaretur, vel obrueretur, ne qualibet sua supellectili spoliaretur; annona quoque, vinum, fenum, oves et boves, et cetera animalia, omniaque mobilia, que, sive in urbe, sive extra urbem, congregata vel collecta fuerint ante obitum vel discessum episcoporum, a nobis et a nostris intacta dimitterentur, illis profutura quibus episcopus reservare, vel donare, seu per se, seu per euchonomum suum, decreverit, vel majores ecclesie persone, si id episcopo, aliqua occasione prevento, facere non licuerit. Addidit etiam peticioni sue ut exactio, quam vulgo *talliam* vocant que, defunctis episcopis vel decedentibus, fieri solet in servientes episcopi, vel rusticos, simili ratione condonaretur. Nos igitur tanti viri peticionem dignam frustrari indignum esse judicantes, et ecclesiasticas res augmentari potius quam deteri debere cogitantes, ob remedium anime patris mei et mee, et uxoris mee, filiorumque meorum, rem pretaxatam a prava consuetudine liberam reddimus; domum scilicet, et domus ejusdem ferrum, plumbum, vitrum, li-

---

[1] Le palais épiscopal, entièrement reconstruit par Yves à la fin du XIe siècle, et restauré avec magnificence par l'évêque Goslein de Lèves, vers 1150, fut détruit par l'incendie de 1194.

gnum, lapides [1], ceteramque supellectilem, scilicet tabulas, scanna, scabella, vasa vinaria, lectos, necnon coquinas et horrea, granaria, cellaria, torcularia, furnos, furnorumque domos, sive in urbe, sive extra urbem, silvas, ut non vendantur nec succidantur, nec dentur, annonam quoque, vinum, fenum, oves et boves, et cetera animalia, omniaque reliqua mobilia, que congregata vel collecta fuerint, sive in urbe, sive extra urbem, ante obitum vel discessum episcopi cujuslibet, intacta a nobis et nostris dimittimus, et nos et filii nostri, illis profutura quibus episcopus reservare, vel donare, seu per se, seu per euchonomum suum, decreverit, vel majores ecclesie persone, si id episcopo aliqua occasione prevento facere non licuerit. Concedimus etiam ut pretaxata exactio que defunctis episcopis vel discedentibus fieri solet in servientes episcopi, vel rusticos, de cetero nunquam fiat [2]. Et quia tam benigne ista concessimus, concesserunt mihi et Adele uxori mee episcopus et congregatio tota canonicorum Beate Marie ut per singulos annos anniversaria nostra celebrarentur temporibus suis in ecclesia Beate Marie. Si quis ergo pretaxatam pactionem annullare vel debilitare conabitur, concedimus, quantum in nobis est, ut, tam in urbe, quam in suburbanis, divinum officium interdicatur, et tanti sacrilegii patratores admoniti, si non resipuerint, usque ad satisfactionem, anathematis gladio severissime puniantur. [Si quis autem futurorum episcoporum in domo supradicta turrim vel propugnacula edificaverint, turris et propugnacula tantum destruentur, domus autem cum appenditiis suis inconcussa manebit] [3]. Ut autem pactum hoc firmum et inconcussum per succedentia tempora permaneat, placuit scripto mandari et optimatum, tam clericorum quam laico-

---

[1] Les mêmes termes sont employés par Louis-le-Jeune, dans sa charte de 1158, relative à l'évêché de Laon (*Ordonn. des rois de France*, t. I, p. 12). Nous savons aussi que le même prince abolit, en 1143, un pillage semblable qui avait lieu à Paris, après la mort de l'évêque (Guérard, *Cart. de N.-D. de Paris*, t. I, p. 36). Ainsi ce singulier droit n'était pas particulier à l'évêché de Chartres.

[2] Cette exemption fut confirmée par le roi Philippe Ier, par lettres datées de Paris, en 1105, l'année 46e de son règne. (*Orig. en parch.*, Arch. d'Eure-et-Loir, fonds du Chapitre, C. X, A, 28. — Bibl. Imp., *cart. 28*, p. 38, et *28 bis*, f° 17 r°. — *Gallia christ.*, t. VIII, instr., col. 310. — D'Achery, *Spicil.* XIII, 296.) — Louis VII fit une confirmation semblable en 1155, à Paris. Voici comment sont souscrites ces lettres-patentes : *Signum Blesensis comitis Theobaldi, dapiferi nostri. Signum Guidonis buticularii. Signum Mathei camerarii. Signum Mathei constabularii. Data per manum Hugonis cancellarii.* (*Copie sur pap.*, Arch. de l'Empire, sect. hist. 3³/K, 177. — Martène, *Ampliss. coll.* I, p. 831.)

[3] Cette phrase ne se trouve pas dans l'original.

rum, astipulatione roborari et sigillorum nostrorum testimonio communiri ¹.

+ Sigillum Stephani comitis. + Signum Adele comitisse. + Signum Guillelmi ². + Signum Stephani ³. + Signum Odonis ⁴. + Signum Teobaldi ⁵.

Testes ex parte comitis et comitisse : Stephanus, Meldentis vicecomes; Galcherius de Monte-Mirabili; Radulfus de Balgentiaco; Guicherius de Castro-Raginaldo; Guermundus de Castellione; Guarnerius *Maingot;* Rotrocus, comes de Pertico⁶; Stephanus, vicedominus⁷; Herbertus de Castellione; Paganus de Verziaco; Herveus Belo; Hugo Berbellus; Ansoldus Berbellus ⁸; Robertus Belini ⁹; Bernardus, foristerius; Raginaldus, capellanus; Alexander, capellanus.

[Concessioni Theobaldi pueri interfuerunt : Robertus Aculeus ; Girardus, filius vicedomine ¹⁰; Guillelmus, filius Hugonis Albi ; Guillelmus, filius Ro-

---

¹ Là se termine la copie insérée dans les deux manuscrits du *Livre des Priviléges.*

² Guillaume, fils aîné d'Etienne-Henri, évincé du comté de Chartres-Blois par son frère Thibault, devint la souche de la branche de Sully-Champagne.

³ Etienne, troisième fils d'Etienne-Henri, comte de Mortain et de Boulogne, roi d'Angleterre en 1135.

⁴ Eudes, fils inconnu d'Etienne-Henri.

⁵ Thibault IV, comte de Chartres-Blois après son père Etienne-Henri (1102-1151).

⁶ Rotrou II, fils de Geoffroy II, succéda à son père, comme comte du Perche, au mois d'octobre 1100.

⁷ Etienne, second fils du vidame Guerry et d'Hélissende. Tous les membres de la famille du vidame prenaient à cette époque le titre de vidame. Barthélemy Boël s'arrogeait même ce titre du chef de sa femme, veuve de Guerry. Quelques années plus tard, nous trouvons Guillaume, Jean et Robert, fils de Guillaume de Ferrières, et Hélissende, sa fille, dénommés à la fois avec la qualité de vidame. Cette multiplicité de personnes, portant au même temps la même dénomination, explique la difficulté que l'on rencontre à dresser une liste exacte des premiers vidames de Chartres. — Etienne devint dans la suite abbé de Saint-Jean-en-Vallée, puis patriarche de Jérusalem (1120).

⁸ Les noms de Hugues et d'Anseau Berbel se rencontrent dans plusieurs titres de la fin du XIᵉ et du commencement du XIIᵉ siècle. Ils étaient familiers de l'abbaye de Saint-Père, à laquelle le premier donna des biens à Gorget, Chavannes, etc. (1101-1106). Le fils du second, appelé Anseau de Beauvoir, se croisa vers 1116-1129 (*Cart. de Saint-Père*, p. 298, 317, 319).

⁹ Une rue de Chartres porte encore le nom de rue *Robert-Blin*, et, sans vouloir être trop affirmatifs, nous croyons qu'on peut faire remonter l'origine de ce nom jusqu'au personnage ici mentionné.

¹⁰ Girard Boël, fils de la vidamesse Hélissende et de Barthélemy Boël, son second mari, fut un des personnages les plus importants de la cour de Thibault IV. On rencontre son

berti Aculei [1]; Guido, exprepositus; Stephanus, prepositus [2]; Ernaldus, tunc telonearius; Burdinus, magister Theobaldi; Hugo, monetarius; Haymo de Bercheriis, et multi alii, in presentia totius capituli.

Concessioni vero Guillelmi comitis interfuerunt, ex parte sua : Robertus de Trecis; Raimbaldus Craton [3]; Gervasius de Monte; Gamaldus de Vienna; Hugo de Orteyo; Gaufridus de Valeia; Stephanus, prepositus; Guido exprepositus; Ugo, frater ejus; Guarinus de Poevillari [4]. Ex parte autem ecclesie interfuerunt isti subnominati canonici : Seranus, subdecanus; Guillelmus, archidiaconus; Guido de Puteolo; Gaufridus, filius Gausleni de Leugis; Henricus, filius Guidonis; Ernulfus, nepos Ivonis episcopi; Gislebertus, nepos Parisiensis episcopi. Preterea laici : Gauslinus de Leugis [5]; Gauslinus et Milo, filii ejus; Gauterius, filius Garini; Isardus Drocensis; Paganus, filius Durandi; Stephanus, vicedominus; Girardus, filius Boelli, hujus ecclesie signiferi.

Concessioni autem comitisse, de domo episcopali et de appendiciis ejus, interfuerunt : Johannes, Tusculanus episcopus; Hubertus, Silvanectensis

---

nom au bas d'une donation faite à l'abbaye de Saint-Jean par Louis-le-Gros en 1111 (Arch. d'Eure-et-Loir, *Fonds de Saint-Jean*, Inv., n° 82), et dans plusieurs autres titres de ce couvent et de celui de Saint-Père. Sa fille Ledgarde épousa Yves d'Illiers, l'un des plus puissants feudataires du comté de Chartres, qui se croisa vers 1165. Girard Boël mourut vers 1160 (*Fonds de Saint-Jean*, Inv. n° 749).

[1] Robert et Guillaume d'Aiguillon paraissent souvent dans les chartes de cette époque parmi les fidèles du comte de Chartres. Le dernier partit pour la Terre-Sainte en 1147.

[2] Le prévôt Etienne est ce même officier, contre les extorsions duquel le chantre et le Chapitre de Chartres adressèrent une requête à la comtesse Adèle (*Lettres d'Ives de Chartres*, déjà citées).

[3] Ce Raimbaud Craton ne serait-il pas le même que le chartrain Raimbaud Croton ou Creton qui, au dire de Raoul de Caen *(Vie de Tancrède)*, escalada le premier les murs de Jérusalem (15 juill. 1099)? Quant à nous, nous n'en faisons pas de doute, malgré le dire de ceux qui veulent faire naître Raimbaud Croton dans le Cambrésis. Ne serait-ce pas aussi le même que ce Raimbaud, *miles qui in obsidione Hierosolymitana strenue militavit*, qui, pour avoir mutilé des moines de Bonneval, est envoyé par l'évêque Yves au pape Pascal II, afin d'obtenir le pardon de son méfait? (*Epist. Yvon.* n° 160).

[4] Probablement le même dont la femme figure dans un titre de Saint-Père du commencement du XII° siècle (*Cart. de Saint-Père*, p. 331).

[5] La maison de Lèves était à cette époque une des plus puissantes du pays chartrain. Goslein, un des principaux conseillers du comte Thibault IV, se croisa en 1107. Il eut trois fils, tous trois nommés dans cette charte : Geoffroy, déjà chanoine et depuis évêque à la mort d'Yves, Goslein qui succéda immédiatement à son père dans la seigneurie de Lèves, et Miles, père d'un autre Goslein, qui devint aussi évêque de Chartres à la mort de son oncle Geoffroy.

episcopus [1]; Guillelmus, abbas de Sancto-Satiro [2]; Rainaldus, abbas de Spanaio; Tiberius Romanus, legatus papæ; Rogerius de Juvisiaco; Gauslinus de Leugis; Ansoldus puer; Galeranus de Puteolo; Albertus Rufus [3]; Robertus de Deserto [4]; Johannes, filius Falconis, Robertus, filius Guillelmi Gon; Guillelmus de Firmitate [5]; Adam de Cruce; Hugo de Castro-Theodorici [6]; Hugo, panetarius; Burdicius, archipincerna Comitisse; Hilderius, frater ejus et marescallus Comitisse; Gazo de Sazanio; Hugo Jams; Garinus, filius Achardi de Bonavalle; Hugo de Liseus; Henricus de Villamorro; Thomas, Stephani filius] [7].

(*Orig. en parch.;* Arch. d'Eure-et-Loir, fonds du Chap., C. X, A, 28. — *Copie sur pap.,* Arch. de l'Empire, sect. hist., 2³/K 177. — Bibl. Imp., *cart. 28*, p. 77, et *28 bis*, f° 35 r°. — Martène, *Ampliss. coll.*, I, col. 621. — *Gallia christ.*, t. VIII, instr., col. 308.)

XXV.

(vers 1100.)

Donation faite à l'église de Chartres par Erbold, pour le remède de son âme et de celle de Guitelidis, sa femme, d'un certain héritage situé dans un faubourg d'Orléans [8], l'usufruit réservé à ladite femme.

(*Invent. du Chap.*, C. XVIII, 3 bis.)

[1] Hubert, évêque de Senlis (1099-1115), le même pour qui Yves écrit des lettres de recommandation au pape Pascal II (*Epist. Yvonis*, n°s 246 et 260).

[2] C'est certainement le même personnage que Guillaume, prévôt de Saint-Satur-sous-Sancerre, qui fut chargé par Guacelme, évêque de Winchester, d'apporter à Yves un vase à déposer le saint chrême, d'une forme nouvelle et inconnue (*Epist. Yvonis*, n° 111).

[3] Albert-le-Roux figure, comme donateur, dans un acte de l'abbaye de Saint-Père (*Cart.*, p. 434).

[4] On trouve le nom de ce personnage dans la donation faite par la comtesse Adèle à l'abbaye de Saint-Père, en 1104 (*Cart.*, p. 409).

[5] Guillaume de la Ferté, frère de Hugues, archevêque de Tours, partit pour la Terre-Sainte en 1116.

[6] Hugues de Château-Thierry, fidèle du comte Thibault IV, figure avec Goslein de Lèves parmi les chevaliers, garants de l'acquêt fait de la seigneurie de Courville par le comte de Chartres vers 1125. On le trouve aussi, avec le vicomte Hugues, Gui de Rochefort, Gui de Méréville, Hervé de Gallardon et Amaury de Maintenon, dans une donation faite à l'abbaye de Saint-Jean, par les neveux d'Aimery Chenard, en présence du comte Thibault IV et de son frère Etienne (av. 1135). (Arch. d'Eure-et-Loir, *fonds de Saint-Jean*, inv. n° 79.)

[7] Toutes les signatures comprises entre crochets n'existent pas dans l'original.

[8] Cet héritage était sans doute ce *lieu de vignes, consistant en maison, cour, jardin et*

XXVI.

« Paschalis pape, de libertate domus et terre episcopi, in obitu ejusdem. »
(1101, 14 février.)

« Paschalis episcopus, servus servorum Dei, venerabili fratri Ivoni, Carnotensi episcopo, salutem et apostolicam benedictionem. Religiosis desideriis dignum est facilem prebere consensum, ut fidelis devocio celerem sorciatur effectum. Iccirco peticioni tuę, karissime frater et coepiscope Ivo, benignitatis apostolice accommodamus auditum, ut, quod juste omnibus sacerdotalis ordinis fratribus deberi cognoscimus, fraternitati tue singulari scripti confirmatione prestemus. Omnium siquidem episcoporum clericorumque rebus provisum est, cum, in Arvernensi concilio [1], considentibus archiepiscopis duodecim, episcopis octoginta duobus, a domino predecessore nostro beate memorię Urbano salubriter est statutum : *Si quis episcoporum seu presbiterorum aut aliorum clericorum deficiencium res invaserit, usque ad satisfactionem excommunicetur.* Hoc igitur sinodale decretum nostra quoque auctoritate firmantes, de vestra singulariter domo pontificali statuimus, quam scilicet magnis expensis tua strenuitas edificavit, ne quis, obeunte vel tuorum quolibet successorum emigrante seu occasione aliqua decedente, domum ipsam dissipare aut expoliare presumat, nec ab ea suppellex ferri, vel plumbi, vel vitri, vel ligni, vel lapidis absportetur aut obruatur. Universa etiam pontificali edi appendentia, videlicet coquine, horrea, cellaria, torcularia, furni furnorumque domus integra omnino et rapinis libera conserventur [2]. Silve preterea et quicquid extra urbem aut intra urbem ad episcopi salarium pertinet, nec donentur, nec venundentur, nec occasionibus aliis distrahantur, sed, rapina omni violen-

---

cinq arpents de vignes, sis en la paroisse de Saint-Jean-de-la-Ruelle, pour lequel, le 10 avril 1681, les dames religieuses de la Visitation Sainte-Marie d'Orléans passèrent une reconnaissance au prévôt d'Ingré (*Inv. du Chap.*, C. XVIII, 28).

[1] Le concile de Clermont, tenu au mois de novembre 1095 par le pape Urbain II, ne se borna pas à proclamer la première croisade; plusieurs de ses canons sont relatifs à la discipline ecclésiastique, au droit d'asile et aux immunités des personnes et des choses de l'église.

[2] Voir n° XXIV.

tiaque semota, successori qui, per Dei gráciam, ecclesiam recturus est, illibata omnino conserventur. Sane si quis in crastinum archiepiscopus aut aliquis in aliquo cleri officio vel honore constitutus, si quis rex sive princeps aut dux, comes aut vicecomes, judex, advocatus sive defensor, aut quelibet secularis persona hanc nostre constitutionis paginam sciens contra eam temere venire temptaverit, secundo terciove commonita, si non satisfactione congrua emendaverit, excommunicationi subjaceat: cunctis autem apostolice constitutionis decreta servantibus sit pax domini nostri Jhesu Christi, quatinus et hic fructum bone accionis percipiant et apud districtum judicem premia eterne pacis inveniant. Amen, amen. Scriptum per manum Petri, notarii regionarii et scrinii sacri palacii.

Datum Rome, per manum Johannis, sanctę Romanę ecclesię diaconi cardinalis, xvi kalendas martii, indictione viii^a, incarnationis dominicę anno M°C°, pontificatus autem domni Paschalis secundi papę II° [1]. »

(*Orig. en parch.;* Arch. d'Eure-et-Loir, fonds du Chap., C. X, A, 28. — Bouquet, *Rec.* XV, p. 18. — Jaffé, *Reg. pont. rom.*, p. 479, n° 4350. — *Gall. christ.*, t. VIII, instr., col. 307.)

XXVII.

« De canonicis qui non permittunt se promoveri. »
(1102, 11 novembre.)

« Paschalis episcopus, servus servorum Dei, venerabili fratri I[voni], Carnotensi episcopo, et tocius capituli fratribus, salutem et apostolicam benedictionem. Audivimus in regionum vestrarum ecclesiis quasdam pravas consuetudines emersisse et in ecclesia vestra precipue vigere; super hec etiam quedam contra canonum statuta presumi. Nos vero sanctorum patrum statuta sequentes et ab omnibus ea intemerata servari volentes, easdem consuetudines penitus abdicamus, et Sancti-Spiritus auctoritate prohibemus ut in aliena stipendia nullus obrepat, nec beneficia presbiterorum

---

[1] Il existe encore une autre bulle de Pascal II sur le même sujet, adressée aux clercs du Chapitre de Chartres. Elle est datée de Saint-Jean-de-Latran, le 7 des calendes d'avril. (*Orig. en parch.*, Arch. d'Eure-et-Loir, fonds du Chap., C. X, A, 30. — Bibl. Imp., *Cart. 28*, p. 25, et *28 bis*, f° 8 v°. — *Theodori Penitent.* II, 550. — D'Achery, *Spicil.*, III, 440. — Bouquet, *Rec.* XV, 23. — Mansi, XX, 1070. — Jaffé, *Reg. pont. rom.*, 508, n° 4755).

que apud vos junioratus[1] vocantur alii habeant; ut missas non cantent et evangelia non legant presbiteri aut diacones conducticii[2]; ut pro prebendis vel ecclesiasticis beneficiis munus aliquod non exigatur[3]. Precipimus etiam ut cleri qui negotia ecclesiastica ad seculares potestates deferentes ecclesiam gravant, infames habeantur, donec condigne satisfaciant. De concubinarum filiis que a predecessoribus nostris statutum est inconvulsum serventur[4]. Ut qui, non precedente canonica excusatione, se promoveri non permittunt, suis reddantur minoribus inferiores. Secundum capitulum Cartaginiense et secundum institutum pape Gelasii[5], plus accipiat presbiter quam diaconus, diaconus quam subdiaconus, et qui studiosus militat tardioribus plus stipendiorum accipiat. Ut ornamenta ecclesie nemo vendat, aut distrahat, nisi pro ea necessitate quam canones permittunt. Et qui aliter fecerit, sacrilegii reus et canonum contemptor habeatur. De his autem que apud vos precarie dicuntur, que tua fraternitas disposuerit nos ratum habemus. Illam sane excommunicationem quam, de domibus que ecclesie tue contigue fuerant, pro ejusdem ecclesie utilitate dictasti, nos assertionis nostre auctoritate firmamus. Datum Beneventi, III idus novembris[6]. »

(*Orig. en parch.*; Arch. d'Eure-et-Loir, fonds du Chapitre, C. X, A, 30. — Bibl. Imp.; cart. *28*, p. 22, et *28 bis*, f° 9 r°. — *Theodori Penitent.*, II, 420. — Bouquet, *Rec.* XV, 24. — Jaffé, *Reg. Pont. rom.*, 484, n° 4424.)

[1] M. Guérard pense, et nous partageons son opinion, que *juniorat* est synonyme de *vicariat*, office de vicaire ou de desservant *(Cart. de Saint-Père,* prolég. n° 93).

[2] *Minister altaris qui, canonica portione minus accipiendo, subjectione indebita munus ab obsequio suo Conductori persolvit.* Cette sorte de simonie avait été formellement condamnée par Grégoire-le-Grand dans sa lettre aux évêques de France. (Baluze, *Miscell.,* t. V, p. 217.) On appelait *Conductores* les prélats, curés ou autres qui s'attachaient ainsi des *Conducticios.*

[3] Dans une lettre à Richard, évêque d'Albano, Yves se lava d'abord du reproche de simonie qu'on lui adressait, disant que, dès le jour de son avénement, il s'était attaché à combattre cette hérésie, *symoniacam heresim,* et s'étonnant d'ailleurs que le pape ne fasse ce reproche qu'à la seule église de Chartres, *cum et hoc et multa alia eque damnabilia in omni pene Gallicana ecclesia dominentur.* (*Yvonis epist.* n° 94.) Dans une autre lettre adressée à Pascal II (n° 146), Yves fait de nouveau allusion aux abus qui existaient dans son église.

[4] Un des canons du concile de Clermont, de 1095, avait défendu de nouveau d'admettre aux ordres sacrés les fils des prêtres concubinaires. (Labbe, *Concil. gén.*)

[5] Il y eut au V° siècle dix-sept conciles tenus à Carthage, dont la plupart, analysés dans le *Code des canons d'Afrique,* sont relatifs à la discipline ecclésiastique. — Le pape Gélase, si connu par son décret sur les livres apocryphes et par ses luttes avec l'église d'Orient, tint le siége pontifical du 1er mars 492 au 19 novembre 497.

[6] Année 1102, d'après l'itinéraire dressé par Jaffé.

XXVIII.

Paschalis pape, super discordiis propter conditionarios.
(1103, 23 novembre.)

« Paschalis episcopus, servus servorum Dei, Carnotensis ecclesie clericis, salutem et apostolicam benedictionem. Indubia veracium fratrum relatione comperimus magnos inter vos odiorum fomites emersisse, quia, pro sacramentis illis que ad repellendos conditionarios apud vos facta sunt, alteri alteris convicia, contumelias et injurias intulistis [1]: insuper obligationes quasdam et pacta ad ledendam fraternitatem contra pactum Domini concinnatis. Qua de re, dilectionem vestram rogamus, et, Domino per nos jubente, precipimus, ut dimittatis quicquid adversum vos in hoc negotio habetis. Et nos enim facti sumus sobrii, et nos pro vobis imbecillitatem apostolicam toleramus, ut vos Deo et ecclesie in pace ecclesie conlucremur. Si ergo Deum diligitis, si apostolicam sedem veremini, donate mihi, ne dicam vobis, hanc injuriam. Si quis autem adhuc contentiosus est, nostri corporis non est; quia nos hujusmodi consuetudinem non habemus, neque ecclesia Dei. Sane hominia que apud vos clerici sibi invicem faciunt, ut ne fiant ulterius prohibemus, et que facta sunt irrita ducimus, quoniam contra honestatem videntur ecclesiasticam fieri. Illa enim que sursum est Hierusalem, libera atque omnium fidelium mater est, qua libertate Christus eam liberavit. Datum Laterani, ix kalendas decembris [2]. »

(*Ivonis op.*, II, 233. — Bouquet, *Rec.* XV, p. 27. — Jaffé, *Reg. Pont. rom.*, 508, n° 4748.)

[1] Dans une lettre adressée à Daimbert, archevêque de Sens, son métropolitain, Yves lui fait part du serment qu'ont fait entre eux les clercs de l'église de Chartres, de ne pas recevoir dans leur sein des gens d'une condition vulgaire et familiers de personnes étrangères à leur Chapitre, *de non recipiendis vulgo natis in canonicos, vel quibuslibet aliis de extranee familia gentis*; serment qu'il a cru devoir ratifier et pour lequel il a demandé l'approbation du Souverain-Pontife (*Yvonis epist.*, n° 153). Plus tard, Yves adresse une autre lettre à Pascal II (n° 172), *ut conditionarios* (gens de condition servile) *de familia Carnotensis Comitis, qui de legitimo connubio nati fuerint, et regios fiscalinos, de privilegio quod eidem ecclesie fecit de non admittendis conditionariis, excipiat..... Aliter quippe damna, scandala, perturbationes intus et foris, contentiones, ire, rixe, que omnia ista de causa orta sunt, et quotidie oriuntur, sedari non possunt.* C'est à la suite de cette seconde lettre que Pascal II rendit la bulle que nous publions.

[2] Année 1103, d'après Jaffé.

XXIX.

Carta Theobaldi, Blesensis comitis, « super dono palefridi episcopi Carnotensis, quem solebant habere canonici Sancti-Martini. »

(c. 1105.)

« Notum sit omnibus hominibus, tam presentibus quam futuris, quod quando Adela [1], Blesensis comitissa, prospiciens anime sue saluti, hujus vani fallacisque seculi, vitam suam mutans in melius, oblectamenta dimisit, ipsa, et ego Theobaldus [2], Blesensis comes, filius ejus, pro remedio animarum nostrarum et antecessorum nostrorum, dedimus et in perpetuum concessimus ecclesie Beate-Marie Carnotensis palefridum quem canonici Sancti-Martini-de-Valle soliti erant habere quando novus episcopus ab eorum ecclesia in ecclesiam Beate-Marie, more solito, deferebatur. »

(Bibl. Imp.; *cart. 28*, p. 79, et *28 bis*, f° 36 r°.)

XXX.

« Privilegium pape Paschalis, de VI prebendis » in ecclesia Sanctæ-Mariæ monasterio Sancti-Petri concessis.

(1106, 6 janv.)

« Paschalis, episcopus, servus servorum Dei, dilecto filio Guillelmo [3], abbati venerabili monasterii sanctorum apostolorum Petri et Pauli, quod juxta Carnotum situm est, ejusque successoribus regulariter promovendis, im perpetuum. Pie postulatio voluntatis effectu debet prosequente compleri, quatinus et devotionis sinceritas laudabiliter enitescat, et utilitas postulata vires indubitanter assumat. Quia igitur dilectio tua, ad sedis apostolice portum confugiens, ejus tuitionem devotione debita requisivit, nos supplicationi tue clementer annuimus, et beatorum apostolorum Petri et Pauli

---

[1] Voir ci-dessus p. 98, note 2.
[2] Voir ci-dessus p. 106, note 5.
[3] Guillaume I, abbé de Saint-Père, de 1101 à 1130.

Carnotense cenobium, cui, Deo auctore, presides, cum omnibus ad ipsum pertinentibus, sub tutelam apostolice sedis excipimus. Per presentis igitur privilegii paginam, apostolica auctoritate, statuimus ut quecumque predia, quecumque bona, pontificum concessione, regum et principum liberalitate, vel aliorum fidelium legitimis oblationibus ad ipsum hodie monasterium pertinent, vel in futurum pertinere contigerit, firma tibi tuisque successoribus permaneant : in quibus hec propriis visa sunt nominibus annotanda : ecclesia Sancti-Hilarii, Sancti-Leobini, Campi-Fauni, Manuvillaris, Mitani-Villaris, Verni, Alone, Boasville, Reclainvillaris, Imonis-Ville, Germenonis-Ville, Ursi-Ville, Alpedagni, Capelle-Regie, salvo, juxta consuetudinem, solius episcopi jure, in eis tantum que ad proprium ordinem pertinent; item altaria, sex videlicet, altare videlicet de Bruerolis, et de Armentariis, et de Roheria, et de Buxeto, et de Cruciaco, et de Castellariis, sicut a venerabili fratre nostro Ivone episcopo institutum est [1], sine ulla redemptione, ulterius habenda, libera et quieta a synodo [2] et circada, et ab omni consuetudine, et ab omni inquietatione, sive ab exactione justicie a presbiteris in predictis locis servientibus, exceptis his que ad proprium ordinem eorum pertinent de quibus presbiteri illi episcopo seu archidiacono respondeant. Confirmamus etiam vobis ecclesiam de Gisiaco, et ecclesiam de Fontaneto, in pago Vilcassini, in parrochia Rothomagensi, sicut hactenus a vestro monasterio libere possesse sunt, et, in Carnotensi ecclesia Beate-Marie, prebendas vi, ita libere et integre possidendas, sicut a bone memorie Rainfredo, Carnotensium episcopo, eidem vestro monasterio contribute sunt [3]. Decernimus itaque ut nulli omnino hominum, etc. . . . .

[1] La donation, par Yves, de ces six autels que Saint-Père avait déjà possédés par concession des anciens évêques, fut faite, du consentement de l'archidiacre Arnauld, le 1er juillet 1093 *(Cart. de Saint-Père*, p. 265).

[2] On entendait par *synode* une somme d'argent payée à l'évêque par les clercs qui assistaient aux séances synodales annuelles. Quant au mot *circada*, nous l'avons déjà expliqué, note 1, page 81.

[3] Ragenfroy avait donné à Saint-Père douze prébendes dans son église (voir n° IX); mais son frère et successeur Arduoin en retira six aux religieux : c'est ce que le moine Paul, l'historien du couvent, raconte en ces termes : *Post obitum Ragenfredi, frater ejus Arduinus, locum ejus obtinens non religionem,...... in tanta cupiditate exarsit ut de xii prebendis quas frater ejus dederat, medietatem extorquendo subripere non timeret (Cart. de Saint-Père*, p. 12 et 13). Le privilége de Pascal II, accepté par le Chapitre, comme nous le verrons plus bas, consolida entre les mains des religieux de Saint-Père la propriété des six prébendes de Notre-Dame.

Scriptum per manum Rainerii, scriniarii regionarii et notarii sacri palatii.

Ego Paschalis, catholice ecclesie episcopus, subscripsi.

Datum Laterani, per manum Johannis, sancte Romane ecclesie diaconi cardinalis ac bibliothecarii, vııı idus januarii, indictione xııı, incarnationis dominice anno MCVI, pontificatus autem domni Paschalis ıı pape vıı [1]. »

(Bibl. Imp.; *Livre d'argent*, cart. 52, f° 3 v°, n° 4. — *Gall. christ.*, t. VIII, instr., col. 311. — Guérard, *Cart. de Saint-Père*, p. 257.)

XXXI.

Carta Ludovici, Francorum regis, « ne a Puteacensibus dominis aliqua gravamina ecclesie Carnotensi inferantur. »

(1111.)

« In nomine sancte et individue Trinitatis, Patris et Filii et Spiritus Sancti, amen. Moribus docemur et legibus quod regni gubernacula regibus ad hoc commissa sunt ut primum bene se gerant, deinde regalium et legalium mandatorum contemptores gladio ultore coherceant; quatinus quod pontificalis auctoritas non sufficit adimplere per sermonem doctrine, hoc perficere studeat regia potestas per severitatem discipline. Quod ego Ludovicus, Dei gracia, Francorum rex, ab interpretibus scripturarum audiens, et pro gracia michi divinitus collata intelligens, admonitionibus et consilio episcoporum regni nostri, statui apud me ut speciali privilegio possessiones ecclesiarum et monasteriorum sub tuitionem regie protectionis susciperem et ab oppressionibus et injustis occasionibus in perpetuum liberarem. Non enim res humane aliter tute et incolumes esse possunt nisi cum in unum conveniunt ad earum defensionem et jus regium et auctoritas sancta pontificum. Inde est quod municipium quoddam [2], in Aurelianensi episcopatu

---

[1] Ce privilége fut accepté la même année par le Chapitre de Chartres, et cette acceptation est souscrite par : *Ivo, venerabilis Carnotensis ecclesie episcopus; Wulgrinus, cancellarius; Ernaldus, decanus; Hugo, prepositus, nepos ejus; Fulcho, archidiaconus; Willelmus, archidiaconus; Odo, archidiaconus; Warinus, succentor; Hilbertus de Gurzeziis; Paganus de Mungervilla; Walterius de Bonavalle; Mainardus; Teudo; Galterius de Galardone; Goslinus, capellanus episcopi; Winebertus et innumerabiles alii.* (*Cart. de Saint-Père*, p. 265.)

[2] Le Puiset, près Janville (Eure-et-Loir). Voir, sur les siéges du Puiset, Suger, *in vita Ludovici Grossi.*

situm, presenti anno destruximus, propter insupportabilem et execrabilem maliciam quam exercebant dominatores ejusdem municipii et eorum ministri in possessionibus sanctorum locorum, que nullo rigore ecclesiastice discipline poterat coherceri. Nos itaque, Dei misericordia preveniente et subsequente, huic malicie cohercende supremam imposuimus manum, ad correctionem omnium secuturorum, destructionem predicti manucipii in perpetuum reliquimus monimentum. De cetero superest ut quod, Deo prosperante, felici successu incepimus non dissimili fine concludere studeamus, et, ad peticionem ecclesiarum seu monasteriorum, libertatem et immunitatem prediorum eorumdem diu vexatam, a Puteacensibus dominis oppressam [1], in debitum statum principali nostra pietate reformemus. Nominatim ergo, propter reverentiam beate Marie et beati Petri apostoli, in prediis Carnotensis ecclesie tam episcopalibus quam canonicalibus et prediis monasterii Beati-Petri apostoli, pretaxatas oppressiones funditus abolemus, ut, neque sub nomine nostre regie majestatis neque sub nomine alicujus alterius potestatis, alique angarie vel violentie inferantur, nulle exactiones, nulla gravamina ingerantur, sed omnis eorumdem utilitas usibus eorum tantum proficiat pro quorum sustentatione sacratis locis predicta predia fidelium collatione sunt concessa et predecessorum nostrorum astipulatione confirmata. Hoc per succedentia tempora illibatum manere precipimus, hoc pragmatica nostra sanctione firmamus, et mandati nostri contemptores ac violatores centum librarum auri exactione multandos esse constituimus. Ad hec, ut testatior sit nostra constitutio, metropolitanis et eorum suffraganeis concedimus ut pretaxatos decreti nostri contemptores et in hoc majestatem regiam minuentes, tandiu a liminibus ecclesie extorres faciant quousque ad plenum satisfactionis remedium confugiant. Actum Aurelianis, in

---

[1] Dans ses lettres n°⁵ 129 et 130, Yves s'était adressé à Daimbert, archevêque de Sens, et à Jean, évêque d'Orléans, pour les prier d'excommunier Alix de Rochefort, dame du Puiset, et Hugues, son fils. Dans la lettre n° 140, il insiste de nouveau auprès de Daimbert pour que l'interdit soit lancé sur les possessions du seigneur du Puiset à Méréville et au Puiset. Il paraît que l'épée et la pragmatique de Louis-le-Gros eurent plus d'influence que les excommunications des évêques, car voici ce que nous lisons dans la lettre n° 151 adressée encore à Daimbert : *Noverit paternitas vestra quoniam Hugo, Puteacensis, timore Dei tactus et corde compunctus, ea que ecclesie nostre abstulit, quantum ad portionem suam pertinuit, integerrime reddidit. Mihi vero, que mea et meorum erant, se cuncta redditurum, datis obsidibus sub fidei sponsione, firmavit, et quia de discretione a vestra paternitate fueram commonitus, ea interim accipere distuli, quamdiu abstinuerit ab exactionibus et angariis, quas interea Fraxineti facere consuevit.*

palatio, publice, anno incarnati Verbi M°C°XI, anno vero consecrationis nostre m°, presentibus de palatio nostro quorum nomina subtitulata sunt et signa : Signum Anselli de Guerlandia, tunc temporis dapiferi nostri [1]. Signum Hugonis, constabularii nostri [2]. Signum Guidonis, buticularii nostri [3]. Signum Guidonis, camerarii nostri [4]. Quod nullatenus infirmari vel irritum fieri valeret, nostri nominis karactere et sigillo firmari et corroborari precipimus. Stephanus, cancellarius [5], relegendo subscripsit [6]. »

(Bibl. Imp.; *Livre des Priv. de l'égl. de Ch.*, cart. 28, p. 36, et 28 bis, f° 15 r°.)

XXXII.

Carta Ivonis, episcopi Carnotensis, « de una carruca terre que dicitur terra Sancte Marie, que est super rivulum qui dicitur Thiro. »

(1114, 3 février.)

« In nomine sancte et individue Trinitatis, ego Ivo, Carnotensis ecclesie humilis minister, et Arnaudus decanus, necnon commune capitulum Beate Marie, notum volumus fieri omnibus tam futuris quam presentibus quod donnus Bernardus [7], venerabilis abbas, cum grege sibi commisso, parvitatem nostram humiliter adierunt, petentes ut eis concederemus carrucatam unam terre de terra Beate Marie, que est super rivulum qui

---

[1] Anseau de Garlande, sénéchal (1109-1118).
[2] Hugues de Chaumont, connétable (1111-1137).
[3] Guy de Senlis, bouteiller (1108-1111).
[4] Guy, chambrier (1106-1121).
[5] Etienne de Garlande, évêque de Beauvais (1106-1116).
[6] Les mêmes grands officiers figurent, avec le comte Thibault IV et sa mère Adèle, principaux adversaires du vicomte Hugues et d'Alix de Rochefort, dans un autre titre de Louis-le-Gros, daté d'Etampes, en la même année 1111, probablement avant la prise du château du Puiset (Arch. dép.; *Titres de Saint-Jean*, inv. n° 82).
[7] Le vénérable Bernard de Ponthieu, fondateur de l'abbaye de Thiron, qu'il ne faut pas confondre, comme on l'a fait, avec son contemporain saint Bernard, abbé de Clairvaux, fut d'abord abbé de Saint-Cyprien de Poitiers, puis se joignit à Robert d'Arbrisselles, dont il seconda les travaux apostoliques dans la Bretagne et dans le Maine. Après bien des traverses, il se retira, vers 1109, avec quelques religieux, dans les bois de Gardais, où ses grandes vertus attirèrent bientôt à lui de nombreux disciples. — Bolland a publié sa vie écrite au XII° siècle par Geoffroy-le-Gros. Bernard de Ponthieu, qui mourut, croit-on, le 14 avril 1116, est inscrit, dans le *Martyrologe général* de Cl. Chastelain, parmi les saints honorés le 25 avril.

dicitur Tiro, infra Gardiensem parrochiam, ad edificandum monasterium et claustrum et cetera usui fratrum necessaria. Quorum petitio quia digna impetracione et multis profutura et nostre honestati et eorum utilitati convenire visa est, dono eis predictam terram, quietam et immunem a synodo et circada, ab omni etiam consuetudine, ab omni exactione, perpetualiter habendam concessimus, salva obedientia que episcopo et capitulo debetur. Ut autem per succedentia tempora firmiter et stabile hoc donum maneat, presenti scripto mandavimus et signis manibus nostris factis roboravimus. + Signum Ivonis, Carnotensis episcopi. + Signum Arnaudi, decani. + Signum Gerogii, cantoris. — Signum Hugonis, subdecani. + Signum Garini, subcentoris. + Signum Ansgerii, archidiaconi. + Signum Galterii, archidiaconi [1]. + Signum Goslini, archidiaconi. + Signum Raimbaudi, archidiaconi. + Signum Landrici, archidiaconi. + Signum Odonis, archidiaconi. + Signum Gaufredi, prepositi. + Signum Haimerici, prepositi. + Signum Seranni, prepositi. + Signum Hugonis, prepositi [2]. + Signum Ebraldi, capicerii [3]. + Signum Radulfi, camerarii. + Signum Stephani, abbatis Sancti-Johannis. + Signum presbiterorum Haimonis, Hugonis, Ricardi, Galterii, Garini, Rainodi. + Signum Hugonis de Sancto-Andrea. Data Carnoti, per manum Vulgrini, cancellarii, tercio nonas februarii, anno ab incarnacione Domini millesimo centesimo tercio decimo, regnante Ludovico Philippi [4]. »

(Arch. d'Eure-et-Loir; *Cart. de l'abb. de Thiron*, fo 2 vo.)

[1] L'archidiacre Gautier fut un des principaux conseillers de l'évêque Yves *(Epist. Yvonis,* nos 262 et 269).

[2] Cet Hugues est le neveu du doyen Arnaud, qui fit avec son oncle une si vive opposition à l'évêque dans l'exercice de ses droits épiscopaux *(Yvonis epist.,* no 205). Après la mort d'Arnaud, Hugues devint doyen. Le *Gallia christiania* ne parle pas de ce doyen, mais on lit dans une lettre de Geoffroy, abbé de Vendôme, à l'évêque Geoffroy II (lib. II, ép. 30) *per Hugonem decanum vestrum mihi mandastis (Lettres d'Ives de Chartres,* par M. Luc. Merlet). Voir le *Nécrologe*.

[3] Evrard est ce clerc qu'Yves annonce avoir élevé à la dignité de prêtre du diocèse de Chartres *(Lettres d'Ives de Chartres,* p. 12).

[4] C'est bien là l'acte de fondation de l'abbaye de Thiron. Plus tard, au XVe siècle, les religieux de cette abbaye, dans le but de se soustraire à l'autorité spirituelle du Chapitre de Chartres, fabriquèrent, avec beaucoup d'autres pièces, une prétendue charte de fondation du 3 des nones de février 1110 (3 février 1111), dans laquelle ils insérèrent cette clause : *Volumus et in perpetuum ipsi monasterio concedimus quod ipsum monasterium et ejus celle, domus et administrationes, presentes et futuri, et habitantes in eis, presentes et posteri, soli subsint episcopo Carnotensi, ita quod nec nobis decano et capitulo, nec quibusvis*

XXXIII.

« Ivonis, episcopi Carnotensis, ne prepositi faciant exactiones in suis prepositurís. »
(c. 1114.)

« In nomine sancte et individue Trinitatis, Patris et Filii et Spiritus sancti. Ego Ivo, Dei gratia, Carnotensis humilis episcopus, notum fieri volo cunctis sanctę æcclesię fidelibus, tam presentibus quam futuris, quia canonici ecclesię michi commissę, meam adeuntes presentiam, clamorem et querimoniam fecerunt de prepositis suis, videlicet Milone, Hugone, Hainrico aliisque, qui, privatis commodis inhiantes, communem fratrum utilitatem in quibuscumque poterant minuebant, et quasdam res eis jure debitas per injuriam sibi retinebant, pauperes ecclesię sub eorum patrocinio constitutos diversis calamitatibus afficiebant, et sevę rapacitati inservientes exigebant ab eis nummos, annonam, oves, agnos, anseres, gallinas, et habebant medietates cum rusticis ęcclesiæ, quod non licet, et mittebant servientes suos cum equis, per prepositurias, qui querebant annonam a rusticis, sicut et domini, et faciebant sibi parari sepe ingentia prandia, tam prepositi quam servientes, sine licentia Capituli, lęta capiebant et de hominibus ecclesię relevationem terrarum, de conjugandis feminis venditiones, et plurima carritia faciebant, quod non licet, exceptis duobus; presbiteros in ecclesiis ponebant sine licentia Capituli, capiebant homines ecclesię et verberabant eos, et in carceres mittebant sine jussione Capituli; de arietibus accipiebant plus quam duodecim nummos, de porcis plus quam duos solidos, quod non licet; mittebant etiam alios servientes sine equis qui exigebant a rusticis annonam et alia plura; faciebant etiam plura quæ sui juris esse diratiocinari non poterant, et ut tantis injuriis finem imponerem multimodis suppli-

---

nostris archidiaconis, dignitatibus, officiis vel prebendis, suberunt, nec coram eis in aliquo respondeant, nec per alium quam per Carnotensem episcopum jurisdictio spiritualis, sive in civili sive in criminali, in eos exerceatur. A cette pièce fausse sont jointes deux lettres de confirmation également controuvées, l'une de Richard, évêque d'Albano et légat du Saint-Siége, en date du 7 des calendes d'avril 1110 (26 mars 1111); l'autre de Conon, évêque de Préneste et également légat, datée du 3 des nones de février 1114 (3 fév. 1115) (Arch. d'Eure-et-Loir, *fonds de l'abbaye de Thiron*, n° 1. — *Chartes fausses de l'abbaye de Thiron*, par M. Luc. Merlet, Paris, F. Didot, 1855).

cationibus postulabant. Quorum petitioni assensum prebere, quia rationabilis erat, dignum judicans, cupiensque eorum providere quieti, volensque ut eorum murmuratio cessaret, odium sopiretur, peccatum expelleretur, pax et quies pauperibus ecclesie restitueretur, consilio optimatum nostrorum, decrevimus canonicos justam habere causam, et precipimus ne in rusticis ecclesie prepositi deinceps has exactiones haberent, nec ulterius communem in supradictis utilitatem minuerent. [Concessimus etiam quod beneficia ecclesie que precarie dicuntur, et facte erant prenarie, quia quod omnium erat quatuor vendebant, in communes redigerentur usus : sic, scilicet, Capella et ad eam pertinentia, villa que dicitur Cathenas et ad eam pertinentia, Tuetvilla cum appenditiis, Dionvillare cum decima, terra capicerii de Fontanis, terra de Calniaco et Casis, junioratus omnes, villa que dicitur Landelle et ad eam pertinentia, molendini novi de Ferrariis, molendini de Britiniaco et Iei, Capella-Vindocinensis, ecclesia de Carannivilla, terra de Monte-Oduini et de Afrancvilla, et cetera omnia que censum vel annonam reddunt][1]. Si quis autem, quod nolumus, ad damnum canonicorum hoc in pejus mutare presumpserit, et non resipuerit, maledictus atque excommunicatus permaneat, et cum eis qui in fine mundi audituri sunt : *ite, maledicti, in ignem eternum, qui preparatus est diabolo et angelis ejus,* porcionem et societatem habeat. Ut autem hec concessio firmiorem per futura tempora optineret vigorem, et a successoribus nostris verius certiusque crederetur et diligentius observaretur, has litteras fieri jussi, et manu propria firmavi et fideles nostros firmare feci, quorum nomina subtus tenentur adscripta. + Signum Ivonis episcopi [2]. »

(*Double orig. en parch.;* Arch. d'Eure-et-Loir, fonds du Chapitre, C. II, GG, 1. — Bibl. Imp.; *Livre des Priv. de l'égl. de Ch.,* cart. 28, p. 48, et 28 bis, f° 22 r°. — *Gall. christ.,* t. VIII, instr., col. 314. — *Lettres d'Ives de Chartres,* par M. Luc. Merlet, p. 10.)

[1] Cette phrase, qui manque dans l'original et dans les manuscrits 28 et 28 *bis,* est donnée par le *Gallia christ.* La disposition dont elle traite se trouvait sans doute insérée dans un autre décret d'Yves relatif aux prévôts. C'est ce qui semble résulter de ces termes de la bulle de Pascal II (n° XXXIV) : *Item, in subsequentibus, idem scribit episcopus se concessisse ut beneficia ecclesie que precarie dicuntur......*

[2] La croix qui se trouve avant la mention de la signature d'Yves paraît avoir été tracée par ce prélat lui-même, et non par le scribe, comme cela arrivait fréquemment. Nous devons également faire remarquer que, malgré l'annonce qui en est faite dans le corps même de la charte, l'original ne porte aucune signature de témoins.

XXXIV.

« Pascalis, de reprimendis exactionibus prepositorum et de precariis et concessione facta de domibus canonicorum. »

(1114, 28 octobre.)

« Paschalis episcopus, servus servorum Dei, dilectis filiis Carnotensis ecclesie clericis, salutem et apostolicam benedictionem. Ex venerabilis fratris nostri Ivonis, vestri per Dei gratiam episcopi, litteris intelleximus quod pro quibusdam querimoniis decretum instituerit. Ipsum quoque decretum oculis nostris inspeximus, in quo continebatur æcclesię vestrę canonicos apud eum clamorem et querimoniam fecisse de prepositis suis qui, privatis commodis inhiantes, communem fratrum utilitatem, in quibuscumque poterant, minuebant, et quasdam res eis jure debitas per injuriam sibi retinebant, pauperes æcclesię sub eorum patrocinio constitutos diversis calamitatibus afficiebant; quas calamitates idem episcopus in ejusdem decreti scripto dinumerat, et, enumeratis eis, subsequitur : *Consilio optimatum nostrorum, decrevimus canonicos justam habere causam et precepimus ne in rusticis œcclesie prepositi deinceps has exactiones haberent, nec ulterius communem in supradictis utilitatem minuerent.* Hoc nimirum decretum, hoc preceptum, a supradicto confratre nostro, vestrę æcclesię episcopo, constitutam, quia justum ac rationabile visum est et quieti æcclesię commodum, nos, Deo aspirante, laudamus et apostolicę sedis auctoritate firmamus[1]. Item, in subsequentibus, idem scribit episcopus se concessisse ut beneficia æcclesię quę precarię dicuntur et factę erant prenarię, quia quod omnium erat quatuor vendebant, in communes redigerentur usus, et eadem beneficia propriis vocabulis annotando dinumerat. Hanc quoque concessionem nos ratam asserimus et apostolicę sedis auctoritate firmamus. De domibus etiam canonicorum, concessionem ab eodem episcopo factam, sicut a

---

[1] Les prévôts ne se soumirent pas sans difficulté à la réforme qu'Yves voulait leur imposer. On voit, par une lettre d'Yves à Pascal II (n° 272), que, malgré la bulle confirmative du Souverain-Pontife, deux d'entre eux refusaient d'obéir aux ordres de l'évêque et s'étaient pourvus devant le roi de France. Yves adressa à ce sujet une lettre à Louis-le-Gros (n° 266).

predecessore ipsius Froboldo episcopo constituta est [1], decreti presentis assertione corroboramus. Si quis igitur, decreti hujus tenore cognito, temere, quod absit, contraire temptaverit, honoris et officii sui periculum patiatur, aut excommunicationis ultione plectatur nisi presumptionem suam digna satisfactione correxerit. Amen, amen, amen. Datum Anagnie, per manum Johannis sanctę Romanę ecclesię diaconi cardinalis ac bibliothecarii, v kalendas novembris, indictione viii^a [2], incarnationis dominicę anno MCXIIII°, pontificatus quoque domni Paschalis secundi pape xvi°. »

(*Orig. en parch.*; Arch. d'Eure-et-Loir, fonds du Chapitre, C. II, GG, 1 bis. — Bibl. Imp.; *Livre des Priv. de l'égl. de Ch.*, cart. 28, p. 23, et 28 bis, f° 11 v°. — *Ivonis opp.*, II, 252. — Bouquet, *Rec.* XV, 54. — Jaffé, *Reg. Pont. rom.*, 507, n° 4741.)

XXXV.

De donatione IIII solidorum de censu capellæ Sanctorum Sergii et Bachi.

(1114.)

« Quoniam multociens contingit quod ea que presentialiter aguntur, per longa temporum curricula, velociter per manum oblivionis subtrahuntur virorum memoria, decreverunt sollertes viri prediti scientia ut quod in presentiarum tractatur, per eorum consilia, tam posteris quam presentibus reduceret ad memoriam scripte sedule noticia. Unde ego Guarinus, sanctorum martirum Sergii et Bachi et sancti Nicholai [3] humilis presbiter, consilio personarum Carnotensis ecclesie, ad memoriam tam posterorum quam presentium, scripto mandare decrevi hoc quod Mainardus Rufus, frater Unfredi, presbiteri de Loolvilla, pro remedio anime sue et animarum omnium parentum suorum, ad honorem Dei et sanctorum martirum Sergii et

---

[1] La constitution de l'évêque Frotbold (855-858) ne nous est pas parvenue; mais, quoique nous ne connaissions pas non plus le décret d'Yves concernant les maisons canoniales, nous savons que ce prélat s'occupa beaucoup de la vie commune de ses chanoines, de leur clôture et de la franchise du cloître (voir Lettres 133, 203, 271 et Décrets dans les *Œuvres d'Yves de Chartres*).

[2] L'année 1114, d'après le comput adopté, répond, non à la 8e, mais à la 7e de l'indiction.

[3] On voit par cette charte que la chapelle de Saint-Serge et Saint-Bacche avait aussi pour patron saint Nicolas, contrairement à ce qu'on lit dans l'Inventaire même du Chapitre et dans les notes du chanoine Etienne, où l'on suppose que le nom de Saint-Nicolas ne lui fut donné qu'au XIVe siècle.

Bachi et piissimi Nicholai confessoris, III solidos de censu emit de quodam homine, Legerio nomine, uxore illius Adelina concedente, ad hoc scilicet ut de illo censu annuatim emeretur oleum lampadarum ecclesie predictorum martirum et sancti Nicholai. Hic autem census de feodo Ilberti, cognomine Ira-Dei, erat, quem Legerius homo ejus de illo tenebat. Sed iste Legerius, pro compassione cujusdam necessitatis domini sui Ilberti, concessione ipsius et filii ejus Roberti, Beate Marie canonici, et filiarum ejus Adelidis et Stephanie, ad opus servitii supradictorum martirum et sancti Nicholai, Mainardo Rufo hunc censum vendidit. Hoc autem ipse Legerius et uxor ejus Adelina atque Ilbertus eorum dominus, per fidem, domino Gauterio archidiacono, jussu Mainardi Rufi, promiserunt, quod si aliquis hujus census vendicionem calumpniari vellet, ipsi eam ab omni calumpnia quietam redderent. Quod cum, in presentia domini Ivonis, Carnotensis episcopi, et personarum ecclesie Beate Marie, domini scilicet Gauterii, Carnotensis archidiaconi, et Angerii, presbyteri atque archidiaconi Blesensis, et Raimbaldi, Vindocinensis archidiaconi, et multorum circumstantium, quorum nomina subscripta sunt, pactum fuisset, et Mainardus Ilberto, pro concessionis memoria, XII denarios dedisset, et filio ejus Roberto puero VI, et unicuique filiarum illius VI et uxori Legerii tres solidos tradidisset, cum Ilberto et filiis ejus et cum Legerio et uxore ejus et cum aliis qui cederant, venit jamdictus Mainardus in ecclesiam predictorum martirum et cum cutello, quem Ilberto et filiis et Legerio et uxori ejus manu sua tradidit, posuerunt donum census super altare martirum, quem cutellum supradictus Guarinus presbyter ad memoriam concessionis retinuit. Postea vero Ilbertus, in domo domni Raimbaldi, Vindocinensis archidiaconi, ipso presente et domno Seiranno preposito, sicut ipse prescriptam vendicionem adversus omnes se ratam tenere per fidem promiserat, ita fratrem suum Guillelmum, videlicet de Fraxineto, fideijussorem Guarino presbitero dedit, et suprascripte vendicionis concessionem ratam fore Guillelmus ibi per fidem Guarino presbitero promisit. Ut autem pretaxate pactionis scedula firmior haberetur, ad veritatis testimonium, subscripta sunt nomina testium : Hugo Blesensis, presbiter et Beate Marie canonicus ; Radulfus, diaconus, Teobaldi filius, et Beate Marie canonicus, qui de censu prescripto duos solidos debet ; Guinebertus, major, qui debet inde XII denarios ; Odo, buclarius, qui similiter debet inde XII denarios ; Gauterius, episcopi dapifer ; Herveus, episcopi marescaldus; Ugo, Morini filius, episcopi pincerna; Robertus Retticulatus, episcopi pincerna; Andreas et Rispaudus, episcopi cubicularii; Droco Juvenis, nepos episcopi; parens episcopi, Buterius; Hulduinus Juvenis, major de Luceio; Arroldus, episcopi serviens; Hugo, frater Rispaudi, et quamplures alii. Facta est autem hec cartula anno ab incarnatione Domini M°C°XIIII^{mo}, ordinationis vero domini Paschalis pape x°vi°, atque ordinationis domini Ivonis, Carnotensis episcopi xx^{mo}v° [1], regnante rege Gallie Ludovico, regis Philippi filio. »

(*Copie de la fin du XIIe siècle; Bibl. de la ville de Chartres, ms. 53 $\frac{2}{3}$, ad init.*)

XXXVI.

Paschalis papæ, clero et populo Carnotensi, « de receptione episcopi consecrati. »
(1116, 5 avril.)

« P[aschalis] episcopus, servus servorum Dei, clero et populo Carnotensi, salutem et apostolicam benedictionem. Apostolicę sedis administratio, cui, licet indigni, largiente Domino, deservimus, facit nos æcclesiis omnibus debitores. Idcirco petitiones vestras clementer admisimus et electum vestrum quem ad nos transmisistis [2] benigne suscepimus atque in episcopum, prestante Domino, consecravimus. Quem consecratum, ad vos remittentes, universitati vestrę litteris presentibus commendamus. Rogamus enim et precipimus ut eum, tanquam patrem et magistrum, affectione debita diligatis et obedientia debita veneremini et ad restituenda æcclesiæ bona, si qua distracta sunt, communibus studiis adjuvetis. Abbatiam siquidem Sancti-Andreę [3] vel cetera quę antecessor ejus venerabilis memorię, Ivo

---

[1] Cette date fixerait à l'année 1089 la prise de possession d'Yves, mais nous avons vu par les lettres d'Urbain II, du 25 novembre 1090 (n°s XIX et XX), qu'à cette dernière époque le prélat n'était pas encore admis par les chanoines et par l'archevêque de Sens.

[2] Geoffroy de Lèves, prévôt de l'église de Chartres, avait été élu évêque par le Chapitre, aussitôt après la mort d'Yves. Le comte Thibault IV fut très-mécontent de cette élection et força même, par ses violences, Geoffroy à quitter la ville momentanément. Ce prélat était, comme nous l'avons déjà dit, fils de Goslein, seigneur de Lèves. Il fut légat du Saint-Siège pendant quinze ans, eut part à toutes les grandes affaires religieuses de son temps et obtint pour son église d'importants priviléges. Son obit est inscrit dans le *Nécrologe* à la date du 7 des calendes de février (1148).

[3] C'est l'église paroissiale de Saint-André, érigée en collégiale par Yves, comme nous

episcopus, quadraginta diebus ante obitum suum [1], ad usus oportunitatum suarum, tenuerat, quieta ei et integra permanere sancimus, et ne quid eorum a quoquam impediatur rigore auctoritatis apostolicę interdicimus. Sane constitutiones quę a supradicto Ivone episcopo de preposituris et precariis facte sunt observari precipimus. Datum Laterani, nonas aprilis. »

(*Orig. en parch. bullé;* Arch. d'Eure-et-Loir, fonds du Chapitre, C. X, A, 31.)

XXXVII.

Paschalis papæ, Daimberto, Senonensi archiepiscopo, de receptione episcopi consecrati.

(1116, 5 avril.)

« P[aschalis] episcopus, servus servorum Dei, venerabilibus fratribus D[aimberto], Senonensi archiepiscopo, et ejus suffraganeis, salutem et apostolicam benedictionem. Ex litteris experientię tuę, karissime frater D[aimberte], Senonensis metropolitane, calamitates Carnotensis æcclesię intelleximus, et, caritatis tuę postulationibus annuentes, electum ejus, cooperante Domino, juxta sedis apostolicę dispensationem, nostris tanquam beati Petri manibus consecravimus. Eum igitur, ad vos remittentes, litterarum nostrarum commendatione prosequimur, rogantes ut eum adversus Theobaldi comitis pertinaciam vel ceteros qui Carnotensem æcclesiam infestare nituntur communibus auxiliis adjuvetis. Idem enim comes, sicut nosse vos plenius credimus, episcopo defuncto, episcopi domos effregit, res diripuit, clientes redimi coegit et adhuc episcopi redditus occupat [2]. Super quibus sacrilegiis, nisi infra dies quinquaginta postquam a presente episcopo

---

l'avons dit, le 17 des calendes 1108. Dans le principe, ce Chapitre prenait le titre d'abbaye, comme les religieux de Saint-Jean-en-Vallée, qui avaient reçu d'Yves une réforme en tous points pareille à celle de Saint-André.

[1] Yves mourut le 10 des calendes de janviér (23 décembre) 1115.

[2] Ainsi le comte Thibault IV avait violé la charte d'immunité obtenue par Yves du comte Etienne vers 1101, confirmée par le pape Pascal II en 1101 et par le roi Philippe Ier en 1105, et signée et concédée par lui-même, encore enfant, sous la garantie et avec le concours des plus grands seigneurs laïcs et ecclésiastiques du royaume (voir n°s XXIV et XXVI). Cette facilité à violer, avec ou sans prétexte, les actes les plus solennels explique les précautions, trop souvent illusoires, adoptées par les praticiens du temps pour engager les parties contractantes et assurer le plus possible la durée des conventions.

monitus fuerit, satisfecerit, per vestrum omnium sollicitudinem excommunicationi subiciatur. Datum Laterani, nonas aprilis. »

(*Orig. en parch.;* Arch. d'Eure-et-Loir, fonds du Chapitre, C. X, A, 29.)

XXXVIII.

Carta Gaufridi, Carnotensis episcopi, « super libera electione decani. »
(1116-1148.)

« Ego Gaufridus, Dei gracia, Carnotensis ecclesie humilis minister, notum fieri volo tam futuris quam presentibus quod, clericis ecclesie nostre unanimiter sepe reclamantibus proprium jus quod in eligendo sibi decano sese habere dicebant, tandem, intuitu fraterne pacis, nec non amore et gracia ipsorum nullam eis injuriam seu violentiam inferre volens, concessi eis ut liberam et canonicam electionem decani, absque impedimento et calumpnia, de cetero habeant [1]. Et ut hec mea concessio ab hac hora in antea firma et stabilis maneat, ad noticiam posterorum presens scriptum inde fieri et sigilli mei munimine corroborari precepi. ».

(Bibl. Imp.; *Livre des Priv. de l'égl. de Ch.*, cart. 28, p. 59, et 28 bis, f° 27 r°.)

XXXIX.

« Quod quatuor persone majores jurare debent se nil accepturos pro prebendis et honoribus dandis. — Similiter nullus fiet canonicus nisi prius prestito juramento se nil dedisse vel promisisse pro prebenda. »
(1119, 2 novembre.)

« Calixtus episcopus, servus servorum Dei, venerabili fratri Gaufrido, Carnotensi episcopo, salutem et apostolicam benedictionem. Que religionis et honestatis prospectu in Dei ecclesia statuuntur, inconcussa debent stabilitate servari. Siquidem, frater in Christo karissime, de commissa tibi

---

[1] Les doyens nommés pendant l'épiscopat de Geoffroy de Lèves furent Hugues (c. 1117), Sanson de Mauvoisin (c. 1119), Lisiard (c. 1125), Bernard (c. 1130), Zacharie (c. 1131), Salomon (c. 1142), Robert (c. 1148).

ecclesia omnem symoniacam expellere desiderans pravitatem, assensu Decani, Precentoris, Subdecani, Succentoris et ceterorum prelatorum ecclesię, statuisti, congregatione fratrum id ipsum approbante atque unanimiter postulante, ut nec Decanus, nec Precentor, nec Subdecanus, nec Succentor, nec ulla alia ecclesiastica persona, vel canonicorum quisquam, de honoribus ecclesię, vel prebendis quicquam exigat, vel accipiat, vel per se, vel per suppositam manum. Nullus etiam eorum qui canonici fiunt, pro prebenda quicquam det vel promittat, aut per se similiter, aut per suppositam manum; neque, post decessum prelatorum qui nunc in ecclesia vestra vivunt, ullus vel Decanus, vel Precentor, vel Subdecanus, vel Succentor, in locum ipsorum statuatur, quousque in communi capitulo liquido juret pro officio suo se nichil dedisse vel promisisse, quousque etiam juret se pro prebendis nichil exacturum, vel accepturum, aut per se, aut per suppositam manum. Similiter, post decessum simplicium canonicorum qui modo in Carnotensi ecclesia vivunt, nullus in locum eorum canonicus efficiatur, nisi ante in communi capitulo juret, vel tutor suus pro eo si ipse infra annos fuerit, se pro prebenda nichil dedisse, aut promisisse, nec per se, nec per suppositam manum [1]. Hanc itaque constitutionem, ad honorem Dei et animarum salutem a fraternitate tua provisam, nos, prestante Deo, auctoritate sedis apostolicę confirmamus, et ratam in posterum permanere sancimus. Preterea debitam volentes ecclesię vestrę reverentiam conservari, decernimus ut canonici Sancti-Martini-de-Valle ab obedientia episcopi Carnotensis et ecclesię non recedant, sicut ipsi eis in capitulo promiserunt. Si quis igitur, confirmationis hujus tenore cognito, temere, quod absit, contraire temptaverit, honoris et officii sui periculum patiatur, aut excommunicationis ultione plectatur, nisi presumptionem suam digna satisfactione correxerit. Prebendam Leprosis et Helemosinę Beatę Marię datam et divisionem prebendę duobus presbiteris ecclesię servitoribus distributam firmamus [2].

[1] Ces expressions générales impliquent les trois sortes de simonie, déterminées par saint Grégoire : *A manu, ab obsequio, a lingua.* — *Munus a manu pecunia est, munus ab obsequio est subjectio indebite impensa, munus a lingua favor* (Espen, *Jur. eccl. univ.* part. 2, tit. 30, cap. 2).

[2] Cette prébende était celle consacrée à la nourriture et entretien des enfants de chœur et des deux maîtres de psallette et de grammaire chargés de leur instruction. En 1412, elle fut réunie à la manse capitulaire (*Inv. du Chap.* G. IV, DD, I).

Ego Calixtus, catholicę ęcclesię episcopus, subscripsi.

Datum Remis, per manum Grisogoni, sanctę Romanę ecclesię diaconi cardinalis ac bibliothecarii, IIII nonas novembris, indictione XIIIe [1], incarnationis dominicę anno M°C°XVIIII°, pontificatus autem domni Calixti secundi pape anno primo. »

(*Orig. en parch.*; Arch. d'Eure-et-Loir, fonds du Chapitre, C. X, A, 7. — Bibl. imp.; *Livre des Priv. de l'égl. de Ch.*, cart. 28, p. 3, et 28 bis, f° 2 r°. — *Theodori Penitent.*, II, 421. — *Gall. christ.*, t. VIII, instr., col. 318. — Jaffé, *Reg. pont. rom.*, 531, n° 4957.)

XL.

« De communitate ecclesie de Boferi et reddituum in ecclesia Carnotensi. »

(1119-1147.)

« In nomine sancte et individue Trinitatis. Ego Willelmus, Tyronensis cenobii abbas [2], et omnis conventus ejusdem loci, notum fieri omnibus volumus quod communicamus ecclesiam nostram de Bofferi, per manum Richerii, archidiaconi, Capitulo Beate Marie Carnotensis ecclesie, tali pacto quod quicquid reddituum, tam in decimis quam in aliis, idem Richerius seu predictum Capitulum ibi acquisivit, vel acquisierit, post decessum ejusdem Richerii, commune erit inter nos et ipsum Capitulum. Presbyter etiam communiter eligetur et substituetur, salvo jure episcopi et archidiaconi tam in hoc quam in ceteris. Hospites nostri omnes de Fonte-Radulfi et de Foetellis parrochiani erunt predicte ecclesie et ibi parrochialia jura exsolvent, hoc excepto quod decime omnes eorumdem hospitum et tocius nostre terre, tam minute quam primitie vocantur quam alie, nostre proprie erunt sicut modo sunt. Si quis vero parrochianorum apud nos sepeliri voluerit, salvo jure sui presbyteri et ecclesie, liceat. Servientes nostri de propria mensa excipiuntur a parrochiali jure. »

(Bibl. Imp.; *Livre des Priv. de l'égl. de Ch.*, cart. 28, p. 80, et 28 bis, f° 36 v°.)

[1] L'année 1119 répond, suivant le calcul moderne, non à la 13e, mais à la 12e de l'indiction.

[2] Guillaume, abbé de Thiron, successeur du bienheureux Bernard vivait encore en 1147. En 1145, il assista à l'absolution, donnée par Richer, archidiacre de Dunois, au nom de l'évêque Geoffroy, de l'excommunication lancée contre Helvise, vicomtesse de Châteaudun, Hugues et Payen ses fils, à cause du dommage causé par feu le vicomte Geoffroy aux terres de l'abbaye de Thiron. (Arch. d'Eure-et-Loir, *Cart. de Thiron*, n° 127, f° 31 v°).

XLI.

Carta Odonis, abbatis de Fontanis, « super dono eorum que apud Desconfecturam habebat. »
(1120-1147.)

« Notum fieri volumus tam futuris quam presentibus quod ego Odo, abbas de Fontanis, totusque ejusdem loci conventus donamus et concedimus Richerio, archidiacono, ad opus Beate Marie Carnotensis ecclesie, quicquid habebamus ad locum qui dicitur Desconfectura [1], tam in terra quam in edificiis, solutum et quietum in perpetuum, absque retentione et reclamatione aliqua quam inde ulterius faciamus, concedente hoc Berta de Insula, et filiis et filiabus et sororiis suis, Bartholomeo, Hugone, Hamelino, Fulcherio. Dedit tamen predictus Richerius nobis, pro recompensatione hujus doni, quadraginta libras andegavensis monete. »

(Bibl. Imp.; *Livre des Priv. de l'égl. de Ch.*, cart. 28, p. 79, et 28 bis, f° 36 v°.)

XLII.

Concordia inter monachos Sancti-Petri et ecclesiam Sanctæ-Mariæ Carnotensis, super privilegiis eorumdem monachorum.
(vers 1124.)

« Guillelmus, abbas Sancti-Petri, suique monachi privilegium quoddam, pro tuitione rerum suarum, a bone memorie Paschali papa impetraverant; sed quedam in illo privilegio continebantur unde canonici Beate-Marie molestabantur, que utrorumque assensu sic modificata sunt. Ecclesiam Beati-Petri Sanctique Hylarii ecclesiam, et quicquid intra muros earumdem ecclesiarum est, libere et quiete possidebunt monachi, et quodcumque forisfactum ibi fuerit, absolute illorum erit, pontificali tantum jure excepto. Extra muros vero et extra corpora ecclesiarum, quodcumque vel a quocumque forisfactum fuerit, ad decanum vel subdecanum pertinebit,

[1] En 1225, le Chapitre cède à Gautier, évêque de Chartres, tout ce qu'il possédait à la Ville-aux-Clercs en Vendômois, *apud Deconfecturam*, en échange de la moitié des dîmes d'Illiers-en-Normandie et du patronage de l'église dudit lieu (*Inv. du Chap.*, C. LXXXV bis, M, 5).

exceptis illorum forisfactis qui de pane monachorum vivunt; qui, ubicumque in parrochia Beati-Hylarii forisfecerint, vel intra muros monachorum, nichil nisi abbati et monachis emendabunt, salvo semper jure episcopali. Insuper quieti sacerdotum Sancti-Hylarii provisum est, quod immunes a potestate decani vel subdecani sint, exceptis his : in commonitione parrochianorum suorum obedientes erunt, et in excommunicatione et absolutione [1]. Et extra muros, et extra ecclesias, a quibuscumque atrium fractum fuerit, sacerdotes a decano vel subdecano aquam benedictam, ad reconciliandum atrium, requirent, sic tamen quod servientes qui de pane monachorum vivunt nullam decano vel subdecano emendationem facient, sicut supradicimus. Si vero decanus vel subdecanus aquam eis negaverint vel prolongaverint, ipsi sacerdotes in domo episcopi accipiant, et atrium reconcilient, et statim cantent. Et si de his, scilicet de parrochianorum admonitione vel excommunicatione vel absolutione, vel de aque benedicte peticione, ut determinatum est, decano vel subdecano obedire noluerint vel omiserint, commoniti, in capitulo Beate-Marie venient, et, si ibi se purgare potuerint, sola manu purgabunt se; si vero super his determinatis se purgare non potuerint, ibi veniam accipient, et hoc usque tercio; quarto autem si in culpa reperti fuerint, decanus vel subdecanus abbatem ut extrudat eos submonebunt, et tunc per abbatem expellentur, et alii introducentur, sic tamen ut per omnia jus episcopi conservetur. De cetero provisum est, ut sacerdotes parrochianos suos, monachorum debita reddere nolentes, ad preceptum abbatis et monachorum excommunicent; sed eos, sine licentia decani vel subdecani, absolvere non poterunt. Sacerdotes ecclesiarum Campi-Fauni vel Manuvillaris decano et subdecano, sicut ceteri suburbani sacerdotes, subjecti erunt. Ecclesie vero, priusquam reconciliate fuerint, pro qualibet violatione ipsarum vel cimiteriorum, nunquam cessabunt, et aqua benedicta nunquam eis negabitur. His emendatis, privilegii firmitas, assensu episcopi et tocius Capituli, integra et inconcussa manebit. »

(Bibl. Imp.; *Livre d'argent*, cart. 52, f° 4 r°, n° 5. — *Gallia christ.*, t. VIII, instr., col. 312. — Guérard, *Cart. de Saint-Père*, p. 259.)

[1] En juin 1205, une transaction intervint entre les religieux de Saint-Père et les doyen et sous-doyen de l'église de Chartres, par laquelle toute juridiction sur les officiers ou serviteurs du couvent demeurant dans la ville ou banlieue et sur les églises dépendant du dit monastère fut reconnue appartenir aux doyen et sous-doyen en qualité d'archidiacres de la ville et banlieue de Chartres *(Inv. du Chap.*, C. XI bis, B, 1).

XLIII.

Carta Theobaldi comitis, de donatione ecclesiæ Sancti-Martini-in-Valle monachis Majoris-Monasterii.

(1128.)

« Ego, Dei gratia, Carnotensis comes, Tetbaldus nomine, notum fieri presentibus et futuris volo quod mater mea, Adela comitissa, pro anima comitis Stephani, patris mei, et pro sua suorumque animabus, contulit monachis Sancti-Martini Majoris-Monasterii Turonensis aecclesiam et prebendas Sancti-Martini-de-Valle in suburbio Carnotensi [1], ita ut, canonicis qui tunc ibi erant decedentibus vel vitam suam mutantibus sive prebendas suas canonico juditio amittentibus, monachi loco eorum succederent, et aecclesiam illam cum sibi pertinentibus jure perpetuo possiderent. Quam mutationem clericalis ordinis in monasticum ordinem debere fieri, cogente Canonum auctoritate, Ivo, Carnotensis aecclesię tunc venerabilis episcopus asserebat, dicens se ab antecessoribus accepisse aecclesiam illam antiquitus monasterium extitisse : habet autem, ut ipse dicebat, canonica auctoritas ea loca quę aliquando fuerunt monasteria ulterius non licere fieri habitacula sęcularia. Igitur, per consilium ejus et manum, mater mea supradictis monachis prefatam aecclesiam contulit, et ipsum donum sigillis et literis domni papę Paschalis Secundi et ipsius episcopi firmatum est. Verumtamen, quibusdam causis impedientibus, non statim fuerunt monachi corporali investitura investiti; in quo intervallo, contigit ipsum papam et ipsum episcopum de hoc mundo migrasse, et matrem meam vitam monachilem

---

[1] L'abbaye de Saint-Père possédait une des prébendes de l'église de Saint-Martin-au-Val; la léproserie du Grand-Beaulieu une autre, et enfin l'abbaye de Saint-Jean recevait le revenu de l'année de chaque prébende au décès des chanoines. Pour indemniser ces divers établissements, les religieux de Marmoutier avaient remis entre les mains d'Yves l'église de Saint-Nicolas de Courville que cet évêque aumôna en 1115 à l'abbaye de Saint-Jean, à la charge par ladite abbaye de donner, chaque année, aux religieux de Saint-Père et aux confrères du Grand-Beaulieu, pour tenir lieu de leur prébende, la somme de soixante sous chartrains, quatre muids de blé froment et autant d'avoine, deux setiers de pois et deux muids de vin. Cet accord ne reçut son parfait acccomplissement que sous l'évêque Geoffroy, en 1131. (Arch. d'Eure-et-Loir, *fonds de l'abb. de Saint-Jean*, H, 44. — Bibl. comm. de Chartres, *Livre noir*, n° 44, f° 86 r°. — Guérard, *Cart. de Saint-Père*, p. 374. — Doyen, *Hist. de Chartres*, t. I, p. 80.)

accepisse, et dominium Carnotensis comitatus in manum meam devenisse. Dolens igitur valde mater mea quod prefata elemosina non satis plene consummata remansisset, et plurimum desiderans ut ante mortem suam compleretur, quatinus ejus anima de hujus mundi carcere securior et lętior solveretur, sepe et sepius, preces jungens precibus, me rogavit ut, dum michi liceret et ipsa viveret, ipsam elemosinam perficerem, ne forte, morte vel aliquo periculo prepeditus, quando vellem perficere non valerem. Prebebat' etiam testimonium quod ego aliquando ipsi elemosinę meum dedissem assensum. Tam piis igitur tamque frequentibus matris meę testimoniis et peticionibus admonitus, perficere elemosinam disposui, dominoque et venerabili papę, tunc temporis Honorio [1], rem ex ordine mandavi et ab eo consilium et confirmationem requisivi; qui michi in hunc modum rescripsit : « Deo et tibi, comes Tetbalde, fili karissime, grates referimus
» quod religiosos viros et sancta monasteria veneraris et diligis et pauperes
» Dei foves et nutris. Tuę quoque bonę voluntati congaudentes, mandamus
» ut quod ratio postulat faciendo, aecclesiam illam et prebendas Sancti-
» Martini-de-Valle, in manu fratris nostri Gaufredi, venerabilis Carnotensis
» episcopi, refutes, ut sic demum monachi Sancti-Martini Turonensis valeant
» eas de manu episcopi recte suscipere, et nos, si opus fuerit, debeamus
» nostram confirmationem supradictis confirmationibus adjungere. » Et quia idem Gaufredus episcopus tunc temporis Romę erat, precepit ei, ore ad os, ipse dominus papa Honorius ut quando ego prebendas illas, in manu ipsius, refutassem, ipse de prebendis et de ęcclesia abbatem et monachos Majoris-Monasterii investiret, et in usus et potestatem eorum redigendas jure perpetuo confirmaret. Et ita factum est. Deo siquidem favente et omnia ad votum nostrum prosperante, vir religiosus, Matheus nomine, Albanensis episcopus et sedis Romanę legatus, Carnotum venerat, qui, tamquam ad hoc ipsum a Deo transmissus, vices domini papę in Galliis tunc agebat. Ipse igitur ab episcopo et a me expetitus, ad ęcclesiam Sancti-Martini-de-Valle venit, ubi, ipso presente cum ingenti multitudine cleri et populi, prebendas illas in manum episcopi refutavi, sed custodiam rerum exteriorum ipsius ęcclesię et consuetudines quas in ipsis exterioribus rebus et hominibus eatenus habueram non dimisi, quin etiam ipsas prebendas, si

---

[1] Honorius II, pape (1121-1130).

aliquando ipsi monachi quoquo modo, quod absit, perdiderint, me, ut antea tenueram, deinceps retenturum coram assistentibus asserui. His ita actis, episcopus de prebendis et de ęcclesia abbatem Majoris-Monasterii, Odonem nomine, qui et ipse presens erat, per quendam librum et per cordas signorum, investitit et in manum ei tradidit. Quę omnia ipse prefatus legatus, auctoritate Dei et beati Petri et domini papæ Honorii, cujus tunc vice, ut dictum est, fungebatur; confirmavit. Nomina eorum qui hęc viderunt et audierunt hęc sunt : Gualterius, archidiaconus; Ansgerius, archidiaconus; Salomon, cantor; Galerannus, prepositus; Hainricus, prepositus; Robertus Bene-Venit; Adelardus, canonicus et capellanus meus; et multi alii clerici sive canonici. De monachis Majoris-Monasterii : Tetbaldus de Columbis; Nicholaus de Baiocis; Gilduinus, frater Galeranni prepositi; Gualterius Compendiensis; Mauritius monachus, et Gaufredus Lepus; Rainaldus de Castello-Gunterii; Hugo hospitalarius, et Gualterius subhospitalarius; Tetbaldus, monachus Sancti-Petri Carnotensis, et multi alii. Milites mei sive servientes vel alii homines : Amalricus de Mestenone [1], et Gunherius de Alneto [2]; Gunherius de Morvilla [3]; Ansoldus, telonearius, et Clemens, filius ejus;

---

[1] Amaury est le plus ancien seigneur de Maintenon dont nous ayons jusqu'à ce jour rencontré le nom dans les titres. Il figure, avec les autres grands feudataires du comté, dans un acte de l'abbaye de Saint-Jean, antérieur à 1135 (Arch. d'Eure-et-Loir, *fonds de Saint-Jean*, Inv., n° 79), et nous savons par un titre du Grand-Beaulieu de 1190 (Bibl. de Chartres, *Livre noir*, f° 48 v°) qu'il eut la garde du jeune Amaury V, comte de Montfort (1137-1140), fils d'Amaury IV et d'Agnès de Garlande, dame de Rochefort. — Le *Cartulaire des Vaux-de-Cernay*, dans une note d'ailleurs fort intéressante sur la famille de Maintenon (t. I, p. 261), dit, par inadvertance et contrairement à la charte du Grand-Beaulieu rapportée à la page 61 du même ouvrage, que le pupille d'Amaury de Maintenon fut Amaury III de Montfort (1087-1089).

[2] Gohier d'Aunay est le même que *Gohonerius de Alneto*, dont le nom se trouve dans une charte de l'abbaye de Thiron, relative à la vente de Courville faite au comte Thibault IV par Yves de Courville, en présence d'Etienne, roi d'Angleterre (Arch. d'Eure-et-Loir, *fonds de Thiron*, Inv., n° 93). Il était fils de Gautier d'Aunay, et frère de Gautier et Garin d'Aunay, dénommés dans plusieurs actes de l'abbaye de Saint-Père *(Cart.*, p. 204, 207, 451, 503, 603). Les biens de cette famille étaient situés du côté d'Oinville et de Réclainville *(Ib.)*. — Les archives d'Eure-et-Loir possèdent un sceau de Gohier d'Aunay, fils sans doute de celui qui nous occupe en ce moment. C'est un sceau rond, en cire verte, portant au centre un écu de ..... à trois mains de ..... 2 et 1, avec ces fragments de légende : ✠ SIG[ILLVM] GOH[ERII] DE A[LNET]O.

[3] Nous voyons par un titre de Saint-Père de 1101-1129 *(Cart.*, p. 478) que Gohier de Morville était fils de Payenne et qu'il avait pour frère Guillaume, dont le nom se trouve parmi ceux des témoins d'un accord fait entre le Chapitre et Ursion de Meslay en 1139. Voir ci-après, n° XLI.

Tetbaldus Claronis [1], et *Barbous* de Sancto-Petro [2]; Vitalis, filius Algardis, et Adelardus Rufus [3]; Paganus major, et Hubertus, et Hildegarius, fratres ejus; Ingelbertus, cellararius; Vitalis, et Rainaldus frater ejus; Ysacar, et Gaufredus, et Robertus, servientes monachorum de Valle-Sancti-Martini, et multi alii. De famulis Majoris-Monasterii : Paganus, camerarius; Johannes, mariscalcus; Gaudinus, miles; Petrus Martini; Radulfus, coquus; Algerius *Gazel;* Eschivardus; Petrus Barba et alius Petrus; Gualterius Tardivus, et alii multi.

Porro, in crastinum ipsius diei, nobis positis in Turre mea, Carnoti, concessit id ipsum comitissa uxor mea, Mathildis nomine [4], me rogante, audientibus et videntibus Hugone, vice-comite de Pusiato, et multis militibus sive servientibus et meis et suis, et jamdicto Majoris-Monasterii abbate Odone, cum proxime nominatis monachis et famulis suis.

Actum anno incarnationis dominice $M^o C^o XX^o VIII^o$, indictione VI^a, epacta XVII^a [5]. »

(*Orig. en parch.;* Arch. d'Eure-et-Loir, fonds du Chapitre, C. IX, J, 1.)

[1] Thibault Claron fut témoin de plusieurs titres concernant les religieux de Saint-Père *(Cart.,* p. 284, 286, 365).

[2] Barbous ou Barbodus, le premier que nous connaissions de cette puissante famille bourgeoise, était familier du couvent de Saint-Père *(Cart.,* p. 280 et 294). Nous retrouverons, dans la suite de ce Cartulaire, plusieurs membres de cette maison qui joua un certain rôle à Chartres pendant les XIIIe et XIVe siècles, entre autres Renaud Barbou, familier de Philippe-le-Bel et fondateur de l'hôpital des Aveugles de Chartres.

[3] La famille Leroux avait alors à Chartres de nombreux représentants, dont l'un, nommé Hubert, fut prévôt en 1138. Adelard, dont le fils Herman prit l'habit à Saint-Père, figure dans plusieurs actes de ce couvent *(Cart.,* p. 348, 385, 447).

[4] Mathilde, fille d'Engilbert II, duc de Carinthie, comtesse de Chartres-Blois et de Champagne. L'obit de cette princesse est inscrit au *Nécrologe* sous la date du jour des ides de décembre.

[5] A la suite de cette charte, a été ajoutée la notice suivante : *Ut vero hec mea antecessorumque meorum elemosina perpetuo rata foret, cum quadam vice abbas Majoris-Monasterii prefatus Odo ad me Blesim venisset, primogenitus filius meus Henricus* (Henri-le-Libéral, comte de Champagne après son père), *qui michi jure hereditario in honorem successurus erat, admonitione mea uxorisque mee jamdicte, Mathildis matris ejus, donum ecclesie Beati-Martini-de-Valle concessit, et hanc concessionem in litteris meis subscribi, ut cernere est, voluit, sub testibus istis : predicto abbate, Laurentio priore, Bermundo bajulo, Hugone hospitalario, Gaufrido Lepore et Guillelmo de Orchesia priore, monachis; me quoque et supradicta uxore mea Mathildi presentibus; Stephano etiam, camerario meo; Gualterio de Berno; Brunone, filio Hebroini; Garino, filio Cane; Herberto Faceto; Berengario, preposito; Pagano de Villa-Belfodi; Athone Borrelli et Archembaldo Gubil, laicis. Actum anno incarnati Verbi* $M^o C^o XXX^o V^o$, *indictione xiii^a, epacta iiii^a.*

XLIV.

Carta Ludovici, Francorum regis, « de servis ecclesie Carnotensis contra omnes ad testimonium admittendis. »

(1129, avant le 14 avril.)

« Ludovicus, Dei misericordia, rex Francorum, omnibus Christi fidelibus. Cum, juxta sacratissimarum legum instituta, regia potestas, ex injuncto sibi officio, ecclesiarum defensioni et honori vacare plurimum debeat, opere precium est eos, quibus tanta permissa potestas a Deo, earum tranquillitati et paci attentiori cura sollicitudinis providere, et ad laudem Dei omnipotentis, per quem reges regnant, ecclesias et earum res quodam honoris privilegio decorare, ut in bonis actibus et regium morem exerceant et superne retributionis premium indubitabiliter recipiant. Noverint igitur universi quia fidelis noster Goffridus, venerabilis Carnotensium episcopus, et Beate Marie Carnotensis ecclesie conventus majestatis nostre presentiam adierunt, humiliter conquerentes et ostendentes quatinus servi prefate ecclesie secularibus personis tanto contemptui habebantur quod in forensibus et in civilibus causis, vel placitis, adversus liberos homines in testimonium nullatenus recipiebantur, et ecclesiastica mancipia secularibus servis fere in nullo preferebantur. Unde res ecclesiastica, ob tanti scilicet obprobrium dedecoris, non solummodo vilescebat, sed maximum diminutionis incommodum de die in diem incurrebat. Cognita vero predicte ecclesie querela, moti tam ratione quam dilectione, necessarium duximus ab eadem ecclesia tantum scandalum omnino removere et Carnotensem Beate-Marie illius gloriosissime virginis et regine ecclesiam regio beneficio sublimare. Ego igitur Ludovicus, divina in regem Francorum clementia sublimatus, antiquam consuetudinem Carnotensis ecclesie recognoscens, communi episcoporum et procerum nostrorum assensu et consilio, necnon et uxoris mee Adelaidis et filii mei Philippi, in regem designati [1], instituo et decerno

---

[1] Le jeune prince Philippe, fils aîné de Louis-le-Gros, fut associé à la Couronne et sacré roi le 14 avril 1129. Il périt d'une chute de cheval le 13 octobre 1131, avant la mort de son père, ce qui fait qu'il n'est pas généralement compté parmi les rois de France;

ut servi sancte Carnotensis ecclesie, tam qui ad episcopum quam qui ad canonicos pertinent, adversus omnes, tam liberos quam servos, in omnibus causis, placitis et negociis liberam et perfectam habeant testificandi et bellandi licentiam, et nemo umquam, servitutis occasionem eis opponens, in eorum testimonio ullam dare presumat calumpniam [1]. Quod si aliquis temeraria presumptione illorum testimonium in aliquo refutaverit, aut calumpniatus fuerit, non solum regie majestatis et publice institutionis reus existat, sed querelam negocii sui, vel placiti, irrecuperabiliter amittat, ita scilicet ut presumptuosus calumpniator de querela sua, si querat ulterius, non audiatur, et si aliquid ab eo queratur alterius querele reus omnino et convictus habeatur. Aliud etiam statuimus ut predictus calumpniator, nisi de tanta calumpnie culpa Carnotensi ecclesie satisfecerit, ad testimonium proferendum ulterius non admittatur. Quod ne valeat oblivione deleri, scripto commendavimus et, ne possit a posteris infirmari, sigilli nostri auctoritate et nominis nostri karactere subterfirmavimus. Actum Parisius, publice, anno M°C°XX°VIII°, regni nostri xx° [2]. Astantibus in palatio nostro quorum nomina subtitulata sunt et signa. Signum Ludovici, buticularii [3]. Signum Hugonis, constabularii. Signum Alberici, camerarii [4]. Dapifero nullo. »

(Bibl. Imp.; *Livre des Priv. de l'égl. de Ch.*, cart. 28 bis, f° 16 v°. — *Ord. des rois de France*, t. I, p. 5. — D'Achery, *Spicil.*, t. XIII, p. 309. — *Theodori penitent.*, II, 452.)

cependant on l'y a quelquefois compris, et une ancienne inscription d'un reliquaire donne à Philippe-le-Hardi, fils de saint Louis, le nom de Philippe IV.

[1] D'après la loi des Wisigoths (Lex 2, tit. 4, § 4), celle des Burgundes (tit. 60, § 3) et celle des Ripuaires (tit. 58, § 20), le témoignage des serfs des rois et des églises était admis en justice. Mais cette règle du droit barbare, tombée en désuétude, abrogée même implicitement, faute de rappel par les Capitulaires, avait besoin d'une sanction nouvelle à l'égard des églises. Louis-le-Gros accorda cette sanction à l'église de Paris par une charte de 1108, sur laquelle celle-ci est calquée, et qui fut approuvée par Pascal II en 1114 (Labbe, *Miscell.*, t. II, p. 597). Des privilèges semblables furent donnés par le même roi à l'abbaye de Saint-Martin-des-Champs en 1110 et à celle de Saint-Maur en 1118 (Galland, *Du Franc-alleu*, p. 263. — Laurière, *Ord. des rois de France*, t. II, p. 3). Laurière *(loco citato)* fait observer que, d'après Beaumanoir *(Coutumes du Beauvoisis*, éd. la Thaumassière, ch. 63, p. 322), le serf n'était pas admis à combattre avec une personne franche, attendu que son maître pouvait le réclamer et l'ôter de la cour, eût-il déjà l'écu et le bâton pour combattre.

[2] Cette pièce, qui relate la dignité réservée au prince Philippe, précéda probablement de très-peu le sacre de ce prince, c'est-à-dire Pâques 1129 (14 avril). Les années du règne de Louis-le-Gros se comptent à partir du 3 août 1108.

[3] Louis de Senlis, bouteiller (1129-1130).

[4] Albéric, chambrier (1127-1129).

XLV.

Carta Ludovici, regis Francorum, « super familia Bernerii ab episcopo disrationata. »
(1129.)

« In nomine sancte et individue Trinitatis, ego Ludovicus, Dei gracia, Francorum rex, omnibus tam futuris quam presentibus notum fieri volumus quod Goffridus, Carnotensis episcopus, Berneerium tociusque generis sui familiam, super quos servitutis calumpniam imponebamus, in curia sua, dictante justicia et juditio, in servos suos disrationavit. Cui videlicet juditio et veritati nos adquiescentes, supradictos homines tam sibi quam omnibus ejus successoribus in perpetuum concessimus. Hoc autem, ne per succedentia tempora possit oblivione deleri aut a posteris infirmari, scripto commendavimus et sigilli nostri auctoritate ac nominis nostri karactere firmavimus. Astantibus in palatio nostro quorum nomina et signa subscripta sunt : Signum Ludovici, buticularii. Signum Hugonis, constabularii. Signum Alberici, camerarii. Dapifero nullo. Anno incarnati Verbi M°C°XXIX°, regni nostri xx°. Datum per manum Symonis, cancellarii. »

(Bibl. Imp.; *Livre des Priv. de l'égl. de Ch.*, cart. 28, p. 75 et 189, et 28 bis, f° 34 v°.)

XLVI.

« De dimissione pastuum de *Champseru* facta a majore. »
(1131-1141.)

« Ego Gaufridus, Dei gracia, Carnotensis episcopus, apostolice sedis legatus, omnibus Dei fidelibus ad quorum noticiam presens cartula producetur, notum fieri volo quod Ricardus, major de Campo-Serico, spontaneus veniens in capitulum sancte Carnotensis ecclesie, me presente et multis personis et canonicis ejusdem ecclesie, necnon et laicis quam plurimis quorum nomina subscripta sunt, dedit et concessit in perpetuum, absque penitus omni calumpnia deinceps et reclamatione, omnes integre pastus[1] de majoria

---

[1] Le droit de past était un droit de gîte et de procure que le seigneur avait coutume d'exiger de ses censitaires, et qui consistait en la nourriture tant du maître que de ses domestiques et de ses chevaux, à certaines époques de l'année. Au XII° siècle, cette rede-

Campi-Serici. Quidam frater ejusdem ecclesie nostre qui hoc donum fecerat, prelocutus dominus Zacharias [1], decanus ipsius ecclesie, dedit predicto majori viginti septem libras carnotensium, pro predicto dono, et pastus supradicte majorie omnes, cum sua integritate, assensu nostro et tocius Capituli nostri, dedit et concessit, disposuit et assignavit specialiter usui illorum canonicorum qui ad matutinas surgerent et misse dominice celebrationi interessent, et, preter canonicos, unicuique clericorum qui in septimana paschali ad matutinas surgerent, et misse dominice celebrationi et vesperis interessent nummum unum disposuit. Tum vero, nos peticioni tam clericorum nostrorum quam predicti majoris, postulantium ut donum istud auctoritate nostra confirmaremus, annuentes, eo ordine quo prolocutum et factum fuit, ante nos ipsum donum scripto mandavimus, et auctoritate nostra confirmavimus, et sigilli nostri [2] impressione munivimus, et presenti carte, cum sigillo nostro, sigillum beatissime virginis Marie [3], assentiente et postulante Capitulo sancte ecclesie nostre, annecti precepimus. Si qua vero, quod absit, etc. [4] . . . . . . »

(Bibl. Imp.; *Livre des Priv. de l'égl. de Ch.*, cart. 28, p. 83, et *28 bis*, f° 38 r°.)

vance fut convertie presque partout en une rente en argent; mais l'ancien nom continua à figurer dans les titres pour rappeler l'origine et la cause de cette rente.

[1] Zacharie, doyen (1131-1141).

[2] Le sceau de Geoffroy était un grand sceau ovale, représentant l'évêque debout, mitré, crossé et bénissant. Légende : ✠ SIGILLVM GAVFREDI DI. GRA. CARNOTENSIS EPISCOPI.

[3] Le sceau du Chapitre de Chartres, au XIII° siècle, représentait la Vierge de Chartres tenant l'Enfant-Jésus dans son giron. Légende : ✠ SIGILLVM CAPITVLI CARNOTENSIS. Le contre-sceau, représentant la Salutation angélique et portant pour légende : ✠ AVE MARIA GRA PLENA DOMINVS TECVM BENEDICTA, a été gravé dans le tome II de l'*Hist. de Chartres* par M. E. de Lépinois.

[4] Au mois de novembre 1206, en présence de Gui, abbé de Saint-Père, de Gautier, abbé de Josaphat, et de Robert, abbé de Saint-Cheron, le Chapitre de Chartres acquit, moyennant 65 livres chartraines, d'Etienne, maire de Champseru, du consentement de ses fils Mathieu et Philippe, tous les droits qu'il avait sur la grange du Chapitre à Champseru, excepté une mine d'avoine et les droits qu'il possédait dans les prébendes de Senainville, Loinville, Champgarnier et Bréez. Sur les objets compris dans cet acquêt, 100 sous furent assignés pour l'anniversaire de Simon Chardonnel et 20 sous pour celui de Guillaume de Cantorbéry (*Orig. en parch.*; C. LXXXVI bis, A, 2. — Bibl. imp.; *cart. 28*, p. 98, et *28 bis*, f° 45 r°).

En 1253, Richer de Blois, chanoine, acquit d'Etienne, maire de Nogent-le-Phaye et de sa femme, une pièce de terre labourable au terroir de Champseru, derrière l'église (*monasterium*) dudit lieu (*Orig. en parch.*; C. LXXXVI bis, A, 3).

Enfin, le 25 mai 1488, le Chapitre fit l'acquisition sur Antoine Haudry de la mairie de Champseru et de ses appartenances, que ledit Haudry tenait en fief du Chapitre (*Orig. en parch.*; C. LXXXVI bis, A, 7).

XLVII.

« De immunitate claustri. De villis episcopi et capituli. Quod servi ecclesie tanquam liberi ad testimonia admittantur. »

(1133, 22 mars.)

« Innocentius episcopus [1], servus servorum Dei, venerabili fratri Gaufrido, Carnotensi episcopo, ejusque successoribus canonice substituendis, in perpetuum. Discreta et provida sedis apostolice dispensatio hanc servare temperantiam consuevit ut singulorum jus et dignitatem illesam custodiat et quos ad obsequium suum devotiores ac promtiores invenerit eos artioris dilectionis et familiaritatis benivolentia sibi astringat. Quia ergo te, venerabilis frater Gaufride, Carnotensis episcope, matrem tuam sanctam romanam ecclesiam toto mentis desiderio venerari ac diligere, et, emergentibus persecutionum scandalis, tamquam virum in religione probatum et in fide catholica firmum, pro ejus utilitate et servitio, viriliter desudasse manifestis persensimus argumentis, personam tuam ampliori caritatis affectione diligimus et ecclesiam tibi a Deo commissam ex injuncto nobis pontificalis officii culmine libentius honoramus. Tuis igitur, frater in Christo karissime, rationabilibus postulationibus gratum prebentes assensum, possessiones et bona que in presentiarum juste et canonice possides tibi et successoribus tuis et per vos Carnotensi beate et gloriose Marie Dei genitricis ecclesie presentis privilegii pagina confirmamus. In quibus hec propriis nominibus annotanda subjunximus : Terram videlicet de Frauxineto, cum appenditiis suis, ab exactione avene et aliis pravis consuetudinibus quas Hugo de Puteolo [2] in eam induxerat, liberam et omnino quietam, quemadmodum, in presentia karissimi filii nostri Lodovici, Francorum regis, idem Hugo, in manu predecessoris tui, bone memorie, Ivonis episcopi, refutavit; sane libertatem ab eodem antecessore tuo episcopali domui acquisitam integram illibatamque servari, precipimus, ut videlicet, decedentibus episcopis, nulli penitus liceat episcopalem domum invadere aut ea que ibi fuerint ullatenus

---

[1] Innocent II (1130-1143).

[2] Hugues IV du Puiset, dont nous avons déjà parlé, et que rendit célèbre sa lutte avec Louis-le-Gros, passa vers 1133 en Palestine où il mourut.

occupare vel aliquid eorum presumere, quę predecessoris nostri sanctę recordationis Paschalis pape privilegio ¹ prohibentur. Preterea villam Pontis-Goeni vobis similiter confirmamus et eandem libertatem optinere sancimus. Hermenoldi quoque villam, Luthùn, Balleolum, *Henartmont*, Mundunvillam, Dundunvillam, Luceùm, Bercherie, Chambleum et *Basoches* vobis duximus confirmanda. Quod autem canonici ' Sancti-Martini-de-Valle palefridum Carnotensis episcopi in promotione ipsius capere presumebant, deinceps omnino fieri prohibemus ². Partem etiam telonei quam in urbe Carnotensi tam tu quam predecessores tui hactenus habuistis et jura censualia ubicumque ea habere videmini, domos proprias, vineas, torcularia, molendina, prata, nemora, stagna et alia quę ad jus episcopale pertinent vobis nichilominus roboramus. Porro immunitatem claustri inviolatam manere statuimus, ut videlicet nulli omnino hominum liceat idem claustrum infringere, seu clericos vel laicos ad locum ipsum fugientes aut inibi commorantes offendere, aut eorum bona diripere. Ad hęc, a fraternitate tua instantius exorati, ea quę juris sunt canonicorum Carnotensium ipsis decreti hujus robore communimus, scilicet Fontænètum, Sendarvillam, Loivillam, *Magnenes*, *Luplante*, Marchesvillam, *Benes*, *Granthous*, *Autou* et Varceias, Masengeium, *Nougent-de-Feis*, *Joe*, Bercherie, *Bugleinval; Seint-Prest*, Vallis-Amance, *Vaves*, Domus-Marię, *Reboli*, *Puisols*, Piretum et Pireolum, *Vileises*, Tyvillam, Villam-Sancti-Albini, Cluvillare, Catenas, Fontanas, *Amille*, terram de *Auvers* cum suis appenditiis, quęcumque etiam in Normannia ad eandem ecclesiam noscitur pertinere, canonicis Carnotensibus firma et illibata perpetuis temporibus conservari decernimus. Preterea capellam Monzonville, Ungregium, Macerias, Perumvillare, Escubleium, *Billehut*, Guastellas et alias villas ubicumque sitas, quę utique tam ad jus canonicorum quam etiam ad decanatum et preposituras Carnotensis ecclesie spectare videntur, eis inconcussas, absque refragatione aliqua, liceat possidere. Adicimus autem ut quicquid in posterum, largitione regum vel principum, seu aliorum oblatione fidelium, aut aliis justis modis, tam tibi, venerabilis frater Gaufride episcope, quam eisdem canonicis conferri contigerit, quietum vobis intemeratumque servetur. Statuimus autem ut homines de familia

---

¹ Voir ci-dessus n° XXVI.
² Voir ci-dessus n° XXIX.

Beatę-Marię ad jus tuum vel canonicorum pertinentęs, quemadmodum a predicto filio nostro Lodovico, illustri Francorum rege, concessum est, ad omnia testimonia et omnes probationes sicut liberi laici admittantur [1]. Si qua igitur in futurum, etc. . . . .

Ego Innocentius, catholicę ecclesię episcopus, subscripsi.

Ego Lucas, presbiter cardinalis tituli sanctorum Johannis et Pauli, subscripsi.

Ego Gregorius, diaconus cardinalis sanctorum Sergii et Bachi, subscripsi.

Ego Otto, diaconus cardinalis sancti Georgii, subscripsi.

Ego Guido, diaconus cardinalis sanctorum Cosmę et Damiani, subscripsi.

Datum Avinioni, per manum Aimerici, sanctę Romanę ęcclesię diaconi cardinalis et cancellarii, xi kalendas aprilis, indictione x^{ma}, incarnationis dominicę anno M°C°XXX°II°, pontificatus vero domni Innocentii pape ii, anno iii°. »

(*Orig. en parch.*; Arch. d'Eure-et-Loir, fonds du Chapitre, C. X, A, 9. — Bibl. Imp.; cart. *28*, p. 1, et *28 bis*, f° 1 r°. — *Theodori penitent.* II, 423. — Jaffé, *Reg. pont. rom.* 596, n° 5880).

XLVIII.

Carta Capituli Carnotensis, « de constructione burgi Mathei, » ecclesiæ Majoris-Monasterii concessa.

(1134, 26 février.)

« In nomine sancte et individue Trinitatis, ego Zacharias, Dei gratia, Carnotensis ecclesie decanus, et totus ejusdem ecclesie conventus, omnibus tam futuris quam presentibus notum fieri volumus quod abbas Odo et ceteri fratres capituli Majoris-Monasterii, per aliquot monachos suos, rogaverunt nos ut permitteremus fieri burgum in vineis suis que erant ad Esparras, ex duobus lateribus terminate viis publicis, ex tercio vineis vicedomini, ex quarto mansiunculis ipsius civitatis que sunt in parrochia Sancti-Saturnini. De quibus vineis reddebatur annuatim nobis vini decima, et pro quibusdam domibus que ibidem fuerant edificate et unus terciolus vini, et insuper de totis vineis census quatuor solidorum et xi denariorum, preter quos etiam

[1] Voir ci-dessus n° XLIV.

duos solidos calumpniabamus quos se nobis debere negabant. Hac igitur eorum peticione audita, duximus nos assensuros si debitam vini decimam et terciolum et predictum censum nobis convenienter componerent. Qui, habito consilio et considerata equilibritate, pepigerunt se nobis, in octobri, infra octabas sancti Remigii, singulis annis, in perpetuum reddituros xl solidos de censu ejusdem burgi, nisi si casu aliquo dictus burgus, aut totus aut dimidius, destruatur. Quod si dimidius ita destruatur ut inde nullum habeant censum, de superstite dimidio reddent xx solidos ; de destructo, non antiquum censum et decimam eorum que in solo nascentur : si autem totus ita destruatur ut inde nullum habeant censum, nichil reddent nisi antiquum censum et decimam. Quocienscumque vero post destructionem aut totus aut plusquam dimidius reedificabitur, aut si non usque ad dimidium destruatur predictum censum xl semper integre reddent. Quod si predicto termino predicte pactionis censum non solverent, censualis emendationis lege restituent. Debita vero parrochialia ecclesie nostre de Sancto-Saturnino ab habitatoribus predicti burgi solventur. Hanc pactionem, nobis presentibus, in capitulo nostro, fecerunt missi ab Odone abbate et ceteris fratribus Majoris-Monasterii, et litteras assensus eorum cum bulla pre manibus habentes: Gaubertus, prior Sancti-Martini ; Girardus, prior de Castroduno; Garnerus, prior de Sparnone ; Garnerus, prior de Coma ; Gaufridus, pannetarius. Quibus presentibus, ut facerent burgum, et censum et vendiciones preter primas quiete haberent, concessimus et concedimus, salva nobis in perpetuum predicta pactione xl solidorum. Ego Zacharias, decanus, subscripsi. Ego Salomon, cantor, subscripsi. Ego Hugo, succentor, subscripsi. Ego Goslenus, prepositus, subscripsi. Ego Henricus, prepositus, subscripsi. Ex parte nostra interfuerunt : Ansgerius, archidiaconus ; Droco, archidiaconus ; Galterus, presbiter; Petrus, presbiter ; Guido, diaconus ; Guillemus Muniarii ; Gervasius, major, Alcherius, filius Aloni. Ex parte illorum interfuerunt : Paganus, major ; Galterus *Hurez;* Radulfus de *Humbleres;* Gaufridus Cantus ; item Goslenus, presbiter ; Lambertus, presbiter ; Raynaldus, presbiter ; Paganus, diaconus ; Hugo, diaconus ; Guillelmus, diaconus ; Symon, subdiaconus ; Herbertus, subdiaconus. Datum Carnoti, in capitulo Sancte Marie, per manum Gisleberti cancellarii, iii° kalendas marcii, anno ab incarnatione M°C°XXX°III°. »

(Bibl. Imp.; *Livre des Priv. de l'égl. de Ch.*, cart. 28, p. 141.)

XLIX.

Carta Ludovici, regis Francorum, « de immunitate Fraxineti. »
(1137, avant le 1ᵉʳ août.)

« In nomine sancte et individue Trinitatis, amen, ego Ludovicus, Dei gracia, Francorum rex. Cum ad omnes, maxime autem ad domesticos, bonum operari moneamur, eis qui majori nobis conjuncti sunt caritate et serviciorum suorum multiplicitate nos sibi obnoxios fecerunt, propensiori voluntate et beneficio ampliori liberalitatis manum porrigere debemus. Hujus ergo rationis consideratione habita, notum fieri volumus cunctis fidelibus, tam futuris quam instantibus, quod nos villam episcopi Carnotensis que est in Belsia, que scilicet villa Fraxinetum appellatur, pro Dei amore et peticione Gaufridi, venerabilis Carnotensis episcopi, amici nostri karissimi, ab omni consuetudine, a tolta scilicet et tallia et hospitatione et omni violentia et exactione, insuper ab omni consuetudine, liberam et quietam in perpetuum esse concessimus, astante et annuente filio nostro Ludovico, jam in regem coronato [1]. Nos ergo predicte ville et omnibus inibi habitantibus et omnibus rebus ad eandem villam pertinentibus perpetuam immunitatem ab omni consuetudine, ut dictum est, concessimus, ita ut neque nos, neque successores nostri reges, neque omnino aliquis, preter Carnotensem episcopum, in predicta villa aliquid capere presumat. Et eandem villam in nostra tuitione et defensione suscepimus. Quod ut perpetue stabilitatis optineat munimentum, scripto commendari et sigilli nostri auctoritate et nominis nostri karactere roborari precepimus. Actum Parisius, in palatio nostro publice, anno incarnati Verbi M°C°XXXVII°, regni nostri XXIX°, Ludovico filio nostro in rege sublimato anno IIII° [2]. Astantibus in palatio nostro, quorum nomina subtitulata sunt et signa : Signum Radulfi, Viromandorum comitis et dapiferi nostri [3]. Signum Wuillelmi, buticularii [4]. Signum Hugonis,

[1] Louis-le-Jeune avait été sacré, à Reims, par Innocent II, le 25 octobre 1131. Il succéda à son père Louis-le-Gros le 1ᵉʳ août 1137.
[2] C'est *anno sexto* qu'il faut lire. Cette charte fut confirmée par Charles V, au mois de juillet 1367. (*Ord. des Rois de France*, t. V, p. 22. — *Trésor des chartes*, reg. 97, p. 411.)
[3] Raoul I le Vaillant, comte de Vermandois, sénéchal (1137-1151).
[4] Guillaume de Senlis, bouteiller (1131-1151).

camerarii. Signum Hugonis, constabularii. Datum per manum Stephani, cancellarii [1]. »

(Bibl. Imp.; cart. 28, p. 74; cart. 28 bis, f° 34 r°, et Livre noir, cart. 43, f° 8 r°. — Ord. des rois de France, t. V, p. 23.)

L.

« Super dono pastuum de Vovis, » facto a majore.

(1138.)

« Ego Gaufridus, Dei gracia, Carnotensis episcopus, apostolice sedis legatus, omnibus Dei fidelibus ad quorum noticiam presens cartula producetur, notum fieri volo quod Hugo, major de Vovis, et filius ejus Gauterius, spontanei venientes in capitulum sancte Carnotensis ecclesie, me presente et multis personis et canonicis ejusdem ecclesie, necnon et laicis quam plurimis quorum nomina subscripta sunt, dederunt et concesserunt in perpetuum, absque omni penitus calumpnia deinceps et reclamatione, omnes integre pastus de majoria Vovarum; et hoc ipsum donum filia predicti Hugonis Vulpilla concessit [2]. Quedam vero alia filia ipsius majoris, nomine Falca, que tunc gravida erat ad partum et que tunc equitare non poterat, in presentia canonicorum nostrorum, hoc ipsum donum postea libens concessit. Quidam autem venerabilis frater ejusdem ecclesie nostre qui hoc donum fecerat, prelocutus dominus Zacharias, decanus ipsius ecclesie,

---

[1] Etienne de Senlis, évêque de Paris, chancelier (1116-1137). On sait qu'après 1119 il y eut des chanceliers du nom de Fulcrad, Simon et Algrin; mais on connaît plusieurs diplômes postérieurs à 1119, et celui-ci est du nombre, qui sont signés par le chancelier Etienne.

[2] Le 31 octobre 1206, Geoffroy, maire de Voves, du consentement de sa femme Hodeburge et de ses filles Jeanne et Marguerite, de ses frères Miles, prêtre de Villars, et Herbert, de Mathilde, femme d'Herbert, vend au Chapitre la mairie dudit lieu, avec réserve par ledit Geoffroy de son hébergement et de deux bovées de terre (de 20 à 24 acres), dont il s'oblige payer au Chapitre 5 sous de cens, ainsi que la dîme et champart sur le restant de ses biens comme les autres habitants de Voves, et néanmoins sera exempt du droit de taille et ménage. En outre ledit Geoffroy donne à l'église de Chartres, en pure aumône, tout le droit de voirie qu'il peut avoir dans l'étendue de sadite mairie (Bibl. imp., cart. 28, p. 56, et 28 bis, f° 26 r°). En 1241, Renaud de l'Epine, chanoine; en 1280, Pierre de La Châtre, chancelier; enfin, en 1308, Geoffroy des Foucheis, archidiacre de Blois, firent, au nom du Chapitre, de nouvelles acquisitions dans l'étendue de la mairie de Voves (Inv. du Chap., C. CXII, A, 4, 5 et 7).

dedit predicto majori viginti libras carnotensium pro predicto dono, et pastus illos supradicte majorie omnes, cum sua integritate, assensu nostro et tocius Capituli nostri, dedit, concessit, disposuit et assignavit specialiter usui illorum canonicorum qui ad matutinas surgerent et misse dominice celebrationi interessent. Tum vero nos peticioni, tam clericorum nostrorum quam predicti majoris, postulantium ut donum illud auctoritate nostra confirmaremus, annuentes, eo ordine quo prolocutum et factum fuit ante nos, ipsum donum scripto mandavimus, et auctoritate nostra confirmavimus, et sigilli nostri impressione munivimus, et presenti carte cum sigillo nostro sigillum beatissime virginis Marie, assentiente et postulante Capitulo sancte ecclesie nostre, annecti precepimus [1]. Si qua vero, quod absit, ecclesiastica secularisve persona, etc...... Testes hujus doni, qui viderunt et audierunt, venerabiles fratres nostri : Zacharias, sancte Carnotensis ecclesie decanus; Salomon, precentor; Hugo, succentor; Goslenus, prepositus; Henricus, prepositus; Paganus, archidiaconus, et omne Capitulum. Interfuerunt et alii testes homines laici : Girardus *Avesgoth;* Bodardus de *Iselers;* Hugo de Gaisvilla; Gauterius de Loesvilla; Rainaldus Vitalis; Vitalis Algardi; Gilo *Belot;* Fulcherius de Fresnaico; Gervasius, major; Ernaudus, salinarius; Radulfus Ardea; Beroldus de Offunvilla; Herbertus, miles de Dalleomonte; Bernerius Herberti; Garinus Morardi; Gosbertus *Achath;* Julduinus Herberti *Envissent;* Richardus *Allec;* Goscelinus de Freenvilla; Ivo de Freenvilla; Gaufridus de Monasteriis, major de Trisiaco; Garinus de *Free;* Symon de Belevilla; Villanus de Monasteriis; Adam *Allec* [2], et alii quamplures. Insuper autem tam futuris quam presentibus notificare volumus quod Capitulum nostrum c solidos qui deerant ad emptionem istam de communi supplevit. Factum est hoc M°C° tricesimo octavo anno ab incarnatione Domini, regnante Ludovico Juvene primo anno, et Gaufrido, episcopo, vigesimo et III° anno. Superius diximus quod una de filiabus predicti majoris, nomine Falcha, quia priori concessioni interesse non potuit, ut mulier matura partui, postea in festo Purgationis sancte Marie venit in capitulum,

---

[1] Les termes de cette charte sont identiques à ceux de la donation du droit de past à Champseru. Voir n° XLVI.
[2] Un Adam Hareng *(Allec)*, probablement celui de cette charte, était prévôt *(prefectus)* de Janville vers 1151 *(Cart. de Saint-Père,* p. 468). Il possédait des biens à Prasville, et, en effet, cette paroisse, voisine de Voves, prit le surnom de Prasville-le-Hareng.

ibique, coram cunctis qui aderant, donum patris sui concessit, his presentibus : Hosberto, Hinnardo, Willelmo, Effredo, Hugone, Huberto Mordante [1], Hugone, Drochone, Gaufrido, Adam, Guidone Galeranni, Nevelone de Cruce, Ivone Hosberti, Andrea presbitero, Gaufrido, Ernaudo, Symone de Sancto-Stephano, Aelardo de Valeia. »

(Bibl. Imp.; *Livre des Priv. de l'égl. de Ch.*, cart. 28, p. 66, et 28 bis, f° 30 r°.)

LI.

« Quod homines ecclesie Carnotensis, de quadam parte Belsie, non debent pedagium domino Merlaii. »

(1139, 14 janvier.)

« Quicquid ad honorem et communem utilitatem et ad quietem pauperum ecclesie spectat, recta intentione querentibus, unum maxime necessarium sollicite procurandum est, ne operam et impensam silentio perdant, et que pro pace et concordia tam presentium quam futurorum viriliter elaboraverint, per negligentiam et oblivionem, discordie postmodum et contentionis seminarium fiant. Quapropter nos omnes Carnotensis Capituli fratres notum fieri volumus, et presentibus et posteris, quod dominus Ursio de Merlaio [2] injuste accipiebat pedagium in quadam parte terre Beate Marię de Belsia. Summonitus a canonicis, ad justiciam venire noluit et ad ultimum excommunicatus fuit. Tandem, Deo miserante et inspirante, rediens ad cor, venit in capitulum, ibi culpam suam cognovit et vadimonium rectitudinis, primum in manu decani, postea vero, multis tam clericis quam laicis adstantibus et videntibus, super altare beatę Marię humiliter posuit; et ut omnibus pateret quale et quantum esset jus canonicorum, utriusque partis consilio et consensu, decem legitimi homines de ipsa terra, vidente ipso, juraverunt in capitulo quia injuste hoc pedagium acciperet [3], videlicet a

---

[1] Hubert Mordant figure comme témoin dans un acte de manumission de l'abbaye de Saint-Père, de 1130-1150 *(Cart.*, p. 286). On rencontre assez fréquemment des membres de cette famille dans les actes des XI°, XII° et XIII° siècles.

[2] Ursion de Meslay-Freteval, fils de Nivelon, l'un des plus grands seigneurs du pays chartrain (1113-1149). Voir *Cart. de Saint-Père*, p. 365 et 483. Sa sœur, nommée Comtesse, avait épousé Hugues III, vicomte de Châteaudun (*Ib.*, p. 427).

[3] C'est ici l'un des plus anciens exemples que nous ayons rencontré dans nos chartes de l'enquête dite *par turbe*, sur une coutume en litige.

Novo-Vico et a calciato calle Blesensi qui transit ante Merlaium, de tota terra Beatę Marię versus Belsiam, quacumque via, quacumque semita irent vel redirent Carnotum, nisi inciderent in predictum calciatum callem ante Vallem-Brachiorum. Sunt tamen infra has metas due ville, Plancavilla et Auvillare, de quibus domnus Ursio dicebat se non concessisse; nobis econtra dicentibus quod non debebat accipere, retento jure Capituli, quacumque hora vellemus reclamare, loco et tempore. Insuper etiam concessit, hinc precibus canonicorum, inde pro anima sua et antecessorum suorum, inde etiam data sibi caritate sexaginta librarum, quod in clauso Beatę Marię, in quo, et ante vindemias et in ipsis vindemiis, tam ipse quam sui homines, plus quam deberent accipiebant, per singulos quadrantes in quibus consuetudinem habebat, nichil aliud deinceps nisi tantum vn sextarios vini, secundum justam mensuram, acciperet; hoc etiam concesso quod canonicis bene liceret deportare vindemias suas ad quodcumque vellent pressorium, in clauso, seu clauso pertinens, ubi consuetudinem suam domnus Ursio accipit. Definitum est etiam et concessum quod si operarii canonicorum conducticii [1], (constat enim de domesticis quod in eos nullus habet manummittere nisi canonicus), si, inquam, illi in clauso forifecerint dum in opere erunt, licebit quidem servientibus domni Ursionis eos retinere; quod si canonicus, cujus operarii erunt, in manu ceperit ut de eis justiciam faciat in curia canonici, juditio ejus et curię sue domnus Ursio justiciam suam accipiet. Quod si canonicus de operariis illis se intromittere noluerit, nos non reclamabimus; si vero de forifacto quod illi ante fecerint eos accusare voluerit dum in opere canonici erunt, nec poterit eos retinere nec accusare. Hęc ut prescripta sunt concessit ipse domnus Ursio in capitulo, et filius ejus primogenitus Nivelo, et frater ejus junior Hamelinus; et apud Fractamvallem hoc idem concesserunt Philippus et Raginaldus [2], filii ejusdem Ursionis primogeniti, et apud Sanctum-Avitum filia ejus Beatrix hoc idem concessit. Concessis igitur et collaudatis ab utraque parte omnibus, ut in presenti carta continentur, processit domnus Ursio ad altare beate Marie, cum universo clero,

---

[1] *Conducticii*, c'est-à-dire *mercenarii*, de *conductio*, louage.

[2] L'un des chevaliers qui prirent part, en 1170, au meurtre de Thomas Becket, archevêque de Cantorbéry, s'appelait Renaud *Fitz-Urse*, c'est-à-dire fils d'ours. Ce nom se rapporterait assez à celui de Renaud, fils d'Ursion de Freteval, qui, d'après l'historien dunois Bordas, avait épousé les intérêts de Henri Plantagenet.

militibus et populo multo, et cyrographum, in duas partes sectum, accercitis duobus filiis suis Nivelone et Hamelino, genibus flexis, obtulit super altare beatę Marię, et unam partem levavit ipse cum prenominatis filiis suis, alteram, ad monumentum et munimentum prefate libertatis et perpetuę pacis, in archivis ecclesie in perpetuum servandam dereliquit. Hęc acta sunt anno incarnationis dominicę millesimo centesimo tricesimo octavo, anno domni Ludovici, regis Junioris, secundo, episcopatus autem domni Gaufridi, Carnotensis episcopi, vigesimo quarto, nono kalendas februarii, luna vigesima, feria quarta, hora diei tercia. Huic concessioni interfuerunt, ex parte Capituli : Zacharias, decanus; Salomon, precentor; Hugo, subdecanus; Hugo, succentor; Gauslinus, prepositus; Heinricus, prepositus; Milo, prepositus; Richerius, archidiaconus; Droco, archidiaconus; Ansgerius, archidiaconus; Willelmus, presbiter; Fredericus, presbiter; Gosbertus, diaconus; Radulfus, diaconus; Herbertus Belotinus, diaconus; Matheus, diaconus; Hugo, diaconus; Guido de Sancto-Martino, diaconus; Herbertus Arnulfi, Guido, cancellarii; Guillelmus de Bello-Videre, Radulfus de Leugis, Rainaldus, archidiaconi; Johannes, dapifer; Symon de Sancto-Leobino; Guillelmus Comes; Ansoldus de Bello-Videre; Guillelmus de Morvilla; Symon Belini; Robertus de Bonavalle, Nivelo de Cruce, Ivo, monetarii; Adam; Gaufridus. Laici vero : Gervasius, major; Odo, major Novigenti-Fisci; Johannes de Hismeriaco et Radulfus frater ejus; Hugo de Gaiesvilla; Arnulfus de Puisolis; Hildegarius de Manevicino; Gauterius de Sancto-Prisco; Robertus de Uno-Pilo. Ex parte vero domni Ursionis interfuerunt hi testes : Joscelinus de *Auneel;* Roscelinus Mala-Terra; Gauterius Bego; Burgundio de Merlaio; Guillelmus Aculeus; Guillelmus, filius Ansoldi; Girardus de Merlaio; Odo de Alona; Fulcaudus Tronellus; Johannes de Secoreio; Moreherius de Blandeinvilla; Robertus de Froovilla; Hugo de Faveriis; Herbertus de *Mongeven;* Gaufridus, monetarius.

Apud villam quę dicitur Halo concessit hoc idem pactum Fulcherius, ejusdem Ursionis filius; et hi sunt testes : Ivo, presbiter; Burgundius de Merlaio; Beatrix, uxor ejus; Simon *del Bruil;* Hugo *Poterons;* Marcherius Gibosus.

Concessionis vero que facta est apud Fractamvallem a Philippo et Raginaldo, presente domno Hugone, nostro subdecano, et Richerio, archidiacono, et clericis eorum Raimbaldo, Roberto de Braio et Roberto, filio Gaufridi, monetarii, testes sunt : Hugo *Desreez;* Girardus de Villare; Salomon de Thoreio; Paganus de Froevilla; Durandus Lepus; Johannes de *Balaum;* Gauterius *Moysanz;* Herbertus, presbiter; Cesarius, presbiter; Godefridus de Pataico.

Concessionis autem ibidem facte a Hersende, filia Ursionis, et Agathe, uxore Nivelonis primogeniti, testes sunt : Hersendis de Villare; Matildis filia ejus; Jamenvia, et omnes supradicti testes.

Concessionis apud Sanctum-Avitum facte a Beatrice, filia ejus, testes sunt : Petrus Laguina, Bernaldus, prepositus, nepos Hervei decani, Odo de Sancto-Avito, sacerdotes; Herveus; Andreas; abbatissa Isabels; Ada; Hildealdis; Ermengardis de Braio; Matildis.

Hec omnia per diversa loca facta et concessa viderunt et audierunt prefatus subdecanus et archidiaconus, cum clericis et servientibus, quorum sunt nomina : cum subdecano, Hugo, Gauterius de Braio, Gauterius, minutor; cum archidiacono, Arnulfus nepos ejus; *Rualens*, *Britels*, Fromundus. »

(*Chirographe orig. en parch.*; Arch. d'Eure-et-Loir, fonds du Chap., C. X, F, 4. — Bibl. Imp.; *Livre des Priv. de l'égl. de Ch.*, cart. 28, p. 84, et 28 bis, fo 38 vo.)

LI.

Carta Arnoldi, Lexoviensis episcopi, « de ecclesiis quas possidet ecclesia Carnotensis in episcopatu Lexoviensi. »

(1141-1181.)

« Universis sancte matris ecclesie filiis tam presentibus quam futuris, Arnoldus[1], Lexoviensis ecclesie humilis minister, salutem. Episcopalis officii ratio postulat jura et possessiones ecclesiarum que infra terminos commisse nobis a Deo potestatis constitute sunt diligenti patrocinio confovere et ab ipsis omnem arcere molestiam et injuriam removere. Qua nimirum consideratione, bona quelibet tam ecclesiastica quam secularia que in episcopatu Lexoviensi sancta et venerabilis Carnotensis ecclesia ab antiquo

---

[1] Arnoul, évêque de Lisieux (1141-1181).

possedisse dinoscitur, sub Lexoviensis ecclesie et nostra protectione suscepimus, eique jure perpetuo possidenda concedimus, scriptique presentis valituro in perpetuum munimine confirmamus. In quibus sane certum est quedam, de jure seculari in jus ecclesiasticum, largitione principum concessa, devotione consecrata laudabili, in defensionem ecclesie, tanquam res ecclesiasticas, pertransisse. Quedam vero sunt que ab ipsa fidei christiane fondatione specialius ad jus ecclesiasticum pertinere noscuntur, ideoque specialius ad episcopalem pertinet potestatem ut ea scilicet affectuosius ecclesia protegat, quia ad eam magis proprie spectant privilegio singulari [2]. Utraque igitur bona predicte sancte Carnotensis ecclesie presentis scripti pagina confirmamus, data in eos nimirum excommunicationis sentencia qui tam sancte constitutioni nostre presumpserint qualibet malicia contraire. Ex quibus quedam que omni jure necesse est ecclesiastica reputari propriis duximus exprimenda vocabulis : ecclesiam Sancti-Taurini de Anglicavilla, ecclesiam Sancti-Martini de Runcevilla, ecclesiam Sancti-Juliani-super-Carlonam, ecclesiam Sancti-Petri de Altaribus, capellam Sancti-Nicholai in eadem villa. Has igitur ecclesias, sicut ab antiquis retro temporibus a sancta Carnotensi ecclesia possesse fuerunt, eidem habendas in perpetuum concedimus, et confirmamus cum omnibus pertinentiis suis, ut, cum vacaverint, presentationes habeant sacerdotum, et in ecclesiis ipsis cuncta percipiant que eam ibi ab antiquo certum est percepisse, salvo nimirum ecclesie Lexoviensi et nobis omni jure episcopali, et sacerdotibus qui in eis ministraverint jure parrochiali, in omnibus scilicet beneficiis que tam isti quam predecessores eorum usque ad tempora nostra in omni jure et beneficio perceperunt. »

(Bibl. Imp.; *Livre des Priv. de l'égl. de Ch.*, cart. 28, p. 43, et 28 bis, f° 19 r°.)

[1] Voir ci-dessus, n° XII.
[2] Cette distinction entre les biens d'origine laïque donnés à l'église et les biens d'origine ecclésiastique restitués à l'église est rarement établie d'une manière aussi nette que dans ce privilége. Il importait d'empêcher le retour des spoliations des VIIIe et IXe siècles, et les basiliques et monastères, remis en possession d'églises, de chapelles ou de dîmes, inféodées jadis à des laïcs, cherchaient, par la menace des armes canoniques, à échapper à toutes tentatives ultérieures.

LIII.

« Ludovici, regis, de protectione Basochiarum-Episcopi, et quod Villana et ejus filii eas liberas et immunes ab omnibus dimiserunt exactionibus. »

(1142.)

« In nomine sanctę et individuę Trinitatis. Ego Ludowicus, Dei gratia, rex Francorum et dux Aquitanorum, notum fieri volumus quod villam episcopi Carnotensis que Basoche nominatur in nostra custodia et protectione custodimus, et illam pravam et injustam consuetudinem quam Villana et ejus filii, videlicet Willelmus Potardi et Albertus et Rodbertus et Petrus et Hugo, in eadem villa reclamabant, in nostra presentia penitus dimiserunt, dicentes nobis in publico et manifeste recognoscentes quod in villa prenominata et in ejus territorio de rebus episcopi Carnotensis et hospitum qui ibidem commorabantur injuste et per rapinam multociens habuerunt. Nobis igitur presentibus, predictę personę omnes de illa rapina et maleficio nullam excusationem pretendentes, et suam culpam nullatenus defendentes, in manu Reginaldi, cantoris ęcclesię Carnotensis, condignam satisfactionem fecerunt, asserentes quidem et pro certo promittentes quod in prefata villa nichil deinceps reclamarent, sed ejus libertatem, quam in presentia nostra promiserunt, pro posse suo, in nostra curia et alibi, custodirent et defenderent. Quod ut perpetuę stabilitatis obtineat munimentum, scripto commendari nostrique sigilli auctoritate muniri atque nominis nostri subter inscripto karactere coroborari precepimus. Actum publice Aurelianis, anno M°C°XL°II°, regni vero nostri VI°, astantibus in palatio nostro quorum nomina subtitulata sunt et signa : Signum Radulfi, Viromandorum comitis, dapiferi nostri. Signum Willelmi, buticularii. Signum Mathei, camerarii [1]. Signum Mathei, constabularii [2].

Data per manum Cadurci, cancellarii [3]. » *(Monogr.)*

(*Orig. en parch.;* Arch. d'Eure-et-Loir, fonds du Chapitre, C. XI. — Bibl. Imp.; *cart. 28*, p. 60, et *28 bis*, f° 27 v°.)

[1] Mathieu ou Mathias, chambrier (1139-1158).
[2] Mathieu de Montmorency, connétable (1139-1169).
[3] Cadurc, chancelier (1140-1147), appelé *Catulcus* dans une charte de Josaphat de 1140, mentionnée par du Cange. Le même auteur cite un chancelier du nom de *Lidericus* qui

LIV.

De donatione cujusdam plateæ, in claustro Beatæ Mariæ sitæ, Roscelino famulo facta.

(vers 1148.)

« Ego Gaufridus, Dei gratia, Carnotensis episcopus, notum fieri volo presentibus et futuris quod plateam quamdam, in claustro Beate Marie sitam, quam Alburgis, mater Willelmi cerarii, ecclesie Sancti-Sergii, in elemosinam dederat, ego et Gaufridus, presbiter Sancti-Sergii, Roscelino, famulo meo, ita donavimus ut libere et quiete eam possidere, donare aut vendere et quicquid inde sibi placuerit facere possit. Hanc autem donationem tali tenore fecimus ut idem Roscelimus, quandiu eam possederit, et quicumque post eum eam habuerit, singulis annis, ecclesie Sancti-Sergii sextarium olei, ad usum luminis, in festivitate sancti Nicolai, persolvat. Hoc donum concessit domnus Goslenus de Leugis, frater meus, ad quem census ejusdem platee pertinere dinoscitur. Quod ut certius credatur et firmius teneatur, has litteras inde fieri et sigilli mei testimonio corroborari precepi. Huic rei interfuerunt : Robertus, decanus [1]; Goslinus, archidiaconus; Robertus, archidiaconus; Gaufridus, prepositus; Johannes, canonicus Beate Marie; Gauterius Blesensis, canonicus; Hugo Berengarii; Guido de Crechis; Remigius, diaconus; Willelmus de Novigento; domnus Goslenus de Leugis; Goslinus de Meresvilla [2]; Guerricus Osculans-Demonium [3]; Willelmus Burgundus; Mainerius Tarenna; Bussellus; Gaufridus de Bos-

figurerait dans un titre de l'église de Chartres de 1142, l'an 6e de Louis-le-Jeune. Nous croyons que du Cange a été induit en erreur par une mauvaise leçon d'un des cartulaires de Notre-Dame, car il n'existe pas d'autre charte de 1142, l'an 6e de Louis-le-Jeune, que celle-ci, et l'original donne bien au chancelier le nom de *Cadurcus*.

[1] Robert, doyen (c. 1148-1155).

[2] Probablement le même que *Gollinus de Merevilla*, qui figure comme témoin, ainsi que son père, dans une donation de Goslein de Lèves à Saint-Père *(Cart.*, p. 388), et dans un titre de Thiron, avec le même Goslein de Lèves et son frère l'évêque Geoffroy (Archives d'Eure-et-Loir, *fonds de Thiron*, Inv. n° 145).

[3] Guerry Baise-Diable *(Osculans-Demonium, Basians-Demonem, Demonem-Osculans, Osculans-Diabolum, Bèse-Déable)* était fieffé de Saint-Père et apparaît, soit comme témoin, soit comme partie, dans plusieurs chartes de ce monastère *(Cart.*, p. 286, 294, 332, 352, 384).

co-Hunoldi; Giraldus *Eschanz;* Ernaudus, frater predicti Roscelini; Giroldus. »

(*Copie de la fin du XIIe siècle*; Bibl. comm. de Chartres, ms. 53 ⅔, ad init.)

LV.

« Goslini, episcopi Carnotensis, de duobus cereis qui singulis sabbatis ponuntur ante capsam beate Marie et de redditu a vicedomina ad hoc assignato. »
(1149-1155.)

« Ego Goslinus, Dei gratia, Carnotensis episcopus [1], notum facio tam futuris quam presentibus quod nobilis mulier Elizabet, vicedomina [2], Carnoti egrotans, cum exitum hujus vite se in proximo habituram speraret, misit ad me, supplicans ut ad eam venirem. Veni igitur ad eam, ex debito et intuitu pietatis, et confessa devote peccata sua dispositionem rerum suarum in manu nostra tradidit et commisit. Recordata est itaque inter cetera cujusdam elemosine quam mater sua domina Helissendis [3], tempore suo, devotissime fecerat, et ipsa eadem postea in diebus suis non minus attente observaverat, duorum scilicet cereorum quos ante memoriam [4] perpetue virginis Marie in singulis sabbatis offerre consueverant. Voluit autem et precepit ut hec elemosina quam ad tempus fecerant, pro salute antecessorum suorum et sua, perpetua esset; et ad hoc perficiendum redditus assignavit, videlicet quinquaginta duos solidos annuatim habendos de Furno-Vicedomine, et me, de cujus feodo illa elemosina est, obnixe rogavit ut concederem, et concessi. Hoc vidit, audivit et concessit domina Loreta, soror ejus; Willelmus [5] quoque, filius ejusdem vicedomine, libens postea hoc concessit et in manu nostra eandem elemosinam posuit et dimisit. Ne autem oblivione deleri

[1] Goslein de Lèves (1149-1155). L'obit de cet aumônieux prélat est inscrit dans le *Nécrologe*, sous la date du jour des calendes de février.

[2] La vidamesse Elisabeth était femme de Guillaume Ier de Ferrières, qui tint le vidamé vers 1114-1130.

[3] Hélissende était femme de Guerry, qui tint le vidamé vers 1089-1100.

[4] L'expression *memoria*, pour *sacellum, altare* ou *capsa*, qui se rencontre assez fréquemment dans les Actes des Martyrs, est beaucoup plus rare dans les chartes du XIIe siècle. L'exemple que nous fournit ce titre a donc quelque intérêt au point de vue paléographique.

[5] Guillaume II de Ferrières, fils de Guillaume Ier et d'Elisabeth, tint le vidamé vers 1170-1180.

posset, juxta votum ejusdem domine et predictorum filii ejus et sororis ejus, presens scriptum inde fieri et sigilli nostri munimine precepimus roborari. Hoc viderunt et audierunt : Robertus, decanus; Hugo, subdecanus; Johannes, archidiaconus; Radulphus, capicerius; Willelmus, camerarius; et alie multe persone et canonici ecclesie nostre, necnon et laici quamplures. »

(*Orig. en parch.;* Arch. d'Eure-et-Loir, C. CXXXIV, A, 1. — Bibl. Imp., cart. *28 bis,* fo 23 vo.)

LVI.

« De oblitis que sunt apud Unum pilum; » a Radulfo, præposito de Nogento, Capitulo dimissis.

(1149-1155.)

« Illum sue significationis sensum commoditati nostre magis commodum littere nobis contulerunt, sub quo eas delegamus ad posteros decisionum nostrarum interpretes. Id sibi injungens officii, ego Goslenus, Dei gracia, Carnotensis episcopus, earum interpretatione posteritati notum relinquo fratres nostros ecclesie Carnotensis concanonicos penes nos deposuisse clamorem adversus Radulfum, prepositum de Nogento, super oblitis [1] agripennorum de culturis que apud Unum-Pilum sunt, asserentes eas de proprietate debere esse Capituli, juxta ejus pactionis modum quam cum eis inivimus, tempore quo preposituram de Nogento habebamus. Proinde memoratus Radulfus, nostra sollicitatus prece, eas oblitas Capitulo quietas dimisit, eo rursus a Capitulo sibi, prece nostra, obtento quod dum preposituram illam teneret, oblitas sub nomine precarie haberet; cum vero decederet, seu quovis alio modo eam dimitteret, oblite ad proprietatem Capituli quiete et sine reclamatione redirent. Compositione itaque, communi utriusque partis assensu, in eum modum facta, decanum pro toto Capitulo exinde investivimus, a quo deinceps antedictus Radulfus, tanquam de precaria, fuit investitus. Et est insuper adnectendum quod, ad recognitionem sui juris,

---

[1] Cette redevance qui avait pour origine les oblations ou offrandes de pains faites par les fidèles pour le service divin et qui, par une substitution du *droit séculier* au *droit ecclésiastique*, indiquait une prestation de pains par les vassaux à leurs seigneurs, à certains jours désignés, fut convertie généralement, aux XIe et XIIe siècles, en une rente en argent ou en grains, calculée par arpent.

statuimus eos inde pro unoquoque agripenno quatuor denarios de censu habituros, necnon et jura parrochialia, panes videlicet et candelas. Actum publice, residentibus in capitulo nostro : Roberto, decano; Hugone, precentore; Hugone, subdecano; Roberto, succentore; Milone, archidiacono; Gaufrido, preposito de Nogento-super-Auduram; Raherio, preposito de Belsica; Odone, preposito de Fontaneto; Gosleno, capicerio. Si quis autem huic nostre pagine obviare presumpserit, a communione dominici corporis et sanguinis alienus, noverit se anathemati subjacere. Ad majorem nempe auctoritatem presenti cartule conferendam eam nostri impressione sigilli munivimus. »

(Bibl. Imp.; *Livre des Priv. de l'égl. de Ch.*, cart. 28, p. 70, et 28 bis, f° 33 v°.)

LVII.

« Goslini, episcopi Carnotensis, ne prepositi habeant in preposituris servientes deditos vel domos proprias et ne faciant ibi aliquas exactiones. »
(1149-1155.)

« Ego Gollinus, Dei gracia, Carnotensis episcopus, notum fieri volo cunctis sancte ecclesie fidelibus, tam futuris quam presentibus, quod canonici ecclesie mihi commisse de prepositis suis mihi sepius conquerentes, diem emendandi ea de quibus ipsi adversus prepositos conquerebantur a me obtinuerunt. Die igitur statuta, in capitulum convenerunt et ibidem, in presentia mea, querimonias suas canonici exposuerunt, dixeruntque quod prepositi deditos servientes habebant qui ibant per preposituras cum equis et sine equis, qui ibidem morabantur et hospitabantur apud rusticos, et exigebant ab eis quedam que litteris et statutis domni Ivonis et domni Gaufridi, bone memorie, predecessorum nostrorum episcoporum [1], et decreto pape Pascalis, de eadem re firmatis, prohibebantur. Preterea conquesti sunt quod prepositi rusticos ecclesie multis ad se vocationibus et submonitionibus fatigabant, et multis vexationibus angariabant, donec tandem, multis labo-

---

[1] Voir ci-dessus, n°s XXXIII et XXXIV.

ribus et tediis afflicti, quicquid exigebatur persolverent. Addiderunt et gravem querimoniam de eisdem prepositis qui, priusquam successores decedentium majorum in capitulo presentarent, ab eis relevationes majoriarum exegerant, et hujus rei bonam et antiquam ęcclesię consuetudinem pervertebant. Iterum conquesti sunt quod prepositi proprias domos habebant in preposituris, quod nullatenus licet. His omnibus diligenter auditis et intellectis, nos utilitati ęcclesię et paci pauperum providere et totius turbationis et scandali causam prorsus extirpare desiderantes, predictos prepositos rogando, consulendo monuimus ne super his adversus fratres et concanonicos suos contentiose agerent, nec ab unitate fraternę caritatis discederent, verum hec omnia concorditer et amicabiliter terminari concederent; quod ipsi, rogatu nostro et amore fratrum suorum quos nullatenus offendere volebant, benigne concesserunt. Itaque, consilio optimatum nostrorum et voluntario assensu eorumdem prepositorum, statuimus ne deinceps prepositi habeant in preposituris servientes quos tunc habebant, nec cum equis nec sine equis, quare nimis infamati de gravamine pauperum erant, neque alios ad hoc deditos, neque aliquem de junioribus [1] suis summoneant, nisi pro certa causa, et hoc nec nisi per se, vel per presbiterum, vel per majorem tantum. Nullus eorum serviens apud rusticos hospitetur; nullus cum eis medietates habeat; nullus aliquid eis accommodet; nullus ab eis exigat nummos, annonam et cetera quę apostolico privilegio prohibentur. Porro de illis qui in majoriis successuri erunt, statuimus ut nullam a preposito suo de feodo ejus habeant investituram neque potestatem justicias exercendi, sive summonitiones faciendi, donec prius in capitulum ab eodem preposito presententur et a Capitulo relevent. Preterea prohibuimus et omnino prohibemus ne prepositorum aliquis in prepositura sua propriam domum de cetero habeat. Si quis autem, quod nolumus, ad dampnum canonicorum hec in pejus mutare presumpserit, et, secundo terciove commonitus, non resipuerit, maledictus atque excommunicatus permaneat, et cum eis qui in fine mundi audituri sunt *ite maledicti in ignem eternum qui paratus est diabolo et angelis ejus* portionem et societatem habeat. Ut autem hec concessio firmiorem per futura tempora obtineret vigorem et a successoribus nostris

---

[1] L'expression générale *juniores* signifie *officiers de justice, subordonnés*. Elle s'employait fréquemment au Moyen-Age (voir les formules de Bignon et de Lindenbrog, et du Cange, au mot *junior*).

verius et cercius crederetur et diligentius observaretur, has litteras fieri jussimus et sigilli nostri impressione firmavimus. »

(*Orig. en parch.;* Arch. d'Eure-et-Loir, fonds du Chap., C. II, GG, 2. — Bibl. Imp.; *Livre des Priv. de l'égl. de Ch.*, cart. 28 bis, f° 67 r°.)

LVIII.

« Gosleni, episcopi Carnotensis, de juramentis prepositorum et rusticorum ecclesie Carnotensis faciendis. »

(1149-1155.)

Ego Goslinus, Dei gracia, Carnotensis episcopus, notum fieri volo omnibus sancte ecclesie fidelibus, tam futuris quam presentibus, quod communis Capituli ecclesie mihi commisse fratres in capitulo suo mihi exposuerunt multa et magna gravamina que majores villarum suarum et servientes prepositorum in rusticos excercebant, que, quia omnino intolerabilia erant, indicaverant similiter domno Gaufrido, pie recordationis, predecessori meo, episcopo. Cujus nimirum consilio et assensu, ob remedium tantorum malorum, predicti fratres nostri conscripserant institutum, quod et presentaverunt et legi fecerunt in presentia mea, rogantes ut illud ego quoque concederem et firmarem. Quia ergo illud ex necessitate et pro pace pauperum instituerant et predicti predecessoris nostri episcopi Gaufridi, cujus anima requiescat in pace, auctoritas assensum prebuerat, petitionem ipsorum benigne suscepi, et ut sacramenta que majores et rustici sibi fecerant in capitulo, in hec verba que secuntur, singulis bienniis renoventur concessi, et presens inde scriptum sigilli mei impressione firmavi.

Sacramentum majorum ecclesie nostre quod debent facere in capitulo:

Hoc audiatis, domini, quod ab hac hora in antea a rusticis mee majorie non exigam aurum, vel argentum, neque frumentum, aut avenam, nec humeros porcorum, nec tortellos [1], aut ova, neque corveias aliquas arature

---

[1] *Tortelli*, tourteaux, sorte de pains ou galettes faits avec de la farine et des œufs et contenant quelquefois de la viande hachée (voir du Cange, au mot *torta*). En Brie et dans une partie de l'Ile-de-France, le peuple appelle encore aujourd'hui *tortiaux* ces pâtes minces cuites dans la poêle, connues sous le nom de crêpes.

ab ipsis, neque ab uxoribus eorum corveias lanificii, vel cujuslibet alterius rei, per me, vel per uxorem meam, neque per aliquam aliam subpositam personam. Non exigam ab eis relevationes terrarum vel aliarum possessionum, decedentibus patribus vel aliis possessoribus earum, neque de conjugandis feminis venditiones, neque medietates habebo cum rusticis, neque eos mittam in plegium, neque exigam ab eis oves, agnos, anseres, gallinas, neque aliquid quod ad exactionem aliquam pertineat; neque tenebo placita eorum ante me, neque submonebo eos sine jussu prepositi vel certi nuntii ejus et sine certa causa quam ibidem nominem eis. Non patiar amodo quod servientes prepositi apud rusticos mee majorie hospitium habeant, neque ab eis quicquam exigant, nec annonam, nec avenam, nec anseres, nec gallinas, nec ovem, nec agnum, nec ligna, neque eos medietarios habeant aut in plegium mittant, neque corveiam aliquam ab eis exigant. Preterea fidelis ero vobis amodo de perquirendis et persolvendis redditibus vestris, nec suscipiam vendas a quoquam donec emptorem adducam et presentem vobis in capitulum. Census vestros perquiram ad terminum stabilitum sine fraude et dolo, et, postquam suscepero, infra quintum-decimum diem in camera hujus ecclesie reponam. Non patiar homines, sive feminas aut possessiones aliquas hujus ecclesie ab ecclesia alienari, nec terras aut redditus vestros ad dampnum vestrum et ecclesie per me vel per alium occupari, quantum ad me pertinebit, quin veniam in capitulum et dicam vobis. Hec legitime et fideliter tenebo sine malo ingenio. Sic me Deus adjuvet et hec sancta.

Sacramentum rusticorum quod fit in capitulo.

Hoc audiatis, domini, quod ab hac hora in antea non recipiam ad hospitandum servientes prepositi, neque veniam pro submonitione eorum, neque dabo eis aurum vel argentum; non dabo eis garbas, neque annonam aliquam, aut avenam, sive ligna, non ovem aut agnum, non anseres, non gallinas aut pullum, neque corveiam aliquam faciam eis, neque ero plegius eorum aut medietarius. Similiter et majori meo ista non faciam per violentiam aut exactionem aliquam; scilicet non dabo ei, neque uxori aut servientibus ejus, aurum, vel argentum, neque frumentum, neque annonam aliquam, aut avenam, non humeros porcorum, non tortellos aut ova, neque corveias aliquas arature aut lanificii, vel cujuslibet alterius rei, non ovem aut agnum, non anseres aut gallinas, neque aliquid quod ad exactionem aliquam pertineat. Cum missi fuerint servientes vestri ad grangias, si per violentiam pro numerando a me aliquid extorserint, si de vestris rebus furto subripuerint, furtivum depositum eorum in domum meam non recipiam, neque celabo si novero a quoquam vicino meo recipi, sed veniam in capitulum et dicam vobis. Similiter, cum carritia de annonis vestris fient, si videro dampnum vestrum et sciero, vel annonam, vel aliud extra refectorium, vel intra, a quoquam subtrahi vobis, dicam canonicis qui custodient grangias, et, si per eos non emendabitur, in capitulo dicam vobis. Hec fideliter tenebo sine malo ingenio. Sic me Deus adjuvet et hec sancta [1].

(*Orig. en parch.;* Arch. d'Eure-et-Loir, fonds du Chap., C. I, A, 1 bis. — Bibl. Imp.; *Livre des Priv.*, cart. 28 bis, f° 100 v°. — Guérard, *Cart. de Saint-Père*, prolég., p. cxix.)

[1] Un des Cartulaires du Chapitre de Chartres (Bibl. Imp.; cart. 50) nous a conservé la formule du serment que devaient prêter les laïcs lors de leur affranchissement. Nous allons reproduire quelques passages de cette formule :
« ..... Et si jurez que se vous saviez ou aperceviez que l'en deust ou volist fere honte
» ou désenneur ou doumage au Chapitre de Chartres, ou aucun chanoine de Chartres,
» vous le destorriez et destorberiez à vostre pooer; et se vous non poiez destorber, vous
» le feriez à savoir au plus toust que vous porriez au Chapitre de Chartres et au chanoine
» à qui l'en voudroit fere la honte ou la désenneur ou doumage. Et si jurez que des ore
» en avant vous ne pleiderez ne ne ferez semondre en plet, neis pour vostre propre que-
» relle, le Chapitre de Chartres ou aucun home ou fame de cors ou oste de l'iglise de
» Chartres, jusque vous l'aiez montré en Chapitre et requis de sei amender vers vous de
» la querelle dont vous le voudriez treire en pleit et que Chapistre vous en soit défaillant.
» Et si jurez que des ore en avant vous porterez enneur et reverence au Chapitre de
» Chartres tant com il sera chanoine de Chartres. Et jurez que s'il avenoit que li Chapitres
» de Chartres ou aucun chanoine de Chartres eust querelle ou cause contre aucun home
» ou aucune fame ou contre plusieurs, sur ce que li Chapitres-ou li chanoines deist que
» cil ou celles fussent homes de cors ou fames de cors de l'iglise de Chartres, contre qui li
» Chapitres ou li chanoine auront la querelle vous porterez loial tesmoing, sans fere ou
» sans donner en gage de bataille, à la requeste dou Chapitre de Chartres ou dou chanoine
» dou parenté ou dou lignage à ceus et celles contre qui li Chapitres ou li chanoines de
» Chartres auront la querelle, nais se cil ou celles contre qui il auroient querelle vous
» apartenaient de bien près. Derechief vous jurez sur sainz que vous ne ferez ne ne ferez
» fere coumune en la cité de Chartres ne ailleurs contre le Chapitre ne contre l'iglise de
» Chartres ; ançois destorberez à vostre povair que il ne seit fete, et s'elle ert feite vous
» ne seriez pas de celle coumune. Et si jurez que contre le Chapitre de Chartres ne contre
» l'iglise ne contre aucun chanoine de Chartres ne ferez aliance, et s'elle ert feite vous
» n'en serez pas, et se vous le savez vous le ferez à savoir au Chapitre ou au chanoine
» contre qui l'aliance seroit feite...... »
Nous reproduirons tout au long la formule du serment que devaient prêter les serfs que l'on affranchissait pour la tonsure, formule qui, dans ses termes, se rapproche beaucoup de celle dont nous donnons en ce moment des extraits.

LIX.

(1150.)

Accord entre Goslein, évêque de Chartres, et le Chapitre d'une part, et les Abbé et Religieux de Saint-Jean-en-Vallée, d'autre, par lequel l'Évêque et le Chapitre abandonnent auxdits Abbé et Religieux tous les droits curiaux et paroissiaux qu'ils avaient au bourg Chastelet[1], moyennant une redevance annuelle de 12 sous, payable au Chapitre le jour de la Toussaint.

(*Inv. du Chap.*, C. L, 21.)

LX.

(vers 1155.)

Acte par lequel Goslein, évêque de Chartres, reconnaît que les églises de Charonville et de Beauvilliers appartiennent au Chapitre et les lui abandonne, comme lui ayant été concédées par le privilége d'Yves, son prédécesseur[2].

(*Inv. du Chap.*, C. LXXXVII, B, 1.)

LXI.

« De immunitate Asconville ab angariis et corveis. »

(c. 1155.)

« Joscelinus de Alneolo[3] Capitulo Sancte Marie, salutem. Notum sit omnibus tam presentibus quam futuris quod ego Goscelinus, recognoscens

---

[1] Le même que le Bourg-Mahé (voir n° XLVIII). Les droits curiaux abandonnés par le Chapitre furent assignés par l'abbé de Saint-Jean au prieuré-cure de Sainte-Foi.

[2] C'est en sa qualité de patron des églises de Charonville et de Beauvilliers que le Chapitre, en 1739, procéda contre M. de Goussainville, seigneur d'Ecurolles; qui avait fait mettre un banc dans le chœur de l'église de Charonville, et permit, en 1780, aux habitants de Beauvilliers d'ouvrir plusieurs croisées dans leur église et de la faire décorer (*Inv. du Chap.*, C. LXXXVII, B, 14 et CXIII, M, 8).

[3] Josselin, seigneur d'Auneau, paraît comme témoin dans une charte de 1139 (voir n° L). Il figure dans une charte de Beaulieu de 1146 (Arch. d'Eure-et-Loir; *fonds de Beaulieu*), dans un titre de l'abbaye de Saint-Père de l'année 1155 (*Cart.* cité, p. 648), et enfin dans une donation faite à l'abbaye des Vaux-de-Cernay, vers 1168 (*Cart. des Vaux-de-Cernay*, t. I, p. 48). Voir le *Nécrologe* à la date du 3 des ides de janvier.

culpam meam de angariis, sive corveis, quas injuste habebam in terra vestra apud Ascumvillam [1], et inde petens a vobis veniam et absolutionem, dimitto eas absolute, et condono in perpetuum cum tota posteritate meorum heredum. »

(Bibl. Imp.; *Livre des Priv. de l'égl. de Ch.*, cart. 28, p. 87, et 28 bis, f° 39 v°.)

LXII.

Super quadam commutatione decimarum apud Plaancheviler et Hermenovillam et modiatione molendini apud Minima-Prata Episcopi, inter Capitulum Beatæ-Mariæ et abbatiam Sancti-Petri.

(1155-1159.)

« Ego Robertus [2], Dei gracia, Carnotensis episcopus, omnibus Dei fidelibus, tam futuris quam presentibus, notum fieri volo, quod ea que, inter nos et dilectum fratrem nostrum Fulcherium [3], venerabilem abbatem, et totum capitulum Beati-Petri, de quibusdam possessionibus ad nos et ad ipsos pertinentibus, concordi et utili consideratione et pactione, inita sunt, ad memoriam posteritatis scripto commendare curavimus. Habebat siquidem monasterium Sancti-Petri decimationem quamdam apud villam nostram que dicitur *Plaancheviler*, et nos apud Hermenovillam villam nostram ab hominibus Beati-Petri et in territorio eorum decimationem accipiebamus. Et cum utrique gravaremur, non enim homines nostri credebantur decimas suas monachis bene solvere, neque homines monachorum bene dicebantur solvere nobis; cum etiam decimationes nostre sibi equivalentes viderentur, factum est inter nos concambium, communi assensu et Capituli nostri et capituli Sancti-Petri. Itaque decimatio quam habebant monachi Sancti-Petri apud

---

[1] Cette terre s'appelait le *Muid d'Auconville* ou *des Matiniers*.

[2] Robert-le-Breton (1155-1165). L'obit de ce prélat est inscrit au *Nécrologe* sous la date du 9 des calendes d'octobre.

[3] Foucher, abbé (1150-1171), serait, d'après Guérard *(Cart. de Saint-Père*, prolég., p. CCXLIII), auteur d'une histoire des Croisades ou plutôt de Jérusalem, contenant le récit des principaux événements de la croisade, depuis le concile de Clermont en 1095 jusqu'en 1127. Cependant l'*Histoire littéraire de la France*, t. XI; et M. Le Bas *(Dict. encycl. de l'hist. de France)* attribuent cet ouvrage, édité par Bongars, par Duchesne et par l'Académie des Inscriptions, à un Foucher de Chartres, chapelain de Baudouin, et mort à Jérusalem en 1127.

Plaancheviler cessit nobis et successoribus nostris episcopis habenda in perpetuum, et decimatio quam nos accipiebamus in territorio hominum Sancti-Petri apud Hermenovillam cessit in perpetuum monasterio Sancti-Petri. Item, cum monachi Beati-Petri haberent quendam molendinum juxta prata nostra que dicuntur *Minima Prata Episcopi*, communi assensu, tam abbatis predicti quam tocius capituli Beati-Petri, necnon et tocius Capituli nostri assensu, accepimus a predicto abbate et a fratribus ejusdem monasterii dictum molendinum liberum et quietum nobis et successoribus nostris episcopis in perpetuum, ad annuam modiationem [1] septem modiorum de *Loen*, vel, si *Loen* forte non recipietur, equivalens ei solvetur monachis in horreis nostris Carnoti. Est autem terminus hujus modiationis solvende cum sepedicti monachi recipiunt annonam prebendarum suarum in *Loen*. Hoc tamen pecierunt monachi Sancti-Petri sibi reservari, et nos concessimus, quod si aliquis de successoribus nostris episcopis predictam modiationem solvere nollet, predictum molendinum suum rehaberent sicut prius liberum et quietum. Hec, ut in posterum rata et inconvulsa habeantur, scripta sunt, et scriptum sub cyrographo divisum, communi nostro assensu, mei scilicet et abbatis et capituli Beati-Petri, in quibus capitulis hec tractata sunt et communiter concessa, munitaque sigillo Capituli Beate-Marie et sigillo capituli Sancti-Petri. Ego Robertus, Carnotensis episcopus, ista omnia, sicut in presenti pagina scripta sunt et bona fide intellecta, concessi et sigillo nostro confirmavi et subscripsi. Ego Fulcherius, abbas Sancti-Petri, ista omnia, sicut in presenti pagina scripta sunt et bona fide intellecta, concessi et sigillo nostro confirmavi et subscripsi. Ego Ivo [2], decanus, et nos fratres Capituli ecclesie Beate-Marie Carnotensis ista omnia, sicut superius prenotata sunt, concessimus et in testimonium nostre concessionis presenti cartule sigillum nostrum apposuimus. Cunctis hec legitime servantibus sit pax domini nostri Jhesu Christi, amen. »

(Bibl. Imp.; *Livre des Priv. de l'égl. de Ch.*, cart. 28, p. 61, et 28 bis, f° 28 r°. — Guérard, *Cart. de Saint-Père*, p. 649.)

---

[1] *Modiatio, admodiatio, modiagium*, dation à ferme d'un immeuble, moyennant la prestation d'une quantité déterminée de muids de grains ou d'une mesure quelconque de grains par chaque muid.

[2] Yves, doyen (1155-1159).

LXIII.

« Quod Theobaldus, comes Blesensis, recognovit quod ipse nichil juris habebat in Bussiaco-Episcopi. »

(1156.)

« In nomine sancte et individue Trinitatis, amen. Quoniam omnes Dei fideles a pervasione rei alterius christiane cohibet regula discipline, et summa iniquitas est preripere bona venerabilibus personis et locis deputata, iccirco ego Theobaldus [1], Blesensis comes, regni Francie procurator, ad noticiam tam futurorum quam presentium scripto mandare curavi quod dictum erat mihi terram de Bussiaco esse de feodo meo. Perinde causam movens in curia regis Ludovici de eadem terra contra episcopum Carnotensem Robertum, conventus a rege et adjuratus per fidelitatem ei debitam ne vexarem episcopum et ecclesiam, si non cognoscerem in illa terra jus meum infra terminum placiti, per multam et diutinam inquisitionem a fidelibus meis et hominibus et servientibus edoctus, nullum ibi reperiens jus meum, eandem terram ad jus Carnotensis episcopi pertinere cognovi. Cum igitur, in Natali Domini, ad curiam gloriosi regis Ludovici Stampis convenissemus, ne fieret mihi in peccatum si, ex eo quod querelam inde moveram, aliquis in posterum occasionem haberet aliquod impedimentum in jus ecclesie movere, assistente ibi Roberto, pontifice, coram rege et multiplici baronia, protestatus sum me in terra de Bussiaco nichil juris habere, et ita placitum dimisi, et episcopum jus suum in pace possidere et litteris et sigilli mei auctoritate et testibus subscriptis precavere curavi, ne veniret in detrimentum ecclesie quod inde causam moveram, et ideo tam sollempniter, post certissimam inquisitionem, placitum refutavi et jus suum episcopo et ecclesie dimisi. Actum publice Stampis, anno ab incarnatione Domini M°C°LVI°. »

(Bibl. Imp.; *Livre des Priv. de l'égl. de Ch.*, cart. 28, p. 76, et 28 bis, f° 34 v°.)

[1] Thibault V, comte de Chartres-Blois (1152-1191). Le titre de *procurator* qui lui est donné ici équivaut, d'après du Cange, à celui de *dapifer* ou de *senescallus (qui convivio excipit vel convivium apparat).* Procurator pourrait plutôt avoir la signification de *vicarius*, car le sénéchal à cette époque n'était que le lieutenant, le représentant du comte d'Anjou, grand-sénéchal héréditaire du royaume. Thibault posséda la dignité de sénéchal de 1152 à 1191. L'obit de ce prince est inscrit au *Nécrologe* sous la date du 17 des calendes de février.

LXIV.

De venditione cujusdam partis pastuum villæ de Framboiseria.
(1156-1159.)

« Notum sit omnibus tam presentibus quam futuris quod ego Radulfus, cognomine *Burdum*, major de Framboseria, partem meam quam habebam in pastibus villę illius Guidoni Galeranni Britoni, nullo cogente, sed propria voluntate, vendidi[1], sorore mea annuente et viro ejus et filio eorum et Guarino, cognomine *Burdum*, cognato meo. Hanc itaque vendicionem, 'ut rata et firma esset per tempora succedentia, in capitulo beatę semper virginis Marię, tenere juravi, et soror mea virque ejus et Guarinus, cognomine *Burdum*, cognatus meus, his coram positis : Ivone, decano; Amalrico, precentore; Gisleberto, subdecano; Roberto de Moneta, succentore; Gaufrido, preposito; Raherio, preposito; Ernaldo, archidiacono; Roberto, cancellario; Odone, presbitero; Henrico, presbitero; Gisleberto de *Ver;* Willelmo de Juriaco, sacerdote; Fulcherio, presbitero de Orerio; Gisleberto, subdecani nepote, hanc venditionem et concessionem super altare beate Marie posui. »

(*Orig. en parch.;* Arch. d'Eure-et-Loir, fonds du Chap., C. XXXI, F, 1.)

LXV.

Carta Rotrodi, Ebroicensis episcopi, « de donatione super Illeis. »
(1157.)

« Rotrodus[2], Dei gracia, Ebroicensis ecclesie humilis minister, omnibus fidelibus tam presentibus quam futuris, salutem in Domino. Notum et

---

[1] Au mois de novembre 1249, Ernaud et Evrard de la Puisaye, frères, aumônèrent au Chapitre la cinquième portion du champart qu'ils possédaient à la Framboisière. Quelques années plus tard, Renaud de Beaumont, chanoine, acquit plusieurs terres à la Framboisière, au fief d'Evrard de Villepreux. Ce chevalier prétendit dans la suite que ces terres lui appartenaient, et, au mois de juin 1277, intervint une transaction entre le Chapitre d'une part, Evrard de Villepreux et Béatrix, sa femme, de l'autre; transaction par laquelle la libre possession des terres de Renaud de Beaumont fut abandonnée au Chapitre. Enfin le 16 mai 1488, les exécuteurs testamentaires de Jacques Ferrant, chanoine de Saint-Piat, acquirent, au nom du Chapitre, sur Jean Trubert, la mairie de la Framboisière et dépendances (*Orig. en parch.*, C. XXXI, F. 2, 3 et 5).

[2] Rotrou de Beaumont-le-Roger, évêque d'Evreux (1139-1164).

scripto nostro ratum esse volumus quod ecclesias de Illeiis [1] ecclesie Sancte-Marie Carnoti et monasterio Sancti-Petri Carnoti, utriusque ecclesie jure cognito, concessimus quiete in perpetuum possidendas [2], eo tenore ut predicte ecclesie Sancte-Marie et Sancti-Petri totam decimam habeant, excepta decima terre quatuor carrucarum quam monachi de Strata [3] colunt, quarum decimam idem monachi, donatione nostra et auctoritate, sibi quietam defendunt, et excepta tercia garba de Vileta et de feodo qui dicitur Jerosolimitanorum, quam ad opus presbyterorum de Illeiis detinuimus, que antea erat eorumdem sacerdotum. Siquidem canonici Sancte-Marie et monachi Sancti-Petri annuatim dabunt presbyteris de Illeiis, pro messione [4], quinque modios, tres scilicet de hybernagio et unum de ordeo et alterum de avena. Porro, decedentibus presbyteris, presentationem subrogandorum ecclesie Beate-Marie et Sancti-Petri concessimus, et duas partes lane et duas partes candelarum, in his videlicet quinque festis : in Pascha, in festo Omnium-Sanctorum, in Natale Domini, in Purificatione beate Marie et ejus Assumptione. Reliqua autem que altario [5] pertinent, sicuti agnos et porcellos et decimam lini et chanvre, jure sacerdotali, presbyteri sibi habeant et decimam vini vinearum que tunc erant in parrochia illa quando hec donatio facta est, sic tamen ut, si forte alie vinee in toto territorio de Illeiis plantarentur, decime earum Beate-Marie et Sancti-Petri essent. Si autem que tunc erant vinee ad terram arabilem reverterentur, decima illius terre in jus predictarum ecclesiarum Sancte-Marie et Sancti-Petri veniret. Sed et concessimus quod si forte aliqui laicorum qui in parrochia de Illeiis decimas tenent, eas ecclésie Beate-Marie et Sancti-Petri concederent, vel si predicte ecclesie ipsas aliqua ratione sibi perquirere possent, eas illis habendas auctoritate

---

[1] Les curés de Notre-Dame et de Saint-Martin d'Illiers-l'Évêque furent réunies par lettres-patentes du mois de décembre 1773.

[2] Nous publierons un acte du mois de mars 1202, par lequel l'abbaye de Saint-Père abandonna au Chapitre ce qu'elle possédait à Illiers.

[3] L'abbaye de l'Estrée, ordre de Citeaux, au diocèse d'Evreux, fut fondée en 1144 par Rahier de Donjon, seigneur de Musy.

[4] On entendait par *messio* une redevance en nature, payable au curé lorsque la dîme passait entre les mains de tiers décimateurs. Cette redevance était tantôt à la charge des paroissiens, tantôt à celle des décimateurs, suivant les conventions.

[5] *Altarium* signifie ici, comme *altalagium*, *altaragium*, l'ensemble des droits utiles attachés au service d'une église et dûs au desservant, tels que les dîmes des récoltes et des petits animaux, et les menues oblations de pain, vin et cire.

nostra confirmamus. Dominus quoque Symon de Aneto, qui tunc erat dominus Illeiarum, has ecclesias, in presentia nostra, apud Coldras, concessit habendas in perpetuum ecclesie Beate-Marie Carnoti et monachis Sancti-Petri. Hoc etiam notum vobis esse volumus et ratum permanere quod Wuillelmus Golferius concessit monachis Sancti-Petri, in presentia nostra, apud Britolium, quicquid juris in predictis ecclesiis et decimis prius habuerat. Hoc quoque prius in presentia nostra diffinitum est quod dominus Robertus, qui tunc erat Carnotensis episcopus, medietatem hujus decime ad ecclesiam suam pertinentem, concedente ibidem Capitulo suo, in vita sua possideret et post ejus decessum in dominium Capituli veniret [1]; unde et Capitulum ejus anniversarium singulis annis ageret, et totum redditum medietatis hujus decime, in anniversaria die obitus sui, canonicis et clericis chori qui anniversario interessent divideret, prout eis idem episcopus, vel in vita vel in decessu suo, litteris et sigillo suo institueret. Laboraverat enim in restituenda hac decima et ecclesie sue et ecclesie Beati-Petri. Actum Carnoti, publice, in capitulo Beate-Marie, anno ab incarnatione Domini M°C°LVII°, in presentia mea et domini Roberti, tunc Carnotensis episcopi, et sui Capituli; residentibus ibidem nobiscum : Willelmo, decano ecclesie nostre, et sacerdotibus de Illeiis Herberto et Gosberto, et plerisque aliis clericis nostris quos in comitatu nostro tunc habemus. Quod ut ratum per succedentia tempora perseveret, scriptum inde sollempniter factum sigilli nostri impressione munivimus. Hoc factum est, salvo per omnia jure nostro pontificali, videntibus Herberto, sacrista; Roberto de Novo-Burgo, nepote nostro, canonico ecclesie nostre; Daniele, capellano; Gauterio de Ulmeia et Rotrodo, canonico [2]. »

(Bibl. Imp.; *Livre des Priv. de l'égl. de Ch.*, cart. 28, p. 45, et 28 bis, f° 20 r°.)

[1] L'abandon stipulé par Robert n'eut pas lieu; mais, comme nous l'avons déjà dit, p. 129, note 1, en 1225, Gautier, évêque de Chartres, céda au Chapitre ce qu'il possédait à Illiers, recevant en échange tout ce que le Chapitre possédait à la Ville-aux-Clercs.

[2] Henri II, roi d'Angleterre et duc de Normandie, confirma la même année la concession de Rotrou, en présence de ces témoins : *Jodoco, Turonensi archiepiscopo, et Philippo, Baiocensi, et Arnoldo, Lexoviensi, et Willelmo, Cenomannensi, et Jodoco, Saresberensi, et Matheo, Andegavensi, episcopis; et Thoma, cancellario; et Roberto de Novo-Burgo; et Ricardo de Luci. Apud Cenomannum.* Gilles, évêque d'Évreux, successeur de Rotrou devenu archevêque de Rouen, confirma au Chapitre de Chartres et au monastère de Saint-Père l'église d'Illiers, les dîmes et autres biens appartenant à ladite église, avec le droit de présentation à la cure dudit lieu, toute juridiction réservée audit évêque et à ses successeurs. (Bibl. Imp.; *cart. 28*, p. 45, et *28 bis*, f° 19 v°.)

LXVI.

« Carta Capituli de donatione hospitum de Lonvillario. »
(1159.)

« Quoniam que in tempore fiunt lege temporis cito pretereunt et a memoria dilabuntur, antiquorum viva discretio negociorum formulas litterarum monumentis tradere consuevit; deprehendit enim litterarum beneficio posse fragilis memorie defectibus subveniri. Ad exemplar igitur nostrorum patrum utile et imitandum, nos quoque, presentium tam quam futurorum, noticie tradere curamus quod canonici Sancti-Vincentii-de-Bosco [1] ecclesie Carnotensi hospites de Lonvillario, quos diu tenuerant, reliquerunt. Id autem concesserunt et dederunt, pro remedio animarum suarum, domini ejusdem ville Baldricus et Raherius, frater ejus, et filii Baldrici Stephanus, Willelmus, Vivianus de Bursariis de cujus feodo res manebat, Hugo Gervasii de Castello-Novo [2]. Predictorum autem virorum rogatu, Beate-Marie Carnotensis canonici hospites pretaxatos Willelmo filio Baldrici, cum unius substitucione heredis, concesserunt; hoc videlicet pacto quod singulis annis singuli hospites xviii denarios redderent, et si hospites illi sibi invicem forisfacerent, vel alii, per manum predicti Willelmi vel servientis ejus, consilio tamen Capituli, emendaretur. Hoc autem diffinitum est, Baldrico vivente, in capitulo Sancte-Marie, Gosleno episcopo presente [3]. Post mortem vero Baldrici, Philippus, filius ejus, cui terram concesserat assensu Willelmi fratris ejus, qui Willelmus major natu erat, Philippus, inquam, prefinitam elaboravit frangere constitutionem. Revocatus autem postea, tum per justiciam ecclesie, tum per judicium, factam a patre suo concessit donationem; et in signum infrangibilis donationis ipse et Willelmus frater super altare cultellum, coram dominis ecclesie, confregerunt. Hoc autem iterum factum

---

[1] L'abbaye de Saint-Vincent-aux-Bois, ordre de saint Augustin, au diocèse de Chartres, fut fondée en 1119 par Hugues Ier, seigneur de Châteauneuf.

[2] Hugues II, seigneur de Châteauneuf, fils de Gervais Ier et de Mabile (11..-1160). Ce puissant seigneur qui avait épousé Alberède, fille de Robert III, comte de Meulan, et d'Élisabeth de Vermandois, fit reconstruire le donjon de Châteauneuf.

[3] C'est-à-dire antérieurement au 1er février 1155, date de la mort de Goslein de Lèves, d'après le *Nécrologe*.

est in capitulo, anno ab incarnatione Domini M°C°L°IX°, regnante Lodovico, Roberto sancte sedis episcopo, presente Ivone, decano; Hugone, precentore; Hugone, subdecano; Roberto, succentore; Pagano, archidiacono; Odone, preposito; Gaufrido, preposito; Raherio, preposito; Odone, presbitero; Milone, presbitero, et aliis tam diaconis quam subdiaconis; presentibus : Huberto *Chotart* [1], Ernaudo de Poncellis, Gisleberto de Tardeis [2], Ernaudo de Folieto, Garino de Galardone, Amarrico Goaudi, Guidone de Crechis, Gervasio de Brueria. »

(*Chirographe orig. en parch.;* Arch. d'Eure-et-Loir, fonds du Chap., C. LVIII, E, 1. — Bibl. Imp.; *Livre des Priv. de l'égl. de Ch.*, cart. 28, p. 89, et 28 bis, f° 41 r°.)

LXVII.

Alexandri tertii, papæ, « de libertate claustri et domorum familiarium. »
(1160-1181, 4 mars.)

« Alexander episcopus, servus servorum Dei, venerabili fratri episcopo et dilectis filiis decano, capitulo et clero Carnotensi, salutem et apostolicam benedictionem. Cum a tempore bone memorie Ivonis, quondam Carnotensis episcopi, claustrum Carnotense, domus et servientes ecclesiarum vestrarum ea usi sunt continue libertate et immunitate gavisi ut nulla secularis potestas aliquam in eis ditionem vel correctionem habuerit, ne contra prescriptam consuetudinem vexari ulterius aliqua ratione possitis, prescriptam immunitatem confirmari auctoritate apostolica postulastis. Nos itaque paci vestre paterna volentes sollicitudine providere, claustri, domorum et familiarum vestrarum libertatem, quam a temporibus prefati episcopi habuisse noscuntur, auctoritate apostolica confirmamus et presentis scripti patrocinio communimus. Statuentes, etc. . . . . . Datum Laterani, III nonas martii [3]. »

(*Orig. en parch.;* Arch. d'Eure-et-Loir, fonds du Chap., C. X, A, 1.)

[1] Hubert Chotard, fils de Chotard, qualifié *amicus monachorum* dans un titre de l'abbaye de Saint-Père, de 1101-1129 (*Cart.*, p. 298), et neveu de l'archidiacre Landry, était allié à la famille chartraine de la Porte-Morard et possédait des biens dans le voisinage du couvent. Son nom et celui de son frère Hugues se rencontrent dans plusieurs actes de Saint-Père.

[2] Gislebert de Tardais prit part à la troisième croisade en 1190. (Arch. d'Eure-et-Loir; *Titres de Saint-Cheron.*)

[3] Voir ci-dessus n° XXIV.

LXVIII.

Godescalli, abbatis Bonevallensis, super dono cujusdam terræ juxta Prata-Episcopi.
(v. 1160.)

« Universis tam presentibus quam futuris notum sit quod Arnoldus, qui ecclesie Bonevallensis minister exstitit [1], domno Gaufrido, Carnotensi episcopo, quandam vendidit terrulam, juxta prata ejusdem episcopi constitutam. Quod factum domnus Godescallus [2] postea concessit, qui, favente Deo, post Arnaldum pastoralem in eadem ecclesia dignitatem obtinuit. Hoc etiam universus ejusdem cenobii conventus approbavit, scriptoque confirmavit; scilicet, ut eandem terram domnus Gaufridus, Carnotensis episcopus, in perpetuum liberam possideat, et, absque calumpnia, quicquid aliud sibi placuerit de eadem terra faciat. »

(Bibl. Imp.; *Livre des Priv. de l'égl. de Ch.*, cart. 28 bis, f° 106 v°.)

LXIX.

Alexandri papæ tertii, de possessionibus episcoporum Carnotensium.
(1162, 24 septembre.)

« Alexander episcopus, servus servorum Dei, venerabili fratri Roberto, Carnotensium episcopo, ejusque successoribus canonice substituendis in perpetuum. Et ordo rationis expostulat, et ecclesiastice utilitatis consideratio nos invitat fratres et coepiscopos nostros ampliori caritate diligere, et commissas eorum gubernationi ecclesias patrocinio sedis apostolice propensius communire, quatinus in suscepti execttione officii tanto vigilantiores possint semper existere, quanto se a pravorum incursibus securiores viderint

---

[1] Arnaud de Chartres, abbé de Bonneval (1144-1156), connu par ses ouvrages théologiques et par sa liaison avec saint Bernard qui, peu de jours avant sa mort (20 août 1153), lui écrivit sa dernière lettre.

[2] Godescal n'est pas cité parmi les abbés de Bonneval par les auteurs du *Gallia christiana*, qui font succéder à Arnaud H. ou G., *Hubert, Herbert, Hugues* ou *Geoffroy;* mais en exprimant leurs doutes sur l'existence de cet abbé H., préférant, disent-ils, croire qu'on s'est trompé en transformant en H. le G., lettre initiale de Geoffroy, nom qu'ils adoptent pour celui du successeur d'Arnaud. Nous voyons par cette pièce que le G. doit être interprété par Godescal et non par Geoffroy.

permanere. Eapropter, venerabilis in Christo frater, Roberte episcope, tuis justis postulationibus benigno concurrentes assensu, ad exemplar felicis recordationis Adriani pape [1] predecessoris nostri, Carnotensem ecclesiam, cui auctore Deo presidere dinosceris, sub beati Petri et nostra protectione suscipimus, et presentis scripti privilegio communimus, statuentes ut quascumque possessiones, quecumque bona in presentiarum juste et canonice possides, aut in futurum, concessione pontificum, largitione regum vel principum, oblatione fidelium, seu aliis justis modis, Deo propicio, poteris adipisci, firma tibi tuisque successoribus et illibata permaneant. In quibus hec propriis duximus exprimenda vocabulis : abbatiam Sancti-Andree, theloneum [2], census et alias possessiones ac redditus, quos habes in civitate Carnotensi cum immunitate sua; item Fraxinetum, Basoche, Bercherie, Chambleium, Ermenodivillam, Pontem-Goeni, Balneolum, Mondonvillam, Tertre-Goderani, Spinterie, Theclin, Boscum-Sancti-Martini, Mungerdivillam, Busseium, Vallem-Garengis, Galdum-Sancti-Stephani, Loun, Pontem-Ebrardi, cum omnibus illarum villarum pertinentiis, casamenta etiam et feoda, et omnia alia que ad jus et mensam Carnotensis ecclesie pertinent. Decernimus ergo ut nulli omnino hominum liceat prefatam ecclesiam temere perturbare, vel predictam abbatiam, et reliquas possessiones a mensa episcopi quocumque modo alienare, seu in personatum concedere, auferre, vel ablatas retinere, minuere, seu quibuslibet vexationibus fatigare, sed omnia illibata et integra conserventur eorum pro quorum gubernatione et sustentatione concessa sunt, usibus omnimodis profutura, salva nimirum apostolice sedis auctoritate. Si qua igitur in futurum, etc. . . . . Datum per manum Normanni, sancte Romane ecclesie subdiaconi et notarii, vin kalendas octobris, indictione ii, incarnationis Dominice anno M°C°LX°II°, pontificatus vero domni Alexandri pape iii anno iv. *Subscripserunt* : Alexander, catholice ecclesie episcopus; Hubaldus, Hostiensis episcopus [3]; Bernardus, Portuensis et Sancte-Rufine episcopus [4]; Galterus, Alba-

---

[1] Adrien IV (1154-1159). La bulle de ce pontife ne nous est pas connue.

[2] *Theloneum*, tonlieu, droit d'entrée ou de passage imposé sur certaines denrées ou marchandises.

[3] Hubald Allucingoli, cardinal du titre de Sainte-Praxède, évêque d'Ostie, élu pape en 1181, à la mort d'Alexandre III, sous le nom de Lucius III.

[4] Bernard, dit *de Rennes*, disciple de saint Bernard de Clairvaux, d'abord chanoine régulier de Saint-Frigidien de Lucques, puis cardinal du titre de Saint-Clément et évêque

nensis episcopus [1]; Hubaldus, presbiter cardinalis tituli Sancte-Crucis-in-Jerusalem [2]; Henricus, presbiter cardinalis tituli Sanctorum Nerei et Achillei [3]; Albertus, presbiter cardinalis tituli Sancti-Laurentii-in-Lucina [4]; Guillelmus, presbiter cardinalis tituli Sancti-Petri-ad-Vincula [5]; Jacintus, diaconus cardinalis Sancte-Marie-in-Cosmedin [6]; Odo, diaconus cardinalis Sancti-Nicolai-in-Carcere-Tuliano [7]; Ardicio, diaconus cardinalis Sancti-Theodori [8]; Boso, diaconus cardinalis Sanctorum Cosme et Damiani [9]; Chintius, diaconus cardinalis Sancti-Adriani [10]; Johannes, diaconus cardinalis Sancte-Marie-in-Porticu [11]. »

(Jaffé, *Reg. pont. rom.*, p. 688, n° 7227. — *Gall. christ.*, t. VIII, instr., p. 337.)

LXX.

Alexandri papæ, Ludovico, Francorum regi, de receptione episcopi consecrati.
(1165, 20 août.)

« Alexander episcopus, servus servorum Dei, carissimo in Christo filio Ludovico, illustri Francorum regi, salutem et apostolicam benedictionem. Dilectum filium nostrum Willelmum, Carnotensem electum [12], ad nostram

de Porto. Envoyé en Allemagne comme légat en 1151, il participa à la déposition de Henri, archevêque de Mayence. Il mourut vers 1163.

[1] Gautier, évêque d'Albano, cardinal en 1159, mort en 1178.

[2] Hubald ou Hubert Caccianemici, parent de Lucius II qui le créa cardinal en 1144, mort vers 1163.

[3] Henri Moricotti, religieux de l'ordre de Cîteaux, cardinal en 1150, légat en Sicile, en Allemagne, en France et en Angleterre, mort en 1179.

[4] Albert de Mora, élu pape en 1187, sous le nom de Grégoire VIII.

[5] Guillaume Matingus, d'abord archidiacre de Pavie, puis cardinal et légat en Allemagne et en France, mort en 1177.

[6] Hyacinthe Bobocard, élu pape en 1191, sous le nom de Célestin III.

[7] Eudes ou Otton, cardinal en 1150, légat en Espagne.

[8] Ardicio, évêque de Cumes, cardinal en 1150.

[9] Boson, neveu d'Adrien IV (Breakspear), cardinal en 1155, puis légat en Portugal.

[10] Cinthio Papi, parent d'Innocent II, cardinal en 1158.

[11] Jean Conti, cardinal-diacre, puis évêque de Palestrine et légat en France, mort en 1196.

[12] Guillaume de Champagne, dit *aux Blanches-Mains* (1165-1176). Ce prélat ne fut sacré qu'en décembre 1168, et porta jusque-là le titre d'*élu de Chartres*. Archevêque de Sens de 1168 à 1176, tout en conservant l'évêché de Chartres, il passa à l'archevêché de Reims

presentiam venientem, tum magnificentie tue obtentu, tum totius sanguinis sui respectu, et sue honestatis ac probitatis intuitu, paterna benignitate suscepimus, et ipsum, dum apud nos fuit, prout decuit, honeste ac benigne tractantes, in suis petitionibus prompto animo curavimus exaudire. Eum itaque, cum amoris nostre et gratie plenitudine, ad propria remittentes, licet de superabundanti quodam modo videatur, regie excellentie propensius commendantes, serenitatem tuam per apostolica scripta rogamus, monemus et exhortamur attentius, quatenus ipsum, pro reverentia beati Petri; ac nostra, et sue nobilitatis ac devotionis intuitu, diligere, manu tenere propensius et honorare intendas, et in justicia sua et commisse sibi ecclesie attentius confovere : ut ipse idem circa regiam magnificentiam devotior omni tempore et fidelior apparere debeat, et nos quoque excellentie tue teneamur propter hoc gratiarum actiones uberrimas exhibere. Rogamus ad hec celsitudinem tuam, et in Domino commonemus, quatenus causam ecclesie, quam velut propriam suscepisti tuendam, manu tenere satagas, et viriliter defensare, et ad exaltationem et incrementum ecclesie, sicut hactenus magnanimiter fecisse dinosceris [1], studium et operam constanter impendas, et ad hoc, sicut rex christianissimus et magnificus princeps, modis omnibus elabores. . . . . . . Datum apud Montem-Pessulanum, xiv kalendas septembris. »

(*Gallia christ.*, t. VIII, instr., p. 308.)

LXXI.

« Manasse, Aurelianensis episcopi, super capella de Merroliis. »
(1165.)

« Ego Manasses [2], Dei gratia, Aurelianensis ecclesie minister humilis, omnibus notificamus quia, nobis astantibus, requisivit Carnotense Capitulum,

qu'il tint jusqu'en 1202. Le pape Alexandre III le fit cardinal du titre de Sainte-Sabine en 1180. Le *Nécrologe* renferme, sous la date du 8 des ides de septembre, l'éloge complet de cet illustre prélat, qui fut mêlé à toutes les grandes affaires de son siècle, en sa double qualité de légat du Pape et d'oncle de Philippe-Auguste.

[1] Louis VII venait d'accueillir à sa cour et de défendre contre le roi d'Angleterre Thomas Becket, archevêque de Cantorbéry, expulsé de son siége.

[2] Manassès II de Garlande, évêque d'Orléans (1146-1186).

in presentia domini nostri G[uillelmi], Carnotensis electi, Garnerius Rufus [1], ut, licentia sui [2], liceret ei constituere capellam, in honore beate Marie et sancti Jacobi, apud Merrolias, salvo jure ecclesie Sancti-Laurentii, ad quam spectaret, de omnibus; ita tamen quod presbiter Sancti-Laurentii omnia christianitatis offitia prefato Garnerio exhibebit et familie ipsius et omnibus hominibus terre illius apud eandem ecclesiam, excepta corporum sepultura que apud matricem ecclesiam sepelientur. Electus autem et canonici, precibus nostris et ejusdem Garnerii adquiescentes, juste petitioni gratum prebuerunt assensum [3]. Ut autem tantum benefitium aliqua sequeretur remuneratio, sepenominatus Garnerius presbitero Beati-Laurentii, qui capelle deserviet de Merroliis, unum modium frumenti, mensura Balgentiacensi mensuratum, singulis annis, habendum, et unum modium melioris quam habebit martialis annone, eadem mensura mensurate, dedit et concessit. Si vero aliquis, quod absit, contra stabilitatem hanc conabitur insultare, nos in illum gladio Spiritus-Sancti insurgemus et consulari justicia errorem vindicabimus. Quod ut ratum permaneret et perpetue stabilitatis munimen obtineret, scripto commendari et sigilli nostri auctoritate corroborari precepimus. Actum publice Carnotis, anno incarnati Verbi M°C°LX°V°. Ordinatis in ecclesia Sancte-Crucis majoribus personis : Johanne, decano; Guillelmo, cantore; Hugone, subdecano; Manasses, capicerio; cancellario nullo. »

(*Orig. en parch.;* Arch. d'Eure-et-Loir, fonds du Chapitre, C. LXVI, FF, 1. — *Cart. capellarum,* f° 9 v°. — Bibl. Imp., *cart. 28,* p. 68, et *28 bis,* f° 31 r°.)

[1] Le nom de *Leroux* était très-commun dans le pays Chartrain, au XII° siècle, parmi la noblesse de second ordre : les titres de l'abbaye de Saint-Père nous font connaître des individus de ce nom à Abonville, Vert-en-Drouais, Breval, Alluyes, Brou, etc.; mais Garnier Leroux, dont il est question dans cette charte, paraît appartenir à une autre famille, car, dans les lettres que le Chapitre de Chartres lui accorda pour autoriser la construction de la chapelle de Marolles, il est qualifié de *miles Balgentiacensis.*

[2] La cure de Saint-Laurent-des-Bois, qui était à la collation du Chapitre comme appartenant à la seconde portion de Dunois, lui fut enlevée en 1706 par un compromis passé avec David-Nicolas de Berthier, premier évêque de Blois.

[3] Les lettres du Chapitre de Chartres accordant à Garnier Leroux l'autorisation de construire la chapelle de Marolles, *salvo jure chrismatis ecclesie,* sont datées de 1166 (Arch. d'Eure-et-Loir, *cart. capellarum,* f° 40 v°. — Bibl. Imp., *cart. 28,* p. 71 et *28 bis,* f° 32 v°). Dans cette charte, on voit figurer la femme de Garnier, *Maria* et son fils *Garnerius.*

LXXII.

« Carta Carnotensis electi, de vino, » abbatiæ Sancti-Ebrulfi pertinenti, apud Carnotum.

(c. 1165.)

« Ego Willelmus, Dei gratia, Carnotensis electus, tam futuris quam presentibus notum facio quod Ivo de Hisleriis [1], cum adversus eum monachi Sancti-Ebrulfi [2] tres modios vini, ex dono Girardi Boelli, annuatim solvendos reclamarent, ille, acceptis ab eisdem monachis et ab ipsorum testibus juramentis, eis, in presentia nostra, quod requirebant libere et quiete concessit. Hoc ut ratum esset, sigillo nostro confirmavimus [3]. »

(*Orig. en parch.;* Arch. d'Eure-et-Loir, fonds du Chapitre, C. XXXV, B, 1.)

LXXIII.

« De redditibus Matutinarum, et quod nulli duo concedantur honores nec personis alibi commorantibus. »

(1165-1181.)

« Alexander episcopus, servus servorum Dei, dilectis filiis Gaufrido decano [4] ceterisque canonicis Carnotensis ecclesie, tam presentibus quam futuris, canonice substituendis in perpetuum. Quotiens illud a nobis petitur

---

[1] Voir p. 106, note 10.

[2] Saint-Evroul, monastère de l'ordre de saint Benoît, au diocèse de Lisieux, fondé dès le VIe ou VIIe siècle.

[3] En 1246-47, au mois de mars, Geoffroy d'Ouarville, chanoine de Chartres, reconnaît devoir chaque année à l'abbaye de Saint-Evroul la somme de quarante sous chartrains pour la ferme *trium modiorum vini quos ipsi habent in decima que fuit Girardi, quondam dicti Boel, militis, apud Carnotum*. Geoffroy d'Ouarville possédait cette ferme comme héritier en partie de Girard Boël, dont son père Renaud II avait épousé la fille, Hermengarde.

En 1255-56, au mois de janvier, le même Geoffroy confirme à l'abbaye de Saint-Evroul le don de ces trois muids de vin fait par Girard Boël, son aïeul.

En 1260-61, le jeudi avant la Purification, Richard, abbé de Saint-Evroul et le couvent dudit lieu vendent ces trois muids de vin au Chapitre de Chartres pour 30 livres tournois.

Le même jour, Foulques, évêque de Lisieux, confirme cette vente. (*Orig. en parch.;* Arch. d'Eure-et-Loir, C. XXXV, B, 2, 3 et 4.)

[4] Geoffroy, doyen (1165-1201).

quod religioni et honestati convenire dinoscitur, animo nos decet libenti concedere et petentium desideriis congruum suffragium impartiri : sicut enim injusta petentibus nullus est tribuendus effectus, ita legitima postulantium non est differenda petitio. Eapropter, dilecti in Domino filii, vestris justis postulationibus clementer annuimus et prefatam Dei genitricis semper virginis Marie ecclesiam in qua divino estis obsequio mancipati, ad exemplar sancte recordationis predecessoris nostri Lucii pape, sub beati Petri et nostra protectione suscipimus et presentis scripti privilegio communimus. Statuentes ut quascumque possessiones, quecumque bona eadem ecclesia in presentiarum juste et canonice possidet, aut in futurum, concessione pontificum, liberalitate regum vel principum, oblatione fidelium, seu aliis justis modis, prestante Domino, poterit adipisci, firma vobis vestrisque successoribus et illibata permaneant [1]. Illud etiam quod pro servitio ejusdem genitricis Dei et honestate Carnotensis ecclesie a vobis rationabili providentia statutum est, per presentis scripti paginam confirmamus et ratum manere censemus, ut videlicet oblationes altarium de villis vestris, annone de molendinis, minute decimationes, proventus nemorum et quedam alia, jam a vestra discretione concessa, vel in antea concedenda, usibus fratrum qui ad Matutinas et ad missam assidui fuerint perpetuo cedant, ita videlicet ut qui eisdem servitiis non interfuerint nequaquam in eis partem recipiant [2]. Preterea quum, juxta beati Gregorii sentenciam, singula ecclesiastici juris officia singulis quibusque personis sigillatim committi debent, prohibemus de cetero ut nulli duos honores in eadem ecclesia concedantur, nec prepositure sive personatus ejusdem ecclesie personis alibi commorantibus tribuantur. Decernimus ergo, etc. . . . . . . [3] »

(Bibl. Imp.; *Livre des Priv. de l'égl. de Ch.*, cart. 28, p. 5, et 28 bis, f° 2 v°.)

[1] Le pape Clément IV, par une bulle datée de Viterbe, le 3 des calendes de novembre, la seconde année de son pontificat (1266), confirma cette clause de la bulle d'Alexandre III (*Orig. en parch.;* Arch. d'Eure-et-Loir, C. X, A, 11 ter).

[2] En vertu de cette disposition que nous retrouverons dans plusieurs autres bulles, le fonds ou compte des Matiniers devint un des plus importants du budget des chanoines et assura le service des matines par l'attrait d'une juste rémunération.

[3] La date de cette bulle manque absolument dans les copies des Cartulaires; nous n'avons eu pour nous guider que le nom du pape et celui du doyen.

LXXIV.

(1167.)

Echange entre les secrétaires du Chapitre et le nommé Ansold, closier de l'évêque, par lequel ledit Ansold leur abandonne quelques terres qu'il avait à Sandarville, pour et en contr'échange de quelques autres terres sises proche la maison dudit Ansold.

(Arch. d'Eure-et-Loir; *Inv. du Chap.*, C. CX, A, 1).

LXXV.

Carta Ludovici, regis, « quod non reclamaret consuetudinem pro eo quod homines nostri inerant in exercitum suum. »

(1168.)

« In nomine sancte et individue Trinitatis, amen. Ego Ludovicus, Dei gracia, Francorum rex : quanto eminentius ecclesiam Carnotensem diligimus, tanto minus eam affligere et dignitatem cleri humiliare volumus. Unde notum facimus omnibus, futuris sicut et presentibus, quia ex eo quod homines predicte ecclesie, anno incarnationis dominice M°C°LXVII°, venerunt in exercitum nostrum [1], nullam in postmodum super ecclesiam et homines clamabimus consuetudinem quam prius non habuissemus. Quod ut ratum sit, sigillo nostro muniri et nominis nostri karactere signari fecimus. Actum Parisius, anno incarnati Verbi M°C°LXVIII°. »

(Bibl. Imp.; *Livre des Priv. de l'égl. de Ch.*; cart. 28, p. 74, et 28 bis, f° 34 r°.)

LXXVI.

« Super quibusdam terris in prepositura de *Auvers*. »

(1168.)

« In nomine sancte et individue Trinitatis. Ego Gaufridus, decanus, et universitas Capituli Carnotensis, presentibus et futuris notum facere curavimus quod terras quas tenuerat et excoluerat Herveius, concanonicus noster

[1] Lors de l'expédition de Louis-le-Jeune contre Henri II dans le Vexin normand.

et prepositus ville que dicitur *Auvers*[1], Petro et heredibus suis concessimus, quiete in perpetuum possidendas, ea scilicet conditione ut quicumque eas possederint, hospites predicte ville permaneant et singulis annis ecclesie nostre campipartem et decimam de prefatis terris integre persolvant. Actum in capitulo nostro, anno dominice incarnationis M°C°LX°VIII°. Quod ut ratum et inconcussum per succedentia tempora permaneret, presenti cyrographo et sigillo Beate-Marie placuit roborari. »

(Bibl. imp.; *Liv. des Priv. de l'égl. de Ch.;* cart. 28, p. 89, et 28 bis, f° 40 v°.)

LXXVII.

« Alexandri pape III, de forinsecis. »
(1168-1169, 4 avril.)

« Alexander episcopus, servus servorum Dei, dilectis filiis decano et canonicis Carnotensibus, salutem et apostolicam benedictionem. Sicut scriptum est quod *qui Evangelium annuntiat de Evangelio vivat,* et *qui altario deservit de altario participet,* sic etiam ex eisdem potest manifeste perpendi quod qui altario non deservit ejus non debet beneficiis participare. Inde siquidem est quod nos ecclesiam vestram, que inter minores regni Francorum computari non solet, debitis obsequiis defraudari nolentes, auctoritate apostolica duximus statuendum ut qui in eadem ecclesia vestra de cetero canonizandi fuerint et ibidem mansionarii non extiterint xx solidos tantum de prebenda sua singulis annis percipiant, nec a vobis vel ab ecclesia prescripta magis exigere vel recipere possint, dummodo in ipsius ecclesie obsequis, sicut et mansionarii faciunt, assidue noluerint permanere. Datum Beneventi, II nonas aprilis [2]. »

(Orig. en parch. bullé; Arch. d'Eure-et-Loir, fonds du Chap., C. I, L, 10. — Bibl. Imp.; *Livre des Priv. de l'égl. de Ch.;* cart. 28, p. 27, et 28 bis, f° 11 v°. — *Theodori Penitent.,* II, 429. — Jaffé, *Reg. Pont. rom.,* 721, n° 7700.)

[1] Il ne faut point entendre par ce titre de prévôt d'Auvers une dignité de l'église de Chartres; ce ne fut que plus de vingt-cinq ans après que les quatre anciens prévôts de l'église prirent le nom des quatre grandes prêtrières, au nombre desquelles était la seigneurie d'Auvers. Hervé était simplement préposé, au nom du Chapitre, à la régie et au gouvernement de cette seigneurie.

[2] Cette date de l'année 1168-1169 coïncide, d'après l'itinéraire dressé par Jaffé, avec le séjour d'Alexandre III à Bénévent.

LXXVIII.

Alexandri papæ III, de confirmatione ecclesiæ Beati-Mauricii episcopo Carnotensi.
(1168-1169, 11 avril.).

« Alexander episcopus, servus servorum Dei, dilecto filio Guillelmo, Carnotensi episcopo, salutem et apostolicam benedictionem. Ex tenore litterarum tuarum accepimus quod ecclesiam Beati-Mauricii Carnotensis de laicorum manibus eripuisti et eam, sine contradictione illorum, pacifice nosceris possidere. Quod utique nos gratum acceptumque tenentes, sollicitudinem tuam in hac parte non modicum commendamus, et eandem ecclesiam tibi et per te successoribus tuis, auctoritate apostolica, confirmamus et presentis scripti patrocinio communimus. Statuentes, etc. . . . . Datum Beneventi, III idus aprilis. »

(Copie sur pap.; Arch. d'Eure-et-Loir, fonds de la fabr. de Saint-Maurice, B.)

LXXIX.

Carta Gaufridi, Carnotensis præpositi, « de Benis, » abbatiæ de Tironio concessis.
(1168 à 1176.)

« Que cito oblivioni tradi possunt et a modernorum deleri memoria, scripto commendare consuevit antiquorum prudentia. Quare ego Gaufridus, Carnotensis prepositus, presentibus et futuris notifico me, in capitulo nostro ecclesie Beate-Marie, de tota illa terra, quam, apud Benas, Geroius, cantor ecclesie Carnotensis, in presentia Gaufridi, pie memorie quondam Carnotensis episcopi, avunculi mei, ecclesie de *Tirun* contulit, monachos prefate ecclesie revestisse, et contra omnes me defensorem sub mea protectione cepisse [1]. Plurimis enim evolutis annorum circulis, eam quidam rustici propriis aratris excoluerant; unde, crescente malicia, quo gratiores esse deberent deteriores fiebant, et inde pro eadem terra injuste monachis

---

[1] Vers la même époque, Guillaume, archevêque de Sens, confirma cette sauvegarde de Geoffroy en faveur de l'abbaye de Thiron (*Orig. en parch.*, ibid., id.).

calumnias inferebant, eamque ab eis auferre pro posse suo satagebant; sed, eorum voluntate comperta, recto precurrente clericorum ac laicorum judicio, ab eis abstulimus aliena, monachis reddentes propria. Hujus rei testes sunt : Raherius, prepositus; Ernaudus de *Folet;* Richerius, subcentor; Petrus de Cuneo-Muri; Hubertus Hortolanus; Petrus de Hosemio. »

(*Copie sur pap.;* Arch. d'Eure-et-Loir, fonds du Chap., C. LXXXIV bis, A, 1.)

LXXX.

« Super augmento census debiti a domino Galardonis et quadam pace facta inter dominum Galardonis et quosdam homines de Gaivilla. »

(1169.)

« Ego Gaufridus, decanus, et universitas Capituli Carnotensis presentibus et futuris notum facere curavimus quod Hugo de Galardone [1], cum homines Beate-Marie, in quos nichil juris habebat, Robertum, filium Hugonis de Gaisvilla, et Garinum, Ernaldi filium, nimis duriter tractasset, utrumque oculis et genitalibus privando, tandem a nobis et a predictis hominibus nostris eorumque cognatione hujusmodi satisfactionis remedio veniam obtinuit, sicque inter utramque partem pax composita est, et securitas hinc et inde restituta est atque firmata : prefatus siquidem Hugo censui quinque solidorum quem nobis annuatim tam ipse quam pater suus reddere solitus erat censum triplicem adjecit, sicque, in summa, viginti solidos firmissime pepigit Capitulo Beate-Marie, singulis annis, in festivitate sancti Remigii, a se et ab heredibus suis, qui sibi in Galardonis dominationem succederent, in perpetuum persolvendos. Hoc autem fecit, tum pro bono pacis, tum pro pascuis sibi a Capitulo concessis, ut ea deinceps liberius et quietius tam ipse quam heredes sui possiderent quamdiu pretaxatam census summam, viginti scilicet solidos, annuatim, ut dictum est, Capitulo persolverent. Prenominatis vero hominibus nostris, quibus tam tristem atque probrosam membrorum mutilationem intulerat, hanc rependit honorificentiam, solatiumque miserie, atque inopie relevationem : amborum quippe, nunc illius

---

[1] Hugues, seigneur de Gallardon (1164-1188). Voir, sur la généalogie des seigneurs de Gallardon, l'étude de M. L. Merlet, insérée dans le second volume des Mémoires de la Société archéologique d'Eure-et-Loir, p. 283.

nunc istius, manibus manus suas interserens, utrique ipse hominium fecit [1] duosque illis annone modios equipollentis annone refectorii nostri, unicuique suum, dum uterque viveret, pepigit se annuatim daturum, in festivitate sancti Remigii; quod si alterum eorum mori contingeret, superstiti unum modium, in predicta festivitate, annuatim exsolveret. Preterea plerique militum ejusdem Hugonis, eadem de causa qua et dominus suus, sepedictis Roberto et Garino et quibusdam consanguineis eorum hominia fecerunt. Actum in capitulo nostro anno dominice incarnationis M°C°LX°IX°. Quod ut ratum et stabile permaneret, placuit scripto mandari et sigillo Beate-Marie communiri. Nomina vero eorum qui huic rei interfuerunt placuit subscribi : Gaufridus, decanus; Amauricus, precentor; Gislebertus, subdecanus; Richerius, succentor; Robertus, cancellarius; Milo, archidiaconus; Mathias, archidiaconus; Gauterius, archidiaconus; Robertus, archidiaconus; Ernaldus, archidiaconus; Gaufridus, prepositus; Raherius, prepositus; Haimo, capicerius; Hubertus, camerarius; Garinus, presbyter; Guillelmus, presbyter de Nogento; Lambertus, presbyter; Henricus, presbyter; Willelmus de Jureio; Fulcherius, presbyter; Herbertus, presbyter; Briennius, presbyter; Gislebertus, diaconus; Nivelo, diaconus; Gislebertus, diaconus; Gaufridus, diaconus; Guismondus, diaconus; Milo, subdiaconus; Gervasius, subdiaconus; Balduinus, subdiaconus; Nicholaus, subdiaconus; Hugo, subdiaconus; Guido, subdiaconus; Henricus, subdiaconus; Godefridus, subdiaconus; Aucherius, subdiaconus. Ex parte autem sepedicti Hugonis interfuerunt isti : Robertus de Specula [2]; Willelmus, prepositus de Galardone; Petrus, presbyter. »

(Bibl. Imp.; *Livre des Priv. de l'égl. de Ch.;* cart. 28, p. 55, et 28 bis, f° 25 r°.)

[1] *Hominium* représente ici l'*homagium de paga* de la Coutume de Normandie (Part. I, cap. xxx, ex *Cod. reg.*, 4651. — Du Cange, verbo *homagium*), c'est-à-dire l'aveu de l'injure et la promesse faite par l'offenseur à l'offensé de garder dorénavant la paix *refformée* entre eux. Cette promesse se trouvait garantie, dans l'espèce, par les *hommages* des chevaliers de la suite du sire de Gallardon. On s'étonnerait de cette démarche humiliante d'un seigneur du XII° siècle envers des hommes de corps, si l'on ne savait qu'elle était dictée par le Chapitre de Chartres, seigneur des plus puissants, qui, lésé dans sa chose et dans ses droits de haut-justicier, exigeait non-seulement des dommages-intérêts, mais une réparation publique de l'outrage fait à sa justice dans la personne de ses sujets. Nous verrons dans la suite de ce Cartulaire, à l'année 1212, un exemple encore plus frappant d'une sévère expiation imposée par le Chapitre au seigneur de Gallardon.

[2] Robert de Specula, chevalier, était fils du seigneur de la Bâte, *de la Baata*, et de Guiburge, sœur d'Adam de la Chapelle *(Cart. des Vaux-de-Cernay,* n°s XXXI et LXVII).

LXXXI.

« Capituli Carnotensis, super molendino et prato de Valcellis. »

(1169.)

« Ego Gaufridus, decanus, et universitas Capituli Carnotensis, presentibus et futuris notum facere curavimus, quod controversia que inter nos et servientem nostrum Guillelmum, majorem de Maigneriis, orta erat, super molendino de Valcellis [1] et prato quod eidem molendino proximum est [2], tali demum compositione ad pacem et concordiam est redacta : concessimus siquidem prenominato majori predictum molendinum, cum molta [3] consueta, hereditario jure possidendum, tali scilicet tenore ut ipse et heredes sui, sibi in ejusdem molendini possessionem successuri, Capitulo, singulis annis, pro modiatione, persolvant vi modios annone [4], talis qualem accipiemus ab aliis quibus commissa sunt vel erunt cetera Capituli molendina. Ipse autem abjuravit pratum supradictum et concessit illud Capitulo libere et quiete perpetuo habendum. Actum in capitulo nostro, anno Dominice incarnationis M°C°LXIX°. Quod ut ratum et stabile permaneat presenti cyrographo et auctoritate sigilli Beate-Marie placuit roborari. »

(Chirogr. orig. en parch.; Arch. d'Eure-et-Loir, fonds du Chap., C. LXXXVI, D, 1. — *Fragm. d'un cart. du XV*e *s.* appartenant à M. E. Lefèvre, fo 34 ro. — Bibl. Imp.; *Liv. des Priv. de l'égl. de Ch.;* cart. 28, p. 88, et 28 bis, fo 40 vo.)

[1] Au lieu de *Valcellis,* le cart. 28 bis porte, en interligne, d'une écriture plus moderne, le nom de *Cepeio.*

[2] Au mois de novembre 1243, Bobon, chantre, acquit, au nom du Chapitre, de Guillaume, maire de Mignières, et Agnès sa femme, cinq muids de blé de rente sur le moulin de Vaucelles, moyennant le prix de cent livres chartraines *(Orig. en parch.;* Arch. d'Eure-et-Loir, C. LXXXVI, D, 1).

[3] *Molta,* redevance en nature ou en argent, due par les sujets banniers pour la mouture de leurs grains dans les moulins seigneuriaux.

[4] Le Chapitre rentra en possession du moulin de Vaucelles, apparemment faute de paiement des redevances en grains mentionnées dans les actes de 1169 et 1243. En 1470, il donna à bail emphythéotique la place dudit moulin qui fut reconstruit à cette époque. Enfin, en 1673, il concéda, à rente foncière et seigneuriale, à Marin Gillet, le biez de rivière et place dudit moulin *(Orig. en parch.;* Arch. d'Eure-et-Loir, C. LXXXVI, D, 4 et 7).

LXXXII.

« De quadam pace, facta inter Capitulum et Raherium de Montiniaco. »
(1169.)

« Ego Wuillelmus, Dei gracia, Senonensis archiepiscopus et apostolice sedis legatus, notum fieri volo presentibus et futuris contencionem quandam, que inter canonicos Beate-Marie Carnotensis matris ecclesie et Raherium de Montiniaco diu duraverat, coram nobis decisam et transactione que infra scribitur terminatam. Concesserat et in perpetuum donaverat Odo et filius ejus Raherius [1] canonicis decimam et primicias tocius Gaudi-Thesaurarii, a vado Tronelli usque ad propriam terram Oigniaci, et tocius juvenis foreste, cum crescentiis suis. Quia vero predictus Raherius, predicti Odonis filius, huic concessioni et dono, tempore nostro, in quibusdam contrarius, in quibusdam consentiens erat, ipsum et canonicos, in presentia nostra, compositione que sequitur in idem fecimus consentire. In territorio Nove-Fontenelle canonici primicias et decimas ex integro percipient, sicut et ante diem transactionis hujus, sine contradictione aliqua, percipere soliti erant [2]. Illud et adjiciendum est quod Raherius vel ejus successor, pro censu de Fontenella, singulis annis, xx solidos, in festo sancti Remigii, canonicis Beate-Marie persolvet. In ceteris autem locis qui infra predictos terminos continentur, terragium [3] simul et decima per cam-

---

[1] Rahier, seigneur de Montigny, fut, sinon le fondateur, du moins un des principaux bienfaiteurs du prieuré de Saint-Gilles de Montigny-le-Gannelon, de la dépendance de l'abbaye de Marmoutier. Il vivait encore en 1184, année où, du consentement de ses fils Eudes, Hugues et Rahier, il confirme les dons faits à ce prieuré par son père Eudes et sa mère Agnès (*Orig. en parch.*; Arch. d'Eure-et-Loir, fonds du pr. de Montigny).

[2] En 1229, une sentence arbitrale intervenue entre Nicolas de Frescot, chanoine et prêtrier de la Fontenelle, et Geoffroy de Droué, chevalier, régla le droit de dîme et terrage qui devait appartenir à chacune des parties dans le terroir de la Fontenelle. De nouveaux arrêts rendus en 1722 et 1724 contre Louise-Françoise de Raygnier de Boisseleau, femme de François le Bigot, seigneur de Lignière, maintinrent le Chapitre dans le droit de percevoir seul les dîmes sur toutes les terres de la paroisse de la Fontenelle, à raison de quatre gerbes par arpent de blé ensemencé et deux gerbes par arpent ensemencé en mars (Inv. du Chap., C. XXXIII, D, 2, 5, 8 et 9).

[3] Le *terrage* ou *champart*, car ces deux expressions sont synonymes d'après la Coutume de Chartres (chap. xx, art. cxiii), s'entend du prélèvement fait au profit du seigneur

pipartiarium Raherii et successoris ipsius, qui fidelitatem, singulis annis, canonicis jurabit, in unam grangiam, vel, si una non sufficiat, in duas, competentibus locis, constructas, congerentur, ut, trituratis messibus, terciam partem tam grani quam straminis habeant, reliquas duas Raherius aut successor ejus sibi tollat; et, ad edificationem grangie, cum res ad ipsos devenerit, canonici terciam partem mittent, Raherius vel successor ejus duas. Licebit autem canonicis, si voluerint, servientem proprium ibi habere, qui partem eorum custodiat et fidelitatem Raherio, si exegerit, faciat. Hanc autem terciam partem suam canonici Raherio clerico, predicti Raherii filio, sub annua pensione duorum modiorum annone, in vita sua concesserunt, ita ut modium hibernagii et modium avene canonicis persolvat. Post decessum autem Raherii clerici, de tercia parte sua canonici, secundum predictas conditiones, quod voluerint facient. Fiet autem in loco competenti ecclesia et cimiterium, cui ecclesie presbyter de Fontenella, per se vel per capellanum suum, deserviet. Decedente autem presbytero de Fontenella, alius in ecclesia nova illa, per manum Raherii clerici, si facultas ecclesie suppetat, substituetur. Si vero superstes non fuerit, predicti canonici predictam ecclesiam cuicumque voluerint assignabunt. Sciendum est quod si quis in illo cimiterio, vel in grangia canonicorum et Raherii, excessum fecerit qui ad ecclesiasticam pertineat censuram, episcopus et canonici condignam inde faciant vindictam. Supradicte compositioni curavimus adjicere quatinus, si canonici adversus Templarios de Arevilla, in territorio prenominato, aliquid acquisierint, acquisitio illa dimidia erit canonicorum et dimidia Raherii clerici. Ut autem predicta compositio inviolabiliter et inconcussa conservetur, scriptis eam mandari fecimus et sigilli nostri auctoritate communire curavimus. Actum Carnoti, in palatio episcopali, anno ab incarnatione Domini M°C°LX°IX°, astantibus personis Carnotensis ecclesie et aliis quampluribus quorum nomina notare duximus, videlicet : Gaufrido, decano; Amalrico, cantore; Gisleberto, subdecano; Richerio, succentore; Milone, archidiacono; Roberto, cancellario; Ernaldo, archidiacono; Roberto, archidiacono; Gaufrido, preposito; Raherio, preposito; Fulcherio, sacerdote; Herberto, sacerdote; Willelmo de Novigento; Gaufrido Bonello; Gisleberto de Fontanis; Roberto *Pajot;* Bal-

---

féodal d'une certaine portion des fruits récoltés dans les champs assujettis à cette redevance. Le terrage était en quelque sorte la dîme du seigneur laïc.

duino de *Charisi;* Nicolao Subdecani; Aucherio Cancellarii; Raherio de Montiniaco; Odone, filio ejus[1]; Raherio, clerico; Willelmo *Fremillum;* Bernardo Decano[2]. »

(Bibl. Imp.; *Liv. des Priv. de l'égl. de Ch.*, cart. 28 bis, f° 95 v°.)

LXXXIII.

« Capitulum Carnotense, super dono decime de Busse, facto a Matheo de Rufino. »

(1170-1187.)

« G[aufridus], Beate-Marie Carnotensis decauus, et universitas Capituli Carnotensis, omnibus ad quos littere iste pervenerint, in Domino salutem. Que acta sunt scripto placuit commendare, ut qui ea viderint et legerint memoriter teneant et eadem prolata in medium omnem litis materiam in futurum decidant. Sciant itaque universi, tam presentes quam futuri, quod Matheus de *Rufin* decimam de Busseto, quam particulariter a Terrico *Havart*[3] et a fratre ejus Garino, presbytero, et exinde a Willelmo, majore de *Vilemout,* et Gilone, fratre ejusdem Willelmi, libere et pacifice acquisitam, diu possederat et tenuerat, pie recordationis affectu, Capitulo Beate-Marie Carnotensis liberam et integram, prout eandem habuerat, in elemosynam erogavit[4]; existente plegio immunitatis Radulfo de Booleto, sub cujus

[1] Eudes, fils aîné de Rahier, ne paraît pas avoir survécu à son père, car ce fut Jean, second fils de Rahier, qui reçut la seigneurie de Montigny-le-Gannelon vers 1190.

[2] En juillet 1201, Jean de Montigny et Hugues, son frère, déclarent approuver la transaction faite entre le Chapitre de Chartres et Rahier, leur prédécesseur, au sujet des menues dîmes du Gault (Bibl. Imp.; *cart. 28 bis*, f° 96 v°).

[3] La famille de Havard posséda sans interruption, de père en fils, la seigneurie de Senantes jusqu'à la fin du XVII° siècle (1689).

[4] En 1209, Robert le Noir céda à l'église de Chartres six deniers de rente qu'il avait à prendre sur la dîme de Buisseau. En 1253, Robert Bouvard et Geoffroy Pichard, frères, ayant été affranchis par le Chapitre, lui donnèrent en récompense trois muids et demi de terre, un hébergement et une ouche, à Buisseau. L'année suivante, Robert Bouvard vendit au Chapitre trois pièces de terre audit lieu, contenant environ douze setiers de terre. Enfin, en 1266, Geoffroy Pichard, devenu châtelain de Blois, amortit, comme seigneur féodal immédiat, une dîme, sise à Buisseau, vendue au Chapitre par Raimbaud de Buisseau et Guillaume de Chavernay *(Inv. du Chap.;* C. CXIV, Q, 2, 3, 4 et 5).

En 1563, le Chapitre aliéna la métairie de Buisseau pour les subventions de l'Etat (*Orig. en parch.;* C. CXIV, Q, 10), mais il conserva les dîmes de ce lieu, au sujet desquelles il eut de fréquents débats avec les seigneurs de Villeau et les religieux de Marmoutier.

garentia predicta decima continetur; Petronilla de *Rennencort,* sorore prefati Mathei, idipsum plegiante et concedente; utpote sub cujus etiam tutela garantie decima esse comprobatur. Qui, in signum libere immunitatis et benigne concessionis, altare beate Marie propriis manibus humiliter tetigerunt. Ut autem concessioni huic firmiter obligarentur et ne hujus compositionis in futurum possent subterfugere veritati, in rei memoriam, unicuique predictorum, Radulfi scilicet et Petronille, vi nummi singulis annis distribuentur, qui a die Jovis-Absoluti, usque ad completas ferias Pasche[1], in perpetuum persolventur. Ex parte Capituli hii testes extiterunt : G[aufridus], decanus; G[islebertus], subdecanus; Willemus, succentor; Gislebertus, camerarius; Vincentius, comitis prepositus[2]; Robertus de Campis; Willelmus *Champelin;* Goslenus, major de Magneriis; Raginaldus, major de Moncellis; Fulcherius, major de Amiliaco. Ex parte domni Mathei hii testes adfuerunt : Hugo de *Fai;* Radulfus de *Orfin.* »

(Bibl. imp.; *Liv. des Priv. de l'égl. de Ch.*, cart. 28 bis, f° 86 r°.)

LXXXIV.

« De donatione Bosci-Richeudis, » ab Hugone de Boteneio facta.
(vers 1170.)

« Quod ad noticiam plurimorum pervenire volumus, provida deliberatione litteralibus monumentis mandare decrevimus. Sciat igitur presens etas omniumque futurorum secutura posteritas Hugonem de Boteneio, suorum concessione filiorum, Willelmi videlicet et Otranni, et Aremburgis uxoris Willelmi primogeniti, et Roberti filii ejusdem Willelmi, quadraginta duos terre agripennos, apud Nemus-Richoldis[3], Carnotensi ecclesie Beate-Marie atque Amaurico, ejusdem ecclesie precentori, donavisse, duodecim quidem ab omni consuetudine quietos. Ex illis autem, duodecim decem

---

[1] C'est-à-dire depuis le Jeudi-Saint jusqu'au dimanche de la Quasimodo.

[2] Vincent, prévôt du comte, vivait dans la seconde moitié du XII° siècle. Son nom est rappelé, comme ancien prévôt du comte Thibault V, mort en 1191, dans l'enquête faite en 1193 par Michel, archevêque de Sens, au sujet des *avoués* du Chapitre.

[3] Le Chapitre céda, par échange, au duc de Noailles, en 1753, tout ce qu'il possédait à Bois-Richeux.

hominum hospitationi, undecim vero presbytero ejusdem ville, majori duodecim, reliquos vero triginta, quorum oblate communes debebant esse Hugonis et Amaurici precentoris, concessit Hugo et filii ejus Willelmus et Otrannus, et Aremburgis uxor Willelmi, et Robertus, filius ejusdem Willelmi, ecclesie Carnotensi et Amaurico ejusdem ecclesie precentori, ita quod Amauricus vel ejus successor Hugoni supranominato vel ejus heredi duos modios avene, ad mensuram de Nogento, pro modiatione, annuatim, in Pascha, persolvat; tali siquidem pactione quod si terra illorum triginta agripennorum operata fuerit, Hugo vel ejus heres decimam exinde habeat. Preterea donavit Hugo et filii ejus, Willermus scilicet et Otrannus, et Aremburgis uxor Willelmi, et Robertus filius ejus, quoddam nemus quod est juxta pleseium de Nemore-Richeudis, a via que est juxta agripennos usque ad aliam viam que vadit a Nemore-Richeudis ad *Bogleinval,* et desubtus usque ad terras operatas, Amaurico precentori et ejus successoribus, ita quod Amauricus vel ejus successor Hugoni supradicto vel ejus heredi duos solidos pro censu, in festo sancti Remigii, singulis annis, reddat. Huic autem concessioni affuerunt ex utraque parte testes; ex parte Hugonis affuerunt : Herveus de Cureto; Hubertus de *Herluat*[1]; Giroudus major; ex parte precentoris affuerunt : Paganus de Maerolis; Radulfus de Cureto; Robertus de Trembleio; Vitalis; Petrus, clericus precentoris. »

(Bibl. Imp.; *Liv. des Priv. de l'égl. de Ch.*, cart. 28, p. 139, et 28 bis, f° 64 r°.)

LXXXV.

« De compositione facta inter prepositum Ebrardiville et ecclesiam Carnotensem super campiparte guesdiorum. »

(1171.)

« Quum nonnullas rerum gestarum propter scriptorum inopiam oblivione non dubium est aboleri, magnis ac sapientibus viris visum est que in suis gesta temporibus in subsecuturis etiam vellent inconcussa manere, litterarum assignatione posteris relinquendo ab oblivionis interitu defendere.

---

[1] La famille d'Herluat paraît avoir été alliée à celle de Boutigny. En 1223, nous voyons Jean de Herluat et Aimery de Boutigny, chevalier, vendre à l'abbaye des Vaux-de-Cernay quatre arpents de terre à Berchères-la-Maingot (*Cart. des Vaux-de-Cernay*, n° CCXXXII).

Hanc igitur providentiam approbantes, ego Gaufridus, decanus, et universitas Capituli Carnotensis non solum presentium sed et posterorum noticie scribendo tradere curavimus qualiter terminata fuerit controversia que super campiparte et decima guesdiorum [1] Ebrardiville orta erat, inter venerabilem fratrem nostrum Almauricum, precentorem ecclesie nostre, tunc temporis predicte precarie procuratorem, et Ansoldum, ejusdem ville prepositum. In curia siquidem incliti regis Anglorum Henrici, apud Montem-Fortem [2], a ministris ejusdem curie firmiter definitum est, et a prefato Ansoldo et filiis ejus, fide interposita, confirmatum quod idem Ansoldus et ejus heres de campiparte et decima guesdiorum Ebrardiville quartam solummodo partem a ministro procuratoris Carnotensis ecclesie, singulis annis, accipiet; reliquas vero tres partes ecclesie nostre procurator in integrum habebit, tali scilicet tenore ut, duobus vel tribus milibus guesdiorum collectis, si Ansoldo vel heredi suo placuerit suam quartam partem accipiat et itidem quartam partem cum totum fuerit collectum [3]. Deinde sepedictus Ansoldus, et Beatrix, uxor ejus, et filii ejus Robertus et Gaufridus, et Almauricus in capitulum nostrum venerunt et rem, ita ut dictum est, in curia regia apud Montem-Fortem, actam esse recognoverunt atque concesserunt. Insuper Ansoldus et duo filii ejus Robertus et Gaufridus eandem rem se firmiter observaturos esse

---

[1] La guède *(Isatis tinctoria)* est une sorte de pastel, très-employé, avant l'introduction de l'indigo, pour la teinture des draps en bleu. Au XIIe siècle, où le métier de la Rivière avait une grande importance à Chartres, la culture de la guède était fort répandue dans le pays. Il existe une ordonnance du comte de Chartres, Jean de Châtillon, donnée au mois d'avril 1268, pour réglementer la vente de la guède (Arch. de l'Emp.; J. 171/22. — Bibl. Imp.; mss. fr. 5382.)

[2] Simon-le-Chauve, comte d'Evreux et seigneur de Montfort, avait livré à Henri II, roi d'Angleterre, ses forteresses de Montfort, de Rochefort et d'Epernon.

[3] En 1188, Geoffroy, doyen, et Aubert de Gallardon, sous-diacre et chanoine de Notre-Dame, acquirent de Geoffroy, prévôt, et de ses frères et sœurs *trituratores granchie Ebrardiville, et procurationem quam in predicta granchia jure possidebant hereditario, et suam partem de guesdiis, et decem solidos andegavenses de campartagio, et octoginta pullos, et partem que predictum Gaufridum, prepositum, et suos contingebat de placitis autumni.* Geoffroy, son frère Amaury et son neveu Simon firent ensuite don au Chapitre de ce qu'ils venaient d'acquérir, en présence de : *Ugo, subdecanus; Willelmus, succentor; Gillebertus, camerarius; Gilo, Blesensis archidiaconus; Hugo, prepositus de Amilliaco; Raherius, prepositus; Briennus, canonicus et presbiter; magister Johannes de Cuneo, Aucherius, diaconi; Hugo de Galardone, Milo de Mentenone, Radulfus de Bello-Videre, subdiaconi; laici: Beuvin, Garinus Guitonis, Gaufridus Salvus serviens, Robertus de Moonnaio, Johannes Normannus, Letodus, Yvo Brito (Chirogr. orig. en parch.; Arch. d'Eure-et-Loir, C. LXVII, A, 4.* — Bibl. Imp.; *cart. 28,* p. 100, et *28 bis,* f° 46 v°).

juraverunt. Acta sunt hec anno incarnationis Dominice M°C° septuagesimo primo. Que ut rata et stabilia permanerent presentis cyrographi testimonio et auctoritate sigilli Beate-Marie placuit roborari. »

(Bibl. Imp.; *Liv. des Priv. de l'égl. de Ch.*; cart. 28, p. 64, et 20 bis, f° 29 v°.)

LXXXVI.

« Alexandri, de justicia prepositurarum in canonicos transfusa, et de forinsecis et de immunitate dandi telonei. »

(1171-1172, 8 avril.)

« Alexander episcopus, servus servorum Dei, dilectis filiis decano et Capitulo Carnotensis ecclesie, salutem et apostolicam benedictionem. Pontificalis auctoritatis providentia exigit et pastoralis sollicitudo requirit ut cunctorum invigilemus profectibus et ad ea studio tocius sollicitudinis aspiremus que ad ecclesiarum pertinent incrementum; quia laudabilis est et commendanda providentia prelatorum cum ecclesiis salubri regimine provident et earum statum dirigere satagunt et conservare illesum. Intelleximus autem quod venerabilis frater noster Willelmus, Senonensis archiepiscopus, apostolice sedis legatus [1], cognoscens dolum et fraudem que in tractandis et disponendis redditibus ecclesie vestre ab infidelibus ministris fiebat, consilio et conniventia tocius Capituli vestri, statuit et ordinavit ut duo, tres, quatuor, vel plures numero, juxta competentem prebendalium proventuum estimationem, sibi ad invicem adjungantur, qui partes sorti sue deputatas, servata honestate, procurent, et de tuendis, fovendis atque juvandis qui in sua sunt ditione terrarum colonis curam fidelissimam gerant; et, ne circa injunctam sibi sollicitudinem minus solliciti aut negligentes existant, omnes justicias que seculares appellantur et que solent ad prepositos pertinere, sive terrarum, seu rusticorum, in canonicorum jura transfudit, ita ut pro nullo penitus forisfacto liceat preposito quempiam ex rusticis summonere vel justiciare. Si autem aliquis eorum tam temerarius extiterit ut eidem redditus suos tempore quo debentur non solvat, illum prepositus justiciabit et

[1] La charte de Guillaume, archevêque de Sens, est datée de 1171, dans le Chapitre de l'église de Chartres (Bibl. Imp., *cart.* 28, p. 50, et *28 bis*, f° 23 r°).

emendationem forisfacti sibi soli vendicabit. Sane si quis rusticorum cuilibet extraneo injuriosus fuerit, clamor ad canonicos deferatur. Presentatio autem presbiterorum in ecclesiis que vacaverint canonicorum pariter et prepositi erit, et si prepositus noluerit aut dissimulaverit interesse, canonici quod suum est nichilominus exsequantur. Presbiter vero qui fuerit presentatus fidelitatem prestabit utrisque. Sane predictus archiepiscopus, volens constitutionem ipsam ratam et firmam manere, omnia que prescripta sunt in prepositura quam detinebat observari decrevit, et de ceteris prepositurisi censivis quoque, atque precariis idipsum similiter censuit observandum, cum illos qui eas detinent contigerit ex hac vita decedere, vel forte illas quoquo modo dimittere. Preterea ab eodem statutum est et ordinatum ut qui ante hanc institutionem canonici facti, anno ad minus dimidio mansionarii in vestra civitate non fuerint, centum solidos minus quam mansionarii annuatim consequantur. Eos autem qui futuri erunt canonici nichil de prebenda preter quadraginta solidos, si mansionarii non fuerint, esse percepturos constituit, his quos excepistis duntaxat exceptis [1]. Additum est etiam

---

[1] Cette question de la résidence des chanoines fut une de celles qui occupèrent le plus les Souverains-Pontifes et les Evêques aux XIIe et XIIIe siècles. Nous avons déjà vu la bulle d'Alexandre III du 4 avril 1168-1169 (n° LXXVII). Nous publierons plus loin une bulle du même pape du 23 janvier 1179, relative au même sujet. Lucius III, en 1183, renouvela les prescriptions de son prédécesseur. En 1208, l'évêque Renaud de Mouçon statua que nul chanoine ne pourrait jouir de son gros s'il n'avait résidé et assisté pontificalement à l'office du chœur au moins six mois de l'année (Bibl. Imp.; *cart. 28*, p. 111, et *28 bis*, f° 51 r°). Au mois de janvier 1252, le pape Alexandre IV déclara que les chanoines ne demeurant pas dans le cloître recevraient néanmoins leurs distributions, pourvu qu'ils fussent présents à Matines et à deux des Heures du jour *(Orig. en parch.*, Arch. d'Eure-et-Loir, fonds du Chap., C. I, L, 11). L'obligation de la résidence devint plus rigoureuse encore par la promulgation du canon du concile de Trente (Sess. 24, *de reformat.*, cap. 12), qui disposa que les chanoines absents plus de trois mois par an perdraient leurs gros.
Cependant, malgré les protestations énergiques des chanoines, de nombreuses infractions furent faites à ces règlements. Une bulle du pape Honorius III, ne faisant au reste que confirmer une ordonnance capitulaire, statua, vers 1216, que les chanoines étudiants en théologie seraient réputés présents et gagneraient les gros fruits de leurs prébendes, à quelque école qu'ils fissent leurs études. C'est au surplus ce qui fut admis dans tous les diocèses comme règle canonique (Rebuffe, *in prax. benefic.*, part. 2, tit. *dispensatio de non residendo*, n° 25. — Louet et Brodeau, lettre E, somm. 6. — Despeisses, t. III, *des bénéf. ecclés.*, tit. 9, sect. II, n° 6). En 1252, le pape Innocent IV dispensa de la résidence Etienne, son chapelain, malgré la résistance du Chapitre, et déclara qu'il jouirait du revenu de son canonicat, à l'exception des distributions *(Orig. en parch.*, Arch. d'Eure-et-Loir, fonds du Chap., C. I, M, 2). Le pape Jean XXI en fit autant, en 1276, pour Pierre de Talaru, son chapelain *(Id.*, ibid., C. I, M, 3). En 1402, le roi Charles VI exempta de la résidence

quod hec particio prebendarum quinquennalem terminum debeat obtinere et hii quibus hec data est et collata potestas cum subjectis modeste agere, non eis calumpniam imponere, nec ipsos opprimere angariis debeant, aut immoderate gravare. Quam siquidem institutionem, prout superius dictum est, ratam et fimam habemus et auctoritate apostolica confirmamus. Ad hec libertatem claustri vestri, sicut in privilegiis regum Francie continetur, et antiquam et rationabilem consuetudinem ecclesie vestre, scilicet quod homines et hospites ipsius ecclesie in tota civitate et episcopatu vestro de omnibus mercationibus ad suum et familie sue usum pertinentibus, nullam, vendentes vel ementes, consuetudinem seu theloneum reddant, nichilominus auctoritatis apostolice duximus robore confirmandam [1]. Statuentes, etc.....
Datum Tusculani, vi idus aprilis [2]. »

(*Orig. en parch. bullé;* Arch. d'Eure-et-Loir, fonds du Chapitre, C. X, A, 4. — Bibl. Imp.; *Livre des Priv. de l'égl. de Ch.;* cart. 28, p. 24, et 28 bis, f° 10 v°. — *Theodori Penitent.*, II, 429. — Jaffé, *Reg. Pont. rom.*, 745, n° 8078.)

Philippe de Bois-Giloud, conseiller en son Parlement. Henri II, Charles IX et Henri III, en 1554, 1567 et 1580, déclarèrent, par application d'une bulle de Clément VI, du 20 avril 1351, que les officiers et chapelains de leur oratoire devaient de même être réputés comme présents. Les musiciens du Roi et les chapelains de la Sainte-Chapelle furent assimilés aux chanoines de cette dernière catégorie par arrêts de 1582 et de 1613 : mais des lettres-patentes de Henri IV, en date du 6 mars 1606, réduisirent à six le nombre des chanoines privilégiés qui pourraient exister dans l'église de Chartres. Ces lettres-patentes furent fidèlement observées jusqu'à la Révolution, hormis à l'égard des chanoines de la Sainte-Chapelle, déshérités de ce privilége par une déclaration du 18 décembre 1740, registrée au Grand-Conseil le 30 du même mois, et, de 1771 à 1774, nous voyons diverses lettres écrites par le duc de la Vrillière, au sujet d'Augustin Lemée, chapelain de la comtesse de Provence, Claude-Jacques Peigné, clerc de chapelle du comte de Provence, Louis-Hector-Honorat-Maxime de Sabran de Forcalquier, aumônier du Roi, François de Fontanges, aumônier de la Dauphine, Hyacinthe de Bouniol de Montégut, instituteur des enfants de France, qui tous devront être classés au nombre des chanoines privilégiés, en tant toutefois qu'une des six places réservées à ces chanoines deviendra vacante. Cependant Gui de Thélis et Louis Buisson, conseillers au Parlement, ayant demandé à jouir des distributions manuelles ou de leur équivalent, quoique ne faisant pas résidence, furent déboutés par arrêt du Parlement du 31 janvier 1606; mais en 1677, une ordonnance capitulaire déclara que François Gobineau, avocat du Roi au bailliage, serait réputé présent toutes les fois qu'il s'absenterait pour l'exercice de ses fonctions (Arch. d'Eure-et-Loir, fonds du Chap., C. I, M, 5, 7, 10, 13, 15, 16, 17, 25, 34 et 38).

[1] Voir ci-dessus n° LXVII.

[2] D'après l'itinéraire de Jaffé, Alexandre III était à Tusculum le 6 des ides de mars 1171-1172.

LXXXVII.

« De villis et ecclesiis Capituli, et quod nullus excommunicatos ecclesie absque satisfactione absolvat, nec capella nec cimiterium fiat in civitate sine assensu Capituli. »

(1173, 9 septembre.)

« Alexander episcopus, servus servorum Dei, dilectis filiis Gaufrido, decano, et canonicis Carnotensis ecclesie, tam presentibus quam futuris, canonice substituendis, in perpetuum. Ideo sumus, quamquam immeriti, ad universalis ecclesie regimen superna providentia deputati, ut pro singularum ecclesiarum statu sollicitudine debeamus pastorali satagere et eas contra pravorum incursus apostolice tuitionis patrocinio communire, ne malignorum incursibus exponantur, si ad eorum defensionem apostolice sollicitudinis providentia minus diligens fuerit vel remissa. Eapropter, dilecti in Domino filii, considerato fervore devotionis vestre quam circa nos et Romanam ecclesiam geritis, vestris justis postulationibus clementer annuimus, et ecclesiam vestram, in qua estis divino obsequio mancipati, sub beati Petri et nostra protectione suscipimus et presentis scripti privilegio communimus : statuentes ut quascumque possessiones, quecumque bona eadem ecclesia in presentiarum juste et canonice possidet, aut in futurum, concessione pontificum, largitione regum, vel principum, oblatione fidelium, seu aliis justis modis, prestante Domino, poterit adipisci, firma vobis vestrisque successoribus et illibata permaneant. In quibus hec propriis duximus exprimenda vocabulis : Gualdum-Sancti-Stephani, et ecclesiam, et omnes decimas ejusdem Gualdi; villamque que dicitur Disconfectura, cum ecclesia ibidem constituta: ecclesiam de Fontanella; ecclesiam de *Boferi;* ecclesiam de Poli, cum capellis et omnibus ad eas pertinentibus et decimis; Carnoti, ecclesiam Sancti-Saturnini cum omnibus pertinentiis suis; ecclesiam Sancti-Leodegarii-de-Alberiis, sicut a Willelmo, Senonensi archiepiscopo, apostolice sedis legato, curam et administrationem Carnotensis ecclesie gerente, libera et absoluta ab omni jurisdictione archidiaconi, Capitulo in perpetuum donata est et concessa, Milone, archidiacono, in cujus erat archidiaconatu, conniventiam et assensum prebente ; preposituram de *Alvers;* preposituram de Unigradu; prepositutam de Masengi; prepositutam de Normannia, cum hominibus, villis, territoriis, ecclesiis, capellis, decimis et terragiis et aliis consuetudinibus et libertatibus, et omnibus ad easdem prepositutas pertinentibus. Ad hec presenti decreto sancimùs et auctoritate apostolica arctius prohibemus ne quis in civitate vestra vel suburbiis sibi contiguis, absque auctoritate et assensu episcopi vestri et vestro, ecclesiam, capellam, oratorium vel cymiterium construere audeat, salva apostolice sedis auctoritate. Insuper etiam nichilominus districte presenti pagina prohibemus ne alicui liceat parrochianos Carnotensis ecclesie excommunicatos vel nominatim interdictos pre vobis ad divina officia aut ad sepulturam recipere, vel eis, absque satisfactione congrua, absolutionis beneficium indulgere. Libertates quoque seu immunitates, sive a romanis pontificibus, sive ab episcopis vestris, vel etiam a regibus et principibus, vobis et ecclesie vestre indultas, et antiquas et rationabiles consuetudines ipsius ecclesie confirmamus et eas decernimus obtinere perpetuam firmitatem [1]. Decernimus ergo, etc....... [2 Datum Anagnie, per manum Gratiani, sancte romane ecclesie subdiaconi et notarii, v idus septembris, indictione vi, ab incarna-

---

[1] Ce privilége fut confirmé par une grande bulle du pape Clément III du 2 des nones de juin 1190. Les termes de cette confirmation sont absolument semblables; nous ne rapporterons que les souscriptions et la date:

Ego Clemens, catholice ecclesie episcopus, subscripsi.
✠ *Ego Albinus, Albanensis episcopus, subscripsi.*
✠ *Ego Octavianus, Hostiensis et Velletrensis episcopus, subscripsi.*
✠ *Ego Johannes, tituli Sancti-Marci presbiter cardinalis, subscripsi.*
✠ *Ego Pandulfus, presbiter cardinalis Basilice-XII-Apostolorum, subscripsi.*
✠ *Ego Petrus, presbiter cardinalis tituli Sancte-Cecilie, subscripsi.*
✠ *Ego Petrus, tituli Sancti-Laurentii-in-Damaso presbiter cardinalis, subscripsi.*
✠ *Ego Petrus, presbiter cardinalis tituli Sancti-Petri-ad-Vincula-et-Eudoxie, subscripsi.*
✠ *Ego Johannes, tituli Sancti-Clementis cardinalis, Tusculanus episcopus, subscripsi.*
✠ *Ego Johannes Felix, presbiter cardinalis tituli Sancte-Susanne, subscripsi.*
✠ *Ego Jacintus, diaconus cardinalis Sancte-Marie-in-Cosmidyn, subscripsi.*
✠ *Ego Gratianus, Sanctorum-Cosme-et-Damiani diaconus cardinalis, subscripsi.*
✠ *Ego Soffredus, Sancte-Marie-in-Via-Lata diaconus cardinalis, subscripsi.*
✠ *Ego Gregorius, Sancte-Marie-in-Porticu diaconus cardinalis, subscripsi.*
✠ *Ego Johannes, Sancti-Theodori diaconus cardinalis, subscripsi.*
✠ *Ego Gregorius, Sancte-Marie-in-Aquiro diaconus cardinalis, subscripsi.*

Datum Laterani, per manum Moysi, sancte Romane ecclesie subdiaconi, vicem agentis cancellarii, ii nonas junii, indictione viii^a, incarnationis dominice anno M°C°XC°, pontificatus vero domni Clementis pape III anno tercio. (Orig. en parch. bullé; Arch. d'Eure-et-Loir, C. IX, R, 3.)

[2] Cette phrase finale ne se trouve pas dans les mss. 28 et 28 bis; elle est donnée par la *Gallia christiana*.

tione Domini anno M°C°LXX°III°, pontificatus vero domini Alexandri pape III anno XIV]¹. »

(Bibl. Imp.; *Livre des Priv. de l'égl. de Ch.*, cart. 28, p. 6, et 28 bis, f° 3 r°. — *Gallia christ.*, t. VIII, instr., p. 339.)

LXXXVIII.

Littera Odonis Borrelli de Curtalano, « de Gaudo-Sancti-Stephani. »
(vers 1175.)

« In nomine sancte et individue Trinitatis. Ego Odo Borrelli de Curtalano ² omnibus tam presentibus quam futuris notum fieri volo et scripti presentis attestatione confirmo quod dono Deo et canonicis Beate-Marie Carnotensis matris ecclesie et Richerio, archidiacono, fratre meo Hugone donante et concedente, et Berta uxore mea et filio meo Hugone concedente, duodecim carrucatas terre, unamquamque novem modietarum, in silva que vocatur Gaudus-Sancti-Stephani, et ipsi communicant michi decimam ejusdem terre que ipsorum erat. Reliqua vero decima tocius Gaudi propria remanet Beate-Marie Carnotensis ecclesie, hoc pacto : hospites omnes canonicorum erunt soluti et quieti, quorum unusquisque terciam partem agripenni terre ad hospitalicium suum habebit. In hospitibus et in hospitaliciis eorum, sicut supradictum est, nichil habebo nec heredes mei, nec justiciam, nec aliud, nisi medietatem furni et quarrarium unum per annum, et talleiam quarto anno, de quibus plenius loco suo dicetur. Terra vero forinseca, que extra hospitalicia est, et quicquid inde proveniet, commune erit inter me et heredes meos et canonicos, videlicet terragium, decima, oblite, venditiones, census pratorum, forifacta, emendationes et placita ; que emendationes et placita predicte terre ibi fient, et non alibi, per majorem communem ejusdem terre. Furnus vero de quo supra memini, et molendina et stagna que ibi fient, communia erunt et communi expensa fient, ita : si canonici submonuerint me aut heredes meos ut faciamus et noluerimus, ipsi faciant et totum redditum habeant, donec medietatem expense de nostro proprio eis

---

¹ Eudes Bourreau était seigneur de Courtalain, du chef de sa femme, fille de Guillaume d'Illiers. La famille Bourreau ou Borrel posséda la seigneurie de Courtalain jusqu'au commencement du XIV° siècle.

reformemus. Ad molendina que ibi fient molent hospites quamdiu poterunt ; cum autem non poterunt, molent ad mea molendina, videlicet ad molendinum Fontium, vel ad molendina Curtalani, et ibi expectabunt per diem et noctem, et, si tunc non poterunt molere, eant quo voluerint. Si autem aliquis accusabitur de molta forifecisse, purget se sola manu coram majore terre et sit quietus ; quod si noluerit aut non poterit, reddat duplicem moltam tantum. Molendinarius tamen jurabit quod non delocabit eos, nec scienter injuste tractabit. Homines ejusdem terre pedagium michi reddent more aliorum. Si tamen contigerit emendare pro uno forifacto, non possum plus quam quinque solidos accipere. Si autem inde accusatus voluerit se purgare quarta manu, licebit [1], et hoc Curtalani, nec alibi. Jurabit autem pedagiator sicut molendinarius, quotienscumque mutabitur, quod nullum scienter accusabit injuste. Talleia supramemorata sic fiet : quarto anno submonebo canonicos per majorem ejusdem ville et facient talleiam convenientem, de qua habebo medietatem, et ipsi aliam. Aliam talleiam non facient pro me nec pro heredibus meis, nisi voluerint, nec etiam pro redemptione corporis mei. Quotienscumque vero ipsi talleiam fecerint, dimidia erit mea. Quarrarium vero supradictum non mittam nisi securo loco, videlicet ad Castridunum, vel ad Vindocinum infra Lidum, vel ad Montem-Dublellum, vel ad Mummiralium, vel ad Braotum. Ad eadem loca meam partem annone ejusdem prefate terre deferent, si voluero, nec ultra. Ecclesia vero et omnia parrochialia, oblationes scilicet et primicie canonicorum, sunt proprie. Major vero ejusdem terre erit meus ligius et heredibus meis de meo feodo, et erit ligius canonicorum de suo feodo, salva fidelitate mea : qui major numerabit in augusto. Ponent tamen canonici, si voluerint, famulum suum, qui custodiet res suas quando major numerabit in agris et in grangia, et ego meum et heredes mei, si voluerimus. Feodum majoris est farrago de grangia, terreata annone post paleam et caude annonarum bene exquisitarum. De unoquoque hospite qui lucrabitur bobus, non bove, mina annone ; de aliis dimidia. Stramen grangie remanet michi et canonicis. De isto feodo

---

[1] C'est-à-dire par quatre témoins de même condition que le prévenu, affirmant son innocence, à défaut de flagrant délit ou de preuves matérielles du fait. Ce genre de justification était admis dans la *purge* dite *canonique*, et le nombre des *mains* ou des témoins *compurgeurs* était fixé par le juge. Du Cange, verbo *purgatio*, cite un cas de purge *cum manu decima* rapporté dans une lettre d'Honorius III, de la *compilation* d'Innocent Ciron, page 219.

tenet a me medietatem et a canonicis aliam. De hospitibus et eorum hospitaliciis totum a canonicis feodum, sicut supradictum est. Grangia communi expensa fiet, et trituratores communiter ponemus, ego et heredes mei medietatem, et canonici aliam, qui facient nobis fidelitatem. Ego Hugo, Castriduni vicecomes, de cujus feodo est Gaudus-Sancti-Stephani, istud donum concedo, et, pro posse meo, garandabo, et ut in perpetuum ratum permaneat, sigilli mei impressione corroboro. Ego Odo Borelli pactum istud feci; posco hoc scriptum sigillo Capituli communiri. »

(Bibl. Imp.; *Livre des Priv. de l'égl. de Ch.*, cart. 28, p. 80, et 28 bis, f° 37 r°. — Guérard, *Cart. de Saint-Père*, proleg., p. xxxviii.)

LXXXIX.

‹ Super compositione procurationis debite processionibus Carnotensis ecclesie apud Sanctum-Martinum. »

(1176.)

« Robertus, Dei gracia, Majoris-Monasterii humilis minister, et omnis ejusdem monasterii conventus, Gaufredo, Dei gracia, Carnotensis ecclesie decano, et universitati Capituli, in perpetuum. Quecumque jurgiorum prestant materiam et in ecclesia Dei contentiones excitant et lites, summa diligentia et cura debent, pro posse suo, boni viri deprimere, et ne servi Dei ambiguam jurgandi fortunam incidant, quantum in ipsis est, formam negotiis, fatum litibus, causis exitum commodare. Inde est quod notum fieri volumus universis, tam futuris quam presentibus, quod nos odiosas Deo et nobis contentiones que inter monasterium Sancti-Martini-de-Valle et ecclesiam Beate-Marie Carnotensis orte erant, ex occasione quarumdam comestionum ac potuum que a fratribus nostris, canonicis et clericis predicte ecclesie, in quibusdam processionibus exhiberi solebant, sopire penitus intendentes, transigendo potius quam diffiniendo, ad pacis et concordie finem venire curavimus. In Pascha Domini, secunda feria, preparabant ex more monachi Sancti-Martini canonicis et clericis qui ad processionem veniebant panem, carnes et vinum, ut exinde qui vellent comederent; in Rogationibus potum; in festo sancti Martini Estivalis potum similiter et quosdam artificiales panes quos canistrellos[1] vocant; in festo sancti Martini Hyemalis item potum; quorum, ut diximus, occasione, et monachorum quies turbari et ordo confundi et nonnumquam scandala, dissensiones, rixe solebant oriri. Ad commonitionem et consilium tandem prudentium ac religiosorum qui aderant, utraque partium a lite recedens, in dominum Willelmum, Senonensem archiepiscopum, compromisit, et quicquid inde statueret concordi omnium voluntate concessit. In primis dixit ut monachi nostri jus ecclesie Carnotensis recognoscerent in predictis, et quia eo anno cessaverant a ciborum illorum et potuum prestatione, satisfactionem illam, quam jus vel rectum facere[2] vulgariter appellant, Capitulo prestarent; quod et factum est per manum Willelmi, tunc prioris Sancti-Martini, presente majore priore monasterii nostri et jubente. Adjecit et dicto suo ut nichil deinceps in predictis processionibus, sive in cibo, sive aliis, preparent vel impendant, exceptis clericulis qui misse deservierint, quibus sex tantum nummos persolvant, scilicet : in secunda feria Pasche XL solidos Carnotensis monete, in festo sancti Martini Estivalis XX solidos, in festo sancti Martini Hyemalis XX solidos, in processione Rogationum nichil, his qui ad processionem venerint, solvant. Actum est hoc in presentia domini Willelmi, Senonensis archiepiscopi et apostolice sedis legati, anno Dominice incarnationis M°C°LXX°VI° ; astante Roberto, majore priore monasterii nostri, id ipsum pro toto monasterio nostro approbante et laudante; Gaufredo, decano; Richerio, cantore; Gisleberto, subdecano; Roberto, succentore, et Capitulo Beate-Marie similiter assistente et volente. Quod ut ratum et inconcussum permaneat in perpetuum, presentis scripti attestatione et sigilli Capituli nostri auctoritate confirmavimus. »

(Bibl. Imp.; *Livre des Priv. de l'égl. de Ch.*, cart. 28, p. 90, et 28 bis, f° 41 v°.)

[1] C'est-à-dire ayant la forme du *canistrum*, vase dans lequel on conservait les eulogies ou pains bénits. Du Cange dit que l'on donne dans la Flandre française le nom de *canestiaux* aux gâteaux que nous appelons *échaudés*.

[2] Cette expression *rectum facere*, faire droit, vient d'Angleterre et se rencontre dans les lois d'Edouard-le-Confesseur (ch. 18) et dans celles d'Henri Ier (ch. 19). Le fameux traité appelé *Fleta*, qui paraît remonter au règne d'Edouard Ier, dit, liv. 6, chap. I, § 1 : *Quod in jure scripto jus appellatur, id in lege Anglie rectum esse dicitur.*

XC.

« De confirmatione ecclesiarum et reddituum quos habet ecclesia Carnotensis in Normannia. »
(1176-1183.)[1]

« Henricus, Dei gratia, rex Anglie et dux Normannie et Aquitanie et comes Andegavensis, archiepiscopo Rothomagensi [2], episcopis, abbatibus, comitibus, baronibus, justiciariis, vicecomitibus, ministris et omnibus fidelibus suis Normannie, salutem. Sciatis me, pro salute mea et antecessorum et successorum meorum, concessisse et presenti carta confirmasse ecclesie Sancte-Marie Carnotensis in liberam et perpetuam elemosinam : in Ebroicensi comitatu, Ebrardivillam totam cum ecclesia, et decimam venationis de silva que dicitur Bortis, et in eadem patria, ecclesiam solam de Hauvilla; et in Lisvisio, ecclesiam solam de Bonavilla, et in eodem territorio, Angliscam-Villam totam cum ecclesia, et Runtiam-Villam totam cum ecclesia de Sancto-Juliano, cum duobus membris appendentibus, sicut hec omnia a Richardo, marchione Normannie, ei donata et concessa sunt et carta ejus confirmata [3]. Quare volo et firmiter precipio quod eadem ecclesia omnia supradicta habeat et teneat bene et in pace, libere et quiete, integre et plenarie et honorifice, in ecclesiis et terris et decimis, in bosco et plano, in pratis et pascuis, in aquis et molendinis, in viis et semitis, et in omnibus aliis locis et aliis rebus ad ea pertinentibus, cum omnibus libertatibus, et liberis consuetudinibus suis. Testibus : Willelmo, Remensi, Bartholomeo, Turonensi [4], archiepiscopis; Hugone, comite Cestriensi [5]; Symone, comite de Clara; Waltero, filio Roberti Rannerii de Glanvilla; Stephano de Turono, senescalco; Andrea; Fulcone Paganello; Gervasio Paganello; Aldefonso,

---

[1] Cette charte n'est ni antérieure à 1176, année de l'avénement de Guillaume-aux-Blanches-Mains, au siége de Reims, ni postérieure à 1183, attendu qu'elle fut confirmée par une autre charte de Rotrou, archevêque de Rouen, remplacé en 1183 par Gauthier de Coutances.

[2] Rotrou de Beaumont-le-Roger ou de Warwich, archevêque de Rouen (1164-1183).

[3] Voir ci-dessus, n° XII.

[4] Barthélemy II de Vendôme, archevêque de Tours (1174-1206).

[5] Hugues, comte de Chester, marié vers 1170 à Bertrade, fille de Simon-le-Chauve, seigneur de Montfort-l'Amaury et comte d'Evreux, puis à Constance, fille de Raoul II, baron de Fougères.

fratre comitis Sancti-Egidii [1]; Jocelino, fratre Regine; Gaufrido Hosato; Willelmo de Ostilleio. Datum per manum magistri Walteri de Constantiis, apud Turonum [2]. »

(Bibl. Imp.; *Livre des Priv. de l'égl. de Ch.*, cart. 28, p. 41, et 28 bis, f° 18 r°.)

XCI.

« De subjeccione ecclesie Beati-Georgii Vindocinensis. »
(1177-1180, 7 juillet.)

« Alexander episcopus, servus servorum Dei, venerabili fratri Johanni [3], Carnotensi episcopo, salutem et apostolicam benedictionem. Justis petentium desideriis dignum est nos facilem prebere consensum et vota que a rationis tramite non discordant, effectu prosequente complere. Eapropter, venerabilis in Christo frater episcope, tuis justis postulationibus grato concurrentes assensu, subjectionem ecclesie Sancti-Georgii Vindocinensis [4], sicut eam rationabiliter predecessores tui habuisse noscuntur et tu ipse habes ad presens, tibi et ecclesie tue auctoritate apostolica confirmamus et presentis scripti patrocinio communimus. Statuentes ut sicut predecessoribus tuis et tibi ipsi hactenus subjecta fuisse monstratur, ita etiam amodo, tibi et successoribus tuis, diocesana lege, debeat subjacere. Decernimus ergo, etc..... Datum Tusculani, nonas julii. »

(*Orig. en parch.*; Arch. d'Eure-et-Loir, fonds du Chapitre, C. XI, 18.)

[1] Alfonse II, frère de Raymond V, comte de Saint-Gilles, avec lequel il partagea le comté de Toulouse à la mort de leur père Alfonse-Jourdain en 1148.

[2] Vers la même époque, Rotrou, archevêque de Rouen, confirma la charte d'Henri II, en présence de ces témoins : *Roberto de Novo-Burgo, Rothomagensis ecclesie decano; Richero, precentore; Radulfo de Wasnevilla, Ivone de Veteri-Ponte, magistro Raginaldo Amico de Novo-Burgo, archidiaconis; Roberto, capellano; magistro Herberto, Rogero de Warewich, Gaufrido de Munevilla, Roberto Osmundi, canonicis Rothomagensis ecclesie.* (Bibl. Imp.; cart. 28, p. 42, et 28 bis, f° 18 v°.)

[3] Jean de Salisbury (1177-1180). Les vertus et les bienfaits de ce prélat, disciple chéri de Thomas Becket, sont célébrés dans son obit inscrit au *Nécrologe* (t. III de cet ouvrage), sous la date du 8 des calendes de novembre.

[4] L'église royale et collégiale de Saint-Georges fut fondée en 1047, dans l'enceinte du château de Vendôme, par Geoffroy Martel, au retour de son expédition de Sicile. Cette église renfermait les tombeaux non-seulement de presque tous les seigneurs de Vendôme, mais encore ceux de la maison de Bourbon-Vendôme, jusques et y compris ceux d'Antoine de Bourbon, roi de Navarre et de Jeanne d'Albret.

XCII.

« Nulli concedantur honores nisi his qui residentiam promiserint. »
(1179, 23 janvier.)

« Alexander episcopus, servus servorum Dei, venerabili fratri J[ohanni] episcopo, et dilectis filiis decano et Capitulo Carnotensi, salutem et apostolicam benedictionem. Cum ab eo cui plus committitur amplius exigatur, dignum est et consonum rationi ut qui in ecclesia vestra pre aliis honorantur studiosius illi deserviant et utilitatibus ipsius intendant. Hac itaque ratione inducti, auctoritate duximus apostolica statuendum ut honores Carnotensis ecclesie aliis de cetero minime concedantur nisi qui secundum antiquam et rationabilem consuetudinem residentiam se promiserint habituros. Si autem post promissionem suam hec nequaquam impleverint, ab ipsis reddantur honoribus alieni. Ad hec auctoritate apostolica inhibemus ne quis de aliena diocesi in canonicum ecclesie vestre aut plebanum presbiterum admittatur nisi prius a proprio fuerit episcopo absolutus [1]. Decernimus ergo, etc. . . . . . Datum Tusculani, x kalendas februarii [2]. »

(Bibl. Imp.; *Livre des Priv. de l'égl. de Ch.*, cart. 28, p. 26, et 28 bis, f° 11 r°. — *Theodori Penitentiale*, II, 550. — Jaffé, *Reg. Pont. rom.*, 782, n° 8661.)

XCIII.

« De jure quod habet ecclesia Carnotensis in villis istis, *Lu*, Bellovillari, Martisvilla. »
(1179.)

« Ego G[aufridus], Carnotensis ecclesie decanus, et universitas Capituli Carnotensis notum fieri volumus quod, cum sepe inter nos et Julduinum de

---

[1] Cette bulle fut confirmée en termes absolument semblables par un bref de Lucius III, adressé à Pierre de Celles, évêque de Chartres, de Vellétri, le 16 des calendes de février (17 janv. 1183). (*Orig. en parch. bullé*; Arch. d'Eure-et-Loir, fonds du Chap., C. I, 4, 4. — Bibl. Imp.; *cart. 28*, p. 20, et *28 bis*, f° 12, v°. — D'Achery, *Spicil.*, III, 547. — Jaffé, *Reg. Pont. rom.*, 845, 9530).

[2] Alexandre III séjournait à Tusculum le 10 des cal. de février 1179 (Jaffé, ouvrage cité).

Bellovillari [1] discordiarum dissensiones emersissent super jure quod habere dicitur ecclesia Beate-Marie Carnotensis in villis que sunt : *Lu*, Bellovillare, et Martisvilla, tamdem divine miserationis subsidiante clementia, inter nos et Herbertum, prenominati Julduini successorem et filium, omnis discordia in laudabilem concordie consonantiam, pacifice compositionis interventu, feliciter est conversa. Hujus compositionis sententiam dignum duximus litterarum apicibus commendandam, alias per processum temporis ad oblivionis interitum elapsuram. Itaque, Herberto presignificati filio Julduini, cum aliquot prudentibus viris quos secum adduxerit, in presentia nostra constituto, dictum est tres villas que presignificate sunt, cum hospitibus et agripennis et viis et semitis et omnibus ad eas pertinentibus, ad jus ecclesie nostre pertinere, nec dominum de Bellovillari in eis aliquod jus nisi quod ita significatur habere; unde nec ab hominibus nostris debet corveias, tallias, anserem, gallinam, vel quascumque alias exactiones exigere. Bovatas extra villas que presignificate sunt consistentes, certum quidem est ad jus domini de Bellovillari pertinere; non tamen aliis quam hominibus nostris potest illas addicere. Solis enim hominibus nostris, in supradictis villis manentibus, per manum nostram illas conceditur exercere. Pro unaquaque bovata integra, ad perticam Beate-Marie mensurata, tenentur homines nostri, singulis annis, ad festum sancti Johannis quod est in augusto mense, domino de Bellovillari xxviii denarios de censu solvere, et modium annone Carnotum, vel Bonevallem, vel Pusiacum ducere, dum tamen de hoc infra festum Omnium-Sanctorum requirantur, alias ab illius anni ductus debito penitus absolvuntur. Si vero census qui presignificatus est infra viii^{am} diem non reddetur, vel si ad submonitionem domini de Bellovillari modius annone Carnotum, vel Bonevallem, vel Pusiacum non ducetur, dominus de Bellovillari poterit ab hominibus nostris censum exigere et annone conductum, et pro transgressione termini legem que vulgo rectum

---

[1] Jovin de Beauvilliers se croisa en 1189. En 1191, il assista comme témoin à une obligation passée à Saint-Jean-d'Acre, en faveur des chevaliers du Temple (*Orig. en parch.;* Arch. de la famille du Temple, à Vrainville). Par son testament, daté du mois de novembre 1232, il donna à l'église de Beauvilliers la moitié de la grosse dîme qu'il percevait à Massonvilliers, et 120 livres en argent, destinées à acquérir des fonds pour l'augmentation des revenus de ladite église, à la charge qu'il y aurait toujours à l'avenir deux prêtres résidants à Beauvilliers pour le service de l'église dudit lieu, et que, tous les dimanches et fêtes de l'année, il y serait dit une messe des Morts avec une oraison particulière pour le repos de son âme et de celles de ses ancêtres *(Inv. du Chap.,* G. CXIII, M, 1),

appellatur, secundum quod unicuique convenit, a singulis transgressoribus poterit exigere. Additum est preterea quod si bovatas et non agripennos vendi vel forisfactum in ipsis bovatis fieri contigerit, sine aliqua ecclesie participatione, ad dominum de Bellovillari tam venditionum jus quam forisfactum ex integro pertinebit. Si vero, versa vice, non bovata sed agripennus vendetur, vel in eo forisfactum acciderit, ecclesie, non domino de Bellovillari, tam forisfactum quam venditiones ex integro debebuntur. Si vero bovata simul agripennusque venditionis alienatione distrahentur, venditiones inter nos et dominum de Bellovillari per equalia dividentur. Additum est etiam quod, tempore messionis, homines nostri numeratores a domino de Bellovillari sibi postulare debeant assignari, quorum unus apud Lu et Martisvillam, alius apud Bellovillare fungatur officio numerandi; quos vel eorum aliquem, si nostris hominibus usque ad iiii^{tam} diem distulerit assignare, licebit hominibus nostris numeratore carentibus, in iiii^{ta} die et deinceps, adhibito duorum testimonio, numerare, et ad fraudis cautionem, cum prestito corporaliter juramento et eorum testium juramentis, domino de Bellovillari solvere campipartem. Qui vero ad numerationis officium vocabuntur, accitis hominibus nostris, in presentia domini de Bellovillari, tactis sacrosanctis, jurare jubebuntur quod, non spe lucri, non amoris aut odii causa, sue differrent numerationis officium adimplere, itemque, quod acceptionem personarum postponentes et potius ordini sibi numerari postulantium servientes, eis a quibus primitus requirentur primitus numerabunt. Deinde ceteris sibi numerari nolentibus, secundum ordinem quo fuerint requisiti, numerationis officium benigne ac liberaliter exibebunt. Postquam nostris hominibus predicto modo fuerint numeratores assignati, si numerator aliquis, a nostris hominibus requisitus ut numeret, numerare noluerit, vel aliquo casu impeditus numerare non poterit, homines nostri, adhibito duorum testimonio, in crastino numerabunt, et, data juratoria cautione, ipsi et testes domino de Bellovillari de justa campipartis solutione respondebunt. Insuper, si terra adjacens vie vel semite utrinque fuerit ecclesie, et via vel semita tota erit ecclesie; si domini de Bellovillari vel alterius, et via vel semita tota erit illius; si hinc est ecclesie illinc alterius, dimidia via vel semita erit ecclesie et dimidia illius cujus terre adjacet. Preterea, si terra sine colono remanserit, dominus de Bellovillari ad ministrum ecclesie veniet, intimans ut terre vacanti colonum assignet, et minister ecclesie colonum assignabit si invenire poterit. Sin autem dominus de Bellovillari colonum bone opinionis adducet ad ministrum ecclesie, qui illum terre vacanti colonum assignabit, qui deinceps et ecclesie et domino de Bellovillari, in eis que utrique, ut prescripta sunt, debentur respondebit. Nil amplius juris habet dominus de Bellovillari in hospitibus nostris de villis prenominatis, vel in agripennis, vel in bovatis, vel in aliis ad ecclesiam Beate-Marie pertinentibus. Testes hujus compositionis sunt : Gaufridus, decanus; Richerius, precentor; Gilebertus, subdecanus; Gilo, subcentor; Guillelmus, camerarius; Raherius, prepositus; Robertus, Blesensis archidiaconus; Herbertus de Porta-Nova; Aucherius, diaconus, et alii multi; presentibus et testibus ex parte predicti Herberti : Philipo Canardi; Guillelmo de Tovilla; Raimbaldo de Martisvilla; Raginaldo de Roboreto et aliis quamplurimis. Hanc etiam pacem tenendam fide firmaverunt predictus Herbertus et fratres ejus Hugo et Gilduinus. Quod ut ratum et inconcussum permaneat, auctoritate sigilli Beate-Marie Carnotensis presentem paginam jussimus roborari, et ad preces nostras et predicti Herberti Evrardus, vicecomes Carnotensis [1], eidem pagine sigillum suum apponi precepit. Data per manum Bucardi cancellarii, presente Ebrardo de Pusiaco, dicte compositionis modum approbante et concedente. Actum in capitulo nostro, anno Domini M°C°LXX°IX°. »

(*Orig. chirogr. en parch.*; Arch. d'Eure-et-Loir, fonds du Chap., C. CXII, L, 1. — Bibl. Imp.; *Livre des Priv. de l'égl. de Ch.*, cart. 28, p. 105, et 28 bis, f° 48 r°.)

XCIV.

« De recognitione quod filii Amiardi de Bretovillari sunt homines ecclesie Carnotensis. »
(vers 1179.)

« Ego Ebrardus de Puteolo, Carnotensis vicecomes, notum facio, tam presentibus quam futuris, quod cum inter me et Capitulum Beate-Marie Carnotensis questio mota fuisset super filiis Amiardi de Bertovilerio quos homines meos de corpore esse clamabam, tandem, inquisita diligentius veritate, inveni et cognovi ipsos ad me minime pertinere. Unde et ego mote querele penitus abrenumptiavi, et ipsi homines predicto Capitulo

[1] Evrard IV, seigneur du Puiset, vicomte de Chartres (1133-118.).

quieti et immunes remanserunt. Quod ne iterum recidere posset in questionem, sigilli presentis auctoritate firmavi. Data per manum Radulfi capellani. »

(*Orig. en parch.*; Arch. d'Eure-et-Loir, fonds du Chap., C. CVII, J, 1. — Bibl. Imp.; *Livre des Priv. de l'égl. de Ch.*, cart. 28 p. 87, et 28 bis, f° 40 r°.)

XCV.

« Capituli Carnotensis, de compositione super decimis de Sancto-Leodegario, facta inter Capitulum et Garinum de Sancto-Leodegario. »
(v. 1180.)

« G[aufridus], Carnotensis ecclesie decanus, et universitas Capituli omnibus ad quos littere iste pervenerint, in vero salutari salutem. Inter nos et Garinum de Sancto-Leodegario et Droconem, filium ejus, controversia diu habita est propter decimas de Sancto-Leodegario. Ad ultimum vero, Deo cooperante nobiscum, in hunc modum predicta contentio sopita est quod prenominatus Garinus et Droco, filius ejus, singulis annis, de prefatis decimis in area, sine mutatione annone in pejus, ad preceptum Capituli, nobis reddent vii modios annone et duos modios avene et vi sextarios et x et viii° sextarios ordei, ad minam qua venditur et emitur. Ut autem in posterum omnis contentio super hoc eliminetur, sigilli nostri auctoritate hoc confirmare curavimus. »

(*Chirographe orig. en parch.*; Arch. d'Eure-et-Loir, fonds du Chap., C. XV, J, 1. — Bibl. Imp.; *cart. 28*, p. 100.)

XCVI.

« Quod in claustro nihil debet vendi preter in nundinis. »
(1181-1183.)

« Petrus, Dei gracia, Carnotensis ęcclesię humilis minister [1], omnibus ad quos litterę istę pervenerint, in perpetuum. Notum sit omnibus quod cum inter Gaufridum, decanum Carnotensis ęcclesię, et Raginaldum de Mocione,

[1] Pierre de Celles, évêque de Chartres (1181-1183). Voir au *Nécrologe* l'obit de ce prélat bien-aimé, sous la date du 11 des calendes de mars.

ejusdem prepositum [1], qui pro Capitulo agebat, controversia verteretur super quibusdam exactionibus que a servientibus decani in claustro, juxta assertionem domini Reginaldi et aliorum canonicorum, ultra debitum exigebantur, post longas disceptationes, ut omnino predicta controversia sopiretur, de communi assensu, in quatuor personas ejusdem ęcclesię compromiserunt, ita quod nos in ejusdem causę diffinitione quintum locum haberemus, eo tenore quod si tres illorum in quos compromissum est, cum assensu nostro, super eadem controversia aliquid determinarent, ab utraque parte firmiter teneretur. De duobus vero stallis que sunt juxta capitellos nichil diffinitum est, sed unusquisque, pro velle suo, quandocumque voluerit, coram nobis vel aliquo successore nostro, jus suum prosequatur. Quatuor ergo nobiscum convenientes una voce dixerunt quod preter dies nundinis deputatos nichil in claustro debeat vendi : quod si vendentes ab aliquo canonico submoniti a claustro recedere noluerint, licet canonico merces modeste removere. Nocte vero diem nundinarum precedente, scale vel stalla a mercatoribus in claustro debent poni, nec ante, et tunc si mercator scale vel stalli custodiam servienti decani commendaverit, pro custodia illius noctis, serviens decani unum obolum percipiet : quod si non commendaverit, nichil a mercatore exigere poterit. Si vero secunda nocte ante diem nundinarum, scale vel stalla in claustro posita fuerint, quod fieri de jure non debet, eodem modo fiet. In claustro nullus mercator certum locum debet habere, sed quicumque prius signaverit, locum signatum debet habere : si autem mercator signi sui custodiam servienti decani commendaverit, serviens decani unum solum obolum percipiet, licet multis noctibus custodierit; quod si mercator non commendaverit, nec serviens decani aliquid exigere poterit. De sugundriis [2] domorum canonicorum, dixerunt quod, si placuerit canonico, nichil sub sugundria sua vendetur. Quod si placuerit canonico ut sub sugundria sua aliquid vendatur, pro custodia scale vel stalli vel signi, idem licet servienti canonici quod in aliis partibus claustri servienti decani. Vię que sunt a domibus canonicorum ad ęcclesiam

---

[1] Renault de Mouçon, depuis évêque de Chartres (1183-1217). Le nom de ce prélat, d'illustre lignage est plusieurs fois rappelé dans le *Nécrologe* (voir t. III de cet ouvrage).

[2] On entend par *subgronde* ou *severonde* l'auvent d'une maison, c'est-à-dire la partie de la couverture qui est en saillie par dehors pour empêcher que les eaux de pluie ne tombent le long des murs : les bois qui soutiennent cette saillie s'appellent *chanlattes*.

semper debent vacue remanere, ita quod canonicus et alius cum eo colloquentes, sine impedimento scale vel stalli, libere per illas possint invadere. Quod si aliquis eas scala vel stallo impedierit, submonitus a canonico vel a serviente canonici ut removeat, si non removerit, licebit canonico vel servienti canonici, sine recompensatione dampni, scalam vel stallum precipitare. Hec omnia, ut superius annotata sunt, et ut libertas claustri exigit, sub anathemate precipimus observari, et ut ratum permaneat sigilli nostri[1] munimine corroborari mandavimus. »

(*Orig. en parch*; Arch. d'Eure-et-Loir, fonds du Chapitre, C. CV, J, 1.)

XCVII.

« De presentatione presbiterorum et sacristarum ad jus capicerii pertinentium. »
(1180-1183.)

« Petrus, Dei gracia, Carnotensis ecclesie minister humilis, dilecto filio Galterio, Carnotensis ecclesie capicerio, salutem in Domino. Ex multorum relatione veraciter didicimus quod presentatio presbyterorum extra chorum vel in Cryptis altaribus[2] desservientium ad jus et officium tuum pertinet, excepto presbytero altaris Sancti-Johannis quem decanus ponere consuevit. Similiter et sacriste, cum alter alterius loco, sive clericus sive laicus, substituitur, presentationem et ministerium tuum totum agi debet[3]. Volentes ergo jus tuum et successoribus tuis capiceriis illibatum et incon-

[1] Le sceau de Pierre de Celles a été décrit dans le *Cartulaire des Vaux-de-Cernay*, t. I, p. 80 et gravé dans l'Atlas de ce Cartulaire, pl. II, n° 5.

[2] Il y avait, avant la Révolution de 1792, dans la cathédrale de Chartres, sans compter l'autel principal, 48 chapelles, 35 dans l'église supérieure et 13 dans la crypte. Mais des autels de l'église supérieure la plupart ne furent fondés que postérieurement à 1180; le droit reconnu par Pierre de Celles au chefcier se réduisait donc à la nomination des chapelains de 12 autels de la crypte et de 10 autels environ dans l'église d'en haut. — La chapelle de Saint-Jean-Baptiste, second patron de la cathédrale, était située sous terre au rond-point de l'abside: elle fut placée en 1661 sous le vocable de l'Annonciation; mais, depuis la restauration de la crypte en 1860, elle a été rendue à son patron primitif.

[3] Le chefcier avait la provision et collation des offices de marguilliers clercs et laïcs en l'église de Chartres; c'était également lui qui nommait le chapelain de la Sainte-Châsse. Cette prérogative lui fut enlevée par une ordonnance capitulaire du 4 août 1610, qui attribua cette nomination aux marguilliers-clercs. (*Invent. du Chap.*, C. XX bis, 15 et 18.) Voir, dans le *Polyptique*, l'énumération des droits appartenant au chefcier.

cussum conservari, predicta, cum stallis que in porticibus ecclesie et infra ecclesiam continentur et cum tercia parte denariorum de Pentecoste, tibi presentis scripti attestatione et sigilli nostri auctoritate confirmamus. »

(Bibl. Imp.; *Livre des Priv. de l'égl. de Ch.*, cart. 28, p. 124, et 28 bis, f° 58 v°.)

XCVIII.

« Comes Teobaldus, de libertate a muris et fossatis nunquam per homines nostros de cetero reparandis. »

(1181.)

« Ego Teobaldus, Blesensis comes et Francie senescallus, omnibus tam futuris quam presentibus notum facio quod, cum, ex antiqua consuetudine, erga me tenerentur homines Capituli Beate-Marie Carnotensis quandam partem ejusdem civitatis, que communi cognitioni certa erat et nota, fossatis claudere et fossatos ejusdem partis quotiens opus esset reparare, pro remedio anime mee et animarum patris et matris mee, ad peticionem ejusdem Capituli, hanc predictam consuetudinem quitavi, et homines qui eam, ut dictum est, debebant, inde in perpetuum absolvi. Ipsi autem ad construendum murum super eosdem fossatos, ex communi assensu Capituli, mille libras michi dederunt, tali conditione quod si deinceps quoquomodo murum cadere aut dirui vel fossatos impleri contigerit, non teneantur amplius vel in muro vel in fossatis aliquid mittere, sed ab omni bienno quod in eis habebam ipsi et omnis terra Capituli quiti in perpetuum remaneant et absoluti. Hoc approbavit atque concessit Adelicia[1], comitissa, uxor mea, filiis et filiabus nostris Teobaldo[2] et Ludovico[3], Margarita[4] et Ysabella[5] idem similiter approbantibus atque concedentibus. Quod ut ratum maneret semper

---

[1] Alix de France. L'obit de cette princesse est inscrit au *Nécrologe* sous la date du 3 des ides de septembre.

[2] Thibault, mort jeune.

[3] Louis, comte de Chartres-Blois, après son père (1191-1205). Voir son obit au *Nécrologe* sous la date du 17 des calendes de mai.

[4] Marguerite, femme de Gautier d'Avesnes, comtesse de Blois en 1218.

[5] Isabelle, femme de Sulpice d'Amboise, puis de Jean d'Oisy, comtesse de Chartres en 1218.

et firmum, litteris commendavi et sigilli mei impressione confirmavi. Testes inde fuerunt : Gaufridus, decanus Beate-Marie; Gillebertus, subdecanus; Richerus, cantor; Willelmus, succentor; Milo, archidiaconus; Bartholomeus, Dunensis archidiaconus; Ernaudus, Drocensis archidiaconus; Gauterus, Pissiacensis archidiaconus; Goslenus, Vindocinensis archidiaconus; Raginaldus, prepositus; Raherus, prepositus; Gillebertus, camerarius; magister Willelmus de Iveriaco; magister Lambertus; Herbertus de Porta-Nova; magister Petrus Blesensis [1]; Aucherus; Philippus de Galardone; Gauterus de Bulleto, universumque Capitulum; Balduinus, abbas Sancti-Launomari [2]; Johannes, abbas Sancte-Marie Blesensis [3]; Gaudinus, decanus Blesensis; Gaufridus, filius meus; Henricus de Pusato; Bertelinus de *Botigni;* Radulfus de *Brul;* Herbertus, marescallus; Raginaldus Crispini [4]; Fulco, camerarius; Herveus de Curva-Villa [5]; Teobaldus Decani; Clemens de Carnoto; Vincentius de Poncellis; Nicolaus, monetarius; Isembardus de Galardone [6]. Actum Carnoti in capitulo Beate-Marie, anno incarnationis Dominice millesimo centesimo octogesimo primo. Datum per manum Hildrici, cancellarii mei. Signum comitisse +. Signum Teobaldi +. Signum Ludovici +. Signum Margarite +. Signum Ysabelle +. »

(*Orig. en parch.;* Arch. d'Eure-et-Loir, C. X, F, 7. — Bibl. Imp.; *Livre des Priv. de l'égl. de Ch.*, cart. 28, p. 53, et 28 bis, f° 24 v°.)

[1] Pierre de Blois, savant théologien, disciple de Jean de Salisbury, chanoine de Chartres et archidiacre de Bath, puis de Londres, mort en 1200. Sa qualité de chanoine de Chartres, alléguée à titre de simple probabilité par ses biographes, résulte clairement de cette pièce.

[2] Le nom de Baudouin, abbé de Saint-Laumer de Blois, de l'ordre de Saint-Benoît, se rencontre pour la première fois au bas d'une charte de 1167; on croit qu'il mourut le 6 des ides de novembre (8 novembre) 1185.

[3] C'est ici l'acte le plus ancien où figure Jean Ier, abbé de Notre-Dame de Blois ou de Bourg-Moyen, monastère de l'ordre de Saint-Augustin. On ignore la date de sa mort; mais elle est antérieure à 1192, année où Philippe Ier, son successeur, obtint une charte de Geoffroy, évêque de Chartres.

[4] Renaud Crespin se croisa en 1189. Il devint en 1194 maréchal du palais de Louis, comte de Chartres.

[5] Hervé de Courville, de la famille de Vieux-Pont (1181-1183).

[6] Isambert de Gallardon, frère de Hervé III, est nommé dans un autre acte du Chapitre de 1191. Il donna à l'abbaye de Saint-Cheron un hôtel qu'il possédait à Chartres, rue de la Foulerie, et qui était connu sous le nom de *salle Ysambart de Gallardon*. (Voir *Hist. de Chartres*, par E. de Lépinois, vol. I, p. 288, note 2.)

XCIX.

« Quod licet Capitulo, non obstante appellatione, excommunicare injuriosos nolentes satisfacere. »

(1183, 8 novembre.)

« Lucius episcopus, servus servorum Dei, dilectis filiis G[aufrido] decano, et Capitulo Carnotensi, salutem et apostolicam benedictionem. Relatum est auribus nostris quod quidam parrochianorum vestrorum bona ecclesie vestre violenter invadunt et tam vobis quam hominibus vestris irrogare injurias, pro sue voluntatis arbitrio, non formidant, commoniti autem a sua non possunt malitia revocari. Quum igitur nobis imminet ecclesiis et personis ecclesiasticis providere pacem debitam et quietem, et contra insolenciam laicorum apostolicum presidium impartiri, auctoritate vobis apostolica indulgemus ut quicumque parrochianorum vestrorum, sive scilicet R[otrodus][1], comes Perticensis, sive R[obertus] Drocensis[2], sive Vindocinensis, sive Ebroicensis, aut de Monteforti, vel barones, aut alii quilibet qui ecclesias aut homines vestros dampnis vel injuriis affecerint, vel affecerunt, et commoniti satisfactionem contempserint congruam vel justiciam exhibere, eos usque ad dignam satisfactionem, sublato appellationis obstaculo, censura ecclesiastica precellatis et in terris ipsorum, preter baptisma et penitentias, divina prohibeatis officia celebrari[3], nullis litteris obstantibus, si que sunt a

---

[1] Rotrou III, comte du Perche (1144-1191).

[2] Robert Ier, troisième fils de Louis-le-Gros, comte de Dreux (1137-1184). Voir son obit dans le *Nécrologe* (t. III de cet ouvrage) au 6 des ides d'octobre.

[3] Les Souverains-Pontifes confirmèrent à plusieurs reprises le droit accordé à l'église de Chartres d'excommunier ceux qui lui faisaient tort. Nous citerons entre autres trois bulles d'Alexandre IV, datées d'Anagni et de Saint-Jean-de-Latran les 19 septembre et 18 octobre 1255 et 5 janvier 1256; une bulle du pape Urbain IV, datée de Viterbe, le jour des calendes de juillet, la première année de son pontificat (1er juillet 1262); une de Clément IV, donnée de même à Viterbe, le 3 des calendes de novembre, la seconde année de son pontificat (30 octobre 1266); une de Nicolas III, datée de Sainte-Marie-Majeure, le 14 des calendes d'avril, la seconde année de son pontificat (19 mars 1279); enfin, une de Martin IV, donnée à Viterbe, le jour des nones d'octobre de la troisième année de son pontificat (7 octobre 1283). (*Orig. en parch.*; Arch. d'Eure-et-Loir, C. X, A, 11 bis, 11 ter, 13 et 16. — Bibl. Imp.; *Livre des Priv.*, cart. 28, p. 142 et 143.)

nobis vel a felicis memorie Adriano [1] apostolico impetrate. Datum Anagnie, vi idus novembris [2]. »

(Bibl. Imp.; *Livre des Priv. de l'égl. de Ch.*, cart. 28, p. 29, et 28 bis, f° 12 r°. — *Theodori Penitent.*, II, 561. — Jaffé, *Reg. pont. rom.*, 843, 9566.)

C.

« Lucii pape III, ne raptoribus liceat appellare. »
(1183, 12 décembre.)

« Lucius episcopus, servus servorum Dei, dilectis filiis Gaufrido, decano, et Capitulo Carnotensi, salutem et apostolicam benedictionem. Cum appellationis remedium in oppressorum auxilium, non ad incentivum opprimentium, sit inventum, providere volumus et debemus ne malefactores ad bona ecclesiastica, sub appellationis pretextu, violentas impune manus extendant. Hac itaque ratione inducti, auctoritate apostolica constituimus ut si quisquam res ecclesie vestre rapuerit, et excessus ejus fuerit manifestus, aut coram episcopo vel archidiacono, in cujus archidiaconatu malefactor extiterit, assertionem vestram canonice probaveritis, raptori non liceat, per appellationis diffugium, disciplinam ecclesiasticam declinare [3]. Nulli ergo omnino hominum liceat, etc. . . . . . . Datum Anagnie, ii idus decembris [4]. »

(*Orig. en parch.*; Arch. d'Eure-et-Loir, fonds du Chapitre, C. X, A, 1. — Bibl. Imp.; *Livre des Priv. de l'égl. de Ch.*, cart. 28, p. 27 et 28, f° 11 v°. — *Theodori penitent.*, II, 562. — Jaffé, *Reg. pont. rom.*, 843, 9573.)

CI.

« De vico Vasselorum. »
(1183.)

« Cum eorum memorie que temporaliter geruntur edax et obliviosa temporum antiquitas plurimum soleat novercari, solus tamen repperitur tenor

---

[1] Adrien IV (1154-1159).
[2] Cette lettre appartient, d'après Jaffé, à l'année 1183.
[3] Le pape Urbain III donna une bulle semblable, à Vérone, le jour des ides de juillet (15 juillet) 1186-1187. (*Orig. en parch.*; Arch. d'Eure-et-Loir, C. X, A, 2.)
[4] L'itinéraire donné par Jaffé fixe cette pièce à l'année 1183, troisième du pontificat de Lucius III.

litterarum, qui quod sibi commendatur perpetuat nec patitur antiquari. Hujus siquidem rationis intuitu, ego Richerius, precentor ecclesie Carnotensis, litterarum apicibus annotari decrevi formam compositionis que, inter dominum Juquellum de Corileto et procuratorem atque fratres Elemosinarie domus nostre, in presentia nostra, contracta est. Cum igitur predictus J[uquellus] quandam plateam, jure matrimonii, possideret, furno predictorum fratrum contiguam, pro salute anime sue et interventu precum nostrarum, eam ipsis concessit in perpetuum, ut eorum hospites, in eodem furno manentes, liberum ibidem porcis suis haberent egressum; unde et idem fratres alteram plateam hospitatam illi confinem eidem J[uquello] dimiserunt [1], sibi et heredibus suis perpetuo possidendam, et hujus alternationis gratia III libras carnotenses eidem persolverunt, hoc addito quod sepedicti fratres tali muro qualis est circa domum fratrum de Templo [2], sortem suam ab ejus parte claudere tenerentur, et quotiens ceciderit, infra xv dies post ejus citationem reformare. Insuper et v solidos census, in Transitu sancti Martini, eidem J[uquello] vel heredibus suis reddituri sunt. Ipse vero, posteaquam ab eis accepit, xv denarios census monachis de Bello-Loco annuatim reddere tenetur, in festo sancti Remigii, ejusque successores. Hoc autem voluit et laudavit Johanna, uxor ejus, de cujus jure predicta platea fuisse dinoscitur; et Albertus, ejusdem filius, atque Gaufridus, filius amborum, quod predictum est debiti favoris assensu prosecuti sunt. Habentur etiam testes quorum nomina subter annexa sunt : Willelmus, Renardus, Gauterius, Robertus, clerici nostri; Gaufridus Sejorne; Osbertus, frater ejus; Symon, Richerius, Hubertus, Ivo, Matheus et Supplicius, cambitores; Odo *Espechel*, Rogerus de Vernolio, Odo Harengius,

---

[1] Le four de l'Hôtel-Dieu, ainsi que les deux places dont il est question dans cette charte, situées dans la rue des Vasseleurs, aujourd'hui rue des Lisses, furent converties en maisons canoniales, et devinrent dans la suite la maison du *Pain à chanter*, acquise en 1631 par Etienne Neveu, chanoine, et léguée par lui au Chapitre en 1649, et celle du *Paon*, achetée par le Chapitre en 1704 *(Inv. du Chap.*, C. LXI, F, 10, 14, 16 et 18).

[2] La maison des chevaliers du Temple occupait l'emplacement de l'ancienne église des Garmélites, aujourd'hui la Cour d'assises.

Les archives d'Eure-et-Loir possèdent un sceau fort curieux des chevaliers du Temple, dont la principale commanderie dans le pays chartrain était à Sours. C'est un petit sceau rond en cire brune, portant pour emblême l'image du Temple de Jérusalem, tel qu'il est toujours figuré au Moyen-Age, sur les anciennes cartes et dans les manuscrits des voyageurs. La légende est fruste en partie: [SIGIL]LVM TEMPLI SAL..... (Arch. d'Eure-et-Loir, *fonds de l'abbaye de Saint-Jean.*)

Gauterius de Vilereto, Johannes de Torculari, servientes ejusdem Juquelli. Actum anno Verbi incarnati M°C°LXXX°III°. »

(*Chirographe orig. en parch.;* Arch. d'Eure-et-Loir, fonds du Chap., C. LXI, K, 24.)

CII.

« Quod Cantoris auctoritas propter unam de prebendis suis cessam per eum nepoti suo nullatenus minuatur. »

(1183-1193.)

« G[aufridus], decanus, et universum Carnotensis ecclesie Capitulum omnibus ad quos littere iste pervenerint, in Domino salutem. (*Ils déclarent que la cession faite par le vénérable chantre Richer d'une de ses prébendes[1] à son neveu Gautier, jeune homme élevé dans l'église depuis son enfance et nommé chanoine à la prière du Chapitre par l'évêque Renaud, ne pourra jamais nuire audit chantre, et que ni sa considération, ni la dignité ou l'autorité de sa fonction n'en seront amoindries, soit au chœur, soit dans les séances capitulaires. Cette déclaration est ainsi faite en présence de Guillaume, archevêque de Reims, cardinal du titre de Sainte-Sabine, légat du Saint-Siége.*) Hii sunt testes : G[aufridus], decànus; G[uillelmus], succentor; Robertus, archidiaconus; B[artholomeus], archidiaconus; Gauterius, archidiaconus; Petrus, archidiaconus; Gilo, archidiaconus; Goslenus, archidiaconus; Ugo, prepositus; Hugo, prepositus; Raherius, prepositus; Gauterius, capicerius; Guillelmus, presbyter; magister Auduinus, diaconus; Aucherius, diaconus; Johannes, diaconus; Bernardus, diaconus; Henricus de *Berou,* subdiaconus; Ugo de Moneta; H[ugo] de Galardone; Crispinus Episcopi; Symon Decani; Milo de Belsia; R[adulphus] de Bellovidere; G[auterius] de Boleto; A[dam] de Monte-Mirabili; Milo de *Mestenon;* Adam *Mareschal;* Gauchelinus; H[ugo] Foalia; R[obertus] Decani; G[ervasius] de Cantuaria; J[ohannes] de *Frescot;* G[uillelmus] Foalia, et fere omnes. »

(Bibl. Imp.; *Livre des Priv. de l'égl. de Ch.,* cart. 28 bis, p. 74 r°.)

[1] Cette prébende consistait dans les prêtrières de l'Aubespine et d'Harville. Richer avait fait cette cession à son neveu en 1169, moyennant 60 sous tournois de pension annnelle que Gautier devait payer au Chapitre, à compter du jour du décès dudit Richer, pour servir à l'office des Matines *(Inv. du Chap.;* C. XXIX, B, 1).

CIII.

« De contentione facta inter Capitulum Carnotense et Hospitalares super capellam. »
(1185.)

« Frater Anselmus, Dei gratia, prior Hospitalis in Gallia, omnibus ad quos littere iste pervenerint, in Domino salutem. Notum facimus universis quod cum controversia verteretur inter nos et ecclesiam Carnotensem super capella et cimiterio que nos, auctoritate sedis apostolice, in Carnotensi civitate habere nitebamur, quod eadem ecclesia, eadem fulta auctoritate, contradicebat, amicis intervenientibus, amicabiliter est sopita in hunc modum : quod nos et fratres nostri renunciavimus capelle et oratorio et cimiterio et altari in civitate Carnotensi et ejus suburbiis numquam de cetero postulandis, et quod domus quedam quam edificaveramus Carnoti, in figuram et formam capelle, decapitaretur et reduceretur in formam quadratam, et ad alios usus transferretur. Preterea nos firmiter promisimus, sub obtentu religionis et obedientie qua astricti sumus hospitali Jerosolimitano, quod numquam contra Carnotensem ecclesiam questionem attemptaremus super hoc innovare. Vir vero venerabilis domnus R[aginaldus], Carnotensis electus, de assensu et voluntate Ugonis archidiaconi et totius Capituli, pro bono pacis, concessit nobis ecclesiam de Villa-Conani [1] perpetuo, quiete et libere, possidendam, retenta in omnibus ecclesiastica justicia, ita quod nos in eadem ecclesia per capellanum proprium divina facimus officia celebrari. Nos vero synodalia persolvemus archidiacono et episcopo qui pro tempore erunt, et recipientes crisma et oleum sanctum ab ecclesia Carnotensi, eidem ecclesie et episcopo et archidiacono et eorum officialibus in jure parrochiali in omnibus respondebimus. Quod ut firmum habeatur tam scripto quam sigillo nostro fecimus communiri [2]. »

---

[1] L'église de Villeconin, au doyenné de Rochefort, avait en dernier lieu pour collateur le commandeur de Saint-Jean-de-Latran à Paris, ordre de Malte.

[2] Le même frère Anselme promet, par une autre charte, au Chapitre de Chartres, que, dans l'octave de la Pentecôte, il fournira des lettres de confirmation du Grand-Maître de l'Hôpital et du roi de France, et qu'avant la Chandeleur prochaine il fera approuver cette transaction par le Souverain-Pontife. En effet, les cartulaires 28 et 28 bis, p. 34 et f° 14 r°, contiennent la confirmation de Roger des Moulins, Grand-Maître de l'Hôpital. Les archives

CIV.

« Super terra data ad censum Ansoldo Tarcortes. »
(1186, 19 juin.)

« G[aufridus], Carnotensis ecclesie decanus, et universitas Capituli omnibus ad quos littere iste pervenerint, in Domino salutem. Quum, intereuntibus singulis, humane actiones cito traduntur oblivioni nisi litteris annotate memorie commendentur, litteris nostris annotare curavimus quod Ansoldus Tracorteis [1] venit in capitulum nostrum, postulans a nobis sibi dari ad censum duos agripennos et dimidium terre apud Rachinetum, que de jure ecclesie nostre esse cognoscitur; que terra partim sacionalis erat, partim vineis consita; quam terram Godefridus, noster quondam concanonicus, ex dono Capituli tenuerat. Nos vero, habito consilio, ex communi assensu fratrum, terram illam predicto Ansoldo dedimus ad censum, et jure hereditario possidendam concessimus, eo tenore quod predictus Ansoldus et quicumque post eum terram illam tenuerit, xxx solidos ecclesie nostre, in festo sancti Remigii, annuatim reddere teneatur. Nummi autem hujus censive distribuentur canonicis qui anniversario episcopi Teoderici [2] intererunt. Factum est hoc in capitulo, xiii kalendas julii, anno ab incarnatione Domini M°C°LXXX°VI°. »

(Bibl. Imp.; *Livre des Priv. de l'égl. de Ch.*, cart. 28, p. 109, et 28 bis, f° 47 v°.)

CV.

« Ne domus de claustro laicis locentur. »
(1186-1187, 18 février.)

« Urbanus episcopus, servus servorum Dei, venerabili fratri R[aginaldo] episcopo, et dilectis filiis decano et Capitulo Carnotensi, salutem et aposto-

---

d'Eure-et-Loir (C. XI, 11) renferment deux chirographes originaux de l'évêque Renaud de Mouçon et une bulle du pape Lucius III, datée de Vérone, le 10 des calendes de septembre, tous actes confirmatifs de l'abandon consenti par le prieur des Hospitaliers.

[1] Ansault-le-Torcheux, d'après l'*Inventaire du Chapitre*.

[2] Théoderic, évêque (1029-1052). Cet évêque, dont l'obit figure au *Nécrologe* sous la date du 16 des calendes de mai, avait donné au Chapitre l'église de Luplanté.

licam benedictionem. Audivimus et audientes nequivimus non mirari quod laici quidam, in claustro vestro domos jure hereditario possidentes, tales personas plerumque admittunt per quas clericorum quies inhonesto strepitu sepe turbatur, et devotio populi, ne divinis intendat officiis, prepeditur. Joculatoribus quidem, aleatoribus, cauponibus et mulieribus turpibus prescripte domus de consuetudine prava locantur. Volentes igitur communi ecclesie honestati consulere, auctoritate apostolica prohibemus ne domus canonicales ulterius laicis per quos honestati ecclesiastice derogetur, vel gratis dentur, aut etiam sub quacumque occasione locentur [1]. Constituimus etiam de domibus quas laici in claustro jure hereditario tenent, si eas in personis propriis cum honesta familia, exclusis mulieribus turpibus, inhabitare noluerint, ut nonnisi clericis vel personis regularem vitam professis, gratis vel pro pretio, concedantur, si congruum eis pretium voluerint exhibere. Nulli ergo omnino hominum liceat, etc. . . . . . Datum Verone, xii kalendas martii. »

(*Orig. en parch.;* Arch. d'Eure-et-Loir, fonds du Chap., C. LXI, K, 1. — Bibl. Imp.; *Livre des Priv. de l'égl. de Ch.*, cart. 28, p. 32, et 28 bis, fº 13 vº. — *Theodori penitent.*, II, 435. — D'Achery, *Spicil.*, III, 550. — Jaffé, *Reg. pont. rom.*, 862, 9898.)

CVI.

« De confirmatione antiquarum consuetudinum. »
(1186-1187, 23 juillet.)

« Urbanus episcopus, servus servorum Dei, dilectis filiis decano et Capitulo Carnotensi, salutem et apostolicam benedictionem. Ad universalis ecclesie regimen, licet indigni, providentia superne dispositionis assumpti, pro universarum ecclesiarum statu, pastorali tenemur consideratione satagere, et earum quieti, quantum nobis Dominus dederit, sollicite providere. Eapropter, dilecti in Domino filii, vestris justis postulationibus inclinati, et suscepte ministerio servitutis inducti, libertatem et rationabiles consuetudines quibus ecclesia vestra, a quadraginta retro annis, sine interruptione, usa est, et adhuc sine controversia uti dinoscitur, sicut predecessorum nostrorum sunt vobis scriptis autenticis confirmate, ratas habemus, easque

[1] Cette bulle du pape Urbain III ne suffit pas pour réprimer les désordres qui se commettaient dans le cloître. Nous voyons en effet dans les registres capitulaires du XIVe siècle de nombreuses plaintes contre les locataires des maisons canoniales.

futuris temporibus manere decernimus illibatas. Nulli ergo omnino hominum liceat, etc. . . . . Datum Verone, x kalendas augusti. »

(*Orig. en parch.;* Arch. d'Eure-et-Loir, fonds du Chap., C. X, A, 2. — Bibl. Imp.; *Livre des Priv. de l'égl. de Ch.*, cart. 28, p. 31, et 28 bis, f° 13 r°. — *Theodori penitent.*, II, 434. — Jaffé, *Reg. pont. rom.*, 860, 9869.)

CVII.

« De anniversario Avegoti de Sancto-Prisco. »
(1187.)

« Raginaldus, Dei gracia, Carnotensis episcopus, omnibus ad quos littere iste pervenerint, salutem in Domino. Cum pia fidelium largitione ecclesie Dei aliquid erogatur, perpetuo possidendum debet litteris commendari, ut si posterorum malicia hoc in litem presumpserit revocare, per earum testimonium ipsorum calumpnia retundatur. Hujus igitur rationis intuitu, presenti scripto fecimus annotari quod Avegotus de Sancto-Prisco, miles[1], ut ipse et antecessores sui animabus suis requiem invenirent, donavit ecclesie Carnotensi omnes decimas quas habebat apud Luceium, tam minutas quam magnas[2], perpetuo possidendas, ita quod ecclesia reddet ei vel cui post obitum suum assignaverit, in festo sancti Remigii, apud Carnotum, pro omnibus serviciis, x solidos annuatim. Nos autem, ad cujus feodum decime pertinebant, et Gaufridus de Lucco-Plantato, qui eas a nobis tenebat, et a quo idem Avesgotus ipsas possidebat, hanc donationem decimarum ecclesie Carnotensi factam concessimus et ratam habuimus, ita quod si prefatus Avegotus vel heredes ejus adversum nos vel memoratum Gaufridum aliquid commiserint de feodo nostro, nichil super feodum, preter illos x so-

---

[1] Avesgaud de Saint-Prest, puissant seigneur chartrain, figure, comme partie ou comme témoin, dans plusieurs actes intéressant Saint-Cheron (1190), Saint-Jean (1211) et l'Hôtel-Dieu (1214). Il était probablement fils de Gautier de Saint-Prest, qui comparaît dans une transaction de 1139 entre le Chapitre et Ursion de Meslay (voir ci-dessus, n° LI), et il fut le père d'Avesgaud de Saint-Prest le Jeune dont nous parlerons ci-après.

[2] En 1231, les Abbé et Religieux de Saint-Jean-en-Vallée reconnurent tenir du Chapitre de Chartres toutes les dîmes grosses ou menues, tant en grain qu'en vin, de tout le territoire de Lucé, à la charge d'une redevance annuelle de 32 setiers de blé, de 16 setiers d'avoine et de 50 sous de rente, dont 40 sous pour les heuriers et matiniers de l'église, et 10 sous pour Avesgaud de Saint-Prest le Jeune (*Orig. en parch.*, Arch. d'Eure-et-Loir, C. VI, N, 2).

lidos quos ecclesia solvere tenetur, Avegoto poterimus saisire. Hoc in capitulo Carnotensi, nobis astantibus et laudantibus, concesserunt Hamelina, uxor prefati Avegoti, et Garinus, frater ejus, et Juliana, uxor ejus, et Avegotus, filius Garini. Ceterum post cetera duximus adnotare quod altera pars decimarum predictarum cedet ad sanctissime recordationis Petri, predecessoris nostri, quondam Carnotensis episcopi, altera vero ad Roberti de Blavia, Carnotensis canonici, anniversaria facienda. Quod ut ratum et inconcussum permaneat scripto fecimus adnotari et sigilli nostri [1] testimonio communiri. Actum anno gracie M°C°LXXX°VII°. »

(Bibl. Imp.; *Livre des Priv. de l'égl. de Ch.*, cart. 28, p. 102, et 28 bis, f° 46 v°.)

CVIII.

« Capituli Carnotensis et comitis Roberti, super censu de *Fermecort*. »
(1187-1188, 4 février.)

« G[aufridus], decanus, et universitas Capituli Carnotensis, et Robertus, comes Drocensis, omnibus ad quos littere iste pervenerint, in Domino salutem. Noverint universi, tam presentes quam futuri, quod inter nos et comitem Robertum [2], super mansione de *Firmecort*, cum adjacentibus sibi officinis, de communi assensu limitata, et terra quadam que est inter fossata de *Firmecort* et Mosterellium, que omnia et pater ejus et iste injuste occupaverat [3], amodo a nobis tenebit, cum pratis ejusdem ville ad decaniam pertinentibus, in hunc modum pacis convenimus. Predictus siquidem comes, pro pace et amore ecclesie Carnotensis, et ad recognitionem predictorum que omnia a nobis tenet, nichil amplius de nostris occupaturus, annuatim, in festo sancti Remigii, quinquaginta solidos drocensis monete, in prepositura sua, nobis assignavit aut procuratori nostro libere persolvendos; et tam presens prepositus quam quicumque et quotiens ei in prepositura successe-

---

[1] Le sceau de Renaud de Mouçon a été décrit dans le *Cartulaire des Vaux-de-Cernay*, t. I, p. 184, et gravé dans l'atlas de ce Cartulaire, pl. II, n° 6.

[2] Robert II, comte de Dreux (1184-1218).

[3] En 1185, le comte Robert II avait donné à l'abbaye de Saint-Vincent-aux-Bois, pour y fonder une église, toute la terre située entre les fossés de Fermaincourt et Montreuil. Le doyen de Chartres réclama contre cette donation, et c'est à la suite de cette contestation qu'intervint la transaction que nous publions.

rint fidelitatem nobis faciet de predictis denariis, prefixo termino persolvendis. Quod si prefatus prepositus predictos denarios prefixo termino solvere noluerit vel distulerit, comes vel successor ejus nobis tenebitur ejus supplere defectum. Nos autem, requisiti ab eodem comite, ei concessimus ut in predicta terra quę est inter fossata Firmecurię et Mosterellium capellam edificet : prior autem qui pro tempore eidem capelle prefuerit, de justiciis nostris fideliter observandis nobis fidelitatem faciet. Actum est hoc Carnoti, in capitulo ęcclesię Carnotensis, anno gratie M°C°LXXX°VII°, pridie nonas februarii; astantibus istis : G[aufrido], decano; Richerio, cantore; Willelmo, succentore; G[isleberto], camerario, vices etiam G[isleberti] subdecani supplente ; Raherio, preposito ; magistro Lamberto ; Gaufrido de Hibreio ; Milo de *Garne ;* G[auterio] de Booleto; C[rispino] Drocensi; H[ugone] de *Galardon ;* Petro, capellano predicti comitis; Girardo de *Fornivaut ;* Petro de Maceriis, et aliis multis. Quod ut ratum et firmum inviolabiliter in posterum observetur, presentem paginam sigillorum nostrorum munimine precepimus roborari. »

(*Orig. en parch.;* Arch. d'Eure-et-Loir, fonds du Chap., C. XXXII, A, 1. — Bibl. Imp.; *cart. 28*, p. 114, et *28 bis*, f° 52 v°. — E. Lefèvre, *Annuaire d'Eure-et-Loir* pour 1860, p. 186.)

CIX.

« De emptione feodi de Sancto-Laurentio-de-Nemore. »

(1188.)

« Ego Theobaldus, Blesensis comes, Francie senescallus, notum facio omnibus, tam presentibus quam futuris, quod cum contentio verteretur inter Petrum Biselli et Galterum de *Boe,* capicerium Carnotensem, super venditione cujusdam feodi sui quem fecerat Philippus de *Buri* pro dicto capicerio in villa que dicitur Sanctus-Laurentius-de-Nemore, compositio facta est in hunc modum : quod Petrus Bisselli feodum illum quitavit capicerio predicto, c inde acceptis solidis andegavensibus [1]. Hanc compositionem lauda-

[1] En 1189, le Chapitre acquit sur Yvon et Ameline, sa femme, et leurs enfants, la mairie de Saint-Laurent-des-Bois, moyennant 13 livres en argent et 2 setiers de terre. Cette seigneurie fut aliénée par le Chapitre, en faveur de M. Terrat, par acte du 23 mai 1687. (*Invent. du Chap.;* C. LXVI, EE, 1 et 7.)

vit ef concessit Johanna, uxor predicti Petri, et filii eorumdem : Hugo, Tristannus, Garnerus, Gaufridus, et filie : Aanor, Isaut, Aalis et Gobilla. Hoc autem fuit coram nunciis meis ad hoc missis : Arnulfus *Corbel;* Raginaldus de Pruvino; magister Hildricus; Petrus, capellanus Sodobrii; magister Radulphus de Mauritania; Willelmus, ejusdem clericus; Bartholomeus, nepos capicerii; Raginaldus de Avazaio; Gradulfus Lialdi; Raginaldus Raterii, qui nummos receperunt. Ipse etiam Petrus Biselli affidavit mihi, in manu mea propria, se fideliter compositionem istam servaturum, in ecclesia Beati-Karilelfi, his astantibus : Lamberto Sacco, Gaufrido de Bero, Hugone de Rulliaco, Harduino de Monticiis. Quod ut ratum sit et firmum, litteris meis commendavi. Actum Castriduni, anno incarnati Verbi M°C°LXXX°VIII°. Datum Hugone cancellario. »

(Bibl. Imp.; *Livre des Priv. de l'égl. de Ch.*, cart. 28 bis, f° 70 r°.)

CX.

Carta Rotrodi, comitis Perticensis, de uno cereo ante Sanctam-Capsam ardenti.

(v. 1188.)

« R[otrodus], comes Pertici, omnibus ad quos litterę istę pervenerint, salutem in Domino. Noverit universitas vestra quod nos, intuitu pietatis et misericordię et reverentię quam venerabili matri nostrę Carnotensi ęcclesię tenemur exhibere, contulimus in honorem beatę Virginis et constituimus in eadem ęcclesia unum cereum ante capsam in qua reposita est beatissimę Virginis veneranda Camisia perpetuo ardentem, assignantes ad hoc decem libras carnotensis monetę in prepositura de Nogento, singulis annis, a preposito qui erit pro tempore, Carnoti, matriculariis Carnotensis ęcclesię persolvendas, centum videlicet solidos in festo Dedicationis predictę ęcclesię et centum solidos in dominica illa qua cantatur *Letare Jerusalem*[1]. Ad peticionem igitur nostram, venerabilis pater et dominus Raginaldus, episcopus, et Capitulum Carnotense concesserunt et instituerunt quod si aliquis de heredibus vel successoribus nostris, quod absit, hanc nostram donationem impediret, tam personam ejus excommunicationi quam nostram subicerent

[1] Cette donation de Rotrou II fut confirmée par son fils Geoffroy III, vers 1196 et en 1199 (*Orig. en parch.;* ibid., id.).

interdicto, donec eisdem matriculariis esset integre satisfactum, qui in predicto luminari tenebuntur interim providere. »

(*Vidimus orig. en parch. de 1199;* Arch. d'Eure-et-Loir, fonds du Chap., C. IV, BB, 1.)

CXI.

« Approbatio Theobaldi comitis remissionis viarie a domino de Galardone. »
(1188-1190.)

« Ego Theobaldus, Blesensis comes, Francie senescallus, notum facio universis, tam presentibus quam futuris, Hugonem de Galardone totam viariam quam ipse et antecessores sui in terra Beate-Marie Carnotensis ab antiquo possederant in elemosinam, pro anima sua et animabus antecessorum suorum, ecclesie Carnotensi in perpetuum concessisse, ad censum quindecim librarum annuatim ad terminos definitos persolvendarum, videlicet ad Pasche centum solidos, ad festum sancti Petri-ad-Vincula c solidos, ad festum Omnium-Sanctorum c solidos. Quam elemosinam, quantum attinet ad meum feodum, tam ad instantiam precum domini Galeranni, predicti Hugonis nepotis et successoris, tam quia pia et religiosa esse dinoscitur, gratam et ratam habeo, et ne de cetero aliqua occasione in irritum possit reduci vel temporum diuturnitate a memoria elabi, litteris presentibus commendo et sigilli mei impressione in perpetuum permansuram confirmo [1]. »

(*Orig. en parch.;* Arch. d'Eure-et-Loir, fonds du Chap., C. XXXIII bis, A, 1.)

CXII.

(1188-1202.)

Transaction passée en Chapitre entre Hugues, prévôt et chanoine [2], d'une part, et les maires de Champs et de Mandres, d'autre part, par laquelle ils cèdent et transportent à Hugues et à ses successeurs prévôts la propriété du grand pré situé en-deçà de la rivière d'Eure, sur lequel ils ne se réservent rien que le droit de garde et de forfaiture; et Hugues abandonne auxdits maires la propriété du petit

---

[1] Au mois de mars 1203 (1204, *n. st.*), Hervé, seigneur de Gallardon, donne quittance au Chapitre de Chartres des arrérages de onze années dudit cens *(Orig. en parch.;* C. XXXIII bis, A, 1).

[2] Hugues, prévôt d'Amilly, paraît pour la première fois en 1188.

pré qui est au-delà de la rivière [1], à condition qu'ils le tiendront de lui et de ses successeurs prévôts.

(*Inv. du Chap.*, C. CI, F. 2.)

CXIII.

« De decima de Sernellis quam Gilebertus de Tardeis dedit ad anniversarium suum. »

(1190, 30 avril.)

« Raginaldus, Dei gracia, Carnotensis episcopus, omnibus ad quos littere iste pervenerint, in Domino salutem. Noverint universi quod Gislebertus de Tardeis [2], causa crucis assumpte propter Deum, decimam suam de Andevilla et decimam de Serneliis et decimam de Baroureto et terram suam apud Amilletum sitam et triginta quatuor solidos census quos habebat apud *Mesniz*, de assensu et voluntate matris sue, cognato suo karissimo Gisleberto, Carnotensi camerario, ab instanti festo sancti Johannis in quinque annos, pro octoginta libris andegavinorum, pignori obligavit, excepto dimidio modio annone de predicta terra Amilleti, quem Henrico et ejus uxori dedit et annuatim percipiendum concessit. Sciendum tamen est quod, singulis annis, pretaxati summa debiti, pro fructibus perceptis in censu et in terra Amilleti, de sexaginta solidis diminuetur. Si vero infra terminum prescriptum Gislebertum de Tardeis viam carnis ingredi contigerit, decimam de Serneliis Gisleberto camerario, cognato suo, in elemosynam dedit et perpetuo concessit, et ejus nepotibus, Garino scilicet et Willelmo de Fontanis [3], si idem

---

[1] Ce pré est celui nommé *de la Celle*, qui fut partagé par moitié entre les deux maires. En 1298, Pierre de Chevenge, clerc de Villain de Ressonne, chanoine, acquit de Simon de la Chevardière, maire de Mandres, et d'Agnès, sa femme, la moitié de ce pré qui appartenait à ladite mairie, et, l'année suivante, l'engagea au Chapitre pour l'acquit fait par Pierre de Mincy, chanoine, en 1292 (*Inv. du Chap.*; C. CI, F. 5). La même année, 1299, Villain de Ressonne acquit cette portion de pré de Chevenge, et, par son testament du mois de novembre 1299, la légua au Chapitre pour son anniversaire (*Orig. en parch.*; Arch. d'Eure-et-Loir, C. LXVII, B, 39).

[2] Gislebert de Tardais, qui allait partir pour la Croisade, fit, selon l'usage, plusieurs libéralités aux établissements religieux de son voisinage. Il donna, entre autres, à l'abbaye de Saint-Chéron, quatre muids de terre à Amilly, par acte de la même année, à la charge d'anniversaires. Il était au reste neveu du sous-doyen Gislebert et cousin du chambrier du même nom (Arch. d'Eure-et-Loir, *fonds de Saint-Cheron*.)

[3] Garin *de Fontibus*, sous-diacre, et Guillaume *de Fontibus*, neveux du chambrier Gislebert, figurent comme témoins dans la donation de Gislebert de Tardais à Saint-Chéron, rappelée ci-dessus.

camerarius interim decesserit; hac quidem conditione ut anniversarius dies obitus sui et ipsius Gisleberti, camerarii, post decessum suum, in ecclesia Carnotensi annuatim celebretur. Verum si predictus camerarius infra terminum prestitum humanis exemptus fuerit, quod absit, nepotes ejus, Garinus et Willelmus de Fontanis, decimas predictas et terram Amilleti et censum de *Mesniz* libere possidebunt, donec reliquum debiti eis in integrum persolvatur, hoc annexo quod, pro fructuum perceptione, tam in terra Amilleti quam in censiva de *Mesniz*, summa debiti de sexaginta solidis annuatim relaxetur. Expleto autem quinquennio, si Gislebertum de Tardeis ad propria, auctore Domino, reverti contigerit, decimas predictas et terram et censum poterit redimere et ea libere possidere. Si vero ea vel non poterit redimere, vel noluerit, Gislebertus, camerarius, vel ejus nepotes, si ipse interim de medio tolleretur, decimas et terram et censum pacifice possidebunt, donec residuum debiti in integrum receperint. Ceterum, si idem Gislebertus de Tardeis, completo quinquennio, decimas et terram et censum redimere nequiverit, et viam carnis ingressus fuerit, camerarius, vel ejus nepotes, si ipse decesserit, decimas et alia possidebunt donec a propinquiore generis Gisleberti de Tardeis redimantur, excepta decima de Serneliis, quam idem in elemosinam dedit ut dies anniversarius obitus sui et camerarii Carnotensis, Gisleberti, in ecclesia Carnotensi, annuatim, celebretur. Quod ut ratum et firmum permaneat, tam scripto quam sigillo nostro fecimus communiri, sub testimonio Hugonis, abbatis Sancti-Andree; Crispini Drocensis; Radulfi de Bellovidere; Avesgoti de Sancto-Prisco; Willelmi, militis de Fontanis. Datum anno gracie M°C° nonagesimo, secundo kalendas maii. »

(*Orig. en parch.;* Arch. d'Eure-et-Loir, fonds du Chap., C. LXVII, A, 5. — Bibl. Imp.; *Livre des Priv. de l'égl. de Ch.*, cart. 28 bis, f° 69 r°.)

CXIV.

« Capituli Carnotensis et comitis Perticensis super nemore de *Autun*. »
(1190, 20 juin.)

« Noverint universi ad quos littere iste pervenerint quod nemus de *Autou* commune est et omnis pastura nemoris, pro media portione, Comitis

Perticensis[1] et Capituli ecclesie Carnotensis[2], sed vetitum prefati nemoris et custodia ad Comitem spectant. Preterea canonici ejusdem ecclesie, sine assensu Comitis, in jamdicto nemore ad usum suum nichil capere poterunt, preterquam ad fabricam ecclesie Carnotensis et ad usum duarum granchiarum, videlicet de Grandi-Husso et de Gardeis, ita quod tantumdem de nemore Comes capere poterit. Capitulum vero nec aliquid vendere inde vel donare poterit. Comes vero prefatum nemus ita vendere poterit quod priusquam vendatur, Comes venditionem Capitulo significabit ut illuc quem voluerit mittat qui intersit venditioni, et illi qui plus offeret vel meliorem offeret conditionem predictum nemus concedetur. Et hoc ita si in grossum nemus vendatur; si vero ad forestagium; per servientem Capituli et servientem Comitis vendetur, ab utroque serviente tam a Capitulo quam a Comite juratoria cautione recepta, et Capitulum medietatem precii consequetur. Item, Comes inde poterit dare et capere; et quantum inde dederit vel acceperit, tantum Capitulum dare poterit vel accipere. Quantum autem ad pasturam vetitum nemoris Comes, intuitu elemosine, dimittit, ita quod in jamdicto nemore medietatem proventuum pasture Capitulum percipiet, eo tenore quod in ecclesia Carnotensi singulis annis celebrabuntur duo anniversaria, videlicet M[athildis][3], uxoris sue, scilicet III nonas januarii, et Amice[4], comitisse, matris ejusdem comitis, in octabis Epyphanie. Canonicis autem qui predictis anniversariis[5] interfuerint, predictum pasnagii et pasture emolumentum erogabitur, quod, in festo sancti Remigii, per servientem Capituli et servientem Comitis, colligetur, et ad minam dividetur, et

[1] Voir ci-dessus p. 208, note 1.

[2] La comtesse Mathilde avait donné au Chapitre, à titre de fondation, la moitié du bois d'Authou. Le 30 juin 1534, le Chapitre fit une transaction avec Marie de Luxembourg, par laquelle il abandonna à ladite dame tout ce qu'il possédait dans les bois d'Authou et de Chaillouay, moyennant la cession que lui fit Marie de Luxembourg de cent arpents de bois, ès bois d'Authou, francs et quittes de tous droits d'usage et autres quelconques (*Orig. en parch.;* Arch. d'Eure-et-Loir, C. LXXXVII, V, 4).

[3] Mathilde ou Mahaut, fille de Thibault IV, comte de Chartres-Blois et de Champagne. L'obit de cette princesse se trouve au *Nécrologe* sous la date du jour des calendes de janvier. On faisait probablement son anniversaire le lendemain 4 des nones du même mois.

[4] Cette dame, appelée aussi Harvise ou Havise, était fille d'Edouard de Salisbury et seconde femme de Rotrou II, comte du Perche. Elle épousa en secondes noces Robert, troisième fils de Louis-le-Gros. Son obit est inscrit au *Nécrologe*, sous le nom d'*Amicia*, à la date du jour des ides de janvier, date qui correspond au jour de l'octave de l'Epiphanie, indiqué ici pour son anniversaire.

[5] Ces anniversaires étaient à la charge des prébendiers de Charonville (voir le *Polyptique*).

uterque serviens tam Capitulo quam Comiti fidelitatem prestabit. Reliquam vero medietatem pasture Comes sibi et heredibus suis retinuit. Item institutum est et concessum quod undecumque animalia ad pasturam convenerint, sive de terra Comitis, sive Capituli, sive ejusdem Comitis militum, pastura vendetur, et quod inde perceptum fuerit Capitulo et Comiti communicabitur, ita quod neutra pars alicui in eadem pastura poterit dare immunitatem nisi de communi assensu Capituli et Comitis. Datum anno gracie M°C° nonagesimo, xii kalendas julii. »

(Chirogr. orig. en parch.; Arch. d'Eure-et-Loir, fonds du Chap., C. LXXXVII, V, 1. — Bibl. Imp.; *Liv. des Priv. de l'égl. de Ch.;* cart. 28, p. 96, et 28 bis, f° 44 r°. — O. Des Murs, *Hist. des comtes du Perche,* p. 475.)

CXV.

« Super dono ecclesie Sanctorum Sergii et Bachi. »
(1190, juillet.)

« Raginaldus, Dei gracia, Carnotensis episcopus, omnibus ad quos littere iste pervenerint, salutem in Domino. Cum in voto haberemus et summo desiderio Carnotensi ecclesie, que nos, licet indignos et insufficientes tanto honori, ad sui regimen evocavit, redditus providere, de quibus nostrum posset anniversarium sollempniter celebrari, via Iherosolimitana et temporis angustia nostrum propositum impedivit. Verum quod ad presens possumus, illud tantillulum eidem ecclesie boni concedimus quod habemus in manibus et donamus Capitulo perpetuo possidendum; capellam etenim Sanctorum Sergii et Bachi, in curia domorum episcoporum sitam, in ea libertate et immunitate qua eam possidebamus, concedimus Capitulo Carnotensi, jure plenario possidendam, perpetuo gracias eis uberes exsolventes, quod firmiter promiserunt, se propter hoc patris mei [1] et matris [2] et comitis Henrici [3] et nostrum, cum decesserimus, anniversaria, annis singulis, cele-

[1] Renaud II, comte de Bar, père de l'évêque Renaud de Mouçon, mort en 1170. L'obit de ce seigneur, inscrit au *Nécrologe* à la date du 8 des calendes d'août, rappelle la donation de la chapelle de Saint-Serge et Saint-Bacche.

[2] Agnès, fille de Thibault IV, comte de Chartres-Blois et de Champagne, femme de Renaud II, comte de Bar et mère de l'évêque Renaud de Mouçon.

[3] Henri I, comte de Bar, fils du comte Renaud II et frère de l'évêque Renaud de Mouçon, mort au siège de Saint-Jean-d'Acre en 1191.

braturos. Statuimus autem ut nullus contra hanc concessionis nostre paginam venire audeat; quod si quis presumpserit divini subjaceat ultioni. Quod ut firmum habeatur et ratum, tam scripto quam sigillo nostro fecimus communiri. Data anno gracie M°C°XC°, mense julio. »

(Bibl. Imp.; *Livre des Priv. de l'égl. de Ch.*; cart. 28, p. 52, et 28 bis, p. 24 r°.)

CXVI.

« Quod episcopus dedit decem solidos fraternitati Clericorum de choro. »

(1190, juillet.)

« R[aginaldus], Dei gracia, Carnotensis episcopus, omnibus ad quos littere iste pervenerint, in Domino salutem. Noverit universitas vestra nos fraternitati [1] clericorum Beate-Marie, zelo Dei, et ut bonorum fraternitatis ejusdem participes essemus, decem solidos, in perpetuum, singulis annis, contulisse, et, in festo sancti Remigii, fraternitatis officialibus, in villa que vulgo dicitur *Marchesseth*, tradendos constituisse. Quod ut ratum et firmum permaneat, hoc tam scripto quam sigillo nostro fecimus communiri. Datum anno gracie M°C° nonagesimo, mense julio. »

(Bibl. Imp.; *Liv. des Priv. de l'égl. de Ch.*, cart. 28 bis, f° 76 v°.)

CXVII.

(1191.)

Acte par lequel le Chapitre réduit à 100 sous de rente annuelle et perpétuelle le droit de gîte et procure que le prévôt de Mézangey ou le fermier de sa censive, en son nom, exigeaient des hommes de corps ou censitaires dudit Mézangey.

(*Invent. du Chap.*; C. XIX bis, A, 1.)

[1] Le mot *fraternitas* s'appliquait à tous les corps qui vivaient en communauté; c'est ainsi que dans le principe les chanoines de Chartres s'appelaient *fratres Beatæ Mariæ* (voir ci-dessus n° I.)

CXVIII.

« De viaria Johannis de Friesia. »
(1191.)

« Johannes de Friesia, miles [1], omnibus ad quos littere iste pervenerint, salutem. Noverint universi presentis scripti paginam inspecturi, quod ego, pro salute anime mee et parentum meorum, totam viariam quam in terra ecclesie Beate-Marie Carnotensis habebam [2], eidem ecclesie liberam et quietam concessi in perpetuum et donavi, Garino, fratre meo [3], concedente hoc et volente, et Ivone, domino Curveville [4], de cujus feodo erat, per litteras suas assensum prebente. Quod ut ratum et inconcussum permaneat sigilli mei feci munimine roborari. »

(Bibl. Imp.; *Livre des Priv. de l'égl. de Ch.*; cart. 28, p. 105.)

CXIX.

« Raginaldi, episcopi Carnotensis, de prepositturis concessis Capitulo et precariis factis prepositturis. »
(1193, octobre.)

« Raginaldus, Dei gratia, Carnotensis episcopus, omnibus ad quos littere iste pervenerint, salutem in Domino. Noverit universitas vestra quod

---

[1] Jean de Friaize était un des principaux conseillers de Louis, comte de Chartres. Ce fut lui qui se chargea de préparer à Venise les bâtiments sur lesquels son patron s'embarqua pour la Croisade. Lorsque Louis eut été nommé duc de Nicée, il resta avec ce prince dans la Terre-Sainte : il était à ses côtés à la bataille d'Andrinople en 1205, et il fut tué en cherchant à défendre ou à venger son maître et son ami.

[2] Ce droit de voirie que possédait Jean de Friaize s'étendait sur les terres du Chapitre situées à Amilly, Saint-Aubin-des-Bois, Fontaine-la-Guyon, Champs et Mandres. — Jean de Friaize, au moment de partir pour la croisade, renouvela sa donation en faveur du Chapitre et de l'abbaye de Saint-Père (mai 1202).

[3] Garin de Friaize, frère de Jean, avait épousé Marguerite, fille d'Ursion de Meslay, de la famille des Vidames de Chartres.

[4] Yves III de Vieuxpont, seigneur de Courville, époux d'Isabelle, puis de Marie de Vendôme.

cum carissimus avunculus noster Willelmus [1], tunc Senonensis, nunc Remensis archiepiscopus, tituli sanctę Sabinę cardinalis, apostolicę sedis legatus, curam gereret ęcclesię Carnotensis, contulit Capitulo Carnotensi justiciam quatuor prepositurarum quę in eadem erant ęcclesia, videlicet de Nongento, de Fontaneto, et de Amiliaco et de Belsia [2]; cum vero Dominus nos ad pretaxatę ęcclesię regimen evocasset, super justiciis predictarum prepositurarum Capitulo movimus quęstioném, quę tamen, intervenientibus viris prudentibus et honestis, in presentia etiam venerabilis patris nostri magistri Melioris [3], Sanctorum Johannis et Pauli presbiteri cardinalis, tunc apostolicę sedis legati, sopita est in hunc modum : quod inherentes vestigiis predicti domini Remensis, donationem justiciarum predicto collatam Capitulo approbavimus, in ea integritate qua eam predictus contulerat archiepiscopus ipsam confirmantes; et ut predicta ęcclesia de manu nostra se aliquid gauderet beneficii recepisse, concessimus, ut quatuor prepositurarum redditus, salvo jure nunc eas possidentium, integre commodo canonicorum accrescerent, et tunc, pleno jure, quatuor prepositurarum redditus, cum justiciis, ad Capitulum devolverentur. Capitulum vero, in recompensationem collati sibi beneficii, ne Carnotensis ęcclesia debito dignitatum numero fraudaretur, concessit nobis ut de quatuor precariis quę in eadem habemus ęcclesia, videlicet de Normannia, de Masengeio, de Auversio et de Ungreio, quandocumque et quomodocumque eas vacare contigerit, faciemus preposituras, et easdem, sicut et preposituras, canonicis Carnotensibus libere cum justiciis conferamus, salvis redditibus matutinis et anniversariis deputatis, et nemoribus, salvo etiam jure Gosleni de Horreivilla in precariis quod habebat in preposituris, ita quod, si aliquam prepositurarum vacare contingeret, nichil in ea posset reclamare. Si autem alteram partium precarię de Normannia vacare contingeret, et ea alicui, nomine prepositure, conferretur, reliqua pars, quandocumque ipsa vacaret, ad eandem personam ipso jure devolveretur, salvo jure Symonis de Bero de medietate precarię de Normannia integro et illeso. Ut autem hoc inconcussum omni tempore

---

[1] Le cardinal Guillaume de Champagne était frère d'Agnès, comtesse de Bar, mère de l'évêque Renaud de Mouçon.

[2] Cet acte de Guillaume-aux-Blanches-Mains est de l'année 1174 (*Orig. en parch.*; Arch. d'Eure-et-Loir, C. II, GG, 4).

[3] Le cardinal Melior, légat en France (1183-1200).

perseveret, nec possit aliquatenus immutari, fecimus jurari in animam nostram nos istud in perpetuum fideliter servaturos. Idipsum quoque, prestito juramento corporaliter, firmaverunt decanus, cantor, subdecanus, succentor, archidiaconi, capitherius, camerarius, prepositi, presbiteri, diaconi, subdiaconi. Statutum est etiam ut quicumque substituantur canonici corporale prestent juramentum se hoc fideliter servaturos. Quod ut ratum et firmum observetur in posterum, presens scriptum sigilli nostri precepimus impressione muniri. Actum publice in capitulo Carnotensi, anno gracię M°C° nonagęsimo tercio, mense octobri [1]. »

(*Orig. en parch.;* Arch. d'Eure-et-Loir, fonds du Chap., C. II, GG, 5. — *Gall. christ.*, t. VIII, Instr., col. 347.)

CXX.

Celestini papæ tertii, de contentione inter Capitulum Carnotense et Comitissam super servientibus ejusdem Capituli.

(1194, 6 juin.)

« Celestinus episcopus, servus servorum Dei, venerabili fratri M[ichaeli][1] archiepiscopo, et M[anasse], archidiacono Senonensi, salutem et apostolicam benedictionem. Sicut Henricus, archidiaconus, Raginaldus, de Massengeio prepositus, Symon de *Berou*, Radulfus de Bellovidere, et Germundus de Levesvilla et Capitulum Carnotense, transmissa nobis insinuatione, monstrarunt cum, juxta consuetam Carnotensis ecclesie libertatem, Gilebertum, Laurentium, Willelmum, Robertum, et Andream, laicos Carnotenses, sub cura ejusdem ecclesie pariterque protectione receptos, ad servicium suum domesticum evocassent, comitissa Carnotensis, sine defectu

---

[1] Le *Livre des Priviléges* (Bibl. Imp., cart. 28, p. 135, et 28 bis, f° 62 r°) nous a conservé un double de cet accord fait au nom de Geoffroy, doyen, et du Chapitre de Chartres. Cet acte fut confirmé par le roi Philippe-Auguste, suivant lettres-patentes, datées de Senlis, l'an de l'Incarnation du Verbe 1193 et de son règne le 15e, *astantibus in palatio quorum nomina supposita sunt et signa. Dapifero nullo. Signum Guidonis buticularii; signum Muthei camerarii; signum Drocensis constabularii. Data vacante cancellaria (Gallia christ.; t. VIII, instr., col. 347. — Bibl. Imp.; coll. Gaignières, mss. lat. 5185, I, p. 141. — L. Delisle, Catal. des actes de Phil.-Aug.,* 409, p. 98). Il fut de nouveau confirmé par une bulle du pape Célestin III, datée de Saint-Jean-de-Latran, le 4 des nones de juin (1195) (*Orig. en parch. bullé;* Arch. d'Eure-et-Loir, C. II, GG, 5. — Bibl. Imp., cart. *28*, p. 18, et *28* bis, f° 8 r°).

[2] Michel de Corbeil, archevêque de Sens (avr. 1194-nov. 1199).

justicie, cum fautoribus suis qui sunt de vestra provincia, unum de servientibus supradictis, scilicet Gilebertum, per violentiam cepit, et tam ipsum quam alios, bonis et rebus omnibus, sine juris ordine spoliavit. Cum autem post, multa gravamina super hoc clericis memoratis illata fuissent, ex utraque parte in arbitros compromissum, nulla tamen ex parte clericorum interposita cautione, idem arbitri, partibus in sua presentia constitutis, plenum dare arbitrium noluerunt, asserentes se non debere super earum consuetudinibus vel libertatibus arbitrari, nec esse ad hoc ex' forma compromissionis astrictos. Istud tamen pro sua voluntate dixerunt ut prefati servientes usque ad instans festum Nativitatis beati Johannis nec amplius, sine ipsorum licentia, in eorumdem clericorum servicio et protectione ecclesie liberius permanerent, integra subtractorum restitutione gaudentes. Quia igitur clerici sepedicti ad consuetudinum ac libertatum ecclesie sue observantias se faterentur juramento teneri et idcirco earum non posse pati tuta consciencia lesionem, petierunt sibi in casu isto per commissionis nostre litteras provideri. Ideoque discretioni vestre per apostolica scripta mandamus quatinus arbitros memoratos monere attencius et inducere studeatis ut inter partes premissas perfecte concordie viam studeant invenire. Quod et si arbitri memorati facere forte noluerint vel eas super questione jamdicta secundum quod rationi consentaneum fuerit expedire, vos auctoritate nostra partes ad vestram presentiam convocetis, et, que fuerint hic inde proposita diligenter auditis et cognitis, causam super hiis, appellatione remota, mediante justicia, terminetis, non permissuri clericos memoratos, dum coram arbitris vel sub examine vestro justicie parere voluerint, premissorum servientium privari possessione indebite, vel contra libertates seu consuetudines approbatas ecclesie sue aliquid temere attemptari, nullis litteris veritati et justicie prejudicantibus, si que apparuerint a sede apostolica impetrate. Datum Rome, apud Sanctum-Petrum, viii idus junii, pontificatus nostri anno quarto. »

(Bibl. Imp.; *Livre des Privil.*, cart. 28, p. 105. — *Theodori Peniten.*, II, 567. — Jaffé, *Reg. Pont. rom.*, 897, 10473.)

CXXI.

« Attestationes Comitisse Blesensis et Capituli Carnotensis super consuetudinibus ecclesie Carnotensis, de quibus erat contentio. »

(De juillet 1194 à mars 1195.)

« Michael, Dei gracia, Senonensis archiepiscopus, et Manasses, ejusdem ecclesie archidiaconus, omnibus presens scriptum inspecturis, salutem in Domino. Noverint universi quod nos a domino Celestino papa tercio judices delegati in causa que vertebatur inter Capitulum Carnotense et Adeliciam, comitissam Blesensem, super consuetudinibus et libertatibus ecclesie Carnotensis, in recipiendis servientibus de burgensibus jamdicte comitisse, testes utriusque partis recepimus in hunc modum :

Testes ex parte comitisse contra canonicos Carnotenses :

Domina Regina et dominus Remensis [1] dixerunt quod cum de controversia que inter canonicos Carnotenses et comitissam Blesensem vertebatur, super tribus hominibus tantum, quos ipsi canonici ad domesticum evocaverant servicium, fuisset in eos compromissum, non ut de judicio, sed ut de propria voluntate procederent, tandem in hunc modum arbitrium protulerunt, quod illi tres homines, de quibus erat questio, usque ad festum sancti Johannis, in protectione ecclesie Carnotensis libere permanerent et integra ablatorum eis restitutione gauderent ; sed ulterius eos non protegeret ecclesia Carnotensis nisi de licentia arbitrorum, videlicet ipsius A[dele], regine, et Willelmi, domini Remensis, salvis tamen consuetudinibus et libertate ejusdem ecclesie in aliis, et salvo jure utriusque partis. Addiderunt etiam quod de dicto eorum observando fidejussit dominus Rex.

Gaufridus Cointetus [2], miles, juratus, dixit idem, excepto quod de fidejussione domini Regis, sive si compromissioni, quando facta fuit, interfuisset, nichil voluit dicere. Adjecit etiam quod de quinque hominibus tunc erat

---

[1] Adèle ou Alix de Champagne, troisième femme de Louis-le-Jeune, et l'archevêque de Reims, Guillaume-aux-Blanches-Mains étaient enfants du comte Thibault IV et frère et sœur du comte Thibault V.

[2] Geoffroy Cointet, chevalier de la Cour du Comte, figure comme témoin dans des actes de 1189, 1191 et 1194, concernant l'abbaye de Saint-Père et la léproserie du Grand-Beaulieu.

questio, qui tamen infra predictum terminum sancti Johannis, si vellent, libere possent ad comitissam reverti.

Gaufridus de Linis, miles, juratus, dixit idem quod Gaufridus, excepto quod dixit homines illos in protectione domine Regine et domini Remensis, non in protectione ęcclesię Carnotensis permanere.

Petrus, miles, de Villaribeton, juratus, idem dixit quod Gaufridus de Linis.

Achardus, miles, idem dixit, excepto quod nichil voluit dicere in cujus protectione remanerent homines predicti, et de Regis fidejussione dixit se nichil scire.

Gaufridus Graons, juratus, idem dixit quod Gaufridus de Linis.

Renaldus de Orrevilla [1] idem dixit quod Gaufridus Graons.

Renaldus Belinus, miles, juratus, idem dixit.

Johannes Jouez, miles, juratus, idem dixit.

Garinus, granetarius, juratus, idem dixit.

Richardus, pincerna, juratus, idem dixit.

Aubertus, juratus, dixit idem.

De fidejussione quam de dicto arbitrorum observando fecisse dicitur dominus Rex, dixerunt ipsa Regina et dominus Remensis quod tantum recolunt quod dominus Rex dixit eis, antequam arbitrium suscepissent, quod dictum eorum faceret firmiter observari; sed quod Capitulum Carnotense eum fidejussorem constituerit non recolunt.

Sciatur insuper quod testes comitisse Blesensis, requisiti ut de tota causa se veritatem aperire jurarent, videlicet tam de consuetudine et libertate ecclesie Carnotensis quam de arbitrio, non, nisi de arbitrio tantum, jurare voluerunt.

Attestationes pro ęcclesia Carnotensi contra comitissam Blesensem :

W[illelmus], subdecanus Carnotensis et presbiter, juratus, dixit talem esse libertatem et consuetudinem ecclesie Carnotensis quod clerici ęcclesię Carnotensis canonici, quicumque sint, ad domesticum eorum servicium

---

[1] Ce Renaud d'Ouarville était fils d'un autre Renaud qui, étant parti pour la Terre-Sainte en 1147, rapporta de Constantinople des reliques de saint Philippe qu'il donna au prieuré Saint-Martin d'Ouarville. Renaud-le-Jeune partit lui-même pour la Croisade en 1199, et, avant son départ, donna à l'abbaye de Saint-Jean-en-Vallée une terre à Ossonville. (Arch. d'Eure-et-Loir, *fonds de Saint-Jean*, inv., cotes 8 et 242.)

possunt assumere quoscumque burgenses de villa Carnotensi, nisi servi essent comitis vel comitisse Blesensis, et, quamdiu in eorum permanebunt servicio, liberi erunt et immunes ab omni exactione et tallia comitisse Blesensis sive comitis, nec aliquam possunt negociationem exercere, nisi de annona quam in augusto emerint, vel de vino empto in vindemiis, et de lana et de pannis factis de velleribus ovium suarum, quos sine omni teloneo poterunt vendere sicut et alias res suas. Et adjecit quod, in tempore comitis Teobaldi, vidit Vincentem, burgensem Carnotensem, talliabilem et prepositum comitis, qui, postea factus serviens domini Remensis W[illelmi], cum esset electus Carnotensis, immunis fuit ab omni exactione et tallia, et postmodum vidit eum similiter immunem cum esset in servicio R[aginaldi], Carnotensis episcopi, tunc canonici ejusdem ecclesię. Vidit etiam Herveum lanarium, Girardum de Sub-Ulmo, Herbertum poterium, burgenses talliabiles, qui de burgensia ad servicium Yvonis, Carnotensis decani, transierunt et immunes fuerunt. Vidit etiam Renaudum, cognatum suum, qui cum de burgensia ad servicium Bernardi, cancellarii, transisset, immunis fuit. Vidit quoque Garinum, filium Girodi, qui de burgensia transiit ad servicium Gaufridi de Bello-Videre, canonici, et immunis fuit. Thecelinum quoque vidit, qui cum esset in servicio Petri de Pontesia, cum moraretur in partibus Jerosolimitanis, taillatus fuit idem Thecelinus, et per ecclesię justiciam reddita sunt vadia, probato quod pro sua procuratione pensionem haberet a predicto P[etro]. Vidit etiam Fulcherium, filium Philippi, de burgensia transisse ad servicium Alcheri, canonici, postea talliatus est, et pro eo et Nicolao, serviente Auberti, clerici de choro, ecclesia interdicta, et reddita sunt postmodum eisdem F[ulcherio] et N[icolao] gagia sua, et emendacio inde est facta. Simile vidit de Gaufrido Salvo, serviente. De arbitrio dixit quod revera facta est compromissio in dominam Reginam et W[illelmum], dominum Remensem, super contencione de quinque hominibus, salvis omnino consuetudinibus et libertatibus ecclesie Carnotensis; ita enim retractata est forma compromissionis, a domino Rotrodo [1] ad dominum Remensem loquente, quod canonici Carnotenses ad eos compromittebant, salvis consuetudinibus et libertatibus ecclesię sue, ita quod quinque dicti homines ad honorem ecclesie remanerent, sed de compromissione tenenda

---

[1] Probablement Rotrou de Beaumont-le-Roger, archevêque de Rouen.

nec fides interposita est, nec plegius, nec pena proposita. De loco in quo hoc factum fuit, dixit in aula Regis, Parisius, in angulo versus Cordoenariam[1]. De prolatione arbitrii idem quod Hugo, prepositus.

Raherius, prepositus et subdiaconus, juratus, idem dixit de consuetudine, addens se multos vidisse de burgensia ad canonicorum servicia transisse et immunes fuisse. Dixit etiam quod plures habuit servientes burgenses, qui immunes extiterunt, et cum comes Teobaldus eum super quodam serviente ejus convenisset qui burgensis ejus fuerat, de consuetudine ecclesie immunis remansit et quietus. Adjecit quoque se vidisse idem de Fulcherio, filio Philippi, serviente Alcherii, quod subdecanus. De arbitrio dixit se non interfuisse Parisius quando facta est compromissio. De prolatione arbitrii dicit se immemorem esse.

Hugo, prepositus et subdiaconus, juratus, dixit idem de consuetudine, addens se vidisse Robertum Terree, comitis Theobaldi prepositum, qui, propter gravamina comitis, ad servicium Henrici prepositi se transtulit et immunis fuit, et hoc vidit de multis aliis; et de Gaufrido Salvo, serviente, idem dixit quod subdecanus. De arbitrio dixit quod non interfuit quando facta est compromissio Parisius, sed arbitrio proferendo interfuit, quod in hunc modum prolatum fuisse dixit, quod predicti quinque homines in pace remanerent usque ad festum sancti Johannis et res eorum eis redderentur, et hoc disposito, dixerunt Regina et dominus Remensis quod, cum ventum esset ad predictum terminum, supplerent quod de arbitrio superesset; post terminum vero, Capitulum Carnotense ad dominum Remensem nuncios suos transmisit, qui reportaverunt dominum Remensem eis respondisse quod de arbitrio illo amplius non procederet.

Goslenus, prepositus diaconus, juratus, dixit idem de consuetudine, addens de Gaufrido Salvo, serviente, idem quod subdecanus. Adjecit etiam

---

[1] Ce fait de la cour du roi siégeant *dans un coin*, vers la Cordonnerie, est très-curieux. Il démontre clairement que, même à cette époque, les rois ne tenaient pas toujours leurs cours plénières dans leurs palais. Au mot *aula*, employé généralement à partir du Xe siècle, correspondait plus anciennement le mot *palatium*, synonyme de *placitum*, plaid, cour plénière. Le mot *palatium* s'est conservé long-temps dans les formules de souscription, et c'est à tort qu'on l'a toujours traduit par *palais*. Ces expressions, qui se représentent dans toutes les chartes de nos rois, *astantibus in palatio nostro*, ne veulent rien dire autre chose que *présents à notre plaid*. Le roi Louis IX, quand il rendait la justice sous le chêne de Vincennes, datait ses lettres-patentes, *in palatio*, aussi bien que lorsqu'il faisait des donations dans sa prison des bords du Nil.

quod cum gagia Sevini, servientis sui, pro tallia a preposito Carnotensi capta essent, prepositus requisitus, cognato quod serviens esset dicti Gosleni, ei gagia reddidit omnino. De arbitrio, dixit quod non fuit Parisius quando facta est compromissio in dominam Reginam et dominum Remensem, sed quando prolatum in hunc modum fuit arbitrium interfuit quod servientes illi, usque ad festum sancti Johannis, in servicio canonicorum et protectione ecclesie pacifice remanerent et non ulterius, nisi de licentia arbitrorum, restitutis eis omnino rebus ablatis. Etiam adjecit quod antequam proferrent arbitrium publice proposuerunt quod arbitrium illud non susceperant, nisi salvis consuetudinibus et libertatibus ecclesie Carnotensis et comitisse, de quibus eis non licebat arbitrari. Dixit etiam quod cum ita prolatum fuisset arbitrium dixit dominus Remensis quod cum opus esset de arbitrio, ipse et Regina supplerent quod superesset; cumque, circa festum sancti Johannis, per nuncios canonicorum requisitus esset de supplendo arbitrio, dixit se certum non posse dare propter absentiam Regine, sine qua procedere non poterat, sed infra quindecim dies accederet Carnotum, paci operam daturus, quod non fecit.

Guismondus, archidiaconus, diaconus, juratus, dixit idem de consuetudine, addens se vidisse quemdam sororium suum, Radulfum de Tevas, qui de burgensia transivit ad servicium Ernaudi, quondam archidiaconi, et viginti duobus annis in ejus servicio immunis permansit. De arbitrio, dixit quod interfuit Parisius quando facta fuit compromissio, que siquidem facta fuit, salvis consuetudinibus et libertatibus ecclesie Carnotensis, in aula Regis. De prolatione arbitrii idem dixit, quod Goslenus.

Robertus, succentor et presbiter, juratus, dixit de consuetudine se idem accepisse quod alii dixerunt, et adjecit quod vidit Fulcherium, filium Philippi, transisse ad servicium Alcherii, canonici, et fuisse immunem, et Gilonem qui ad servicium thesaurarii de burgensia transierat similiter immunem extitisse. De compromissione facta, idem dixit quod Guismondus cum ipse interfuerit. Prolationi vero arbitrii non affuit, ut dixit.

Garinus Camerarii, diaconus et canonicus, juratus, dixit idem de Fulcherio, filio Philippi, quod subdecanus, preterquam de emendatione, et addidit quod cum Radulfus de Valeia transisset de burgensia ad servicium Gilleberti, camerarii, postmodum captus est propter talliam et in Turrem positus, et postea, cessante ecclesia Carnotensi pro eo per unum diem, redditus est et quitatus. De arbitrio, dixit se non interfuisse arbitrio proferendo vel quando facta est compromissio.

Galterus, canonicus et subdiaconus, juratus, dixit idem de Fulcherio et Nicholao quod subdecanus, et addidit quod abbas Sancti-Petri, veniens in Capitulum, conquestionem fecit quod prepositus Carnotensis duos de servientibus susceperat, et tandem per justiciam ecclesie liberati sunt. De arbitrio, dixit quod compromissioni non interfuit, sed prolationi arbitrii affuit, de qua dixit idem quod Hugo prepositus.

Silvester, canonicus et subdiaconus, juratus, dixit idem de Fulcherio, filio Philippi, quod Garinus, et idem de Willelmo *Escopart* quod de Fulcherio. De arbitrio, dixit quod compromissioni non interfuit; sed de prolatione arbitrii, idem dixit quod Hugo prepositus.

Radulfus, canonicus et subdiaconus, juratus, dixit quod vidit *Bretel* de Bello-Videre, qui, in servicio cantoris Amaurici, diu liber fuit et immunis, et, eo mortuo, rediit ad burgensiam et talliabilis fuit. Postea vero gravatus rediit ad servicium Gilleberti, subdecani, et factus est liber et immunis, et in eo servicio uxorem duxit talliabilem, que per copulam ejus facta est immunis et libera. Vidit etiam Salvum servientem quod, cum uxorem talliabilem duxisset, in servicio existens decani, super ea comes Teobaldus questionem movit coram judicibus a domino papa delegatis, et remanserunt ipse et uxor sua liberi et immunes, et adhuc remanent. De servientibus abbatis Sancti-Petri, idem dixit quod Galterius; de Fulcherio idem quod alii. De arbitrio, dixit se interfuisse compromissioni facte Parisius in aula Regis, et dominum Remensem suscepisse arbitrium, salvis consuetudinibus ecclesie et servientibus super quibus contendebatur : hoc adjecto quod ipse Radulfus domino Remensi proposuit quod nullomodo vellet arcari ad relinquendum servientem suum, nisi ab eo prius spontanea voluntate relictus, et ipse ita arbitrium suscepit. De prolatione arbitrii et reportatione responsi cum requisitus fuit dominus Remensis de supplendo arbitrio, idem dixit quod Hugo prepositus, addito quod ipse fuit unus de nunciis.

Henricus archidiaconus, juratus, dixit de Salvo serviente idem quod Radulfus subdiaconus; de Fulcherio et Gilone, idem quod succentor. De compromissione facta in dominam Reginam et dominum Remensem cui interfuit, dixit arbitrium susceptum fuisse a domino Remensi, salvo jure, consuetudine et honore ecclesie Carnotensis. De prolatione arbitrii, idem quod Joslenus prepositus. De reportatione responsi, cum missum fuit ad dominum archiepiscopum, idem quod Hugo prepositus, addito quod ipse et idem Hugo[1] missi fuerunt.

Hugo de *Monmirail*, prepositus, diaconus, juratus, dixit de consuetudinibus idem quod alii; de Gilone, idem quod Henricus archidiaconus, et de susceptione et prolatione arbitrii et reportatione responsi domini Remensis, cum ad eum cum ipso Henrico missus fuerit, idem dixit per omnia.

Henricus, archidiaconus Vindociuensis, juratus, dixit de Fulcherio et Gilone idem quod succentor, et de Salvo serviente idem quod Radulfus subdiaconus, excepto de judicibus delegatis. De susceptione et prolatione arbitrii, idem quod Henricus, archidiaconus.

Aalardus, canonicus et diaconus, juratus, dixit de Gilone idem quod succentor. De susceptione arbitrii, dominum Remensem ita illud suscepisse quod servientes illi ecclesie remanerent; salvo etiam honore, jure et libertate ecclesie illud suscepit. De adjectione Radulfi quam fecit de serviente suo, idem dixit. De prolatione arbitrii, dixit quod non interfuit.

Hugo de Folieto, canonicus, subdiaconus, juratus, dixit de servientibus Sancti-Petri idem quod Galterius, addens quod ab ecclesia Carnotensi habent alie ecclesie illam libertatem quod earum servientes sunt immunes et liberi. De forma compromissi, idem dixit quod subdecanus. De prolatione arbitrii, dixit quod vidit et audivit, presens, quod, primo in arbitrio, propositum est ab arbitris quod res servientium redderentur in integrum et de earum emptione fieret emendatio, et postmodum dictum fuit ab arbitris quod servientes in protectione ecclesie remanerent usque ad festum sancti Johannis nec ulterius, nisi de ipsorum arbitrorum licentia; et adjecit, quia contra formam compromissi dictum erat arbitrium, ipsos canonicos statim reclamasse. Dixit etiam nec cautionem nec penam de tenendo arbitrio interpositam fuisse.

Aubertus de Galardone, clericus, juratus, dixit quod vidit Ermenoldum, servientem Amaurici, cantoris, avunculi ipsius Auberti, liberum et immunem, et, post mortem ejusdem cantoris, remansit in servicio ejusdem

---

[1] Il y a ici une confusion certaine entre deux prévôts du même nom d'Hugues. Le premier, à la déposition duquel celle de l'archidiacre Henri était de tout point conforme, est Hugues, prévôt d'Amilly, tandis que le député vers Guillaume-aux-Blanches-Mains était Hugues de Montmirail, qui suit.

Auberti liber et immunis; et idem dixit de Nicolao, hoc addito quod cum idem N[icolaus] postmodum talliatus fuisset, mantellus ejus captus pro tallia, tandem per ecclesie justiciam ei precium mantelli restitutum est.

Hugo *Foalie*, canonicus et diaconus, juratus, dixit idem de Gilone quod succentor. De Fulcherio, filio Philippi, dixit quod, cum esset in servicio Alcheri, canonici, tallia de eo fuit capta et per ecclesie justiciam reddita. Vidit quoque gagia cujusdam famule cujusdam clerici, nec canonici nec de choro, capta et per justiciam ecclesie reddita. De forma compromissi, dixit idem quod subdecanus; de prolatione arbitrii, idem quod Hugo de Folieto; de cautione et pena, idem.

Henricus Capicerii, canonicus, subdiaconus, juratus, dixit idem de Gilone quod succentor; de famula clerici, idem quod Hugo *Foalle*. De Salvo serviente, dixit quod vidit gagia ejus capta pro tallia, quia feminam comitis talliabilem duxerat, et per ecclesie justiciam reddita, quia serviens decani erat. De forma compromissi, idem quod Henricus archidiaconus. De prolatione arbitrii, dixit se non interfuisse.

Arnaldus *Foallie*, canonicus, subdiaconus, juratus, dixit idem de Fulcherio quod Hugo *Foallie*. De compromissione, dixit se non interfuisse. De prolatione arbitrii, idem quod Joslenus, adiciens quod archiepiscopus Remensis dixit arbitrium illud dici, salva consuetudine ecclesie.

Henricus de Corbolio, canonicus et subdiaconus, juratus, dixit idem de Gilone quod succentor; de forma compromissi, idem quod Henricus archidiaconus. De prolatione arbitrii, dixit illud ita dictum fuisse quod servientes de quibus erat contentio pacifice remanerent in servicio clericorum et protectione ecclesie usque ad festum sancti Johannis, nec amplius, nisi per arbitrorum licentiam, et eis integre restituerentur ablata; et adjecit dominus Remensis quod ad presens tantum dicebant ipse et Regina de arbitrio, alias autem pro loco et tempore quid superesset supplerent. Dixit etiam idem Henricus quod, cum postmodum requisitus fuisset dominus Remensis de supplendo arbitrio, dixit quod nichil amplius super hoc diceret.

Renaldus, canonicus, subdiaconus, juratus, dixit idem de Salvo serviente quod Radulfus; de servientibus Sancti-Petri, idem quod Galterius; de forma compromissi, idem quod Aalardus; de prolatione arbitrii, nichil dixit.

Robertus, canonicus et sacerdos Carnotensis ecclesie, juratus, dixit : « Parisius eram cum fratribus nostris canonicis in aula regia, et ibidem audivi Remensem archiepiscopum dicentem quod ipse cum Regina suscepisset pacificare comitissam Carnotensibus clericis, salvis consuetudinibus utriusque partis. Postea convenerunt idem Remensis archiepiscopus et Regina in Capitulo Carnotensi, et ibi, presens, audivi quod ipse archiepiscopus Remensis, annuente Regina, dixit : « Hoc est dictum nostrum. Resti» tuantur ad integrum servientibus clericorum ablata, et sint servientes in » servicio clericorum, si ipsis servientibus placuerit, usque ad instans fes» tum sancti Johannis-Baptiste; extunc non licebit servientibus servire cle» ricis, nisi ad arbitrium nostrum. »

Gilo Saugerius, subdiaconus Carnotensis ecclesie, clericus non canonicus, juratus, dixit : « Fui Parisius in aula regis cum canonicis Carnotensibus, et audivi canonicos Carnotenses et milites comitisse, vice ipsius, compromittere in archiepiscopum Remensem et A[delam], reginam Francorum, super querela que vertebatur inter eos, salvo jure utriusque partis, et archiepiscopum suscipere pacificare utramque partem secundum formam compromissionis, pro se et pro Regina. »

Crispinus, cantor Carnotensis, juratus, dixit idem de compromissione quod Gilo Saugerius, et addidit quod audivit ipsam comitissam compromittere in predictos arbitros secundum formam prenotatam, et Gaufridum *Cointet* fidem prestitisse pro comitissa de compromissionis exequutione. Dicit etiam quod clerici instabant ut servientes, pro quibus presens orta est contentio, quiete remanerent in servicio clericorum, sed, non acquiescente archiepiscopo, respondit archiepiscopus se in dicto suo conservaturum honorem ecclesie Carnotensis. Dixit etiam se interfuisse Capitulo Carnotensi et audisse archiepiscopum, annuente Regina, dicentem : « Hoc est dictum » nostrum. Isti servientes, de quibus presens agitur contentio, quieti et » immunes remaneant in servicio clericorum, si ita servientibus placuerit, » usque ad quintum decimum diem post instantem Nativitatem sancti » Johannis-Baptiste, et eis restituantur ablata, sed post predictum termi» num non licebit eis servire clericis, nec clericis illos tueri, nisi ex ratione » arbitrii nostri. » Adjecit etiam archiepiscopum, in communi audientia, dixisse illos receptos fuisse cupiditatis obtentu et magis ad dedecus quam ad honorem ecclesie. Asseruit etiam archiepiscopum dixisse se paratum jurare quod servientes non debent recipi in servitio clericorum spe precii.

Stephanus, major de Nogento, juratus, dixit : « Vidi et audivi Morellum

Toneler, hominem obnoxium talliis et consuetudinibus comitis Theobaldi, qui, transiens ad servicium Josleni, tunc archidiaconi, postea Carnotensis episcopi, predicte obnoxietati postea non est compulsus subire. Eodem modo transivit Germondus vigerius ad servicium Roberti, decani, postea Carnotensis episcopi. Simili nichilominus libertate Girardus marescallus servivit prefato R[oberto], decano. Similiter Ansoldus de Sub-Ulmo libere servivit jamdicto R[oberto], episcopo; quo defuncto, idem Ansoldus rediit voluntarie ad priorem vivendi statum et se subjecit comitis exactionibus. Nicolaus de Bello-Videre se subjecit servicio Auberti, clerici Carnotensis ecclesie non canonici, cui imposita fuit tallia, quam cum nollet reddere, ejus propria capta fuerunt a ministris comitis, sed postea reddita ad exigentiam ecclesie, nec postea fuit talliatus. Garinus Giroldi, talliabilis comitis, transivit ad servicium Gaufridi, canonici, postea Carnotensis decani : toto tempore servicii quietus fuit ab omni exactione. Similiter Radulfus de Valle, talliabilis comiti, transivit ad servicium Gilleberti, Carnotensis subdecani, et sic fuit ab omni exactione quietus. Girardus de Sub-Ulmo et Herbertus potarius, frater Yvonis, decani, prius talliabiles comiti, postea servierunt eidem decano, sic ab omni exactione quieti. Fulcherius Philippi, talliabilis comitis, transivit ad servicium Alcheri de Posterna, cui in diebus servicii imposita fuit tallia, sed, exigente ecclesia, liber fuit ad eadem tallia. »

Galterius, modo leprosus, juratus, dixit : « Ego transivi in servicium Reimbaudi *Craton*, tunc clerici de choro, postea imposita fuit mihi tallia et mea violenter ablata a Godefrido *Roissole* per potentiam comitis, postea, ad querimoniam et exigentiam ecclesie, restituta mihi fuerunt mea. Ego etiam vendebam annonam meam in domo mea, ad minam domini mei Reimbaudi, sine redditione consuetudinis. »

Germondus de Levesvilla, subdiaconus, Carnotensis canonicus, juratus, dixit : « Vidi Gaufridum Crassum in servicio Gaufridi, prepositi Carnotensis, liberum ab omni exactione, cum audierim perhiberi ipsum fuisse prius talliabilem comitis. Vidi etiam Reimbodum, servientem Huberti Chotardi, camerarii Carnotensis, in simili libertate in diebus servicii sui fuisse. Severicus etiam in eadem exactionum immunitate servivit Josleno, preposito de *Auvers*, cum prius sedisset ad Cambitum et talliabilis esset comitis, ut ab ipso audivi. Silvinus etiam servivit eidem Josleno in jamdicta libertate, de cujus rebus quedam aliquando ablata fuerunt a justiciariis comitis propter talliam, sed, ad instantiam domini sui, restituta ei sua fuerunt. Vidi etiam Gilonem Colli-Rubei [1], modo prepositum comitisse, in servicio Petri, prepositi de Fontaneto, in eadem libertatis tuitione fuisse. »

Quod major Nogenti testificatus est de Girardo de Sub-Ulmo et Herberto potario et Fulcherio Philippi, hoc idem magister Herembertus, diaconus, juratus, testificatus est. Etiam adjecit : « Vidi Ansoldum et Haicium, servientes Milonis archidiaconi, subjacentes prius exactionibus comitis, in diebus prenotati servicii, ab omni priori consuetudine liberos fuisse. » De Nicolao de Bello-Videre idem testificatus est quod major Nogenti. Addidit etiam quod pallium prefati Nicolai ablatum propter talliam a ministris comitis, perditum postea, illi ab eisdem ministris recompensatum fuit ad instantiam ecclesie. Idem de Garino Giroldi testificati sunt Stephanus, major Nogenti, et magister Herembertus. De immunitate Severici per servicium Josleni, prepositi de *Auvers*, idem testificati sunt predictus G[ermondus] clericus et magister Herembertus. De Gilone Colli-Rubei idem testificati sunt predictus G[ermondus] et magister H[erembertus]. Dicit etiam magister Herembertus quod quot quibuscumque servientibus clericorum talliam vidit impositam, eosdem privilegio servicii sui ab ea fuisse liberatos. Idem iterum dicit de Fulcherio Philippi quod major Nogenti.

Robertus, major Sancti-Mauricii, juratus, idem dixit de Maurello tonellario, de Germondo viario, de Garino Giroldi, Ansoldo de Sub-Ulmo, Girardo marescallo, Radulfo de Valle, Girardo de Sub-Ulmo, Herberto potario, Fulcherio Philippi quod major Nogenti. Idemque perhibuit de Gilone Colli-Rubei quod Germondus canonicus et magister Herembertus, et adjecit se vidisse Willelmum aquarium, Garinum portarium, Radulfum de *Tevas*, Herbertum scutarium, prius talliabiles comiti et postea in servicio canonicorum Beate-Marie ab omni tallia fuisse liberos.

Radulfus, carpentarius, juratus, dixit : « Vidi Ebrardum Villanum, talliabilem comiti prius, sed post servicio episcopi ab omni consuetudine liberatum. » Idem etiam testatus est de Fulcherio, filio Philippi, quod predicti testes.

---

[1] Ce Gilon Col-Rouge était certainement un des ancêtres, le père ou le grand-père, de Renaud et de Gilles Col-Rouge, dont les personnes excitèrent, au milieu du siècle suivant, de si longs démêlés entre le Chapitre et le Comte de Chartres. (Voir ci-après, à l'année 1259.)

Milo de *Garni*, canonicus, diaconus, juratus, dixit idem de Fulcherio Philippi quod major Nogenti, et idem de Haicio quod magister Herembertus, et idem de Garino Giroldi quod ceteri suprascripti; et addidit de duobus servientibus Sancti-Petri Carnotensis, Willelmo carpentario et Willelmo Mago, quos justicia comitis incarceravit, sed ad exigentiam ecclesie necessario fuerunt restituti. Et cum prescriptis testibus convenit in testimonio de Gilone Colli-Rubei.

Johannes de *Ismeri*, juratus, dixit : « Vidi Radulfum de Valle, prius talliabilem comiti, et postea in servicio Carnotensis ecclesie talliatum et captum cum suis, sed ad exigentiam ejusdem ecclesie redditum et liberatum. Vidi etiam Aalardum, prius subjacentem manui comitis, sed postea in servicio Hugonis de Moneta, prepositi Novigenti, fuisse liberum, et adhuc est in eadem libertate. » Et addidit idem testimonium de Morello tonellario, de Girardo marescallo, de Saverico filio ejus, Ansoldo de Sub-Ulmo quod prefati major Novigenti et major Sancti-Mauricii, hec etiam addens de Ansoldo de Sub-Ulmo quod sub manu comitis talliatus fuit quadraginta libris; unde transivit ad servicium episcopi Roberti et ibidem libere vixit. Et addidit de Ebrardo lignario idem quod Radulfus, carpentarius.

Teobaldus *Patras*, clericus, diaconus, juratus, dixit idem de Garino Giroldi, Herberto potario, Haicio, Girardo de Sub-Ulmo, de Saverico, qui adhuc est in servicio prepositi de *Auvers*, et de Alardo, modo serviente Hugonis, prepositi Novigenti, quod alii testes supra.

Gaufridus Salvus, serviens, juratus, dixit idem de Germondo viario, et de Girardo marescallo, et de Herberto scutario, Radulfo de Valle, Radulfo de *Tevas* quod de eisdem supradictum est. Etiam addidit de Morello tonellario, preter idem quod supradictum est de eo, quod uxor ejus, pannificans, tracta fuit in causam, violentia Clementis, tunc prepositi Carnotensis[1], sed decretum fuit, in episcopi Josleni curia, astante Clemente preposito, quod de lana ovium suarum pannificare poterat, et, si quid ad perfectionem panni deesset, supplementum poterat comparare sine consuetudine,

---

[1] Clément, prévôt du comte de Chartres, apparaît, dès 1146, comme témoin d'une donation de Thibault IV à la léproserie du Grand-Beaulieu. On le retrouve encore dans des actes de 1158, 1160, 1168 et 1170, relatifs au Grand-Beaulieu et à l'abbaye de Saint-Cheron. (Bibl. de la ville de Chartres, *cart. noir*. — Arch. d'Eure-et-Loir, *fonds de l'abb. de Saint-Cheron*.)

totumque vendere immuniter, sed pannum. integrum de lana emptitia non licebat ei facere vel vendere. Hoc etiam de immunitate pannificandi testatur magister Erembertus. Addidit etiam G[aufridus] predictus quod vidit Fulcaudum fullonem, prius talliabilem comiti, postea in servicio Roberti, tunc decani, ab omni exactione immunem. Vidit etiam Herveum lanarium, Girardum de Sub-Ulmo, Radulfum *Soilie-Rat,* Garinum Giroldi, prius talliabiles comiti, postea per servicium Carnotensis ecclesie immunes. Dicit etiam de se quod sepe imposita fuerit ei tallia, et ad instanciam ecclesie remansit semper immunis.

Nicolaus de Bello-Videre idem testificatus est de Germondo viario, Fulcherio Philippi, Morello tonellario, Fulcaudo fullone, Girardo marescallo, Radulfo de Valle, Radulfo de *Tevas,* Aalardo de Valle, quod supradictum est de eis; idem eciam de Herberto scutario et Saverico quod supra. Addidit etiam se vidisse Gireium *Javele,* Germondum lorismarium, Gaufridum Vindocinensem, Herminoldum, omnes prius talliabiles comiti, postea per servicium clericorum immunes : hoc addito de Herminoldo quod in diebus servicii ecclesie talliatus fuerit et propria ejus violenter ablata, sed ad instanciam Capituli Carnotensis plene liberatus. De se ipso etiam idem testatus est quod major Novigenti.

Loinandus, juratus, idem dixit de Morello tonellario, Radulfo de Valle, Fulcherio Philippi, Garino Giroldi, Gireio *Javele,* quod supra de eis perhibitum est.

Symon Bretellus, juratus, dixit idem de Germondo lorismario, Radulfo de *Tevas,* Girardo de Sub-Ulmo, Radulfo de Valle, Herveo lanario, Garino Giroldi, Fulcherio Philippi, quod supra de eis prenotatum est : hoc addito quod ipse Fulcherius violenter captus fuit in servicio Alcherii de Posterna, et ob hoc, villa Carnotensi interdicta, comes compulsus est eum reddere, et fecit rectum.

Hugo de Atrio, juratus, dixit de Gireio *Javele,* Garino Giroldi, Radulfo de Valle, Radulfo de *Tevas,* Fulcherio Philippi, quod supra de eis sepedictum est. Adjecit eciam servientes clericorum libere posse comparare et vendere quelibet victualia in qualibet quantitate, et, ad propriam minam vel domini sui, annonas suas vendere absque consuetudine.

Aalardus, claustrarius, juratus, dixit de Gireio *Javele,* Fulcaudo fullone, Garino Giroldi, Girardo de Sub-Ulmo, Morello tonellario, Fulcherio Philippi, Herveo lanario, Herberto potario, idem quod supra de ipsis testificatum est. Etiam adjecit de quodam Herberto quod lapides adunaverat ad facienda edificia sua, et capti fuerunt lapides a servientibus comitis ad construendum muros civitatis, et per justiciam ecclesie recompensati fuerunt. Asseruit etiam quod sepe viderit ecclesiam Carnotensem interdictam, preposito comitis mittente manum violentam in servientes clericorum vel in res eorum, et ab exactoribus rectum fieri pro illata violentia in manu Capituli. Tam iste etiam A[alardus] quam multi alii jurati testantur nullum servientem clericorum compulsum umquam fuisse ab eorum servicio ad manum comitis redire, preter eos per quos instans scandalum emersit inter ecclesiam et comitissam. De emendo et vendendo victualia et pannificando a servientibus clericorum, eamdem immunitatem testatur Aalardus que supra notata est.

Robertus, canonicus et sacerdos, juratus, dixit idem de Fulcherio Philippi quod alii supra.

Magister Herveus de Galardone, subdiaconus, Carnotensis ecclesie clericus non canonicus, juratus, dixit : « Habebam servientem Herveum Britonem, habentem uxorem et domum in vico *Muret*, cui a ministris comitis imposita fuit tallia, quam cum reddere recusaret, ministri comitis culcitras ejus absportaverunt; quod serviens nunciavit michi, et ego Carnotensi Capitulo. Quo audito, Gillebertus de *Tardees*, tunc subdecanus, consilio fratrum fretus, misit ad ministros comitis Herveum de *Manviller*, proprium servientem Capituli, sub comminatione interdicti, ut restituerentur ablata servienti; ad cujus revocationis instantiam, facta est restitutio. Sed quia ante ostium sub divo exposite fuerunt res ablate, iterata instantia compulsi sunt ministri comitis domum prenotatam suis spoliis investire. »

Gervasius de *Cluviler*, juratus, dixit de Garino Giroldi idem quod alii, et similiter de Fulcherio Philippi; et addidit de Gaufrido Salvo, serviente decani Carnotensis, quod a ministris comitis imposita fuerit ei tallia, et pro tallia reddenda fracta fuerit ejus archa et nummi ablati, et, cessante ecclesia pro illata violentia, compulsi sunt exactores rectum facere et ablata restituere, mediante pro reddendis suppositione argenti et auri.

Milardus, pelliparius, juratus dixit idem de Garino Giroldi, Morello tonellario, Fulcherio Philippi, Herveo lanario, Girardo marescallo, Radulfo de *Tevas*, Radulfo *Soilie-Rat*, Radulfo de Valle, sicut de eis prenotatum est.

Crispinus, cantor Carnotensis, juratus, dixit idem de Garino Giroldi quod de ipso supradictum est.

Henricus, juratus, dixit idem de Garino Giroldi quod alii. De Hilduino de *Muret*, patre suo, quod fuit talliabilis comitis, postea servicio Henrici, prepositi, liber vixit ab exactione. De Fulcherio Philippi idem quod alii.

Gaufridus de *Poenci*, canonicus Carnotensis, juratus, dixit de Gilone Collo-Rubeo idem quod alii. Dixit etiam de se ipso se habuisse servientem Willelmum Normannum, cui bis imposita fuit tallia in servicio ipsius, qui ab eadem remansit immunis ad instantiam ecclesie. »

(*Orig. en parch.;* Arch. d'Eure-et-Loir, fonds du Chapitre, C. X, L, 7.)

CXXII.

De donatione XII agripennorum terræ apud Unum-Pilum.
(1194-1202.)

« Dominus Blesensis archidiaconus [1] xii agripennos terre, apud Unum-Pilum acquisitos, domino Auberto de Danunvilla, milite, ad cujus feodum terra quondam pertinebat, hoc laudante et approbante, et terram ipsam a feodo et omni obnoxietate quitante, dominio et patrocinio ecclesie Beate-Marie Carnotensis in perpetuum applicuit et ascripsit, censu trium solidorum turonensium eidem ecclesie pro dicta terra annuatim solvendo, ita quod idem archidiaconus cuilibet post se, tam clerico quam laico, conferre poterit et relinquere eandem terram, eodem nomine et sub eodem censu possidendam, et dictum censum ad anniversarium vel alium usum quando voluerit assignabit. Hujus doni signum est, et memoriale cutellus iste a prefato archidiacono super altare beate Marie oblatus [2]. Huic dono et memorate quitationi a predicto Auberto in capitulo facte interfuerunt isti : Willelmus, subdecanus; Philippus, Pissiacensis, Robertus, Drocensis archidiaconi; Hugo, Amiliaci,

[1] Guismond, archidiacre de Blois.
[2] L'original de cette pièce n'existe plus aux archives d'Eure-et-Loir; mais Gaignières nous en a conservé le *fac-simile*, comme d'une autre que nous reproduirons ci-après (voir n° CXL). Le parchemin sur lequel on avait écrit cet acte était en effet attaché à un couteau, au manche duquel il était fixé par un clou et autour duquel il s'enroulait. (Voir *Mém. de la Soc. Arch. d'Eure-et-Loir*, t. III, p. 136.)

Willelmus, Normannie prepositi; Adam de Monte-Mirabili, magister Guido, Aubertus de Galardone, Radulfus de Bello-Videre, Raginaldus Blesensis, canonici, et plures alii. »

(*Cop. sur pap.*; Arch. d'Eure-et-Loir, fonds Roux. — Bibl. Imp.; *coll. Gaignières*, mss. lat., 5185 I, p. 49. — L. Delisle, *Lettre de l'abbé Haimon*, Bibl. de l'éc. des Chartes, V^e série, t. I, p. 119.)

CXXIII.

« Sententia a judicibus delegatis super consuetudinibus ecclesie Carnotensis contra Comitissam. »

(1195, 28 février.)

« Michael, Dei gratia, Senonensis archiepiscopus, et Manasses, ejus ecclesię archidiaconus, omnibus ad quos littere presentes pervenerint, in Domino salutem. Notum fieri volumus quod cum controversia inter dilectos filios Capitulum Carnotense et Adeliciam, nobilem comitissam Blesensem, verteretur super libertatibus, consuetudinibus Carnotensis ecclesię de servientibus recipiendis et tuendis, et super quibusdam eorumdem canonicorum servientibus ad eorum servicium domesticum juxta easdem consuetudines sub ecclesię tuitione receptis, et super compromissione a partibus facta in excellentem dominam nostram Adelam, Francorum Reginam, et venerabilem patrem Willelmum, Remensem archiepiscopum, ad nos emanavit mandatum apostolicum sub hac forma :

(Suit la teneur du bref apostolique, *voir* n° CXX.)

Nos igitur, juxta tenorem rescripti apostolici, partes ad nostram presentiam convocavimus auditisque allegationibus et attestationibus hinc inde productis et diligenter discussis, tandem, prudentum virorum et juris peritorum freti consilio, negocium ipsum ad sententiam diffinitivam in hunc modum produximus. Siquidem compromissum factum in dominam Reginam et dominum Remensem et arbitrium ab eisdem prolatum prorsus irritum duximus et cassum, tum quia in arbitrio nulla fuerat pena constituta, tum quia nobis liquido constitit arbitrium contra formam compromissi fuisse promulgatum. Libertates et consuetudines de legitimorum virorum testimonio comprobatas et infra subnotatas adjudicavimus ecclesię

Carnotensi, decernentes ut canonicis ejusdem ecclesię libere liceat burgenses Carnotenses qui ad eorum domesticum servicium transierunt, preter servos principis Carnotensis, recipere et tueri, eadem libertate et immunitate cum ipsis canonicis gaudentes, una cum rebus et familiis suis, relicta tamen omni negociatione et usura, hoc excepto quod, in tempore messis, annonam, et, tempore vindemiarum, vinum, pro voluntate sua, emere possunt et vendere, sicut et canonici, et de velleribus ovium suarum pannos facere et eos sine consuetudine laicali vendere, ad quorum perfectionem si quid defuerit et aliunde fuerit comparatum eis, sine solutione telonei, id facere licebit. De omnibus nutrituris suis et earum proventibus facere possunt sub eadem libertate. Si quis autem huic nostrę diffinitioni, auctoritate apostolica promulgatę, contraire presumpserit, indignationem omnipotentis Dei et nostram incurrat. Actum Senonis publice, anno ab incarnatione Domini M°C° nonagesimo quarto, pridie kalendas martii [1]. »

(*Orig. en parch.;* Arch. d'Eure-et-Loir, fonds du Chap., C. X, E, 1. — Bibl. Imp.; *cart. 28*, p. 108.)

CXXIV.

« Ne quis contra privilegia ęcclesie prejudicium faciat. »
(1195, 2 juin.)

« Celestinus episcopus, servus servorum Dei, dilectis filiis Decano et Capitulo Carnotensi, salutem et apostolicam benedictionem. Curam debemus sollicitam et studium modis omnibus adhibere ut privilegia et libertates que a nobis et predecessoribus nostris rationabiliter Dei ecclesiis conceduntur, in sua semper consistere valeant firmitate, et ne cujuslibet temeritatis incursu possint infringi auctoritate nobis concessa studiosius imminet precavendum. Quocirca presentium auctoritate districtius inhibemus ne aliquis archiepiscopus, episcopus, vel alia quelibet persona contra privilegia vobis ab apostolica sede indulta presumat aliquid attemptare, per quod vobis vel ecclesię vestre prejudicium in aliquo generetur; quod si forte facere presumpserit, illud decernimus fore vacuum penitus et inane, nisi mandatum super hoc

---

[1] Cette sentence fut confirmée par une bulle du pape Célestin III, datée de Saint-Jean-dé-Latran, le 4 des nones de juin (2 juin 1195). (Bibl. Imp.; *cart. 28*, p. 9, et *28 bis*, f° 4 r°. — *Theodori penitent.*, II, 565. — Jaffé, *Reg. pont. rom.*, 963, 10559).

apostolicum habeatur expressum. Nulli ergo omnino hominum liceat, etc.....
Datum Laterani, III nonas junii, pontificatus nostri anno quinto. »

(Bibl. Imp.; *Livre des Priv. de l'égl. de Ch.*, cart. 28, p. 19, et 28 bis, f° 8 r°. — *Theodori Penitentiale*, II, 507. — Jaffé, *Reg. Pont. rom.*, 901, n° 10537.)

CXXV.

« Quod episcopus tenetur juramento ad consuetudines conservandas. »
(1195, 2 juin.)

« Celestinus episcopus, servus servorum Dei, dilectis filiis Decano et Capitulo Carnotensi, salutem et apostolicam benedictionem. Ex parte vestra nostris est auribus intimatum quod venerabilis frater noster episcopus Carnotensis, de antiqua et approbata consuetudine ecclesie vestre, vobis juramento tenetur astrictus ad antiquas et rationabiles et precipue privilegiatas ejusdem ecclesie consuetudines fideliter observandas. Qui si forte super illarum aliqua dubius extiterit, testimonio et recordationi unanimi tocius vel majoris partis Capituli aut probationi juratorie trium vel quatuor ipsius ecclesie canonicorum tenetur, sine aliqua contradictione, sub eodem juramento parere. Hanc ergo consuetudinem ab episcopis vestris a retroactis temporibus observatam, sicut sine pravitate instituta esse dinoscitur, ratam habemus et auctoritate vobis apostolica confirmamus. Decernimus igitur ut nulli omnino hominum liceat, etc. . . . . . . Datum Laterani, III nonas junii, pontificatus nostri anno quinto. »

(*Orig. en parch. bullé;* Arch. d'Eure-et-Loir, fonds du Chap., C. X, L, 11 ter. — Bibl. Imp.; *Livre des Priv. de l'égl. de Ch.*, cart. 28, p. 20, et 28 bis, f° 8 v°.)

CXXVI.

« Quod servi et ancille Carnotenses communiam vel conspirationem non possint facere. »
(1195, 2 juin.)

« Celestinus episcopus, servus servorum Dei, dilectis filiis Decano et Capitulo Carnotensi, salutem et apostolicam benedictionem. Ad hoc sumus in apostolice sedis specula, disponente Domino, constituti ut ad statum ecclesiarum nostre considerationis aciem extendamus, et ut in statum debitum reduci valeant que in ipsarum dampnum seu prejudicium attemptantur sollicitius nichilominus laboremus. Quocirca vobis presenti pagina duximus indulgendum ut servos et ancillas ecclesie vestre qui, contra ipsius ecclesie dominium, communiam, seu conspirationem, aut rebellionem quamlibet aliam machinantur, vobis liceat auctoritate apostolica, appellatione remota, canonica districtione compellere ad debitum servitium eidem ecclesie Carnotensi plenarie exhibendum in omnibus et honorem, ut; a vinculo quo forte super hoc tenentur astricti, eosdem possitis absolvere, auctoritatem vobis nichilominus concedentes. Volumus preterea et auctoritate presentium vobis tribuimus facultatem ut communiam Stampensem[1] et omnes alios qui servos et ancillas supradictos a dominio ecclesie vestre in detrimentum ipsius recedere violenter compellunt, nisi commoniti resipiscere voluerint, ecclesiastica severitate, appellatione postposita, compescatis. Nulli ergo omnino hominum liceat, etc. . . . . Datum Laterani, III nonas junii, pontificatus nostri anno quinto. »

(*Orig. en parch. bullé;* Arch. d'Eure-et-Loir, fonds du Chap., C. X, L, 11 bis. — Bibl. Imp.; *Liv. des Priv. de l'égl. de Ch.;* cart. 28, p. 17, et 28 bis, f° 7 v°.)

CXXVII.

« Nullus canonicus trahatur ad judicium seculare nisi ratione feodi. »
(1195, 19 juin.)

« Celestinus episcopus, servus servorum Dei, dilectis filiis Decano et Capitulo Carnotensi, salutem et apostolicam benedictionem. Justis petentium desideriis dignum est nos facilem prebere consensum et vota que a rationis tramite non discordant effectu prosequente complere. Eapropter, dilecti in

---

[1] La commune d'Etampes donnait alors beaucoup de soucis aux seigneurs voisins, et le Chapitre de Sainte-Croix d'Orléans venait d'obtenir de Philippe-Auguste, au mois de février 1195, des lettres portant défense formelle à cette commune d'admettre dans son sein des hommes de corps de l'église orléanaise. Mais cette prohibition n'eut pas un plein succès, car le même monarque, à l'incitation des parties intéressées, détruisit la commune d'Etampes par lettres données à Paris en 1199. Toutefois il octroya à la ville des priviléges qui rendirent moins sensible la perte de la liberté municipale (Delisle, *Catal. des Actes de Ph.-Aug.*, n°s 434 et 571. — Fleureau, *Antiquités d'Estampes*, p. 131. — De Montrond, *Essais historiques sur la ville d'Etampes*).

Domino filii, vestris justis postulationibus grato concurrentes assensu, auctoritate vobis presentium indulgemus ut nullus vos vel aliquem vestrum ad judicium pertrahat seculare, nisi ratione feodi, vel alterius secularis cujuslibet possessionis, super aliquo quod ad eam pertineat aliqua causa vertatur, vel aliquis a vobis coram judice seculari conventus in ejusdem presentia exceptiones quas contra vos proposuerit voluerit comprobare. Statuentes ut si aliquis contra hanc apostolice sedis indulgentiam venire presumpserit, licitum vobis sit in ipsum ecclesiastice districtionis sententiam, appellatione postposita, promulgare. Nulli igitur omnino hominum liceat, etc. . . . . . , Datum Laterani, xiii kalendas julii, pontificatus nostri anno quinto. ».

(*Orig. en parch.;* Arch. d'Eure-et-Loir, fonds du Chap., C. X, A, 3 bis. — Bibl. Imp.; *Livre des Priv. de l'égl. de Ch.*, cart. 28, p. 15, et 28 bis, f° 6 v°. — *Theodori Penitent.*, II, 437. — Jaffé, *Reg. Pont. rom.*, 902, 10540.)

CXXVIII.

De servientibus. — De juramento episcopi super consuetudinibus servandis. — Quod nulli liceat ire contra privilegia. — Ne servi ecclesie communiam faciant. — De compositione super precariis. — Quod nullus canonicus respondeat coram seculari judice. »

(1195, 19 juin.)

« Celestinus episcopus, servus servorum Dei, venerabili fratri archiepiscopo et dilecto filio archidiacono Senonensi, salutem et apostolicam benedictionem. Cum dilectis filiis Decano et Capitulo Carnotensis ecclesie, sentencia que super consuetudinibus et libertatibus ipsius ecclesie, de burgensibus Carnoti ad eorumdem canonicorum servicium recipiendis et defendendis, a nobis legitime lata fuerat, et antique et rationabiles consuetudines ejusdem ecclesie, ad quas observandas venerabilis frater noster Carnotensis episcopus juramento tenetur, approbata ipsius juramenti forma, a nobis fuerint plenius confirmate, et eisdem ab apostolica sede benigne fuerit indultum ut nulli liceat contra privilegia ipsius ecclesie, nisi super hoc speciale habuerit apostolice sedis mandatum, aliqua temeritate venire, libera ipsis facultate concessa servos et ancillas suas, qui contra eos, occasione communie vel cujuscumque rebellionis, venire presumpserint, ad servicium proprium revocandi, ac compositione que inter ipsos episcopum et Capitulum ecclesie Carnotensis, super precariis de Normannia, de Masengeio, de Ungreio, et de

Alversio et super.preposituris de Nongento, de Fontaneto, de Amilliaco et de Belsia amicabiliter intervenerat et fuerat redacta in scriptis, auctoritatis apostolice munimine confirmata, et eisdem indulto ne, sub seculari judice, nisi in causa possessionum que seculariter possidentur, vel cum reus exceptiones suas contra eos sub eis coram quibus convenitur legitime voluerit comprobare, ipsi vel eorum aliquis respondere cogatur; ad instantiam dilecti filii nostri R[adulfi], Carnotensis canonici [1], qui in promovendis negociis ecclesie sue oportune et importune non destitit laborare, ne que a nobis ipsis indulta sunt vel nostrarum litterarum munimine roborata, temeritate cujuslibet, in irritum valeant revocari, per vestre discrecionis studium, ipsi ecclesie voluimus paterna sollicitudine precavere; ideoque discretioni vestre, per apostolica scripta, mandamus quatinus, que premissa sunt facientes auctoritate nostra irrevocabiliter observari, contradictores, si qui forsitan apparuerint, nisi ad admonitionem vestram a sua nequitia duxerint desistendum, ecclesiastica districtione, appellatione postposita, feriatis et faciatis, donec resipuerint, ab omnibus arctius evitari, nullis litteris obstantibus harum tenore tacito, si que apparuerint a sede apostolica impetrate. Datum Laterani, xiii kalendas julii, pontificatus nostri anno quinto. »

(*Orig. en parch. bullé;* Arch. d'Eure-et-Loir, fonds du Chap., C. II, GG, 1. — Bibl. Imp.; *Livre des Priv. de l'égl. de Ch.*, cart. 28, p. 14, et 28 bis, f° 6 r°. — *Theodori Penitent.*, II, 564. — Jaffé, *Reg. Pont. rom.*, 902, 10539.)

CXXIX.

« Quod jura archidiaconatuum non minuantur. — Quod ecclesie et earum presentatio ad archidiaconos spectantes, sine assensu Capituli, non possint alienari. »

(1195, 20 juin.)

« Celestinus episcopus, servus servorum Dei, dilectis filiis Decano et Capitulo Carnotensi, salutem et apostolicam benedictionem. Cum a nobis petitur quod justum est et honestum, tam vigor equitatis quam ordo exigit rationis ut id, per sollicitudinem officii nostri, ad debitum perducatur effectum.

---

[1] Peut-être Raoul de Beauvoir, chanoine, dont le nom figure dans le mandement adressé par Célestin III à l'archevêque et à l'archidiacre de Sens, le 6 juin 1194 (voir ci-dessus, p. 227).

Eapropter, dilecti in Domino filii, vestris justis postulationibus apostolicum impendentes assensum, presenti pagina districtius inhibemus ne quis jura archidiaconatuum ecclesie vestre minuere vel perturbare presumat, aut decanatus sive ecclesias ad ipsorum archidiaconorum institutionem vel presentationem spectantes, archidiaconis qui pro tempore fuerint suum non impercientibus assensum, concedere, vel donare, vel alias alienare, vel ecclesias ipsas, vel earum presentationem, cujuscumque persone gracia vel ecclesie, sine assensu Capituli Carnotensis, attemptet. Statuentes ut si, contra hanc nostram inhibitionem, factum fuerit illud, viribus careat et penitus non servetur. Nulli ergo omnino hominum, etc. . . . . Datum Laterani, xii kalendas julii, pontificatus nostri anno quinto. »

(Bibl. Imp.; *Livre des Priv. de l'égl. de Ch.*, cart. 28, p. 16, et 28 bis, f° 7 r°.)

CXXX.

« De capella de Girodeto. »
(1195, août.)

« R[aginaldus], Dei gracia, Carnotensis episcopus, G[aufridus], decanus, et universitas Capituli Carnotensis, et H[enricus], Carnotensis archidiaconus, omnibus ad quos presentes littere pervenerint, in Domino salutem. Notum esse volumus universis, presentem paginam inspecturis, contentionem motam fuisse inter Hugonem de Folieto [1], fratrem et concanonicum nostrum, qui precariam de Girodeto, nomine ecclesie Carnotensis, possidet, et Johannem, presbyterum de Cronis, super medietate oblationum et candelarum, que, in festo sancti Stephani, in augusto, in capella de Girodeto consueverunt

---

[1] Il existait dans le pays chartrain plusieurs familles du nom de *Feuillet* : les unes dominaient à Feuillet, paroisse d'Autheuil, ou à Feuillet, près Moutiers-au-Perche, mais celle à laquelle appartenaient Hugues et Arnaud nous semble avoir tiré son nom du fief de Feuillet, à Chartres, près le clos de la Chancellerie. Cette famille a donné pendant un temps son nom à la rue de For-Boyau (aujourd'hui rues de la Boucherie et du Cygne), où son hôtel était situé. Outre les deux chanoines, Hugues et Arnaud, le *Nécrologe* de Notre-Dame nous fait connaître un autre membre de cette famille, Aimery de Feuillet, aussi chanoine. Enfin, nous voyons dans les titres de l'abbaye de Saint-Cheron qu'en 1226 Albin de Feuillet, chevalier, fit un don à ce monastère. (Voir ci-dessous à l'année 1202.)

offerri [1]. Dicebat enim predictus Hugo tam candelarum quam omnium oblationum, in predicto festo oblatarum, ad jus ecclesie Carnotensis et ipsum, nomine ipsius ecclesie, medietatem pertinere. Presbyter autem instanter asserebat in contrarium, dicens quod Ernaldus de Folieto predictorum reddituum medietatem predecessoribus ipsius presbyteri violenter abstulerat. Post multam igitur verborum altercacionem, de assensu utriusque partis, inter ipsos transactum est in hunc modum : ecclesia Carnotensis, vel aliquis nomine ipsius, in oblationibus vel aliis proventibus predicte capelle de cetero nil juris habebit, sed in integrum universi proventus predicti et oblationes ad presbyterum de Cronis qui pro tempore erit pertinebunt. Presbyter autem sabbato vesperas, die dominica de die missam vel de Spiritu-Sancto, si homines qui aderunt maluerint, die lune missam pro defunctis, in omnibus festis beate et gloriose virginis Marie, excepto festo Assumptionis, et universis festis que vigilias habent et precedentibus jejuniis honorantur, in sepedicta capella, per se, vel per alium, celebrabit, nisi inevitabili necessitate et casu inopinato fuerit impeditus. Si autem, die qua celebrabit dictus presbyter, ut dictum est, apud capellam, aliqua mulierum de Girodeto ad purificationem ad capellam ipsam accedere voluerit, admittetur ; aliis autem diebus eam matricem ecclesiam adire oportebit. Insuper, panes et omnia parrochialia jura ab hominibus de Girodeto, de cetero, absque contradictione aliqua, apud dictam ecclesiam de Cronis persolventur. Ut igitur transactio ista rata et inconcussa observetur in futurum, presens scriptum, de communi assensu nostro, ad petitionem predictorum Hugonis et presbyteri de Cronis, fecimus annotari et sigillorum nostrorum impressione muniri. Actum apud Josaphat, in domo episcopi [2], anno gracie M°C° nonagesimo quinto, mense augusto. »

(Arch. d'Eure-et-Loir; *Cart. Capellarum,* f° 10 r°. — Bibl. Imp.; *cart. 28 bis,* f° 103 v°.)

[1] Une nouvelle sentence entre le Chapitre et le curé d'Ecrosnes intervint en 1215, au sujet des droits que ledit curé prétendait avoir dans les dîmes et novales de Giroudet (*Inv. du Chap.*, C. LXIV, Q, 2). La chapelle Saint-Etienne de Giroudet, paroisse d'Ecrosnes, est encore mentionnée dans le Pouillé de 1738.

[2] La maison des évêques de Chartres à Josaphat avait été léguée à ses successeurs par l'évêque Goslein de Lèves. Depuis la construction du château de Pontgouin par Renaud de Mouçon, les prélats chartrains résidèrent rarement à Josaphat et finirent par abandonner leur maison de plaisance à l'abbaye dudit lieu.

CXXXI.

« De LXe solidis ad anniversarium Maneserii *Malvoisin*, militis. »
(1195, 3 octobre.)

« Noverint universi, presentes pariter et futuri, quod ego, Manasserius Malus-Vicinus [1], pietatis intuitu, pro remedio etiam anime mee et parentum meorum, dedi et perpetuo concessi ecclesie Beate-Marie Carnotensis, ad opus ipsius ecclesie, sexaginta solidos monete parisiensis, percipiendos apud Meduntam, in redditibus meis, singulis annis, mediante aprili. Cum vero opus et edificationem ipsius ecclesie per Dei graciam consummari contigerit, ipsa ecclesia nummos prefatos perpetuo habebit. Capitulum vero Carnotense, pietatis intuitu, in recompensationem etiam hujus elemosine, mihi concessit quod, quam citius me viam universe carnis ingredi contigerit, anniversarium meum in ipsa ecclesia perpetuo celebrabit. Quod ut ratum firmumque permaneat, presens scriptum sigilli mei impressione in testimonium feci roborari. Actum sollenniter Carnoti et datum super altare gloriose Virginis, anno gracie M°C° nonagesimo quinto, v° nonas octobris [2], astantibus ibidem multis, videlicet Raginaldo, venerabili episcopo Carnotensi; Gaufrido, decano; Crispino, cantore; Willemo, subdecano; Gosleno, prepo-

---

[1] Manassès Mauvoisin était oncle et feudataire de Gui Mauvoisin, seigneur dominant à Mantes, avec lequel et un autre de ses neveux, Pierre Mauvoisin, il garantit, au mois de juillet 1200, la promesse faite par Robert d'Ivry au roi Philippe-Auguste de lui livrer les forteresses d'Ivry et d'Avrilly (L. Delisle, *Cat. des actes de Phil.-Aug.*, n° 632). Le Nécrologe de Notre-Dame, qui qualifie Manassès Mauvoisin de *nobilis genere et strenuus armis*, donne son obit sous la date du 12 des calendes de novembre.

La famille Mauvoisin s'étendait sur toute la partie du Vexin français, située aux environs de Mantes. Deux de ses membres, Pierre et Guillaume, figurent comme témoins dans un acte de Geoffroy de Neauphle (a. 1213); un autre, appelé Robert, avait épousé Cécile, sœur de Gui de Chevreuse (1208), et un quatrième était beau-frère de Guillaume Morhier, seigneur de Villiers (1209). (*Cart. des Vaux-de-Cernay*, p. 162, 179, 189, 197, 203.) Vers la fin de 1204 ou le commencement de 1205, Philippe-Auguste confirma le bail que Gui Mauvoisin avait fait des deux tiers de la coutume de Rosny à la communauté des hommes de Mantes. Vers 1201, le même roi donne à Pierre Mauvoisin la ville de Nonancourt, et, au mois de juillet 1213, le village de Saint-André, diocèse d'Evreux. (Voir, pour ces pièces et d'autres relatives à cette famille, L. Delisle, *Cat. des actes de Phil.-Aug.*, n°s 514, 512, 599, 693 A, 869, 897 960 et 1455.)

[2] Le *Livre des Priviléges* date cette pièce du 2 des nones d'octobre.

sito de *Auvers;* Symone et Roberto de *Berou;* Petro de *Richeborch,* nepote meo ; Willelmo de *Provemont;* Nivardo de *Corgent* et aliis multis [1]. »

(*Orig. en parch.*; Arch. d'Eure-et-Loir, fonds du Chap., C. LXVII, A, 4. — Bibl. Imp.; *Liv. des Priv. de l'égl. de Ch.*, cart. 28 bis, f⁰ 89 v⁰.)

CXXXII.

« Super dono Gauterii de Gislenvilla. »
(1195.)

« [Milo] [2], comes de Barro et dominus de Puteaco, omnibus ad quos littere iste pervenerint, salutem in Christo salutis auctore. Notum fieri volumus universis litteras istas inspecturis quod nos dedimus et in servili conditione in eternum habendum concessimus Carnotensi ecclesie Beate-Marie virginis et ejusdem Capitulo unum servorum nostrorum, Galterium de Gillenivilla et heredes ejus, pro pace reformanda inter predictum Capitulum et Hugonem *Harenc,* inter quos processerat disceptatio. Hec autem donatio facta est assensu ipsius Galterii in nullo contradicentis. Quod ut ratum et firmum in posterum permaneat, scripti attestatione presentis et sigilli nostri munimine confirmamus. Actum anno gracie M⁰C⁰XC⁰V⁰. »

(Bibl. Imp.; *Livre des Priv. de l'égl. de Ch.*, cart. 28, p. 87, et 28 bis, f⁰ 39 v⁰.)

CXXXIII.

« Super decima territorii *Lataxe* et super majoria Fontanelle inter Capitulum et heredes Godini. »
(1196, 30 avril.)

« G[aufridus], decanus, et universum Carnotensis ecclesie Capitulum, omnibus ad quos littere iste pervenerint, salutem in nomine Salvatoris.

---

[1] Cette charte emporte avec elle une des preuves écrites les plus convaincantes de l'incendie de la cathédrale en 1194.

[2] Le manuscrit 28 bis donne la lettre *S* pour initiale du nom du comte, au lieu de la lettre *M* (Milo). Cependant il est certain qu'en 1195 le comte de Bar-sur-Seine était Miles III, du Puiset, fils de Hugues, seigneur du Puiset, lequel avait épousé, en 1168, Pétronille de Bar, héritière du comté. D'ailleurs on ne trouve dans la suite des comtes de Bar-sur-Seine aucun comte dont le nom commence par la lettre *S*.
Le manuscrit 28 laisse le nom du comte en blanc.

Noverint universi, presentes pariter et futuri, quod, cum inter nos et heredes Roberti *Godin* controversia aliquanto tempore fuisset agitata, super tractu decime[1] cujusdam territorii quod dicitur Latausa, et, occasione hac, dampna gravia jam hinc inde, atque incommoda, discordiam aspirassent, tandem, auctore pacis et amatore Deo consilia inspirante pacifica, concurrente utriusque partis grato assensu, celebrata est compositio in hunc modum, videlicet : quod, in primis, omnibus hinc inde odiis atque rancoribus de cordibus procul pulsis, dampnisque omnino remissis, prefati R[oberti] heredibus tractum memorate decime concessimus omnino possidendum, una cum jure integro majorie Fontanelle, sicut illam pater et antecessor eorum noscuntur habuisse; farragines enim omnes, et paleas, et id grani quod ad terram, post minam et paleam, in area remanet, decimas quoque lini et cannabi percipient annuatim. Ipsi autem, super hiis omnibus supradictis, unusquisque, suo tempore, prout successive ad hereditatem accedet, fidelitatem nobis jurantes prestabunt in capitulo; illis vero qui predicte terre dominabuntur, vel in ea ex parte nostra amministrabunt, hominium facient, et eisdem, quotiens illuc accedent, in stratis stramineis, in culcitris et lineis, tam ad lectum, quam ad mensam pertinentibus, sufficienter providebunt. Proprium autem servientem, si nobis placuerit, ad granum custodiendum in granica statuemus, nostris sumptibus procurandum. Quod ut memorie teneatur et stabile perseveret, sigilli nostri fecimus impressione muniri. Datum anno gracie M°C°XC°VI°, pridie kalendas maii. »

(Bibl. Imp.; *Livre des Priv. de l'égl. de Ch.*, cart. 28 bis, p. 96 v°.)

CXXXIV.

« Super gisto de Granthusso donato per manum Gaufridi, comitis Perticensis. »
(1196, décembre.)

« Ego Gaufridus[2], comes Perticensis, notum facio universis presentem

---

[1] On entendait par *tractus decime* le prélèvement en nature d'une certaine portion de la dîme, effectué par celui qui était chargé du charriage de cette dîme dans les greniers du décimateur. Ce droit, dont la quotité variait, appartenait presque toujours aux mairies dans les terres du Chapitre.

[2] Geoffroy III, comte du Perche, fils de Rotrou III (1191-1202). Voir son obit dans le *Nécrologe* au jour des nones d'avril.

paginam inspecturis, quod ego gistum quod habebam in villa canonicorum Beate-Marie Carnotensis que dicitur Grandis-Hussus et ei appendentibus, pro amore Dei et remissione peccatorum meorum, quitavi in perpetuum, concedente uxore mea Mathilde [1], et filio meo Gaufrido [2], et fratribus meis Stephano [3], Rotrodo [4], Theobaldo [5], Wuillelmo [6]. Quod ut ratum maneat, litteris commendavi et sigilli mei impressione muniri precepi. Actum anno gracie M°C°XC°VI°, mense decembri. »

(Bibl. Imp.; *Liv. des Priv. de l'égl. de Ch.*, cart. 28, p. 96, et 28 bis, f° 44 r°.)

CXXXV.

« De decima Sancti-Mauricii pertinente ad Décanatum. »
(1196-1197, avril.)

Geoffroy, doyen de Chartres, et Guillaume de Montmirail, chanoine de Saint-Maurice, qui étaient en différend au sujet d'une dîme de quatre champs à Saint-Maurice, acceptent la transaction suivante, de l'avis et par le conseil de Michel, archevêque de Sens, au tribunal duquel l'affaire avait été portée par appel, savoir: le doyen se désiste de ses prétentions, moyennant une rente annuelle et perpétuelle de dix setiers, six de froment et quatre d'avoine, payable par l'église de Saint-Maurice, en nature et de la qualité de la récolte faite dans lesdits champs.

« Actum Carnoti, anno incarnati Verbi M°C° nonagesimo sexto, mense aprili. »

(Bibl. Imp.; *Liv. des Priv. de l'égl. de Ch.*, cart. 28 bis, f° 124 v°.)

[1] Mathilde, fille de Henri-le-Lion, duc de Saxe, remariée à Enguerrand III, sire de Coucy, morte en 1210.

[2] Fils inconnu de Geoffroy III.

[3] Etienne du Perche, créé duc de Philadelphie par l'empereur Baudouin après la prise de Constantinople par les Croisés (avril 1204), et mort à la funeste journée d'Andrinople en 1205, aux côtés du comte Louis de Chartres. Le *Nécrologe* donne son obit sous la date du 15 des calendes de mai.

[4] Rotrou, évêque de Châlons-sur-Marne (1190-1201).

[5] Frère inconnu de Geoffroy III.

[6] Guillaume, évêque de Châlons-sur-Marne (1215-1226). Ce prélat, qui devint comte du Perche en 1217 après la mort de son neveu Thomas et qui fut le dernier mâle de la maison, avait été prévôt et chancelier en l'église de Chartres (voir le *Nécrologe,* à la date du 2 des ides de février).

CXXXVI.

De concordia super hominibus de « Desconfectura. »
(1197, janvier.)

« Ego Nevelo de Mellaio [1] notum facio universis me cum Capitulo Carnotensi, super dampnis et injuriis hominibus de Disconfectura illatis, transegisse in hunc modum. Concessi hominibus de Disconfectura herbagium de *Gratelou* et de Corbigneio im perpetuum habendum, omnibus pecudibus ad eosdem homines pertinentibus, exceptis ovibus depascendis et porcis sine ferro, et filicem cum fascicula sine falce, et baculum pastoris de omni arbore, excepta quercu, et filicem cum herba simul crescente collo et quadriga deportandam, et harciam de omni arbore, excepta quercu, ad filicem simul cum herba crescente ligandam, et canem in vinculo. Si bestie cum custode inveniantur in sua defensione, a pastore quatuor tantum solidos exigetur pro emenda. Si contentio exinde oriatur, secundum usum et consuetudinem patrie terminetur. Si evadit sine custode bestia, nulla inde sequitur emenda. Si ad tallionem vendidero nemus de *Gratelou* vel de Corbigneio, ab illa parte cesa tribus annis et dimidio abstinebunt. Preterea concessi predictis hominibus prata defuncti Reginaldi prepositi et caudam stagni ad communem pasturam, stagnum reparandum sine contradictione, ita quod in eo piscari non potero nisi consensu clericorum vel prepositi. Hoc concedere faciam uxori mee et filiis et filiabus et fratribus meis et forestariis, Odoni de Basochia et Petro Godini et uxori ejus. Et si Petrus *Godin*, antequam concesserit, dampnum predictis hominibus intulerit pro hac causa, illud restituam. De hoc dabo eis litteras episcopi Carnotensis et litteras Regis Francie, vel x libras carnotensis monete. Et si, de voluntate Regis Francie, redirem ad dominium regis Anglie [2], infra xl dies reditus dabo eis litteras ejusdem, vel x libras carnotensis monete. Juravi etiam in

[1] Voir ci-dessus n° LI. Nous donnerons, dans l'*Introduction* de cet ouvrage, un tableau généalogique des Vidames de Chartres, parmi lesquels figurent les membres de la famille de Meslay.

[2] Nous avons déjà dit, d'après Bordas, que les seigneurs de Meslay-Freteval se trouvaient, par le fait des guerres et de leur propre inclination, dans la dépendance féodale du roi d'Angleterre.

capitulo Carnotensi publice, tactis sacrosanctis reliquiis, hec omnia me fideliter observaturum. Quod ut ratum et stabile habeatur in posterum, confirmavi et sigilli mei appositione presentem paginam communivi. Actum anno Domini M°C° nonagesimo VI, mense januario. »

(Bibl. Imp.; *Livre noir*, cart. 43, f° 16 v°.)

CXXXVII.

(1197.)

Approbation par Renaud, évêque de Chartres, comme seigneur féodal, de la vente faite par Hugues des Yys à Eudes de Salary et sa femme, de 66 sous de cens à prendre à Saint-Maurice, Morfontaine, Seresville et Bossonville [1].

(*Inv. du Chap.*, C. LVI, E, 1.)

CXXXVIII.

« De augmento Cantorie. »
(1198, janvier.)

« Raginaldus, divina permissione, Carnotensis ecclesie minister humilis, omnibus Christi fidelibus, tam futuris quam presentibus, ad quos presentes littere pervenerint, salutem in Domino. Ad decorem domus Dei pertinet et honorem ut personatus ecclesiastici, qui majores dignitate sunt et nomine, stipendiis quoque sint et redditibus ampliores, ne quos forinsecus attollit dignitatis et nominis magnitudo intus premat rei familiaris angustia. Eapropter, precibus et mandato sanctissimi patris Celestini, pape, et precibus venerandi domini Michaelis, Senonensis archiepiscopi, libenti obtemperantes animo, personatum Cantorie Carnotensis, dignitate et nomine eminentem, stipendiis vero exilem, redditibus augmentare curavimus, in jus ejusdem personatus et augmentum perpetuum transfundentes pariter et do-

[1] Au mois d'avril 1209, Marie, veuve d'Eudes de Salary, vendit aux moines de l'Aumône de Citeaux tout le cens qu'elle et son mari avaient acquis de Hugues des Yys, vente qui fut confirmée par Renaud, évêque de Chartres, et par Robert de Lanneray, comme seigneurs féodaux. — En 1223, Gautier, évêque de Chartres, confirma la vente faite de ce même cens par l'Aumône de Citeaux au Chapitre de Chartres. (*Inv. du Chap.*, ibid., id.)

nantes redditum quem apud abbatiam Sancti-Johannis-de-Valeia annuatim soliti sumus percipere, qui dicitur prebenda de Curvavilla[1]; ita ut de cetero eumdem redditum libere, quiete et integre percipiat quicumque Precentor Carnotensis extiterit. Redditus autem iste his constat, scilicet : quatuor modiis et sex sextariis annone, ad precium et valorem annone de Loeno, et duobus modiis avene, duobus quoque modiis vini, pisorumque duobus sextariis, pariter et sexaginta solidis, his tribus terminis, scilicet : in festo sancti Martini hyemalis, in capite Jejuniorum, in Pentecostes, persolvendis[2]. Quia vero iste redditus, ad presens, nostra donatione a quodam clerico possidetur, quousque ipsum a dicto clerico, per commutationem beneficii competentis vel alio justo modo, liberari et vacare contingat, sepedicto personatui assignamus et statuimus decem libras, in molendinis nostris annonariis de Pongoino, interim capiendas, in Pascha scilicet centum solidos, et in festo sancti Remigii reliquos centum solidos. Capitulum quoque Carnotense, ad ejusdem personatus augmentationem, quod nos gratum habemus et acceptum, centum solidos confert et assignat, in computatione que dicitur tornus sive computatio de Purificatione beate Marie, singulis annis, capiendos[3]. Actum est hoc publice et sollempniter in capitulo Carnotensi, presente venerando domino Michaele, Senonensi archiepiscopo, anno gracie M°C°XC°VII°, mense januario. Quod ut firma et perhenni stabilitate perseveret, presenti scripto et sigilli nostri fecimus impressione muniri. »

(Bibl. Imp.; *Livre des Priv. de l'égl. de Ch.*, cart. 28, p. 92, et 28 bis, f° 42 r°.)

[1] Le prieuré de Saint-Nicolas de Courville dépendait de l'abbaye de Saint-Jean-en-Vallée depuis la cession que lui en avait faite l'abbaye de Marmoutier (voir p. 131, note 1). Le grand-chantre de l'église de Chartres jouit jusqu'à la Révolution de la prébende perçue sur les fruits de ce prieuré.

[2] Le *Nécrologe* (voir t. III de cet ouvrage), à la date du 3 des ides de février, dit que Renaud de Mouçon fit cette donation à cause de l'amitié qu'il portait au chantre Crépin de Dreux.

[3] Ce Compte de la Purification était appelé aussi la *prêtrière du Petit-Compte*. Cette prêtrière n'était formée que de biens et droits venus au Chapitre par déshérences, aubaines, forfaitures et confiscations, dans l'étendue de toutes ses seigneuries et justices : le produit en servait à acquitter la *lamproie*, sorte de gros accordé à chaque chanoine après deux ans de canonicat. On a beaucoup discuté sur l'étymologie de ce mot de *lamproie* : les uns le font venir de *lenta præda*, parce qu'on n'en jouissait qu'après deux ans de stage; les autres, d'après Rouilliard, disent qu'on avait adopté ce nom « pour ce que cette distribution estoit » prou bastante pour avoir une bonne *lamproie* en Caresme, qui d'ordinaire n'est pas » loing de la Chandeleur. » Il va sans dire que nous préférons la première de ces étymologies.

CXXXIX.

« De compositione inter subdecanum et majorem Sancti-Mauricii super procuratione illius. »
(1198, janvier.)

« Gaufridus, decanus, et universitas Capituli Carnotensis, universis tenorem presentis pagine quacumque noticia percepturis, salutem in eo qui est salvator et salus universorum. Noveritis universi quod cum inter venerabilem fratrem nostrum Willelmum, subdecanum ecclesie nostre, et Rogerum, filium Roberti, majoris de Sancto-Mauricio [1], questio verteretur super procuratione cotidiana quam idem Rogerus, in mensa subdecani Carnotensis, jure sibi hereditario et feodaliter, vendicabat [2], dicto subdecano prorsus in contrarium asserente, tandem inter predictas partes transactum est et compositum hoc modo : memoratus igitur Wuillelmus, subdecanus, jamdicto Rogerio concessit ut, in quolibet festo duplici ecclesie nostre et quatriduanis processionibus Rogationum, dominica etiam in Ramis Palmarum et dominica proxima ante quadragesimale jejunium sacerdotum, Carnoti, si presens uterque fuerit, feodaliter in mensa subdecani vel etiam in domo sua, ipsius subdecani licentia, vel, si rationabili occasione fuerit detentus, per nuntium suum, transmissam procurationem persone sue tamen perciperet competenter. Sepedictus vero Rogerus residui temporis procurationem quam exigebat, supradicti subdecani arbitrio et conscientie reddendam, vel non reddendam, absolute reliquit, ita quod si ab ipso subdecano ad ipsius mensam, preter premissos dies, vocaretur, nullum ipsi subdecano vel successori suo posset per hoc prejudicium generari. Quod ut ratum in posterum perseveret, subdecanus ipse, pro se et pro successoribus suis subdecanis, firma, nobis approbantibus, concessione, sepedictus vero Rogerius, pro se et pro ipsius heredibus, interposita juramenti religione, firmavit. Nos etiam, a premissis

---

[1] Ce Robert, maire de Saint-Maurice, a déjà paru comme témoin dans l'enquête faite par l'archevêque de Sens à la fin de l'année 1194. (Voir ci-dessus, n° CXXI, p. 239.)

[2] C'était au faubourg de Saint-Maurice, et en particulier à Seresville, qu'était située une des principales censives du sous-doyenné. Le maire de Saint-Maurice était tenu de prêter foi et hommage au sous-doyen, comme le témoigne un acte du 2 avril 1422, par lequel Jean de la Censerie fait aveu au sous-doyen pour la mairie de Saint-Maurice et droits en dépendants. (*Invent. du Chap.;* C. XI quater, A, 3.)

partibus requisiti, presentem paginam indę conscribi et sigilli nostri fecimus impressione muniri. Actum publice Carnoti, in capitulo nostro, anno Domini M°C°XC°VII°, mense januario. »

(Bibl. Imp.; *Livre des Priv. de l'égl. de Ch.*, cart. 28, p. 69, et 28 bis, f° 32 v°.)

CXL.

« Super granchia et terra quam major Manumville vendidit Capitulo. »

(1198 [1].)

« Hoc cultello [2] super altare sancti Laurentii [3], in ecclesia Carnotensi, deposito, dereliquit et quitavit Radulfus, major Manunville, ecclesie Carnotensi grangiam Manunville, cum tribus terre agripennis adjacentibus, Alaria uxore ejus, et Hugolina, Alarie filia, presentibus et assentientibus, atque eandem quitationem in perpetuum facientibus, super altare, inquam, sancti Laurentii, quoniam ea die ad altare beate Marie non potuit ad hoc faciendum haberi accessus, propter insertam multitudinem populorum ad altare concurrentium et intuentium miracula que ibidem Deus et virtus meritorum beate Marie operabantur [4]. »

(*Copie sur pap.*; Arch. d'Eure-et-Loir, fonds Roux. — Bibl. Imp.; *coll. Gaignières*, mss. lat., 5185 I, p. 115. — L. Delisle, *Lettre de l'abbé Haimon*, Bibl. de l'Ec. des Chartes, V° série, t. I, p. 113.)

[1] Nous avons tiré la date 1198 des deux notices données par le doyen Geoffroy et l'évêque Renaud. (Voir ci-dessous, note 4.)

[2] Cette charte, d'un style tout particulier, était en effet attachée au moyen d'un clou autour d'un couteau à manche de bois. Nous ne possédons plus l'original de cette donation, mais Gaignières nous en a conservé, non-seulement le texte, mais le *fac-simile*. (Voir *Mém. de la Soc. Arch. d'Eure-et-Loir*, t. III, p. 138.)

[3] La chapelle de Saint-Laurent, une de celles comprises sous le nom générique de *chapelles des dix autels*, était située, suivant Rouilliard, « en la partie sénestre, contre la » muraille de l'église d'entre le revestiaire et la chambre où se rendent les comptes de » l'église. »

[4] Le *Livre des priviléges de l'église de Chartres* nous a conservé la copie de deux notices de cet abandon, faites par le doyen Geoffroy et l'évêque Renaud *(cart. 28*, p. 112 et 115, et *28 bis*, f°s 51 v° et 53 r°); mais ni l'une ni l'autre de ces notices ne fait mention de cette curieuse particularité de l'affluence des pèlerins, qui empêcha Raoul d'aborder l'autel de Notre-Dame. En revanche, elles nous font connaître deux frères d'Hugoline, fils, comme elle, d'Alarie et de son premier mari.

CXLI.

« De decima apud Novigentum, assignata pro anniversario Hugonis de Sancto-Leobino. »
(1198.)

« R[aginaldus], Dei gracia, Carnotensis episcopus, omnibus ad quos littere iste pervenerint, in Domino salutem. Notum fieri volumus universis, tam presentibus quam futuris, quod Carnotense Capitulum a Roberto, milite de Novigento, dimidiam partem decime quam habet apud Novigentum, sub hac pignoris conventione, accepit, quod per tres annos inde fructus annone, avene et leguminum integre percipiet; post tercium annum, infra Pascha, prefato R[oberto] redimere licebit alioquin sequentis anni, et sic deinceps Capitulum fructus decime habebit, donec sepedictus R[obertus] XL libras carnotensis monete reddat et Capitulo satisfaciat [1]. Si vero carnotensis moneta forte deterioretur [2], XXXVIII libras parisienses pro carnotensibus reddentur. Preterea prefatus miles illam partem decime quam possidet ita obligavit quod, si Capitulum, ex defectu ipsius R[oberti], aliquas patiatur expensas, totum super decimam computabitur. Hoc tenendum concesserunt R[obertus] miles, Philippa, uxor ejus, Garinus filius, Gervasius et Herveus, fratres ejus, data fide corporaliter. Nos vero, de cujus feodo predicta decima esse cognoscitur, hoc approbavimus, et, ad peticionem tam Capituli quam predicti R[oberti], litteras istas jussimus fieri et sigilli nostri impressione signari. Actum in Capitulo, anno gracie M°C°LXXXX°VIII°, G[aufrido], decano; H[ugone], succentore; G[uismondo], archidiacono Blesensi; Johanne presbitero; Milone, diacono; G[arino], diacono; S[imone] de Beroto, Rem-

---

[1] En 1289, Pierre Hardy, bourgeois de Chartres, acquit de Jean Namant, écuyer, et de Jean d'Antioche, seigneur de Saint-Georges-sur-Eure, toute la dîme qu'ils possédaient aux territoires de Nogent-sur-Eure, Mont et Formeslé. Guillaume Hardy, fils de Pierre, vendit cette dîme, avec des terres par lui acquises à Saint-Georges, à Blanche de Beaujeu en 1325; celle-ci les donna en dot à Blanche de Chauvigny, sa fille, femme de Gui le Bouteiller, et en 1329 le Chapitre les acquit de ces derniers propriétaires. (*Orig. en parch.;* Arch. d'Eure-et-Loir, C. XCIX, H, 2, et C. LIII, A, 4 et 5.)

[2] Ce passage semble indiquer que l'altération des monnaies chartraines a commencé avant l'administration de Charles de Valois. La livre de chartrains était de 20 sous, comme la livre tournois, tandis que la livre parisis valait 25 sous et passait pour être de meilleur aloi que la monnaie baronale.

bardo, G[ermondo] de Levesvilla, G[uillelmo] Precentoris, G[alterio] Regine, H[enrico] Capicerii¹, et multis aliis astantibus laicis, etiam Supplicio placitatore², Ivone de Capitulo, et Ivone placitatore, et Drocone, presentibus. »

(*Orig. en parch.*; Arch. d'Eure-et-Loir, fonds du Chap., C. XCIX, H, 1. — Bibl. Imp.; *Livre des Priv. de l'égl. de Ch.*, cart. 28 bis, p. 87 r°.)

CXLII.

« De impeticione et renuntiatione episcopi super Michaele, majore de *Rebolin*. »
(1199, novembre.)

« Raginaldus, Dei gratia, Carnotensis episcopus, omnibus ad quos littere iste pervenerint, salutem in Domino. Noverint universi, presentis scripti paginam inspecturi, quod cum Michaelem³, et Santiam uxorem ejus, et Ivam, matrem predicti Michaelis, et Odelinam et Hodoardem, sorores ejus, et heredes suos impeteremus super conditione servili qua nobis eos de jure episcopali dicebamus astringi, ipsi autem econtra dicerent se non nobis serviliter subjacere, immo tantum Capitulo Carnotensi, tandem cum in eodem capitulo, die propter hoc assignata, essemus ut eorum nostrum esse corporale hominium probaremus, istud probare non potuimus. Insuper etiam ex superhabundanti ut tota tolleretur suspicio, predictus Michael manu decima⁴ nobis juravit nec suam nec dictarum mulierum nec heredum suorum servitutem ad Carnotensem episcopum pertinere. Quo facto, de jure a predicta impeticione cessantes, cognoscimus et fatemur et manifestum tam presentibus

---

¹ La plupart des témoins cités dans cette charte ont déjà figuré, soit dans le mandement du pape Célestin III, en 1194, soit dans l'enquête faite par l'archevêque de Sens (voir ci-dessus, nos CXX et CXXI).

² *Placitator*, que du Cange traduit par *avocat, procureur*, nous paraît plutôt signifier ici *sergent, huissier*, chargé de maintenir l'ordre dans les cours civiles et ecclésiastiques.

³ Ce Michel était, comme l'indique le titre inscrit au dos de cette pièce, maire de Reboulin, une des prébendes les plus importantes du Chapitre de Chartres. Dans le principe, tous les maires du Chapitre étaient de condition servile; leur affranchissement commença à devenir général dans la seconde moitié du XIIIᵉ siècle (voir ci-dessous, à l'année 1253). Peu-à-peu ils accrurent leur puissance, et la plupart d'entre eux devinrent la souche des plus riches familles bourgeoises, et même de seconde noblesse, du pays chartrain.

⁴ Voir p. 194, note 1. Ce cas de purge *cum manu decima* est à ajouter à celui cité par du Cange.

quam futuris atque certum relinquimus prefatum Michaelem atque mulieres memoratas et heredes suos continue usque ad hoc tempus extitisse et de cetero in perpetuum remanere a nostro et successorum nostrorum jugo servili prorsus immunes. Quod ut ratum habeatur, sigilli nostri impressione fecimus roborari. Actum anno incarnationis Dominice M°C°XC° nono, mense novembri. »

(*Orig. en parch.*; Arch. d'Eure-et-Loir, fonds du Chap., C. CVI, A, 1.)

FIN DU PREMIER VOLUME,

INTRODUCTION

INTRODUCTION

TITRE PREMIER

GÉNÉRALITÉS SUR L'HISTOIRE DE L'ÉGLISE DE CHARTRES.

§ Iᵉʳ. — ORIGINES DE L'ÉGLISE DE CHARTRES [1].

Li clerc nostre Dame de Chartres, disait-on proverbialement au Moyen-Age [2]. C'est qu'en effet le Chapitre de Notre-Dame, avec ses 17 dignités et ses 72 canonicats, avait peu de rivaux en France. Riche en biens temporels et en priviléges spirituels, ce clergé, pépinière d'illustres prélats, était digne du diocèse qu'on appelait en cour de Rome le *grand évêché.*

Chaque église a son âge légendaire. Celui de Notre-Dame de Chartres se révèle par les traditions rapportées dans la *Vieille Chronique* [3]. Si l'on en croit ce document, écrit à la fin du XIVᵉ siècle, l'église de Chartres fut fondée par les Druides avant la naissance de Marie et de Jésus, en l'honneur d'une vierge qui devait enfanter. Le chef de la nation [4], s'associant à la mystérieuse inspiration de ses prêtres, plaça dans un sanctuaire

---

[1] A la suite de ces *Prolégomènes* paraîtra une autre dissertation sur les *Origines de l'église de Chartres.* Nous avons cru devoir imprimer en tête de notre Cartulaire cette seconde dissertation afin de faire connaître en toute sincérité les opinions diverses auxquelles a donné lieu la question si difficile des origines de notre église.

[2] Recueil de *l'Apostoile.* (Paris, Crapelet, 1831.)

[3] Voir vol. Iᵉʳ, p. 1 à 67.

[4] Il s'appelait, dit-on, Priscus.

secret, à côté des idoles, la statue d'une jeune fille portant un enfant sur ses genoux, et légua par avance sa terre et sa ville à cette vierge et à son fils. Vers l'an 33 ou 34 de l'Incarnation, à l'époque où saint Altin et saint Eodald furent envoyés à Chartres par saint Savinien et saint Potentien, disciples de saint Pierre et apôtres de Sens, ils trouvèrent à leur grande surprise la population toute chrétienne ; ils se hâtèrent alors de dédier au vrai Dieu le temple construit par les Druides et consacrèrent un évêque nommé Aventin. Mais Quirinus, gouverneur romain, excité par les prêtres des idoles, fit un grand massacre des disciples de la foi nouvelle, dont les cadavres furent jetés dans un puits. Sa propre fille, nommée Modeste, périt dans ce carnage, auquel Altin et Eodald parvinrent à échapper. Aventin gouverna trente ans la chrétienté chartraine, et en lui commence la chaîne non interrompue de nos évêques.

Nous nous abstiendrons de parler du culte de la sainte Vierge par les Druides ; mais notre rôle d'historiens nous conduit à discuter la date que la Chronique de Notre-Dame assigne à la prédication du christianisme par saint Altin et saint Eodald, ainsi que la liste qu'elle donne des successeurs d'Aventin.

La *Vieille Chronique* est datée de 1389 dans le sous-titre de la première partie. Il y est question du *Speculum historiale* de Vincent de Beauvais, composé en 1244[1], de la *Légende dorée* de Jacques de Voragine, écrite vers 1250[2], des lettres du roi Jean, datées de 1356[3]. Ces mentions sont, en quelque sorte, autant de synchronismes qui corroborent la date principale. On ne peut pas dire que cette chronique soit la copie émendée d'une pièce plus ancienne ; la rédaction, dans chacune de ses trois parties, accuse un seul jet et une même époque. Qu'elle se soit inspirée de traditions locales antérieures au XIVe siècle, cela est très-probable, pour ne pas dire certain ; mais parmi ces autres leçons d'une date moins éloignée des événements, nous n'en possédons plus qu'un petit nombre, et elles-mêmes assez récentes. A coup sûr, ce n'est pas trop exiger que de demander compte à un document relativement si moderne des sources où il a puisé en dehors de la tradition.

[1] Voir vol. Ier, p. 16.
[2] Ib., p. 39.
[3] Ib., p. 56.

INTRODUCTION.

On ne connaît pas d'actes particuliers de saint Altin et de saint Eodald, premiers missionnaires du pays chartrain. Les anciens martyrologes, depuis le Jérôme jusqu'à Usuard, ceux même qui parlent de saint Savinien et de saint Potentien, ne prononcent pas leurs noms. Il faut descendre au XII° siècle pour rencontrer un livre qui s'occupe d'eux : ce livre est un légendaire de l'année 1150 environ, conservé en manuscrit à la Bibliothèque de Chartres (n° 190). Plus tard, vers 1250, nous trouvons un bréviaire manuscrit de l'église de Chartres [1], qui reproduit textuellement, en les abrégeant toutefois, les leçons du légendaire du XII° siècle; puis la Chronique d'Auxerre [2], œuvre d'un moine prémontré du couvent de Saint-Marien, qui n'a pas une grande autorité près des savants.

Dans quel siècle saint Savinien et saint Potentien ont-ils accompli leur mission apostolique ? c'est la question capitale, puisque saint Altin était leur compagnon.

Il n'y a pas, que nous sachions, d'actes manuscrits d'une antiquité bien reconnue qui traitent de leur histoire, et, à part les mentions écourtées des martyrologes, que nous allons passer en revue, il n'est question d'eux pour la première fois, avec quelques développements, que dans le Légendaire de 1150 dont nous venons de parler [3]. Bède le Vénérable (c. 720) [4] et Adon (858) [5] les disent envoyés par les *bienheureux apôtres*. Raban-Maur (c. 855) [6] en fait des disciples de saint Pierre et les dirige vers les Gaules 14 ans après la mort du Sauveur. La Chronique d'Alagus et Rainogala (mss. du IX° s.) [7] fixe leur arrivée à Sens vers la fin du premier siècle. Usuard (875) [8] se borne à faire connaître qu'ils reçurent leur mandat d'un

---

[1] Bibl. comm. de Chartres, mss. n° 229.

[2] *Chronologia seriem temporum continens... ab origine orbis usque ad annum a Christi ortu millesimum ducentesimum, auctore anonymo, cœnobii Sancti-Mariani, apud Altissiodorum, regulæ Premonstratensis, monacho.* (Troyes, Lecoq, 1608, in-4°.)

[3] Baillet dit que leur histoire s'est perdue (*Vies des Saints*, au 31 décembre. — Paris 1704). Tillemont reconnaît avoir vu des actes manuscrits de saint Savinien, mais *faits par un auteur bien éloigné des premiers siècles et qui débite gravement de grandes fables*. (*Mémoires pour servir à l'histoire ecclésiastique*, t. IV, p. 727).

[4] *Bedæ Vener. op.; in martyr.* (Bâle, Jean Hervagius, 1561. — Cologne 1612.)

[5] *Martyrol. Adonis* (Anvers, Plantin, 1613).

[6] *Rabanus, in vitâ S^{tæ} Magdal.* — dans M. l'abbé Faillon, *Monum. inéd. sur l'Apost. de Sainte-Marie Madel.* (Collection Migne.)

[7] Bibl. commun. d'Auxerre.

[8] *Martyrol. Usuardi, cum notis Sollerii* (Anvers, Robyns, 1714).

pontife romain, c'est-à-dire du Saint-Siège. Flodoard (966)[1], revenant en poète aux origines légendaires, versifie les paroles de Bède et d'Adon.

Deux cents ans plus tard, le Légendaire dont nous avons parlé exposait que Pierre, ayant fait de nombreuses conversions, sentit le besoin de s'adjoindre de nouveaux collaborateurs et appela à lui Savinien, Potentien et Altin. « Cum jam assidue intentionis studio per beatissimum Petrum in
» urbe Romana multipliciter pervolaret ad viam veritatis fidelium multitudo
» et per callem equitatis prompte multos idem per loca mitteret legatos,
» leniter convocavit beatos discipulos Christi, Savinianum videlicet, Po-
» tencianum atque clarissimum sodalem eorum Altinum. » Les trois saints acceptent en effet la mission du prince des Apôtres et l'aident de tout leur concours : mais survient la persécution de Néron. « Verum dum beatus
» Petrus, aulę romanę presidens, decreta potentis imperii christianis legi-
» bus coherceret, primę persecutionis intolerabile excidium apparuit ini-
» quissimi Neronis imperio. » Les disciples de saint Pierre échappent aux persécuteurs ; ils traversent l'Italie et arrivent en Gaule. Là, c'est la ville de Sens, riche et populeuse entre toutes, qui devient le théâtre de leurs prédications. D'éclatants succès couronnent leurs efforts ; Serotin et Eodald croient au vrai Dieu et sont élevés au diaconat ; Victorin, leur hôte, abandonne également le culte des idoles ; enfin bientôt une nombreuse population chrétienne se presse autour d'eux. Savinien se souvient alors des paroles de son maître : « Allez prêcher par toutes les nations ; » il appelle Potentien, Altin, Eodald et Serotin et leur commande d'évangéliser les divers peuples de la Gaule. Altin et Eodald se rendent à Orléans, où ils font de nombreux prosélytes.

» Cumque jam ibi esset credentium numerus innumerabilis, illic in me-
» moriam prothomartiris Stephani ecclesiam Domino consecraverunt et
» ministros ex credentibus solemniter ordinando fecerunt.

» Inde egredientes pervenerunt Carnotis civitatem, et commanentes ibi
» per plurimos dies predicando ostendebant infidelibus Jesum-Christum,
» filium Dei, de celis advenisse in terra salvatorem, passionis toleranciam
» pro hominibus misericorditer sustinuisse et gloriosę resurrectionis clari-
» tatem resurgendo sumpsisse.

---

[1] *Flodoardi, de Christi triumphis apud Italiam*, lib. Ier, cap. IX (Collection Migne).

» Quorum signis et divinis virtutibus pars quedam populi ad suę salva-
» tionis vitam subito erigitur, et abdicans omnem simulacrorum perfidiam
» baptismum suscepit penitencie in remissionem peccatorum.

» Videntes autem sancti Dei quod fidelium ibi esset non minima multi-
» tudo, in veneracione Dei genitricis Marię infra muros urbis ecclesiam
» Domino sanctificando dedicaverunt et uniuscujusque officii servitores
» sigillatim efficaciter preelegerunt.

» Quod audiens, ejusdem urbis preses, nomine Quirinus, diabolico tactus
» flamine, precepit beatos viros ante conspectum suum deduci. Quos ut
» vidit, dixit : « Cur, inquit, tam stolidę predicationis ignaviam huc detu-
» listis, aut qua temeritate veniendi gressum ad nos properastis ? » Cui
» respondentes, dixerunt : « Nos causa vestrę salutis pro certo ad hanc pa-
» triam devenimus ut agnoscatis, dimissa credulitate simulachrorum, illum·
» qui a Judeis pro salute mundi est crucifixus Jesum-Christum, filium Dei
» omnipotentis, in cujus nomine est collata cunctis viventibus celestis
» gloria, et sine cujus baptismo nemo valet hominum salvari in hac vita. »
» Quod audiens, preses jussit illico sanctos Dei martyres graviter fustibus
» macerari et postmodum cathenis alligatos vinculis mancipari. Ubi dum,
» indefessis precibus, Domini exorarent sepius misericordiam, quorumdam
» credentium, solitę visitacionis gracia, adveniebat confestim multitudo plu-
» rima. In numero quorum, sollicite gressum ardenti desiderio virgo que-
» dam, quę Sanctorum orationis obtentu ad fidem pervenerat, nomine Mo-
» desta [1], accelerabat, plurima imperciens obsequia quę necessaria erant.

» Pontifices Ydolorum quippe altis vocibus Quirinum presidem allóquun-
» tur, et christicolas utriusque sexus quos ibi sub sancta fide eonjunctim
» manere sciebant cum ceteris militibus continuo circumveniunt. Quos
» gladiis confestim trucidatos in magnę profunditatis puteo, qui situs erat
» penes Dei genitricis basilicam, cum necata virgine asportantes projece-
» runt. Horrendę siquidem continuo calamitatis tactu statim preses Quirinus
» arripitur, et presenti lumine privatus ad perpetuales mortiferę habitacionis
» penas deducitur. Sancti vero a carceris custodia a populorum turba su-
» bito resoluti, pleniter edocentes in Christo credentes, regressi a facie
» urbis, perlustrantes confinia ejus pagi, Parisius pervenerunt. »

[1] Comme on le voit, ce texte ne dit pas du tout que Modeste fût la fille de Quirinus.

A Paris, les saints opèrent quelques conversions, mais ils y restent peu de temps, et se rendent dans une ville du Parisis nommée « Christoilas. » Là ils font plusieurs prosélytes, Agoald et Glibert entre autres, et, avec l'aide de ces nouveaux disciples, ils renversent un célèbre temple des idoles qui était dans cette ville. Fureur du préfet Agripinnus; martyre d'Agoald et de Glibert. Altin et Eodald, échappés à la persécution, reviennent à Sens où ils rendent compte à saint Savinien du succès de leur prédication. Celui-ci en est comblé de joie; les résultats déjà obtenus l'excitent à de nouvelles conquêtes : mais bientôt une terrible persécution est dirigée contre les chrétiens de Sens par le duc Severus. Saint Savinien et Victorien sont martyrisés le 2 des calendes de janvier. Potentien, Altin et Eodald continuent en secret leurs prédications; ils sont bientôt arrêtés à leur tour, et ils subissent le martyre à Sens le 2 des calendes de janvier, un an jour pour jour après la mort de saint Savinien.

Telle est bien rapidement la version du Légendaire de 1150 : sauf de nombreuses suppressions, elle a servi mot pour mot de modèle à tous les récits postérieurs.

Nous ne l'adoptons pas de point en point; mais nous devons avouer cependant qu'au milieu d'une foule de témoignages contradictoires, elle nous a frappés par son air de vérité et de bonne foi. Aucun des écrivains qui ont traité jusqu'à ce jour la question des origines de notre église ne semble l'avoir connue, car tous ont cru que Savinien et Potentien avaient été martyrisés le même jour, et pourtant c'est à nos yeux le récit le plus vraisemblable. La suite de notre dissertation montrera les raisons qui nous forcent néanmoins à nous en éloigner.

Comme nous venons de le voir, le Légendaire de 1150 fixe à l'année 64 la venue de Savinien à Sens, et à 66 environ[1] la prédication de l'évangile à Chartres : à cela rien d'impossible; nous ne le croyons pas, mais nous ne pouvons l'infirmer complètement. Le siècle suivant enchérit sur les *actes* de 1150. Selon la Chronique d'Auxerre, ce serait vers le temps que l'em-

---

[1] Remarquons que cette date de 66 concorde avec celle de 33 ou 34 assignée par quelques récits postérieurs. Saint Jérôme en effet, et beaucoup d'autres avec lui, font commencer l'ère chrétienne à la mort du Christ et non à sa naissance, c'est ce qu'on appelle l'*ère de la Passion*. Il est alors à regretter que les légendaires des XIVe et XVe siècles, ignorant ce comput, se soient crus forcés de faire partir saint Savinien de Jérusalem et l'aient donné pour disciple à Notre-Sauveur lui-même.

pereur Claude triomphait des Bretons et soumettait les Orcades (vers l'an 44), que saint Pierre aurait envoyé ses disciples dans les Gaules.

Le XIV° siècle alla encore plus loin. Outre la *Vieille Chronique*, nous possédons les leçons d'un Bréviaire de l'église de Chartres, de 1350 environ [1], et d'un Missel de l'abbaye de Saint-Jean-en-Vallée, de l'année 1380 [2]. Ce n'était plus pendant l'épiscopat de saint Pierre à Rome que les patrons de Sens avaient pris la route de nos contrées; ils étaient partis de Jérusalem même, sur l'ordre du Prince des Apôtres, dès l'an 33 ou 34 de l'ère chrétienne, comme nous l'avons dit plus haut, et l'épiscopat d'Aventin remonterait à cette date qui est celle de la Résurrection.

Voici comment débute le Bréviaire de 1350 :

« Designavit Dominus, preordinans misericorditer, septuaginta duos
» discipulos, mittens illos binos, ut Evangelium dixit, ante faciem suam,
» in omnem civitatem et locum quo erat ipse venturus.

» De quorum collegio et numero beatum Savinianum sibi preelegit, ex
» Judeorum gente progenitum et legibus ab ipsis infancie cunabulis pleniter
» imbutum, equalis et meritis venerabilem Potentianum eorumque socium
» Altinum ad catholice legis venerabile culmen erigendum.

» Primus namque et princeps Apostolorum Petrus, post Salvatoris ad
» cœlos ascensum, predictos sanctos Savinianum et ejus socios ad illus-
» trandos Galliarum fines transmisit. »

Puis il emprunte presque textuellement le récit du Légendaire de 1150. C'est à peine s'il se permet deux ou trois variantes, et elles nous sont une nouvelle preuve du désir immodéré qu'avaient les chroniqueurs du XIV° siècle de reculer les antiquités de l'église de Chartres. Ainsi, à propos de la fondation de la Cathédrale de Chartres, le Légendaire de 1150 avait dit, avec grande vraisemblance, que les saints apôtres avaient dédié à la Vierge un temple auparavant consacré au culte païen, *in veneratione Dei genitricis Marie ecclesiam Domino sanctificando dedicaverunt* : la tradition du XIV° siècle voulait que, dès les temps les plus reculés, il eût existé à Chartres un temple dédié à la Vierge, et le rédacteur du Bréviaire a ainsi modifié le texte original : *in veneratione Dei genitricis Marie ecclesiam a credentibus optatam Domino dedicaverunt*.

[1] Bibl. commun. de Chartres, mss. n° 272.
[2] Ib., mss. n° 253.

xviij   INTRODUCTION.

Quant aux biographes postérieurs, tels que Mombritius [1], Pierre de Natalibus [2], Surius [3], etc., qui écrivaient aux XVe et XVIe siècles, ils ont adopté avec plus ou moins de développements la version de la Chronique d'Auxerre. Toutefois le grand Martyrologe romain se range à l'opinion d'Usuard dont il adopte même textuellement les paroles.

Ainsi les deux plus anciens martyrologes connus, le *Jérôme* et le *Petit-Romain* [4], se taisent sur nos saints. Nous n'avons rien d'eux qui soit antérieur au VIIIe siècle; encore ne pensons-nous pas que le témoignage de Bède, seul auteur allégué de ce siècle, puisse être admis. En effet, ce personnage a composé deux martyrologes, l'un en vers [5], l'autre en prose. Le premier ne parle pas de saint Savinien et de saint Potentien. On trouve dans quelques manuscrits du second, à la date du 2 des calendes de janvier, une mention de sainte Colombe, martyrisée à Sens sous Aurélien (en 273), puis une phrase commençant par le mot *item*, consacrée aux missionnaires du Senonais [6]. Il peut paraître bizarre que Bède, voulant faire mémoire à la

---

[1] *Acta sanctòrum, auctore Mombritio* (2 vol. in-f°. Milan, c. 1480).

[2] *Catalogus Sanct.*, f° xvij v° (1 vol. in-f°, goth., 1521). Ni Mombritius, ni Pierre de Natalibus ne parlent de la mission d'Altin et d'Eodald à Chartres. Ils disent seulement que ces saints, coopérateurs de Savinien et de Potentien, furent martyrisés à Sens après leurs maîtres. Suivant Mombritius, saint Pierre aurait donné à Savinien le titre de *Primat des Gaules*..... On sait que cette dignité fut conférée pour la première fois, en 876, par le pape Jean VIII, à Ansegise, archevêque de Sens.

[3] *Acta sanctorum, auctore Surio* (Cologne, 1618).

[4] D. Luc d'Achery, *Spicilegium* t. IV, p. 619. — Le martyrologe, dit de Saint-Jérôme, relate seulement le martyre de sainte Colombe, qui aurait eu lieu à Sens le 31 décembre, comme celui de saint Savinien. — Voir, quant au Petit-Romain, le nécrologe d'Usuard, éd. citée, p. 778, *varia lectio*:

[5] Ce martyrologe est inséré dans le tome X (p. 126-129) du *spicilegium* de D. Luc d'Achery. Il ne parle au mois de décembre que de saint Ignace, de saint Thomas, de Noël, de saint Etienne, de saint Jean-l'Évangéliste et de saint Silvestre. Mais on trouve dans les éditions de Bâle et de Cologne, que nous avons citées plus haut, un calendrier attribué à Bède, en regard duquel se lisent des éphémérides en vers pour chaque mois. Les éphémérides de décembre contiennent les cinq vers suivants :

Virgo Columba simul palmam virtute perennem
percepisse, suo Christum comitata cruore;
cumque Potentiano Sabinianus eodem
occurrit festo, æquales ara atque triumpho,
urbem qui Senonum primi docuere patroni.

En admettant que ces vers soient de Bède, on ne peut rien en conclure, car ils se taisent sur le temps où vivaient saint Savinien et saint Potentien.

[6] Voici le passage du martyrologe en prose de Bède, d'après les éditions de Bâle et de Cologne : *Senonis, sanctæ Columbæ virginis, sub Aureliano imperatore, quæ, superato igne,*

même date de trois saints de la même ville, ait négligé de parler en premier lieu de ceux qui passaient pour les apôtres du pays et qui vivaient à l'époque la plus reculée. C'est que le martyrologe de Bède n'est pas sorti de sa plume dans l'état où certaines éditions de ses œuvres nous le donnent. Cet écrivain, comme tous les anciens martyrologues, avait laissé en blanc un grand nombre de jours pour lesquels il ne connaissait pas de légendes. Ces lacunes furent remplies en partie au IX° siècle par Drepanius Florus, diacre de Lyon; il y en avait encore 126 à combler lorsque Usuard fit son travail [1]. Il est très-probable que Bède, qui avait puisé dans le martyrologe de Saint-Jérôme la notion de sainte Colombe, en était resté là pour le 2 des calendes de janvier, et que l'adjonction des noms de Savinien et de Potentien est du fait d'un de ses continuateurs. Au reste, l'examen comparatif des deux martyrologes de Bède permet jusqu'à un certain point de distinguer ce qui lui appartient en propre. Le martyrologe en vers relate saint Wilfrid le jeune, mort en 732; il a donc été composé dans les trois dernières années de la vie de Bède, mort lui-même en 735, et il est, par conséquent, aussi complet qu'a pu le faire son auteur. D'un autre côté, cet ouvrage a dû échapper par sa forme même à toute adjonction et interpolation postérieures, car la poésie se prête difficilement à ces sortes de remaniements. Nous en concluons, avec Molanus et du Sollier, que les mentions de saints faites à la fois dans le martyrologe en vers et dans le martyrologe en prose sont de Bède, tandis que celles qui se trouvent seulement dans le martyrologe en prose sont de Florus [2]. D'où la conséquence qu'il faudrait attribuer à ce dernier la mention de saint Savinien et de saint Potentien, faite, à la suite de celle de sainte Colombe, dans le martyrologe en prose des éditions de Bâle et de Cologne.

Mais ce qui rend tout-à-fait certaine, à notre avis, l'interpolation ou plutôt l'adjonction de Florus, c'est que nombre de manuscrits du martyrologe en prose de Bède, et notamment les huit d'après lesquels Bollandus a préparé son édition, ne parlent pas de saint Savinien et de saint Potentien,

gladio cæsa est. Item, Senonis, beatorum Sabini et Potentiani, qui, a beatis apostolis ad prædicandum directi, præfatam urbem martyrii sui confessione illustrem fecerunt.

[1] Voir la préface d'Usuard dans les diverses éditions de son martyrologe.
[2] Voir la dissertation sur les martyrologes, en tête du martyrologe d'Usuard, éd. citée, p. xv.

et qu'ils ne citent à la date du 2 des calendes de janvier que sainte Colombe et saint Silvestre [1].

Que si l'on voulait imputer à toute force à Bède la rédaction entière de l'article du 2 des calendes de janvier, « il n'y a guères de présomption, dirions-nous, que le martyre des trois saints ait eu lieu dans la même ville et le même jour de l'année, si ce ne fut ensemble et dans la même persécution [2]. » Ce qui nous reporterait au temps d'Aurélien, c'est-à-dire à l'année 273.

Pour le moment nous nous bornons à notre première conclusion, et nous reculons d'un siècle au moins l'apparition de nos saints dans un martyrologe. Passons aux auteurs du IXe siècle.

Nous ne savons d'où Florus a tiré la phrase qu'il consacre à Savinien et à Potentien, mais nous voyons qu'elle a été copiée par Adon, archevêque de Vienne, dans son martyrologe écrit vers 858. Au surplus, l'ouvrage d'Adon est bien plutôt une nouvelle édition, augmentée, du Bède-Florus qu'une œuvre de première main, et, à ce titre, nous ne pouvons lui accorder qu'une importance très-secondaire. Ajoutons que, dans son préambule, Adon a omis de comprendre nos deux saints parmi les contemporains des Apôtres [3].

Raban-Maur, archevêque de Mayence, qui écrivait vers 855, a laissé un martyrologe [4], dans lequel les noms de Savinien et de Potentien ne sont pas prononcés. Mais on lui attribue une vie de sainte Madeleine, qui fait venir nos saints dans les Gaules quatorze ans après la mort du Rédempteur, en compagnie de Lazare le lépreux, des Maries, de saint Irénée de Lyon, de saint Austrégisile de Bourges et d'autres. Or saint Irénée vivait à la fin du second siècle et saint Austrégisile mourut en 624. Cet amalgame témoigne des connaissances historiques de l'auteur, quel qu'il soit, et de la confiance qu'il doit inspirer [5]. Il n'est pas besoin d'ajouter que cette vie ne figure pas

---

[1] *Martyr. Bedæ*, donné par Bollandus en tête du t. II des saints de mars (p. VIII). — (*Vita sanctorum*, Anvers, Meursius, 1668, in-f°).

[2] *Lettres à D. Piolin sur l'introduction du christianisme en France*, 1 vol. in-8°, Paris, Julien, Lanier et Cie, 1855, p. 213.

[3] *Martyr. Adonis* cité, et *Lettres à Dom Piolin*, p. 213.

[4] Voir ce martyrologe dans le *Thesaurus monumentorum eccles. et histor.*, de Canisius, avec les notes de Basnage, t. II, p. 352 (Anvers, 1725).

[5] Suivant M. l'abbé Faillon lui-même, l'auteur, dans cette énumération, se montre aussi téméraire que mal instruit, et des ouvrages semblables sont plus propres à faire

dans les écrits authentiques de Raban-Maur, énumérés et commentés par Basnage.

A ces témoignages suspects nous opposons deux documents contemporains d'une haute importance : la Chronique d'Alagus et le Martyrologe d'Usuard.

La chronique, écrite au IX° siècle par Alagus et Rainogala, chanoines de l'église d'Auxerre, et continuée au XI° siècle par Frodon, est insérée dans le *Gesta Pontificum Autissiodorensium*, manuscrit du XIII° siècle de la Bibliothèque d'Auxerre [1]. Les deux premiers auteurs, dont le récit s'arrête à l'épiscopat de Vala mort en 880, disent que la religion se répandit dans les Gaules, à partir de l'épiscopat du pape saint Clément (91-100), par les prédications de plusieurs illustres serviteurs de Dieu, au nombre desquels on compte Savinien de Sens, Denis de Paris [2], Ursin de Bourges, Martial de Limoges, Saturnin de Toulouse, Memmie de Châlons [3]. Voilà quelle était, au IX° siècle, sur les lieux mêmes, la prétention de l'église de Sens, prétention qui ne satisferait sans doute pas encore l'école critique du XVII° siècle, mais qui va cependant beaucoup moins loin que la chronique chartraine. Ainsi cette église ne disait pas avoir pour premiers missionnaires des disciples de Notre-Seigneur et de saint Pierre; elle ne croyait pas avoir été évangélisée 14 ans après la mort du Christ, c'est-à-dire en l'an 47, comme le dit la Vie de la Madeleine, ou en l'an 44, comme

mépriser la tradition qu'à lui concilier l'estime et le respect des hommes sensés. (*Monum. inéd.*, vol. Ier, p. 350, et vol. II, p. 52, 53.)

[1] Frodon, continuateur d'Alagus et Rainogala, les appelle les flambeaux de l'église d'Auxerre, *duo luminaria collegii nostri*.

[2] La tradition, qui fait remonter au Ier siècle de notre ère l'apostolat de saint Denis à Paris, a trouvé de nombreux défenseurs. Voici à ce sujet un passage extrait d'un Légendaire écrit vers l'année 1020 (Bibl. comm. de Chartres, n° 63) : *Post beatam et gloriosam resurrectionem domini nostri Jesu Christi, tempore Juliani, crudelissimi tyranni, beatissimus Yonius, una cum beato Dionisio, partibus Atheniensium, mare transiens, Romam advenit; deinde Galliam, simul cum discipulis LXX duobus usque Parisius pervenerunt, predicantes et docentes.* Nous citons ce passage, parce que la venue de saint Denis est désignée, dans la Chronique d'Alagus, comme contemporaine de celle de saint Savinien. Ces 72 disciples de la légende de Saint-Yon nous paraissent singulièrement concorder avec les 72 du Bréviaire de 1350 (voir p. xvij), et nous croyons volontiers que Savinien fut en effet un des compagnons de saint Denis.

[3] *Siquidem christianitatis religio, que, a tempore beati Clementis pape, per fidelissimos verbi Dei ministros Savinianum videlicet, Senonensem pontificem, Dionisium Parisiensem, Ursicinum Bituricensem, Martialem Lemovicensem, Saturninum Tolosanum, Memmium Catalaunensem, ceterosve, per Gallicanas provincias sese diffuderat, paulatim a status sui rectitudine obolescere cœperat.*

l'écrit la Chronique d'Auxerre, ou encore bien moins en l'an 33 ou 34, comme le prétendent notre Chronique et notre Bréviaire de 1350; elle datait modestement sa fondation de la fin du Ier siècle. Pourtant on ne peut pas supposer que les chanoines Alagus et Rainogala aient cherché à rabaisser l'illustration de l'église de Sens, leur plus proche voisine et leur métropole.

Usuard, moine de Saint-Germain-des-Prés, était également de la province ecclésiastique de Sens; de même que les deux chanoines chroniqueurs d'Auxerre, il écrivait certainement d'après des relations ou des traditions locales. Aussi ne se fit-il pas le copiste servile de Florus et d'Adon; il ne changea, il est vrai, que deux mots à leur rédaction, mais, en substituant les expressions *pontifice romano* à celles *beatis apostolis* données par eux, il cessa d'affirmer la douteuse origine revendiquée pour la métropole Senonaise par des auteurs étrangers au pays.

Plus tard, l'imagination ardente des légendaires du Moyen-Age ajouta aux récits primitifs de pieuses fictions. A cette époque appartiennent Flodoard, les bréviaires de Chartres, les chroniques d'Auxerre et de Notre-Dame, les vies des Saints publiées par Pierre de Natalibus, Mombritius, Surius, les catalogues d'évêques dressés par Pierre Bureteau et Démocharès.

Cependant une voix s'éleva à la fin du XVIe siècle, et cette voix est prépondérante dans la question, car c'est celle de Rome. Le Martyrologe romain, commencé sous Grégoire XIII qui en a écrit la préface en 1584, publié par Sixte V en 1586, avec les notes de Baronius, révisé par Urbain VIII, Clément X et Benoît XIV, a suivi de point en point la version d'Usuard. Pour lui, Savinien et Potentien ont bien été envoyés par un Pontife romain, mais quel pontife? le Martyrologe n'affirme nullement que ce soit saint Pierre [1]. Saint Savinien et saint Potentien ne sont donc pas les victimes de la réaction historique du XVIIe siècle; la croyance de la mission à eux confiée par les Apôtres n'a pas cédé devant les attaques de

---

[1] Le martyrologe romain n'admet comme disciples de saint Pierre et des Apôtres, que saint Trophime d'Arles, saint Paul de Narbonne, saint Crescent et saint Martin de Vienne, saint Euchaire, saint Materne et saint Valère de Trèves, saint Front de Périgueux, saint Julien du Mans, saint Sixte de Reims, saint Memmie de Châlons et saint Lazare de Marseille.

Baronius, il est vrai, dans un autre de ses ouvrages, assigne à l'apostolat de saint Savinien la date de 46, mais sans donner de preuves à l'appui de son opinion.

Launoy, de D. Ruinart et de Baillet ; c'est le Martyrologe romain qui les exclut de ce sanctuaire d'élite que l'école légendaire moderne veut ouvrir à tous les fondateurs des églises de France [1].

Si nous interrogions avec toute la sévérité de l'école historique les actes de nos saints, nous y trouverions peut-être d'autres raisons de suspecter l'origine qu'on leur attribue. D'abord trois noms purement romains, Savinien, Potentien, Altin, sonnent mal dans la nomenclature des premiers missionnaires du christianisme dans les Gaules. Tous ceux dont l'authenticité n'est pas mise en doute sont d'origine orientale : Trophime, Pothin, Irénée étaient orientaux. En effet l'Asie-Mineure et la Grèce, catéchisées par les Apôtres, et en particulier par saint Paul, renfermaient nombre de fidèles et de docteurs chrétiens, avant que saint Pierre eût fait une seule conversion dans Rome. Mais ce n'est là qu'une remarque dont nous ne prétendons pas exagérer la portée.

La Chronique d'Auxerre dit que saint Savinien et ses compagnons fondèrent à Sens, à Troyes, à Orléans et à Chartres huit églises, dont plusieurs sous l'invocation de la Vierge, de saint Pierre, de saint Jean et des Apôtres, qui vivaient encore [2]. Quelques églises, sans parler de la nôtre, prétendent avoir été dédiées à la Sainte-Vierge de son vivant, et il s'est trouvé des auteurs anciens et respectables qui ont accepté cette tradition [3] ; mais jamais,

---

[1] Nos anciens historiens chartrains ont reculé eux-mêmes devant la date assignée à la mission de saint Savinien et de saint Potentien par la chronique chartraine. Rouillard, si sincèrement et si emphatiquement crédule d'ordinaire, lui qui raconte qu'à l'arrivée de nos saints à Chartres ils trouvèrent *qu'il n'y avait qu'à lever le rideau*, les chartrains ayant une connaissance anticipée des mystères de la religion chrétienne, Rouillard, disons-nous, convient que le catalogue des évêques a pu se tromper en fixant à l'année 36 (pourquoi pas 33 ou 34 ?) la prédication de Potentien et d'Altin, et pense qu'il faut le reculer jusqu'à l'année 46, *ou autre vraisemblable* (*Parthénie*, t. Ier, p. 109 et suiv.; Paris, 1609).
Souchet consacre douze chapitres à l'étude des origines chrétiennes de Chartres, et, après de longues dissertations, il arrive à conclure que Savinien et Potentien vinrent à Chartres en 68 seulement et souffrirent le martyre à Sens en 69. Il critique assez vivement la *Vieille Chronique* dont le récit lui semble impossible à soutenir, mais il ne s'explique pas catégoriquement sur ce qu'il croit ou ne croit pas : on voit que la question est brûlante et qu'il n'ose l'aborder de front. (*Histoire de la ville et de l'église de Chartres*, mss. du milieu du XVIIe siècle, 1 vol. petit in-f^o ; Bibliothèque communale de Chartres.)

[2] Suivant l'opinion commune, la Sainte-Vierge mourut en l'an 56 ou 57 de l'ère chrétienne, saint Pierre en 64, saint Jean en 101. Or saint Savinien serait venu dans les Gaules en 44 suivant la Chronique d'Auxerre, ou en 33, suivant la *Vieille Chronique* de Notre-Dame.

[3] L'église de Lidde en Palestine, fondée par saint Pierre et saint Jean, du vivant de Marie, au rapport de Jean Damascène (*Synod. ad Theoph. imp.* — Voir du Cange, verbo

pensons-nous, l'histoire n'a parlé de basiliques placées sous le vocable de saints encore vivants. Aussi la Chronique d'Auxerre a-t-elle reçu un démenti de son premier éditeur lui-même, au sujet de l'église de Saint-Pierre-le-Vif de Sens [1]. Si donc Savinien et ses compagnons ont réellement imposé aux sanctuaires fondés par eux les noms de Pierre, de Paul et des Apôtres, c'est qu'alors ces personnages étaient morts et en vénération générale dans le monde chrétien.

D'un autre côté, si l'on voulait prendre à la lettre le mot *construere* dont se servent plusieurs fois la Chronique d'Auxerre et les Bréviaires de Chartres pour exprimer la fondation des églises ouvertes au culte par nos saints, on aurait une raison de plus de croire qu'ils ne vivaient pas au Ier siècle. Le premier édifice construit à usage d'église, dont l'histoire ecclésiastique ait conservé le souvenir, est celui que saint Grégoire le Thaumaturge éleva à Néocésarée, vers l'an 244, sous l'empereur Philippe, pendant un court moment de répit octroyé aux chrétiens [2]. A Rome même, la construction de la première église publique fut l'œuvre du grand Constantin (c. 330), à ce que nous apprend le pape Nicolas Ier dans une de ses épîtres [3]. Jusque là il est très-vraisemblable que les fidèles, en but aux plus violentes persécutions, n'eurent ni la pensée, ni la possibilité d'élever des sanctuaires pour l'exercice du culte. Les persécuteurs y eussent mis bon ordre.

Le martyre de nos apôtres semble encore les exclure des premières années du christianisme. Sulpice-Sévère nous apprend que notre pays accepta plus tardivement que d'autres contrées la lumière de l'évangile et que le sang des martyrs coula pour la première fois dans les Gaules sous

---

ecclesia). Autre église à Antandre, en Syrie, près d'Antioche, fondée par saint Pierre et saint Paul, dans les mêmes conditions, au dire de Willebrand d'Oldembourg (*Itinerar. terræ sanctæ.* — Du Cange, dans *Joinville*, p. 98). On connaît l'inscription apocryphe d'Arles, destinée à faire croire à une semblable dédicace dans cette ville.

[1] Le chanoine Camuzat, premier éditeur de cette Chronique, fait connaître par une note mise en marge du passage en question, que le nom de Saint-Pierre-le-Vif fut donné à l'église, non parce qu'elle avait été construite et consacrée du vivant de cet apôtre, mais parce que l'endroit où elle fut édifiée s'appelait *vivus*. Il cite à l'appui de cette rectification l'acte de la fondation attribuée à Clovis. (*Chron.*, éd. citée, p. 32.)

[2] Voir Le Nain de Tillemont, *Mémoires cités*, t. IV, p. 329, 330.

[3] *Epist. 7, Ad Michaelem imper.*: « *Ecclesia Salvatoris quæ ab auctore vocatur Constantiniana, et quæ prima in toto terrarum orbe constructa est.* » C'est l'église Saint-Laurent hors des murs.

Marc-Aurèle, pendant la cinquième persécution (a. 177) [1]. Cette allégation d'un auteur aussi ancien a d'autant plus de poids pour nous que, vivant à Tours, près de saint Martin, dans un diocèse contigu au nôtre, il est venu plusieurs fois à Chartres, qu'il s'est même expliqué sur la situation chrétienne de notre pays, et qu'il n'eût pas manqué de mentionner la prétention des églises de Sens et de Chartres si elle avait eu cours de son temps.

Dans son désir de river aux débuts du christianisme l'épiscopat d'Aventin, évêque consacré par Potentien, la Chronique chartraine en fait le premier anneau d'une chaîne de quatorze prélats, aboutissant à Solemnis qui vivait sous Clovis, à la fin du Ve siècle, et dont l'existence est attestée par des historiens contemporains. Elle a pu se servir pour le commencement de sa liste de la légende de saint Aignan, dont il existe dans nos archives une copie du XIIIe siècle [2]; mais cette légende qui relate un ancien Catalogue des évêques, outre qu'elle ne mentionne que les cinq premiers prélats, n'affirme rien quant à la durée de leur épiscopat [3]. Notre chroniqueur est moins sec, et s'il ignore les faits particuliers de la vie des quatorze évêques en question, il connaît l'année exacte de l'exaltation et de la mort de chacun d'eux. A qui persuadera-t-on, dirons-nous avec les Bénédictins du *Gallia*, que dans ces temps si difficiles et en dépit de trois siècles de persécutions acharnées, un si petit nombre d'évêques ait suffi à joindre les deux bouts d'une si longue période [4]? Comment croire, ajouterons-nous, que ces évêques aient gouverné leur diocèse pendant une moyenne de 36 ans chacun, lorsque, de l'an 490 à l'an 1864, leurs 95 successeurs n'ont siégé en moyenne que 14 ans environ [5]?

Les catalogues des églises de Sens, d'Orléans et de Troyes devraient

---

[1] *Sub Aureliano deinde, Antonini filio, persecutio quinta agitata, ac tum primum intra Gallias martyria visa, serius trans Alpes Dei religione suscepta.* (Sulpice-Sévère, *Hist. sacra*, lib. II, chap. XXXII.)

[2] Bibl. comm., mss. n° 190. — Voir ci-après, p. 3, note 3.

[3] Après les noms des quatre évêques qui précèdent saint Aignan, cette légende ajoute : *Quibus invicem sibi succedentibus, quantum temporis effluxerit estimare possumus, non affirmare.*

[4] *Quis autem sibi persuadeat temporibus illis difficillimis per spacium 500 circiter annorum 14 solummodo præfuisse presules?* (*Gallia Christ.*, t. VIII, p. 1093.)

[5] On objecte, il est vrai, qu'il a pu exister des lacunes entre ces treize évêques et que nous pouvons ignorer le nom de plusieurs des successeurs d'Aventin. Nous sommes loin de contester cette possibilité, mais qu'on veuille remarquer qu'en ce moment nous répondons seulement à la *Vieille Chronique*, qui elle ne veut pas admettre de lacunes.

s'accorder chronologiquement avec la liste de Chartres, puisque les quatre diocèses furent évangélisés par saint Savinien ou ses disciples. Mais il n'en est rien : leurs rédacteurs ont eu le bon esprit de respecter le vague des traditions, de ne pas combler arbitrairement les lacunes et de laisser ainsi le champ libre à la critique. Le catalogue de Sens, auquel il n'a pas manqué d'éditeurs [1], ne cite que trois évêques : Savinien, Potentien, Léonce, avant saint Séverin qui vivait en 346 [2]. Faut-il en conclure que les séances de ces évêques furent séparées par de longs intervalles sans pasteurs, et expliquer de cette manière comment trois prélats, dont on fait vivre les deux premiers en l'an 33 ou 44 de notre ère, remplissent de leurs noms seuls une période de 300 ans ? Faut-il dire, au contraire, que Savinien, Potentien et Léonce précédèrent immédiatement Séverin et qu'ils n'occupèrent le siége de Sens qu'à la fin du IIIe ou au commencement du IVe siècle ?

Quoiqu'il en soit, les livres officiels de l'église de Sens ne placent pas nos apôtres au Ier siècle. Le tableau des archevêques de cette métropole, rédigé en 1751 et mis à cette époque dans le sanctuaire de la cathédrale, fait connaître que saint Savinien siégeait vers 240 [3], et le bréviaire du diocèse rapporte au 19 octobre le texte d'Usuard, d'après lequel le saint aurait été envoyé en Gaule par un pontife romain [4].

Mêmes remarques à faire pour l'église d'Orléans. Le catalogue de Jacques Severt [5], suivi par la Saussaye [6] et Symphorien Guyon [7], ne place que deux

---

[1] Godefroi *de Collone*, Pierre Bureteau, Pierre *Coquinus*, Urbain Reversey, Nicolas Millochau, Charles Fumel, Jacques Tavel et D. Hugues Mathoud, cités par les Bénédictins du *Gallia*. Il y faut joindre Démocharès. (*Catal. episc. Galliæ*, à la fin du *Traité sur le sacrifice de la messe*, Paris, 1562, in-f°, t. II.)

[2] *Gallia Christ.*, 1re éd., t. I, p. 615; 2e éd., t. XII, p. 3.

[3] *Recherches hist. et anecd. sur la ville de Sens*, par Th. Tarbé (1838, in-12).

[4] C'est aussi l'opinion exprimée par M. l'abbé Chauveau, grand-vicaire de Sens, dans sa notice intitulée *Origine de la métropole de Sens* (Congrès archéol. de France; séances gén. de 1847. Paris, Derache, 1848, in-8°, p. 171.) Disons, toutefois, que l'opinion qui fait prêcher nos saints au Ier siècle a été émise par M. Tarbé (*Descript. de l'église métrop. de Saint-Etienne de Sens*. Tarbé, 1841, in-8°) et par M. l'abbé Cornat (*Notice sur les archev. de Sens et les évêques d'Auxerre*. Sens, Duchemin, 1855, in-8°). Le premier de ces auteurs affirme sans prouver; le second cite la vie de sainte Madeleine attribuée à Raban Maur, ouvrage sur lequel nous nous sommes expliqués plus haut.

[5] *Chronol. hist. antistitum archiepiscopatus Lugdun.* (Lyon, 1607, in-4°, et 1628, in-f°.)

[6] *Annales eccles. Aurelian.* (1615, p. 44 et suiv.)

[7] *Hist. de l'église et diocèse d'Orléans.* (Orléans, 1647, in-f°, t. Ier, p. 15, 21 et 24.)

évêques : Alithus et Auspicius, entre Altin, disciple de saint Savinien, et Diopet qui assistait en 346 et 347 aux conciles de Cologne et de Sardique. Pierre Bureteau [1] et Démocharès ne reconnaissent pas d'évêques entre Altin et Diopet. M. l'abbé V. Pelletier [2] propose Altin, une lacune, Désinien (fin du III° s. et commencement du IV°), Euverte (328-340), et Diopet (346) [3]. Nous avons aussi la liste du *Gallia* [4] qui, après avoir parlé des origines obscures du christianisme à Orléans, croit devoir commencer à Diopet la série des évêques authentiques de cette ville.

Rien de plus précis dans les livres liturgiques du diocèse. Le calendrier du vieux bréviaire, conservé en manuscrit dans la bibliothèque d'Orléans [5], ne contenait à l'origine aucune mention des saints Savinien, Potentien et Altin; leurs noms, ainsi qu'un certain nombre de notes, paraissent y avoir été ajoutés au XV° siècle. Le bréviaire, imprimé en 1491, donna le premier, au 20 octobre, la fête de Savinien et de Potentien et à l'office de la nuit la légende de saint Altin. Les bréviaires de 1600 et 1644 firent passer saint Altin, *évêque*, avant saint Savinien et saint Potentien, au calendrier et dans l'oraison propre. Le Martyrologe Orléanais, dressé en 1651 [6], fixa de même au 20 octobre la fête de saint Altin et de ses compagnons, martyrs. Mais la réaction eut son tour : rejetés des bréviaires de 1693, de 1701 et de 1731, les noms de nos trois saints ne reparurent dans la liturgie orléanaise qu'en 1771. A cette époque M. de Jarente, évêque d'Orléans, rétablit la fête de saint Savinien et de saint Potentien au 19 octobre, avec mémoire de saint Altin à l'office de la nuit. Ainsi nos trois premiers missionnaires, dont il n'est pas question dans les livres de l'église d'Orléans avant le

---

[1] Pierre Bureteau, moine célestin de Sens, a donné un catalogue des évêques à la suite de son ouvrage manuscrit intitulé *Hist. archiepisc. Senonensium*. Il est cité par Symphorien Guyon.

[2] *Les évêques d'Orléans, depuis les origines chrétiennes jusqu'à nos jours*. (Orléans, 1855, in-12, p. 1-16.)

[3] Cette liste contredit les travaux antérieurs et les points historiques jusqu'alors admis. Si, comme les recueils des conciles le disent, Désinien (*Desinianus*) figurait au concile de Cologne en 346 et si Euverte (*Eortius*) souscrivit au concile de Valence en 374, ils n'ont pas précédé Diopet ou Desclopet. Il est vrai que le père Stilting (1750) fait mourir saint Euverte vers 340 et qu'il le donne pour successeur immédiat de Désinien. (Voir les Bollandistes et Baillet, au 7 septembre.)

[4] *Gallia*, t. VIII, p. 1412.

[5] Mss. du XIV° siècle, vélin in-12 à deux col.; n° 110 du catalogue.

[6] Mss. de la bibliothèque de l'évêché d'Orléans.

XV⁰ siècle, furent accueillis ou repoussés, suivant que le vent souffla du côté des croyances légendaires ou de l'extrême défiance historique.

Quant à l'église de Troyes, catéchisée par Potentien et Serotin, quoiqu'elle ait aussi sa légende [1], elle ne reconnait aucun évêque avant saint Amateur qui vivait vers 340 [2].

Nous avons déjà invoqué le témoignage de Sulpice-Sévère ; il nous servira encore à apprécier le catalogue des évêques de Chartres donné par la *Vieille Chronique*. Cet historien raconte qu'un jour, comme il gagnait la cité chartraine avec son maître saint Martin, le saint ressuscita un enfant dans un bourg très-peuplé où personne n'avait jamais entendu parler du Christ; il ajoute que ce miracle convertit les habitants [3]. Dans un autre endroit il dit, à propos d'un autre miracle de saint Martin, accompli peu de temps après son exaltation sur le siége de Tours, qu'avant Martin le nom du Christ était à peu près inconnu dans ces contrées et que ce saint pontife changea de face tout le pays en détruisant les temples des idoles et en construisant à leurs places des églises et des monastères [4]. Nous comprenons très-bien les difficultés que dut éprouver, dans le principe, le christianisme à se répandre dans les campagnes : aussi, sans attacher à cette remarque plus d'importance qu'elle n'en mérite, nous ferons observer cependant ce qu'il y a de singulier à cette ignorance *complète* de l'évangile, au IV⁰ siècle, dans les environs même de Chartres et dans l'un des diocèses les plus rapprochés du nôtre, lorsque surtout l'on admet une dynastie épiscopale gouvernant *sans interruption* le pays chartrain depuis l'an 33 de Notre-Seigneur,

---

[1] L'éditeur de la Chronique d'Auxerre, le chanoine troyen Camuzat ne pouvait manquer de doter son église des origines merveilleuses révélées par le moine de Saint-Marien. C'est ce qu'il fit dans son *Promptuarium sacrarum antiquitatum Tricassinæ diocesis* (Troyes, Moreau dit Lecocq, 1608, in-12, p. 114). D'après lui, Potentien, l'un des 72 disciples de Notre-Seigneur, et son compagnon, le diacre Serotin, auraient été les premiers apôtres de Troyes. Il donne ensuite les noms de plusieurs chrétiens martyrisés dans cette ville vers 275, auquel temps florissaient l'archiprêtre Eusèbe et le diacre Liberius. Il ne mentionne, d'ailleurs, aucun évêque entre Potentien et Amateur.

Les mêmes détails, avec force embellissements, se trouvent dans l'ouvrage de N. Desguerrois, intitulé : *La Saincteté chrestienne, contenant les vie, mort et miracles de plusieurs saincts de France et aultres pays...., dont les reliques sont au diocèse et ville de Troyes.* (Troyes, 1637, in-4°). Cet auteur fait venir Potentien et Serotin à Troyes en l'an 50.

[2] *Gallia Christ.*, t. XII, p. 483.

[3] Sulpice-Sévère. *Dialog.*, II, p. 439 (Lipsiæ, 1703, 1 vol. in-12).

[4] Sulpice-Sévère. *Vita sancti Martini*, cap. XII (éd. citée).

et répandant incessamment la bonne semence dans les terres de sa juridiction spirituelle [1]. Il y a plus; saint Martin lui-même ne suffit pas à la conversion des payens tourangeaux et beaucerons, car saint Cheron, qui, d'après les Bollandistes, vécut au V° siècle, ne trouva à Chartres que quelques chrétiens descendus des fidèles catéchisés par les premiers missionnaires [2].

Résumons-nous :

1° Savinien, Potentien et Altin ne paraissent pas avoir été envoyés dans les Gaules par saint Pierre ou les Apôtres; leur venue ne peut être placée ni en 33 ou 34, ni en 44, ni en 47 de l'ère chrétienne;

2° Ils reçurent leur mission du Saint-Siége à une époque qu'il est impossible de fixer, et que, pour notre part, nous ne croyons pas antérieure à la fin du II° siècle;

3° Les dates assignées par la *Vieille Chronique* à l'épiscopat des prélats qui suivirent Aventin et précédèrent Solemnis ne méritent aucune créance.

C'est ici le lieu de donner, sous toutes réserves, le catalogue des évêques de Chartres.

§ II. — LISTE DES ÉVÊQUES DE CHARTRES.

Le point de départ de toutes les listes des évêques de Chartres est précisément celle donnée par la *Vieille Chronique*; c'est la même qui est exactement reproduite dans l'*Apothecarius moralis*, manuscrit de 1373 provenant de l'abbaye de Saint-Père-en-Vallée et conservé aujourd'hui à la Bibliothèque communale de Chartres; on la retrouve encore, sans autres

---

[1] Sulpice-Sévère rapporte dans son troisième dialogue (p. 465, éd. citée) que saint Martin guérit une muette à Chartres, en présence des évêques Valentinien et Victricien. Ces évêques étaient-ils des compagnons du saint se trouvant accidentellement dans notre ville, ou faut-il reconnaître en eux saint Victricien, archevêque de Rouen, et Valentin, évêque de Chartres? Mais alors ce dernier n'aurait pas siégé de l'an 106 à l'an 156, comme le suppose notre chronique (p. 3), et il faudrait reporter sa séance à la fin du IV° siècle, ce qui n'a plus rien d'incroyable. D'après le catalogue chartrain, Valentin aurait eu pour successeur saint Martin-le-Blanc, que l'on fait siéger de l'an 156 à l'an 200; n'y a-t-il pas dans le voisinage de ces deux noms une réminiscence de la rencontre de Valentinien et de saint Martin à Chartres, et n'a-t-on pas confondu ce dernier parmi les évêques de Chartres à cause des miracles et des conversions qu'il opéra dans le pays?

[2] Voir les Bollandistes et Baillet, au 28 mai.

changements que des variantes de dates, dans un registre de Guillaume Bouvart, écrit en 1560 et devenu la propriété des Archives départementales d'Eure-et-Loir ; enfin elle fut imprimée en 1608 à la tête de l'édition des Lettres de Fulbert par de Villiers. Les auteurs du *Gallia Christiana* se permirent les premiers d'apporter les lumières de la critique au milieu des traditions jusqu'alors adoptées sans contrôle : de là une liste un peu différente de celle de la *Vieille Chronique*, liste depuis redonnée sans modification par l'*Annuaire de la Société de l'Histoire de France* (année 1849).

Nous signalerons, chemin faisant, les corrections que nous croyons devoir apporter aux catalogues publiés avant nous.

1. AVENTIN Ier, vers 200. C'est cet évêque que la *Vieille Chronique* suppose avoir été intronisé par saint Altin et saint Eodald, en l'an 36 de notre ère.

2. OPTAT.

3. Entre Aventin et Optat, ou après Optat, il nous semble qu'il doit exister une lacune, car le troisième nom qui nous est conservé est celui de VALENTIN. Or, comme nous l'avons déjà dit, il est assez vraisemblable, ainsi que le suppose le *Gallia Christiana*, que cet évêque est le même que ce Valentinien, qui assista, avec Victricius, évêque de Rouen, aux miracles accomplis à Chartres par saint Martin de Tours, à la fin du IVe siècle.

4. MARTIN le Blanc. Peut-être le même, avons-nous dit, que saint Martin de Tours.

5. Saint AIGNAN.

6. SÉVÈRE.

7. CASTOR.

8. AFRICAIN.

9. POSSESSEUR, qui vivait en 419, suivant Guillaume Bouvart.

10. POLYCHRONIUS.

11. PALLADIUS.

Entre Polychronius et Palladius, quelques auteurs ont placé Villicus, qui aurait vécu en 439, et aurait donné le voile des Vierges à sainte Geneviève.

12. ARBOASTUS, siégeait, dit-on, en 481.

13. FLAVIUS.

14. Saint SOLEN *(Solemnis)*, le premier de nos évêques dont l'existence soit prouvée par des documents authentiques. Il est fait mention de lui, à l'année 490, dans les Chroniques de Sigebert et d'Albéric.

15. Saint AVENTIN. Il fut d'abord, on le sait, évêque de Châteaudun : quelques auteurs lui ont contesté le titre d'évêque de Chartres ; cependant il souscrivit en cette qualité au premier synode d'Orléans, en 511.

16. ETHÉRIUS. 2°, 3° et 4° synode d'Orléans, en 533, 538 et 541.

17. Saint LUBIN. 5° synode d'Orléans, en 549 ; — 2° synode de Paris, en 551.

18. Saint CALÉTRIC. 3° concile de Paris, en 557 ; — Concile de Tours, en 566. Comme nous le dirons plus loin (p. 6, note 2), on a retrouvé, en 1703, la tombe de saint Calétric, et, de ce monument authentique, il appert que cet évêque mourut le 4 septembre (567), et non le 7 octobre, ainsi que le supposent les Bénédictins.

19. PAPPOLUS. 4° synode de Paris, en 573 ; — Grégoire de Tours, liv. VII, chap. 17, et liv. VIII, chap. 10 ; — 2° synode de Mâcon, en 585. La *Vieille Chronique* recule l'avénement de Pappolus jusque vers la seconde moitié du VII° siècle.

20. Saint BOHAIRE *(Betharius)*. Frédégaire, chap. 18 et 19, à l'année 600.

21. MAGNOBODUS *(Magobertus, Magnebodus, Mugoldus)*.

22. SIGOALD.

23. MAINULF.

24. THIBAUT I.

25. BERTEGISILE *(Bertegisilus, Leodegisilus, Lancissilus, Lansegilisus)*. Concile de Reims, en 625.

26. Saint MALARD. Concile de Châlons, en 644 ; — Charte de Landry, évêque de Paris, en faveur de l'abbaye de Saint-Denis, en 653.

27. GAUSBERT *(Gausbertus, Gaubertus, Godebertus, Gaudebertus)*. Charte d'Emmo en faveur du monastère de Saint-Pierre-le-Vif, vers 658 ; — Confirmation des priviléges de l'abbaye de Corbie par Berthefred, évêque d'Amiens, vers 663 ; — Charte de Drausius pour le monastère de Notre-Dame de Soissons, en 666.

Suivant la *Vieille Chronique*, Gausbert aurait eu pour successeur Godebert, que nous croyons être le même.

28. Déodat.

29. Dromo *(Dronus, Dromus, Promo, Pronius, Promus)*, le même sans doute que Promo, qui lui est donné pour successeur par la *Vieille Chronique*.

30. Berthegran.

31. Haynius.

32. Airard *(Agirardus, Aidradus, Airardus, Aicardus, Haigradus, Haigrandus)*. Synode de Rome, vers 689.

33. Agatheus.

34. Léobert *(Leobertus, Leudisbertus)*. Inscription des reliques des Machabées, de 723, conservée autrefois dans l'église de Chartres.

35. Hado.

36. Flavien *(Flavinus, Flavius)*.

37. Godessald *(Godalsadus, Godosaldus, Godassaldus)*.

38. Bernoin *(Bernoinus, Hernoinus, Hieronymus)*. Concile de Paris, en 829; — Concile de Sens, en 836.

Après Bernoin, les Bénédictins mentionnent, sous toutes réserves, Gillericus ou Valentinus, qui dédia, en 841, l'église de l'abbaye de Bonneval. Comme nous le verrons, c'est l'évêque Gilbert qui fit cette dédicace en 861, et non en 841.

39. Hélie. Synode de Sens, en 840; — Privilège en faveur de l'abbaye de Corbie, en 843; — Concile de Beauvais, en 845; — Concile de Paris, en 847; — Lettres de saint Loup, abbé de Ferrières, à l'année 849; — Cartulaire de Saint-Père-en-Vallée, p. 9.

40. Burchard. Concile de Soissons, en 853; — Capitulaires de Charles le Chauve; — Annales de Saint-Bertin, à l'année 854.

41. Frotbold. Lettres de saint Loup de Ferrières, à l'année 855; — Cartulaire de Saint-Père, p. 10; — Annales de Saint-Bertin, à l'année 857.

42. Gilbert *(Gislebertus, Gislevertus, Willebertus, Galeverius, Galtherus)*. Concile de Toul, en 859; — 3° concile d'Aix-la-Chapelle, en 860; — Charte de fondation de l'abbaye de Bonneval, en 861; — Concile de Soissons, en 862; — 3° concile de Soissons, en 866; — Concile de Troyes, en 867; — Concile de Châlon, en 875; — Lettres du pape Jean VIII, à l'année 877; — 2° concile de Troyes, en 878; — Lettres d'Hincmar; — Cartulaire de Saint-Père, p. 45.

www.ingramcontent.com/pod-product-compliance
Lightning Source LLC
Chambersburg PA
CBHW051356230426
43669CB00011B/1657